中共松阳县委
松阳县人民政府 主办

# 松陽年鑒

# 2022

总第19卷

松阳县地方志编纂委员会 编

方志出版社
Publishing House of Local Records

**图书在版编目（CIP）数据**

松阳年鉴. 2022 / 松阳县地方志编纂委员会编. —
北京 : 方志出版社, 2022.12
ISBN 978-7-5144-5382-9

Ⅰ. ①松… Ⅱ. ①松… Ⅲ. ①松阳县－2022－年鉴
Ⅳ. ①Z525.54

中国版本图书馆 CIP 数据核字(2022)第 247026 号

责任编辑：程倩
责任校对：刘玉霞
责任印制：梅中英
出 版 者：方志出版社
地　　址：北京市朝阳区潘家园东里 9 号（国家方志馆 4 层）
邮　　编：100021
网　　址：http://www.zgfzcb.cn
发　　行：方志出版社图书营销中心（010-67110500）
印　　刷：松阳县文远印务有限公司
开　　本：889 毫米×1194 毫米　1/16
印　　张：27
字　　数：969 千字
版　　次：2022 年 12 月第 1 版
印　　次：2022 年 12 月第 1 次印刷
定　　价：300.00 元

## 松阳县地方志编纂委员会

## 《松阳年鉴（2022）》编辑部

# 编辑说明

BIANJI SHUOMING

一、《松阳年鉴（2022）》以马克思列宁主义、毛泽东思想、邓小平理论、“三个代表”重要思想、科学发展观、习近平新时代中国特色社会主义思想为指导，坚持辩证唯物主义和历史唯物主义的立场、观点和方法，全面、系统地记载2021年全县政治、经济、文化、社会、生态发展的基本情况及重大事项和取得的经验，凸显松阳发展优势和特色，为全县各级领导科学决策和有关部门开展工作提供客观史料，为社会各界了解松阳、研究松阳、宣传松阳、建设松阳提供信息资源，为编史修志积累资料。

二、《松阳年鉴》是中共松阳县委、松阳县人民政府主办，由松阳县地方志编纂委员会承编的地方信息资料性文献。从2004年开始，每年编辑1卷。《松阳年鉴（2022）》为第19卷，记述时限为2021年1月1日至2021年12月31日。

三、《松阳年鉴（2022）》是前18卷的续编，采用分类编辑法，结构设类目、分目、条目3级，全书设类目29个。

四、数字用法、标点符号用法分别采用国家标准《出版物上数字用法》（GB/T 15835—2011）、《标点符号用法》（GB/T 15834—2011），计量单位采用国家技术监督局1993年12月发布的《量和单位》系列国家标准。

五、本卷年鉴所载信息资料由全县各承编单位撰稿人提供，经县档案馆《松阳年鉴》编辑部整理编辑，各供稿机关、单位审核形成。

六、部分数据合计或相对数由于单位取舍不同而产生的计算误差，均未做机械调整。

【田园松阳】县域风貌

叶村乡岱头村稻田

# 【田园松阳】特色展馆

气象·二十四节气馆

张玉娘诗文馆

松阳县城全景

绿色园区

光伏茶园

# 魅力松阳

## 智能制造新城

绿色钢业

智能制造企业

2021年3月27日，第十四届中国（国际）茶商大会·松阳香茶茶叶节在大木山茶园开幕

## 【魅力松阳】

### 中国有机茶乡

传统手工艺展示

茶园汉服秀

传统小吃制作

松阳美食展示

2021中国·松阳首届运动休闲旅游嘉年华——彩虹跑

2021中国·松阳首届运动休闲旅游嘉年华——旱地龙舟

2021中国·松阳首届运动休闲旅游嘉年华——自行车竞速

2021中国·松阳首届运动休闲旅游嘉年华——江南机车文化节

## 【魅力松阳】

### 全域康养胜地

2021年6月12日，松阳县杨式太极拳养生协会开展庆祝中国共产党成立100周年系列活动

2021年4月17日，首届“松阳故事”文创产品和旅游商品设计大赛正式启动

2021年7月22—24日，首届中国乡宿产业发展大会暨松阳民宿招商推介会签约仪式举行

【魅力松阳】

国家传统村落公园

2021年7月3—4日，“诗画浙江”友好使者走进丽水松阳活动举行

# 【红色松阳】

## 党史学习教育

2021年3月4日，松阳县档案馆（党史和地方志研究室）开展“党史学习教育进学校”活动

2021年6月11日，望松街道全体干部在黄家大院拍摄红歌《没有共产党就没有新中国》合唱短视频

2021年4月22日，松阳举行“传承红色基因 担当历史使命”《松阳英烈》首发暨全民阅读节启动仪式

2021年5月27日，三都乡机关党支部组织党员到安岱后村开展党史学习教育

2021年6月27日，松阳县庆祝中国共产党成立100周年合唱大赛举办

2021年4月16日，松阳县举办党史学习教育暨庆祝中国共产党成立100周年送戏下乡文艺演出

# 【红色松阳】

## 党史学习教育

2021年5月31日，望松街道开展“花儿向阳学党史 童心向党庆六一”活动

2021年10月28日，松阳县第十四届“田园松阳”农民文化节“百年新征程”朗诵比赛在文里城隍庙广场举行

【幸福松阳】优质均衡教育

“红色安岱后绿色少年行”研学活动

标准化改造后的实验幼儿园

课后服务的特色社团活动——山边马灯

松阳县职业中等专业学校新校区大门

2021年9月22日，松阳县职业中专新校区正式启用

2021年1月7日，物防专班对“三证一码”不齐全的进口冷链食品进行查封

2021年5月8日，由县政府主办、县卫健局承办的浙江省健康促进县创建暨“健康松阳 万步有约”健走激励大赛启动仪式在市政广场举行

2021年11月30日，市、县重点项目，民生工程——松阳县中医医院迁建项目提前3个月封顶

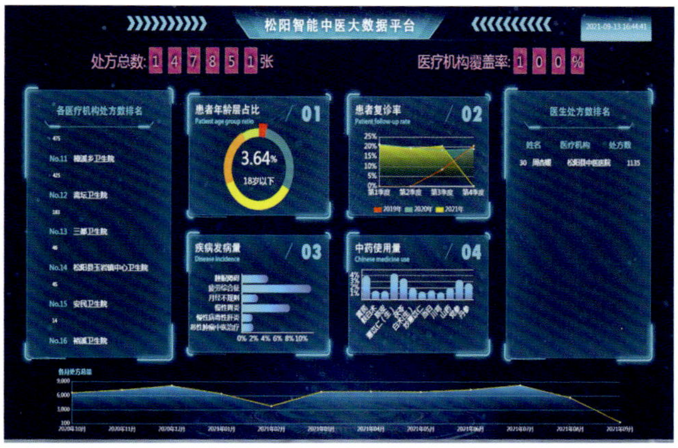


2021年，松阳县搭建卫生健康大数据中心、打造中医智能医疗体、上线“舒心码”项目

2021年8月20日，松阳县开展新冠肺炎疫情防控核酸采样演练

2021年1月13—14日，浙江省财政厅党组书记、厅长尹学群（中）带队到松阳调研基层财政管理、乡村振兴、民宿经济和农村改革项目建设等工作

2021年7月13—14日，浙江省委常委、政法委书记王昌荣（左二）到松阳调研政法工作，中共丽水市委书记胡海峰（中），市委副书记、政法委书记郎文荣（右三），中共松阳县委书记李汉勤（左一），县委副书记、政法委书记周鸿飞（右二）等陪同调研

2021年7月16日，松阳举行科大讯飞智慧教育产品捐助仪式，科大讯飞副总裁、浙江讯飞智能科技有限公司徐甲甲（前左一），县委副书记、县长莫靓（后中），副县长温小运（后右四）等参加

2021年8月4日，浙江省自然资源厅党组成员、副厅长盛乐山（前左二）带队到松阳调研生态修复工作

2021年8月25日，浙江省省长郑栅洁（前排右一）到松阳县三都乡考察民宿产业发展情况

2021年9月1日，浙江省政府副秘书长、省大数据局局长金志鹏一行到松阳县人民检察院专题调研数字化改革工作

# 目 录

## 特 载



## 专 辑



## 大事记



## 松阳概况



## 中国共产党松阳县委员会

## 松阳县人民代表大会

## 松阳县人民政府



## 中国人民政治协商会议松阳县委员会

## 中国共产党松阳县纪律检查委员会 松阳县监察委员会



## 民主党派　工商联



## 人民团体

## 法治　军事

## 城乡建设



## 农业农村

## 工　业



## 交通运输　邮政

## 通信管理



## 商贸　服务业



## 金融　保险

## 综合经济管理

## 教育　科技

## 文体　旅游



## 融媒体



## 医疗卫生　医疗保障

## 社会事务管理



## 乡镇（街道）

## 名　录

## 荣 誉



## 附 录

# 特 载

西屏景色

# "二次创业"再出发 富民强县谱新篇 在建设现代化"田园松阳"新征程上奋力奔跑

——2021年12月28日县委书记莫靓

在中国共产党松阳县第十一次代表大会上的报告

## 一、过去五年的工作

县第十次党代会以来的五年，是应对重大挑战、经受重大考验、实现持续发展的五年。县委团结带领各级党组织和广大党员干部群众，同心同向，奋力拼搏，决战决胜脱贫攻坚，高水平全面建成小康社会，"田园松阳"升级版建设取得阶段性成果，创造了松阳发展史上又一个精彩五年。

五年绿色发展、转型升级，经济实力显著增强。预计全县生产总值达126亿元，年均增长6.4%；一般公共预算收入8.96亿元，年均增长8.9%；累计完成固定资产投资266亿元。生态农业提质增效，粮食生产功能区整治优化稳步推进；茶叶、香榧、油茶三大主导产业种植面积分别为15.32、8.75、10.86万亩，茶叶全产业链产值超130亿元，浙南茶叶市场交易量、交易额稳居全国绿茶交易市场首位，获评全国茶业发展十强县、全省香榧特色产业示范县。生态工业起势转型，完成集聚区一期和山海协作产业园平台建设，建成小微企业园4个，累计盘活利用低效闲置工业用地1340余亩。规上工业增加值超29亿元。产值超亿元企业42家，其中超十亿元企业1家。不锈钢管行业年产值超80亿元，不锈钢无缝管产量占全国三分之一。生态服务业蓬勃发展，全县超半数乡村植入多元新业态，累计建成国家AAAA级旅游景区4个，打造陈家铺、上田、沿坑岭头、斗米岙等一批"网红村"，在全市率先创成国家全域旅游示范区，旅游收入年均增幅30.5%。松阴溪干流滨水绿道全线贯通，获评全省最美绿道和十佳运动休闲绿道。民宿经济、电商经济、赛事经济等新型业态风生水起。累计发展民宿（农家乐）570余家、床位5100余张。连续五年获评中国电子商务发展百佳县，成为国家电子商务进农村综合示范县。举办国际天空跑挑战赛、国际半程马拉松赛等高等级赛事，成功创建省运动休闲基地。

五年深化融合、品质建设，城乡面貌显著优化。我们坚持以人为核心的新型城镇化发展理念，县城建成区突破10平方千米，新建及改造城市道路21万平方米。老城区块焕发新颜，明清老街业态兴旺，完成青田码道、瓦窑头、项弄、北山、文里等区块有机更新。南城区块路网框架基本完成，独山区块、文教区块、站前区块形象渐出。北城功能逐步拓展，产业和人口加速集聚。古市古城入选全省耀眼明珠培育对象和首批千年古城复兴试点名单。全面完成小城镇环境综合整治。文化引领的乡村振兴深入推进，"千万工程"和美丽乡村建设不断深化，75个村列入中国传统村落名录，位列全国第五，"拯救老屋行动"编入《国家乡村振兴战略规划（2018—2022年）》。"乡村变迁：松阳故事"走上联合国人居大会、世界城市大会。成功举办城乡联系国际论坛、国际茶商大会、中国不锈钢管高峰论坛等高规格论坛峰会。全力打好"蓝天、碧水、清废、净土"保卫战，松阴溪出境断面水质常年保持Ⅱ类水及以上标准，空气优良率逐年提升，森林覆盖率超80%，获评国家卫生县城、国家生态县、中国天然氧吧，被列为全省山区水利现代化先行县，2次荣获"五水共治"大禹鼎，创成省"基本无违建县"。

五年改革创新、全面开放，县域活力显著提升。我们坚持以数字化改革为引领，积极推进跨越式高质量发展综合改革，新增省部级试点5项，厅局级试点36项。"最多跑一次"改革向机关内部、公共服务领域、司法领域等全面延伸，1378个事项实现全域一证通办。稳妥有序完成机构改革、事业单位清理规范整合。创新开展"村级工程集体建"，成为省农村综合改革金融创新示范试点县。国企改革深入推进，完成国有企业“1+6”模式整合重组，国投集团取得主体信用AA评级，实现县乡两级强村公司实体化运作全覆盖。首创推进“三位一体”农合联改革跨域合作发展模式。累计引进中高端人才300余人，高校毕业生5200余人，建成人才工作室（站）25个。累计新增国家高新技术企业27家、省科技型中小企业74家，建成省级高新技术企业研发中心10家、省级企业研究院3家。余姚“飞地”项目建成投用，嘉兴“飞地”、上海“飞楼”项目顺利推进。助力四川省巴州区全面脱贫，连续3年获东西部扶贫协作和对口支援工作考核优秀。全县常住人口“七普”比“六普”净增2万人。

五年践行宗旨、兴办实事，民生福祉显著改善。我们始终把群众满意作为出发点和落脚点，城乡居民人均可支配收入分别达46740元、23090元，分别年均增长8.4%、9.8%，低收入农户人均可支配收入13670元，年均增长15.2%，全面消除集体经济薄弱村，获评全省打好低收入农户增收攻坚战优秀县、首批部省共建乡村振兴示范省先行创建县和中国全面小康百佳示范县，成为全省高质量发展建设共同富裕示范区首批试点。民生领域累计支出超170亿元，占一般公共预算支出的82.8%。全力做好地质灾害治理和异地搬迁，新（续）建安置小区15个，累计搬迁3612户10695人。扎实推进江北灌区续建配套与节水改造工程，城乡管网一体化供水受益率达74.8%。社会事业全面进步，通过全国义务教育优质均衡发展县省级评估，创成全省首个语言文字规范化县。“健康松阳”建设深入推进，常态化疫情防控紧抓不放，连续三年获健康浙江考核优秀等次，省县合作办医成效凸显，创成全国基层中医药工作先进县，全县人均期望寿命达79.79岁。全民医保参保率达99.6%。开展《人类工效学 家居无障碍设计要求》国家标准编制工作，入围全省首批促进残疾人共同富裕先行先试县。文化事业繁荣发展，推出《张玉娘》《箬寮风雷》等一批精品剧目，文化中心、非遗展演馆等文化阵地作用日益增强，新增农村文化礼堂100余个，建成新时代文明实践中心（所、站、点）419个。衢宁铁路建成通车，衢丽铁路、235国道开工建设，仙居至庆元公路水南至枫坪段工程（西竹玉公路）顺利推进，黄南水库提前投产发电。扎实推进扫黑除恶专项斗争、政法队伍教育整顿。深化基层治理“四平台”建设，建立“1+8+19+N”矛盾纠纷联动联调机制，连续23年命案全破，创成省无信访积案县、省无欠薪县、省食品安全示范县，夺得全省首批“一星平安金鼎”，实现平安建设“十六连冠”。

五年高举旗帜、从严从实，管党治党显著加强。我们坚决维护习近平总书记党中央的核心、全党的核心地位，坚决维护党中央权威和集中统一领导。深入推进“两学一做”学习教育常态化制度化，高质量开展“不忘初心、牢记使命”主题教育、党史学习教育，严格落实意识形态工作责任制，主流思想舆论持续壮大，引导广大党员干部增强“四个意识”、坚定“四个自信”、做到“两个维护”。总结提炼“精耕勤学、开放融合、争先图强”新时代松阳精神。大力支持人大、政府、政协和监委、法院、检察院依法依章履职，不断强化党对工会、共青团、妇联、文联、工商联等人民团体的领导，持续巩固壮大爱国统一战线，切实加强对台、外事、侨务、民族、宗教等工作。建成省级规模民兵训练基地，成功创建省级双拥模范县。深化推进基层党建“整乡推进、整县提升”工作，稳妥有序完成村社组织换届和行政村规模优化调整。选人用人“一体系三机制”不断完善，县乡换届平稳顺利。“清廉松阳”建设扎实推进，“四责协同”机制不断健全，以零容忍态度惩治腐败，党纪政务处分619人，实现县委巡察和村（社）巡察全覆盖，稳步构建山清水秀的政治生态。

各位代表，同志们，五年奋进路，实干铸辉煌。五年来，我们贯彻新发展理念，围绕“田园松阳”升级版建设，先后提出山区国际化、打造“高水平生态文明建设和高质量绿色发展”重要窗口示范区、争当跨越式高质量发展建设山区共同富裕美好社会模范生等战略举措，县域发展路径日渐清晰。五年来，我们合力应对“疫情大考”，直面经济下行压力，较好实现了高质量发展、高品质生活和高水平治理。五年来，我们一起欢庆新中国成立70周年、建党100周年，共享全面建成小康社会、进入“铁路时代”的喜悦，众志成城推进黄南水库、青田码道、瓦窑头等系列涉及民生的重点项目，展现了奋勇争先、昂扬向上的精神风貌，汇聚了凝心聚力、齐心协力的强大力量。五年来，我们持之以恒优供给、久久为功惠民生，群众的获得感、幸福感、安全感明显提升。这些成绩的取得，是以习近平同志为核心的党中央和省委、市委坚强领导的结果，是在历届县委打下坚实的工作基础上，全县各级党组织和广大党员干部团结一致、接续奋斗的结果，更是全县人民奋发图强、辛勤创造的结果。在此，我代表中共松阳县第十届委员会，向为全县发展作出贡献的广大干部群众，向给予我们关心支持的社会各界人士，表示衷心的感谢和崇高的敬意！

五年风雨兼程，五年硕果累累，启示尤为深刻、经验弥足珍贵。我们深刻体会到：唯有方向正确，才能蹄疾步稳、行稳致远。实践证明，任何时候、任何情况下，只要始终以习近平新时代中国特色社会主义思想定向领航，不折不扣推动中央决策部署和省委、市委工作要求在松阳的高质量落实，就不惧山高路远、激流险滩！唯有人民至上，才能凝心聚力、众志成城。实践证明，只要始终坚持以人民为中心，锚定民生坐标，办好惠民实事，就一定能汇聚起24万松阳人民的磅礴力量！唯有开放创新，才能兼收并蓄、赶超跨越。实践证明，只有牢固树立“山区也是沿海”的发展自信，切实用好“跨山统筹、创新引领、问海借力”三把金钥匙，前瞻大势、超前谋划、包容开放，才能看见更美的远方、赢得更好的明天、拥有更广阔的未来！唯有担当作为，才能破解困局、成就精彩。实践证明，只有干出来的精彩，没有等出来的辉煌。只要团结一心、攻坚破难，就能战胜一切困难，收获一路风景！唯有党建引领，才能坚如磐石、不负使命。实践证明，事业发展关键在党。只有在加强党的全面领导上聚焦用力，才能肩负起富民强县的重大历史使命！

在肯定成绩的同时，也要清醒地看到：经济总量偏小、产业能级偏弱、税源家底偏薄等问题还很突出，生态工业仍是制约发展的显著短板，发展不足仍是松阳最大的县情实际，加快发展仍是当前最现实最紧迫的任务；城市能级和城镇化率还不高，城乡之间发展不够均衡，城区治理还不够精细，乡村全面振兴依然任重道远；城乡居民持续增收压力较大，公共服务、基层治理还有弱项；高端项目和优质人才仍较匮乏，科技创新依然薄弱；“双控”刚性制约加剧，资金、土地、信息等瓶颈制约仍然突出；部分党员干部思想解放不够、担当意识不强、干事本领不高、创新能力不足等问题仍待解决，全面从严治党仍需不断深化加强，等等。我们必须坚持问题导向，采取有力措施，切实加以解决。

## 二、今后五年的指导思想和奋斗目标

时代赋予重任，未来催人奋进。站在新的历史起点上，必须准确把握所处的历史方位和发展阶段，遵循发展规律，顺应发展形势，谋定发展战略，在新时代新征程上奋勇前进、加速奔跑。

纵观大势，要在顺应时代潮流中找准新方位。当前，百年变局和世纪疫情叠加交织，挑战前所未有，但机遇也千载难逢。新一轮科技革命和产业变革加速演进，以及浙西南革命老区融入长三角区域一体化发展、浙江省高质量发展建设共同富裕示范区、超常规推动26县跨越式高质量发展等一系列国家级和区域性重大战略政策密集实施，为松阳在更高层次、更广范围、更宽领域上参与区域竞合提供了无限可能。我们要贯彻落实“稳中求进”总基调，以稳求进、以进固稳，找准黄金赛道，跑出松阳速度。

立足当下，要在聚力“赶超跨越”中锚定新路径。当前宏观环境复杂多变，区域竞争愈发激烈。在全省高质量发展建设共同富裕示范区进程中，26个县全力开跑、你追我赶。“躺平”必然后退，慢进必被超越，奋力奔跑才有希望。我们要切实增强“小县要有大志气、小县也能大发展”的雄心壮志，强化“没有实现加快发展也是一种风险，没有追求实现加快跨越式发展的意识、决心和胆略更是极端危险”的警醒意识，锚定符合松阳实际的跨越式高质量发展路径，大步向前，加速奔跑，在错位竞争、合作共赢中争先图强、实现赶超。

展望未来，要在实施“二次创业”中领跑新征程。当前是松阳恢复县制40周年、工业集聚化发展20周年、打造“田园松阳”10周年。经过历届县委和干部群众的接续奋斗，我们实现了从“田园松阳”1.0版到“田园松阳”2.0版的升级迭代。我们要聚焦富民强县、聚力赶超跨越，顺势而为、借势而进、乘势而上，全面实施“二次创业”，奋力打造现代化“田园松阳”3.0版。这既是省委、市委寄予松阳成为高质量发展建设共同富裕示范区首批试点、新发展格局中的新增长极、同步实现高水平现代化的殷切期望，也是历届县委带领24万松阳人民过上高品质幸福生活的初心和使命。

我们所提的“二次创业”，不是改换跑道、另起炉灶，而是对历届县委发展战略和奋斗目标的持续接力、迭代升级，是面对新形势、新任务、新要求，县委科学应变、主动求变，拉高标杆、自我加压，以归零翻篇的心态、重新起航的状态、奋力奔跑的姿态，全面激发党员干部群众的创造性张力，全面推动思想理念、产业体系、工作机制、治理模式的全方位变革、系统性重塑，全面提升新时代松阳跨越式高质量发展的引领力、竞争力和影响力，全力打造现代化“田园松阳”，再创一个激情燃烧、辉煌巨变的火红时代。

今后五年，我县工作的指导思想是：高举中国特色社会主义伟大旗帜，坚持以习近平新时代中国特色社会主义思想为指导，全面贯彻党的十九大和十九届历次全会精神，坚定不移做“两个确立”忠诚拥护者、“两个维护”示范引领者，守好“红色根脉”、打造“重要窗口”，坚定不移走创新实践“绿水青山就是金山银山”理念的发展道路，坚决厉行“丽水之干”，系统落实“八个坚持”，聚焦富民强县、聚力赶超跨越，以数字化改革为总牵引，以“智能制造新城、中国有机茶乡、全域康养胜地、国家传统村落公园”“四张金名片”为主抓手，以“精耕勤学、开放融合、争先图强”新时代松阳精神为原动力，全面实施“二次创业”，着力推动经济社会高质量发展、超常规推进、跨越式赶超，奋力再上一个新台阶、再创一流新业绩，高水平谱写现代化“田园松阳”新篇章。

实施“二次创业”，核心在“高质量发展”。即坚持以人民为中心、以新发展理念为指引，着力推动质量变革、效率变革、动力变革，实现经济发展更加优质、发展布局更加优化、公共服务更加均衡、生态环境更加优美、社会治理更加高效。到2026年，全员劳动生产率达13.2万元/人，数字经济核心产业增加值占GDP比重达5%，城镇化率65%以上，城乡居民收入比缩小到1.9以内，生态系统生产总值年均增长2%。

实施“二次创业”，关键在“超常规推进”。即运用数字赋能、改革破题、创新制胜等手段，以集成精准的大政策、系统重塑的大变革，实现换挡赶超的大提速、靶向精准的大突破。到2026年，力争地区生产总值、人均GDP分别超过200亿元、10万元，实现一般公共预算收入、规上工业增加值、规上工业亩均税收、制造业投资、R&D经费支出占GDP比重“五个翻番”，城乡居民收入增速高于省市平均水平、快于经济增长水平。

实施“二次创业”，目标在“跨越式赶超”。即坚持“走在前列、争先图强”，加快取得突破性进展、打造标志性成果、创造可复制经验。到2026年，县域综合实力大幅跃升；到2030年，跨入全市第一方阵；到2035年，迈向山区26个县前列，与全省同步实现高水平现代化。

实施“二次创业”，加快富民强县，建设现代化“田园松阳”，必须突出“五个强县”鲜明导向：

突出工业强县，增强充沛动能。我们既要守好“绿水青山”，也要发展“金山银山”；只有做强“金山银山”，方能不负“绿水青山”。要坚定“工业强县”战略不动摇，坚定打造“智能制造新城”目标不动摇，坚定“双招双引”首位工程不动摇，充分发挥“工业兴、百业兴”的乘数效应，做大“县域总量”、优化“产业存量”、拓展“经济增量”、提升“亩均质量”，切实挺起富民强县的坚强“脊梁”。

突出人才强县，汇聚澎湃动力。当前所有的竞争，本质上都是人才的竞争。要坚持“不求所有所在、但求所用所为”“不唯学历资历、只唯实效实绩”理念，大力引育人才、珍惜爱护人才、充分信任人才、放手使用人才，努力使松阳成为英才向往之处、贤达反哺之所、活力涌流之地。

突出科技强县，构筑强劲引擎。谋创新就是谋未来，抓科技就是抓发展。要坚持“铁了心抓创新、咬着牙强科技、铆足劲谋赶超”，紧紧抓住科技创新的“牛鼻子”，打破思想禁锢，消除路径依赖，发扬首创精神，加速推动从成本领先向科技领先转变，让科技创新这个“关键变量”成为高质量发展的“最大增量”，让科技创新的活力竞相迸发、源泉充分涌流。

突出开放强县，增创广阔空间。“拿着旧地图，永远找不到新大陆”。要破除故步自封的“盆地意识”和得过且过的“躺平思维”，以跳出松阳看松阳的视野，以海纳百川、兼收并蓄的广阔胸怀，更加解放的思想、更加开放的举措、更加开明的政策，借梯登高，借力跨越，让松阳成为主客共享、近悦远来的开放之域，成为奔涌向前、澎湃向上的活力之城。

突出文化强县，激发磅礴力量。文化是最深沉、最持久的力量。建设现代化“田园松阳”既要物质富裕，也要精神富有。要坚持在守护中传承、守正中创新，汲取传统文化精髓，吸收先进文化精华，展现松阳文化精彩，让“精耕勤学、开放融合、争先图强”新时代松阳精神成为松阳党员干部独特的精神气质和鲜明的品格标识，成为富民强县、赶超跨越的精神指引和力量源泉，让“千年古县、田园松阳”在新征程中展现独特风采，让“最后的江南秘境”在新时代里焕发蓬勃生机。

## 三、今后五年的主要任务

实施“二次创业”，必须立足新发展阶段、贯彻新发展理念、构建新发展格局，紧紧遵循“五位一体”总体布局和“四个全面”战略布局在松阳的全面落实，全力建设以“智造松阳、魅力松阳、奔放松阳、幸福松阳、和美松阳、奋进松阳”为核心支撑的现代化“田园松阳”。

（一）聚力生态工业大跨越，建设实力强劲的智造松阳。没有高质量工业化就没有高水平现代化。坚持重中之重抓生态工业、集中精力发展生态工业，聚焦“锚定产业、培育梯队、建好平台、保障要素、优化环境”五大重点精准发力，把“智能制造新城”打造成为最亮“金名片”。

1.锚定产业发展方向。立足现有产业基础和规划方向，着力推动传统产业点石成金“强链”、现有产业锦上添花“补链”和新兴产业无中生有“创链”，加快构建符合松阳实际、富有特色优势的制造业体系。到2026年，力争规上工业增加值超65亿元。一是提升传统产业，推进“存量变革”。以数字化、低碳化、品牌化为转型方向，对标打造百亿级全国精品不锈钢管示范基地目标，建设精品不锈钢管产业示范园和科创中心，提升行业话语权和品牌影响力。以“产业大脑+未来工厂”理念，规模化推进“百企转型”数字化建设行动，加快工业互联网平台建设，实现规上工业企业数字化全覆盖，培育一批省级“未来工厂”和省级数字化车间/工厂。推进不锈钢管、时尚产业、农产品精深加工等传统产业生产生态化治理、资源循环化利用、效益跨越式提升，不断提升产业发展的“含绿量”“含金量”。动态完善建筑业扶持政策，支持骨干企业做大做强，推动建筑业持续健康发展。二是壮大新兴产业，加速“增量崛起”。强化“资源换产业、试点换项目”理念，全力打造和高水平推进全国自动驾驶和智能航运先导应用试点、省级智慧交通产业发展试点县、整县推进分布式光伏试点县等建设，细化高端汽车零部件、智慧交通制造、绿色新能源、生物医药等产业招商图和产业链全景图，加强“链主型”企业、头部企业和上下游关联企业招引，加快构建生机勃勃的新兴产业生态圈，打造生态工业新增长极。

2.建好企业培育梯队。按照“个转企、小升规、规转股、股上市”思路，深入开展企业梯次培育行动，建立“领军型、成长型、苗子型”企业“151”培育清单，加快形成龙头企业“顶天立地”、中小微企业“铺天盖地”的发展局面。到2026年，规上工业企业超过200家、上市企业2家以上，国家高新技术企业、科技型中小企业实现翻番。一是全力“壮大”。深入实施“雄鹰行动”，优先支持骨干企业发展，培育10家产值超10亿元、税收超亿元的“领军型”企业，支持云中马、科马摩擦、上上德盛、华威门业、宝丰钢业等重点企业加快上市。二是聚力“强中”。动态筛选一批潜力大、成长性好的规上企业梯队，建立“强中”企业库，引导推动入库企业特色化、裂变式成长，滚动培育50家产值超亿元、以“专精特新”为主体的“成长型”企业。三是着力“育小”。有序推进乡镇工业功能区向小微企业园转型，建设一批特色小微企业园，引进高成长型小微企业入园孵化，开展政策精准滴灌、服务精准助力，扶持100家小微企业成长为以科技型中小企业为代表的“苗子型”企业。

3.全面加强平台建设。强化园区是产业发展主阵地、转型升级主战场地位，打造高能级产业平台，高水平建设浙江松阳经济开发区。一是优化布局。坚持“产城融合”“全县域一盘棋、一区块一特色”理念，推进工业功能区块整合提升，加强5G网络、智慧公路等公共基础设施建设，形成区块产业特色明显、综合承载能力突出的发展格局。二是扩容空间。强力推进赤寿生态工业区“西拓、东进、北扩”工程，新开发工业用地5000亩以上。三是“亩均”增效。坚定不移推进新一轮制造业“腾笼换鸟、凤凰涅槃”攻坚行动，持续深化“亩均论英雄”改革，铁腕开展低效闲置工业用地整治提升行动，全面完成园区亩均税收10万元以下低效企业整治提升。严把工业土地出让关，创新土地出让方式，切实提高工业土地利用率和产出率。到2026年，规上工业亩均税收27万元以上。四是用活“飞地”。坚持“问海借力”，完善产业共建、利益共享机制，推动研发团队、优质项目、高端产业向“飞地”集聚，探索研发总部在“飞地”、产业基地在松阳的发展模式，切实把“飞地”打造成为招商引资的前沿地、科创研发的集聚地和未来产业的孵化地。积极推动“飞地互飞”，引导更多的产业、资金、人才流入松阳。

4.强化资源要素保障。坚定精明增长、集约节约的发展导向，以最少的资源成本实现最大的发展效益。一是强化空间挖潜。按照新一轮国土空间规划布局，优化调整城镇开发边界“插花地”，全面盘活存量用地，加速腾退低效用地，坚持增量空间和指标优先保障生态工业项目建设。二是强化资金保障。加大工业发展扶持力度，健全财政资金投入保障制度，增强政府产业基金和国企基金撬动作用。全面推进国企二轮改革，力争新增2个以上AA主体评级公司，着力提升国企运营和投融资能力。搭建政银企精准对接桥梁，全面提升金融对实体经济的扶持效率、支撑水平和投入规模。三是强化人力支撑。健全产业发展人才政策机制，全面深化与浙江大学、南京农业大学、浙江交通职业技术学院、丽水学院、丽水职业技术学院等高等院校合作，完成丽水农林技师学院筹建，以“订单化”精准培养壮大产业工人（技师）队伍。拓宽县外劳务合作渠道，探索开展企业用工“点对点”精准招录服务，切实解决企业用工后顾之忧。四是强化能源供给。严格落实能耗“双控”任务，严把招引项目能耗关口，坚决防止“两高”项目上马。积极推动新能源及装备产业合理布局、有序落地，打造集光伏、抽水蓄能、风电等于一体的综合能源及产业基地，多向发力为工业发展腾出用能空间。

5.打造最优营商环境。坚持“人人都是营商环境、事事都是营商环境、处处都是营商环境”和“一切盯着项目干、一切围着企业转”，慎终如始做好全流程全领域服务，齐心协力营造最利于企业发展的良好氛围，真正让企业家在松阳投资放心、发展安心、生活舒心。一是优服务。坚持本地企业、外地企业一视同仁和大小客商平等对待，全面推行“靠前一步、主动一点”服务企业理念，深化“三服务”2.0版，健全项目代办、限时办结、容缺审批+承诺制等机制，为企业提供“马上就办、办就办好”的全天候、全要素、有温度服务。二是提效能。以“拿地即开工”为目标，加快向园区放权赋能，推动项目洽谈、签约、落地、投产等审批流程再造，打通高效转换链条，形成生态工业“开工项目铺天盖地、施工项目热火朝天、竣工项目接二连三、后备项目源源不断”的生动局面。三是严法治。倡导“无事不扰、有事必到”，坚决防止干扰企业日常经营和损害企业利益行为，打造诚实守信信用体系和公平公正法治环境，营造鼓励创新、尊重创造、崇尚实干的浓厚氛围。

（二）聚力城乡发展大融合，建设人人向往的魅力松阳。坚持“统筹、整合、联动”和“以人为本、产业为基、精致为要、文化为魂”理念，全面打造“颜值、气质”兼具、“面子、里子”兼修的城乡发展新格局。

1.高质量打造“金名片”。坚持“三产联动、三生融合”，打造特色彰显、具有浓郁松阳辨识度的硬核成果，让“绿色颜值”与“金色产值”交相辉映、共生共赢。一是高品质发展，打造“中国有机茶乡”金名片。以拉长产业链、补强创新链、提升价值链为重点，坚持政府侧、供给侧、需求侧共同发力，深化实施茶产业转型升级，加快推进茶叶市场提档升级和茶文化街区、茶香小镇建设，让全民饮茶、全民爱茶、全民懂茶成为新时尚，全面推动松阳茶产业从量的扩张向质的提升转变、从茶业大县向茶业强县跨越。到2026年，力争茶叶全产业链产值超150亿元，有机茶基地面积1万亩以上。二是高标准建设，打造“全域康养胜地”金名片。坚持全域成景、全做精品、全面激活、全链发力、全民参与的理念，实施文旅产业业态培育、品质提升、品牌创建工程，系统推进旅游与健康养老、健身休闲、有机食品等深度融合，持续打造文旅标志性IP和网红打卡点，推出更多场景化、沉浸式旅游消费新业态，把松阳打造成为古村探秘、田园问茶、老街寻味、山居旅拍、山野探趣、乡建打卡的都市人向往的“第二居所”，畅享“轻松旅、阳光游、慢悠悠”的长三角最佳康养胜地。三是高站位探索，打造“国家传统村落公园”金名片。以当好国家传统村落保护发展探路者和模范生的站位，全面落实“固本、培元、强基、赋能、聚力”要求，集中力量推进三都四都、“幸福小港”等重点片区建设，为全国传统村落活态保护、有机发展提供系统解决方案，将松阳打造成为农耕文明的传承地、乡愁乡情的寄托地和乡村振兴的样板地。

2.高品位建设精致名城。深入推进以人为核心的新型城镇化，坚持精心规划、精致建设、精细管理。一是优化城乡发展布局。深入推进全省高质量发展建设共同富裕示范区缩小城乡差距试点建设，坚持“全域大花园”“松古平原一城化”发展理念，完善国土空间、城乡建设、综合交通等规划编制，推动城乡产业、基础设施和公共服务一体规划建设、优质均衡发展。聚焦中心城区能级提升，推进以“更新老城、拓展南城、活跃北城、振兴副城”为主要内容的“四城联建”，推动人口集中、产业集聚和公共服务集成，提升城区整体功能。二是塑造城市建设品质。按照“推进‘一城化’、唱好‘双城记’、打造精致街、建设样板区”思路，推动历史文化名城和古市千年古城“双城复兴”，打造“文里之外·老街之中”“瓦窑头·时光里”、松古风情和江南里坊等精致街区，稳步实施城市有机更新、截污纳管、老旧小区改造、慢行系统建设等项目，建设建筑可阅读、街区有品质、文化能浸润、人文有温度、生活更美好的魅力街区。全面推进全省城乡风貌整治提升全县域推进试点建设，着力推进老城印象、江南新城2个城市样板区，松古茶香、古村秘境、水墨小港和水韵畲乡4个特色样板区建设，扎实推进未来社区项目建设，打造大花园耀眼明珠和美丽城镇示范样板，高品质绘就山水城共生、产城人共荣的“田园山居图”。三是提升城市管理水平。以绣花功夫改进城市管理服务，常态化开展交通秩序、市场秩序、物业管理等专项整治，切实解决人民群众关注的内涝、停车难、交通拥堵等问题，高质量创成省示范文明县城，争创全国文明城市。全面推行绿色低碳生产生活方式，加快推进生活垃圾、建筑垃圾分类和资源化利用，不断提高绿色产品服务配套供给能力。以数字化理念建设新型基础设施，加强智慧城市、智慧交通建设，提升城市治理数字化、智能化水平。深化“三改一拆”行动，以零容忍态度严控违法违章建筑，力争存量违法建筑分类处置清零，成功创建省“无违建县”。

3.高水平推进乡村振兴。围绕农业农村现代化，推进乡村全面振兴、全面进步、全面发展。一是让农业更强。严守耕地保护红线，落实藏粮于地、藏粮于技战略，保障粮食安全。深化科技强农、机械强农行动，落实科技特派员制度，打造长三角种业强县和全省农业“机器换人”高质量发展先行县。围绕农业生态化、规模化、订单化、循环化、品牌化发展，深化“一乡一品”建设行动，提升农产品生产、加工、营销、溯源全链条标准化水平，建设一批全产业链项目，打响香茶、香榧、香油“松阳三香”品牌。积极培育数字农业、智慧农业等新模式，全面贯通乡村快递网络，集中力量推进电商经济、短视频经济等新业态规范升级，让“手机成为新农具、直播成为新农活、网红成为新农民”。二是让农村更美。深化传统村落保护发展，以“微改造、精提升”理念做好“拯救老屋行动”后半篇文章，切实保护好乡村“天人合一”整村风貌和“田园—山水—村落”完整格局。围绕高水平创建省级新时代美丽乡村标杆县，健全农村人居环境整治提升长效机制，深入推进花园乡村、文明乡村、洁净乡村建设，以更大力度、更高标准实施农村垃圾、污水、厕所“三大革命”，系统开展村庄空间梳理、农房改造、功能植入、标识配套和杆线序化，建设开窗见绿、推门闻香、移步换景的美丽田园乡村。以数字化改革理念建成一批引领品质生活、呈现未来元素、彰显田园韵味的未来乡村。高标准推进“蓝天、碧水、清废、净土”行动，统筹推进山水林田湖草一体化生态系统修复，全域实施“增花添彩”，推动河长制、林长制落实落细，全力打造“万山滴翠、层林尽染、鱼翔浅底、繁星闪烁”最美生态。三是让农民更富。深化“两进两回”机制，因地制宜发展民宿经济、文化创意、运动休闲、养生养老、特色工坊等多元乡村业态，推动更多优质科技、资金、人才、项目等要素集聚乡村、服务乡村，推动乡村空间重塑、业态重构、文化重兴。推进巩固拓展脱贫攻坚成果同乡村振兴有效衔接，健全防止返贫动态监测和帮扶机制，持续加大就业和产业扶持力度，加强农村低收入人口常态化帮扶。深入推进“大搬快聚富民安居”工程和“八个万元”富民增收行动，巩固提升村集体经济持续发展能力，实现行政村集体经济经营性收入15万元全覆盖。

（三）聚力改革创新大突破，建设活力四射的奔放松阳。坚持以数字化改革为引领，深入实施创新驱动发展战略，着力为建设现代化“田园松阳”注入强劲动力。

1.以创新厚植活力。按照“企业出题、高校解题、政府助题”思路，构建“产学研”深度融合、高效协同的科技创新体系。一是加强创新主体培育。实施科技企业“双倍增”行动，构建“微成长、小升高、高壮大”培育机制。打造高能级创新平台，推进茶产业、不锈钢产业创新综合体、智慧交通协同创新实践基地等建设，深化与研究院、研发中心、高等院校等机构合作，促进产学研深度融合。二是完善创新工作体系。聚焦产业共性关键技术研发突破，加强行业协同创新，开展科技成果转化行动，畅通研发到产业的“最后一千米”。积极引进优质科技中介服务机构，建设松阳科技大市场。实施众创孵化空间构建计划，设立科技成果转化引导基金，支持优质创新创业项目加速孵化。三是营造良好创新环境。坚持发展所向、企业所需、政府所能，加大科技创新政策支持力度，完善政府引导、企业主体的科技创新工作体系，全社会R&D经费支出占GDP比重3%以上，财政科技投入确保年均增长20%以上，争创“科技创新鼎”。

2.以改革释放活力。坚定不移把数字化改革作为全面深化改革的总抓手，形成“1+7+N”的改革全景图。一是全面推进数字化改革。稳步推进“152”体系与“141”体系整体贯通、有机衔接，加快构建“县乡一体、条抓块统”基层治理格局，实现全县域整体智治、高效协同。以“三张清单”和重大应用“一本账”为载体，迭代升级“民情地图”“点亮古村落”等应用场景，谋划建设小流域治理、数字小港等特色场景，加快打造具有松阳辨识度的数字化改革成果。二是深化七大领域改革。以跨越式高质量发展综合改革为抓手，深入推进县域共青团基层组织改革、返乡创业等省部级改革试点，实施农村综合集成改革、全域土地综合整治改革等重大任务，衔接各领域改革试点、改革任务和多跨场景等要素，以改革的“一子落”带动发展的“全盘活”。三是谋划县域特色改革。立足松阳实际，积极推进传统村落集成改革，延伸拓展“两山银行”“生态强村公司”“村级工程集体建”等创新实践，完善“乡呼县应、全域联动”数字代办机制，深化“1+N”村级代办、“两单一办法”特色做法，不断增强富民强县、赶超跨越的内生动力。

3.以人才增添活力。坚持党管人才，深入实施“才聚松阳”行动，强化建设现代化“田园松阳”的人才支持和智力保障。一是引进优质人才。聚焦“四张金名片”建设需求，积极构建市县统筹的“双招双引”机制，深化招才引智“六百工程”，每年引进硕士研究生40人、高校毕业生3000人以上。精准招引“高精尖缺”关键人才和领军人才，力争形成“引进一个高端人才、带来一个创新团队、培育一个优势产业”良性循环体系。二是培育本土人才。实施工匠型技能人才培育计划，构建产教训融合、政企社协同、育选用贯通的高技能人才培育体系，着力建设一支强大的本土特色人才队伍。三是创新人才政策。持续加大人才工作经费投入，人才经费增长领先全市平均水平。健全人才“引育用留”机制，加强高端服务供给和优质资源对接，大力推进“人才飞地”“人才之家”建设。实施“银发人才”工程，吸引和激励各类退休离职工程师、教师等优秀人才来松创业就业。深化人才创新创业全周期“一件事”改革，推广“人才码”应用，把松阳打造成为各类人才创新创业的“聚集洼地”。

4.以开放激发活力。坚定“开放强县”不动摇，在持续扩大开放中积蓄赶超动力、拓展发展空间。一是畅通对外大通道。实施“交通先行战略”，加快推进衢丽铁路建设，开工建设义龙庆高速公路、50省道二期改建工程，积极推进金龙城际铁路、A1级通用机场等重大项目前期，加快完成仙居至庆元公路水南至枫坪段工程（西竹玉公路）、235国道松阳段建设，加快构筑高效、快捷、舒适的现代化立体交通网。二是完善内部循环网。完善城乡公交一体化，高质量推进“四好农村路”建设，加快农村客货邮融合发展，打通县内主次干道连接，建成“松古平原15分钟、全县域30分钟”城乡交通圈。深入推进新型基础设施建设，加快建设高速泛在、云网融合、安全可控的智能化综合性数字信息基础设施，打通经济社会发展的信息大动脉。扎实推进省山区水利现代化先行县试点，加强与三峡集团深度合作，重点实施抽水蓄能电站、松古平原水系综合治理和“幸福河湖”工程，争创全国“县级水网”试点。三是融入发展新格局。实施新时代“山海协作”行动，深化与余姚、安吉、南浔等地合作交流，迭代拓展内涵载体形式，共建共享实施一批重大产业项目、重点实事项目，不断提升“山海协作”的纵深度、紧密度和实效度。依托浙西南公铁物流中心，主动承接长三角一体化发展的“溢出效应”，积极嫁接“大湾区”、义甬舟开放大通道及义新欧班列等平台。多举措拓展与港澳台交流合作，不断扩大“朋友圈”。深化与联合国人居署、国际友好城市等交流合作，高质量举办各类国际论坛赛事活动，向世界讲好“松阳故事”。

（四）聚力民生福祉大跃升，建设富足安康的幸福松阳。坚持以争当山区共同富裕美好社会模范生的姿态，用心用情办好百姓关切的民生实事，不断提高人民群众的获得感、幸福感、满意度。

1.全面促进就业增收。积极落实就业优先战略，推动就业向有利于“扩中”“提低”的方向转变，以产业壮大创造更多的就业岗位，加快构建有利于共同富裕的高质量就业体系。全力兜住民生底线，切实做好困难群体就业工作，保持城镇“零就业”和农村“零转移”家庭动态清零。发挥创业带动就业的“倍增效应”，加大创业创新政策支持力度，鼓励勤劳致富、创新致富，做大就业创业“基本盘”。深入实施中等收入群体培育行动，多措并举减轻中等收入家庭在教育、医疗、养老、育幼、住房等方面的支出压力，基本形成橄榄型社会结构。

2.加速教育发展提质。全面落实“双减”政策措施，深入推进教育提质行动，构建“五育”并举的育人体系，推动终身教育开放共享。加快新时代教共体建设，全力争创山区教育现代化先行先试县试点，推进教育集团化办学、区域学校联盟建设，大力发展公办幼儿园，扶持普惠性民办幼儿园，创建全国学前教育普及普惠县。加速城乡义务教育一体化发展，建成育英小学、文教园区幼儿园，谋划建设职业中专产教融合中心、城区幼儿园和水南小学扩建等重点项目，创成全国义务教育优质均衡发展县。深化名校战略，推动松阳一中强校建设、松阳二中特色发展，推动职业中专成为特色鲜明的中职教育名校，高水平建成丽水学院松阳校区。完善特殊教育、专门教育保障机制。深化教育领域综合改革，加快发展“互联网+教育”，全面推进省级智慧教育试点县建设，合心合力办好人民满意的教育。

3.增强健康服务能力。树立大卫生大健康理念，强化“三医联动”“六医统筹”，健全“双下沉、两提升”长效机制，深化与浙大二院、省中医院医疗合作，发展智慧医疗，大力提升县级强院综合服务能力。实施公共卫生基层设施补短工程，建成人民医院改扩建、古市医院二期、公共卫生中心等一批项目。大力实施妇幼健康工程，深入开展爱国卫生运动，大力推进应急救护培训，健全全民健身服务体系，加快发展医养结合等健康产业，争创国家级慢性病综合防治示范区。全面推进省中医药综合改革先行县创建，高品质建成中医医院。

4.完善文化供给体系。坚持以文化人、以文培元，努力实现人民群众物质精神共同富裕。实施文化传播工程，推进媒体深度融合，建设媒体传播矩阵，打造新型文化传播平台集群。实施文化惠民工程，推进公共文化场所大提升，谋划建设松阳城市文化客厅、城市书房，建成全民健身中心，创建省级体育现代化县。培育和践行社会主义核心价值观，加快“松阳之窗”新时代文明实践中心建设。实施文艺精品工程，推出一批讲述松阳好故事、传播松阳好声音、弘扬松阳正能量的精品力作，让“松阳高腔”等“非遗”艺术更富时代感、更具表现力、更有吸引力。实施文化基因解码工程，加强田园乡土文化、红色革命文化、茶旅康养文化、古韵乡愁文化等系统性保护和创造性转化，打造具有松阳特色的宋韵文化、瓯江诗路文化带。有序推进水文化遗产申遗，积极申报世界灌溉遗产。实施文化品牌工程，深化全县域民俗节庆活动，加强非遗工坊和乡村博物馆的活态利用，建立健全常态化的活态传承和展演机制。

5.提升社会保障水平。着眼于构建高质量、多层次、广覆盖的社会保障体系，健全社会保险制度，加快建设幸福养老服务体系。深化基本养老保险、基本医疗保险、失业保险、工伤保险、“浙丽保”等扩面提质。完善特殊群体保障体系，完善最低生活保障制度，提升社会救助兜底保障水平。健全退役军人工作体系和保障制度。完善老年人、妇女儿童、残疾人关爱服务体系，大力发展社会福利和慈善事业，不断构建优质均衡的社会保障供给体系。

（五）聚力社会治理大提效，建设和谐安宁的和美松阳。全面推进县域社会治理能力与治理体系现代化，全力夺取全省“二星平安金鼎”。

1.着力加强基层治理。完善党建引领“四治融合”基层治理机制，迭代升级“一中心四平台一网格”建设体系，建立健全“数字化+网格化+大脚板”工作机制，建设基础更牢、水平更高、群众更满意的平安法治环境。稳步推进司法体制改革，扎实开展“八五”普法，实施公民法治素养提升行动计划。全面推进“大综合一体化”行政执法改革，实现基层“一支队伍管执法”和跨部门跨领域综合执法。加快构建规范高效司法监督体系，健全纪检监察执法司法机关工作衔接机制，进一步提升司法质量、效率和公信力。完善乡村治理体系，加强村级民主管理和民主监督，建设充满活力、文明有序、和谐稳定的善治乡村。

2.全力促进社会和谐。着力推动社会治理中心建设，全面加强统筹整合、协同联通，将社会治理中心打造成为集信访矛盾调处、治理事件处理、风险分析研判等于一体的“152”体系与“141”体系衔接贯通的重要枢纽。深化领导干部接访下访和包案处理机制，强化矛盾纠纷源头化解，用法用理、用心用情做好信访工作。开展“盗抢骗”“黄赌毒”等重点领域专项整治，坚决防范打击暴力恐怖、黑恶势力和跨国犯罪。防范抵制邪教组织和邪教活动，持续深化宗教领域“制非”行动，维护宗教领域和谐稳定。开展扫黑除恶常态化斗争，深化“雪亮工程”智能应用，构建全覆盖、智能化社会治安防控体系。持续巩固政法队伍教育整顿成果，健全长效机制，打造过硬政法队伍。

3.竭力防范社会风险。深化“反制”“铸墙”“净土”“攻心”四大工程建设，确保政治绝对安全。坚持“政府过紧日子，人民过好日子”，积极削减财政开支，化解政府债务风险。落实重大项目风险稳评机制。全面加强应急管理体系建设，严格落实安全生产责任制，加强食药品监管、消防、交通运输、森林防火、维护市场秩序等重点领域工作，确保社会大局和谐稳定。完善自然灾害防治体系，全面提升地质灾害、台风、洪涝等自然灾害的监测预警、防御、应急救援和物资调度保障能力。完善平战结合的疫病防控体系，慎终如始抓好常态化疫情防控，防范重大传染病和生物安全风险。全面深化食品安全战略，压实“米袋子”“菜篮子”负责制，巩固省食品安全示范县创建成果，确保“舌尖上的安全”。加强网络舆论引导，实施网络生态“瞭望哨”工程，走好网上群众路线。

（六）聚力从严治党大提升，建设澎湃向上的奋进松阳。大力弘扬伟大建党精神，赓续红色血脉，勇担时代使命，着力构建以“七张问题清单”为抓手的党建统领整体智治体系。

1.永葆绝对忠诚的政治本色。以守好“红色根脉”的高度自觉，胸怀“国之大者”，旗帜鲜明把政治建设摆在首位。深入学习习近平新时代中国特色社会主义思想，持续推进“两学一做”学习教育常态化制度化、“不忘初心、牢记使命”主题教育和党史学习教育，在学思践悟中自觉把“四个意识”“四个自信”“两个维护”融入血脉、见诸行动，坚定不移做“两个确立”忠诚拥护者、“两个维护”示范引领者。认真落实意识形态工作责任制，强化意识形态阵地管理。大力弘扬践行“精耕勤学、开放融合、争先图强”新时代松阳精神，激励全县党员干部在“二次创业”、富民强县的道路上奋勇前行。

2.构筑坚强有力的战斗堡垒。牢固树立大抓基层、大抓支部的鲜明导向，把党的基层组织建设得更加坚强有力。深化“支书三晒”活动，深入开展乡村分档定级、争先晋位评定，评选强基共富先进乡村，抓好后进党组织整顿转化，使每一个支部都成为战斗堡垒。抓好基层党员干部队伍建设，建强以十大强基先锋、兴村（治社）名师和担当作为好支书等为矩阵的先锋头雁队伍。严把党员“入口关、管理关、出口关”，让每一名党员都成为先锋旗帜。深入推进全域党建联盟建设，落实县乡村三级基层党建责任清单，加强基层党建“四项保障”，全面筑牢党的坚强执政根基。

3.锻造堪当重任的中坚力量。落实新时代好干部标准，更加突出善谋划、敢担当、重实干、会创新、出实效的选人用人导向。优化领导班子和干部队伍结构，统筹做好女干部、党外干部、少数民族干部选配工作。加强干部队伍能力建设，实施新一轮干部教育培训五年行动计划，重点提升各级党员干部抓经济、谋项目、促改革、破难题等方面的能力和水平。持续深化“茶炼”年轻干部工程，选派优秀年轻干部到“双招双引”、重点项目、信访维稳和基层一线锻炼成长。完善争先创优赛马机制，建立健全“两个担当”良性互动机制，旗帜鲜明为勇于担当的干部撑腰鼓劲。

4.营造风清气正的政治生态。良好的政治生态是建设现代化“田园松阳”的重要保障。严格落实全面从严治党主体责任，以抓铁有痕、踏石留印的劲头，全面落实落细“五张责任清单”，纵深推进“清廉松阳”建设。推动政治监督具体化常态化，压紧压实“两个责任”，强化对“一把手”和同级班子监督。持续深化政治巡察，发挥巡察“利剑”作用，健全巡察整改和结果运用长效机制。锲而不舍加强作风建设，紧盯“四风”新形式新动向，推动作风建设常态化长效化。旗帜鲜明精文减会，让务实、精简、高效在松阳蔚然成风。持续深化群众身边腐败和不正之风问题专项整治。精准运用监督执纪“四种形态”，对党员干部苗头性、倾向性问题，早发现、早提醒、早处置。始终保持惩治腐败高压态势，严查重点领域关键环节腐败问题，不断健全不敢腐、不能腐、不想腐一体推进机制。

5.凝聚团结精进的奋斗合力。坚持党的领导，充分发挥党总揽全局、协调各方的领导核心作用，健全决策程序，规范决策行为，切实加强县委常委班子自身建设。大力推动全过程人民民主在松阳的生动实践，支持人大及其常委会依法履行职能，支持政府依法行政，支持人民政协发挥政治协商、民主监督、参政议政作用，支持“一委两院”独立行使监察权、检察权和审判权，支持审计依法独立行使监督检查权，支持工会、共青团、妇联、文联、科协等开展工作，形成思想同心、目标同向、干事同步的良好氛围。围绕“谋求最大公约数、画出最大同心圆”工作要求，加强民主党派、工商联、民族、宗教、港澳台海外统战工作和党外代表人士队伍建设，巩固发展新时期爱国统一战线。推动国防动员体制改革，深化党管武装工作落细落实。关心并重视发挥老干部、老同志的积极作用，做好对台、关心下一代、史志、档案、移民、革命老区、红十字等工作，汇聚形成“二次创业”、富民强县的强大合力。

各位代表，同志们！1800多年前，先辈们在松古大地上建立起了丽水市第一个建制县，此后，岁月变迁，治乱更替，沧海桑田，几度兴衰。80多年前，刘英、粟裕率领的中国工农红军挺进师在我县建立了浙西南第一个革命根据地，从此，松阳人民坚决听党话、铁心跟党走，松阳的革命、建设、改革、发展有了“主心骨”，找到了“领路人”。40年前，乘着改革开放的强劲东风，松阳恢复县制，在几代共产党人的不懈奋斗下，松古大地发生了辉煌巨变，彻底摘掉了“欠发达县”的帽子，全面建成小康社会的宏伟夙愿现已梦想成真。20年前，在已点燃的松阳工业发展“星星之火”基础上，以启动工业园区建设为标志，我们坚定不移地走工业园区化、集聚化发展道路，推动了松阳从传统农耕县向山区工业县的重大转型。10年前，第九次党代会确立了“田园松阳”发展战略，我们坚持一张蓝图绘到底、一任接着一任干，历经十年接续奋斗、不懈努力，“田园松阳”建设路径日渐清晰，知名度、美誉度明显提升，宏伟蓝图正逐步变成美好现实。

奋进新征程，不忘来时路。对历史最好的致敬，就是书写更辉煌的历史；对未来最好的把握，就是开创更美好的未来。今天，松阳改革发展的“接力棒”传承到我们这代共产党人的手中，实施“二次创业”、加快富民强县，建设现代化“田园松阳”的重任历史性地落到了我们的肩上，这是多么艰巨而伟大的任务，又是何等光荣而神圣的使命！

各位代表，同志们，时代眷顾奋斗者，星光不负赶路人。让我们更加紧密地团结在以习近平同志为核心的党中央周围，在省委、市委的坚强领导下，以勇当领跑者的雄心壮志、敢为天下先的豪情锐气，激情拼搏、奋发进取，在肩负“二次创业”、富民强县的重大使命中阔步前行，在建设现代化“田园松阳”新征程上奋力奔跑，为开创松阳更加美好的未来而努力奋斗！

# 谋定快动 竞逐一流 以优异成绩实现“二次创业”精彩开局

——2022 年 2 月 8 日县委书记莫靓

在县委十一届二次全体（扩大）会议暨全县干部大会上的报告

## 一、充分肯定 2021 年的主要工作

2021 年是松阳发展史上具有重要意义的一年。面对错综复杂的外部环境和艰巨繁重的改革发展稳定任务，县委常委会认真贯彻落实中央、省委和市委决策部署，全面厉行“丽水之干”，统筹疫情防控和经济社会发展，扎实做好“六稳”“六保”工作，开拓创新、攻坚克难，交出了经济社会发展的优异答卷，实现了“十四五”良好开局。全年地区生产总值 129.08 亿元，增长 5.4%；一般公共预算收入 8.93 亿元，增长 9%；社会消费品零售总额 62.84 亿元，增长 10.6%；城镇居民人均可支配收入 47041 元，增长 10.7%；农村居民人均可支配收入 23405 元，增长 12.5%。回顾一年来的工作，主要成绩体现在以下几个方面：

县域发展开启新征程。一年来，县委常委会审时度势，准确把握形势发展变化，积极应对外部风险挑战，主动顺应群众期盼需求，两次召开县委全会，对全县工作进行系统研究部署。在县第十一次党代会上，县委坚持一张蓝图绘到底，聚焦富民强县、聚力赶超跨越，提出全面实施“二次创业”，明确工业强县、人才强县、科技强县、开放强县、文化强县鲜明导向，奋力建设以“智造松阳、魅力松阳、奔放松阳、幸福松阳、和美松阳、奋进松阳”为核心支撑的现代化“田园松阳”目标，县域发展路径更加清晰，发展战略实现迭代升级，经济社会发展进入新阶段、开启新征程。

从严治党焕发新气象。一年来，县委常委会以身作则、以上率下，旗帜鲜明讲政治，示范带动四套班子不折不扣落实中央决策部署和省市工作要求，以实际行动争做“两个确立”的忠诚拥护者、“两个维护”的示范引领者。坚持全面加强党的领导和党的建设，扎实开展党史学习教育，圆满完成县乡换届。全面开展村（社）干部队伍教育整顿专项行动，查处群众身边不正之风和腐败问题 26 起 30 人。深入推进“清廉松阳”建设，实现县委巡察全覆盖。铁腕整治“四风”问题，“零容忍”惩治腐败，全年共处置问题线索 184 件，给予党纪政务处分 91 人，采取留置措施 7 人，移送司法机关 18 人，有效巩固了山清水秀的政治生态。

发展质效迈上新台阶。一年来，县委常委会坚持高质量发展不动摇，着力推动绿色生态发展，扎实推进“智能制造新城”“中国有机茶乡”“全域康养胜地”“国家传统村落公园”建设，经济发展质量和效益实现明显提升。固定资产投资增长 12.1%，其中工业投资增长 88.9%，制造业投资增长 134.1%，这两项指标均居全市第一，交通投资增长 67.4%，位居全市第二。规上亩均税收增长 20.3%。新经济新业态蓬勃发展，累计发展民宿（农家乐）561 家，实现网络零售额 51.85 亿元，同比增长 58%，位居全省第四、全市第一。

赶超跨越积蓄新动能。一年来，县委常委会大力弘扬践行“精耕勤学、开放融合、争先图强”新时代松阳精神，全力实施“双招双引”首位战略，发展内生动能持续增强。全年引进项目 88 个，其中制造业大项目 18 个，新增工业用地 1260 余亩，新上规企业 5 家，成功创建浙江松阳经济开发区。引进高校毕业生 3362 名，研究生 155 名，数量均创历史新高。开放交流不断拓展，与安吉、南浔、新昌建立合作伙伴关系，高质量举办第十四届国际茶商大会、第二届城乡联系国际论坛、2021（第二届）中国不锈钢管高峰论坛等活动，松阳知名度美誉度进一步提升。深入推进改革创新，跨越式高质量发展综合改革扎实推进，新增数字化改革试点 15 项，新获省部级试点 2 项、省厅级试点 24

项，入选全省高质量发展建设共同富裕示范区缩小城乡差距领域首批试点，国投集团取得主体信用AA评级。

城乡建设呈现新形象。一年来，县委常委会深入推进以人为核心的新型城镇化，城乡人居环境显著改善。城市有机更新深入推进，县城雨污分流、老旧小区改造等项目加速实施，基本完成青田码道、瓦窑头、文里等区块改造项目，一江两岸呈现新面貌。城乡一体化、松古平原一城化加速推进，古市古城入选全省耀眼明珠培育对象和首批千年古城复兴试点。重大基础设施建设加快推进，黄南水库建成发电，衢宁铁路（浙江段）货运开通运营，衢丽铁路开工建设，抽水蓄能电站项目完成预可研评审，235国道、仙居至庆元公路水南至枫坪段工程（西竹玉公路）等项目加快推进。乡村振兴建设持续发力，拯救老屋行动不断深化，举办中国·松阳乡宿产业发展大会、乡村复兴论坛·松阳峰会等活动，获评2021年度中国乡村振兴百佳示范县。耕地"非粮化""非农化"整治取得阶段性成效。生态环境质量持续改善，空气质量优良率99.7%，出境断面水质I类水26天，比2020年增加18天。

民生福祉得到新改善。一年来，县委常委会牢固树立以人民为中心的发展思想，聚焦群众所急所盼，全力推进教育、医疗卫生、文化事业等提质发展，全面办成了重点人群健康服务、推进助老济困等59项省市县三级民生实事项目。职业中专迁建工程、筏铺四期等项目完工并投入使用，育英小学、全民健身中心、中医医院迁建、人民医院改扩建、县域供水一体化管网工程等项目有序推进，在全市率先通过全国义务教育优质均衡发展县省级督导评估认定，建成全市首个公立医院医养中心，被评为健康浙江建设先进县，真正让群众不断看到变化、得到实惠。特别值得一提的是，面对严峻的外部经济环境，我们逆势实现了收入指标排位的全面进步，其中全体居民收入增速从2020年全市第五上升到2021年全市第二、城镇居民人均可支配收入增速从第三上升到第一、农村居民人均可支配收入增速从第八上升到第三、低收入农户收入增速从第九上升到第七，城乡收入比从2.04缩小到2.01。

社会治理实现新提升。一年来，县委常委会统筹疫情防控和经济社会发展，有力打赢疫情防控的防御战、阻击战，有力守护了全县人民的生命健康。社会大局和谐稳定，圆满完成建党百年等重点时段的维稳安保工作，有望实现省级平安建设"十七连冠"。

同志们，回顾一年来的工作，我们在全面从严治党、经济社会发展、民生福祉改善、生态环境保护等各个方面都取得了喜人的成绩。各项成绩的取得，饱含着各级党组织和党员干部群众的不懈努力和辛勤汗水。在此，我代表县委常委会，向各位委员、向全县广大党员干部群众，表示衷心的感谢！

在肯定成绩的同时，我们也清醒地看到，对标"二次创业"、建设现代化"田园松阳"要求，特别是同相对先进的县（市、区）相比，我们的工作还存在一些短板和不足：从经济发展看，产业发展特别是生态工业的总量、质量、速度等方面还有很大差距，亟需迎头赶上。从城乡建设看，在基础设施建设、人居环境等方面，群众还有不少不够方便和满意的地方，精致建设和精细管理做得还不够。从民生事业看，人民依然渴望更加便利、更加均衡、更加优质的教育、医疗卫生等公共服务。从社会治理看，基层基础还不够稳固、党建统领与基层治理的融合有待加强，矛盾纠纷的源头化解、清仓见底还不够有力。从队伍建设看，少数党员干部"坐等""躺平"的思维不同程度存在，推动高质量发展、超常规推进、跨越式赶超的谋划能力、落实能力还有不足，攻坚破难、敢于担当的精气神还有待提高。这些都是今后工作的关键着力点所在。

同志们，暂时的落后不可怕，可怕的是看不到落后、不知道落后，甚至安于落后。当前，发展进入了新时代，划定了新的起跑线，县委提出"二次创业"再出发，开启建设现代化"田园松阳"的新征程。去年取得的成绩，为我们迈好新一步、展现新气象打下了坚实的基础，但要清醒看到差距所在、短板所在，看到"百舸争流、千帆竞发"的发展趋势，看到"不进则退、慢进也是退"的竞争态势，抢抓共同富裕示范区建设、加快革命老区振兴等战略机遇，积极应对面临的困难风险与挑战，谋定快动、竞逐一流，以优异成绩接好"接力棒"、跑好"第一程"。这既是发展所需、形势所迫，更是我们义不容辞的责任。

## 二、关于2022年的主要工作

2022年是一个具有重大历史意义的特殊年份。今年是"十四五"规划承上启下之年，是松阳恢复县制40周年，是实施"二次创业"固本强基之年，是党的二十大和省、市党代会召开之年，是北京冬奥会、杭州亚运会举办之年。这一年，可以说大事要事盛事多。做好今年工作，使命光荣、意义重大。

今年工作的总体要求是：坚持以习近平新时代中国特色社会主义思想为指导，认真贯彻党的十九大和十九届历次全会、中央和省委经济工作会议精神，坚持"稳中求进"工作总基调，忠实践行"八八战略"、奋力打造"重要窗口"，坚决厉行"丽水之干"，统筹疫情防控和经济社会发展，围绕建设现代化"田园松阳"奋斗目标，紧扣"1+4+10"行动方案，深入弘扬践行新时代松阳精神，坚定不移落实"高质量发展、超常规推进、跨越式赶超"核心要求，加快打造"四张金名片"，把忠实拥护"两个确立"、坚决做到"两个维护"体现到"奋力奔跑"实际成效中，全力推动"二次创业"精彩开局，以优异成绩迎接党的二十大胜利召开。

在具体工作中，要把握好以下几点要求：

筑牢稳的底盘。坚持稳字当头、稳中求进，始终把安全稳定作为高质量发展的基石、人民幸福的保证，统筹疫情防控和经济社会发展，全面提高治理体系和治理能力现代化水平，有效防范各类风险连锁联动、累积叠加。始终把稳住经济大盘作为重大政治任务来抓，全力稳投资、稳工业、稳企业、稳预期，全面激发市场主体活力，着力培育经济新增长点，保持经济运行在合理区间，推动经济行稳致远。

激发进的动能。大力弘扬伟大建党精神，以新时代松阳精神为原动力，坚定信心、振奋精神，变压力为动力，以“小县要有大志气，小县也能大发展”的雄心壮志和“人一之、我十之，人十之、我百之”的干劲，努力在严峻挑战中逆势奋进、赢得先机，干出气贯长虹、昂扬奋进的新气象，推动松阳发展加快实现精彩蝶变。

增强变的意识。坚持改革创新不动摇，积极应对复杂经济形势，准确识变、科学应变、主动求变，以先进理念和超常规举措打破体制机制障碍，激活资源要素，加快质量变革、效率变革、动力变革。深入推进变革型组织建设，推动体制机制系统重塑，提升干部现代化建设的能力和水平，努力在新一轮赶超跨越竞争中走在前列、勇立潮头。

加快跑的步伐。始终奋力奔跑不停歇，瞄准全年重点工作任务，勇于担当、干字当头，以“我们都是奔跑人”的精神状态和“不待扬鞭自奋蹄”的工作状态，赛出“松阳速度”，书写“松阳精彩”，全面推动干部提神、工作提标、落实提速、服务提质、发展提效，让党员干部全力奔跑蔚然成风，让主要经济指标逆势赶超成为常态。

今年的工作主线是“1+4+10”行动方案：

“1”就是由全年主要经济指标和工作任务构建的目标体系。2022年全县经济社会发展的预期目标是：生产总值增长9%左右；固定资产投资增长20%以上；一般公共预算收入增长9.2%以上；社会消费品零售总额增长8%以上；服务业增加值增长8%以上；城镇居民人均可支配收入增长8.5%以上；农村居民人均可支配收入增长10%以上；能耗双控完成省市下达指标，县域环境质量状况保持全省前列；全年引进项目80个以上，其大项目20个以上，大项目中制造业项目10个以上。按照“应统尽统、颗粒归仓、不留盲区”要求，切实增强数字思维、数据意识，全面构建“用指标说话、以数据证明”的工作落实和考评体系，实现主要经济指标、工作任务的数字化呈现、清单化管理和闭环化落实。

“4”就是围绕目标体系梳理出的项目、要素、改革、政策“四张动态清单”。

1.项目动态清单。围绕县第十一次党代会和县委、县政府确定的目标任务，按照“每年有突破、两年见形象、五年出成效”的原则，各相关单位建立了重点前期项目、新建项目、续建项目和招商引资项目等清单，明确了具体的时间节点、阶段目标、责任单位、难点堵点等内容。这是今年项目建设的“总盘子”“作战图”，各挂帅领导和责任单位要对标项目清单，加大攻坚推进力度，共同发力，努力实现“开门稳”“全年红”。

2.要素动态清单。重点涵盖财政、资源、金融、能源等方面，明确了总量需求、组成方式、筹措来源、责任单位、完成目标等内容。县财政局、自然资源和规划局、经投集团等责任主体，要对照项目清单，按照“统筹整合、节约高效”的原则，坚持增收节支并举、开源节流并重，优化要素配置，提高使用效率，既要保证项目无障碍推进，又要确保每一分钱、每一寸土地都用在刀刃上。

3.改革动态清单。以数字化改革“1512”工作体系为基础，立足松阳实际，按照上级任务、自主改革、发展亟须等方向，明确年度全面深化改革的工作目标、重点任务、责任单位、预期成效等内容，真正实现“规定动作接得住、自选动作真出彩”。

4.政策动态清单。重点涵盖“稳增长促消费、减负强企、人才科技、民生保障”等四方面内容，中央和省市将聚焦“稳增长促增长”出台系列利好政策，各级各部门要按照“简洁、集成、便民”的原则再进行系统梳理，哪些是已经出台但需要迭代升级的，哪些是需要新制定出台的，哪些是需要整合集成的，分门别类完善政策清单。要争做政策上的先知先觉者，增强工作主动性，加强对接联系，把握政策机遇，全力以政策的“实”和“效”实现发展的“稳”和“进”。

“10”就是围绕目标体系谋划实施的“十大行动”，这是今年工作的总抓手。

1.“双招双引”提质行动。坚持“双招双引”“一号工程”“一把手工程”不动摇，坚持四套班子合力抓、县乡村三级联动抓不松懈，以高质量的“双招双引”激发“二次创业”的强劲动力。一要在招大引强上取得新突破。聚力招商队伍系统性重塑，突出加强招商能力的锻造培养，选派优秀年轻干部赴一线招商，着力打造一支业务水平高、综合素质好、战斗能力强的招商队伍。聚焦高端汽车零部件、智慧交通、新能源新材料等新兴产业和重点培育产业强链补链延链，丰富以商招商、基金招商、顾问（中介）招商、“飞地”“飞楼”招商等模式，完善综合量化考核、项目比选、履约管理等机制建设，加快集聚更多龙头旗舰型、短板补链型、价值提升型、突破引领型项目。二要在招才引智上取得新突破。对标全市最优、全省前列，推进人才政策迭代升级，提升松阳人才政策的辨识度、吸引力和竞争力。创新开展柔性引才、中介引才、企业引才等多渠道人才招引方式，力争全年引进院士团队1~2个、领军型人才及团队1~3个、高校毕业生3500人以上，其中博士10人、硕士135人以上。三要在优化营商环境上取得新突破。好的营商环境就是生产力、竞争力、吸引力。深入开展优化营商环境行动，全面提升服务企业的力度、速度和温度，全力实现企业办事“沟通无障碍、服务零距离、一般不用跑、最多跑一次”。全面落实“减负担激活力促提升”政策，加强政策集成，真正让政策兑现像“网购”一样方便。落实“无事不扰、有事必到”，深化“三服务”2.0版，开展“百名干部驻百企”和“助企开门红”等活动，全面消除一切折腾企业的行为，坚决打击一切刁难企业的行为，让企业集中精力做好发展的事情。

2.生态工业强基行动。坚持工业强县不动摇，全面夯实工业发展基础，加快工业振兴发展步伐。一要建好“一平台”。加快赤寿生态工业区块二期和小微企业园建设，新增1个省级认定小微园。加快规划环评编制工作，厘清职责关系、完善工作机制，高水平打造浙江松阳经济开发区。铁腕推进低效闲置工业用地专项整治，年内基本实现亩均税收3万元以下企业的改造升级，有效盘活低效闲置工业用地，腾出产业发展空间。二要念好“两业经”。坚持传统产业转型和新兴产业培育“两条腿”走路。推进精品不锈钢管产业示范园建设，加快不锈钢管、合成革等传统产业整合提升、提质增效，积极推进云中马等重点企业上市。深入实施数字经济“一号工程”2.0版，加快“百企转型”数字化改造步伐，完成30家规上企业数字化转型。积极争取交通运输部全国自动驾驶先导试点和智能航运先导试点、省级智慧交通产业发展试点县，加快综合交通产业成型成势。支持建筑业做大做强，加快发展装配式建筑，推动建筑业持续健康发展。三要建好“三梯队”。实施“151”企业梯队培育行动，加大企业培育力度，力争培育年产值超10亿元的“领军型”企业3家以上、年产值超亿元的“成长型”企业50家以上、上规“苗子型”企业8家以上。

3.循环支点打造行动。依托松阳的自然资源优势、特色产业优势、区位发展优势，充分发挥投资的“压舱石”和消费的“助推器”作用，着力将松阳打造成为浙江战略支点中的重要节点。一要着力扩大有效投资。抢抓投资新政的政策窗口期，聚力“大抓项目、抓大项目”，加快浙西南公铁物流中心、第二水厂等重大前期项目谋划，加快补齐基础设施短板。坚持在建项目抓进度、竣工项目抓投产、前期项目抓落地，落实领导挂帅、项目督导、月度例会、晾晒比拼等机制，深化“金牛奖”和“蜗牛奖”评比，全力跑出项目建设“松阳速度”，确保所有重点新建项目在三季度前实现实质性开工。二要着力深化开放合作。扎实推进同上海松江区、嘉兴经开区、余姚、安吉、南浔、新昌等地区的交流合作，加快“飞地”“飞楼”等项目落地见效，拓展在招商引资、产业园共建等方面的合作。推进与三峡集团、中铁建等央企的深度合作，实现问海借力、借梯登高。三要着力畅通交通循环。加快推进衢丽铁路、235国道改建工程、仙居至庆元公路水南至枫坪段（西竹玉公路）等项目进度，积极推进义龙庆高速、S222省道（原50省道）雅溪口至裕溪段、金龙城际铁路、A1级通用机场等重大项目前期，加快构建立体综合交通网络。

4.改革创新深化行动。聚焦制约经济社会发展的突出障碍和百姓关切的重点领域，加大改革创新力度，全面激发发展活力。一要迭代升级数字化改革。今年是数字化改革全面贯通、集成突破、集中展示的一年，要按照省委数字化改革“1512”体系，以“三张清单”和重大应用“一本账”为抓手，迭代升级“点亮古村落”“茶叶在线”等场景应用，加快形成管用实用、具有松阳辨识度的数字化改革成果。二要加快重点领域改革。稳步推进新时代乡村集成改革、农村产权制度改革、全域土地综合整治改革、城乡供水一体化改革、国企二轮改革等关系发展全局的重点改革，以重点领域改革的破题破局引领“二次创业”迈出铿锵步伐。三要加大科技创新力度。坚持科技创新与产业提升联动，强化政府推动、企业主动和社会联动，推进新一轮科技企业“双倍增”行动，新增国家高新技术企业7家、省科技型中小企业20家以上，高新技术产业增加值超13亿元，规上企业研发活动覆盖率达80%以上，全社会R&D经费支出占GDP比重达1.8%。强化创新平台建设，加快茶产业创新服务综合体、长三角创新中心、省交通职业技术学院数字公路应用松阳分中心、百度Apollo交通生态合作办公中心等创新平台实体化运转。

5.乡村全面振兴行动。以全省共同富裕示范区缩小城乡差距改革试点为总牵引，围绕“让农民富起来、产业强起来、乡村美起来”目标，持续全面推动乡村振兴。一要千方百计促增收。推进巩固拓展脱贫攻坚成果与乡村振兴有效衔接，争创革命老区乡村振兴示范区、乡村振兴综合试点。全面开展“农民共富”行动，启动村集体经济巩固提升五年行动，高质量推进“大搬快聚富民安居”工程，切实让农民的腰包鼓起来、村集体经济强起来，确保低收入农户人均可支配收入增长10%以上，确保消除90%以上的集体经济相对薄弱村。二要多措并举强产业。以“中国有机茶乡”“全域康养胜地”建设为依托，因地制宜发展农产品加工、乡村休闲旅游、农村电商等乡村特色产业，加快农业一、二、三产业融合发展，创新发展水经济，促进农民就地就近就业创业。积极推进农业“双强行动”，着力打响“松阳三香”品牌。落实“长牙齿”的耕地保护制度，加快发展设施农业，全力做好“非粮化”整治优化的“后半篇”文章。三要全域推进优环境。全力推进新时代美丽乡村建设，高标准打造未来乡村试点。加快“百城千镇万村”景区化建设工作，推进美丽宜居示范村、花园乡村精品村建设，加快推动行政村生活垃圾分类、农村生活污水常态化运维管理全覆盖，打造人人共享的美丽大花园。坚持突出重点、循序渐进，聚力三都四都、大东坝等核心区建设，以区块的率先突破和成型成势，带动“国家传统村落公园”建设早出形象、早现雏形。

6.美丽城镇建设行动。要跳出传统的城市建设思维，用未来视角、国际视野创新理念、标准、规划、设计，打造有活力、有魅力、有吸引力的最美田园城市。一要以精品规划引领城市建设。坚持“全域大花园”“松古平原一城化”理念，进一步优化国土空间总体规划和基础设施、公共服务、产业、人口等总体布局，以“一张图”管控，加速“一城化”建设，全力唱好“双城计”。按照功能互补、有机衔接、融合发展的要求，加快推进“四城联建”，高标准做好南城、火车站、北城、古市等片区的规划修编工作。二要以精致建设彰显城市韵味。深入实施全域城乡风貌整治提升行动，坚持高品质设计、高标准建设，以“绣花功夫”抓好公共基础设施、未来社区、背街小巷改造升级、历史建筑保护、重要景观节点打造等工作，着力打造彰显人文魅力、富有城市活力的现代化品质城市。三要以精细管理提升城市品位。以综合行政执法体制机制改革为契机，运用智慧化手段，推动城市管理由粗放向精细、静态向动态、被动向主动转变，全面开展全省示范文明县城和省“无违建县”创建工作，抓好交通秩序整治、市容市貌整治、市民素质提升，全面优化城市软环境，努力吸引更多的人走进松阳、爱上松阳、留在松阳。

7.生态文明提升行动。牢固树立“绿水青山就是金山银山”理念，全面推进生态环境保护与生态产业发展良性互动，加快经济社会全面绿色低碳转型和生态产品价值高效转化，让绿色成为松阳发展最动人的色彩。一要打好环境整治战。持之以恒推进山水林田湖系统治理，高标准推进蓝天、碧水、净土、清废、治塑行动，加快地下污水污染修复和城区“污水零直排区”等项目建设。加快智能化的生态环境监管网络建设，全域实现环境监管常态化。二要打好生态提升战。全面实施新时代美丽松阳建设行动，推进幸福河湖试点县建设，严格落实“河长制”“林长制”，加大秸秆禁烧、烟花爆竹禁燃、河道禁砂、松材线虫病防治等工作力度，确保空气、水环境质量在现有基础上实现稳步提升，确保成功通过省级生态文明建设示范县复评，创成“无废城市”，力争再夺“大禹鼎”。三要打好节能降碳战。全面推进节约战略，严格落实能耗“双控”任务，严把招引项目能耗关口，坚决防止“两高”项目上马，加快推动能源、工业、交通等重点领域绿色低碳发展。倡导简约适度、绿色低碳的生活方式，全面推进绿色生活创建系列活动。紧紧抓住新增可再生能源抵扣政策，加快绿色小水电示范县创建和整县推进分布式光伏国家试点，确保抽水蓄能电站项目核准开工建设，提升绿色能源保障供给能力。

8.发展成果惠民行动。坚持政府过“紧日子”，让群众和企业过“好日子”，把公共资源更多地使用在教育、就业、社会保障、卫生健康、文化、城镇化、社会治理以及环保等领域，让人民群众有更多实实在在的获得感、幸福感、安全感。一要加快公共服务项目落地。对群众关心的民生实事项目要优先保障、加快进度。谋划建设职业中专产教融合中心、城区幼儿园、水南小学扩建、古市医院医养中心、妇幼保健中心、城市文化客厅等项目，全面启动丽水农林技师学院筹建工作，加快育英小学、文教区幼儿园、县中医院迁建、人民医院改扩建、全民健身中心、丽水学院松阳校区二期等项目建设，完成县档案馆新馆、妇女儿童活动中心、老剧院等项目建设。二要加快推进各类创建工作。稳步推进全国义务教育优质均衡发展县、省健康促进县、国家级慢性病综合防控示范区、省中医药综合改革先行县、省级田园文化传承生态保护区、省级高等级景区城（镇）等系列创建工作，以示范创建推动工作水平的整体提升。

9.社会除险保安行动。紧盯平安连创、加星夺鼎目标，牢固树立风险意识和底线意识，以“万无一失、一失万无”的工作理念，扎实做好安全稳定各项工作，全面为“二次创业”创造一流的政治安全环境、社会稳定环境和法治营商环境。一要夯实基层基础。以迭代“141”体系为牵引，深化县级社会治理中心建设和基层治理“四平台”迭代升级，推进全科网格服务管理规范化，不断提升基层社会治理能力和治理水平现代化水平。二要防范化解风险。建立完善各领域各方面风险隐患全周期、全链条的闭环管控机制，如履薄冰、慎终如始抓好疫情防控、安全生产、消防救援、自然灾害、食品药品安全、财政金融等方面的风险，以工作的确定性防范风险的不确定性。三要深化平安建设。紧盯重要时间节点、人地事物等关键要素，织密防控网络，确保“松阳本地不出事、松阳人不外出惹事”。牢牢守住安全底线，坚决严防“一票否决”事项，确保实现省级“平安县”创建“十七连冠”。围绕高水平创成“省级无信访积案县”目标，加快积案清零，确保省第十五次党代会召开之前清仓见底。

10.作风能力重塑行动。今天，县委向全县上下发出明确的信号：县委、县政府对作出的决策部署，一定会紧盯不放、一抓到底，对提出的工作要求，一定会言必行、行必果，不会因为班子调整而发生改变。决不允许视而不见、听而不闻，绝不允许有令不行、有禁不止。松阳干部队伍作风存在的问题，必须狠下决心、刮骨疗毒予以解决。突出表现为五个方面：一是敷衍了事不负责。慵懒散漫，小事不上心、大事不用心，对领导交办的事情轻率了事、简单应付，做好做坏无所谓；等靠思想、守摊思想严重，不推不动，甚至推了也不动。二是推诿扯皮不作为。功利思想、本位思想严重，在职责边界上踢皮球、在协作任务上扯皮筋；对一些明确要求推进的重点工作，等文件、等纪要，有了文件、纪要，还要等上级调度，甚至一定要领导签字。三是明哲保身不担当。对长期积累和历史遗留问题，新官不理旧账，矛盾纠纷久拖不决，或者绕着走、往上推；工作中畏首畏尾，怕担风险，只求自身安全，因循守旧、按部就班，没有先例不敢干。四是得过且过不进取。对业务知识不学习、不研究，对本职工作不掌握、不敬业；抓工作满足于一般化、过得去，不求第一，甘于落后，缺少争创一流的“精气神”；混日子、熬天数，做一天和尚撞一天钟，还有不少同志主动要求到二线岗位去“修身养性”。五是我行我素不自律。平日工作自由散漫，规矩意识淡薄；执行上级安排部署不严肃、不严格、不到位；法治意识淡薄，未能依法行政、依法办事。凡此种种，每个党员干部都要认真地想一想、查一查、问一问，我们解放思想的自觉有没有？改革开放的意识强不强？开拓进取的精神足不足？担责认事的态度正不正？干事创业的能力够不够？谋划决策的水平高不高？调查研究的作风实不实？廉洁从政的自律硬不硬？等等。

因此，县委今年开展作风能力重塑行动，就是聚焦作风和能力两个关键，通过系列刀刃向内、刮骨疗毒的组合拳，推动各级领导干部能力和作风的“浴火重生”。一要推进干部作风大转变。高标准开展“二次创业”执行力建设——2022年“奋力奔跑”行动，通过思想筑基、评议问效、闭环督战、奖优惩怠四大工程，以重点工作跟踪督查督办和“奔跑”指数为着力点，推进各级领导干部思想再提升、执行再提速、落实再提效，全面营造马上就办、不折不扣办、提高标准办、创造条件办、克服困难办、雷厉风行办的浓厚氛围。二要推进干部能力大提升。聚焦破除“内部循环、梯队断档、坐等躺平”三大顽疾，聚力领导干部党建水平、招商引资、经济发展、共同富裕、项目谋划与建设、数字化改革等方面的能力提升，通过思想锤炼、实践锻炼，着力提升干部推进现代化建设的理论素养和实操能力，全力打造一支作风硬朗、富有朝气、执行坚决、勇猛善战的干部队伍。三要推进比学赶超大比拼。开展镇街和部门季度述职会议制度，大力推行特色亮点创建工作，结果纳入年度综合考核。建立健全和落实落细容错纠错机制，突出“善谋划、敢担当、重实干、会创新、出实效”的选人用人导向，真正让想干事者有舞台、能干事者有平台、干成事者有奖台、不干事者请下台。

## 三、迅速奔跑起来，以大抓落实干出松阳精彩

伟大梦想不是等来的、喊来的，而是拼出来、干出来的。新的一年，我们必须以“开局就是决战、起步就是冲刺”的劲头，只争朝夕，狠抓落实，切实把思想和行动统一到县委“二次创业”固本强基年的主旋律上来，共同吹响打赢“10大行动”的冲锋号。

1.党建统领抓落实。建设现代化“田园松阳”、做好“二次创业”固本强基年工作，关键在加强党的全面领导。要旗帜鲜明讲政治。持续强化讲政治的鲜明导向，严明政治纪律和政治规矩，着力提升政治判断力、政治领悟力、政治执行力，坚决做“两个确立”忠诚拥护者、“两个维护”示范引领者。要让党旗始终在一线高高飘扬。深入实施“红跃松阳、强基共富”工程，打造区域党建联盟，创新建立“县领导三包”清单、“镇街部门三创”活动、“支书三晒”活动、党员“三带行动”四级赛马机制，提振党员干部比学赶超、干事创业的“精气神”，真正做到一名党员一面旗帜。要推动基层党建全面提升。以松古茶香线、古村秘境线、水墨小港线、水韵畲乡线和老城印象区、江南新城区“四线两区”建设为重点，打造提升一批示范乡镇、两新和村社党群服务中心。深入开展无欠费、无上访、无脏乱差、无矛盾纠纷、无治安案件的“五无”小区和党建引领好、平安和谐好、文化生活好、环境卫生好、管理服务好的“五好”社区建设，全面加强电子商务、众创空间等新业态、新群体党建工作，着力提升两新领域党组织有效覆盖水平。

2.上下同欲抓落实。“二次创业”的道路上，人人都是“追梦人”，必须调动一切可以调动的积极因素，上下同欲谋发展，勠力同心抓落实。领导干部要当好“领头雁”。作为“关键少数”，领导干部既要当“指挥员”，又要当“战斗员”，既要“挂帅”、又要“出征”。讲政治务必旗帜鲜明，谋发展要亲自抓项目，保稳定要亲自包案件，以实际的行动、标杆的引领感染和带动广大党员干部群众见贤思齐、奋发有为。广大党员干部要成为“主力军”。把责任扛在肩上，用行动诠释初心，齐上一线、冲上火线，夙兴夜寐、接续奋斗，多思有益之策、多谋务实之举、多做有为之功，用实干担当开创赶超跨越新局面。

3.只争朝夕抓落实。当前，松阳发展正处于百舸争流、慢进即退的攻坚阶段，工作难度更大、要求更高，迫切需要大家扛起应有的责任担当，在区域竞争中突围奋进。要和时间赛跑。牢固树立“今天再晚也是早、明

天再早也是晚”理念，要主动“赢在起跑线”、不要被动“输在终点线”，要在“表扬声中干工作”、不要在“批评声中补进度”，把“案无积卷、事不过夜”作为常态，一天干成两天活，两步并成一步跑，全面推动“1+4+10”行动方案落实落地、开花结果。要抓闭环管理。强化“事事有着落、件件有回音”导向，健全完善问题交办、落实承办、进展督办、结果反馈、限时结办的全程跟踪闭环管理机制，通过专班、专人、专办、专责、专督，既抓开工、也抓竣工，既重过程、也重结果，既重速度、也重质量，破除高高拿起、轻轻放下，雷声大、雨点小，起时轰轰烈烈、落时悄无声息的“落实怪圈”。要与标杆比拼。切实增强“干就干最好、争就争第一”的意识，放大格局、拉高境界，与强者比拼，与快者争先，全面形成勇猛精进、勇争一流的浓厚氛围。要和短板较真。坚持问题导向，聚焦深层次的体制机制问题、群众反映强烈的“老大难”问题、历史上想解决而暂时没有解决的遗留问题，精准发力、久久为功，全力补短板、固根基，全面增强发展的整体性、协同性。

4.清正清廉抓落实。作风建设永远在路上。要把“严”的主基调长期坚持下去，共同营造政治生态上的“绿水青山”。要形成风清气正的“好气候”。深入推进“清廉松阳”建设，层层压实从严治党主体责任，加强新时代廉洁文化建设，一体推进不敢腐、不能腐、不想腐机制建设。要提升监督效能，完善监督机制，改进监督方法，通过有力监督促进改革、推动发展。要深化正风反腐，发挥巡察利剑作用，严查顶风违纪，严惩群众身边的作风和腐败问题，以党风廉政建设和反腐败斗争新成效取信于民。要搭建干事创业的“大舞台”。坚持严管与厚爱结合，激励和约束并重，选优配强干部队伍，旗帜鲜明为担当者担当。进一步畅通能上能下的用人渠道，倡导以实绩论英雄的用人导向。要念好干净干事的“紧箍咒”。始终坚持秉公用权，敬畏党纪、敬畏法律，筑牢思想防线，守好精神家园，自觉净化社交圈、生活圈、朋友圈，始终做到自重、自省、自警、自励。

同志们，种一棵树最好的时间是十年前，其次就是现在。县第十一次党代会上吹响了“二次创业”的“集结号”，县委十一届二次全会又吹响了“奋力奔跑”的“冲锋号”。我们既然选择了“奋力奔跑”，便只顾“风雨兼程”！“风雨兼程”将会是我们面对的新常态，我们也要将“风雨无阻”变成干事创业的好心态。2022年，让我们更加紧密地团结在以习近平同志为核心的党中央周围，认真贯彻中央和省委、市委决策部署，万众一心，风雨兼程，不负韶华，在高质量发展建设共同富裕示范区的时代大潮中砥砺前行，在加快推进现代化“田园松阳”建设的新征程上奋力奔跑，以“二次创业”的精彩开局，迎接党的二十大胜利召开！

# 政府工作报告

——2022年2月14日松阳县人民政府代县长梁海刚

在松阳县第十三届人民代表大会第一次会议上的报告

## 一、过去五年工作回顾和2021年主要工作

过去五年，在上级党委政府和县委的正确领导下，在县人大和县政协的监督支持下，我们与全县人民一起克难攻坚、开拓进取，全县经济稳中向好，社会保持和谐稳定，各项事业取得新进展。

综合实力不断增强。全县生产总值达129.08亿元，年均增长6.3%；财政总收入14.06亿元，年均增长9.7%，一般公共预算收入8.93亿元，年均增长8.8%；城乡居民人均可支配收入分别达到47041元、23405元，年均分别增长8.5%、10.0%，城乡居民收入倍差从2.16缩小到2.01。累计完成固定资产投资267亿元。

产业转型提质增效。产业结构由12.9∶45∶42.1调整为10.8∶38∶51.2。生态农业量质并举。茶叶、香榧、油茶三大主导产业种植面积分别达15.32万亩、8.75万亩、10.86万亩。振通宏茶业、浙南茶叶市场成为国家农业产业化龙头企业，茶叶全产业链产值超130亿元，成为全国茶业发展十强县。“松阳香榧”地理标志商标正式启用，获评全省香榧特色产业示范县。生态工业蓄能起势。浙江松阳经济开发区获批设立。累计招引项目149个，其中亿元以上大项目38个。规上工业增加值29.75亿元，亩均税收实现翻番。成功举办两届中国不锈钢管高峰论坛，不锈钢管行业年产值超80亿元。工业园区通过省级循环化改造示范试点验收。指导企业参与制定修订国家标准、“浙江制造”团体标准各9项，新增“品字标浙江制造”认证企业5家。累计实现建筑业产值167.65亿元。生态服务业快速发展。新增国家AAAA级旅游景区2个、省级旅游风情小镇2个、省A级景区村140个，创成全市首个国家全域旅游示范区，成为全国旅游创新发展示范地。实现网络零售额年均增长35.6%，成为国家电子商务进农村综合示范县。成功引进市县一体化政策性融资担保公司。

新旧动能加快转换。坚持改革破题。入选全省高质量发展建设共同富裕示范区缩小城乡差距领域首批试点。新增省部级试点5项、厅局级试点36项。“最多跑一次”改革全面延伸，1378个事项实现全域一证通办，“民情地图”管理和服务规范在全省推广。机构改革、事业单位清理规范整合工作圆满完成。国企实现整合重组，总资产超200亿元。推进科技创新。累计新增国家高新技术企业27家、省科技型中小企业74家，建成省级高新技术企业研发中心10家、省级企业研究院3家。搭建人才平台48个，引进人才5434名。高新技术产业增加值占规上工业增加值比重从16.3%提升到50.5%。深化合作交流。与上海松江区和金山区枫泾镇、宁波余姚、嘉兴经开区等地开展产业合作项目163个，到位资金104.3亿元。建成上海海尔智谷“飞楼”、嘉兴“消薄飞地”、余姚“消薄飞楼”，实现余姚“产业飞地”全省率先开工。与嘉兴平湖共建全省首个农产品产供销一体化跨区域合作模式。助力四川巴州区、新疆新和县全面脱贫。打开对外通道。衢宁铁路建成通车，衢宁铁路货运站开通运营，新客运中心投入使用，衢丽铁路松阳段、G235松阳段改建工程、S209水南至枫坪段（西竹玉公路）开工建设，义龙庆高速列入全省重大交通项目“十四五”规划并通过可研评审。

城乡统筹融合发展。城市品质显著提升。县城建成区面积突破10平方千米，常住人口“七普”比“六普”净增2万人。项弄区块、青田码道、瓦窑头完成棚户区改造，明清古街“三庙”、汤兰公所、荷田岭、北山区块实现有机更新，北城功能不断拓

展，南城独山区块、文教区块建设稳步推进，北山大道、育英路、西叶公路、独山大桥完成拓宽改造，火车站站前广场和站前大道投入使用。乡村振兴不断深化。75个村列入中国传统村落名录。“拯救老屋行动”入选国家《乡村振兴战略规划（2018—2022年）》。成功举办两届城乡联系国际论坛，成为首批部省共建乡村振兴示范省先行创建单位。建成省级美丽乡村示范乡镇7个、特色精品村19个，实现通村等级公路全覆盖，成为省级美丽经济交通走廊达标县、省级大花园示范县建设单位。生态环境保持优良。森林覆盖率超80%，空气优良率逐年高位提升，松阴溪出境断面水质常年保持Ⅱ类水标准，创成国家生态县、国家卫生县城、省级生态文明示范县。松阴溪获评长江经济带最美河流、省级湿地公园，干流滨水绿道获评全省最美绿道。生态环境保护督察整改成果得到巩固提升。深入实施“三改一拆”“五水共治”“六边三化三美”“小城镇环境综合整治”等专项行动，纵深推进农村垃圾、污水、厕所“三大革命”，两夺“五水共治”大禹鼎，创成省“基本无违建县”。开发林权贷、茶园贷、香榧贷、野生动物公共责任险等特色生态金融产品，创新“上田模式”等生态产品价值实现机制。

民生福祉持续改善。累计投入民生领域175.5亿元，占一般公共预算支出的80.3%。全面小康目标如期实现。全面消除集体经济薄弱村，获评全省打好低收入农户增收攻坚战优秀县。统筹推进大搬快聚、地质灾害治理及黄南水库移民安置，完成搬迁10695人。建成保障性租赁用房1240套，改造农村危旧房7571户。在全市率先完成农饮水达标提标三年行动清盘验收。以全省最高的群众满意度创成省食品安全示范县。社会保障体系逐年完善。全民基本养老保险、基本医疗保险参保率分别稳定在98%、99%以上。累计新增就业11332人，城镇登记失业率控制在3%以内。实现乡镇（街道）居家养老服务中心全覆盖，在全市率先完成县域特困人员“一院”集中供养。民生事业均衡发展。实施“公民同招”阳光招生，推行城乡教育共同体和区域教育联盟，通过全国义务教育优质均衡发展县省级评估。完成职业中专迁建，推进丽水学院松阳校区建设，获批筹建丽水农林技师学院。坚持慎终如始、精密智控，落实落细新冠肺炎疫情常态化防控措施。持续深化县域医共体改革，实现省级卫生乡镇全覆盖，连续三年获健康浙江考核优秀，获评全国基层中医药工作先进县。不断优化公共文化服务功能，新增农村文化礼堂169个，通过基本公共文化服务标准化建设省级认定，创成全市首个省级运动休闲基地。社会局面和谐稳定。圆满完成新中国成立70周年、建党100周年等重大活动安保维稳任务。巩固扩大政法队伍教育整顿成果，常态化推进扫黑除恶专项斗争。连续23年命案全破，打响“小县警察破大案”品牌。实现平安建设“十六连冠”，获全省首批“一星平安金鼎”。应急管理体系不断健全，安全形势持续稳定向好。防灾减灾体系不断完善，建成避灾安置场所147个。扎实推进基层武装规范化建设，创成省“双拥”模范县。高质量完成行政村规模调整和村社组织换届。

2021年全县生产总值增长5.4%，规上工业增加值与上一年基本持平，一般公共预算收入增长9%，社会消费品零售总额增长10.6%，城乡居民人均可支配收入分别增长10.7%、12.5%，增幅居全市第一、第三。

（一）产业发展稳步提升。抓好粮食生猪稳产保供，推进粮食生产功能区整治优化，完成粮食种植面积12.57万亩，建成茶香牧业生猪标准化养殖场。累计培育有机茶基地1069亩，新增有机茶认证转换基地2353亩，获评茶旅融合特色县域。新发展香榧3023亩、油茶3500亩。工业投资形势喜人，引进工业项目50个，其中制造业大项目18个，工业投资、制造业投资、技改投资分别增长88.9%、134.1%、69.1%，均居全市第一。规上企业税收5.4亿元，增长44%。启动工业产业数字化改造，发布松阳不锈钢管工业互联网平台应用场景，新上规企业12家，盘活低效工业用地255亩。出台扶持建筑业发展新政，新增建筑工程施工总承包一级企业1家。制定生态旅游业高质量发展若干意见，新增省级景区镇3个、景区村56个，安岱后村入选全国建党百年红色旅游百条精品线路。网络零售额增幅全市第一，绿茶商贸中心成为首批省级现代服务业创新发展区。

（二）有效投资持续扩大。争取上级各类资金29.54亿元，完成固定资产投资57.44亿元，增长12.1%。12个重点新建项目实现“三季度前全开工”目标，27个重点续建项目达成年度计划，其中12个项目顺利完工。黄南水库工程实现“三提前”目标，抽水蓄能电站入规并完成预可研评审，华威门业高端智能门窗项目列入省重大产业项目。2个县长项目成功落地。

（三）创新活力加快激发。新增省级数字化改革试点15项，梳理场景应用35个。“幸福小港”入围全国农村综合性改革试点。成功举办科技创新大会暨第二届“才聚松阳”人才科技周活动。新增国家高新技术企业6家、省科技型中小企业29家，新培育数创历史新高，实现科技孵化器“零”突破。全社会R&D经费支出占GDP比重为1.36%，规上企业研发活动覆盖率85%，高新技术产业投资2.4亿元。百度交通生态办公中心、省交职院公路应用技术分中心、农科院茶叶研究所长三角创新中心等创新平台落户松阳。深化山海协作，签订合作协议23个，农产品销售帮扶6400余万元，增长190%。与湖州南浔区、安吉县、绍兴新昌县新建立结对关系，高端智能汽车物流箱项目落户余姚中意宁波生态园“产业飞地”。启动国企二轮改革，新组建乡村振兴服务集团。国投集团获主体信用AA评级，5.8亿元公司债正式获批。

（四）城乡面貌焕发新颜。江南社区入围省未来社区创建名单，古市古城入选全省耀眼明珠培育对象和首批千年古城复兴试点名单，老城印象、水墨小港成为全省首批城乡风貌样板区试点。编制国家传统村落公园五年建设方案，成为全省首批传统村落数字化服务平台建设试点。新增省级未来乡村试点1个、“古韵古村”乡村振兴示范带1条、市级花园乡村精品村6个。提升改造不锈钢废水处理中心3家，完成工业园区“污水零直排区”建设。工业污泥处置项目建成投用，处置危废5万余吨。创成省级高标准生活垃圾分类示范小区2个。成为全省山区水利现代化先行县试点及首批省级幸福河湖试点，松阴溪获评全省唯一人文水脉类大花园耀眼明珠。清理松材线虫病疫木21.38万株，完成涉林垦造耕地问题整改10261亩。PM2.5浓度20微克/立方米，空气质量优良率99.7%。

（五）社会事业蓬勃发展。59件省市县民生实事顺利完成。低收入农户人均可支配收入增长15.2%。村集体经济平均收入83.3万元，其中经营性收入37.5万元。2家省级康养联合体和县残疾人康复托养中心建成运营，全国首个无障碍家居领域省级地方标准获批发布，乡村共享无障碍设施建设项目成为省级标准化试点。全县一体化供水受益率达79.6%，居全市首位。育英小学开工建设，汇文中小学完成搬迁，“空调进寝室”在全市率先实现全覆盖。教育“双减”政策落地见效，中考优秀率居全市第三，高考新一段线录取超500人。实现疫情防控常态化，累计接种新冠疫苗41.37万剂次。深化省县合作办医，成立教授（团队）工作室6个。推进县域医供体改革，建成全市首个公立医院医养中心，推进中医院迁建、人民医院改扩建，获评健康浙江建设先进县，入围省级中医药综合改革先行示范县创建名单。“浙丽保”补充医疗保险参保率达95.6%。文里·三庙文化交流中心获联合国教科文组织亚太遗产奖，县文化馆被评为国家一级文化馆，松阳高腔电视戏曲短剧《红色浙西南》公映，完成重点文化基因解码20个。成功举办全国业余围棋公开赛、全国气排球邀请赛等品牌赛事。县乡矛盾纠纷调解中心建设深入推进，电诈案件发案数、案损值实现“双下降”。基层应急管理体制改革稳步推进，全年未发生较大及以上安全生产事故。省级规模民兵训练基地建成使用，被省政府、省军区评为征兵先进单位。退役军人服务保障体系基本建成，14个乡镇（街道）创成全国示范型退役军人服务站。

（六）自身建设不断加强。扎实开展党史学习教育。依法接受人大监督，自觉接受政协民主监督，认真办理113件人大代表建议、121件政协委员提案。推进数字政府建设，基本建成“掌上办公之县”“掌上办事之县”。推行“四张清单”制度，加强作风建设。落实落细全面从严治党主体责任，严格履行意识形态工作责任制，严格落实中央八项规定精神，“三公”经费持续下降。

与此同时，国家安全、人民防空、民族宗教、审计、统计、融媒体、供销社、外事、侨务、对台、史志档案、文联、气象地震等工作取得新成效，工会、妇女儿童、青少年、老龄、慈善、红十字、老促会等事业取得新进步。

各位代表，这些成绩的取得，得益于上级党委政府和县委的正确领导，得益于历届政府打下的良好基础，得益于县人大、县政协的监督支持，得益于全县上下的共同奋斗。在此，我谨代表县人民政府，向全县人民，向人大代表、政协委员、离退休老干部、各民主党派、各人民团体、广大乡贤及各界人士，向驻松单位、驻松部队、武警官兵、公安干警、消防救援队伍，向所有关心、支持松阳经济社会发展的朋友们，表示衷心的感谢并致以崇高的敬意！

我们也清醒地看到，当前发展还存在不少困难和问题：一是总量不足、发展滞后的状况尚未根本改变。县域经济总量还未突破200亿元大关，部分经济指标在全省、全市排位还很靠后，赶超跨越发展的压力巨大。二是结构不优、效益欠佳的问题尚未根本解决。三次产业结构还不尽合理，区域发展不平衡、不协调，在产业发展、项目投资等方面未能实现合理均衡配置。三是后劲不足、韧性不强的形势尚未根本扭转。重大项目储备和支撑能力较弱，资金、土地、用能、人才等要素瓶颈未实现有效突破。传统产业增长红利减弱，新的经济增长点仍然缺乏。四是公共服务、社会民生的短板还需加快补齐。与群众对美好生活向往的期待还有差距，城市的经营和管理水平滞后，偏远乡镇的基础设施、公共服务短板仍然存在。五是投资环境、营商环境还需持续优化。一定程度上还存在“门好进，脸好看，事依然难办”现象，服务保障不优、惠企政策不到位等问题依然存在。我们将直面问题，始终保持“赶考”的清醒，采取更加有力措施加以解决。

## 二、今后五年总体要求和主要任务

今后五年，是开启全面建设社会主义现代化国家新征程、向着第二个百年奋斗目标进军的第一个五年，也是松阳抢抓机遇、赶超跨越，推动县域经济高质量发展的关键五年。县第十一次党代会作出了“二次创业”再出发，富民强县谱新篇，在建设现代化“田园松阳”新征程上奋力奔跑的战略部署，为松阳高质量发展指引了前进的方向。我们必须坚定信心、把握机遇、加速奔跑，努力把松阳建设好、发展好！

今后五年，政府工作的总体要求是：高举中国特色社会主义伟大旗帜，坚持以习近平新时代中国特色社会主义思想为指导，全面贯彻党的十九大和十九届历次全会精神，坚定不移做“两个确立”忠诚拥护者、“两个维护”示范引领者，忠实践行“八八战略”，奋力打造“重要窗口”，坚决厉行“丽水之干”，弘扬践行“精耕勤学、开放融合、争先图强”新时代松阳精神，紧扣“二次创业、富民强县”主题主线，着力加快经济社会跨越式高质量发展，奋力谱写现代化“田园松阳”新篇章，力争成为全省高质量发展建设共同富裕示范区缩小城乡差距领域的山区示范标杆。

建议今后五年经济社会发展预期目标为：县域综合实力大幅跃升，共同富裕实现路径更加明晰，整体智治、唯实唯先的现代化政府基本建成，成为全省山区高质量跨越式发展先行标杆县。力争实现生产总值、人均 GDP 分别超过 200 亿元、10 万元，一般公共预算收入 18 亿元，全员劳动生产率 13.2 万元/人。规上工业增加值超 65 亿元，规上工业亩均税收超 27 万元，制造业投资超 20 亿元。全社会 R&D 经费支出占 GDP 比重超 3%，数字经济核心产业增加值占 GDP 比重达 5%，高新技术产业增加值占规上工业增加值比重超 70%。城镇化率 65%以上，城乡居民收入倍差缩小到 1.9 以内。为实现上述目标，主要抓好五方面任务：

坚持以更强决心推进工业强县。高水平建设浙江松阳经济开发区，打造高能级万亩千亿平台，建成“智能制造新城”。培育规上工业企业 200 家以上，实现上市企业数 2 家以上。加快推进传统产业转型升级，建设百亿级全国精品不锈钢管示范基地。深入实施“雄鹰行动”，新培育 10 家产值超 10 亿元、税收超亿元领军型企业，滚动培育 50 家产值超亿元的成长型企业。扶持 100 家小微企业成长为苗子型企业，培育“专精特新”中小企业 10 家、“小巨人”企业 2 家、单项冠军企业 1 家。培育智慧交通、高端汽车零部件、绿色新能源、生物医药等新兴产业，争取每年引进亿元制造业项目不少于 10 个。实施新一轮“腾笼换鸟、凤凰涅槃”专项行动，完成园区亩均税收 10 万元以下低效企业整治提升。实现工业互联网平台建设和规上企业数字化改造全覆盖，培育省级“未来工厂”。实施品牌强县战略，新培育“品字标浙江制造”企业 6 家。推进建筑业高质量发展，力争年产值突破 50 亿元。

坚持以更高水平推进改革开放。以数字化改革为引领，建成一批松阳特色改革试点，形成“1+7+N+X”的改革全景图。完成国企二轮改革，新增 AA 级主体评级公司2家以上。深化农村集体产权制度改革，推进农村集体经营性建设用地入市改革。确保科技投入年均增长20%以上，力争国家高新技术企业、省科技型中小企业数实现翻番，省级高新技术企业研发中心、省级企业研究院总量分别突破20家、7家，争创“科技创新鼎”。强化对外交流合作，建成高能级“产业飞地”“科创飞地”。畅通对外通道，确保衢丽铁路、G235松阳至云和段、S209水南至枫坪段（西竹玉公路）建成通车，加快推进义龙庆高速公路、G235松阳至武义段、S324(原50省道)二期改建、S209板桥至靖居口段建设，积极谋划金龙城际铁路、A1级通用机场。

坚持以更大力度推进绿色发展。“中国有机茶乡”基本建成，茶叶全产业链产值突破 150 亿元，有机（含有机转换）茶基地面积达 1 万亩以上，“松阳香茶”品牌矩阵基本成型。“松阳三香”品牌效益不断增强，香榧、油茶、食用菌实现高质高效发展。“肥药两制”改革向纵深推进，茶树种质资源圃建成全省茶叶农教旅一体化基地，打造长三角种业强县。“全域康养胜地”影响力显著提升，争创国家级全域康养示范县。生态环境质量持续提升，出境断面水质稳定Ⅱ类水标准，空气质量优良率保持 99%以上，创成国家湿地公园，争创国家森林城市。城乡生活垃圾分类收集实现全覆盖，“污水零直排区”和“无废城市”完成全域创建。“两山”转化通道进一步拓宽，生态系统生产总值（GEP）年均增长 2%。

坚持以更实举措推进均衡发展。“更新老城、拓展南城、活跃北城、振兴副城”格局基本成型，“松古平原15分钟、全县域30分钟”城乡交通圈全面建成，高质量创成省示范文明县城，创建全国文明城市。擦亮“国家传统村落公园”品牌，争创省级新时代美丽乡村标杆县。持续推进“大搬快聚富民安居”工程。实施就业优先战略，实现更加充分更高质量就业。扩大社会保障覆盖面，构建多层次的社会保障和养老服务体系。加快推进教育现代化，实施“县中崛起”行动，创成全国学前教育普及普惠县、全国义务教育优质均衡发展县和山区教育现代化先行县试点。支持丽水学院松阳校区优质发展，建成丽水农林技师学院。深化县域医共体改革，健全基础病医疗卫生服务体系，争创国家慢性病综合防治示范县，力争县人民医院建成三级乙等综合性医院。大力发展医养结合等健康产业，创成浙江省中医药综合改革先行县，力争中医院建成三级乙等专科医院。不断完善现代公共文化服务体系，谋划建设城市文化客厅，打造城乡一体的“15分钟品质文化生活圈”。深入推进文化遗产保护和活化利用，挖掘打造唐风宋韵文化标识。高品质建成省级体育现代化县。

坚持以更高效能推进整体智治。坚持底线思维，防范化解各类风险挑战，营造高质量发展良好环境。深入推进“县乡一体、条抓块统”县域整体智治改革，构建系统完备、科学规范、运行高效的职能体系。深化法治政府建设，提升依法行政水平，推进“八五”普法教育。优化共建、共治、共享的社会治理体系，健全立体化、智能化的社会治安防控体系，持续推进平安松阳建设。

## 三、2022年工作安排

建议主要预期目标为：生产总值增长9%左右；农林牧渔业增加值增长3%以上；规上工业增加值增长15%以上；服务业增加值增长8%以上；固定资产投资增长20%以上；社会消费品零售总额增长8%以上；一般公共预算收入增长9.2%以上；城乡居民人均可支配收入分别增长8.5%、10%以上，完成省市下达的能源和环境指标计划目标。重点做好九方面工作：

### （一）强势推进双招双引

聚力招商引资。力争全年招引大项目20个以上，其中制造业项目10个以上，实到内资21亿元以上。突出智慧交通、高端汽车零部件、新能源新材料、生命健康等新兴产业招大引强，围绕重点培育产业上下游补链、延链、强链，锁定央企、上市公司等头部企业定向招引，深化与百度公司、三峡集团等链主型企业合作。强化产业招商，积极推进基金、科研、中介、乡贤、飞地飞楼等招商模式，鼓励利用存量厂房招引新项目。实行招商项目评估比选，加强落地项目履约管理，保证引进项目质量。

用心招才引智。做优人才“引育用留”文章，深化与科研院校（所）合作，提升人才招引实效和质量。制定乡土人才培育政策，推进“人才码”建设，打造最优级人才政策和机制。推进人才公寓建设，优化服务供给。力争全年引进院士团队1～2个、领军型人才及团队1～3个、高校毕业生3500人，其中博士10人、硕士135人。

打造最优环境。倡导“无事不扰、有事必到”服务理念，按照审批最简、流程最优、速度最快、服务最实、涉企检查最规范的要求，推进项目洽谈、签约、落地、投产等审批服务全流程再造，推行模拟审批、容缺受理、超时默认、标准地+承诺制等方式，实现企业“拿地30天开工”。全面推行驻企服务员制度，健全集中办公、窗口代办等助企举措，实现企业办事“沟通无障碍、服务零距离、一般不用跑、最多跑一次”。归并涉企常规检查事项，探索建立集中检查日制度，实现每月“最多查一次”。提升企业“三服务”水平，实现惠企政策免申即享，着力打造营商环境最优县。

### （二）坚定不移发展工业

推进平台做大做优。完成赤寿工业园区二期第一阶段土地征收，启动场地平整及基础设施建设。推进小微企业园创建，新增省级认定小微企业园1个，确保恒兆智能制造产业园二期项目开工。实质性开展规划环评编制工作，系统谋划产业环境影响布局、项目准入等顶层设计。

推进产业培优育强。加快不锈钢产业示范园建设，推动宝丰钢业、新创泰业、世亚特材等企业投产，引导不锈钢企业加快核电、石化等高端领域和家用水管、装饰材料等民用领域产品的开发。育强龙头企业，力争云中马年内上市，加快科马摩擦、上上德盛、华威门业等上市步伐。力争培育年产值超10亿元的“领军型”企业3家以上、年产值超亿元的“成长型”企业50家以上、上规“苗子型”企业8家以上、新增省级“隐形冠军”“专精特新”中小企业2家以上。培育新兴产业，积极争取全国自动驾驶和智能航运先导试点、智慧交通产业发展试点县，推动S324（原50省道）龙丽数字公路、四都乡召寨线“路景产人”共同富裕示范路等项目落地。推进年产10万台智能全地形车电动车及轻量化配件、冷链不锈钢罐式集装箱、新能源电力电子产品智能制造等项目建设，争取Hape国际儿童益智玩具、城光联链智慧交通设备、AR智能眼镜生产研发基地等项目投产。

推进产业转型升级。铁腕推进闲置低效工业用地专项整治，打好收储收回、限期开发、兼并重组、联合改造、差别化要素供给等组合拳，基本实现亩均税收3万元以下企业出清，盘活工业用地500亩以上。深入实施数字经济“一号工程”2.0版，加快“百企转型”数字化改造步伐，新建工业数据互联网平台1个、区域经济运行驾驶舱1个，完成30家规上企业数字化转型。加强企业质量、标准、品牌建设，新增“品字标浙江制造”企业1家。积极防范和化解“两链”风险，确保不良贷款余额、不良贷款率实现“双降”。加快装配式建筑发展，持续推动建筑业做大做强，省内产值超38亿元。

推进要素保障到位。加快存量建设用地分类处置，争取省级以上重大产业项目用地指标400亩。优化财政保障，强化产业基金撬动市场资金协同投入。理顺工业园区建设投融资机制，支持经投集团做大做强。加强企业用工需求对接，深化与丽水职业技术学院等院校合作，培育产业工人（技师）队伍。建立健全能源供应保障机制，全面推广企业屋顶光伏项目，争取标准煤指标6000吨。

### （三）持续扩大投资消费

坚持扩大有效投资。优化“4+1”投资结构，实现民间项目投资、交通投资、制造业投资、高新技术产业投资分别增长20%、30%、20%、12%，生态环保、城市更新和水利设施投资增长12%。安排固定资产投资项目169个，计划完成投资71.18亿元，其中重点项目54个，计划完成投资50.36亿元。基本建成联合大厦、全民健身中心、110千伏叶水输变电、35千伏枫坪输变电等项目，有序推进松古平原水系综合治理、第二污水处理厂、江北灌区续建与配套节水改造、500千伏夏金—丽西线路松阳段等项目，全力争取抽水蓄能电站年内核准开工建设。积极谋划浙西南公铁物流中心、第二水厂等重大前期项目。推进资源要素向重大项目集中，争取专项债券9亿元以上，力争更多项目纳入省级土地保障重大项目清单和重大项目能耗单列。建立重点项目月度推进例会、晾晒比拼机制，确保项目早落地早开工、早达产早见效。

坚持市场主体带动。坚定扶持民营企业发展，推动大企业“顶天立地”，中小企业“铺天盖地”。扶持祥瑞电商园等创业平台做大做强，吸引高校毕业生、退役军人等群体返乡创业，培育电子商务、网络直播、快递配送等行业市场主体。优化中小企业扶持政策，在减税降费、融资担保、项目申报、技改资金等方面予以支持。抓好企业改组改制，引进生产技术、金融资本与管理模式，发展信息服务、旅游服务和文化创意等行业。加快培育新型农业经营主体，建成更多农业产业化龙头企业、示范合作社和家庭农场。

坚持消费需求拉动。以“全域康养胜地”创建和国家全域旅游示范区复核为契机，启动县城AAAA级景区城创建，培育AAAAA级景区乡镇1个，创成省AAA级以上景区乡镇2个，推进明清古街高品质旅游休闲街区、瓦窑文旅综合体、大木山景区等项目建设。持续推进省级文旅消费试点城市建设，大力培育消费新热点，促进新能源汽车消费，开展绿色智能家电下乡和以旧换新。活化利用乡村博物馆等文旅设施，发展假日、夜间、乡愁、赛事、演艺等消费新业态，创新旅游营销，促进旅游市场早日恢复。完成国家电子商务进农村综合示范项目建设，办好电商促消费活动，积极申报省级县域商业体系建设项目，争创省级客货邮融合发展示范样板县。重点发展康养产业，加快南山大健康园、卯山森林康养、桐榔文化康养园、卯山文化园等项目建设。加强消费市场监管和消费领域信用体系建设，依法整治侵害消费者权益行为，规范市场秩序。

（四）加快推进动能转换

纵深推进改革。以“三张清单”和重大应用“一本账”为抓手，迭代升级“茶叶在线”“点亮古村落”“乡村振兴互助贷”等场景应用，谋划建设小流域治理、数字小港等场景应用，加快形成具有松阳辨识度、群众有感、可示范推广的数字化改革标志性成果。扎实推进“幸福小港”、大东坝石仓片区新时代美丽乡村、幸福乡村5G智慧医联体等试点。推动以农村集体经济为核心的强村富民集成改革，建立集体建设用地和农用地基准地价体系，稳妥推进农村集体经营性建设用地入市改革试点，积极探索闲置宅基地和闲置农房激活途径。实施城乡供水一体化改革，实现“城乡同管”。加快国企二轮改革，突出绩效考核，拓展融资渠道和资本运营方式，推动国投集团启动发行企业债，乡村振兴服务集团实质化运营。

激发创新活力。推进科技企业“双倍增”行动，新增国家高新技术企业7家、省科技型中小企业20家，高新技术产业增加值超过13亿元，规上企业研发活动覆盖率达到80%以上，全社会R&D经费支出占GDP比重1.8%。支持企业与高校、科研院所开展产学研深度合作，转化科技成果3项以上。加快茶产业数据智慧中心建设，建设茶产业创新服务综合体。推动省交职院公路应用技术分中心、农科院茶叶研究所长三角创新中心等创新平台实质化运作。积极创建农村科技创新平台和基地，支持象溪开展“科技支撑共同富裕试点村”建设。

扩大对外开放。加快余姚中意宁波生态产业园“产业飞地”高端智能物流箱项目建设，争取上海海尔智谷“飞楼”、嘉兴“消薄飞地”落地见效，松阳余姚“产业飞地”实质性启动。主动加强同新昌、安吉、南浔等地合作交流，谋划在安吉、南浔各建立“消薄飞地”1个。加快衢丽铁路松阳段、G235松阳至云和段、S209水南至枫坪段（西竹玉公路）等建设进度，推进义龙庆高速、G235松阳至武义段、S324（原50省道）雅溪口至裕溪段、S209板桥至靖居口公路等前期工作。

（五）推动乡村全面振兴

夯实共同富裕基础。制定实施扩中提低行动方案，高质量推进全省高质量发展建设共同富裕示范区缩小城乡差距领域试点建设。建立防贫返贫监测和帮扶机制，推进“开发红绿资源、促进红区共富”、低收入农户同步基本实现现代化试点等项目，打造“八个万元”升级版，确保低收入农户人均可支配收入增长10%以上。支持开展“十联同心、十产带富”行动，推广“互助贷”“携手共富贷”等新型金融产品。以更大力度实施全域土地综合整治，推进“大搬快聚富民安居”工程，完善内聚外迁政策，探索市场化安置方式，完成搬迁2000人，重视后续帮扶，确保“下得来、稳得住、富得起”。实施11个乡镇55个供水站农村饮用水供水保障行动。常态化推进危旧房治理改造，实现动态清零。提升农民组织化程度，规范发展乡镇强村公司，全面消除集体经济年总收入20万元以下且经营性收入10万元以下行政村。

做强生态农业产业。落实最严格的耕地保护制度，坚决遏制耕地“非农化”、防止耕地“非粮化”，加强高标准农田和绿色农田项目建设，加快推进灾毁农田修复工程，推行“田长制”，毫不放松抓好粮食生产和重要农产品供给，确保粮食播种面积12万亩以上。加大科技强农、机械强农推进力度，确保主要农作物耕种收综合机械化率达69%以上，培育农业社会化服务组织，引进龙头企业开展规模化经营，全面促进农业提质增效。继续深化“肥药两制”改革，实现农药、化肥使用量双减5%以上。加快“中国有机茶乡”创建，每个乡镇（街道）至少新培育1个有机茶基地，有机认证转换基地面积3500亩以上。实施茶叶全产业链提升，积极培育茶叶龙头企业，加快建设茶香小镇、新兴茶叶精深加工园，办好第十五届中国茶商大会，开发特色高端茶，加强茶叶质量安全监管，建设茶产业数字管控全程溯源链条。加快智能采茶机及茶叶生产全程机械化（智能化）项目研发应用。发展林下经济，推进香榧、油茶、食用菌、中药材等产业提质增效，新建林下套种中药材示范基地300亩，完成香榧特色产业示范县、裕溪“油香小镇”建设，谋划玉岩香榧产业强镇项目。

建设全域美丽乡村。编制《国家传统村落公园总体规划》，推进三都、四都、大东坝等核心区绿色发展项目，深化“拯救老屋行动”。加快“百城千镇万村”景区化建设工作，高水平建设新时代美丽乡村，打造“水墨小港”乡村振兴示范带，建成新时代美丽城镇省级样板1个、市级花园乡村精品村6个和美丽宜居示范村4个，启动未来乡村试点。全域提升农村人居环境，实现农村生活垃圾分类行政村全覆盖，新评定星级公厕20座，完善农村生活污水处理设施长效运维机制。加快松阴溪耀眼明珠建设进度，加大古市古城耀眼明珠培育力度。新建农村联网公路8千米、提升64千米、大中修83千米，争创省级“四好农村路”示范县。

（六）提升城乡建设品质

以全域眼光抓好城乡规划。实施“松古平原一城化”发展战略，优化国土空间总体规划，推进乡镇级（片区）国土空间规划和村庄规划修编。细化城乡风貌整治提升行动方案，做好城乡整体风貌、重要节点和区域建设项目设计，深化茶文化商业街区规划编制。完善《松阳县历史文化名城保护规划》，启动国家历史文化名城申报，构建历史文化名城保护管理平台。修编南城、火车站和北城功能规划，形成老城、北城、南城有机衔接、功能互补的发展格局。推进古市副城规划修编，启动古市历史街区节点改造，打造县域西部的综合服务副城。

以工匠精神抓好城乡建设。深入实施全域城乡风貌整治提升行动，争创省级城市样板区1个、县域样板区1个，推进江南社区建设，新谋划未来社区1～2个。科学把握住宅用地供应节奏，精心打造高品质楼盘，促进房地产市场平稳健康发展。完成要津南路延伸段道路、18个城镇老旧小区改造、城区截污纳管雨污分流、主城区主要道路燃气管道、火车站站前大道及广场拆迁安置小区基础设施等市政工程。新开工建设绿溪路、龙湖公园配套设施、长虹中路管网改造提升、南城2号3号地块间道路以及中医院迁建工程周边道路等项目。树立“小街巷大民生”理念，推进背街小巷改造升级。

以绣花功夫抓好城乡管理。高标准开展省示范文明县城创建，确保通过省级初评。全面推进基层“一支队伍管执法”和跨部门跨领域综合执法，推广运用智慧化手段，狠抓市容秩序、户外广告、垃圾渣土、油烟排放治理。实质化推进城市生活垃圾分类，全面推行“撤桶并点”垃圾定时定点投放，垃圾资源化利用处置项目建成投用。推进建筑垃圾源头监管、分类管理和综合利用。加强城区公厕布局优化，评选星级公厕。开展“寻找停车位”行动，实施智慧停车，破解老城区停车难。加大住宅小区管理力度，健全物业管理机制。加强建设项目统筹组织和现场管理，努力将扰民影响降至最低。深化“三改一拆”行动，以零容忍态度严控违法违章建筑，力争存量违法建筑分类处置清零，争创省“无违建县”。

（七）加强生态文明建设

全力推进生态环境优质化。深化“五水共治”碧水行动，加快全域“污水零直排区”建设，推进城镇污水管网全覆盖，确保县控以上断面水质保持在Ⅲ类水标准以上，出境断面水质稳定在Ⅱ类水标准，完成全省山区水利现代化先行县试点建设，争创省级“幸福河湖”试点优秀单位，力争再夺“大禹鼎”。深入推进清新空气行动，统筹抓好秸秆禁烧、烟花爆竹和尾气专项治理，确保空气质量达到国家二级标准，优良率99%以上。加强土壤污染治理，推进工业污泥处置项目高效运行，实现危废“动态清零”，创成“无废城市”。打好治塑攻坚战，大力推广塑料减量和绿色物流模式。全面落实林长制，实施千万亩森林质量精准提升和“增花添彩”行动，种植鲜花1500亩，改造彩林7万亩，新增健康森林2.5万亩。集中打好松材线虫病歼灭战，实现疫木全域动态清零。

全域推进环境监管常态化。全面实施新时代美丽松阳建设行动，通过省级生态文明建设示范县复评。推进生态环境质量智能化、网格化监管，建成县域生态环境监测网络。推广完善企业环境监管“护绿盾”，加强重点企业生态管控，重拳打击环境违法行为。持续加大河道采砂整治力度。启动松阴溪国家湿地公园、国家森林城市创建。

全面推进生产生活绿色化。倡导简约适度、绿色低碳的生活方式。科学有序推进“碳达峰、碳中和”，严格落实“两高”项目管控要求。实施“光伏倍增计划”，推进整县屋顶分布式光伏试点项目建设。实施绿色水电富民工程，探索水电站“集中控制+物业化”运营模式，推进绿色小水电示范县创建。推进渔业与涉水旅游业融合发展，形成具有松阳特色的现代化水经济体系。鼓励金融机构创新绿色金融产品和服务，健全“生态信用”评价管理制度，推广“两山信用贷”模式。

（八）用心办好民生事业

加强就业和社会保障。稳定扩大社会就业，重点保障农村转移劳动力、高校毕业生、残疾人、退役军人等群体创业就业，确保城镇登记失业率控制在2.5%以内。实现企业职工基本养老保险法定人群全覆盖，城乡居民养老保险基本适龄参保人员基本全覆盖。推进以居家养老为重点的养老服务体系建设，实现住宅小区养老服务用房配建率达到100%，完成困难老年人家庭适老化改造。积极稳妥发展慈善事业，加快培育慈善组织，倡导企业参与公益事业。加强困难群体救助，实现困难群众应保尽保，确保共同富裕路上一个都不掉队。

推进教育现代化。完成教育提质三年行动，实现教共体乡镇全覆盖，巩固扩大“双减”成果，通过全国义务教育优质均衡发展县国家级评估，启动山区教育现代化先行县试点和全国学前教育普及普惠县创建。大力改善办学条件，推进“智慧校园”全覆盖，全面提速丽水农林技师学院筹建工作，加快育英小学、文教园区幼儿园建设，谋划职业中专产教融合中心、城区幼儿园和水南小学扩建，完成丽水学院松阳校区搬迁。

实施健康松阳行动。深化县域医共体改革，推动优质医疗资源均衡布局，加快县人民医院改扩建、县中医医院迁建工程，启动县妇幼保健中心、枫坪乡卫生院和古市医院医养中心二期项目建设，谋划乡镇卫生院改扩建项目3个。加快推进浙江省健康促进县、国家级慢性病综合防控示范区、浙江省中医药综合改革先行县创建。

提升公共文化服务。持续推进公共文化场所提升改造，完成松阳高腔传承中心、县档案馆新馆、妇女儿童活动中心建设，建成特色主题城市书房2个以上。办好农民文化节、全民运动会等群众性文体活动，全年向基层送戏100场。开展省级田园文化传承生态保护区创建，实施文化基因解码工程，完成“松阳高腔”省级文化标识建设，提高文物安全保障水平，实现文化及特色产业增加值增长10%以上。

（九）防范化解重大风险

坚守安全生产底线。加强风险监测预警和防范化解，全面实施交通运输、建筑施工、危化品、消防等重点领域隐患排查，深入开展三类“园区、企业、设施”、城镇燃气等领域专项整治，坚决遏制较大及以上生产安全事故发生。持续推进基层应急管理体系建设，实现行政村应急管理员配备全覆盖，新建村级规范化避灾安置场所14个，增强防灾减灾能力。巩固省食品安全示范县成果，严格落实食品安全“四个最严”要求。加强药品安全监管，持续保障药品质量安全。

防范经济金融风险。推行政府投资项目财政承受能力评估，多渠道化解政府债务，杜绝新增隐性债务。牢牢兜住财政“三保”底线，强化预算执行和财政监督。加强房地产、金融平台、互联网投资等重点领域风险排查化解，重拳打击非法集资和逃废债行为，坚决守住不发生系统性、区域性金融风险底线。健全信用风险防控体系，加大不良贷款处置力度，确保贷款不良率保持在1%以下，关注类贷款在3%以下。

提高社会治理水平。毫不松懈抓好常态化疫情防控，坚决守牢“外防输入”底线，严格落实疫情防控“七大机制”，不断提升疫情防控能力。加快构建“县乡一体、条抓块统”基层治理模式，迭代升级“141”体系，夯实基层网格。深化“警调衔接”、警网融合模式，推进社会风险隐患排摸化解。加强网信工作，提升网络安全整体能力。加强社会治安防控体系建设，严厉打击黄赌毒、涉枪涉爆、电信网络诈骗等违法犯罪活动，常态化开展扫黑除恶，坚决“遏重大”“控较大”。巩固省级“无欠薪县”创建成果。扎实做好党的二十大、亚运会等重大活动安保维稳工作，实现平安“十七连创”。

大力支持国防和军队建设，深化国防动员体制改革，推进双拥共建工作。扎实抓好民族宗教、退役军人事务、融媒体、审计、统计、外事、侨务、对台、史志档案、供销社、气象地震等工作。支持工会、青少年、妇女儿童、老龄、红十字会、残联、文联、老促会等群团组织发挥作用。

各位代表，按照“县委有要求、群众呼声高、政府可执行、人大能监督”的标准，县政府提出了60周岁以上老年人群“两慢病”常用药免费服用供给、农村公路改建提升工程、农村路灯亮化工程、病险水库加固和山塘整治项目、食品安全数字化监管工程、医事药事服务提升工程、公共交通服务提升工程、基层防火灭火救援队伍装备优化工程、稳就业专项行动、全民健身设施建设、重点人群居住条件改善、助残疾服务水平提升工程、“智安学校”创建等13项民生实事候选项目。对于经本次人代会最终票决确定的项目，我们将认真组织实施，用心用情用力办实办好。

## 四、加强政府自身建设

新的形势和任务，对政府工作提出了新的更高要求。我们将牢记初心使命，奋发有为，努力建设人民满意政府。

突出忠诚履职，增强政治力。始终坚持以习近平新时代中国特色社会主义思想为指导，坚定不移做“两个确立”忠诚拥护者，“两个维护”示范引领者。严格落实意识形态工作责任制,在重大原则问题上立场坚定、旗帜鲜明。坚决贯彻中央大政方针，认真落实上级党委政府和县委的决策部署，真正做到“中央有号召、县委有部署、政府见行动”。

突出解放思想，增强创新力。认真开展“改革创新树理念、二次创业再出发”大讨论，推动思想再解放、改革再深入、创新再发力、开放再提质、工作再抓实。推行“乡呼县应、全域联动”数字政务服务新模式，提升“浙里办”活跃度，基本实现群众企业办事“掌上办不用跑”。构建智能便捷的数字化公共服务体系，推动“15分钟公共服务圈”全面落地。

突出依法施政，增强公信力。全面推进法治政府建设，自觉运用法治思维和法治方式改进工作。推行合法性审查全覆盖，加强政务信息公开，确保每一项工作都经得起法律的审查和历史的检验。严格执行县人大及其常委会决议决定，认真办理人大代表建议案、政协委员提案，依法接受人大监督，自觉接受政协民主监督，主动接受监察监督、司法监督、群众监督、舆论监督，加强审计监督、统计监督。政府工作干得怎么样，让大家来评判。

突出作风转变，增强执行力。树立“用政策破解难题，以程序规范工作”理念，做到点对点掌握情况，面对面解决问题。着力提升行政效能，建立闭环督办机制，做到“案无积卷、事不过夜”，确保件件有着落，事事有回音。健全容错纠错机制，鼓励政府工作人员面对矛盾困难迎难而上、知难而进，以一流标准创造一流业绩。

突出廉洁从政，增强约束力。扎实推进政府系统党风廉政建设和反腐败斗争，严格落实中央八项规定精神。抓好巡视巡察问题整改，消除权力运行灰色地带，坚决破除各种形式的潜规则。坚持政府过“紧日子”，让群众和企业过“好日子”，注重财政绩效管理，严格控制一般性支出，降低行政运行成本，让公共资源向民生领域倾斜，最大限度为人民群众提供优质高效的政府服务。

各位代表，蓝图已绘就，奋进正当时。让我们更加紧密地团结在以习近平同志为核心的党中央周围，在上级党委政府和县委的坚强领导下，紧紧依靠全县人民，锐意进取、奋勇拼搏，为打造现代化“田园松阳”而努力奋斗，以优异成绩迎接党的二十大胜利召开！

# 专 辑

田园晨韵

# 松阳县党史学习教育

2021年，松阳县按照党中央、中共浙江省委和中共丽水市委统一部署，于3月17日召开全县党史学习教育动员部署会，在市党史学教办和市委第八巡回指导组的指导下，紧扣“学史明理、学史增信、学史崇德、学史力行”十六字总要求和“学党史、悟思想、办实事、开新局”十二字目标，坚持以学习贯彻习近平新时代中国特色社会主义思想为主线，扎实有序推进党史学习教育，确保规定动作做到位、自选动作有特色，为全县经济社会跨越式高质量发展汇聚强大精神动力。

其间，全县77个部门单位、757个党组织，31名县处级以上领导干部，1.62万名党员参加。各乡镇（街道）、各县直部门深入学习贯彻习近平总书记在党史学习教育动员大会、庆祝中国共产党成立100周年大会、党的十九届六中全会上的重要讲话精神，立足实际、守正创新地开展一系列特色鲜明、形式多样的学习教育。全县广大党员干部坚持读原著、学原文、悟原理，争当学史悟思的排头兵、增信崇德的排头兵、为民办事的排头兵、勇开新局的排头兵。不断增强历史自觉，强化使命担当，坚定发展信心，凝聚发展共识。“七一”前后，各级党组织陆续召开专题组织生活会。11月以后，全县上下围绕学习贯彻党的十九届六中全会精神，广泛开展“六讲六做”大宣讲、“丽水之干”大践行、“新时代松阳精神”大弘扬活动，全县10支先锋宣讲团，19个田园宣讲团先后开展党的十九届六中全会理论宣讲312场次，党的政策方针在基层入脑入心。

此次党史学习教育，松阳县呈现出动员部署迅速、学习形式多样、社会宣传广泛、为民办事扎实、学干结合紧密的特点，形成全局一盘棋、上下一条心的格局，党史学习教育取得一定的成效。启动以来，松阳县各项活动登上新华网、“学习强国”、浙江电视台等省级及以上媒体200余次。简报信息被省级录用1篇，举例刊发3篇，被市简报录用28篇。松阳县全闭环压实主体责任、全链条开展学习教育、全方位聚焦红旅融合、全过程推动成果转化的做法，获副省长王文序和省委、市委巡回指导组充分肯定。截至2021年末，松阳县党史学习教育共开展7大专题活动，实施62项具体举措、148项专题实践活动具体举措。

## 一、主要做法和成效

（一）系统化、制度化推进，在接住规定动作中提升整体效果

抓好整体推进。召开县委常委会、县委党史学习教育领导小组会议和动员部署会议，明确党员领导干部“五个带头”和主要负责同志履行第一责任人职责。县学教办综合采取“提醒卡”调度、书面提示通报调度、针对性电话调度等形式，跟进党史学习教育《实施工作方案》《实践活动方案》中的任务分解落实情况。全县党史学习教育期间印发工作《提示单》13期、领导干部月“提醒卡”和《应知应会（摘要）》各9期，推动各单位凝聚共识、扛责在肩，形成协同推进、干事创业的强大合力；成立10个巡回指导组，围绕巡回指导33项工作清单和“深入学习习近平总书记‘七一’重要讲话精神，推进‘三为’专题实践活动”查摆问题九个方面内容，通过调研谈话、督导检查等方式，对全县19个乡镇（街道）、58个县直部门及其下属单位开展专题学习、理论宣讲、实践活动、成果运用等方面的工作落实情况进行有效督查指导，确保中央和省市县委精神落到实处。通过“督查—清单—交办—整改—销号”工作机制，形成闭环管理。截至2021年末，共开展7轮巡回指导，梳理交办各单位存在问题和弱项563条；实现常态运行。坚持科学规划、深入挖掘，扎实构建“常态化、全方位、高质量”的长效机制，对群众认可、务实管用、行之有效地好经验和做法进行总结提炼，全县固化制订长效机制196个，其中为民办实事类51个、学习教育类50个、宣传宣讲类18个，推动党史学习教育常态化、长效化、制度化，引导党员干部不断地为群众办实事，为企业解难题。如建立规范化难题破解机制。如县委组织部制定《“三色管理 五星争创”评定办法》，常态化举办农村（社区）党组织“支书三晒”活动。通过“晒成绩、亮特色、比干劲、赛

担当”，突出评价在破解平安稳定、环境卫生、收缴水费（物业费）、违建防治等制约县域发展的关键事的成效。

（二）开展沉浸式、场景化学习，在大学习大宣讲中夯实群众基础

以县处级领导“十个一”为载体，县委常委带头参加学习宣讲，带头参加学习研讨，深入学习贯彻习近平总书记在党史学习教育动员大会上的重要讲话等系列讲话精神。县委原书记李汉勤在《浙江日报》发表署名文章，在《浙江省县（市、区）委书记说党史》栏目说党史，为全市唯一，其宣讲视频在新华社、浙江新闻客户端刊播量达100万次。“七一”转段后，由县主要领导带头，深入基层开展习近平总书记“七一”重要讲话精神、党的十九届六中全会精神等专题宣讲，深入联系村上党课。截至12月末，县处级党员领导干部到所在支部、联系村（社区）和两新组织讲授党课86场次。全县按照总体要求，统一购买发放党史学习教育四本必读书目。结合主题党日、专题学习会等有利时机，统筹组织7本指定教材和《习近平在浙江》《习近平科学的思维方法在浙江的探索与实践》等全省特色教材专题学习。发挥数字赋能、撬动、引领作用，建立党史学习教育数字化平台，打造松阳“指上学堂”网上党史学习教育阵地。依托田园先锋官方微信公众号，开设“We听党说”“学党史 办实事”等学习专栏，搭建流动党员线上党史学习平台，开展“党史送学”，通过成立“党史送学团”、邮寄等方式送学上门，用好“网络课堂”“流动课堂”“联盟课堂”“实践课堂”，实现党员干部参与全覆盖、基层支部宣讲全覆盖、流动党员学习全覆盖、两新组织党员参与全覆盖。开辟《奋斗百年路 启航新征程——学党史 悟思想 办实事 开新局》《新视角——探寻松阳红色故事》专栏等专题栏目6个，推出典型任务报道40余人，氛围营造1200余条。推送党史学习类微文200余篇，浏览量达40万余人次。采取集中学习、实地学习等多种形式开展各类专题学习3945场次，主题党日活动1823次，“六个一”主题教育6885次。持续开展“十百千万”工程，评出十名“金牌红色讲解员”，组成“红色宣讲百人团”，组织“千名党员上党课”活动，开展“万名党员学党史”活动。推出“红蕴小导游”“党史故事少年说”“小青松”田园宣讲团宣讲、“80+老党员对话‘8090’年轻党员”活动、“六叔说党史”等特色宣讲共225场次，实现党史学习教育宣讲全年龄段覆盖，结合“一乡一党课”制作22个课件，推广“点单式”宣讲，推动全县宣讲活动形成“强大声势”。用好“送戏下乡”35年“老牌子”，开启党史学习教育主题文艺演出进乡镇、进村（社区）、进企业巡演41场次。全方位推进党的十九届六中全会精神宣传宣讲，用好全县十大宣讲团的示范带动作用，创新推出“庭院式宣讲”“客家宣讲”“畲语宣讲”等多种载体，开展分众化、对象化、互动化宣讲，让党的十九届六中全会精神入脑入心、落地落实。

深入开展“百名艺术家入驻乡村”行动，充分发动入驻艺术家以书画、摄影、根雕等艺术作品生动呈现“四史”（党史、新中国史、改革开放史、社会主义发展史），中国青年古筝演奏家孙金阳于6月15—18日，带动大东坝镇村民在古筝中“对话”祖国，拍摄国乐MV讴歌大美中国。打造全省首个党员干部学党史、税史的红色税月研学点，以契约博物馆为载体，搭建学“党史+税史”、弘扬红色税月文化的教育平台。组织少数民族群众开展“礼赞百年征程 歌颂家乡巨变”畲语大赛、“民族同心跟党走 启航奋斗新征程”少数民族运动会、民族乡村发展专题展览等系列活动，以群众喜闻乐见的方式促进各民族群众交往交流交融，铸牢中华民族共同体意识。推出“8090”青年理论宣讲成果展，由县“小青松”青年理论宣讲团成员开展社会面“四史”宣讲。

（三）力求特色化、本土化呈现，在用好红色资源中讲好松阳故事

立足绿色优势，盘活本地资源，深挖红色历史，以“四个一百”为抓手掀起党史学习教育新高潮。推出《党史百年 松阳百事》栏目，勾勒出各个时期发生在松阳的党史事件，阅读量突破80万人次。推出《党史百年 松阳百人》栏目，通过“朗读者朗诵+文字记录+图片呈现”的方式在微信公众号平台推送，讲述191名松阳本、客籍烈士的故事。推出《党史百年 松阳百地》栏目，展示松阳126处革命遗址、12处其他遗址现状图片（视频）。举办《党史百年 松阳百村》摄影展，向社会各界征集松阳城乡新老面貌，集中展现松阳村庄发展史；结合本地特色，以文化文艺为抓手，多角度全方位讲述党史故事，进一步推动浙西南革命老区高质量发展。制作完成浙江省第一部、国家级非遗项目戏曲（松阳高腔）电视剧《红色浙西南》，其首映仪式被列入浙西南革命精神论坛系列活动内容，6月18日，中共丽水市委书记胡海峰带领市四套班子主要领导亲临并参加首映仪式。选送松阳高腔《箬寮风雷》进入全省党史教育优秀剧目巡演名单，系全市唯一。首部由松阳独立出品，集合国家传统村落公园和红色故事等元素讲述的电影《我们的村庄》拍摄完成；编印形成含《中共松阳党史》（一卷、二卷）、《松阳革命遗址图鉴》等在内的本地特色党史学习教育材料31本（个），其中在4月22日、6月25日，《松阳英烈》和原创连环画《蠹溪支部》分别举行首发仪式，同步开展松阳特色教材“进主题党日、进主题团日、进主题班会”等“三进”活动1128场次；挖掘一封信和一个糖果盒的历史，作为生动展示浙西南革命精神“植根人民”内涵的小故事，在浙江省建党百年主题系列新闻发布会丽水专场上呈现，获

得《人民日报》等央媒报道关注。深入贯彻落实“两个意见”，扎实完成“6+2+X”项动作，举办“守好红色根脉 推进老区振兴”浙西南红色文化论坛，邀请粟裕将军长孙粟志军、浙西南红色文化研究专家、松阳本地史志研究方面的专家共话浙西南革命中心区域红色文化挖掘和传承发展，并举行“再续前缘”仪式，邀请粟裕将军长孙粟志军与安岱后村老书记陈秉良举行互赠仪式，再现“一封信”情景，续写40年前军民鱼水的深情；发动党员干部群众和侨胞、乡贤等，以“线上+线下”的形式，开展“‘松阳精神’是什么、如何表述‘新时代松阳精神’”大讨论活动，通过网络、书信寄件等方式征集表述语6800余条，并成功提炼“精耕勤学、开放融合、争先图强”十二字“新时代松阳精神”内涵表述语；坚持弘扬践行浙西南革命精神这一主线，以全域乡村振兴实现松阳这个革命老区的全面振兴。举办全市首场“红绿融合老区振兴打造重要窗口”主题新闻发布会，《人民日报》、浙江电视台等主流媒体聚焦报道；承办全市首站“沿着高速看浙江”共同富裕之路——G4012龙丽温高速融媒体采访活动；举办乡村复兴论坛·松阳峰会，深度研讨松阳近年来传统村落保护与乡村建设成果。启动“山里DOU是好风光·丽水”项目，通过传统村落数字化、运营活动、创作者扶持等方式，促进传统村落在平台实现记录、传播、活化，连接本地产业，推动首批28个传统村落可持续发展。依托红色文化资源优势助推共同富裕做法在《丽水日报》和丽水电视台刊播。7月23日，松阳获评省共同富裕示范区建设首批试点单位，系全市9个县（市、区）唯一获评单位。

（四）力求生成式、集成化效果，在主动破题攻坚中深化实践活动

注重把党史学习教育与全县各项工作深度融合，统筹推进“三服务”和专题实践活动，实现活动资源整合调度、机制载体共融合共通，全面打造“三服务2.0版”。对照党史学习教育专题实践活动方案和具体举措细化量化清单，持续抓好148项具体举措、100项民生实事项目、第二批县级民生实事项目的整体推进，实行挂图作战，推动工作落地、落实、落细，群众获得感、幸福感、安全感不断增强。

1.聚焦“急难愁盼”，为群众办好实事。聚焦群众“急难愁盼”的身边小事，引导广大党员干部办好关心事、当好贴心人。扎实开展“六个一批”专项行动，全面推进民情民意的集中收集、集中交办。组织党员干部走乡入村进社区，开展“党员在身边”志愿服务、“温暖千万家”“寻找群众身边不满意的小事”“集千题 解千愁 惠万民”“我为群众献一计”等一系列为群众解忧办实事活动，充分听取意见、问需于民、办好实事。截至12月末，累计开展“百镇千村”民生政策宣讲1315场次，“党员在身边”志愿服务活动4571次，认领实现“微心愿”2193个，为群众办实事16011件。推行“标准化+无障碍”建设，打造共享乡村全国样板项目被列为全省首批促进残疾人共同富裕先行先试项目，成功入围丽水市专题实践活动34个最佳实践案例之一，并获副省长王文序“可参照、可复制、可推广”的肯定批示。

2.聚焦“提效赋能”，为企业解好难题。推出为企业解难题3大行动14项重点举措，细化清单细化项目32项，实行交办销号、信息月报、挂图作战。把服务企业与数字经济系统建设相结合，聚焦企业反映强烈的难点问题，梳理企业数字化线上办事需求，推进企业办事事项标准化和数据归集共享，优化企业办事流程、提升工作效率。出台系列惠企政策，加大资金保障、咨询服务、人才培养等要素集成支持力度，确保各项服务落到实处。深化领导干部结对联系重点企业（项目）和驻企服务员工作机制。截至12月末，累计帮助企业破解难题1475件。如为靶向破解企业融资困局，松阳县与丽水市政策性融资担保有限公司签订一体化合作协议，把政策性融资担保业务范围延伸到松阳县域，为本地中小微企业提供融资担保服务，开拓企业融资新渠道，解决了企业融资难问题。

3.聚焦“严管厚爱”，为基层减足负担。紧盯检查考核名目繁多、频率过高、多头重复，“文山会海”反弹回潮压力较大等情况，着力破解机构牌子多、创建达标多、考核评比多、“指尖任务”多等问题，持续开展持续整治形式主义，清理规范基层事项、实施智治赋能为基层减负等系列为基层减负活动。创新开展县域数字化改革工作，依托“民情地图”智治平台，在“浙里办”和“浙政钉”端分别上线集成县域特色服务和县域治理应用的“i松阳”，让基层干部的“减负”看得见、增能感受得到，为基层发展努力营造干事创业的良好氛围。持续开展县处级领导包乡走村行动，党史学习教育开展以来，县处级以上领导干部领衔破解基层难题270余个。

（五）力求赶超式、跨越式发展，在学史力行中打造“重要窗口”开新局

坚持把学习党史同观照现实、推动工作结合起来，牢记习近平总书记“绿水青山就是金山银山，对丽水来说尤为如此”的重要嘱托，奋力打造“重要窗口”开新局，加速打造现代化“田园松阳”，实现松阳跨越式高质量发展。

1.聚力“双招双引”撬动四方资源。坚持以党史砺行实干突破，激发创业创新活力，狠抓招商引资、招才引智。成立“双招双引”工作领导小组，积极绘制项目招引“作战图”，制定各类招商优惠政策，加强招引项目的用地、资金、能源等全要素保障，全面打造招商服务“绿色通道”。制定系列人才新政，建立“编制池”、设立“现场签约奖”，推出56家单位，

共计742个岗位。统筹推进“百名产业工程师”汇聚、“百名金牌茶师”选塑、“百名高技能工匠”提升、“百名艺术家”入驻乡村、“百名博士”反哺家乡、“百名高学历教师医师”引育等“六百”人才工程建设。今年以来，签约落地项目52个，亿元以上大项目7个，实际利用内资9.7亿元。共引进大学生1418人，其中硕士55人、博士2人。

2.聚力“红绿融合”助力乡村振兴。深入挖掘红色资源，传承红色基因，深化和拓展现场教学、国防教育等系列课程，打造浙西南革命展示重要窗口。成功申报安民乡安岱后村、枫坪乡小吉村省级红色美丽村庄，安岱后获评全国第二批“红色旅游经典景点”，并成为丽水市范围内第三个省级红色旅游教育基地。精心设计“革命旧址+历史文化+生态旅游+农旅融合”旅游精品线路，创新推出“六个一”红色培训套餐，承接到松阳团队100余批次，实现革命老区村增收60余万元。同时统筹整合山区特色资源，做强茶叶、香榧、油茶等生态农业特色产业，巧借“直播+网红”销售新模式开辟农产品销售新纪元。2020年，仅横樟村通过电商渠道就销售土蜂蜜近2500万元。

3.聚力“整体智治”实现治理有效。迭代升级“民情地图”系统，依托“基层治理四平台”以及“花园云”多业务协同平台，创设“社会热点协同处置”平台，设置僵尸车挪车、噪声扰民等13个场景，实现从“网格员报料”向“全民报料”转变。设置“任务直达”功能，对爆料问题的整治措施进行自动分解，分秒直达各职能部门，实现工作多跨协同、问题闭环处置，该项工作入选国家级社会管理与公共服务标准化试点，获“浙江省公共管理创新案例评选优秀奖”。

（六）力求实效化、规范化组织，在批评与自我批评中落实“政治点名”

1.严格对标对表。先后印发通知和工作提示单，再三明晰组织生活会的各项要求和规定，对标对表开好组织生活会。建立“1+N”辐射机制，择优在先进基层党组织中试点打造“样板会议”。全县专门在望松街道石门村召开党史学习教育专题组织生活会观摩活动，全县组织委员、部分机关党务干部参加观摩，为全县高质量召开专题组织生活会打好基础。同时，鼓励各地各单位创新形式，广泛参与、深入基层、倾听民意，把党内的组织生活会开到实际工作中，开到百姓心坎上。

2.坚持从严从实。立足抓好“一个群体”、画好“两条红线”、用好“三张清单”从严从实开好组织生活会。“一个群体”，即注重发挥领导干部的“头雁作用”，县领导纷纷以普通党员身份参加所在支部组织生活会。县学教办全面审核处级以上党员干部的发言提纲、互相批评等材料，共退回并要求重写发言材料6篇。两条“红线”，即“会前准备不充分，会议流程不到位”“问题剖析不深入、相互批评没辣味”两条红线，一旦触碰立即启动叫停。三张“清单”，即针对每个党员建立“批评清单”“问题清单”“整改清单”，促使批评与自我批评见真章、有辣味。

3.确保真抓真改。制定组织生活会专项评定办法，结合巡回指导工作开展，对各地各单位的专题组织生活会和专题读书班开展情况进行量化赋分、综合评定，形成好、中、差三个评价档次，并把结果纳入党史学习教育量化考评之中，以严督实导让组织生活会真抓真改、开出实效。建立“清单销号”机制、巡回指导组“回头看”工作机制，强化结果导向，明确整改“路线图”，制订整改“时间表”，保证组织生活会上提出的问题能够按时保质整改到位。

## 二、经验和启示

（一）聚焦主旨主线，扎实抓好规定动作。党史学习教育期间，全县各级党组织始终紧紧围绕习近平新时代中国特色社会主义思想学习主线，把习近平总书记关于党史学习教育的重要论述指示精神学习贯彻作为重中之重。通过主题党日、专题研讨、现场教学、专家授学等平台和载体，引导广大党员干部带着问题学、带着思考学，在学习教育中学初心、悟初心、守初心、践初心，真正推动学习贯彻习近平新时代中国特色社会主义思想往深里走、往心里走、往实里走，切实提高了运用党的创新理论指导实践、推动工作的能力。

（二）坚持以上率下，始终抓好“关键少数”。县领导以上率下是党史学习教育顺利推进的重要保证。火车跑得快不快，关键靠车头带；工作干得好不好，“头雁”是关键。松阳县委书记“挂帅指挥”，县委常委、县级领导从自己做起，学在前、做在前，当标杆、做示范，起到了很好的示范带头作用。在推进过程中，牢牢坚持“书记抓、抓书记”，紧紧压实各党组织书记的责任，各级领导班子和领导干部带头参加专题学习，讲好主题党课，开展实践活动，参加专题组织生活会。一级做给一级看，一级带着一级干，推动党史学习教育各项专题任务有效扎实落地。

（三）紧盯特殊群体，抓住重点领域突破。党史学习教育以来，松阳县结合实际，以全覆盖为目标，针对部分流动党员、年老体弱党员以及学历层次低的党员，分类采取“红色邮寄”“送学上门”“1+N结对助学”“线上线下融合推进”等有效措施，通过拓展参与广度、拓宽学习维度、提升服务温度确保党员学习教育全覆盖。古市镇借助“互联网+”，通过流动“线上会议”、云端资料等形式，确保在外党员“离乡不离党、流动不缺学”，流动党员党史学习教育“一个都不掉队”。同时在巡回指导、检查抽查中，把离退休、流动党员、两新组织党员作为重点，及时发现问题，及时调整措施，推动党组织和党员参与学习教育的有效覆盖。

（四）坚持问题导向，做好督促整改落实。在党史学习教育中，松阳县坚持从严从实，及时发现解决问题，持续传导压力，加强工作指导和督查检查。为此，松阳县建立高效的工作机制，做好横向、纵向沟通协调，保证中央和省市县委精神落到实处。强化上下联动，在设置与县委党史学习教育领导小组办公室沟通联络员的基础上，平行设置10名联络员，负责与10个巡回指导组的沟通联络，做好“上情下达、下情上传”。各巡回指导组通过调研谈话、督导检查等方式，对各单位专题学习、理论宣讲、实践活动、成果运用等方面的工作落实进行有效督查指导，督促各单位紧扣时间节点扎实完成各项重点任务，把上级决策部署和具体要求不折不扣落到实处，确保学习教育不搞形式、不走过场，取得实实在在的效果。

（中共松阳县委党史学习教育领导小组办公室）

# 松阳县“双招双引”工作

## ·招商引资·

2021年，松阳县聚焦“双招双引”做大产业扩大税源行动、全力提质增效开创产业发展新局面，全县上下营造全员招商氛围、优化招商引资体系、完善招商服务机制、加大招商推介力度、加快在谈项目落户。截至11月末，全县共新引进项目70个，其中一产项目3个、二产项目50个、三产项目12个、总部经济项目5个；共引进大项目23个，其中二产大项目18个、一产大项目3个、总部经济（税源类）大项目2个，完成丽水市下达任务的230%；实现固定资产投资60亿元，实际到位资金21.5亿元，完成丽水市下达任务的120%；新增工业用地84.09公顷。

**一、建强“招商引资”体制机制。**施行领导“揭榜挂帅”。成立以县委书记、县长为双组长的“双招双引”工作领导小组，2021年县主要领导多次深入招商一线，先后分别到上海、杭州、北京等地，精准盯引对接洽谈项目。制定出台《松阳县2021年“双招双引”工作实施意见》，成立一产、二产、三产、总部经济、招才引智5个工作专班，形成合力，强化招商成效，打造全县上下“一盘棋”的联动招商格局。通过“招商引资”目标责任分解表，对责任单位实行“一季度一督查”制度，加强跟踪督导、要求责任单位定时通报招商引资工作情况，压紧压实招商引资工作责任。

**二、强化“政策、人才”赋能。**出台《中共松阳县委 松阳县人民政府办公室关于加快生态工业跨越式发展的实施意见》《松阳县关于推动生态旅游业高质量发展的若干意见》《松阳县生态农业发展扶持办法（试行）》。重大招商项目上县政府常务会议、县委常委会会议讨论，给予“一企一策”项目支持。聚焦人才赋能。发布“招募令”，开展招商培训，抽调20名招商干部，分招商区域和招引方向组建8支驻外招商小分队，到甬台温、珠三角、京津冀、杭嘉湖等地深挖广积招商引资，截至2021年末，驻外小分队走访浙江商会和行业协会对接洽谈800余次，成功举办上海、乐清、深圳“双招双引”专项推进会。

**三、推动招商数字改革。**以数字化改革为契机，借助数字化改革惠企利民，整合县情概况、产业规划、政策支持、土地空间以及县里的产业发展方向等要素，专门推出2个招商二维码，1本电子手册，可以在网络上实时更新招商信息、产业政策。搭建招商项目综合应用管理平台，通过该平台实现等多面管理。目前各乡镇部门单位、驻外小分队可通过该系统，进行招商项目线上录入、修改，实时汇总招商信息。

**四、拓展招商引资方式方法。**截至2021年末，累计开展大型招商推介活动14次，成功开展知名浙商走进松阳、央企走进松阳、省综合交通发展“十四五”规划产企对接会、智慧交通制造产业对接会等大型招商推介活动。深入探索基金招商。利用市县合作产业基金促进资本与项目合作，通过基金管理办法3.0实施方案，成功引进杭州光粒科技有限公司AR智能眼镜生产线项目。用好中介顾问招商。推进《松阳县招商引资（引智）中介机构奖励实施办法》《松阳县关于推进顾问招商工作的实施意见》落地，依托招商顾问信息，成功引进Hape控股股份有限公司投资额为5000万美元的木制玩具生产线项目。

（县招商服务中心）

## ·农业农村招商·

2021年，松阳县把“双招双引”作为推进农业农村现代化的先导性工程，牢固树立“领导牵头、全员参与、讲究策略、落地为王”工作理念，瞄准重点区位，锚定重点产业，牵头推进农业农村领域招商。截至2021年末，共招引落地项目15个，投资备案资金7.81亿元，项目涵盖水产养殖、茶叶种植等一产项目，茶叶加工、高端饮用水生产等二产项目和农文旅融合、中医药康养、电商直播、统防统治等三产项目，其中5000万元以上大项目6个，备案投资额5.81亿余元，分别是绿茗峰茶文化旅游综合体项目投资5300万元；松阳县小后畲大乐之野农业旅游观光综合体项目投资5800万元；松阳县四都乡下包村龙殿后茶旅融合项目投资5000万元；松阳县翔瓯生态园项目投资12000万元；松阳县“如意桃花墟”民宿综合体项目投资8000万元；云顶仙坑源二期项目投资21000万元。

**一、建立机制。**成立一个专班，以分管副县长牵头，围绕生猪、民宿、农业、林业、水产等一产重点领域组建工作专班，进一步细化责任人员，聚焦重点产业，加强重点项目的跟踪联系。制定一个扶持政策。在原茶产业、生态农业、民宿产业等扶持政策上整合修订，编制《松阳县推进生态农业高质量绿色发展三十条》，重点在支持产业振兴、突出绿色有机、鼓励争先创优、注重品牌建设、推动转型升级、深化综合改革上强化扶持力度，已形成征求意见稿。建立一个机制。为做好涉农项目招引服务工作，规范项目招引流程，制订涉农项目招引流程图，联合县发改局、县自然资源与规划局、丽水市生态环境局松阳分局等部门建立联评联审机制，同时落实一周一报送工作制度。一产招商专班成员单位在了解招商项目需求、掌握投资主体情况意向后，每周汇总报送到工作专班。

**二、增强合作。**开展部门联动，建立“双招双引”招商引资动态群。县级层级，招商服务中心牵头建立招商引资动态群，涉及农业农村、文旅、经商、集聚区、财政等重要牵头部门，各部门一旦接收招商信息即按照农业农村领域、工业领域、文化旅游领域等分门别类更新招商动态，如紧盯项目国家公益林项目是县发改局与中海文旅（北京）文化产业发展有限公司（全国资企业）对接。制定清单，摸清家底实情，各乡镇（街道）梳理全县农业农村项目招引谋划清单，含种植养殖、民宿、加工等项目和可开发资源，同时收集全县存量用地、资源分布等要素。另外下发工作任务，并列入乡村振兴目标责任制考核内容。问海借力，发挥驻外招商队伍作用。目前全县共有驻外队伍8支，活动于珠三角、长三角、京津冀、杭嘉湖、甬台温等地开展一线招商，其中农业农村领域重点突破长三角及杭嘉湖等地，主攻高效生态农业、康养文旅服务业等产业大项目。如驻外小分队对接了亿科国际种业、中医药康养项目，并促成了企业到松阳实地考察。

**三、优化服务。**积极主动服务，深入企业、资本，全力为投资者服务，把“等商上门”转变为“以诚招商”“以情感商”“以信留商”。如对接北京天善资本管理有限公司，其在松阳开展为期2天的调研取得较好反响，并以此对接哔哩哔哩科技公司到松阳开展乡村调研，据悉哔哩哔哩科技旗下综艺节目有意与松阳达成拍摄合作。实行专班跟进。专人专班跟踪服务重大项目，全方位、保姆式跟进工作，促进项目早落地。如翔瓯生态园项目是侨商项目，计划投资1.2亿元，建设集渔业养殖、生态观光、儿童娱乐、文化交流为一体的生态园，为全面了解、评估该项目，组织相关部门就项目可能存在的问题进行现场调研并进行反馈。之后，侨商代表又对方案进行了细化、反馈和修改，经达3个多月的主动对接、主动服务和磨合，协调其他相关部门及属地乡镇最终牵线成功，实现一产项目招引的重大突破。组织开展培训。全面提升“双招双引”业务水平，结合县招商工作要求，组织各乡镇农业分管领导、业务人员召开农业农村领域“双招双引”工作培训会，就农业农村“双招双引”重点招引领域、目标任务、具体标准、项目资料4方面进行解读，形成县、乡协同推进的良好局面。

（县农业农村局）

### ·招才引智·

2021年，松阳县把“双招双引”作为当前首要战略性先导工程，由中共松阳县委组织部牵头制定《松阳县2021年“双招双引”工作实施意见》。组建招才引智工作专班，印发《松阳县委人才科技工作领导小组2021年工作要点》，明确具体责任和工作要求绘制招才引智动态作战图，分解各项任务指标，进一步压实责任，凝聚工作合力。全年召开各类会议近20次，研究、分析、推进人才工作。出台《松阳县教育人才队伍建设实施办法（试行）》《关于加快生态工业跨越式发展的实施意见》等新政策，不断完善“1+X”人才政策体系。新修订人才公寓管理办法和名医名护士评选管理办法，制定《松阳县院士专家工作站服务保障机制》，设置签约奖，加大松阳籍优秀人才回流推进力度，进一步提升政策吸引力和招才引智工作环境。

**一、高层次领军型人才团队集聚入驻。**多渠道引进高层次人才。邀请4名院士到松阳做专题主旨讲座，新聘请5名教授专家担任松阳产业发展

2021年6月23日，浙江省博士后工作站揭牌 （县委组织部供图）

顾问，引进3名医学方面博士教授在松阳设立高层次专家人才工作站（室），全年共引进硕士研究生141人、博士研究生12人。盯引领军型人才团队。柔性引进全国知名“三农”问题专家温铁军乡村振兴研究团队落地松阳，成立“乡村振兴研究室”；推动著名建筑师米丘及其团队进驻松阳，共建幸福乡村研究院，探索未来乡村发展新模式。深化校地合作。不断拓展校地合作圈，与20余家高校科研院所签订校地合作协议，在生态工业、生态农业等方面借智推动县域产业发展。与南京农业大学、禾瑞升（浙江）生物科技有限公司三方合作共建松州农业绿色发展研究院，柔性引进新晋中国工程院院士沈其荣。

**二、完善人才招引集聚平台载体。**以活动集聚项目人才。高规格举办第五届全球科技创新大会、乡村复兴论坛·松阳峰会、中国不锈钢管高峰论坛、第二届城乡联系国际论坛等活动，累计签约人才科技合作项目22个。以平台承载项目人才。建成浙江首个大型茶树种质资源圃、中国农科院茶业所长三角创新中心等茶产业载体，新成立松阳县博士联谊会和上海市突出贡献专家协会松阳工作站等人才平台，助力松阳“二次创业”再出发。

**三、举行“才聚松阳”人才科技周活动。**2021年10月31日至11月5日，举办以“人才助力金名片 科技赋能共富裕”为主题的2021年“才聚松阳”人才科技周活动。省市有关领导、高层次人才、各领域专家学者及当地企业家和人才代表等300余名高层次人才齐聚松阳。开幕式上举行了合作项目签约仪式、松阳县博士联谊会成立揭牌仪式、上海市突出贡献专家协会松阳工作站授牌仪式，表彰优秀科技企业和人才。同时开展第五届全球科技大会数智科技赋能非遗产业高峰论坛、“松阳工匠”大赛、第三届连环画艺术节、“打开青少年科技魔盒”行动等一系列子活动。

**四、实施“人才六百”工程。**实施“百名产业工程师汇聚”工程，建成松阳县不锈钢产业工程师协同创新中心，汇聚了不锈钢管产业工程师130余人，陆续开展座谈、技术研讨、把脉问诊、“三服务”、教育培训等活动，帮助解决问题9个。实施“百名金牌茶师选塑”工程，培育申报高级农三师8人，中级农三师46人。实施“百名高技能工匠提升”工程，开展“高技能工匠”研修班和技能大比武等活动，新增高技能人才652人。实施“百名艺术家入驻乡村”工程，举办松阳县第三届连环画艺术节暨樟溪乡第十四届农民文化节活动、“又见柿子红了”2021松阳县沿坑岭头画家村艺术节，用艺术的力量带动乡村发展。实施“百名博士反哺家乡”工程，成立松阳县博士联谊会并在人才科技周上进行了授牌，组建博士沟通交流微信平台，加强日常政策宣传推介和联系服务。实施“百名高学历教师医师引育”工程，县卫健系统全职引了浙大一院主治中医师、中医学博士研究生朱慧萍，新建博士后工作站1家，省级名医工作室5家。教育系统通过省级特设岗位项目引进正高级教师1人，实现零的突破。

**五、丰富服务举措做好“留人”文章。**组织开展“有你，松阳更精彩”系列活动，开展高层次人才慰问活动，为131名高层次人才发放中秋礼包，为21名高层次人才代表和人才科技顾问送去春节慰问。举行引进高校毕业生现场签约暨人才公寓选房仪式，22名引进人才选到了人才公寓。开展人才在松工作感言体会征集，通过微信公众号推动12名引进人才的文字或视频感悟，拍摄宣传展示6名松阳优秀人才视频。落实执行高层次人才疗休养政策，2021年有19名松阳籍博士领取疗休养券。组织60余名机关企事业单位引进硕士研究生、优秀青年人才，开展松阳青年人才走进国家传统村落公园志愿联谊服务活动，为人才搭建广阔的交友平台。

（县委组织部）

# 第十四届中国（国际）茶商大会·松阳香茶茶叶节

2021年3月27日，由中国茶叶流通协会、中国国际茶文化研究会、中国茶叶学会、浙江省农业农村厅、浙江省农民合作经济组织联合会、丽水市人民政府主办，中国茶叶流通协会茶叶市场专业委员会、中国茶叶流通协会茶旅工作委员会、中国茶叶流通协会专家委员会、浙江省茶叶产业协会、浙江茶业学院、浙江省残疾人福利基金会、松阳县人民政府、淘宝（中国）、字节跳动、赶街、“壹起来”助残直播平台共同承办的第十四届中国（国际）茶商大会·松阳香茶茶叶节在松阳举行,参加嘉宾约300余人。中国国际茶文化研究会会长、浙江省政协原主席周国富，浙江省政协副主席周国辉，匈牙利驻华大使馆金融事务公使拉斯洛·哈瓦斯，中国茶叶流通协会会长、全国茶叶标准化技术委员会主任委员王庆，中国工程院院士、中国茶叶流通协会副会长刘仲华，中国国际茶文化研究会副秘书长、浙江省人大环境与资源保护委员会主任委员林健东，浙江省委宣传部副部长、省文明办主任卢春中，浙江省农业农村厅党组书记、厅长王通林，浙江省供销社党委书记、理事会主任、农合联执委会主任邵峰，中国农科院茶叶研究所党委书记、所长姜仁华，中国国际茶文化研究会副会长、杭州市委原副书记于辉达，中国国际茶文化研究会副会长、中国禅茶文化研究会会长、杭州灵隐寺方丈释光泉，浙江省残疾人福利基金会理事长陈玉国，浙商发展研究院副院长方泉尧，四川省巴中市政协副主席叶明生，丽水市领导吴晓东、杜光旻、金爱武、丁岳清，县领导李汉勤、徐为民、廖宝云、周鸿飞等出席开幕式。上海、四川、安徽等地的相关领导嘉宾、茶叶界专家、茶叶行业协会负责人、重点茶叶市场负责人、茶商朋友、台湾同胞、国际友人以及新闻媒体记者参加开幕式。县委副书记、县长莫靓主持开幕式。开幕式上，还举行中国茶业购销平台松阳专区、美丽中国茶乡行·“食在茶乡”系列推选、《松阳香茶冲泡技术规程》团体标准编制、淘宝网松阳茶叶类目开通、“壹起来”助残直播平台上线启动仪式和松阳县乡村振兴战略合作协议签约仪式。

此次大会采取“线上线下”联动的模式开展，重点聚焦“有机发展”，紧抓变革机遇，系统推动茶资源全价利用、茶产业全链开发、茶品牌全城共建、茶效益全民共享。节会内容包括茶园实景开幕式，全天候抖音直播，“茶乡随手拍”、“全民共享松阳香茶”短视频大赛、抖音#田园松阳有机茶乡话题等新媒体推广活动，“识香品茶·松阳春茶节”直播专场、“壹起来”助残直播平台直播等直播活动，松阳县首届“松阳香茶杯”淘宝村播直播大赛、中国茶产业高质量发展峰会、松阳制茶工匠大赛等各类茶事活动。活动期间，全网关注度突破20亿人次，带动3月松阳浙南茶叶市场交易量407.5万千克，交易额190570万元，比上年增长8.21%和22.92%。

# 智能制造新城建设

## 一、工作背景

2020 年 10 月 15 日，中共松阳县委十届十次全会召开,县委书记李汉勤作题为《工业强县 生态惠民 整体智治 唯实惟先奋力打造“高水平生态文明建设和高质量绿色发展”重要窗口示范区》的报告，从松阳实际出发，明确指出工业强县的发展路径，提出奋力打造智能制造新城“金名片”的目标。2021 年 2 月 19 日，在中共松阳县委十届十一次全体（扩大）会议暨全县干部大会上，县委书记李汉勤再次指出“立足县域资源禀赋和发展现实基础，系统谋划了智能制造新城、中国有机茶乡、全域康养胜地、国家传统村落公园等具有松阳特色的金名片”，要求把生态工业高质量发展作为主攻方向，突出科技创新和产业创新双联动，努力打造以“生态、先进、高质量”为导向，以“数字化、智能化、现代化”为支撑，以“产业大脑+未来工厂”为引领，要素集聚、业态集成、产城融合的“智能制造新城”。2021 年 3 月 30 日，全县智能制造新城建设动员会暨生态工业发展大会召开，县委书记李汉勤在会上强调，要认真贯彻落实全省数字化改革大会及全省制造业高质量发展大会精神，高举“丽水之干”的奋斗旗帜，大力弘扬践行浙西南革命精神，举全县之力打好数字化改革、“双招双引”等平台“二次创业”系列组合拳，高水平建设“智能制造新城”，全速推进全县生态工业高质量绿色发展，加快实现历史性跨越式飞跃。

## 二、工作成效

（一）推进工业用地提质增效。抽调任乡镇（街道）分管工业的负责人组成智能制造新城专班，牵头开展全县闲置和低效工业用地提质增效工作。2021 年，松阳县淘汰落后产能涉及企业 9 家，新增工业供地 83.33 公顷，其中新出让面积 71.45 公顷，新增工业机器人 46 台。《松阳县闲置和低效工业用地提质增效三年行动计划（2022—2024 年）》等配套政策方案形成审议稿。

（二）构建企业梯度培育体系。实施“小升规”“放水养鱼”“凤凰”“雏鹰”“行业整合”行动。2021 年完成新企业上规 5 家（浙江新创泰业不锈钢有限公司、浙江顺力机械科技有限公司、浙江博盛钢业集团有限公司、浙江云中马布业股份有限公司、松阳港能投智慧能源有限公司），申报“小升规”企业 7 家。浙江科马摩擦材料股份有限公司成功认定为第三批国家专精特新“小巨人”企业。认定省专精特新中小企业 4 家（上上德盛集团股份有限公司、宝丰钢业集团有限公司、浙江华威门业有限公司、浙江云中马布业股份有限公司），新增 3 家企业成功进入浙江省“放水养鱼”行动计划培育库名单（浙江巨特钢业有限公司、浙江弘汇钢管制造有限公司、浙江华威门业有限公司）。

（三）抓好数字化改造。制定《松阳县推进产业数字化的行动方案》《松阳县关于加快推进产业数字化的扶持政策》。规模化推进企业数字

建设中的松阳工业园区 （何文胜/摄）

化转型，招引科大讯飞、蒲惠智造等科技公司就企业关注的共性问题和行业普适性的数字化产品进行试点推广。开展不锈钢管行业智能化改造试点，新建智能化工厂（数字化车间）。已形成工业互联网平台建设方案，部分试点工作正在推进，其中废水在线监控子场景开发完成，接入3家废水处理厂和8家生产企业的废水数据。数字经济系统地方门户上线，完成技术验收，相关功能点亮也在不断完善进程中。上上德盛集团股份有限公司自主研发“不锈钢智能制造工业数字云平台”，该系统由安全智管、环保智控、营销智评和决策智治4个模块共12套子系统组成。其中包括安全智管即AI EHS安全生产智能决策系统，主要用于提升企业安全快速感知、实时监测、超前预警、及时联动处置和安全评估能力，加速企业管理由静态分析向动态感知、事后应急追溯向事先超前预警、单点防控向全局联防联动处置的转变，提升企业生产安全水平；环保智控即生态保护绿色工厂ICO智能环保决策系统，主要用于环保实时在线处置、检测、预警环保平衡风控；决策智治系统，即APS智能高级排程计划系统、MES制造防控防错执行系统、WMS智能仓储物流系统；营销智评即大数据驾驶舱和人才智能绘制地图。该系统上线2年工伤降低了99%，2021年并被省经信部评为AI人工智能优秀场景，实现工业污水零排放，万元增加值能耗指标领先本行业，2021年亩均税收35万元，2021年工业增加值率20.19%，车间用工从上线前的403人降至279人，设备综合效率由上线前52.2%提升至80.6%，产品一次性合格率由上线前的70.2%提升至93.63%，人均销售额由上线前的90万元每人提升至210万每人，并获得工业和信息化部两化融合贯标企业认证。

（县经济商务局）

# 中国有机茶乡（乡村振兴）建设

2021年，松阳县委县政府提出打造“中国有机茶乡”金名片，形成中国有机茶乡5年建设方案（2021—2025年），拟定任务清单，实施专班清单式推进工作。通过做实“茶文化、茶产业、茶科技”这篇大文章，实现茶产业提质增效、茶农持续增收、茶文化传承弘扬，让茶产业从脱贫攻坚的支柱产业成为乡村振兴的支柱产业。

## 一、工作开展情况

（一）编制中国有机茶乡建设方案。组建以农业农村局茶叶产业发展中心人员为主体的“中国有机茶乡”建设工作专班，以专班形式、推进工作开展。召开专题调研会、征求意见座谈会就如何打造“中国有机茶乡”进行深入研讨，反复修改近20稿，形成《中国有机茶乡五年建设方案（2021—2025年）》，依据方案，制订《2021年中国有机茶乡建设目标任务分解表》和《中国有机茶乡建设项目表（2021—2025）》。

（二）推动有机示范创建。开展有机茶生产技术培训班，指导各乡镇（街道）制订有机茶基地建设计划，分组分片区指导基地创建。2月下发“有机茶示范基地培育”文件到各乡镇（街道），经前期申报、现场踏勘、现场初审和现场检查，全县19个乡镇（街道）共24个点位完成有机茶转换认证，面积156.9公顷。开展肥药双控工作，主动对标欧盟标准，开展农药化肥减量行动，建成“肥药两制”改革农资示范店80家，推广配方肥和按方施肥430万千克，推广商品有机肥1300万千克，统防统治面积达8666.67公顷，农业主导产业绿色防控覆盖率达到32%，实现肥药减量5%以上。

（三）延伸产业发展链条。扶持一批茶企发展，引导资源向龙头企业集聚，同时培育“卯山仙茶”、禅茶等特色茶，推动茶产业链的前后端延伸与拓展。2021年，新增国家级龙头企业1家、市级龙头企业2家，培育上限茶企3家，新增SC（食品生产许可）企业2家，建成象溪茶叶加工聚集点1个，成立县茶叶产业农民合作经济组织联合会。深化茶叶精深加工，扩大速溶茶粉、抹茶等生产规模，打造知名茶饮料、茶食品、茶保健品等行业企业的原料生产供应基地。依托浙南早茶集群项目，扶持振通宏企业植物（茶）提取生产项目、年产50万千克冻干粉（固体饮料）加工项目建设，项目建成分别可实现年新增速溶植物（茶）粉38万千克、冻干茶粉50万千克（茶浓缩液500万千克）。积极培育茶机龙头企业，浙江上河茶叶机械有限公司智能扁形茶连续化加工成套设备成功入选浙江省装备制造业重点领域首台（套）产品名单。2021年松阳县与南京农业大学、禾瑞升（浙江）生物科技有限公司三方合作共建的松州农业绿色发展研究院正式挂牌成立，柔性引进南京农业大学学术委员会主任、原副校长沈其荣教授。

（四）拓展茶叶新兴市场。在完善现有市场的基础上，拓展网络市场、发展总部经济。2021年成功在淘宝平台开设“松阳香茶”类目，成功举办“淘宝春茶节松阳专场”活动，组织100余家茶叶电商300余款“松阳香茶”参加淘宝春茶节松阳专场活动，累计交易额430余万元，在淘宝平台全国产茶县区排名第五。2021年全县在第三方电商平台产生茶叶线上订单2858.76万件，网络零售额25.91亿元，比上年增长138.58%。支持企业搭建全国化、多元化销售渠道网络，在东北和山东等市场持续开展外地松阳茶营销店建设，按照茶产业转型升级扶持政策，县农业农村局完成2020年度151家外地松阳茶营销店的现场核查和验收工作，其中2020年新增外地松阳茶营销店42家。

（五）打响松阳茶叶品牌。建立公用品牌运营体系，制定“松阳银猴”“松阳香茶”区域公用品牌标准、准入门槛和管理办法。2021年完成6家以区域公用品牌背书，以企业品牌为市场主体的“母子品牌”双品牌运营模式。开展松阳香茶申报农业农村部农产品地理标志保护登记工作，申报材料已审核，等待召开专家评审会。其次高质量办好节会，加强品牌宣传。成功举办第十四届中国（国际）茶商大会·松阳香茶茶叶节。开幕式期间实现茶叶线上销售2150万元，节会期间全网关注度突破20亿人次。组织11家企业分别参加第四届中国国际茶叶博览会、2021年浙江(青岛)绿茶博览会。展会期间，宣传推介松阳茶品牌及其产品。2021年，松阳银猴品牌价值25.93亿元，位居全市第一、全省第七名。新创《松阳有香茶》《茶韵飘香》茶歌2首，茶舞在大木山实景演出。编著《秘境里的茶故事》连环画出版。

## 二、工作亮点

(一)聚焦有机茶产业发展。推广生态有机种植，全县建成有机茶园面积71.33公顷；新培育有机茶转换基地24个面积156.9公顷。加强有机示范引领。建立有机茶基地示范样板1个，为松阳县绿茗峰茶业有限公司外石塘有机茶基地。建立有机茶加工示范样板2个，分别为松阳县绿茗峰茶业有限公司和浙江悠谷春农业开发有限公司。依托浙南早茶优势集群项目，支持绿茗锋有机茶加工中心项目建设，项目实施完成，预计年新增有机茶生产能力3万千克，实现有机茶销售收入1500万元。丰富茶叶品类，研发特色茶“崇觉罗汉茶”，现注册崇觉商标并着手把崇觉商标转让给崇觉寺，起草完成《关于崇觉罗汉长效运营机制的设想》征求意见稿。

(二)加强茶产业数字化建设。松阳在茶园耕作、肥料施用、病虫害防治、机采机剪等关键环节开展农机农艺融合配套技术研究。至年末建成智能农业示范基地6个(其中有机茶园基地2个)，成功创建省级主导产业(茶叶)“机器换人”示范县，获评浙江省第一批特色产业(茶叶)“机器换人”高质量发展现行县。推出“茶叶溯源卡”和“茶青溯源卡”，建成全国首个茶叶全过程质量溯源系统。2021年全县累计开展茶叶溯源交易78.38万笔，溯源交易额26.3亿元。

2021年1月28日，西屏街道年轻干部帮助茶农施肥 (西屏街道供图)

(三)开展茶机产品研发。为突破山区茶叶发展招工难、用工贵、成本高的产业瓶颈，在省农业农村厅的牵头指导下，松阳会同浙江理工大学、中国农科院茶叶所开展“智能采茶机”研发攻坚，积极申报争取列入浙江省农业“双强”重大突破性项目。名优茶芽叶智能精准采摘分级关键技术研究及装备研制列入2022年度“领雁”研发攻关计划项目榜单。该项目的关键核心技术已取得突破性进展，11月初，“智能采茶机器人”在松阳丽水农林科学研究院的茶叶基地进行了田间演示，成功实现机器人智能采摘。

(四)推进茶文化街区建设。按照突显茶文化元素，植入文化街区业态要求，确定以“浙南茶叶市场为中心，长虹中路为纽带”，结合长虹中路、北山路改造制定茶文化街区建设规划。县自然资源和规划局委托浙江城乡规划设计研究院进行茶文化一条街更新规划设计。全县域增添茶元素，在县江滨公园内添置茶文化景观雕塑小品，在环城南路各节点及松州大桥转角绿地花镜的打造，植入茶元素，增添老茶树等。进一步优化提升大木山茶园等茶旅景区的体验、运动、休闲、文化等功能，将其打造成为国内一流的茶产业融合发展旅游景区、茶主题旅游休闲目的地。松阳县获评“2021年茶旅融合特色县域”(全省唯一)国字号荣誉称号。

(县农业农村局)

# 大事记

延庆寺塔

## 1月

4日　衢丽铁路松阳段土地测量工作正式启动，征迁土地涉及西屏、水南、叶村、斋坛、三都、板桥6个乡镇（街道）的山地、耕地，总面积约33.33公顷。

5日　松阳县人民政府召开第71次常务会议。传达学习中央农村工作会议精神、习近平总书记在中央政治局常委会会议上听取脱贫攻坚总结评估汇报时的重要讲话精神，听取全县低收入农户高水平全面小康攻坚情况汇报，审议《松阳县农村人居环境综合保洁经费补助标准》等议题。

6日　松阳县新一届村（社区）主职干部“强基引领”培训班开班。中共松阳县委书记、县长李汉勤出席开班仪式并作专题党课。

是日　松阳温州商会四届三次会员大会暨松阳不锈钢行业一届四次会员大会召开。县委书记、县长李汉勤出席并讲话。县领导孔建民、卢丁方、周永龙、纪忠民等参加会议。

7日　中共松阳县委常委会（扩大）会议召开。会议传达学习中共浙江省委常委会会议、中共丽水市委常委会会议精神，研究部署全县冬春季疫情防控工作及寒潮安全防范工作。

8日　松阳县城北公交首末站建成并正式投用。该站总占地面积5873.22平方米，建筑面积619.79平方米，总投资600余万元。

10日　松阳县公安局在第一个“中国人民警察节”举行首次升警旗仪式，并在警旗下重温入警誓词。

11日　中共松阳县委书记专题会议集体约谈第十轮被巡察单位主要负责人。县委书记、县长、县委巡察工作领导小组组长李汉勤主持并作集体约谈提醒讲话，就巡察中发现的问题及整改工作进行再落实、再部署。县领导周鸿飞、潘仲珏、雷剑锋参加会议。

是日　县委书记、县长李汉勤，县委常委、统战部部长张继森到松阳火车站、铺门小区等地检查疫情防控工作。

是日　松阳县十二届人大常委会第三十一次会议召开。会议听取县十二届人大常委会代表资格审查委员会关于部分代表资格变动情况的报告；听取县十二届人大常委会主任会议关于提请补选县人大代表的议案；审议丽水市第四届人民代表大会代表辞职事项；听取县人大常委会任命干部的2020年度履职情况报告，并进行满意度测评。

12日　中共松阳县委常委会会议召开。会议传达学习全国宣传部部长会议精神和中央政法工作会议精神，研究部署全县贯彻落实意见，并听取纪委、组织部、宣传部、统战部以及相关部门2020年工作情况汇报。

12—13日　浙江省财政厅党组书记、厅长尹学群带队到松阳调研基层财政管理、乡村振兴、民宿经济和农村改革项目建设等工作。县领导李汉勤、郑伟坚等陪同调研。

13日　浙江省民政事业发展促进会会长、省民政厅原厅长尚清带领全省10余家慈善组织负责人到松阳开展“慈善精准帮扶行”活动。县委常委黄德慧参加。

是日　丽水市核查组到松阳核查“健康丽水”建设工作情况并召开汇报会。

14日　李汉勤、周鸿飞等县领导在松阳分会场参加中共丽水市委、市人民政府召开的全市抗击新冠肺炎疫情表彰大会。

是日　浙江省农科院—松阳县人民政府交流座谈会召开。省农科院党委副书记、副院长林福呈，县领导李汉勤、诸跃波等参加会议。

15日　松阳县人民政府召开第72次常务会议。会议审议《关于鼓励工业企业春节期间留住员工在松过节的奖励政策》等议题。

18日　中共松阳县委常委会会议召开。会议学习《中国共产党统一战线工作条例》；传达学习习近平总书记在省部级主要领导干部学习贯彻党的十九届五中全会精神专题研讨班开班仪式上的重要讲话精神；听取冬春季及近期疫情防控工作情况汇报和县人大常委会党组、县政府党组、县政协党组、县人民法院党组、县人民检察院党组2020年度履职情况报告。

是日　松阳县政协召开九届二十三次常委会议。会议审议通过相关人事任免；听取县政府关于县政协九届四次会议提案办理情况的通报；听取发改局关于全县“十四五”规划纲要的通报；审议通过松阳县油茶产业发展调研报告；审议通过“黄南水库水源地保护”专题协商纪要；审议通过关于“飞地经济健康发展”专题考察报告；审议通过关于“加大扶持建筑业发展”专题协商纪要落实情况的民主监督报告；审议通过松阳县空气质量管理民主监督报告；听取九届县政协常委会2020年度述职报告。

是日　县委书记、县长李汉勤带队走访调研联系企业了解生产情况和非松阳籍员工留松过年宣传情况，并为企业送上宣传册、企业员工留岗红包以及口罩、消毒液等防疫物资。

20日　中共松阳县委召开2020年度党（工）委书记抓基层党建和人才工作述职评议会议。丽水市委组织部副部长徐丽勇到会指导，县领导李汉勤、周鸿飞等参加会议。

21日　松阳县第十一届“民情地图”促服务应知应会能力大比武决赛在县会议中心举行。

是日　松阳县古市人民法庭举行新址揭牌仪式。丽水市中级人民法院常务副院长柳启东，县领导周鸿飞、孔建民、廖卫民，县人民法院党组书记、院长林伟等参加揭牌仪式。

22日　温铁军丽水乡村振兴研究室在松阳县四都乡陈家铺村挂牌成立。县领导李汉勤、潘力平等参加揭牌仪式。

23 日　中共松阳县委理论学习中心组专题学习会召开。北京大学习近平新时代中国特色社会主义思想研究院乡村振兴中心主任温铁军作题为《大循环与压舱石：如何推进农业农村现代化》的专题讲座。县领导李汉勤、周鸿飞等参会。

23 日　县委常委、常务副县长郑伟坚在松阳分会场参加全国安全生产电视电话视频会议。会后，郑伟坚就全县安全生产工作进行部署。

26 日　丽水市副市长戴邦和带队到松阳调研生态工业发展工作。副县长卢丁方等参加调研。

27 日　浙江省残疾人福利基金会理事长陈玉国一行到松阳，走访调研盲人推拿行业复工复产情况。

31 日　中共松阳县委召开县级领导干部会议，宣布中共浙江省委、丽水市委关于县委、县人民政府主要领导调整的决定：莫靓任中共松阳县委委员、常委、副书记，提名为松阳县人民政府县长候选人；提议李汉勤不再担任松阳县人民政府县长职务。

是日　松阳县人民政府与南京农业大学、禾瑞升（浙江）生物科技有限公司签订松阳县人民政府、禾瑞升（浙江）生物科技有限公司、南京农业大学农业绿色发展战略合作框架协议，并举行松阳县松州农业绿色发展研究院、松州农业绿色发展研究院学术委员会成立揭牌仪式。南京农业大学原副校长、教授、研究院院长沈其荣，县领导莫靓、徐为民、温小运等出席。

是日　松阳县举行 Hape 国际控股集团儿童益智玩具生产项目签约仪式。Hape 国际控股集团总裁彼得·汉斯丹、县领导李汉勤、卢丁方等出席签约仪式。

是月　浙江科马摩擦材料股份有限公司、浙江云中马股份有限公司 2 家企业入选 2020 年浙江省绿色工厂名单。

是月　浙江科马摩擦材料股份有限公司入选 2020 年浙江省“隐形冠军”企业名单。

是月　松阳县首批 4 台 AED 设备（自动体外除颤器）在箬寮原始林、大木山茶园、松阴溪以及双童山 4 个国家 AAAA 级旅游景区安装完毕。

是月　浙江省体育局授予松阳县“浙江省运动休闲基地”称号。

## 2月

1 日　松阳县十二届人大常委会第三十二次会议召开，表决任命莫靓为松阳县人民政府副县长、代理县长。

是日　县领导李汉勤、黄德慧、彭敏、潘永水、温小运、卢丁方、涂扬、梅显云等在松阳分会场参加全省安全生产暨消防工作电视电话会议。

是日　松阳县春节期间防违控违暨治违除患促安全违法建筑专项整治行动部署会召开。

2 日　松阳县召开会议，传达学习省十三届人大五次会议、省政协十二届四次会议和全市领导干部会议、市委经济工作会议精神。县委书记李汉勤主持会议并讲话，县领导莫靓、徐为民、周鸿飞等出席会议。

是日　在新春佳节即将来临之际，李汉勤、莫靓、徐为民、周鸿飞、郑伟坚、周永龙等县四套班子领导到县消防大队看望慰问全体消防人员。

4 日　李汉勤、周鸿飞等县领导在松阳分会场参加中央第三生态环境保护督察组督察浙江省情况视频反馈会议。

是日　松阳县组织开展“洁净家园 抗疫迎新”全民清洁行动。

5 日　中共丽水市委常委、宣传部部长任淑女带队到松阳检查指导平安建设和安全生产等工作，并开展走访慰问。县委常委、宣传部部长江山陪同。

是日　中共松阳县委常委会召开 2020 年度民主生活会。丽水市委常委、宣传部部长任淑女出席并讲话。县委书记李汉勤主持会议，莫靓、周鸿飞等全体县委常委参加，徐为民、廖宝云等县领导受邀列席。

6 日　县委副书记、代县长莫靓到江南工业区块实地调研园区污水处理工作。

7 日　松阳县人民政府召开第 74 次常务会议。会议听取中央第三生态环境保护督察组督察浙江反馈问题中松阳环境问题的情况汇报，审议《2021 年政府工作报告》《2021 年民生实事项目征集情况》。

8 日　县委书记李汉勤主持召开县委常委会会议。会议传达学习党的十九届中央纪委五次全会、省纪委十四届六次全会精神，听取中央第三生态环境保护督察组督察浙江反馈问题中松阳环境问题情况汇报，传达学习 2020 年度全市党委（党组）书记抓基层党建和人才科技工作述职评议会精神。县领导莫靓、徐为民、廖宝云、周鸿飞等参加会议。

是日　松阳县新冠肺炎疫情防控工作视频会议召开。县委副书记、代县长莫靓部署全县疫情防控工作并讲话，县领导黄德慧、张继森、温小运在主会场参加会议。

14 日　县委副书记、代县长莫靓到望松街道、斋坛乡等地检查消防安全工作，并看望慰问西屏派出所值班值守的民警、辅警。

18 日　李汉勤、莫靓、徐为民、廖宝云、周鸿飞等县四套班子领导到西屏街道延庆村塔寺下自然村，参加“人人成园丁 处处成花园”新春义务植树活动。

是日　松阳县委财经委员会第二次会议召开。会议书面传达省委财经委员会第十二次会议精神、市委财经委员会第四次会议精神；听取县发改局关于《松阳县国民经济和社会发展第十四个五年规划和二〇三五年远景目标纲要（草案）》《松阳县 2020 年国民经济和社会发展计划执行情况及 2021 年国民经济和社会发展计划（草案）》的汇报；听取县财政局关于松阳县 2020 年度财政预算执行情况和2021年财政预算安排情况的汇报。县领导李汉勤、莫靓、周鸿飞、郑伟坚等出席会议。

19日　中共松阳县委常委会会议召开。会议专题研究部署全省数字化改革大会精神贯彻落实意见。

是日　中共松阳县委十届十一次全体（扩大）会议暨全县干部大会召开。县委书记李汉勤代表县委常委会作工作报告。县领导莫靓、徐为民、廖宝云、周鸿飞等出席会议。

是日　松阳县人民政府召开第75次常务会议，审议《松阳县国民经济和社会发展第十四个五年规划和二〇三五年远景目标纲要（草案）》和《松阳县山区水利现代化先行县实施方案》。

20日　松阳县召开第十四届中国（国际）茶商大会·松阳香茶茶叶节组委会筹备工作会议。县领导李汉勤、廖宝云、黄德慧、江山等参加会议。

是日　古市镇入围浙江省"千年古城"复兴试点建设名单。

21日　松阳县扩大有效投资"开门红"活动暨浙江新创泰业不锈钢有限公司项目开工仪式在赤寿生态工业园区举行。县领导李汉勤、莫靓、徐为民、廖宝云、郑伟坚、诸跃波、卢丁方等参加活动。

是日　中共松阳县委副书记、代县长莫靓调研生态工业发展情况。县领导诸跃波、卢丁方等参加调研。

22日　丽水市第四届人民代表大会第六次会议松阳代表团举行第一次代表团活动。县领导李汉勤、莫靓、徐为民等参加。

23日　中共丽水市委副书记、政法委书记郎文荣参加松阳代表团活动，与代表们一道审议政府工作报告等。

是日　丽水市人大代表、县委书记李汉勤参加松阳代表团活动。他强调，要全面落实市政府工作报告提出的各项部署和要求，进一步增强发展信心，落实硬核举措，全力推动"十四五"各项工作起好步、开好局。

24日　丽水市第四届人民代表大会第六次会议松阳代表团举行第三次代表团活动。市领导郑力平，县领导李汉勤、徐为民等参加。

25日　丽水市第四届人民代表大会第六次会议松阳代表团举行第四次代表团活动。市领导郑力平，县领导李汉勤、莫靓、徐为民等参加。

26日　2021年度"松阳—嘉兴松州产业园"项目投资签约仪式举行。该项目位于嘉兴市经济开发区塘汇街道，用地面积3.87公顷，建筑面积6万平方米，投资概算2亿元。该次签约的松阳县乡镇级强村公司共有13家，涉及13个乡镇（街道）24个行政村，计划投资1200万元。

是月　李汉勤、莫靓、徐为民、廖宝云、周鸿飞等县四套班子领导分别到乡镇（街道）、单位、企业，看望老干部、重点优抚对象、援鄂医务人员、高龄老人、困难群众和留松阳外来务工人员，开展新春慰问活动。

## 3月

1日　松阳县召开领导干部会议，传达学习丽水市"两会"精神。县委书记李汉勤出席并讲话，县委副书记、代县长莫靓主持会议，徐为民、廖宝云、周鸿飞等县领导参加会议。

是日　南京农业大学农业领域专家沈其荣到松阳，开展有机茶基地建设、有机种植等方面考察调研。副县长温小运陪同调研。

4日　松阳县人民政府召开第77次常务会议，审议通过《松阳县人民政府关于深化教体结合加强县少年儿童业余体育运动学校建设的实施意见》《松阳县人民医院新一轮省县合作办医相关事宜》等事项。

5日　中共松阳县委常委会会议召开。会议传达学习习近平总书记在党史学习教育动员大会上的重要讲话精神和全省党史学习教育动员大会精神；传达学习习近平总书记在全国脱贫攻坚总结表彰大会上的重要讲话精神和《中共中央、国务院关于实现巩固拓展脱贫攻坚成果同乡村振兴有效衔接的意见》《中共中央、国务院关于全面推进乡村振兴加快农业农村现代化的意见》。县领导莫靓、徐为民、廖宝云、周鸿飞等参加会议。

5日　松阳县召开公安工作会议。县委书记李汉勤出席并讲话，副县长、公安局长梅显云主持会议。

是日　松阳县政府召开2021年预算项目绩效目标县级集中评审会议。

8日　松阳县召开2021年度春季征兵定兵工作会议。县领导郑伟坚、刘斯华等参加会议。

是日　松阳县人民检察院公益诉讼生态修复、未成年人生态教育示范基地"知返林"在四都乡十里沿背举行揭牌仪式。县委副书记周鸿飞等参加揭牌仪式。

9—11日　中国人民政治协商会议第九届松阳县委员会第五次会议在县会议中心召开。

10—12日　松阳县第十二届人民代表大会第五次会议在县会议中心召开。

15日　第十四届中国（国际）茶商大会·松阳香茶茶叶节新闻发布会在丽水召开，介绍活动情况和松阳茶产业发展情况。丽水市副市长杨秀清，松阳县委副书记、县长莫靓参加发布会。

是日　松阳县召开领导干部会议，传达全国"两会"精神。县委书记李汉勤主持会议并讲话。县领导莫靓、徐为民、廖宝云、周鸿飞等出席会议。

是日　中共松阳县委巡察工作会议暨十届县委第十二轮巡察工作动员部署会召开。县委书记李汉勤出席会议并讲话，雷剑锋、叶海霞等县领导出席会议。

是日　松阳县组织开展全民清

洁日活动。县领导李汉勤、廖宝云、周鸿飞等参加活动。

16日　松阳县举行2021年春季新兵入伍欢送仪式。县委书记李汉勤出席欢送仪式并致辞，莫靓、徐为民、廖宝云等县领导参加。

是日　松阳县人民政府召开第78次常务会议。会议听取省市县民生实事项目任务分解情况汇报、《松阳县十二届人大五次会议代表审议发言意见办理方案》，审议《松阳县全城“污水零直排区”创建工作方案》《松阳县学生交通安全保障工程实施方案》。

是日　戏曲（松阳高腔）电视剧《红色浙西南》开机仪式在松阳举行。中国电视艺术家协会二级巡视员冯怀中，县领导李汉勤、莫靓、周鸿飞等出席开机仪式。

是日　松阳县开展“沿着红色足迹学党史”主题教育。

17日　中共松阳县委常委会会议召开。会议传达学习习近平总书记在中央党校（国家行政学院）中青年干部培训班开班式上的重要讲话精神；传达学习全省、全市组织部长会议、宣传思想工作会议和全国、全省、全市统战部长会议精神，并研究部署贯彻落实意见。

是日　松阳县党史学习教育动员部署会召开。

是月　县文联举办“文艺助企”书画笔会暨松阳县书协企业书法家协会授牌仪式。

18日　松阳县委书记李汉勤带领县党政代表团到上海市学习考察。徐为民、廖宝云、郑伟坚、温小运等县领导及相关部门负责人参加学习考察。

是日　松阳县人民政府与海尔产城创集团战略合作签约仪式在上海举行。上海市松江区二级巡视员、区政府党组成员孙伟，海尔产城创集团副总裁兼上海浙江区域总裁陈娴，县领导李汉勤、徐为民、廖宝云、郑伟坚等参加签约仪式。

是日　松阳县“全域康养胜地建设”暨南山康养度假项目启动仪式在南山大健康文化园项目现场举行。浙江省政协原副主席徐鸿道，县领导莫靓、黄德慧、彭敏等参加启动仪式。

是日　松阳县召开雨污分流工程、老旧小区改造项目推进会。县领导潘永水、周永龙出席。

20日　县领导李汉勤、莫靓、徐为民、廖宝云、周鸿飞等在松阳分会场收看党史学习教育中央宣讲团宣讲报告会。

是日　走进国家传统村落公园·首届松阳乡村振兴全国建筑设计大赛启动仪式在松阳举行。乡村复兴论坛秘书长李永良主持启动仪式。松阳县委书记李汉勤致辞，并宣布首届松阳乡村振兴全国建筑设计大赛启动。来自全国各地的90余个青年建筑师团队参加启动仪式。

21日　中国文联副主席、中国民协主席潘鲁生带队到松阳开展“国家传统村落公园”现场考察调研。省、市文联相关负责人参加，县领导李汉勤、彭敏陪同调研。

22日　松阳县政法队伍教育整顿主题党课暨廉政教育大会召开。县委书记李汉勤出席会议并为广大政法干警上党课。县委副书记、政法委书记周鸿飞主持会议。雷剑锋、叶海霞、梅显云等县领导参加会议。

是日　松阳县召开党建工作会议。会议回顾总结2020年全县组织、宣传、统战等工作，结合“改革创新落实年”任务，部署2021年重点任务。县委书记李汉勤出席会议并讲话，徐为民、廖宝云、周鸿飞等县领导参加会议。

23日　县委书记李汉勤带队到宁波对接知名浙商助力26个县跨越式发展工作，推介松阳“双招双引”政策，洽谈交流合作。省工商联副主席、宁波富邦控股集团有限公司董事长、总裁、党委书记宋汉平，省工商联法律服务部部长景柏春，宁波市委统战部副部长、市工商联党组书记陈少春，县领导雷剑锋、张继森等参加对接交流活动。

是日　松阳县召开应急管理、安全生产、消防、食品药品安全工作会议。县委副书记、县长莫靓出席并讲话。县委常委、常务副县长郑伟坚等参加会议。

是日　松阳县召开第十四届中国（国际）茶商大会·松阳香茶茶叶节组委会筹备工作第二次会议。县领导莫靓、黄德慧、郑伟坚、江山等参加会议。

24日　松阳县乡村全域土地综合整治与生态修复工作动员会召开。浙江省自然资源厅副厅长盛乐山，丽水市自然资源和规划局党委书记邢志行，县领导李汉勤、莫靓、徐为民、廖宝云等出席会议。

是日　余姚—松阳山海协作工会合作对接会在松阳召开。余姚市政协副主席徐栋芳，县领导诸跃波、周永龙出席会议。

是日　县领导雷剑锋、张继森带队到宁波杉杉集团开展“双招双引”考察对接活动。杉杉集团总裁鲍肖华等参加交流对接活动。

26日　浙江省政协副主席周国辉一行到松阳周安村实地调研结对帮扶项目进展情况。丽水市政协副主席丁岳清、县政协主席廖宝云陪同调研。是日，省政协调研组一行还到大东坝镇调研古村落保护及民宿开发利用情况。

27日　由中国茶叶流通协会、中国国际茶文化研究会、中国茶叶学会、浙江省农业农村厅、浙江省农民合作经济组织联合会、丽水市人民政府主办，中国茶叶流通协会茶叶市场专业委员会、中国茶叶流通协会茶旅工作委员会、中国茶叶流通协会专家委员会、浙江省茶叶产业协会、浙江茶业学院、浙江省残疾人福利基金会、松阳县人民政府、淘宝（中国）、字节跳动、赶街、“壹起来”助残直播平台承办的第十四届中国（国际）茶商大会·松阳香茶茶叶节在松阳开幕。

是日　松阳论坛 2021·中国茶产业高质量发展峰会暨浙江茶业学院2020级开班典礼举行。中国工程院院士、江南大学原校长陈坚，中国工程院院士、贵州大学校长宋宝安，中国工程院院士、湖南农业大学刘仲华，中国茶叶流通协会会长、全国茶叶标准化技术委员会主任委员王庆，浙江省供销合作社联合社党委书记、理事会主任邵峰，县领导李汉勤、莫靓、徐为民、周鸿飞等参加。中华全国供销合作总社杭州茶叶研究院原院长张士康教授主持峰会。

28 日　文化复兴——第三届上海中心关宝琮大师陶瓷艺术展在上海举行。中国工艺美术大师关宝琮、县领导李汉勤、徐为民、温小运等参加。

29 日　浙江省医疗卫生“山海”提升工程签约仪式在杭州举行。松阳县人民政府、浙江大学医学院附属第二医院和浙江省卫生健康委共同签订合作框架协议。

30 日　松阳县智能制造新城建设动员会暨生态工业发展大会召开。县委书记李汉勤出席会议并讲话，丽水市经信局局长翁伟荣，莫靓、徐为民、廖宝云、周鸿飞等县四套班子领导出席会议。

是日　松阳县新冠肺炎病毒疫苗接种工作推进会召开。会议部署全县新冠肺炎病毒疫苗接种工作。县领导莫靓、温小运等参加会议。

31 日　新昌县四套班子主要领导李宁、黄旭荣、求子平、罗国安等带领党政代表团到松阳考察指导。县领导李汉勤、莫靓、徐为民、廖宝云等陪同并参加座谈会。

是日　松阳县首个新冠肺炎疫苗方舱接种点正式开舱启用。该接种点内设登记区、接种区、留观区等区域，20 余名医护人员及志愿者采用轮班制进行接种服务。

## 4 月

1 日　知名浙商助力松阳跨越式发展座谈会召开。省工商联副主席、宁波富邦控股集团有限公司党委书记、董事长、总裁宋汉平，省工商联法律服务部部长景柏春，县领导李汉勤、莫靓、张继森、诸跃波、卢丁方等出席会议。

是日　中共松阳县委理论学习中心组专题学习会暨党史学习教育领导小组会议召开。县委书记李汉勤主持并讲话。

是日　松阳县召开乡村全域土地综合整治与生态修复工作推进会议。

2 日　中共松阳县纪委十届七次全体（扩大）会议召开。县委书记李汉勤出席会议并讲话。县委常委、纪委书记、监委主任叶海霞主持会议并代表县纪委常委会作工作报告。县领导莫靓、徐为民、廖宝云、周鸿飞等参加会议。

5 日　松阳县召开乡村全域土地综合整治与生态修复工作政策培训会。

7 日　县委副书记、县长莫靓带队先后到县城屏安东路与要津南路交叉口、水南街道县水利局防汛物资储备库、县鸿运液化石油气有限公司、县科诚气体有限公司、222 省道与西屏项桥下路口等实地开展安全生产检查。

是日　松阳县人大常委会机关党总支到安民乡安岱后村，开展“学党史忆先烈践初心铸信念”党史学习教育暨主题党日活动。

8 日　浙江省政府办公厅参事处医疗卫生专家组到松阳开展“三服务”活动，并召开县域医共体建设座谈会。省政府办公厅党组成员黄信，省政府参事、原省卫生厅副厅长、巡视员叶真，省政府参事、省人民医院名誉院长叶再元，县领导李汉勤、温小运等出席座谈会。

是日　丽水市农村集体“三资”管理数字化转型工作部署会在松阳召开。

是日　县四套班子领导李汉勤、莫靓、徐为民、周鸿飞等集体到县新冠肺炎疫苗方舱接种点进行接种。

是日　由中共松阳县委宣传部、团县委、县教育局、县少工委共同主办以“致敬百年伟业 争做真善美好少年”为主题的第十届未成年人道德文化节暨流动少年宫进校园活动启动仪式在县城北小学举行。

9 日　松阳县政协机关党总支到安民乡安岱后村、大东坝镇横樟村，开展“学党史守初心，培根铸魂强党性”党史学习教育。

13 日　松阳论坛——县委理论学习中心组专题报告会召开。上海建筑师、艺术家米丘作《乡村振兴主题报告会》专题辅导讲座。县委书记李汉勤主持会议，莫靓、徐为民、廖宝云、周鸿飞等县领导参加报告会。

是日　中共松阳县委政法委联合县司法局到新兴镇上安茶青市场开展“4·15”国安教育茶乡行宣传活动。

14 日　2020 年度县直部门党组（党委）书记履行机关党建主体责任述职评议会暨 2021 年全县机关党建工作会议召开。县领导周鸿飞、雷剑锋、叶海霞、张继森等参加会议。

15 日　中共余姚市委书记奚明带领余姚市党政代表团到松阳对接山海协作工作。县领导李汉勤、诸跃波等陪同。

是日　松阳县组织开展全民清洁日活动。县领导莫靓、徐为民、廖宝云等参加活动。

是日　松阳县召开 2021 年建议提案交办会暨民生实事项目推进会。县领导郑伟坚、杨水文、叶向东等参加会议。

是日　松阳县“便民办税春风行动”政企恳谈会召开。县委常委、统战部部长张继森参加会议。

是日　松阳县茶青溯源项目战略合作签约仪式在上安茶青市场举

行。县委常委黄德慧参加签约仪式。

是日　丽水市首个病死动物无害化处理厂在松阳投入运行。

15—16 日　北京字节跳动科技有限公司副总裁李涛一行到松阳开展“乡村数字化”考察调研，并召开座谈会。丽水市政府副市长杨秀清，县领导李汉勤、莫靓、潘力平等陪同调研。

16 日　县政府印发《松阳县国民经济和社会发展第十四个五年规划和二〇三五年远景目标纲要》。

17 日　松阳县国家传统村落公园建设咨询研讨会在清华大学举行，来自文化遗产、城乡规划、文化旅游领域的 20 名专家学者出席研讨会。清华大学建筑学院副教授罗德胤主持会议。县领导李汉勤、徐为民、江山、潘永水、叶伟兰等参加会议。

是日　乡村复兴论坛组委会在清华大学召开新闻发布会，宣布将于 2021 年 5 月 28—30 日在松阳举办乡村复兴论坛·松阳峰会。乡村复兴论坛主席、清华大学建筑学院副教授罗德胤，县领导李汉勤、徐为民、江山、潘永水、叶伟兰等参加会议。

是日　走进国家传统村落公园·松阳故事文创产品和旅游商品设计大赛线下启动仪式在县城非遗馆举行。

18 日　松阳县人民政府召开第 79 次常务会议。会议听取一季度经济形势分析，传达学习全省“五水共治”（河长制）工作现场会会议精神，审议《松阳县重点项目推进“金牛奖”和“蜗牛奖”评定办法》《松阳县 2021 年“双招双引”工作实施意见》和《2021 年度松阳县“双招双引”工作目标责任制考核办法》等。

20 日　松阳论坛——县委理论学习中心组举行专题报告会。中国工程院院士、中国金属学会理事长、国家新材料产业发展专家咨询委员会主任干勇作《高端制造与新材料发展战略》专题辅导讲座。李汉勤、莫靓、廖宝云、周鸿飞等县领导参加报告会。

是日　松阳县人大常委会开展打击治理电信网络新型违法犯罪工作专题调研。县领导徐为民、梅显云参加调研。

是日　松阳县“头上红”食品有限公司举行战略规划发布会暨落地签约仪式。

21 日　浙江省水利厅党组书记、厅长马林云一行到松阳调研水利工作。丽水市副市长杨秀清，县领导李汉勤、徐为民、黄德慧等陪同调研。

是日　电影《我们的村庄》在三都乡上田村举行开机仪式。县政协主席廖宝云，县委常委、宣传部部长江山及影片主创人员等参加开机仪式。

是日　松阳县第十五届“红五月”杯职工气排球赛在县气排球馆开赛，来自全县各单位的 65 支代表队共 650 余名队员参赛。

是日　象溪村入选第二批浙江省“千年古村落”地名文化遗产名录。

21—22 日　县委副书记、县长莫靓带队到上海开展“双招双引”活动，与相关企业、人才团队等“点对点”对接，洽谈交流合作。副县长卢丁方等参加活动。

22 日　由松阳县党史学习教育领导小组办公室主办的“传承红色基因担当历史使命”《松阳英烈》首发仪式暨全民阅读节启动仪式，在县三庙·文里文化交流中心明伦堂举行。县领导周鸿飞、潘力平、雷剑锋、江山等参加启动仪式。

22—23 日　县委副书记、县长莫靓带队到宁波开展“双招双引”，与企业就深化务实合作，加快项目落地进行洽谈交流。诸跃波、卢丁方等县领导参加。

23 日　丽水市基层党建工作重点任务推进会暨乡镇换届工作部署会在松阳召开。

24 日　海南省定安县委书记刘峰松带领党政代表团到松阳考察。松阳县委书记李汉勤，县政协副主席叶向东陪同考察。

25 日　中共松阳县委常委会会议召开。会议传达学习中央、省委相关会议精神，研究部署全县贯彻落实工作。县领导莫靓、徐为民、周鸿飞等参加会议。

是日　全县数字化改革推进会召开。县委书记李汉勤出席会议并讲话。县委副书记、县长莫靓主持会议。县领导周鸿飞、潘力平、雷剑锋、郑伟坚等参加会议。

26 日　松阳县人民政府召开贯彻落实国务院、省政府和市政府廉政工作会议精神。莫靓、郑伟坚、诸跃波等县领导参加会议。

是日　松阳县黄南水库工程建设领导小组第 39 次会议召开。县领导莫靓、徐为民、黄德慧等参加会议。

27 日　县委副书记、县长莫靓调研铁路建设工作，副县长卢丁方参加调研。

28 日　中县委副书记、县长莫靓到双童山景区、马蹄泉水库和西竹玉公路项目现场等地，开展节前景区旅游安全生产检查和防汛指导工作。

28—29 日　丽水市美丽城镇建设暨农村房屋安全隐患和农村生活污水治理现场推进会在松阳召开。丽水市副市长楼志坚，县委副书记、县长莫靓等参加会议。

29 日　松阳县召开安全生产暨农村地区道路交通安全综合治理、自然灾害综合风险普查工作会议。郑伟坚、梅显云等县领导参加会议。

是日　松阳县成立全省首个气象·二十四节气馆。

30 日　中共松阳县委“三农”工作会议暨中国有机茶乡建设推进会召开。丽水市农办主任、农业农村局局长黄力量，莫靓、徐为民、廖宝云、周鸿飞等县四套班子领导出席会议。

是日　松阳县十二届人大常委会第三十四次会议召开。会议听取和审议县人大常委会主任会议关于确定县十二届人大五次会议代表建议重点督办件的报告；听取县人民政府关于矛盾纠纷调处化解“最多跑一地”改革工作情况报告审议意见落实情况的报告；审议通过松阳县荣誉市民称号授予办法（草案）。

是日　松阳县乡村全域土地综合整治与生态修复工作点评会召开。县领导莫靓、黄德慧参加会议。

是月　中国小康建设研究会授予松阳县人民政府“全面小康突出贡献单位”称号。

是月　丽水市政协联合市关工委到松阳开展“送教育下乡”活动，共同为松阳城北小学、培智学校50名家庭困难学生发放“关爱成长·爱心圆梦”专项助学金。

是月　松阳县入选2020浙江文旅融合高质量发展十佳县（市、区）；卓庐若家民宿入选2020浙江十佳文化遗产民宿。

是月　全国文物古建白蚁防治培训班在松阳县举办，来自全国各地的148名白蚁防治管理和从业人员参加培训。

## 5月

6日　松阳县人民政府组织召开“二调”“三调”窗口期建设用地复垦项目推进会。县领导黄德慧、刘金理参加会议。

是日　2021年法治松阳（法治政府）建设点评会召开。会议传达学习了法治浙江建设工作会议精神，研究部署2021年法治松阳（法治政府）建设重点工作。县领导周鸿飞、梅显云出席。

7日　党史学习教育丽水市委第八巡回指导组进驻松阳工作会议召开。

8日　中共丽水市委宣传部机关党支部及丽水市党史学习教育领导小组办公室全体成员30余人到松阳，开展“追寻红色浙西南足迹学党史”主题党日活动。市委常委、宣传部部长任淑女参加，县委常委、宣传部部长江山陪同。

是日　中共松阳县委理论学习中心组党史学习教育专题学习会召开。县委书记李汉勤主持会议并讲话，县委理论学习中心组全体成员参加。

是日　松阳县以电视网络直播举行第二十一期农村（社区）党组织“支书三晒”活动。李汉勤、周鸿飞、雷剑锋、叶海霞、诸跃波等县领导在主会场参加活动。

是日　浙江省健康促进县创建暨“健康松阳万步有约”健走激励大赛启动仪式在市政广场举行。

9日　松阳县召开青田码道区块改造公寓选房工作部署会，动员部署公寓选房工作。县委副书记、县长莫靓出席并讲话。县领导潘永水、叶向东参加会议。

10日　县委副书记、县长莫靓到浙江隆达不锈钢有限公司、浙江上河茶叶机械有限公司、县科技局调研科技工作。诸跃波、涂扬等县领导参加调研。

11日　“赓续红色根脉打造现代化‘田园松阳’”主题发布会在松阳举行。丽水市委宣传部副部长蓝海主持会议，松阳县委书记李汉勤，县委副书记、县长莫靓等出席会议。

是日　30余名省内主流媒体工作者走进松阳开展“沿着高速看浙江”融媒体采风活动。

是日　松阳县防汛暨安全生产工作视频会议召开。

12日　由中共松阳县委组织部、县委宣传部和共青团松阳县委联合主办的“奋斗百年路 启航新征程”青年理论宣讲暨微型党课决赛在县会议中心举行。

是日　“丽水山泉”矿泉水销售协议签约仪式在松阳举行。

是日　共青团松阳县十四届四次全委（扩大）会议召开。

13日　由中国金融思想政治工作研究会、中国邮政储蓄银行主办的“红信贷”惠民活动启动仪式松阳举行。中国银保监原党校副校长、中国金融思想政治工作研究会金融机构履行社会责任专委会主任陈伟钢，松阳县委书记李汉勤，中国邮政储蓄银行三农金融事业部副总监黄小东等出席动启动仪式。

是日　松阳县生态旅游业高质量发展暨全域康养胜地建设动员部署会召开。县委书记李汉勤出席会议并讲话。市文广旅体局党组书记吴飞飞，莫靓、徐为民、廖宝云等县四套班子领导出席会议。

是日　参加丽水“三老”（老一辈国家领导、老将军、老艺术家）作品巡回展的部分专家到松阳采风创作。

是日　松阳县党史学习教育重点工作推进会暨巡回指导动员部署会召开。

14日　中国社科院经济研究所所长黄群慧带领中国社科院调研组到松阳，调研推进共同富裕工作。丽水市委常委、宣传部部长任淑女，松阳县领导李汉勤、江山陪同调研。

16日　松阳县举行庆祝中国共产党成立100周年暨松阳县老年人健身气功交流展示活动，全县7支队伍280余名太极爱好者参加。

18日　松阳县人民政府召开第80次常务会议。会议审议《松阳县教育人才队伍建设实施办法（试行）》《松阳县促进建筑业持续健康发展的十二条意见》等事项。

是日　丽水市农村劳动力就业综合指数调查试点工作动员会在松阳召开。松阳副县长涂扬参加会议。

19日　浙江省人大监察司法委副主任委员、省人大常委会监察司法工委副主任、办公厅一级巡视员郑军带领省人大监察司法委调研组到松阳调研，并召开“推动高质量发展建设共同富裕示范区”调研座谈会。丽水市人大常委会副主任邹培书，松阳县人大常委会副主任阙晓明等参加。

是日　中共松阳县委召开常委会会议，传达学习习近平总书记关于“共同富裕”重要论述和省委专题学习会精神，研究部署全县贯彻落实意见。

是日　松阳县召开新冠肺炎疫情防控工作部署会，传达中央、省有关会议精神，就全县常态化疫情防控工作进行再部署。

是日　松阳县召开“二调”“三调”窗口期全域土地整治项目推进会。

20 日　松阳县人民政府与浙江大学医学院附属第二医院举行医疗合作签约仪式。浙大二院党委书记王建安，党委副书记、院长王伟林，县领导李汉勤、莫靓等出席签约仪式。

是日　松阳县召开防汛和安全生产工作再部署再落实会议。

20—21 日　县领导李汉勤、莫靓分别带队到松阳第一中学调研高考备考工作。

21 日　松阳县召开“平安松阳”建设推进会议，传达学习习近平总书记关于平安稳定等工作的重要指示精神，全面部署办实事、促稳定、除隐患、保平安系列工作。县委书记李汉勤出席会议并讲话。莫靓、徐为民、廖宝云、周鸿飞等县四套班子领导参加会议。

是日　县委副书记、县长莫靓组织召开防汛工作视频连线会议，就当前防汛工作进行再部署、再落实。县委常委、常务副县长郑伟坚主持会议。

是日　松阳县在新兴镇大木山骑行茶园举办 2021 年国际茶日暨全民饮茶日活动。

是日　松阳—遂昌茶产业党建总联盟成立仪式在松阳新兴镇上安村举行。

是月　松阳县工业园区创建成为省级经济开发区。

22 日　县委书记李汉勤到斋坛乡检查指导防汛工作。

是日　松阳县在第四届中国国际博览会·第三届茶乡旅游发展大会上获评“2021 年度区域特色美丽茶乡”。

24 日　县委书记李汉勤带队开展巡河并听取“五水共治”工作汇报。副县长潘永水、卢丁方等参加。

25 日　县委书记李汉勤到县委党校，为 2021 年松阳县“数字赋能”综合素质进修班全体学员授课。县委常委、组织部部长雷剑锋主持授课仪式。

是日　松阳县人大常委会召开党史学习教育专题学习会暨全县人大数字化改革工作推进会。县人大常委会主任徐为民，副主任毛胜法、杨水文、阙晓明、刘金理参加会议。

26 日　县委副书记、县长莫靓到县委党校，为 2021 年松阳县“数字赋能”综合素质进修班全体学员授课。

27 日　浙江省市场监管局党委书记、局长章根明到松阳调研“阳光工厂”建设和特种设备安全监管等工作。丽水市副市长杨秀清，县领导李汉勤、黄德慧等参加调研。

27—28 日　丽水市人大常委会副主任杜光旻带队到松阳，就《浙江省粮食安全保障条例》执行情况进行检查。县领导莫靓、徐为民、郑伟坚、杨水文等陪同。

28 日　松阳县召开创建浙江省大花园示范县动员会暨重点建设项目月度点评会。县委书记李汉勤出席会议并讲话。县领导莫靓、徐为民、廖宝云等参加会议，丽水市大花园建设中心主任周海忠到会指导。

是日　松阳县红十字会第三次会员代表大会召开，县委书记李汉勤、县委副书记周鸿飞等县领导出席开幕式。丽水市红十字会党组书记蓝金水应邀出席。

29 日　由清华大学建筑学院、北京绿十字、宿集营造社、北京安哲建筑设计有限公司、新浪微博联合松阳县人民政府共同主办的乡村复兴论坛·松阳峰会在三庙·文里文化交流中心举行开幕式。中国文物保护基金会理事长励小捷，乡村复兴论坛主席、清华大学建筑学院副教授罗德胤，松阳县委书记李汉勤出席开幕式并分别致辞。来自北京、天津、重庆等 10 余个省市的相关部门人员、院企专家及全国各大媒体等 250 余名代表应邀参会。丽水市副市长杨秀清，松阳县领导莫靓、徐为民、廖宝云、周鸿飞等出席开幕式。

30 日　乡村复兴论坛·松阳峰会举行综合版块交流活动，来自遗产研究、建筑设计等领域的专家学者结合各自研究方向和实践案开展交流活动。县领导莫靓、周鸿飞等参加交流活动。

是日　乡村复兴论坛·松阳峰会举行学术研讨活动。8 名建筑与规划等方面的专家学者结合各自的研究方向和实践案例开展学术研讨活动。

是日　乡村复兴论坛·松阳峰会乡村实践主题演讲活动在文里美术馆举行。

31 日　丽水市委常委、纪委书记、监委主任方文军带队到松阳，开展“平安护航建党百年”特种设备安全督查工作。县委常委黄德慧陪同。

是日　松阳县政协召开“请你来协商·打造智能制造新城——加快不锈钢管企业转型升级，推进不锈钢管产业高质量发展”专题协商会议。县领导莫靓、廖宝云、诸跃波、卢丁方、周永龙等参加会议。

## 6 月

1 日　中共松阳县委常委会会议召开。会议传达学习习近平总书记在中国科学院第二十次院士大会、中国工程院第十五次院士大会、中国科协第十次全国代表大会上的重要讲话精神，李克强总理考察浙江重要讲话精神，2021 年度长三角地区主要领导座谈会精神及省委全面深化改革委员会第十四次会议精神，研究部署全县贯彻落实意见。

是日　松阳县黄南水库主体工程提前完工仪式在黄南水库大坝坝顶举行。中国电建华东勘测设计研究院总经济师胡赛华，县领导李汉勤、莫靓、徐为民、廖宝云、黄德慧、刘金理等出席完工仪式。

2日　松阳县“双招双引”工作推进会召开。县委书记李汉勤出席会议并讲话，莫靓、廖宝云等县四套班子领导参加会议。

是日　松阳县人民政府召开第81次常务会议。会议听取近期新冠肺炎疫情防控工作情况和2021年度城市治堵工作专题汇报，审议《加快生态工业跨越式发展的四十条意见》等。

3—4日　上海市松江区委书记程向民，区委副书记、区长李谦带领松江区党政代表团一行到松阳考察，交流发展经验，深化合作对接。丽水市委书记胡海峰，松阳县委书记李汉勤等陪同考察。

4日　松阳县人民政府与丽水市政策性融资担保有限公司举行一体化合作签约暨授牌仪式。市财政局党组书记、局长潘建青，县领导莫靓、温小运等参加签约仪式。

是日　美丽松阳建设暨生态环境保护与污染治理攻坚大会召开。县委书记李汉勤出席会议并讲话，莫靓、周鸿飞等县领导参加会议。

7日　中共松阳县委书记李汉勤带队调研南城文教区块项目建设情况。副县长温小运参加调研。

9日　松阳乡村振兴战略合作洽谈会召开。上海景观设计工作室总设计师、建筑师米丘，县领导李汉勤、徐为民、廖宝云、彭敏、温小运等出席。

11日　松阳县政协九届二十七次常委会会议召开。会议传达学习中央、省政协领导重要讲话精神；听取全域康养胜地建设工作通报；审议通过“打造智能制造新城——加快不锈钢管企业转型升级，推动不锈钢管产业高质量发展”专题协商纪要；审议通过相关人事任免。

是日　农工党松阳县小组成立大会召开。丽水市政协副主席、农工党丽水市委会主委丁岳清，农工党丽水市委会专职副主委卢汝兰，县领导周鸿飞、张继森、叶向东、叶伟兰等参加会议。

是日　松阳县乡村振兴局揭牌成立。

12日　由中共丽水市委宣传部、浙西南红色文化研究会和松阳县共同举办“守好红色根脉推进老区振兴”浙西南红色文化论坛在松阳举行。粟裕将军长孙粟志军、市县党史专家，县领导李汉勤、江山等参加活动。

15日　丽水市政协主席陈瑞商到松阳调研工作，并到衢丽铁路松阳段建设工地，实地察看隧道建设，了解施工进展情况，与施工方召开交流会。县委书记李汉勤，县政协主席廖宝云等陪同调研。

是日　中共松阳县委常委会会议召开。会议传达学习省委十四届九次全体（扩大）会议精神，研究部署贯彻落实意见，分析全县高质量发展建设共同富裕示范区目标指标情况。县领导李汉勤、莫靓、徐为民、廖宝云、周鸿飞等出席。

是日　中共松阳县委常委会（扩大）会议召开，传达学习省委十四届九次全会精神，研究部署贯彻落实意见。县委书记李汉勤主持会议，莫靓、徐为民、周鸿飞等县领导出席会议。

16日　丽水市政协副主席王顺发到松阳开展“百名主席进百厅讲党史”活动。县领导张继森、叶向东等参加活动。

16—17日　县委书记李汉勤带队到上海开展“双招双引”工作。县领导廖宝云、彭敏等参加。

18日　由中共丽水市委宣传部、中共松阳县委、松阳县人民政府联合出品的戏曲（松阳高腔）电视剧《红色浙西南》首映仪式在丽水举行。胡海峰、吴晓东、李锋、陈瑞商、郎文荣等市四套班子领导，粟裕大将长孙粟志军，省党史学习教育第五巡回指导组组长张文华，松阳县委书记李汉勤，该剧导演孙江海共同启动《红色浙西南》首映。

是日　党史学习教育省委第五巡回指导组组长张文华一行到松阳督查指导。市委组织部副部长、市党史学教办副主任徐丽勇，县领导李汉勤、江山等陪同。

是日　松阳县人民政府召开第82次常务会议。会议学习《中共中央、国务院关于支持浙江高质量发展建设共同富裕示范区的意见》以及省委十四届九次全会精神，听取二季度安全生产工作情况汇报，审议《关于做好2021年粮食生产工作的通知》等。

是日　由新华社、中新社、中国网、《中国绿色时报》等中央媒体及全国15个省市的30家媒体单位组成的“全国弘扬践行革命精神红色宣传联盟”采访团到松阳采风。县委常委、宣传部部长江山参加。

是日　松阳县庆祝中国共产党建党100周年“礼赞百年征程·歌颂家乡巨变”畲语大赛，在畲乡板桥桐榔村文化礼堂举行。

20日　县委副书记、县长莫靓带队先后到浙能火车站综合站、港华燃气公司、锐奇鞋业有限公司等地检查安全生产工作，并询问企业安全隐患自查自纠情况。

23日　松阳县召开入驻松阳乡村艺术家代表联谊座谈会，共商艺术助推乡村振兴。县领导李汉勤、江山、彭敏、叶伟兰等出席。

24日　松阳县举行卯山文化园项目意向协议签约仪式。叶公文化总会首席常务副总会长叶云以及叶公文化总会有关省、市宗亲代表，县领导李汉勤、张继森、刘金理、彭敏、叶伟兰等出席签约仪式。

25日　丽水市委常委、宣传部部长任淑女到松阳开展“七一”走访慰问活动，并结合党史学习教育等内容上专题党课。县委常委、宣传部部长江山陪同。

是日　松阳论坛——县委理论学习中心组举行专题报告会。赛伯乐投资集团创始合伙人、浙江赛泽投资集团创始人兼董事长方刚作《政府产业基金运作管理》专题讲座。县领导李汉勤、莫靓、廖宝云、周鸿飞等参加。

是日　松阳县人民政府与中国三峡新能源（集团）股份有限公司举行松阳清洁能源示范县申报和2060碳中和深化合作协议签约仪式。县领导莫靓、徐为民、卢丁方等参加签约仪式。

是日　县委书记李汉勤带队先后到科诚气体有限公司、浙江宝泽高分子材料有限公司等地检查指导安全生产工作。

是日　松阳县庆祝中国共产党成立100周年“百本连环画说百年党史”“三进”活动暨《霭溪支部》发行签赠活动在县实验小学集团学校举行。

26日　松阳县庆祝中国共产党成立100周年“党旗颂·中国梦”合唱比赛在县会议中心举行，来自各乡镇（街道）、部门的45支队伍，3000余名党员干部参赛。李汉勤、莫靓、徐为民、廖宝云、周鸿飞等全体县领导和社会各界干部群众一同观看比赛。

29日　衢宁铁路（浙江段）货运开通仪式在松阳货运站举行。丽水市政协主席陈瑞商宣布衢宁铁路（浙江段）货运开通。

是日　中共松阳县委副书记、县长莫靓带队调研生态环境导向开发模式试点创建工作。副县长卢丁方参加调研。

是日　中共松阳县委副书记、县长莫靓到党建联系村西屏街道五村，为村两委班子成员及全体党员讲授党史学习教育专题党课。

30日　中共松阳县委常委会会议召开。会议学习《中国共产党党徽党旗条例》，研究部署贯彻落实意见等。

是日　松阳县人民政府组织召开全县防汛工作视频连线会议。县领导莫靓、黄德慧、潘永水等在县防汛指挥中心参加会议。

是日　县十二届人大常委会第三十五次会议召开。会议听取和审议县人民政府关于2021年上半年十件民生实事项目办理进展情况的报告；听取和审议县人民政府关于2020年度政府重大投资项目执行情况及2021年度政府重大投资项目计划（草案）；听取县人民政府关于2021年政府性基本建设预算的报告；听取和审议县人民政府关于2020年度全县国有企业国有资产管理情况的报告；听取和审议县人民政府关于北直街等3个历史文化街区保护规划的议案；听取和审议县人民政府关于防范打击治理电信网络诈骗工作情况的报告；听取县人民法院关于人民陪审员履职工作报告审议意见落实情况的报告并进行满意度测评；听取人大街道工委工作报告审议意见落实情况的报告及人大街道工委上半年工作报告；听取县人民政府关于全民健身中心建设项目视察意见落实情况的报告并进行满意度测评。

是日　松阳县首次召开列席县人大常委会会议人大代表座谈会。徐为民、杨水文、阙晓明、刘金理等县领导参加座谈会。

是月　李汉勤、莫靓、徐为民、廖宝云、周鸿飞等县领导带队开展“七一”走访慰问活动，分头走访获得党内功勋荣誉表彰的党员、老党员、老干部、烈士遗属、因公殉职党员干部家属、生活困难党员和生活困难的离任村干部等。

## 7月

1日　李汉勤、莫靓、徐为民、廖宝云、周鸿飞等全体县处级领导干部在县会议中心集中收看庆祝中国共产党成立100周年大会直播。

是日　松阳县举行庆祝中国共产党成立100周年“七一”表彰仪式。县委书记李汉勤出席并讲话，县委副书记、县长莫靓主持，全体县处级领导出席。

2日　中共松阳县委常委会（扩大）会议召开，传达学习习近平总书记在庆祝中国共产党成立100周年大会、“七一勋章”颁授仪式上的重要讲话精神以及浙江省庆祝中国共产党成立100周年大会精神，研究部署贯彻落实意见。

是日　中共松阳县委理论学习中心组举行专题报告会，省应急管理厅党委委员、副厅长李会光作《学习习近平总书记关于应急管理重要论述推动应急管理责任落实》专题辅导讲座。县领导莫靓、徐为民、廖宝云、周鸿飞等参加讲座。

3日　由丽水市人民政府主办，丽水市文化和广电旅游体育局、丽水市体育发展服务中心承办，松阳县人民政府协办的丽水市第五届运动会在全市首个“浙江省运动休闲基地”松阳开赛。副市长卢彩柳，县领导李汉勤、刘金理、彭敏、叶伟兰等出席开赛仪式。

3—4日　由省文化和旅游厅主办的“相聚浙里”国际人文交流系列活动之“国际乡村课堂”体验活动走进松阳。

6日　丽水市委常委、组织部部长戴平辉到松阳调研。县委书记李汉勤，县委常委、组织部部长雷剑锋陪同调研。

是日　松阳县举办“百年传承·童心向党”庆祝建党100周年少儿文艺会演。

7日　松阳县召开全域土地整治工作推进会。县委常委黄德慧参加会议。

8日　松阳县人民政府—丽水职业技术学院战略合作框架协议签约仪式在丽水举行。梁忆南、梁伟样、刘建荣等丽水职业技术学院党政领导班子成员，李汉勤、莫靓、潘力平、江山、彭敏等县领导出席签约仪式。

是日　松阳县在市政广场举办“奔向军营健康跑”活动，开展全县征兵宣传教育，营造浓厚的参军氛围。县领导黄德慧、刘斯华参加。

8—10日　由浙江省委党校、省《资本论》与社会主义经济研究会主办的“忠实践行‘八八战略’，奋力推进山区共同富裕”学术研讨会在松阳举行。县委常委、组织部部长雷剑锋参加。

9日　中共松阳县委全面依法治县委员会第三次会议暨法治政府第二次点评会召开。会议传达学习省、市有关会议精神，听取法治松阳（法治政府）建设情况、人民调解工作成效及法治建设相关文件起草情况的汇报等。

是日　中共松阳县委召开学习习近平总书记在庆祝中国共产党成立100周年大会上重要讲话精神专题学习会。县委书记李汉勤主持并作总结讲话，党史学习教育市委第八巡回指导组组长舒维云列席会议。

是日　松阳县开展党史学习教育专题组织生活会观摩活动。

10日　由杭州2022年第19届杭州亚运会组委会主办，松阳县人民政府、浙江广播电视集团承办的“共享亚运乡村行动”首站活动在松阳双童山景区揭幕，3000余名体育爱好者参加。杭州亚组委杭外部副部长杜作峰、浙江广播电视集团钱江都市频道副总监楼坚、丽水市体育服务发展中心主任洪勇华，县委副书记、县长莫靓参加启动仪式。

是日　松阳县举办青年人才走进国家传统村落公园志愿联谊服务活动。全县机关、企事业单位引进的硕士研究生、优秀青年人才60余人参加。县委常委、组织部部长雷剑锋参加活动。

11日　由全国政协常委、中国国民党革命委员会中央副主席、妇青委主任、中国广播艺术团艺术总监冯巩带队的民革中央调研组到松阳调研“国家传统村落公园”建设工作。全国人大代表、监察和司法委员会委员、民革中央妇青委副主任、民革中央组织部部长叶赞平；民革中央妇青委副主任、民革云南省委会专职副主委李兴华；民革中央妇青委副主任、民革浙江省委会专职副主委刘净非；财政部经济建设司一级巡视员宋秋玲；住房和城乡建设部村镇建设司副司长白正盛等参加调研。全国政协常委、浙江省政协副主席、民革浙江省委会主委吴晶，浙江省人大常委、民革浙江省委会副主委徐铭恩，丽水市人大常委会副主任、民革丽水市委会主委戚永远；县领导李汉勤、莫靓、徐为民、张继森、潘永水、叶向东、叶伟兰等陪同调研。

11日　中共松阳县委常委会（扩大）会议召开。会议组织学习习近平总书记关于粮食安全和耕地保护工作的系列重要讲话精神及相关法律法规，重点研究部署耕地“非粮化”整治优化等工作。全体在松阳的县处级领导参加会议。

12日　李汉勤、莫靓、徐为民、周鸿飞等县领导在松阳分会场参加浙江省委以视频形式召开县（市、区）委书记工作交流会。

是日　县委副书记、县长莫靓到县人武部开展调研，并召开县人武部规范化建设现场办公会议。县领导黄德慧、刘斯华、涂扬参加。

是日　松阳县举行乡村振兴金融支持战略合作签约仪式。签约仪式上，中国农业银行松阳县支行分别与县农业农村局签署“金融助力全面推进乡村振兴”战略合作协议，与企业及行政村代表签署合作意向协议，拟对松阳县田园强村投资有限公司提供综合授信5亿元，拟对雪峰云尖茶业有限公司授信1000万元，拟对赤寿乡楼塘村股份经济合作社及该村农户综合授信5000万元。

是日　松阳县首例“空中急救”危重病人生命通道开通。

13日　松阳县耕地“非粮化”整治优化工作动员部署会召开。李汉勤、莫靓、周鸿飞等全体在松县领导参加会议。

13—14日　浙江省委常委、政法委书记王昌荣到松阳调研政法工作。省委政法委常务副书记朱晨参加调研。市领导胡海峰、郎文荣，县领导李汉勤、周鸿飞等陪同调研。

14日　县委副书记、县长莫靓到古市镇联系村黄圩村走访，并就古市小微企业园建设和“非粮化”整治优化工作开展调研。

15日　李汉勤等县四套班子领导到丽水军分区、驻松部队及县消防救援大队，开展“八一”建军节节前慰问。

是日　松阳县人民政府第84次常务会议召开。会议学习新修订的《浙江省防汛防台抗旱条例》，传达学习习近平总书记关于统计工作的重要指示批示，听取有关统计工作的汇报。

21日　中共松阳县委常委会会议召开。会议学习了《中共中央关于加强对“一把手”和领导班子监督的意见》《中央纪委关于认真学习贯彻〈中共中央关于加强对“一把手”和领导班子监督的意见〉的通知》《中共浙江省委印发贯彻落实〈中共中央关于加强对“一把手”和领导班子监督的意见〉的十三项实施意见的通知》《浙江省纪委关于开展市、县（市、区）党委书记履行全面从严治党第一责任人职责专项监督的工作方案》；传达学习省委书记袁家军在山区26个县跨越式高质量发展暨山海协作工程推进会上的讲话精神及《浙江省山区26县跨越式高质量发展实施方案（2021—2025年）》；传达学习省委常委、政法委书记王昌荣在松阳调研指示精神。

是日　中共松阳县委议军会议召开。县委书记李汉勤主持会议并讲话。县领导莫靓、徐为民、廖宝云、周鸿飞等出席。

22日　松阳县在杭州举办土地招商（杭州）推介会，向外推介中心城区的4宗精品优质宗地。

23日　县领导李汉勤、莫靓、徐为民、廖宝云等以普通党员身份参加机关党支部党史学习教育专题组织生活会暨7月主题党日活动。

是日　由松阳县人民政府、上海景域驴妈妈集团主办的首届中国乡宿产业发展大会暨松阳民宿招商推介会举行开幕式。开幕式上，悠然九希、筱驻、浮云牧场、班玛家、锦上云宿、北京画否等民宿企业与县人民政府签订合作意向协议。

是日　松阳县举行2021年夏秋季征兵宣讲活动。县领导黄德慧、江山、刘斯华等参加。

是日　松阳县妇女儿童发展指导中心签约揭牌仪式举行。该中心为全市首家妇联与高校合作的妇女儿童发展指导中心。丽水市妇联党组书记、主席管伟春，县委副书记、政法委书记周鸿飞等参加揭牌仪式。

是日　松阳县数字交通专题报告会召开。厦门城光联链科技有限公司首席专家王正元博士作数字交通专题报告。

24日　县领导李汉勤、莫靓、黄德慧等在松阳分会场参加全省防汛防台工作部署视频会议。会后，就全县防汛防台工作相继作再动员再部署。

25日　县领导李汉勤、黄德慧、江山、毛胜法等到叶村、竹源等乡镇开展防台督导检查。

是日　县委副书记、县长莫靓到象溪镇、裕溪乡开展防汛防台督导检查。

26日　“请你来协商·打造松阳茶文化街区助推中国有机茶乡建设”专题协商会召开。

是日　松阳县贯彻落实全省农业科技大会精神座谈会召开。

是日　中共松阳县委副书记、县长莫靓带队调研在建工业项目建设情况。

是日　松阳县首届乡镇（街道）优质“消薄”项目大比拼决赛举行。

27日　中共松阳县委退役军人事务工作领导小组暨双拥工作领导小组会议召开。会议组织学习习近平总书记关于退役军人工作的重要论述以及上级有关会议精神，听取退役军人事务和双拥工作汇报。

28日　浙江省副省长王文序到松阳开展党史学习教育专题实践活动，调研残疾人权益保障、老年人康养以及相关民生实事项目推进情况。丽水市副市长杨秀清，县领导李汉勤、周鸿飞、黄德慧等陪同。

是日　2021中国·松阳全国业余围棋公开赛在松阳开赛，来自全国各地的260名棋手参赛。中国围棋协会主席林建超，中国围棋协会副主席常昊，浙江省围棋协会秘书长蓝天，县领导李汉勤、彭敏等出席开幕式。

28—29日　丽水军分区2021年度群众性练兵比武暨军事体育竞赛活动在松阳举行。来自全市各县市（区）的400余人分别参加手榴弹投远、轻武器射击、单兵战术、100米跑、3000米跑比赛以及民兵教练员教学比武、任务分队比武对抗等军事项目。

29日　松阳县跨越式高质量发展综合改革动员部署会召开。丽水市委副书记郎文荣，副市长楼志坚，省委改革办改革二处副处长张少博，市委改革办常务副主任叶祖平，县领导李汉勤、徐为民、廖宝云、周鸿飞等出席。

30日　松阳县召开新冠肺炎疫情防控部署会议，就防控措施落实、疫苗接种等工作进行再落实、再部署。

是日　县政协召开“请你来协商·村（社）信访及矛盾纠纷调处化解”专题协商会。会议通报“村（社）信访及矛盾纠纷调处化解”专题协商调研组调研情况。

是月　松阳县入选全国县域共青团基层组织改革试点地区。

是月　松阳县安民乡安岱后村的浙西南革命根据地首脑机关旧址群教育基地，正式授牌成为省级党员教育培训基地。该基地建于2003年4月，占地约1000平方米，集党员干部党史教育、党性教学、红色文化现场教学、爱国主义教育、红色遗址参观游学等教育功能为一体，是全国第二批红色旅游经典景点之一、省文保单位、省爱国主义教育基地、省党史教育基地。

是月　松阳县首个清廉文化主题公园——松风园举行开园仪式，并同时举办“庆建党百年忆红色初心”清廉海报设计大赛优秀作品展。该公园占地面积约2.4万平方米，由廉道、廉墙、廉廊、廉园四部分组成，弘扬以民为本、以清为美、以廉为荣的清廉文化。

是月　由县文广旅体局、退役军人事务局联合举办的“田园先锋红心向党”致敬中国共产党成立百年华诞主题展活动在县博物馆举行。县领导黄德慧、雷剑锋、江山、彭敏等参加活动。

## 8月

7月31日至8月1日　中国摄影家协会主席李舸到松阳调研艺术助推乡村振兴工作，县领导李汉勤、江山等陪同。

2日　中共湖州市委常委、安吉县委书记沈铭权带领安吉县党政代表团到松阳考察交流，就深入贯彻落实全省山区26个县跨越式高质量发展暨山海协作工程推进会精神，全面对接深化山海协作工作，推动双方合作事项进一步落地落实。松阳县李汉勤、莫靓、徐为民、廖宝云、周鸿飞等领导参加考察交流活动。

是日　中共松阳县委常委会会议召开。传达学习习近平总书记在7月30日中央政治局会议上的重要讲话精神，研究分析上半年全县经济运行情况，部署下半年经济工作；审议通过《松阳县跨越式高质量发展建设共同富裕示范区行动方案（2021—2025年）》。

是日　中共松阳县委常委会（扩大）会议召开。传达学习市委四届十次全体（扩大）会议精神以及《丽水加快跨越式高质量发展建设共同富裕示范区行动方案（2021—2025年）》《中共丽水市委关于全面推进生态产品价值实现机制示范区建设的决定》。

3日　浙江省应急管理厅副厅长钱宏丰一行到松阳调研地质灾害应急工作。县委常委黄德慧陪同调研。

4日　浙江省自然资源厅党组成员、副厅长盛乐山带队到松阳调研生态修复工作。县领导李汉勤、黄德慧等陪同调研。

是日　松阳县组织收听收看全国新冠肺炎疫情防控电视电话会议。县领导莫靓、温小运等在县分会场参加。会后，就落实全国新冠肺炎疫情防控工作电视电话会议精神，做好全县疫情防控有关工作进行部署。

是日　李汉勤、莫靓、徐为民、廖宝云、周鸿飞等县四套班子领导到县人民医院征兵体检站，看望慰问应征青年和征兵体检工作人员。

是日　松阳县召开党风廉政建设和反腐败工作暨法检两院工作情况通报座谈会。

5日　全县新冠肺炎疫情防控工作会议召开。会议全员发动全民战“疫”，抓好常态化疫情防控工作。

是日　松阳县人民政府第85次常务会议召开。会议听取关于浙江卫视“今日聚焦”栏目报道“松阳：新增农地改造管护存在问题”整改情况的汇报，传达学习省市关于建设共同富裕示范区相关文件精神。

是日　松阳县举行第二十二期农村（社区）党组织“支书三晒”活动。

是日　李汉勤、周鸿飞、潘力平、卢丁方、涂扬等县领导专题听取数字化改革工作汇报。

是日　杭州光粒科技有限公司创始人张卓鹏一行到松阳考察，并举行交流座谈会。县领导莫靓、诸跃波等参加。

6日　松阳县人大常委会召开打造“智能制造新城”座谈会。

是日　松阳县政协九届二十八次常委（扩大）会议召开。会议听取县政府关于2021年上半年经济社会发展情况与下半年工作思路通报以及县发改局关于《松阳县跨越式高质量发展综合改革行动方案》的解读。

9日　中共松阳县委常委会会议召开。学习《中共中央办公厅国务院办公厅印发〈关于加强网络文明建设的意见〉》《中共中央、国务院关于新时代加强和改进思想政治工作的意见》，传达学习省委书记袁家军在省委学习习近平“七一”重要讲话精神专题读书班上的讲话精神和市委书记胡海峰在全市民营经济统战工作会议上的讲话精神，并研究部署贯彻落实意见。

是日　松阳县总工会慰问组到县重点工业企业——飞洲电缆，开展“炎夏送清凉”活动。县委副书记、政法委书记周鸿飞参加。

是日　松阳县启动15～17周岁未成年人新冠肺炎疫苗接种工作。

10日　丽水市人大常委会党组副书记、副主任朱继坤一行到松阳调研松材线虫病防治条例执法检查审议意见办理落实情况。

是日　松阳县召开新冠肺炎疫情防控工作部署会议，传达学习贯彻8月9日中共浙江省委常委会会议精神，研究部署松阳疫情防控工作。

是日　松阳县政协组织召开“对接企业需求，助推企业上市”专题协商会。

是日　“智汇乡村，共同富裕”人才行动暨浙江康宁——松阳板桥中药材订单种植战略合作举行正式签约。

11日　中共松阳县委全面深化改革委员会第三次会议暨全县数字化改革工作推进会召开。会议书面审议《中共松阳县委全面深化改革委员会2021年工作要点》，听取相关单位数字化改革工作进展、存在问题及下步计划汇报。

是日　县委书记李汉勤、副县长温小运深入宾馆、商超、车站等重点场所督查新冠肺炎疫情防控相关工作。

是日　丽水市“共同富裕新征程”集中采访活动采访团走进松阳电子商务公共服务中心、新兴镇上安村、四都乡平田村和陈家铺村，三都乡上田村等地，实地了解电子商务进农村、普惠金融促发展和传统村落保护利用等相关工作。

12日　县委书记李汉勤专题调研档案史志工作。县领导黄德慧、潘力平、彭敏参加调研。

是日　松阳县召开丽水军分区岗位练兵比武先进分队和个人表彰大会。会议宣读了表彰通报，现场表彰参加丽水军分区岗位练兵比武先进分队和个人。

13日　松阳县召开“新时代松阳精神”内涵征集乡贤座谈会。县委常委、统战部部长张继森参加会议。

16日　松阳县举行松阳一中学生座谈会暨阳光教育奖助学金发放仪式。县委书记李汉勤，县委常委、宣传部部长江山出席。

17日　浙江省长江办副主任、省发展和改革委员会副主任、一级巡视员陈建忠带领调研组到松阳调研民宿产业发展、文化助推乡村振兴等工作情况。李汉勤、周鸿飞等县领导陪同。

18日　松阳县人民政府第86次常务会议召开。会议听取2021年“增花添彩”重点项目谋划推进情况等工作汇报，审议《松阳县高质量打造全省山区水利现代化先行县试点实施方案》等文件。

是日　松阳县“无违建县”创先争优工作推进会召开，推进创建省级“无违建县”。

是日　松阳论坛—县委理论学习中心组专题报告会举行。省统计局工业处处长徐海彪作《求真务实为推动高质量发展提供统计保障》专题讲座。

是日　松阳县统一战线暑期读书会召开。学习贯彻落实习近平总书记“七一”重要讲话精神和省委十四届九次全会、市委四届十次全会精神。

19日　中共丽水市委书记胡海峰到松阳调研市委四届十次全会精神贯彻落实情况。胡海峰在松阳先后考察了在建的板桥畲族乡桐榔村文化康养基地项目，奉化至庆元公路松阳水南至枫坪段工程，樟溪乡力溪村连环画乡村艺术馆。

是日　省侨联副主席张维仁到松阳，在中共松阳县委常委、统战部部长张继森陪同下调研“侨家乐”产业。

20日　松阳县委书记李汉勤带队到台州开展“双招双引”活动。副县长卢丁方等参加。

23日　中共松阳县委常委会会议召开。会议听取2020年度山区26个县发展实绩考核情况分析汇报。

24日　松阳县党外人士座谈会召开。会议介绍了县委十届十二次全会报告起草有关情况。

25日　松阳论坛——县委理论学习中心组专题报告会召开。浙江省委机构编制委员会办公室人事处处长黄妙根受邀作《中国共产党机构编制工作条例》解读。

27日　中共松阳县委十届十二次全体（扩大）会议暨县政府第二次全体会议召开。县委书记李汉勤代表县委常委会作题为《志不求易事不避难争当跨越式高质量发展建设山区共同富裕美好社会模范生》的工作报告。县领导莫靓、徐为民、廖宝云、周鸿飞等出席。

31日　县委书记李汉勤到企业现场督查中央生态环境保护督察反馈问题整改落实情况。

是月　松阳县首个规模化溪鱼养殖基地落户古市。

是月　松阳县大东坝镇“幸福小港”入围全国农村综合性改革试点。

是月　松阳县首次主导编制革基布行业“品字标”企业团体标准暨首个“浙江制造”标准。

## 9月

1日　浙江省人民政府副秘书长、省大数据局局长金志鹏一行到松阳，专题调研数字化改革工作。县领导李汉勤、周鸿飞等陪同。

是日　松阳县2021年“慈善一日捐”活动启动仪式在县市政广场举行。李汉勤、莫靓、徐为民、周鸿飞等县领导出席。

1—2日　松阳县十二届人大常委会第三十六次会议召开。会议听取和审议县人民政府关于2021年上半年全县经济社会发展情况和下半年政府工作的报告；听取和审议县人民政府关于代表建议办理工作和重点督办件落实情况的报告；听取和审议县人民政府关于应急救护能力提升、提升助残服务水平、建立野生动物损害补偿商业保险机制三件民生实事项目进展情况的报告；听取和审议县人民政府关于2021年地方政府债券使用安排的议案；听取和审议县人民政府关于2021年上半年财政预算收支执行情况的报告；听取和审议县人民政府关于2020年度财政决算（草案）的报告；听取和审议县人民政府关于2021年上半年工业经济运行情况的报告；听取和审议县人民政府关于2020年度财政预算执行和其他财政收支情况审计工作的报告；听取和审议县人民政府关于全县香榧产业全产业链发展情况的报告。审议通过县人大常委会关于修改《松阳县人民代表大会常务委员会规范性文件备案审查试行办法》的决定（草案）；审议通过县人大常委会关于修改《松阳县人民代表大会常务委员会信访办理办法》的决定（草案）；审议县乡两级人大换届选举有关事项，并通过相关决议决定；听取和审议松阳县人大常委会主任会议关于调整县人大常委会工作机构设置的议案。

3日　县委副书记、县长莫靓带队调研全县卫生健康工作，并主持召开全县卫生健康工作座谈会，听取县卫健局、县人民医院、县中医医院、古市医院、县疾控中心、县妇幼中心、县卫生监督所等单位的工作情况汇报。

是日　松阳县召开社科理论界学习贯彻习近平总书记“七一”重要讲话精神及县委十届十二次全体（扩大）会议暨县政府第二次全体会议精神座谈会。

3—4日　中共松阳县委书记李汉勤带队到吉林省长春市考察学习。

6日　松阳县召开第二届城乡联系国际论坛筹备领导小组会议。县委书记李汉勤主持会议并讲话，莫靓、潘力平、叶海霞、江山等县领导出席。

是日　全县森林扑火业务技能比武竞赛在县民兵训练基地举行。

8日　松阳县乡镇换届领导干部集体谈话会召开。县委书记李汉勤出席并讲话，县领导徐为民、廖宝云、周鸿飞、雷剑锋、叶海霞、温小运等出席。

是日　松阳县召开南城区块城中村改造项目第一次推进会。

9日　浙江省慈善联合总会副会长乐益民、李杭等带队的调研组一行到松阳调研慈善工作并召开座谈会。

是日　丽水市全域旅游现场会暨市旅游专班第四次工作会议在松阳召开。副市长卢彩柳、副县长彭敏等参加会议。

是日　松阳县智慧交通制造产业对接会召开。省交通运输厅一级巡视员任忠，县委副书记、县长莫靓，副县长潘永水等参加会议。

是日　松阳县组织开展政府及其部门领导班子成员集体观摩一起行政赔偿案件法院庭审活动。

10日　义（乌）龙（泉）庆（元）高速公路义乌至龙泉段（丽水段）项目座谈会在松阳召开。省公路与运输管理中心党委副书记、副主任刘耿耿，县委副书记、县长莫靓等参加。

是日　松阳县国家传统村落公

园建设推进会召开。丽水市住房和城乡建设局党组书记、局长钟小松，县领导李汉勤、徐为民、廖宝云、周鸿飞等出席。

是日　松阳县“携手共富贷”信贷产品首发仪式在大东坝镇举行。

12日　由浙江省社会科学界联合会、浙江省发展规划研究院、中国农业科学院茶叶研究所、政协丽水市委员会主办，政协松阳县委员会、丽水市农林科学研究院承办的第十届“田园松阳”论坛在松阳举行。省政协副秘书长、农业和农村委副主任、致公党浙江省委会副主委梁细弟，市政协副主席、市农林科学研究院院长金爱武，县领导李汉勤、莫靓、廖宝云、周鸿飞等出席论坛。

是日　第十届“田园松阳”论坛举行“推进产业高质量发展建设共同富裕示范区”专家研讨交流会。省政协农业和农村委员会副主任吴鸿，市政协副主席金爱武，县领导李汉勤、江山等出席。

13日　“浙江省茶树种质资源圃”揭牌、“中国农业科学院茶叶研究所长三角创新中心”签约仪式在松阳举行。省政协常委、省政协农业和农村委员会副主任、省林业局一级巡视员吴鸿，省农业农村厅二级巡视员赵琳，中国农业科学院茶叶研究所所长姜仁华，副市长杨秀清等到场祝贺，市政协副主席、市农林科学研究院院长金爱武主持仪式，县领导李汉勤、廖宝云、黄德慧等出席。

13日　由浙江省地方志办公室主任郑金月带队的调研组到松阳调研地方志工作。

14日　中共松阳县委常委会会议召开。会议传达学习习近平总书记在2021年秋季学期中央党校（国家行政学院）中青年干部培训班开班式上的重要讲话、省委副书记黄建发在省委党校2021年秋季开学典礼上的讲话、《中共中央办公厅国务院办公厅印发〈关于进一步减轻义务教育阶段学生作业负担和校外培训负担的意见〉的通知》及全省“双减”工作会议、《中共中央关于加强新时代检察机关法律监督工作的意见》《中共浙江省委浙江省人民政府关于加快推进社会治理现代化高水平建设平安中国示范区的意见》、全省进一步推进能耗“双控”和坚决遏制“两高”项目盲目发展电视电话会议等精神，研究部署贯彻落实意见。

是日　全省方志系统业务骨干培训班在松阳开班。县委副书记、县长莫靓，县委常委潘力平出席开班仪式。

是日　松阳县政协组织召开“学前教育普及普惠县创建工作”专题协商会，围绕“推进学前教育普惠发展”协商建言。

15日　由浙江省经信厅党组成员、副厅长盛勇军带队的调研组到松阳，开展产业链山海协作专题调研。李汉勤、莫靓等县领导陪同或参加座谈会。

是日　松阳县委理论学习中心组专题报告会召开。省标准化智库成员、省标准化研究院主任郑培作《以标准化促进新时代经济社会高质量发展》专题讲座。

是日　松阳县人大代表联络总站启用仪式举行。丽水市人大常委会党组副书记、副主任陈建波宣布松阳县人大代表联络总站正式启用，并为联络总站揭牌。

是日　松阳县领导李汉勤、徐为民、毛胜法、杨水文、阙晓明、刘金理、温小运参加人大代表活动日活动。

是日　2021年全县老干部中秋座谈会召开。县委副书记、县长莫靓出席并向他们通报了全县经济社会发展情况及下步工作思路。

17日　松阳县2021年“从戎之剑”赠剑仪式暨“迎老兵送新兵”活动在县市政广场举行。县领导李汉勤、莫靓、徐为民、周鸿飞、刘斯华等出席。

是日　松阳县南城区块城中村改造项目指挥部第二次全体会议暨工作转段推进会召开。县领导莫靓、周鸿飞、刘金理、潘永水、温小运、梅显云、叶向东等参加会议。

17—18日　《中国共产党松阳历史（1978—2002）》复审会在县城举行。

18日　松阳县百名人大代表、政协委员评机关活动动员部署会召开。县委书记李汉勤出席并讲话。县领导徐为民、廖宝云等参加会议。

是日　松阳县人民政府召开第88次常务会议。会议听取省示范文明县城创建工作汇报，传达学习习近平总书记关于保障粮食安全重要指示批示精神,听取松阳县粮食安全工作情况汇报，审议《松阳县“放心粮油示范县”创建工作实施方案》。

22日　县委副书记、县长莫靓，副县长潘永水专题调研交通工作，并召开座谈会听取交通工程项目推进、交通数字化建设、国家及省级试点创建等方面情况汇报。

是日　松阳县职业中等专业学校（新校区）正式投用。该校占地面积11.3万平方米，总建筑面积约7.9万平方米，总投资约3.7亿元，可容纳75个班3000余名学生。

是日　松阳抽水蓄能电站项目前期三方推进会在县城召开。

23日　中共松阳县委常委会（扩大）会议召开。会议组织学习习近平总书记在2021年秋季学期中央党校（国家行政学院）中青年干部培训班开班式上的重要讲话；听取乡镇党委换届、南城区块城中村改造项目、新时代松阳精神内涵表述语征集提炼等工作情况汇报。

24日　浙江省卫生健康委一级巡视员苏长聪、中国老龄协会政研部政策评估处处长肖文印等到松阳调研指导老年康养、医养结合等工作，丽水市副市长卢彩柳、县长莫靓、副县长温小运等陪同。

是日　松阳县委党校（松阳县行政学校）2021年秋季学期开学。县委书记李汉勤出席开班式并为新提任县管领导干部、优秀青年干部授课。

是日　松阳县政协九届二十九次常委会议召开。传达学习省、市政协主席读书会会议精神；审议通过相关人事事项；审议通过《关于“村（社）信访及矛盾纠纷调处化解”的专题协商建议案（草案）》《关于“打造茶文化街区，助推中国有机茶乡建设”专题协商建议案（草案）》；审议通过《关于深入推进美丽大花园建设，努力打造美丽中国先行示范区的专项民主监督报告（审议稿）》《关于“对接企业需求，助推企业上市”课题专题协商的会议纪要（审议稿）》《关于开展〈浙江省宗教事务条例〉实施情况民主监督的报告（审议稿）》；审议通过《关于组建不锈钢产业研究会的建议案（草案）》《关于我县生态博物馆可持续发展专题调研的建议案（草案）》；审议通过2021年“田园松阳”论坛——“凝心聚力谋发展，建设共同富裕示范区”论坛纪要。

是日　松阳县治违除患促安全专项行动工作汇报会召开。浙江省“三改一拆”办综合组组长茅建平到会指导，副县长潘永水参加。

25日　由中国钢铁工业协会、中国金属学会、丽水市人民政府主办，冶金工业信息标准研究院、松阳县人民政府承办的2021（第二届）中国不锈钢管高峰论坛在松阳开幕。中国工程院院士王国栋，中国金属学会常务副理事长赵沛，冶金工业信息标准研究院党委书记、院长张龙强等出席开幕式。中国钢铁工业协会财务资产部副处长李嵩致开幕词；钢铁研究总院党委委员梁剑雄，国家市场监督管理总局特种设备安全监察局一级巡视员高继轩，省经济和信息化厅二级巡视员戴迪荣，副市长戴邦和等领导致辞祝贺；松阳县委书记李汉勤致欢迎词。县委副书记、县长莫靓主持开幕式，县领导徐为民、廖宝云、周鸿飞等出席。

是日　2021（第二届）中国不锈钢管高峰论坛活动举行。

是日　松阳县南城区块城中村改造项目集体谈话会召开。会议部署南城区块城中村改造项目工作重点，并就纪律保障等方面提出要求。县领导周鸿飞、雷剑锋、叶海霞、潘永水等参加　。

26日　全县重点项目“百日攻坚”暨月度点评会召开。会议点评了1—8月重点项目推进情况，通报重点项目督查以及上半年“金牛奖”“蜗牛奖”评选情况。

27日　松阳论坛——县委理论学习中心组举行专题报告会。浙江省委党校法学教研部副教授曹顺宏作《学习习近平法治思想推进全面依法治国》专题报告。

29日　中共松阳县委常委会会议召开，传达学习中央、省、市相关会议精神，研究部署全县贯彻落实意见。

是日　全县村（社区）干部队伍教育整顿动员部署会召开，部署全县村（社区）干部队伍教育整顿工作。县委书记李汉勤出席并讲话，周鸿飞、雷剑锋、叶海霞、江山等县领导参加会议。

是日　全省“美丽山塘”暨“民生实事”建设座谈会在松阳召开。

30日　李汉勤、莫靓、徐为民、周鸿飞等县四套班子领导与各界代表在县革命烈士陵园举行烈士纪念日敬献花篮仪式。

是日　“维度交互·第二届斗米岙当代艺术展”在叶村乡南岱村斗米岙自然村开幕。全国人大监察和司法委员会委员、民革中央组织部部长叶赞平，县领导李汉勤、江山及部分参展艺术家出席开幕式。

是月　县领导李汉勤、莫靓、周鸿飞等分别带队开展国庆节前安全生产和疫情防控工作检查。

是月　松阳县小月芽残疾儿童康复中心正式投入运营。

是月　松阳县领导李汉勤、莫靓、徐为民、廖宝云、周鸿飞等分别开展教师节走访慰问活动。

## 10月

9日　松阳县召开城市基层党建统领城乡社区治理工作推进会。县委书记李汉勤出席并讲话。县委副书记周鸿飞主持会议，县委常委、组织部部长雷剑锋参加。

是日　松阳县举办“浙商企业家篮球俱乐部”到访松阳“双招双引”推介会。县委副书记、县长莫靓，县委常委、统战部部长张继森参加会议。

10日　由浙商企业家篮球俱乐部、浙商总会体育产业委员会发起捐赠并改建的古市小学“浙商梦想球场”投入使用。

11日　中共松阳县委常委会会议召开。传达学习省委书记袁家军在“共话共同富裕示范区建设，勇担科技自立自强新使命”科学家座谈会上的讲话精神、市委书记胡海峰在《关于市委人才科技工作领导小组会议精神贯彻落实情况的报告》《关于全市人才科技工作推进专题会情况的报告》上的批示精神，研究部署全县贯彻落实意见。

12—13日　李汉勤、莫靓、徐为民、周鸿飞、周永龙等县领导开展重阳节走访慰问百岁老人活动。

13日　幸福乡村研究院（松阳）启用仪式在松阳举行。米丘工作室总建筑师、总规划师米丘，市委组织部副部长、两新工委书记陈科强，县领导李汉勤、徐为民、廖宝云等出席启用仪式。

14日　浙江省审计厅党组书记、厅长毛子荣到松阳调研指导审计工作，并看望慰问基层审计干部。丽水市审计局党组书记、局长邹向阳，县委书记李汉勤等陪同调研。

是日　县人大常委会主任、党组书记徐为民到县人大代表联络总站，为县委党校新提任县管干部培训班学员讲授《人民代表大会制度是我国的根本政治制度》专题党课。

15 日　丽水市人大调研组到松阳，开展今后五年工作思路及明年重点履职议题调研。

是日　2021 丽水摄影节松阳展区——“遇见松阳预见美好”系列艺术展开幕式在文里·松阳三庙文化交流中心举行。

是日　松阳县举办“全域康养胜地”松阳味道养生美食大赛。

18 日　中国美术学院走进“国家传统村落公园”艺术文献展暨助力农村少年儿童阅读实践活动在松阳竹源乡后畲村举办。

18—19 日　浙江省水利厅副厅长冯强带领调研组一行到松阳，在县委常委黄德慧等陪同下调研指导水利工程暨美丽河湖建设工作。

19 日　由联合国人类住区规划署、浙江省住房和城乡建设厅、浙江省卫生健康委员会、丽水市人民政府共同主办，松阳县人民政府承办的第二届城乡联系国际论坛在松阳开幕。本届论坛以“健康融入空间规划，预见美好生活”为主题。来自 44 个国家、19 个国际组织的官员、专家、学者、媒体工作者等 300 余人参加。

是日　松阳县举办企业现代化管理对标提升培训会。会上邀请杭州市政兴科技服务有限公司专家戚继华授课。

20 日　中共松阳县委常委会会议召开。传达学习习近平总书记在中央人大工作会议、纪念辛亥革命 110 周年大会上的重要讲话精神和全省基层党建工作会议精神等，研究部署全县贯彻落实意见。

是日　县委副书记、县长莫靓，县委常委黄德慧调研乡村全域土地综合整治和生态修复工作。

21 日　松阳县政协在“新兴民生议事堂”平台建设启动首场“发展线上茶产业经济”协商会召开。

22 日　松阳县人民政府召开第 90 次常务会议。审议《松阳县人民政府关于给予徐龙辉同志记个人嘉奖的决定》《松阳县跨越式高质量发展五年行动计划（2021—2025）草案》等议题，听取食品药品安全工作及省食品安全示范县创建工作汇报。

是日　由共青团丽水市委员会、丽水市委宣传部、丽水市委网信办、丽水市商务局、丽水市农业农村局、丽水市文化和广电旅游体育局、丽水市全域旅游中心、松阳县人民政府共同主办的 2021“共富浙丽乡村”视频电商论坛暨青春伙伴计划发布会在松阳大东坝镇举行。

是日　由浙江茶业学院主办的“茶产业高质量发展与乡村振兴高级研修班”在松阳开班。本次研修班为期 3 天，共有全省涉茶政府机构、茶企、中高职院校茶学的中高层次专业技术人员、管理人员等 60 余人参加。

23 日　“裕农通杯”第四届浙江省大学生乡村振兴创意大赛暨松阳·乡村文创专项赛中期推进会在松阳举行。

25 日　2021“才聚松阳”人才科技周活动组委会工作会议召开。县委书记李汉勤主持会议，县领导莫靓、雷剑锋出席。

是日　松阳县爱心助残公益行暨松阴溪绿道健步走活动举行。省残疾人福利基金会理事长陈玉国，县领导廖宝云、黄德慧等参加活动。

26 日　松阳县人民医院姚克教授（团队）工作室签约揭牌仪式举行。国际眼科科学院院士、浙江大学医学院附属第二医院眼科中心主任姚克与县委书记李汉勤共同为工作室揭牌。县领导雷剑锋、叶向东等出席仪式。

27 日　松阳县在广西壮族自治区三江侗族自治县举行的第十七届中国茶业经济年会上获“2021 年度茶旅融合特色县域”“2021 年度茶业百强县”等称号。

28 日　华东六省一市社科院院长论坛嘉宾一行到松阳开展调研活动。县领导李汉勤、潘力平陪同。

是日　2021 年度松阳县国防教育委员会全体会议召开。会议传达《关于调整县国防教育委员会领导成员和办公室成员的通知》，并讲评部署全县国防教育工作。

是日　2021“青鸿鹄”中国数字经济创业创新人才丽水行暨松阳县“双招双引”接洽会召开。县委副书记周鸿飞参加会议。

29 日　中共松阳县委常委会会议召开。会议听取三季度经济社会形势报告，审议《松阳县跨越式高质量发展五年行动计划（2021—2025）草案》。

是日　松阳县十二届人大常委会第三十七次会议召开。传达学习中央人大工作会议精神和贯彻中央人大工作会议精神部署会暨全省各级人大常委会主任学习会的相关精神。听取和审议县人民政府关于 2021 年预算调整方案的报告；县人民政府关于松阳县 2021 年地方政府债务限额的报告；县人民政府关于调整 2015—2020 年新增地方政府债券项目用途的报告；县人民政府关于重点人群健康服务、全民健身设施建设、提升交通服务水平三件民生实事项目进展情况的报告。

31 日　松阳县科技创新大会暨 2021“才聚松阳”人才科技周活动开幕。省市有关领导，高层次人才、各领域专家学者及当地企业家和人才代表等 300 余人参加。

## 11 月

2 日　松阳县组织开展 2021 年文旅行业新冠肺炎疫情防控和突发事件应急处置安全演练。县机关单位、文旅企业相关人员 60 余人参加。

3 日　李汉勤、周鸿飞、雷剑锋、叶海霞、江山、张继森等县领导到县委组织部开展县第十一次党代会党建工作专题调研。

4 日　中共松阳县委书记李汉勤带领县党政代表团到遂昌县考察学习。

是日　松阳论坛——县委理论

学习中心组专题报告会召开，丽水市政法委副书记关勇刚作《反邪教斗争形势及策略》专题讲座。

5 日　中共松阳县委书记李汉勤，县委副书记、县长莫靓带领县党政代表团到余姚市开展山海协作活动，并签订 2021 年度山海协作工程合作协议。

是日　松阳县乡村振兴工作推进暨农业“双强行动”动员部署会召开。

7—8 日　中共湖州市南浔区委书记温建飞带领南浔区党政代表团到松阳考察，交流对接两地山海协作工作事宜。县领导李汉勤、莫靓、徐为民、廖宝云等出席相关活动。

9 日　松阳县政协常委会召开民宿经济可持续发展专题协商会。

10 日　松阳县举行国资办党工委及各集团党组织成立大会暨授章仪式。

11 日　松阳县纪委、监察委首次举办“纪检监察开放日”活动，展示“阳光纪检”。

12 日　县委书记李汉勤主持召开石仓乡村产业综合体（浮丘）设计方案碰头会议。县领导徐为民、潘力平、潘永水等参加会议。

是日　松阳县举办习近平法治思想集中宣讲进“县矛盾纠纷调处化解中心”活动。中共浙江省委法律顾问、浙江省人大立法专家咨询委员、浙江省律师协会顾问胡祥甫作题为《习近平法治思想》的专题讲座。

17 日　松阳县召开全国义务教育优质均衡发展县省级督导评估政府汇报会。浙江省教育厅原二级巡视员、省督学方天禄等督导评估组成员，县领导莫靓、温小运等出席汇报会。

18 日　中共松阳县委常委会（扩大）会议召开。会议传达学习党的十九届六中全会精神和省委常委会（扩大）会议、市委常委会（扩大）会议精神。

18 日　中共松阳县委统战工作领导小组（扩大）会议召开。会议学习省市相关会议精神，研究部署全县统一战线重点工作。审议通过《中共松阳县委统一战线工作领导小组工作规则》《中共松阳县委统一战线工作领导小组成员单位职责分工》《松阳县统一战线工作责任清单（2021 版）》《松阳县“十联同心、十产带富”统一战线助力共同富裕行动实施方案》。

是日　中共松阳县委理论学习中心组举行专题报告会。浙江省人大法制委员会主任委员丁祖年作《中央人大工作会议精神》专题辅导。

19 日　中共松阳县委常委会会议召开。会议传达学习中共浙江省委学习贯彻党的十九届六中全会精神“六讲六做”大宣讲活动动员部署会，《中共中央关于新时代坚持和完善人民代表大会制度加强和改进人大工作的意见》及省人大贯彻中央人大工作会议精神部署会暨全省各级人大常委会主任学习会，中共中央政治局委员、中央组织部部长陈希在全国加强换届风气督查工作电视电话会议上的讲话等精神，审议通过《关于学习宣传贯彻党的十九届六中全会精神工作方案》《关于深入学习贯彻党的十九届六中全会精神广泛开展“六讲六做”大宣讲活动的实施方案》，研究部署贯彻落实意见。

是日　浙江省人大法制委员会主任委员丁祖年带领调研组一行到松阳调研，并召开立法调研座谈会。

24 日　松阳县召开领导干部会议，宣布浙江省委、丽水市委关调整松阳县党政主要领导的决定。根据决定，莫靓任中共松阳县委书记，梁海刚任中共松阳县委委员、常委、副书记。丽水市委副书记、政法委书记郎文荣出席会议并讲话。市政协副主席、市委组织部常务副部长何卫宁宣读任免文件。

25 日　县委书记莫靓调研人大、政协工作。徐为民、廖宝云、张继森等县领导分别陪同。

26 日　松阳县召开党的十九届六中全会精神宣讲动员部署会。县委书记莫靓作动员讲话。县委副书记、县长候选人梁海刚主持会议。廖宝云等县领导参加会议。

是日　中共松阳县委书记莫靓到企业浙江云中马股份有限公司宣讲党的十九届六中全会精神。

27 日　松阳县与丽水职业技术学院校地合作艺术助推乡村振兴项目“又见柿子红了”——2021 沿坑岭头画家村艺术节在枫坪乡沿坑岭头村举行。

28 日　松阳县十二届人大常委会第三十八次会议召开，表决任命梁海刚为松阳县人民政府副县长、代理县长。

## 12 月

2 日　工业和信息化部中小企业发展促进中心主任单立坡到松阳调研中小企业数字化改造工作。

3 日　松阳县召开领导干部会议，传达学习贯彻中共浙江省委十四届十次全会精神。

是日　县委书记莫靓带领新一届领导班子到安民乡安岱后村开展革命传统教育活动。县领导梁海刚、徐为民、廖宝云、陈建广等参加。

7 日　浙江省水利质量监督工作座谈会在松阳召开。省水利厅党组成员、副厅长蒋如华，县领导黄德慧、诸跃波出席会议。

9 日　松阳抽水蓄能电站项目三方合作推进第六次例会召开。县领导莫靓、黄德慧，中国三峡建工（集团）有限公司董事长王世平，中国电建华东勘测设计研究院副总经理叶锦锋等参加会议。

10 日　松阳县工商业联合会（总商会）第七次代表大会召开。县委书记莫靓出席并讲话，丽水市委统战部副部长、市工商联党组书记王炜到会致辞。县领导廖宝云、张继森、毛胜法、彭敏等参加会议。

是日　松阳县开启县、乡人大代表换届选举投票工作。

是日　松阳县社科理论界学习贯彻党的十九届六中全会精神理论研讨会召开。

11日　县委书记莫靓到现场督查新冠肺炎疫情防控工作，并召开视频连线会议，就下一步疫情防控工作再落实、再部署。

是日　松阳县举办“异国他乡求知　田园松阳逐梦”创业创新分享活动。

12日　中共松阳县委常委会会议召开，传达学习中央和省市相关会议精神，研究部署贯彻落实意见。

13日　县委书记莫靓到县城部分酒店、小区、超市等重点场所，暗访督导新冠肺炎疫情防控工作。

是日　松阳县“电子驾驶证”全面推行启用。

14日　县委副书记、代县长梁海刚到县城社区、菜市场和火车站等地，暗访督查新冠肺炎疫情防控工作。

15日　丽水市政协主席陈瑞商到松阳参加界别学习座谈会，并宣讲党的十九届六中全会精神。

是日　松阳县召开“书记和我面对面”交流会，县委书记莫靓与基层产业代表就“茶产业转型升级”进行交流探讨。县政协主席廖宝云，副县长温小运参加。

是日　松阳县开展新冠肺炎本土疫情现场处置实战演练。

16日　中共松阳县委社会建设委员会揭牌仪式举行。县委书记莫靓，县委副书记、代县长梁海刚为“中共松阳县委社会建设委员会”揭牌。县领导陈建广、张尚军等出席。

20日　中共松阳县委常委会(扩大）会议召开，传达学习贯彻中央经济工作会议和省市领导干部会议精神。

21日　松阳论坛——县委理论学习中心组专题报告会召开。丽水市委党校经济公管教研室主任张孟洋作《意识形态工作》的专题讲座。县领导莫靓、梁海刚、徐为民、陈建广等参加讲座。

是日　县委常委、纪委书记、监委主任叶海霞带领县联合督查组，对19个乡镇（街道）新冠肺炎疫情防控落实情况、松材线虫病枯死木清理、“浙丽保”参保、秸秆禁烧等工作开展专项督查。

是日　松阳县第十二届“民情地图”促服务大比武暨数字乡村共同富裕项目大比拼活动初赛举行。

22日　松阳县—安吉县山海协作工作视频联席会议举行。会上，双方签订安吉县—松阳县山海协作工程合作框架协议及党建、教育、科技、文旅、卫健等相关结对合作协议。

23日　松阳县残疾人就业专场招聘会在县残疾人服务中心举行。爱心企业东磁股份有限公司提供残疾人岗位工种100余个，现场有150余名残疾人报名。

24日　松阳县政府举行新任命国家工作人员宪法宣誓仪式。

28日　中国共产党松阳县第十一次代表大会在县会议中心召开。县委书记莫靓代表中国共产党松阳县第十届委员会作题为《“二次创业”再出发　富民强县谱新篇　在建设现代化“田园松阳”新征程上奋力奔跑》的报告。县委副书记、代县长梁海刚主持会议。

30日　中国共产党松阳县第十一届委员会举行第一次全体会议。全会通过《中国共产党松阳县第十一届委员会第一次全体会议选举办法》和中国共产党松阳全会选举产生中国共产党松阳县第十一届委员会常务委员会委员和书记、副书记。莫靓、梁海刚、陈建广、张尚军、叶海霞、潘永水、李巍、张继森、徐文杰、刘坚强、练斌当选为县委常委，莫靓当选为县委书记，梁海刚、陈建广当选为县委副书记。县第十一届纪律检查委员会第一次全体会议选举结果的报告。

是日　中共松阳县第十一届纪律检查委员会第一次全体会议召开。会议选举产生新一届中共松阳县纪律检查委员会常务委员会委员以及书记、副书记。

是日　南浔区—松阳县山海协作工作联席会议以视频连线形式召开。会上，双方签订南浔区—松阳县山海协作科创飞地合作框架协议、南浔区—阳县山海协作乡村振兴结对合作协议。

31日　中共松阳县委常委会会议召开，传达学习中央、省市相关会议精神，研究部署贯彻落实意见。

是日　百度Apollo松阳交通生态办公中心揭牌仪式举行。百度IDG浙江省总经理王宜明、浙江交通职业技术学院智慧交通学院院长楼惠群，县领导莫靓、梁海刚、徐文杰等参加揭牌仪式。

是日　松阳县举行第23期农村（社区）党组织“支书三晒”活动。县领导莫靓、陈建广、徐文杰、练斌、杨水文、叶向东等出席。

是日　松阳县人大常务委员会组织召开建筑垃圾管理与综合利用专题询问会议。

是月　由松阳县党史和地方志研究室组织编纂的《松阳年鉴（2020）》入选2021年度“浙江省精品年鉴”。

是月　松阳县古市镇八都村、竹源乡小竹溪村、四都乡四都阳村榔树自然村、大东坝镇横樟村、玉岩镇玉岩自然村、象溪镇象溪村、三都乡松庄村、枫坪乡斗潭村8个村入选“2021年度浙江省AAA级景区村庄”。

是月　松阳县创建成为首批浙江省茶叶产业“机器换人”高质量发展先行县。

是月　松阳县板桥畲族乡创建成为浙江省民族团结进步创建重点培育单位。

# 松阳概况

斋坛乡吊坛村

# 建置·区划·人口

**【县名释义】**松阳史上曾称松阳、长松、白龙。

松阳县　《吴录》载："作松杨，以地多二木也。"《吴地记》载："县东南临大溪有松阳树，大八十一围，腹中空，可容三十人坐，故取此为名。"《旧唐书》载："后汉分章安之南乡置松阳县，县东南大阳及松树为名。"明万历《郡县释名·浙江卷》谓松阳地处长松山之南，故名松阳县。

长松县　清光绪《松阳县志》及《浙江分县简志》载，后梁时，吴越王钱镠与杨行密为仇，上书梁太祖，以"淮寇未平，耻闻逆姓"为由，请改诸县名"阳"（音同杨）者，后梁开平四年（910）改松阳为长松县。

白龙县　后晋天福四年（939）改长松县为白龙县。《十国春秋》、清顺治《松阳县志》载，天福四年，岁旱，县令陈时祈雨百仞山，据传白龙现于山麓之白龙津，吴越王钱元瓘遂改长松县为白龙县。

**【政区沿革】**松阳县域夏商时期属扬州域，春秋战国属越；秦时属闽中郡；西汉初属东瓯国，后属会稽郡；东汉为章安县南乡地。东汉建安四年（199），析章安县南乡置松阳县，属会稽郡。三国吴太平二年（257），置临海郡，松阳隶之。晋太宁元年（323）属永嘉郡。隋开皇九年（589），析松阳县东乡地置括苍县，同年，置处州，松阳属之。开皇十二年（592），处州改括州，松阳隶之。大业三年（607），改括州为永嘉郡，松阳属之。唐武德四年（621），升松阳为松州，括州置总管府；武德七年（624），改都督府，松州均所属。武德八年（625），复改松州为松阳县，遂昌入松阳县。景云二年（711），遂昌复从松阳析出。天宝元年（742），改括州为缙云郡。乾元元年（758），复为括州，松阳均为所辖。乾元二年（759），析松阳、遂昌南乡地置龙泉县。大历十四年（779）括州改处州，松阳隶之。五代后梁开平四年（910），改松阳县为长松县。后晋天福四年（939），改长松县为白龙县。北宋咸平二年（999），白龙县复改为松阳县，县名沿用至今。元至正十三年（1353），松阳属处州路，至正十九年（1359）改处州路为安南府，不久复为处州府，松阳均为所属。明、清松阳属处州府，实行乡里制。清宣统三年（1911）11月，置处州军政分府，松阳隶之。民国元年（1912），撤处州军政分府，实行省县两级制，松阳县省辖。民国3年（1914），置瓯海道，松阳为所属。民国16年（1927）废道，复为省县两级制，松阳仍为省辖。民国21年（1932）6月置第十一县政督察区；10月，改置第二临时特区，松阳均隶之。民国24年（1935）6月，第二临时特区改为丽水行政督察区。民国25年（1936）4月，又改称第九行政督察区，松阳隶之。民国34年（1945）4月，改置第六行政督察区。6月，改称第七行政督察区，至1949年5月，松阳均为所属。

1949年5月9日松阳解放，成立人民民主政府；6月改称县人民政府，驻地西屏镇，辖4个区21个乡镇。1950年，全县扩编为43个乡镇。

1952年1月，丽水专区撤销，松阳县属衢州专区。5月，增设石仓区，8月，撤销城关区，建江南、江北区和县直属西屏镇；置王村乡，属江北区；10月，撤销石仓区，辖1个直属镇、5个区、41个乡镇。1955年3月，改隶金华专区。1956年3月，撤区并乡，辖15个直属乡镇、2个区、10个乡。1957年3月复置古市区，1958年2月复置城关区，辖4个区、25个乡镇。1958年11月21日，撤销松阳县，原辖境域并入遂昌县。1961年12月，叶村公社分置叶村、斋坛两公社。1962年1月，石仓、汶东、横樟人民公社合并为县直属石仓人民公社。1963年，丽水专区恢复，遂昌（含松阳区域）属之。1964年，辖4个区、2个镇、25个人民公社和1个县直属人民公社。1968年，撤销西屏、古市两公社建制，改为镇。1980年7月，西屏、古市两镇县直属。1982年1月30日，复置松阳县，属丽水地区。原玉岩区垵口公社划归遂昌县，时全县辖2个直属镇、1个直属公社、4个区、22个公社。1983年10月后，实行政社分设，时全县辖2个直属镇、5个区、25个乡、399个行政村。1984年8月，板桥乡改建板桥畲族乡。1985年5月，撤玉岩乡建为玉岩镇，时全县辖2个直属镇、5个区、25个乡（镇）、400个行政村。1992年3月撤区扩镇并乡后，有5个镇、14个乡、1个民族乡。1997年设5个镇、15个乡（其中1个畲族乡），400个行政村、17个居民区。1998年，划四都榔树村的榔阳自然村归望松乡管辖，单独成立行政村，此时，全县共401个行政村。2000年7月，丽水撤地设市，松阳属丽水市。2001年开始至2011年11月，松阳县辖5个镇、14个乡、1个民族乡，401个行政村、6个社区、5个居委会。2011年12月，撤销西屏镇，分设西屏和水南街道，并划叶村乡的黄公渡村归前者管辖，划叶村乡的寺岭下村归后者管辖。撤销望松乡，设望松街道。全县辖4个镇、13个乡、1个民族乡、3个街道，401个行政村、10个社区、5个居委会。

2012年12月28日，松阳县撤销原新兴乡人民政府、新处乡人民政府、谢村乡人民政府建制，挂牌成立新兴镇人民政府。全县辖3个街道、5个镇、10个乡、1个民族乡，401个行政村、10个社区、5个居委会。

2019年6月，松阳县依法开展行政村规模调整，全县401个行政村调整为203个行政村；1077个自然村调整为1027个自然村，8月调整完毕。

2019年末，松阳县辖西屏、水南、

望松3个街道，古市、象溪、大东坝、玉岩、新兴5个镇，叶村、斋坛、三都、四都、竹源、樟溪、赤寿、枫坪、裕溪、安民10个乡，1个少数民族乡（板桥畲族乡），共19个乡级政区。有城东、城南、城西、城北、城中、古城、独山、阳溪、江南、云峰、新望、新铺、旧市13个社区。

【地理位置】松阳县位于浙江省西南部，丽水市西部，东连丽水市莲都区，东南接云和县，西南与龙泉市相邻，西和西北与遂昌县接壤，东北毗金华市武义县。地理位置介于北纬28°36′33″~28°14′34″，东经119°42′43″~119°09′53″之间。东西宽53.7千米，南北长40.2千米，区域总面积1405.77平方千米。松阳县人民政府驻地位于西屏街道府前街1号，距丽水市区43千米。

【人口状况】2021年末，全县总人口239140人，男性123196人，女性115944人，男女比例为106.25。全年办理出生登记1616人、死亡注销1818人、迁入登记451人、迁出1416人、管内移居406人，分户1444户。总人口中18周岁以下41759人，占全县人口的17.46%；18~34周岁44468人，占全县人口的18.59%；35~59周岁102671人，占全县人口的42.93%；60周岁以上人员50242人，占21.01%。近5年全县人口持续减少，主要原因为人口向县外经济发达县（市）迁移、出生人口减少和死亡人口增加。人口相对集中地分布在西屏街道、古市镇和新兴镇，其中西屏街道总人口47782人。人口总数在5000人以下的为四都乡、板桥畲族乡、安民乡。

## 自然环境与资源

【气候特征】2021年，年平均气温为19.2℃。年极端最低气温为零下6.8℃，出现在1月9日；年极端最高气温为38.8℃，出现在7月11日。年总降雨量为2090.1毫米。年内日降雨量最大出现在6月30日，其值为98.9毫米。全年降雨日数为181天。年总日照时数为1508.4小时。春季终霜期出现在1月19日，秋冬季初霜期出现在12月19日。全年无霜期日数为334天。

一是气温异常偏高。全县平均气温19.2℃，较常年（1998—2021）偏高0.8℃。其中2月、3月和9月全县月平均气温均为历年最高。二是年初持续少雨天气。2021年1月，全县平均降水量较常年偏少91.33%，8—21日出现长时间的连晴天气，气象干旱加剧。三是年初低气温强度较强。受2020年末的强寒潮和2021年1月上旬中后期的冷空气持续影响，1月上旬全县气温显著偏低。四是入春时间为历年最早。冬季时长为历年第2短。2021年1月底开始，全县气温异常偏高（2月全县平均气温较常年偏高3.7℃，为历年最高），1月28日全县即进入气象意义的春天，入春时间较常年提早了1个月，为历年最早。冬季时长仅45天，较常年明显偏短（常年平均84天），仅次于2020年的31天，为历年第2少。五是春季强对流天气多发。部分时段出现较明显的冰雹天气。其中，7月9日洋坑埠头村出现小冰雹。六是梅汛期暴雨过程多。出现历年最早的降水集中期，2021年梅汛期（5—6月）全县共出现9次暴雨过程（5月4日、7日、11—13日、17—24日、27日和6月4日、10—13日、18—21日、27—30日）。其中，5月17—24日为历年最早的降水集中期，累计雨量列历年五月第一位；6月4日为最大范围的区域性暴雨过程（全县共有43个站日雨量超过50毫米）；6月30日为强度最强的暴雨过程（全县共有9个站日雨量超过100毫米），新兴镇关岭村区域气象观测站日雨量高达130毫米。七是盛夏局部暴雨过程多。7月末至8月中旬，全县连续出现较大范围的午后雷阵雨天气，局部伴有短时强降雨，7月31日和8月9日、10日、12日、15日、17日局地还出现大暴雨。受多地局部暴雨影响，8月降水明显偏多，日照明显偏少（全县平均日照时数较常年偏少45.1小时），全县出现较明显的多雨寡照天气。八是初秋气温异常偏高。初秋9月，全县平均气温27.4℃，较常年偏高2.6℃。其中，7—9日连续出现较大范围的短时暴雨和雷暴大风；20日下午到傍晚出现较大范围的雷暴大风。九是秋末冬初冷空气活动频繁。秋末冬初（11—12月）共有4次强冷空气过程，分别出现在11月7—9日、11月30—12月2日、12月16—19日和12月24—26日。其中，11月7—9日全县出现寒潮天气，12月24—26日全县出现寒潮（此次过程中高山地区有小雪和雪淞及少量积雪，高山地区最低气温达零下5℃至零下8℃）。（县气象局）

【自然灾害】2021年，全县共调查、处置地质灾害灾险情23处，其中经专业调查后确认为地质灾害隐患点1处，为竹源乡横岗村潘熙华屋后滑坡（威胁2户5人）。该点按照即查即治工作要求开展避让搬迁，完成危险区旧房拆除，消除了地质灾害隐患。配合县有关部门开展竹源乡西竹玉公路边滑坡抢险救援工作，组织开展抢险救援期间边坡雷达应急监测，为抢险救援提供安全保障。

【国土资源】松阳县土地总面积140077.23公顷。其中，耕地面积18954.77公顷，占全县总面积的13.53%；园地面积7808.73公顷，占全县总面积的5.57%；林地面积100485.03公顷，占全县总面积的71.74%；草地面积694.07公顷，占全县总面积的0.5%；城镇村及工矿用地4490.31公顷，占全县总面积的3.21%；交通运输用地1736.92公顷，占全县总面积的1.24%；水域及水利设施用地2940.1公顷，占全县总面积 2.1%；其他土地 2967.30 公顷，占全县土地总面积的 2.11%。

耕地构成：水田 13386.58 公顷，旱地 5568.19 公顷，分别占耕地总面积 70.62%和 29.38%。

园地构成：果园 6038.53 公顷，茶园 1396.59 公顷，其他园地 373.61 公顷，分别占园地总面积的 77.33%、17.88%、4.79%。

林地构成：有林地 94503.72 公顷，灌木林地 248.09 公顷，其他林地 5733.22 公顷，分别占林地总面积的 94.05%、0.25%、5.70%。

草地构成：天然牧草地、人工牧草地均为零公顷，其他草地 694.07 公顷，占草地总面积的 100%。

城镇村及工矿用地构成：建制镇用地 913.05 公顷，村庄用地 3404.61 公顷，采矿用地 129.87 公顷，风景名胜及特殊用地 42.78 公顷，分别占城镇村及工矿用地总面积的 20.33%、75.82%、2.89%和 0.96%。

交通运输用地构成：铁路用地 121.52 公顷，公路用地 840.35 公顷，农村道路 775.05 公顷，分别占交通运输用地总面积的 7.00%、48.38%和 44.62%。

水域及水利设施用地构成：河流水面用地 2019.23 公顷，水库水面用地 389.10 公顷，坑塘水面用地 255.97 公顷，内陆滩涂用地 65.76 公顷，沟渠用地 111.44 公顷，水工建筑用地 98.60 公顷，分别占水域及水利设施用地总面积的 68.68%、13.23%、8.71%、2.24%、3.79%和 3.35%。

其他土地构成：设施农用地 20.52 公顷，田坎 2899.26 公顷，裸地 47.52 公顷，分别占其他土地总面积的 0.69%、97.71%和 1.60%。

**【生物资源】**植被概况：松阳县属中亚热带常绿阔叶林带，以甜槠、木荷最为典型。森林植被具有明显的垂直分布规律，从低海拔到高海拔依次有针叶林、针阔混交林、阔叶林、竹林和灌木丛 5 个植被型组。由于长期受人类活动影响，天然植被破坏严重，原始次生植被绝大多数被反复改造或利用，代之以次生植被与人工植被。森林群落类型有垂直分布的特征，海拔 800 米以下为马尾松、樟、楠、槠、栲等森林群落林带；800 ~ 1200 米为黄山松、甜槠、木荷等森林群落林带；1200 ~ 1450 米为常绿、落叶阔叶林混交林带；1400 米以上山脊往往是山地灌木丛、草丛带。

野生动植物：松阳县共有种子植物 144 科、611 属、1341 种，种子植物中，有裸子植物 7 科、15 属、18 种，被子植物 137 科、596 属、1323 种。其中，属国家一级保护植物有东方水韭、银杏、南方红豆杉、钟萼木（伯乐树）4 种，国家二级保护植物有福建柏、白豆杉、九龙山榧树、榧树、长叶榧树、长序榆、鹅掌楸、凹叶厚朴、闽楠、毛红椿、香果树等 18 种。另外，还有景宁木兰、南方铁杉、黄山木兰、乐东拟单性木兰等珍稀濒危植物，其中省重点保护野生植物景宁木兰在全县分布数量居全省第一位。可供开发利用的优良乡土造林树种 100 余种，花卉、绿化、观赏树种 300 多种。

松阳县拥有兽类 23 科、60 种，鸟类 45 科、296 种，爬行类 9 科、43 种，两栖类 7 科、31 种，其中属于国家级保护动物的有中华秋沙鸭、云豹、豹、黑麂、猕猴、短尾猴、苏门羚、白鹳、黄腹角雉、鸳鸯、小天鹅、白鹇、虎纹蛙等。国家一级重点保护野生动物中华秋沙鸭连续 11 年到松阳越冬。

**【矿物资源】**松阳县地处浙西南山区，矿产资源比较丰富，具有矿种多、规模小、非金属矿产较丰富的特点。全县已发现的矿产有铜、铅、锌、钼、银、稀土、萤石、高岭土、瓷土、紫砂土、黏土、花岗石、煤等 18 种，其中查明资源储量的有铜、铅、锌、钼、银、煤、高岭土、瓷土、稀土、萤石 10 种。地开石型高岭土矿是松阳县优势矿产，主要分布于大东坝镇大樟源一带，资源分布广，品质优良，保有资源量 57.5 亿千克，预测资源量在 100 亿千克以上。全县普通建筑石料资源非常丰富，现有持证普通建筑石料矿山 4 家，保有资源储量 175.5 亿千克，存量砂石料 5.4 亿千克，出让工程性建筑石料资源超过 100 亿千克。全县共有持证矿山 10 家，其中地下开采矿山 3 家，露天开采矿山 7 家，除峰洞岩高岭土矿为中型矿山外，其余均为小型矿山。其中，6 家矿山正常生产，2 家停产（鲁峰钼矿、安路源建筑用石料矿），1 家在开展矿山基础建设（牛路潭普通建筑用凝灰岩矿），1 家开展生态恢复性治理（毛弄采石场）。2021 年，全县矿山产值为 10702 万元。全县有 8 家矿山完成绿色矿山创建入库。10 家矿山累计计提矿山地质环境治理恢复与土地复垦基金 1187.30 万元。

（县自然资源和规划局）

**【风景名胜】**2021 年，全县共有国家 A 级景区 11 家，其中 AAAA 级旅游景区 4 个（双童山景区、大木山景区、松阴溪景区、箬寮原始林景区），AAA 级旅游景区 7 家（上梅村、象溪一村、界首村、平田村、李坑村、七沐山、茶香小镇）。

双童山景区内集玻璃栈道、玻璃滑道、玻璃悬廊、玻璃桥、高空滑索等高空运动项目于一体，是浙江省首个高空体验旅游区。大木山茶园景区系中国最大的骑行茶园，浙江省优秀休闲运动旅游基地。松阴溪景区内有独山驿站、午羊堰、石门圩廊桥、青龙堰驿站、水文公园等多个艺术建筑。箬寮原始林景区境内有松阳县第一高峰和“十里花海”等核心景观。县域内有“松阳老城”“云上栖居”2 个省级旅游风情小镇。全国重点文物保护单位 3 个：詹宝兄弟牌坊、延庆寺塔、处州廊桥。至 2021 年，全县共开辟古村探秘、田园问茶、乡建打卡、老街寻味、山居旅拍 5 条特色主题旅游线路。

（县文广旅体局）

# 中国共产党松阳县委员会

松阴溪绿道骑行

# 综 述

【概况】2021年，中共松阳县委常委会贯彻落实中央、省委和市委决策部署，全面厉行“丽水之干”，统筹新冠肺炎疫情防控和经济社会发展，扎实做好“六稳”“六保”工作，开拓创新、攻坚克难，交出了经济社会发展的优异答卷，实现“十四五”良好开局。全年地区生产总值129.08亿元，比上年增长5.4%；一般公共预算收入8.93亿元，比上年增长9%；社会消费品零售总额62.84亿元，比上年增长10.6%；城镇居民人均可支配收入47041元，比上年增长10.7%；农村居民人均可支配收入23405元，比上年增长12.5%。

【目标定位】审时度势，准确把握形势发展变化，积极应对外部风险挑战，主动顺应群众期盼需求，召开2次县委全会，对全县工作进行系统研究部署。在县第十一次党代会上，县委坚持一张蓝图绘到底，聚焦富民强县、聚力赶超跨越，提出全面实施“二次创业”，明确工业强县、人才强县、科技强县、开放强县、文化强县鲜明导向，奋力建设以“智造松阳、魅力松阳、奔放松阳、幸福松阳、和美松阳、奋进松阳”为核心支撑的现代化“田园松阳”目标，县域发展路径更加清晰，发展战略实现迭代升级，经济社会发展进入新阶段、开启新征程。

【政治生态】以身作则、以上率下，旗帜鲜明讲政治，示范带动四套班子不折不扣落实中央决策部署和省市工作要求，以实际行动争做“两个确立”的忠诚拥护者、“两个维护”的示范引领者。坚持全面加强党的领导和党的建设，开展党史学习教育，完成县乡换届。全面开展村（社区）干部队伍教育整顿专项行动，查处群众身边不正之风和腐败问题26起30人。深入推进“清廉松阳”建设，实现县委巡察全覆盖。铁腕整治“四风”问题，“零容忍”惩治腐败，全年处置问题线索184件，给予党纪政务处分91人，采取留置措施7人，移送司法机关18人。

【高质量发展】坚持高质量发展不动摇，着力推动绿色生态发展，推进“智能制造新城”“中国有机茶乡”“全域康养胜地”“国家传统村落公园”建设，经济发展质量和效益实现明显提升。固定资产投资比上年增长12.1%，其中工业投资比上年增长88.9%，制造业投资比上年增长134.1%，这2项指标均居全市第一，交通投资比上年增长67.4%，位居全市第二。规上亩均税收比上年增长20.3%。新经济新业态蓬勃发展，全县累计发展民宿（农家乐）561家，实现网络零售额51.85亿元，比上年增长58%，位居全省第四、全市第一。

【“双招双引”工作】大力弘扬践行“精耕勤学、开放融合、争先图强”新时代松阳精神，全力实施“双招双引”首位战略，发展内生动能持续增强。全年引进项目88个，其中制造业大项目18个，新增工业用地84公顷，新上规企业5家，创建浙江松阳经济开发区。引进高校毕业生3362人，研究生155人，数量均创历史新高。开放交流不断拓展，与安吉、南浔、新昌建立合作伙伴关系，高质量举办第十四届中国（国际）茶商大会·松阳香茶茶叶节、第二届城乡联系国际论坛、2021（第二届）中国不锈钢管高峰论坛等活动，松阳知名度、美誉度进一步提升。深入推进改革创新，跨越式高质量发展综合改革扎实推进，增加数字化改革试点15项，新获省部级试点2项、省厅级试点24项，入选全省高质量发展建设共同富裕示范区缩小城乡差距领域首批试点，县国有资本投资运营集团有限公司取得主体信用AA评级。

【城镇化建设】深入推进以人为核心的新型城镇化，城乡人居环境显著改善。城市有机更新深入推进，县城雨污分流、老旧小区改造等项目加速实施，基本完成青田码道、瓦窑头、文里等区块改造项目，“一江两岸”呈现新面貌。城乡一体化、松古平原一城化加速推进，古市古城入选全省耀眼明珠培育对象和首批千年古城复兴试点。重大基础设施建设加快推进，黄南水库建成发电，衢宁铁路（浙江段）货运开通运营，衢丽铁路开工建设，抽水蓄能电站项目完成预可研评审，235国道、仙居至庆元公路水南至枫坪段工程（西竹玉公路）等项目加快推进。乡村振兴建设持续发力，拯救老屋行动不断深化，举办中国·松阳乡宿产业发展大会、乡村复兴论坛·松阳峰会等活动，获评2021年度中国乡村振兴百佳示范县。耕地“非粮化”“非农化”整治取得阶段性成效。生态环境质量持续改善，空气质量优良率99.7%，出境断面水质I类水26天，比上年增加18天。

【社会事业发展】树立以人民为中心的发展思想，聚焦群众所急所盼，全力推进教育、医疗卫生、文化事业等提质发展，办成重点人群健康服务、推进助老济困等59项省市县三级民生实事项目。县职业中专迁建工程、筏铺四期等项目竣工投用，县育英小学、县全民健身中心、县中医医院迁建、县人民医院改扩建、县域供水一体化管网工程等项目有序推进，在全市率先通过全国义务教育优质均衡发展县省级督导评估认定，建成全市首个公立医院医养中心，被评为健康浙江建设先进县，真正让群众不断看到变化、得到实惠。特别是面对严峻的外部经济环境，逆势实现收入指标排位的全面进步，其中全体居民收入增速从上年全市第五上升到全市第二、城镇居民人均可支配收入增速从第三上升到第一、农村居民人均可支配收入增速从第八上升到第三、低收入农户收入增速从第九上升到第七，城乡收入比从2.04缩小到2.01。

**【平安建设】**统筹新冠肺炎疫情防控和经济社会发展，打赢新冠肺炎疫情防控的防御战、阻击战，有力守护全县人民的生命健康。社会大局和谐稳定，完成庆祝中国共产党成立100周年等重点时段的安保工作，有望实现省级平安建设“十七连冠”。

## 重要会议

**【党的十九届五中全会精神专题学习会暨县委务虚会】**2021年1月20—21日，中共松阳县委召开党的十九届五中全会精神专题学习会暨县委务虚会。会议总结2020年工作情况，谋划部署“十四五”及2021年工作思路、目标任务和行动举措。县委书记、县长李汉勤出席并讲话。县委副书记周鸿飞主持会议。会议就做好全年工作，李汉勤强调，要建立“191”工作体系（“围绕一个奋斗目标、聚焦九项重点工作、开展一个年活动”）。要围绕全力建设高水平生态文明建设和高质量绿色发展“重要窗口示范区”，奋力打造现代化“田园松阳”的奋斗目标，久久为功、矢志不渝，谋好新篇、开好新局。要开展改革创新突破年活动。以改革的理念，创新的思路推进全县域大抓落实，做到改革突破争先、服务提质争先、风险防控争先、基层基础争先。

**【智能制造新城建设动员会暨生态工业发展大会】**2021年3月30日下午，全县智能制造新城建设动员会暨生态工业发展大会召开。会议回顾过去，经风雨、见彩虹，必须坚定信心；立足当下，知方向、明差距，必须志存高远。在“立足新发展阶段、贯彻新发展理念、构建新发展格局”大背景下，要以“数字时代”“实体经济”“产城融合”的视角正确理解“智能”“制造”“新城”。同时清醒直面短板和不足，增强“后发也能先至、山区也是沿海、潜绩也是政绩、存量也是增量”的意识，以“功成不必在我”的胸襟和“功成必定有我”的担当，持之以恒、大抓特抓生态工业，努力让一切有利于“富民强县”的创新创业活力竞相迸发，努力让一切有利于“赶超跨越”的优质资源要素充分涌流，着力打造新发展格局中极具爆发力的新增长极。丽水市经信局局长翁伟荣，莫靓、徐为民、廖宝云、周鸿飞等县四套班子领导出席会议。

**【县委“三农”工作会议暨中国有机茶乡建设推进会】**2021年4月30日上午，县委“三农”工作会议暨中国有机茶乡建设推进会召开。县委书记李汉勤在会上强调，要强化“重农固农兴农”意识，全面厉行“丽水之干”，满腔热情投入新时代“三农”工作中，为奋力建设“重要窗口示范区”、开启现代化“田园松阳”建设新征程奏响更嘹亮的“丰收曲”、拓展更宽广的“共富路”、擦亮更硬核的“金名片”。丽水市农办主任、市农业农村局局长黄力量，莫靓、徐为民、廖宝云、周鸿飞等县四套班子领导出席。

**【党史学习教育市委巡回指导组进驻工作会议】**2021年5月7—8日，党史学习教育市委第八巡回指导组进驻松阳县工作会议召开，县委书记、县党史学习教育领导小组组长李汉勤汇报前阶段党史学习教育进展情况和下步工作安排。丽水市委巡回指导组组长舒维云讲话。巡回指导组全体成员，县领导雷剑锋、江山等出席会议。

**【全县生态旅游业高质量发展大会暨全域康养胜地建设动员部署会】**2021年5月13日上午，全县生态旅游业高质量发展大会暨全域康养胜地建设动员部署会召开。丽水市文广旅体局党组书记吴飞飞，莫靓、徐为民、廖宝云等县四套班子领导出席会议。县委书记李汉勤指出，回顾过去，非常之力竟得非常之功。特别是2020年以来，面对世纪疫情和百年变局交织给松阳县文旅事业发展带来的大战大考，全县上下众志成城、空前团结，以系统观念、系统办法，坚持规划在先、项目为王、产业融合、文化引领、凝聚力量，推动全域成景、全做精品、全链发力、全面激活、全民参与，交出了“防得住疫情、看得到风景”的高分答卷，充分彰显了全县上下在困境面前勇开“逆风船”、善推“上山石”的强烈担当。

**【创建浙江省大花园示范县动员会暨重点建设项目月度点评会】**2021年5月28日，松阳县召开创建浙江省大花园示范县动员会暨重点建设项目月度点评会。会议深入学习贯彻习近平生态文明思想，省委、省政府关于大花园建设决策部署以及全国生态产品价值实现机制试点示范现场会精神，大处着眼、小处着手，持续擦亮“绿水青山”底色、不断做足“金山银山”成色，努力让松阳县成为全县人民的幸福家园和全国人民的向往之地。会议介绍了松阳县“金牛奖”“蜗牛奖”评定办法，相关部门汇报大花园示范县创建和重点项目、重点工作推进情况。莫靓、徐为民、廖宝云等县领导出席会议，丽水市大花园建设中心主任周海忠到会指导。

**【全县“双招双引”工作推进会】**2021年6月2日，全县“双招双引”工作推进会召开。会议高扬“丽水之干”的奋斗旗帜，切实增强“山区也是沿海”的区位自信，牢固树立“小县要有大志气、小县也能大发展”的雄心壮志，以实干作风和硬核举措狠抓招商引资、招才引智，为推动跨越式高质量发展、打造现代化“田园松阳”汇聚磅礴伟力、注入澎湃动力。莫靓、廖宝云等县四套班子领导出席会议。

**【县委常委会（扩大）会议】**2021年7月2日上午，中共松阳县委常委会（扩大）会议召开。会议传达学习习近平总书记在庆祝中国共产党成立100周年大会、“七一勋章”颁授仪式上的重要讲话精神以及浙江省庆祝中国共产党成立100周年大会精神，研究部署贯彻落实意见。莫靓、徐为民、廖宝云、周鸿飞等县处级领导参加会议。

**【跨越式高质量发展综合改革动员部署会】**2021年7月29日上午，松阳县跨越式高质量发展综合改革动员部署会召开。会议动员全县上下解放思想、抢抓机遇、真抓实干，始终坚持“小县要有大志气、小县也能大发展”的雄心壮志，以“见红旗就扛、有第一就争”的奋进姿态，全面、精准、加快推动跨越式高质量发展综合改革落地落实，进一步激发创业创新活力，撬动优质资源要素，争做山区共同富裕探路者和模范生，努力让松阳县成为全省乃至全国人民的向往之地和全县人民的美好家园。丽水市委副书记郎文荣，副市长楼志坚，省委改革办改革二处副处长张少博，市委改革办常务副主任叶祖平，县领导李汉勤、徐为民、廖宝云、周鸿飞等出席会议。

**【县委十届十二次全体（扩大）会议】**2021年8月27日下午，中共松阳县委十届十二次全体（扩大）会议暨县政府第二次全体会议以视频直播形式召开。县委书记李汉勤代表县委常委会作题为《志不求易 事不避难 争当跨越式高质量发展建设山区共同富裕美好社会模范生》的工作报告。莫靓、徐为民、廖宝云、周鸿飞等县领导出席会议。全会坚持以习近平新时代中国特色社会主义思想为指导，贯彻落实党的十九大和习近平总书记关于“共同富裕”重要论述，按照省委十四届九次全会、市委四届十次全会作出的决策部署，系统研究部署推动跨越式高质量发展建设山区共同富裕美好社会的各项任务，审议通过《松阳县跨越式高质量发展建设共同富裕美好社会行动方案（2021—2025年）》，动员全县上下全面厉行“丽水之干”，志不求易、事不避难，奋力开启共同富裕新征程，争当跨越式高质量发展建设山区共同富裕美好社会模范生。

**【全县村（社区）干部队伍教育整顿动员部署会】**2021年9月29日上午，全县村（社区）干部队伍教育整顿动员部署会召开。县委书记李汉勤出席并讲话，强调要把“接地气、易操作、真管用”作为村（社区）干部教育整顿的最基本要求，并贯穿始终，聚焦矛盾问题解决，着力提高农村社区基层党组织创造力、凝聚力和战斗力，为打响擦亮“四张金名片”，推进新时代乡村振兴，推动跨越式高质量发展建设山区共同富裕美好社会提供坚强基层保障。会议部署全县村（社区）干部队伍教育整顿工作。周鸿飞、雷剑锋、叶海霞、江山等县领导参加会议。

**【2021年度党管武装工作暨国动委全体会议】**2021年11月2日，松阳县召开2021年度党管武装工作暨国动委全体会议。李汉勤、莫靓、廖宝云、周鸿飞等县领导，县人武部领导刘坚强出席会议。会议就做好松阳县党管武装工作，县委书记、县国动委第一主任李汉勤指出，要聚焦政治引领，强化党管武装的政治担当，做到绝对忠诚、绝对纯洁、绝对可靠。要提高政治站位，自觉把党管武装作为巩固党执政地位的基础工程，作为维护国家安全和发展利益的全局战略，把学习贯彻习近平新时代中国特色社会主义思想和习近平强军思想作为首要政治任务，全面落实双重领导、双向兼职、党委议军等制度。要履行岗位职责，着力提高党管武装意识，持续打牢广大民兵高举旗帜、听党指挥、履行使命的思想根基，重视解决武装工作面临的新矛盾新问题，切实把管武、建武、强武作为一项政治任务抓紧抓好。要推动县域发展，将党管武装工作是主业、主课、经常性工作牢记于心，把党管武装工作与地方经济社会发展一同谋划、统一部署、同时推进，切实做到抓经济不忘管武装、谋发展不忘固国防、居平安不忘强备战。

**【党的十九届六中全会精神宣讲动员部署会】**2021年11月26上午，松阳县召开党的十九届六中全会精神宣讲动员部署会，县委书记莫靓做动员讲话。他强调，要通过全面准确、深入系统地学习宣传贯彻党的十九届六中全会精神，引导全县党员干部把思想和行动统一到全会精神上来，为松阳县争当跨越式高质量发展建设山区共同富裕美好社会模范生提供强大的精神动力。县委副书记、县长候选人梁海刚主持会议，廖宝云等县领导参加会议。

**【全县领导干部会议】**2021年12月3日，全县领导干部会议召开，传达学习贯彻省委十四届十次全会精神。县委书记莫靓传达并讲话。县领导徐为民、廖宝云、陈建广等出席。会议指出，省委十四届十次全会报告和审议通过的《决议》，重点聚焦学习贯彻党的十九届六中全会精神，紧紧围绕“坚定不移做‘两个确立’忠诚拥护者、‘两个维护’示范引领者”的主题，强调要全面、系统、准确、完整把握党的十九届六中全会的核心要义、精神实质、实践要求，以更加坚定的决心和定力，忠实践行“八八战略”、奋力打造“重要窗口”，扛起守好红色根脉的历史担当，从党的十九届六中全会精神中充分汲取智慧和力量，全力放大新时代、新征程浙江干在实处、走在前列、勇立潮头的新优势。

**【中国共产党松阳县第十一次代表大会】**2021 年 12 月 28 日上午，中国共产党松阳县第十一次代表大会在县会议中心召开。县委书记莫靓代表中国共产党松阳县第十届委员会做题为《“二次创业”再出发 富民强县谱新篇 在建设现代化“田园松阳”新征程上奋力奔跑》的报告。县委书记莫靓指出，县第十次党代会以来，县委团结带领各级党组织和广大党员干部群众，高水平全面建成小康社会，“田园松阳”升级版建设取得阶段性成果，创造了松阳发展史上又一个精彩五年。五年绿色发展、转型升级，经济实力显著增强；五年深化融合、品质建设，城乡面貌显著优化；五年改革创新、全面开放，县域活力显著提升；五年践行宗旨、兴办实事，民生福祉显著改善；五年高举旗帜、从严从实，管党治党显著加强。今后五年，松阳县工作的指导思想是：高举中国特色社会主义伟大旗帜，坚持以习近平新时代中国特色社会主义思想为指导，全面贯彻党的十九大和十九届历次全会精神，坚定不移做“两个确立”忠诚拥护者、“两个维护”示范引领者，守好“红色根脉”、打造“重要窗口”，坚定不移走创新实践“绿水青山就是金山银山”理念的发展道路，坚决厉行“丽水之干”，系统落实“八个坚持”，聚焦富民强县、聚力赶超跨越，以数字化改革为总牵引，以“智能制造新城、中国有机茶乡、全域康养胜地、国家传统村落公园”“四张金名片”为主抓手，以“精耕勤学、开放融合、争先图强”新时代松阳精神为原动力，全面实施“二次创业”，着力推动经济社会高质量发展、超常规推进、跨越式赶超，奋力再上一个新台阶、再创一流新业绩，高水平谱写现代化“田园松阳”新篇章。

**【县委第十一届委员会第一次全体会议】**2021 年 12 月 30 日上午，中国共产党松阳县第十一届委员会举行第一次全体会议。莫靓主持会议。全会通过《中国共产党松阳县第十一届委员会第一次全体会议选举办法》和中国共产党松阳县第十一届纪律检查委员会第一次全体会议选举结果的报告。全会选举产生中共松阳县第十一届委员会常务委员会委员和书记、副书记。莫靓、梁海刚、陈建广、张尚军、叶海霞、潘永水、李巍、张继森、徐文杰、刘坚强、练斌当选为县委常委，莫靓当选为县委书记，梁海刚、陈建广当选为县委副书记。

## 重要调研

**【尹学群到松阳调研】**2021 年 1 月 12—13 日，浙江省财政厅党组书记、厅长尹学群带队到松阳调研指导工作。尹学群一行先后到古市镇、四都乡、大东坝镇等地，分别调研基层财政管理、乡村振兴、民宿经济和农村改革项目建设等工作。县领导李汉勤、郑伟坚等陪同调研。

**【潘鲁生到松阳调研】**2021 年 3 月 21 日，中国文联副主席、中国民协主席潘鲁生带队到松阳开展“国家传统村落公园”现场考察调研。省、市文联相关负责人参加，县领导李汉勤、彭敏陪同调研。调研组一行对“国家传统村落公园”建设及基层文联工作成果给予充分肯定，并表示，通过传统村落保护与利用，带动乡村振兴的内生动力这一做法值得借鉴，希望进一步发挥好基层文联组织作用，让村民共享文化成果，让松阳“国家传统村落公园”建设经验在更多地方落地开花。

**【马林云到松阳调研】**2021 年 4 月 21 日，浙江省水利厅党组书记、厅长马林云带队到松阳县调研水利工作。马林云一行首先到黄南水库，实地查看水库周边环境和工程建设情况，了解水库运行、水环境管理、水源保护等工作规划。此外，马林云一行还调研美丽河湖松阴溪和水利博物馆等水利项目，听取相关工作汇报，详细了解松阳水利工作情况。丽水市副市长杨秀清，县领导李汉勤、徐为民、黄德慧等陪同调研。

**【冯巩到松阳调研】**2021 年 7 月 11 日，由全国政协常委，民革中央副主席、妇青委主任，中国广播艺术团艺术总监冯巩带队的民革中央调研组到松阳，调研“国家传统村落公园”建设工作。调研组一行先后到县城明清古街，四都乡云上平田民宿综合体、翎芳魔境美学产业集群、先锋书店陈家铺平民书局，三都乡杨家堂村、西田村、上田半岭自然村，大东坝镇豆腐工坊，新兴镇大木山茶园等地开展实地调研。组织召开“国家传统村落公园”专题座谈会，听取松阳关于“国家传统村落公园”建设的相关情况汇报，并开展交流讨论。全国人大代表、监察和司法委员会委员，民革中央妇青委副主任，民革中央组织部部长叶赞平；民革中央妇青委副主任，民革云南省委会专职副主委李兴华；民革中央妇青委副主任，民革浙江省委会专职副主委刘净非；财政部经济建设司一级巡视员宋秋玲；住房和城乡建设部村镇建设司副司长白正盛等参加调研。全国政协常委、浙江省政协副主席、民革浙江省委会主委吴晶，浙江省人大常委、民革浙江省委会副主委徐铭恩，丽水市人大常委会副主任、民革丽水市委会主委戚永远；县领导李汉勤、莫靓、徐为民、张继森、潘永水、叶向东、叶伟兰等陪同调研。

**【胡海峰到松阳调研】**2021 年 8 月 19 日，中共丽水市委书记胡海峰到松阳调研市委四届十次全会精神贯彻落实情况。胡海峰到全国首家连环画乡村艺术馆——力溪连环画乡村艺术馆，考察连环画文创、研学培训、特色民宿、农产品销售等新业态发展情况。胡海峰指出，乡村振兴不仅要塑形，还要铸魂。要注重充分挖掘乡村传统文化、红色资源的特色优势和潜力空间，主动顺应人民对美好生活的向往和全社会消费升级的趋势，千方百计为人们创造更多更好的物质和精神文化产品，让人民群众不仅物质富裕，而且精神富足，真正过上高品质美好生活。要引导支持包括艺术家在内的各类人才入乡进村参与乡村振兴，建立健全各类人才入乡激励机制，促进人才、科技、资金、项目等各类优质要素向乡村流动、在乡村汇聚、为乡村服务，不断提升乡村能级，还原乡村价值，重塑乡村魅力。县委书记李汉勤陪同调研。

**【郑栅洁到丽水三县调研】**2021 年 8 月 24—26 日，浙江省省长郑栅洁在云和、松阳、遂昌三县开展调研。其间，郑栅洁走茶园、进车间、看民宿、访农家，深入了解山区县富民强县的落实举措。郑栅洁强调，丽水要始终牢记习近平总书记的嘱托，按照省委十四届九次全会部署要求，深入实施做大产业扩大税源和提升居民收入富民行动，坚定不移把产业发展作为经济的基本盘、共同富裕的重要基础，系统性增强内生动力，只争朝夕、埋头苦干、注重实效，以“人一之、我十之，人十之、我百之”的努力，奋力推动山区跨越式高质量发展，把美好蓝图一步步变为现实，为全省高质量发展建设共同富裕示范区注入新的更大增量。郑栅洁在察看松阳县三都乡古村老宅保护和民宿产业发展情况时，他要求通过微改造，精心打磨细节，让古村老宅更具“文艺范”、更有吸引力。在了解到松阳县茶叶交易市场的交易量、交易额连续多年领先全国同类市场时，他要求当地加强品牌谋划和建设，力争建成全国知名的绿茶交易中心，同时把做强茶产业与发展乡村旅游结合起来，带动山区群众增收致富。丽水市领导胡海峰、吴晓东，县领导李汉勤、莫靓陪同调研。

**【金志鹏到松阳调研】**2021 年 9 月 1 日，浙江省政府副秘书长、省大数据局局长金志鹏一行到松阳专题调研数字化改革工作。金志鹏一行先后到县人民检察院、县公安局，实地考察松阳一体化智能化平台建设、司法网拍监管应用、智慧感知作战平台，并听取相关工作情况介绍，交流探讨改革中的重点、难点和热点问题。李汉勤、周鸿飞等县领导参加调研。

**【毛子荣到松阳调研】**2021 年 10 月 14 日，浙江省审计厅党组书记、厅长毛子荣到松阳调研指导审计工作，并看望慰问基层审计干部。毛子荣就扎实开展审计工作强调，要做到武装头脑有高度，灵活运用上级重要指示批示、相关法律法规政策、现代科技文化知识来武装头脑，不断提升审计工作的质量效能；做到查找问题有力度，着力扩大审计覆盖面，抓住审计关键点，发挥审计联动力，坚持原则提意见，确保审计结果不漏项、不夸大、不缩小、不出错；做到沟通协调有温度，多方面、多层次、多渠道开展沟通，真正用事实、数据、依据、习惯、道理说话；做到定性定责有气度，坚持实事求是，注重综合分析，切实提高依法审计的能力水平；做到争先进位有效度，保持雄心壮志，敢于打破常规，在敢想敢干敢争中推动工作创特色、出亮点。县委书记李汉勤等陪同调研。

## 重要活动

**【县人民政府与省农科院举行交流座谈会】**2021 年 1 月 14 日下午，省农科院—松阳县人民政府交流座谈会召开。省农科院党委副书记、副院长林福呈，松阳县领导李汉勤、褚跃波等参加。座谈会上，李汉勤向省农科院专家详细介绍了松阳基本情况、产业特点以及省农业改进所历史背景。希望能以此次座谈会为契机，携手开创院地合作的新局面。围绕松阳的产业特点和现状，在各类检验检测、农业品种改良、茶园土壤改良上提供点对点的指导和帮助，共同推进松阳农业高质量发展。林福呈表示，省农科院以务实的工作举措，深化院地新一轮合作，共同推动院地合作再上新台阶、实现新跨越。在技术支持上再发力，精准对接松阳农业产业，围绕茶产业转型升级，在品牌打造、土壤改良、有机发展等方面下功夫，永葆茶产业发展活力；在项目合作上再深化，以原有合作项目为基础，围绕农业工业化、农产品质量安全检测、农业与大健康、数字乡村建设等内容，进一步谋划合作项目。

**【县党政代表团到上海市学习考察】**2021 年 3 月 18 日，松阳县委书记李汉勤带领县党政代表团到上海市学习考察。代表团一行先后到恒大汽车上海公司、腾讯长三角 AI 超算中心实验室、上海市建工设计研究总院有限公司等地，实地学习考察科技创新、人工智能、工程建筑等方面先进经验。松阳也将紧紧抓住长三角区域一体化发展的历史机遇，坚持用好“问海借力”金钥匙，打通山海协作大通道，在深化合作中提升经济发展内生动力，做大经济增量，推动松阳加快实现换道超车。同时，他要求代表团成员要开拓视野、更新观念，对标上海，学习先进、查找差距，运用创新思维、开创崭新事业。

**【对接知名浙商助力松阳跨越式发展】**2021 年 3 月 23 日，松阳县委书记李汉勤带队到宁波对接知名浙商助力 26 个县跨越式发展工作，推介松阳“双招双引”政策，洽谈交流合作。浙江省工商联副主席、宁波富邦控股集团有限公司董事长、总裁、党委书记宋汉平，宁波市委统战部副部长、丽水市工商联党组书记陈少春以及县领导雷剑锋、张继森等参加对接交流活动。李汉勤在知名浙商助力松阳跨越式发展工作对接会上致辞，他说，松阳位于浙江大花园最美核心区，四处涌动着醉人的生态之绿、厚重的历史之黄、鲜艳的革命之红、涌动的发展之蓝。当前，全县上下正奋力打造“智能制造新城、中国有机茶乡、全域康养胜地、国家传统村落公园”等具有辨识度的“金名片”，未来可期、机遇无限。宋汉平表示，积极响应省工商联号召，主动与松阳开展交流合作，带领团队深入松阳考察调研，充分发挥工商联和企业家双重身份作用，根据企业的发展优势，针对松阳产业发展情况提出合作新思路，寻求合作的切入点，为松阳贡献平台和渠道力量，帮助实现跨越式发展。

**【第十四届中国（国际）茶商大会·松阳香茶茶叶节】**2021 年 3 月 27 日上午，由中国茶叶流通协会、中国国际茶文化研究会、中国茶叶学会、浙江省农业农村厅、浙江省农民合作经济组织联合会、丽水市人民政府主办，中国茶叶流通协会茶叶市场专业委员会、中国茶叶流通协会茶旅工作委员会、中国茶叶流通协会专家委员会、浙江省茶叶产业协会、浙江茶业学院、浙江省残疾人福利基金会、松阳县人民政府、淘宝、字节跳动、赶街、“壹起来”助残直播平台承办的第十四届中国（国际）茶商大会·松阳香茶茶叶节开幕。此次茶叶节以“田园松阳 有机茶乡”为主题，广邀国内外来宾走进松阳，以茶传名，体味松阳茶韵，从产销对接、品牌展示等多方面推动当地茶企与各地客商互动交流，广泛宣传和推介茶乡风光、茶乡美食，并共同交流探讨“十四五”期间全国茶产业发展规划，共谋产业发展。中国国际茶文化研究会会长、浙江省政协原主席周国富，浙江省政协副主席周国辉，匈牙利驻华大使馆金融事务公使拉斯洛·哈瓦斯，中国茶叶流通协会会长、全国茶叶标准化技术委员会主任委员王庆，中国工程院院士、中国茶叶流通协会副会长刘仲华，中国国际茶文化研究会副秘书长、浙江省人大环境与资源保护委员会主任委员林健东，浙江省委宣传部副部长、省文明办主任卢春中，浙江省农业农村厅党组书记、厅长王通林，浙江省供销社党委书记、理事会主任、农合联执委会主任邵峰，中国农科院茶叶研究所党委书记、所长姜仁华，中国国际茶文化研究会副会长、杭州市委原副书记于辉达，中国国际茶文化研究会副会长、中国禅茶文化研究会会长、杭州灵隐寺方丈释光泉，浙江省残疾人福利基金会理事长陈玉国，浙商发展研究院副院长方泉尧，四川省巴中市政协副主席叶明生，丽水市领导吴晓东、杜光旻、金爱武、丁岳清，松阳县领导李汉勤、徐为民、廖宝云、周鸿飞等出席开幕式。县委副书记、县长莫靓主持。开幕式上，还举行中国茶业购销平台松阳专区、美丽中国茶乡行·“食在茶乡”系列推选、《松阳香茶冲泡技术规程》团体标准编制、淘宝网松阳茶叶类目开通、“壹起来”助残直播平台上线启动仪式和松阳县乡村振兴战略合作协议签约仪式。

**【国家传统村落公园建设咨询研讨会】**2021 年 4 月 17 日，松阳县国家传统村落公园建设咨询研讨会在清华大学举行，来自文化遗产、城乡规划、文化旅游领域的近 20 名知名专家学者出席研讨会，就传统村落在新时期的保护与发展，以及松阳县关于打造“国家传统村落公园”的新命题、新概念、新谋划提建议、献良策。清华大学建筑学院副教授罗德胤主持会议。县委书记李汉勤在致辞中表示，传统村落的保护和发展是一项长期而艰巨的事业。打造“国家传统村落公园”是一个全新命题，是松阳应当自觉担起的历史使命。希望借助此次研讨会进一步提升完善传统村落保护发展机制，努力蹚出一条以“国家传统村落公园”建设为主线的新时代乡村振兴新路子。清华大学建筑学院党委书记张悦到会致辞。随后，众多专家从专业视角对松阳建设“国家传统村落公园”的主导方向和可行路径进行了探讨，围绕主题建言献策。

**【“赓续红色根脉 打造现代化‘田园松阳’”新闻发布会】**2021 年 5 月 11 日上午，松阳县举行以“赓续红色根脉 打造现代化‘田园松阳’”为主题的首场新闻发布会。丽水市委宣传部副部长蓝海主持会议，松阳县委

2021 年 5 月 11 日上午，松阳县举行首场“红绿融合”老区振兴 打造“重要窗口”新闻发布会 （县委办供图）

书记李汉勤，县委副书记、县长莫靓等出席。会上，李汉勤向参会媒体介绍了松阳县红色历史、红色资源保护与利用、红绿融合推进现代化“田园松阳”建设等情况。李汉勤、莫靓及有关部门领导就浙西南革命精神在松阳的革命过程中是如何体现、松阳红色项目推进情况、如何以项目建设为抓手促进红色资源价值转化、如何加快革命老区红绿融合助推乡村振兴等问题作了解答。此场发布会在省市相关网络平台同步直播；浙报集团、浙江广电集团、现代金报社、联谊报社及市、县相关媒体参加现场发布会。

**【医疗合作签约仪式】**2021 年 5 月 20 日上午，松阳县人民政府与浙江大学医学院附属第二医院（简称“浙大二院”）举行医疗合作签约仪式。浙大二院党委书记王建安，党委副书记、院长王伟林，县领导李汉勤、莫靓等参加。李汉勤表示，院地间开启紧密合作，必将有力推动松阳卫生健康事业加快实现跨越式高质量发展，松阳定当心怀感恩，以“娘家人”的热情，全力当好浙大二院各位领导、专家、医护人员的“服务员”，也真诚希望浙大二院能发挥人才优势、科研优势、疑难危重症救治优势，在医疗资源倾斜、县域医共体建设、重点学科共建、人才培养、医院管理等方面，给予松阳更多关心支持，帮助县人民医院加快建成三级乙等综合性医院，助力松阳早日成为浙西南医疗高地，全面打响“全域康养胜地”金名片。王建安表示，在省委、省政府的领导下和松阳县委、县政府的支持下，院方一定以饱满的热情、扎实的作风，快速推动医疗卫生“山海”提升工程具体目标落实落细，大力培养本土人才梯队，全心建设一所松阳人民家门口的浙大二院，在服务广大松阳人民的过程中作出新贡献、共谋新发展，为全省全面推进乡村振兴、加快建设共同富裕示范区贡献更多力量。签约仪式上，浙大二院与县人民医院签署合作协议，并进行高层次专家工作室、王建安教授（团队）工作室、王伟林教授（团队）工作室的揭牌。

**【乡村复兴论坛·松阳峰会】**2021 年 5 月 29 日晚，乡村复兴论坛·松阳峰会在松阳文里·三庙文化交流中心举行。此届论坛由清华大学建筑学院、北京绿十字、宿集营造社、北京安哲建筑设计有限公司、新浪微博联合县政府共同主办。中国文物保护基金会理事长励小捷，乡村复兴论坛主席、清华大学建筑学院副教授罗德胤，县委书记李汉勤出席并分别致辞。来自北京、天津、重庆等 10 余个省市的相关部门人员、院企专家及全国各大媒体等 250 余名代表应邀参会。丽水副市长杨秀清，松阳县领导莫靓、徐卫民、廖宝云、周鸿飞等出席会议。此届峰会设综合、实践、学术专场三大主题版块，深度研讨松阳近年来传统村落保护与乡村建设成果，通过乡村建设领域的聚能引流，为推动松阳乡村可持续发展助力，为各地乡村全面振兴持续注入当代价值。开幕式上还举行《乡村复兴论坛文集——修武卷、荣昌卷》新书发布仪式、清华大学建筑学院与县人民政府合作备忘录签约仪式、“山里 DOU 是好风光·丽水”启动仪式及“村落守护人”授牌仪式，并为首届松阳乡村振兴全国建筑设计大赛获奖者颁奖。

**【“守好红色根脉 推进老区振兴”浙西南红色文化论坛】**2021 年 6 月 12 日，由中共丽水市委宣传部、市社会科学界联合会、浙西南红色文化研究会和松阳县共同举办“守好红色根脉 推进老区振兴”浙西南红色文化论坛在松阳举行，市县党史专家齐聚一堂，共话浙西南革命中心区域红色文化挖掘和传承发展。粟裕将军长孙粟志军，县领导李汉勤、江山等参加活动。李汉勤在论坛上致辞，在松阳 1800 多年的建县历史中，浙西南革命无疑是浓墨重彩的一笔，不仅谱写了一首首可歌可泣的战歌，也留下了一幅幅鱼水情深的画面。“忠诚使命、求是挺进、植根人民”的浙西南革命精神更是已熔铸于松阳干部群众血肉中，成为世代相传、永不磨灭的红色基因。壮烈的浙西南革命让松阳人民永远记住了工农红军，也有幸结识了粟裕将军。粟裕将军对于山区老乡情深义重，在新中国成立后，多次关心革命老区建设，还专门给安岱后村村民回赠一盒糖果和一封亲笔信，这份鼓励使松阳人民至今甜在心头，充满奋进的力量。此次粟裕将军长孙粟志军走进松阳，追寻红色足迹，再续革命友谊，仿佛回到了当年松阳人民“三迎红军”的场景，让大家发自内心地感到亲切和激动。相信通过此次的“再续前缘”，能够让老一辈的革命友谊和革命精神，在新时代历久弥坚、永放光芒，也相信在专家学者和嘉宾的关心指导下，松阳及整个浙西南革命老区定能抢抓机遇，加速振兴，为浙江高质量发展建设共同富裕示范区作出红绿融合的特殊贡献。粟志军在讲话时说，松阳红色资源丰富，是孕育浙西南革命精神的重要红土地。而安岱后村，是当时祖父和刘英等人率领的中国工农红军挺进师到浙西南所在的革命中心。今天来到祖辈曾经战斗过的地方，心情激动，感慨颇多。他将以守好红色根脉为使命，在推动革命老区振兴发展中，力所能及地贡献一份力量。相信松阳的明天和老区人民的生活会更加幸福美好。当天，粟志军还到安岱后浙西南革命根据地，跟随红色讲解员，边聆听浙西南革命历史故事边参观粟裕将军曾经战斗过的地方。在粟裕旧居屋前，粟志军为旧居开馆揭牌，参观了解粟裕与安岱后的故事。在“再续前缘”仪式上，粟志军与安岱后村老书记陈秉良互赠糖果和笋干，再现粟裕将军与安岱后村村民“一封信”的情景。安岱后村村民代表还向粟志军授予“荣誉村民”证书。

**【庆祝中国共产党成立 100 周年“七一”表彰仪式】**2021 年 7 月 1 日下午，松阳县举行庆祝中国共产党成立 100 周年“七一”表彰仪式，激励和动员全县上下凝心聚力、奋发有为，认真学习贯彻习近平总书记在庆祝中国共产党成立 100 周年大会上的重要讲话精神，高扬“丽水之干”的行动奋斗旗帜，让每名党员都能成为一面旗帜，为全面建成社会主义现代化强国贡献无愧于时代的松阳力量。县委书记李汉勤出席并讲话，县委副书记、县长莫靓主持，全体县处级领导出席。表彰仪式在庄严的国歌声中开始，县委副书记周鸿飞宣读《中共松阳县委关于表彰松阳县优秀共产党员、优秀党务工作者、先进基层党组织的决定》。县委书记李汉勤为“光荣在党 50 年”老党员代表颁授纪念章，10 名优秀共产党员、10 名优秀党务工作者、10 个先进基层党组织受到表彰。

**【松阳与丽水职业技术学院签订战略合作协议】**2021 年 7 月 8 日下午，松阳县人民政府—丽水职业技术学院战略合作框架协议签约仪式在丽水举行。梁忆南、梁伟样、刘建荣等丽水职业技术学院党政领导班子成员，李汉勤、莫靓、潘力平、江山、彭敏等县领导出席签约仪式。丽水职业技术学院党委书记梁忆南说，丽职院与松阳有着深厚的合作基础和相同的发展共识。经过多年发展，如今的松古大地有着特殊的艺术气质，松阳团队眼界视野宽广，松阳这片改革热土发展变化日新月异。作为全市唯一一所全日制公办高等职业院校，服务地方经济社会发展是丽水职业学院的职责所在。此次院地合作是在浙江努力成为新时代全面展示中国特色社会主义制度优越性的“重要窗口”和高质量发展建设共同富裕示范区的背景下，因势而谋、应势而动、顺势而为的重要举措，也是学院努力服务地方、服务共同富裕的一件大事。学院将着力找准院地合作的结合点，围绕松阳所需，发挥丽水职业学院所能，主动融入松阳改革发展大潮，在艺术助推乡村振兴、大花园建设、乡村振兴人才培训等方面建立常态化合作体制机制，以实实在在的合作举措，力所能及地服务地方发展，真正让合作开花结果，实现校地双方高质量共赢发展。县委书记李汉勤对丽水职业技术学院一直以来对松阳县域发展的关心和支持表示感谢。他说，近年来，丽水职业技术学院秉承“求真务实、自强不息”的学院精神和“树木树人、行知并进”的校训，在办学层次和规模上得到长足提升，学院整体格局的大踏步发展让人钦佩，校方坚持事在人为的做法值得松阳团队学习。此次双方的合作让人期待，我们衷心希望学院能继续以己之长补松阳之短，以双方洽谈合作内容为基础，在推进“增花添彩”行动、“国家传统村落公园”建设、人才培养等方面给予松阳更大支持，通过更接地气的务实合作，专班推进，定期磋商，在常来常往中推动各项工作落实落地，用知识的力量推动乡村全面振兴，助力松阳争当山区共同富裕的探路者和模范生。松阳也将以感恩之心尽好合作之责，为学院的各位老师、各位专家大展拳脚、大显身手搭好平台、做好服务工作，合力打造新时代院地合作的示范样板。仪式上，丽水职业技术学院党委副书记、校长梁伟样与县委副书记、县长莫靓代表双方签订松阳县人民政府—丽水职业技术学院战略合作框架协议。梁忆南还为枫坪乡乡村振兴实践基地授牌。

2021 年 7 月 8 日，松阳县人民政府—丽水职业技术学院战略合作框架协议签约仪式在丽水举行　（县委办供图）

**【“幸福乡村研究院”落户松阳】**2021 年 7 月 22 日上午，上海米丘景观设计工作室与松阳县田园强村投资有限公司进行签约，共同投资组建“幸福乡村研究院（松阳）有限公司”。上海景观设计工作室总设计师、建筑师米丘，县领导李汉勤、莫靓、徐为民、彭敏、温小运等参加签约仪式。幸福乡村研究院（松阳）有限公司成立后，将引进专业化团队，从规划学、景观学、建筑学、工程学、美学、社会学等角度，探寻乡村振兴的有效路径，探索“幸福乡村”的建设模式，形成新型标准化体系及评价方法，同时，力争成为集生存空间提升、旅游策划、艺术人文、产业引进、学术研究、媒体建设、金融运营为一体的专业化高端智库、综合性资源及学术交流平台。

**【2021（第二届）中国不锈钢管高峰论坛】**2021 年 9 月 25 日上午，由中

国钢铁工业协会、中国金属学会、丽水市人民政府主办，冶金工业信息标准研究院、松阳县人民政府承办的2021（第二届）中国不锈钢管高峰论坛在松阳举行。该次论坛以“智能化、低碳化、品牌化”为主题，国内不锈钢管领域的业内院士、专家学者，行业协会、科研机构负责人以及来自全国各地的不锈钢管生产企业代表等500余人参会，集智聚力、共谋共商不锈钢管产业高质量发展之路。中国工程院院士王国栋，中国金属学会常务副理事长赵沛，冶金工业信息标准研究院党委书记、院长张龙强等出席开幕式。中国钢铁工业协会财务资产部副处长李嵩致开幕辞；钢铁研究总院党委委员梁剑雄，国家市场监督管理总局特种设备安全监察局一级巡视员高继轩，省经济和信息化厅二级巡视员戴迪荣，副市长戴邦和等领导致辞祝贺；松阳县委书记李汉勤致欢迎辞。县委副书记、县长莫靓主持开幕式，县领导徐为民、廖宝云、周鸿飞等出席　。开幕式上举行不锈钢管品牌建设基地授牌仪式；相关产业项目、合作类项目以及相关领域人才现场进行签约。此外，“松阳不锈钢管工业互联网平台”应用场景在开幕式上成功上线发布。该平台由松阳县与科大讯飞股份有限公司联合打造，平台集成AI人工智能、大数据、云计算等技术，构建了“1+4”模式（1个不锈钢管行业工业互联网平台，覆盖包括助力企业设备数字化升级的能耗管理、提升行业绿色发展水平的环保管理、保护劳动者安全和健康的安全生产、实现轧机等关键设备预测性维护的运维管理等企业4大应用场景），实现以数字化赋能企业提质、降本、增效。

【第二届城乡联系国际论坛】2021年10月19日下午，由联合国人类住区规划署、浙江省住房和城乡建设厅、浙江省卫生健康委员会、丽水市人民政府共同主办，松阳县人民政府承办的第二届城乡联系国际论坛在松阳举行。44个国家、19个国际组织的官员、专家、学者、媒体工作者等300余人参加论坛。在论坛开幕式上，联合国副秘书长、人居署执行主任迈穆娜·穆赫德·谢里夫发来祝贺视频。中央农办副主任、农业农村部党组副书记、副部长刘焕鑫，联合国人居署政策立法和治理部主管雷米·西斯平通过视频连线为论坛致辞。省住房和城乡建设厅党组书记、厅长项永丹，省卫生健康委党委委员、副主任俞新乐，市委常委、常务副市长杜兴林，市人大常委会副主任杜光旻，市政协副主席丁岳清，松阳县委书记李汉勤共同启动论坛。松阳县委副书记、县长莫靓主持。该届论坛以“健康融入空间规划，预见美好乡村生活”为主题，采取线上与线下相结合的方式进行，与会嘉宾把交流分享各国具体的案例研究、创新方法和实践措施，让大家了解有关乡村发展和健康问题的新知识并相互学习，在思想碰撞中共话人类健康和城乡发展，充分回应国内外各方对新冠肺炎疫情和人类健康问题的普遍关切，共同为人类住区全面健康发展集智聚力。

【2021松阳人才科技周】2021年10月31日下午，松阳县科技创新大会暨2021“才聚松阳”人才科技周活动开幕。省市有关领导，高层次人才、各领域专家学者及松阳县企业家和人才代表等300余人齐聚田园松阳，共商创新创业大计，共话美好未来发展。中国社会科学院美学研究中心学术委员、上海市建工设计研究总院设计大师米丘，浙江交通职业技术学院党委书记孙校伟，国画家、江苏人民美术出版社原总编胡博综，清华大学材料学院先进材料教育部重点实验室副主任、中国稀土学会理事兼催化专业委员会副主任委员吴晓东，东华大学原副校长、联合国工业发展组织全球创新网络专家委员会副主席朱世根，浙江省产学研合作促进会秘书长、中科商学研究院院长潘强龙，国家重点引才计划特聘专家、艾琪康医药科技(上海)有限公司董事长卢寿福，松阳县领导李汉勤、莫靓、徐为民参加2021“才聚松阳”人才科技周开幕活动。县委副书记周鸿飞主持开幕式。联合国工业发展组织全球创新网络项目上海全球科技创新中心主任王根祥，浙江交通职业技术学院党委书记孙校伟，江苏人民美术出版社原总编胡博综，清华大学材料学院先进材料教育部重点实验室副主任吴晓东，县委书记李汉勤先后在开幕式上致辞。开幕式上举行2020年新增国家高新技术企业、新增省级科技创新平台及2020年丽水市“创新引领”突出贡献集体、新增省级高品质绿色科技示范基地及松阳县优秀科技特派员、松阳县科技创新研发投入10强企业表彰仪式，并举行政府合作项目、企业合作项目、松阳县“科创保”金融产品合作项目签约仪式以及松阳县博士联谊会成立揭牌仪式、上海市突出贡献专家协会松阳工作站授牌仪式。开幕式结束后，中国科学院宁波材料技术与工程研究所研究员、博士生导师曾志翔受邀作题为《新材料发展趋势及应用仿生超浸润材料》的主旨演讲。

【革命传统教育活动】2021年12月3日下午，县委书记莫靓带队到安民乡安岱后村开展革命传统教育活动，重温红色记忆，传承红色基因。县领导梁海刚、徐为民、廖宝云、陈建广等参加。安岱后村是省、市国防教育基地。1935年5月，刘英、粟裕率中国工农红军挺进师到该村，和当地革命群众陈凤生、陈丹山等人共同开辟了浙西南第一块革命根据地。莫靓一行从村口的红星广场出发，一路步行至村内的红军桥、红色文化礼堂、红军主会场、粟裕旧居等地，通过一件件实物、一张张图片、一段段文字以及红军后代讲述的一个个故事，追寻革命先烈们的奋斗足迹，感悟那段艰苦卓绝的峥嵘岁月。在英烈广场，莫靓带领全体领导面向英烈墙前的鲜红党旗，重温入党誓词。

（县委办公室）

## 县委办公室工作

**【概况】**2021 年，中共松阳县委办公室（以下简称“县委办”）围绕县委关于推动松阳跨越式高质量发展各项任务，提高政治站位，强化服务效能，主动担当作为，全力实现各项工作取得新的进步。

**【政研工作】**2021 年，县委办紧跟县委实施“二次创业”，建设现代化“田园松阳”的发展道路，围绕数字化改革、基层社会治理、共同富裕、茶产业转型升级等工作亮点，以及上级关心、群众关注、基层反映强烈的难点、痛点问题，开展调查研究，全年起草领导演讲、致辞、署名文章等 180 余篇，报送信息 1200 余条，编发县级《每日要情》137 期，其中 2 篇获县委主要领导批示，高质量完成县委十届十一次、十二次全会报告、第十一次党代会报告、《松阳县国民经济和社会发展第十四个五年规划和二〇三五年远景目标的建议》等重要文稿。

**【督查考评】**2021 年，县委办制订《2021 年督查检查考核年度计划》《松阳县“七张问题清单”应用工作总机制（试行）》，围绕县委提出的“四张金名片”“四件关键事”等重点工作，聚焦“七张问题清单”应用贯通、迭代升级等重大任务，开展各类重大决策部署督查 70 余次，刊发督查专刊、专报 7 期，跟踪督办重要事项单 12 期共 326 项工作，督促 2 期《今日聚焦》、2 期《每周聚焦》、25 期《松州聚焦》媒体曝光问题整改落实，完成省市交办事项落实情况报告 40 余篇，梳理汇总部门全量问题库 36 个，梳理录入全量问题 268 个，上报市级“蓄水池”问题 16 个。按照报告件、汇报件、阅研件等对领导批示件分类交办，全年办理批示件 788 件。通过浙江省“三服务”小管家平台录入交办“三服务”问题 1239 件，办结问题 1232 件，办结率 99.44%。《省委督查信息》录用松阳县“三服务”活动典型案例 2 篇。

**【机要保密】**2021 年，县委办严格执行机要 7 × 24 小时不间断值班制度，即时办理各级来文来电，保证信息通畅。按时完成全县节点机房和政法委机房的密码机安装调试和等保分评工作，高质量保障密码通信。采取线上线下协同作战的方式，对相关单位保密工作进行指导，全年未发生脱（离）岗、失密泄密现象。充分利用主题党日、班子会等干部集中会议，学习机关保密工作纪律、失密泄密案例警示教育等内容，提升办公室干部保密意识。参与全省机要密码提醒组织开展的“庆祝建党百年 建设密码强国”短视频征集比赛，精心制作短视频《守护》，获全省二等奖。

**【惠台举措】**2021 年，县委办以茶为“媒”，邀请中华俪雅青扬交流协会及在丽水台胞青年 14 人到松阳体验茶商大会·松阳香茶茶叶节，邀请台湾茶协会理事长陈玉舜为茶叶节拍摄短视频。利用电话和微信形式，经常性开展联络对接，交流新冠肺炎疫情动态和防护措施，捐赠防疫口罩 6200 余只。聚力开展台资台智招引工作，邀请安冠食品产业园区董事长林文和宁波台协总会会长蔡东明到松阳考察，做好项目接洽。开展惠台政策落实情况“回头看”活动，协助在松阳台胞解决养老、产业发展等难题。

**【交流合作】**2021 年，县委办拓展合作交流平台。利用茶商大会·松阳香茶茶叶节、城乡联系论坛等重大活动，邀请匈牙利驻华大使拉斯洛·哈瓦斯、联合国副秘书长、人居署执行主任麦慕娜·莫哈德·沙里夫等一批国际上富有声望的组织、名人、学者，带动提升松阳在国内国际知名度和影响力。深入保障新冠肺炎疫情防控。加强与县侨联、县公安局出入境管理大队等部门沟通对接，开展联络慰问救助行动，积极推广“浙外防”，引导企业使用境外码，完成境外企业注册境外码 6 家。做好在松阳涉外企业的“三服务”工作，帮助解决全县中外合资企业外国员工以及家属入境检疫难题，落实落细相应的新冠肺炎疫情防控措施。持续加强服务管理。推进水南街道领事保护联络站建设，完善联络站工作组织及工作机制。高效、准确处置突发事件及信息报送，未出现误报、错报信息，人员变动不报备等情况。

**【档案执法监督管理】**2021 年，县委办编纂发布《松阳县档案事业发展“十四五”规划》，为今后五年档案事业发展指明方向。编制《乡镇（街道）部门档案管理规范制度汇编材料》，提升全县档案工作规范化程度。健全“横向到边、纵向到底”的档案管理制度，建立新冠肺炎疫情防控和脱贫攻坚等数字化专题档案库，归集档案 4.65 万件，在 7 个乡镇（街道）同步开展档案规范化管理。深化依法治档，对全县 70 余家档案管理服务单位开展执法检查，对各类档案工作者开展业务培训 4 次，上报档案工作信息宣传 300 余篇，录用 170 余篇，名列全市第一。

**【干部选任】**2021 年，县委办大力弘扬“精耕勤学、开放融合、争先图强”的新时代松阳精神，发扬志不求易、事不避难的精气神，大兴争先文化、团队文化、和谐文化，激励全体干部主动作为，争先创优。落实新时代好干部标准，更加突出善谋划、敢担当、重实干、会创新、出实效的选人用人导向。全年有 4 名优秀干部提任领导岗位，3名优秀年轻干部进入办公室队伍，同时对办公室人员分工进行优化调整。推进信息员顶岗培养机制，全年组织13名信息员到信息科顶岗，提升全县信息报送质量。严格执行《中共松阳县委办公室工作人员平时考核办法》，用好考核指挥棒，提高全体干部纪律意识、规矩意识，突出讲效率、讲团结、讲责任，有力推动各项工作开展。

（县委办公室）

## 组织工作

**【概况】**2021年，中共松阳县委组织部（以下简称“县委组织部”）围绕省委组织部主题实践活动部署，以部机关“双提升双精彩”活动为抓手，开展解放思想大讨论、“重走红军路”“追寻红色浙西南足迹学党史”等主题党日活动；围绕“六查六对照”，梳理问题清单15项，制定整改措施28条；制订组织工作高质量评估指标，推行年轻干部导师帮带制，利用“798空中课堂”“组工大讲堂”等学习载体，开展“青春微调研”活动12批次；推进数字化工作，组建数字化改革工作专班，中共浙江省委组织部部务会议成员、办公室主任程来节对松阳数字化场景应用进行点题指导，丽水市委常委、组织部部长戴平辉听取汇报。

**【党史学习教育】**2021年，县委组织部结合组织工作实际，采取多种学习方式开展党史学习教育。召开组织系统党史学习教育动员会议，印发《中共松阳县委组织部关于开展党史学习教育的实施工作方案》，在“田园先锋”微信公众号开设党史学习教育专栏，开展松阳县万人党史知识“云上比”活动。通过支部学习会、读书会、主题党日等形式，引导组工干部研读“四书”，党史学习教育覆盖率100%。常态化开展“我为群众办实事”活动，组织部机关党员到所在社区报到，深化“点亮微心愿”机制，每名党员认领或参与实现1个以上“微心愿”。结合“三走进三服务”活动，开展“组织部门开门听意见”活动，深入全县各乡镇（街道）开展蹲点调研，走访村（社区），访谈干部、专家人才和新生代企业家，征集意见建议100余条、解决实际问题62个，相关做法多次获《中国组织人事报》等媒体刊发报道。

**【基层组织建设】**2021年，县委组织部组织全县开展党史学习教育、省市县“两优一先”推荐表彰、“光荣在党50年”纪念章颁发等庆祝中国共产党成立100周年系列活动。出台“五议两公开”实施细则，推行主题党日“三部曲”（把坚持学习“第一议题”设为“第一曲目”，把聚焦中心工作设为“第二曲目”，把创新自选动作设为“第三曲目”）和组织生活会观摩机制，探索以“平安稳定、环境卫生、收水费（物业费）、违建防治”四件关键事为重点的基层党建考评体系。举办新一届村（社区）干部“强基赋能”培训班，开展党组织书记“支书三晒”、第十二届“民情地图”促服务大比武暨数字乡村共同富裕项目大比拼活动，筹备召开县、乡党代会。开展百优示范支部建设，推进13个红色美丽村庄项目建设，建成45个党建联盟，完成11个后进村党组织整顿转化。

**【两新党建工作】**2021年，松阳县委两新（新的经济组织和新的社会组织）工委按照两新党建“三年创优、整体跃升”工作部署，开展强思铸魂、强基创优、强质提升、强企聚力、强责赋能“五强行动”，新建党支部6个，工作支部4个，发展中共党员53人。实施“两百双传承”计划，选派8名新生代企业家到县直部门挂职锻炼。开展两新领域党史学习教育，举办“新生代心服务 助力乡村振兴”活动，开展两新党建好故事讲演活动。举办“双招双引”促发展两新党组织书记培训班，对全县100余名两新党组织书记进行素质培训。高质量开展新业态、新就业群体党建工作试点，通过整合资源创建绿谷先锋驿站·田园共享小院54个。创新组建“名师协会”，头雁领航推动两新党建工作提档升级。

**【干部调配管理】**2021年，县委组织部全程推进乡镇换届工作，对现任乡镇领导班子成员开展深入调研，全面掌握领导班子的年龄、专业、经历、结构等情况，并对照乡镇换届领导班子配备要求，抽调95名干部，组建5个考察组、9个调研组，分层分类部署考察工作。加强换届风气纪律监督，及时印发《关于严肃换届纪律加强换届风气监督的通知》，发放换届纪律宣传提醒卡、“十严禁”漫画宣传手册等1.4万余份。全年全县共调配县管干部6批314人次，其中提任及进一步使用109人。乡镇换届各类指标均达到省市乡镇换届高质量评价指标要求。完成乡镇党代会、人代会及县党代会组织工作。

**【公务员管理】**2021年，县委组织部完成公务员招录各项任务目标，共招录公务员48人，其中大学本科46人、硕士研究生1人。制订2022年公务员岗位编报计划，计划招录71人，并首次在县级层面为残疾人专设公务员招考岗位。研究乡镇倾斜20%待遇方案，形成松阳县《关于精准落实乡镇干部待遇倾斜政策实施方案（试行）》。全年开展2批次207人次职级晋升工作，对符合嘉奖条件的420人上年度考核优秀公务员进行嘉奖，并拟开展对记三等功嘉奖人员实施健康疗休养工作。制定《松阳县公务员平时考核实施办法（试行）》，为全县各单位平时考核工作提供依据，全县76个单位平时考核制度的“应建尽建”工作，覆盖率100%。同时建立平时考核工作示范点和联络点。

【干部（公务员）教育培训】2021年，县委组织部在干部培训过程中融入打造“四张金名片”（智能制造新城、中国有机茶乡、全域康养胜地、国家传统村落公园）“民情地图”整体智治、山海协作等具有当地特色的内容，做好主体班次的全程管理和部门班次的备案审核工作。通过整合办班等形式，举办培训班37班次46期，共3466人次参加。落实部长进党校制度，部长带领部委班子通过进党校听课、开展座谈研讨等方式，提升办学质量、提高教学成效。提炼“六大模块”（一份通知书——带着课题进党校；开学第一课——明确目标讲学习；接触新思维——对标先进比赶超；走进最基层——县情教育强自信；学习大讨论——建言咨政谋发展；结业汇报会——学有所悟开新篇）教学培训模式，采取学教“6+1”形式（“六大模块”加以“一片叶子富一方百姓的奥秘”“上山下山—城乡二元结构侧改革与探索”“民情地图——基层治理的群众路线”为主要内容的当地特色的精品课程），完善党校教师、部门领导专家、县处级党政领导干部和县外专家学者“四位一体”教学培训师资库，根据培训需求，科学设置教学专题，形成具有松阳特色的教学模式。

【教育培训基地管理】2021年，县委组织部注重现场教学点的规范化建设，全力推进安民安岱后村、枫坪斗潭村、小吉村等红色教学基地建设，初步形成红色教学集中区域，全年共接待外地到松阳培训20余个班次，1100余人次。打造主题化“红绿古”三色品牌现场教学基地，推动干部教育现场教学基地科学化、规范化、品牌化建设，提升干部教育培训工作质量。截至12月末，建成安岱后“浙西南革命精神”省级党性教育基地1个，大东坝镇二滩坝村虎山坝革命纪念地、横樟村思廉堂，枫坪乡斗潭村、小吉村等市级党性教育基地6个，大东坝镇石仓田园综合体生态产业工坊、新兴镇大木山茶园等市级生态现场教学基地2个，四都乡传统村落保护与发展市级现场教学基地1个。

【干部经常性管理监督】2021年，县委组织部聚焦考察关键环节，采取换届风气“逆向”监督机制，从工作回避、跑风漏气等9类情况，对换届考察组成员逐个进行全方位评价，推动主动接受阳光监督，破解“谁来监督考察组”的困局和可能存在的“灯下黑”风险，相关做法在全市届末考察工作中被推广，并在省换届风气第一次巡回督查通报中给予点名肯定。深化干部选任监督，做好干部队伍源头管控。重新修订《松阳县股级干部选拔任用工作实施意见》，首次对各党（工）委（党组）每年研究调整股级干部的批次提出原则性规定，对全县股级干部选任情况实现更好的宏观管理，提高选人用人严肃性。探索“数字化”改革，推动干部监督流程再造。完成干部大监督信息系统建设，并录入领导干部历年相关信息数据5185条，形成领导干部职业生涯全周期监督纪实档案，为接轨“浙里好干部”应用干部立体监督模块做好准备。

（县委组织部）

## ·机关党建·

【概况】 2021年，县委组织部落实新时代党的建设总要求和新时代党的组织路线，加强和改进机关党的工作，发挥机关基层党组织作用，不断提升机关党建整体工作质量，推动机关部门各项工作。截至12月末，全县县直各机关企事业单位共有党的基层组织359个，其中党委27个、党总支14个、党支部318个，党员4913名。

【机关党组织建设】2021年，县委组织部落实《中国共产党党和国家机关基层组织工作条例》《中国共产党基层组织选举工作条例》，推动党建工作与业务工作深度融合、相互促进，健全党的民主集中制，完善党内选举制度，增强机关党建工作实效。设立县政协机关党委，指导其强化专委会党支部建设，制定政协中共党员委员行为规范、“双重组织生活”管理等制度，打造省级党建特色亮点项目。开展机关党组织入党积极分子（发展对象）等集中培训，抓好发展党员、日常教育管理监督、党费收缴使用管理、党员档案排查及指导补办等有关工作。探索智慧党建手段，在县党群服务中心建设“5G+VR+党史学习教育”项目，通过互动操作、虚拟讲解、VR实景展现等数字化应用，解决县域革命根据地教学点分散且交通不便的痛点难点。组织60名机关党务干部集中培训，重点对发展党员、党费管理、组织换届等业务进行轮训。

【思想政治建设】 2021年，县委组织部贯彻全国全省机关党的建设工作会议精神，按照新时代党的建设总要求，落实党员教育培训工作规划，以建设政治坚定、党性强、素质高的机关党员队伍为目标，提高全县机关党员队伍建设质量。举办庆祝中国共产党成立100周年系列活动，走访慰问省市党内功勋表彰对象48人，发放“光荣在党50年”纪念章171人。开展万人党史云上比，组织全县1.5万名党员干部参与比赛，通过在线答题、双人对抗等方式，提高活动吸引力，扩大党史学习教育的受众面、覆盖率。开展“百年华诞 千个心愿”党员集中认领“微心愿”活动，全年征集社区、学校各类特殊群体微心愿1317个。

【结对帮扶行动】 2021年，县委组织部以党史学习教育为契机，组织机关党员干部开展“我为群众办实事”和“微心愿”认领活动，结对帮扶困难党员、群众以及孤寡老人、留守儿

2021年6月16日，松阳县举办“百年华诞 千个心愿”党员认领千个“微心愿”活动 （县委组织部供图）

童等弱势群体，全县各机关企事业单位党员干部认领微心愿3000余个。

【机关党员志愿服务】2021年，县委组织部依托“浙政钉”建设的田园先锋志愿服务系统，建立快速、有效的供需对接，提升党员志愿服务的时效性和针对性。自新系统正式运行以来，共发起党员志愿服务活动282场次，2056名党员参与服务。联合县党史学习教育办公室开展机关部门进村（社区）“集千题 解千愁 惠万民”实践活动，服务群众办实事。

【机关作风建设】2021年，县委组织部针对自由裁量权行使过程中存在的问题，打造统一标尺，规范权力运行，从源头加强廉政风险防控。联合县纪委县监委、县司法局等单位成立专项工作领导小组，通过细化量化权限、规范行使程序、公开运行过程、健全监督机制等四项举措，有效促进依法行政。全县14家行政执法部门共建立和完善自由裁量权工作制度31项。针对群众关切的市场监管、综合执法等领域，开展集中监督检查和案卷评查工作。全年举行督查评查8次，发现问题23个，均予以反馈并进行整改。2021年，县市场监管局、县行政服务中心获评丽水市“建设清廉机关、创建模范机关”工作先进集体。 （县委组织部）

## ·老干部工作·

【概况】2021年10月，松阳县老干部服务中心（以下简称“县老干部服务中心”）经中共浙江省委组织部批准，为参照《中华人民共和国公务员法》管理单位。主要职责为贯彻落实各级关于离退休干部工作的方针政策和决策部署。负责全县离休干部服务工作，落实离退休干部参加理论学习、情况通报、重要会议和重大活动，保障离退休干部活动、学习阵地建设，组织引导离退休干部发挥优势和作用。截至12月末，服务管理对象全县离休干部24人，实职副处以上退休干部29人。

【老干部政治待遇】2021年，县老干部服务中心突出政治功能，引领离退休干部“离岗不离党、退休不褪色”。持续完善和落实老干部听报告、阅读文件、通报情况、参观学习和参加重要会议以及重大决策征求意见等政治待遇制度，引导老干部及时了解党中央大政方针和决策部署，及时洞悉国内外形势和松阳县主要工作。充分发挥广大老干部在政治、经验、威望等方面的独特优势，精心打造退休县处级干部学习组、离退休干部党支部书记、松州夕阳红志愿团“三支队伍”，开展多层面“最美助力之星”“助力微故事”的推荐工作，助推正能量活动向纵深发展。组织参会。县委、县政府出台大政策、大项目之前，均安排召开离退休老干部代表座谈会，征求意见和建议。历年来，上级重大决策性的文件传达会议，县委、县政府召开的重大会议均邀请离退休老干部代表参加。各单位的学习或重大会议、活动也邀请本单位的离退休干部参加。县委、县政府每年向全体离休干部和实职副处以上退休干部通报全县经济社会发展的情况，组织离退休老干部与会，开展座谈，进行讨论，征求意见，并梳理汇总向县两办及主要领导汇报。各涉老单位每年均向离退休干部通报本单位情况，广泛征询意见建议。组织理论学习。每年不定期组织全体离退休老干部理论学习读书会。平时，离退休老干部参加分组学习。县老年大学专门为离退休干部开设政治课。同时，为离退休老干部订赠学习刊物。参加党组织生活。离退休党员参加原单位党支部的组织生活。截至12月末，全县建立离退休干部党支部56个，其中退休干部党支部53个，离退休干部合编的党支部3个，组织离退休干部党支部书记每年参加1次集体学习培训。组织参观考察。执行每年1次离退休老干部就近参观考察制度，通过参观学习，促使他们开阔视野、解放思想、振奋精神、鼓舞士气，调动他们发挥余热的积极性。

【老干部服务保障】2021年，县老干部服务中心巩固和完善离休干部“三个机制”，离休干部“两费”在财政预算中足额安排。离休干部考察费和休养费，实职副处以上退休干部考察费，离退休干部困难补助金，无固定收入离休干部遗孀困难补助金等，按时发放到位。常态化开展定期联系、上门看望、纾难解困、政策宣传、记录跟踪等工作；做到“五必访”（重大节日必访、夏季高温必访、生病住院必访、有特殊困难必访、老干部去世必访），全年对所服务的全体离退休干部走访3次以上；实现离休干部家庭医生签约服务全面覆盖，持续完善就医绿色通道。每年为70岁、80岁和90岁及以上的离退休干部举行祝寿活动，老干部服务中心领导均上门为其祝寿。

**【老干部教育管理】**2021年10月，县老干部服务中心270平方米多功能厅装饰竣工，投资20余万元提升多功能会议室效果。全年开设8个专业14个班级，因地制宜开设学员喜闻乐见的音乐、戏曲、舞蹈等10门课程。举办校园文化艺术节，有学员、演员220人参加文艺会演。活动中心日均有300余人次参加，其中乒乓球室达100人次。每周开展1次“快乐银龄 智享生活”智能手机操作志愿服务活动，帮助老年朋友跨越“数字鸿沟”，适应并享受智能生活。该项“数字化改革”工作获丽水市数字化改革委征文优秀奖，也是丽水市老干部系统唯一获奖者。组织老同志开展“微党课”学习，共举行讲课50场次，学习《党史百年·松阳百事》44篇，参学1211人次。

**【老干部文化活动】**2021年，县老干部活动中心设有多功能厅、电视室、书画室、象棋室、台球室、扑克室、乒乓球室、麻将室、老干部学习接待室（聊天室）、阅览室和健身舞蹈厅等。全年先后组织“七一”同宣誓活动，收看庆祝中国共产党成立100周年大会直播，举行离退休干部“学党史 知党恩 跟党走”党史知识竞赛、“学党史 忆初心 感党恩”老年硬笔书法展示等一系列庆祝中国共产党成立100周年活动。评选出最美老党员和最美正能量老干部4人。推进“银尚乐活”品牌——“乐活剧社”建设。完成云接力活动微视频制作（周廷喜的慈善事业——助推苏马坪村乡村振兴事迹）。评选出市级最美系列14个单位和个人。同时，上报评选出标准化支部、典型支部、银尚达人、银尚之家共17个。根据丽水市老干部局要求，核对离休干部基本信息，给每位离休干部送上一本《红色印记》。邀请省老年书画研究会到松阳送画联展，入乡村采风，宣传推介松阳风土人情、好山好水。县老年书画研究会举办国庆节弘扬“田园松阳”文化特色摄影展、书画展等，展出书画作品90余件、摄影作品40件。

（县老干部服务中心）

## 宣传工作

**【概况】**2021年，松阳县宣传思想文化战线坚持以习近平新时代中国特色社会主义思想为指导，牢牢掌握意识形态工作主动权，以庆祝中国共产党成立100周年为主线，深入开展党史学习教育，大力弘扬践行浙西南革命精神、新时代松阳精神，强化理论武装，抓好舆论引导，加强价值引领，讲好松阳故事，传播松阳声音，为高水平谱写现代化“田园松阳”新篇章提供坚强思想保证和强大精神力量。

2021年，中共松阳县委宣传部（以下简称“县委宣传部”）报告县委意识形态工作主体责任落实情况1次，开展落实意识形态工作主体责任制检查1次，每季度召开意识形态工作例会，组织开展巡视整改专项督查，全年完成十届县委2轮13个单位的巡察工作。成立县党史学习教育领导小组，制定《中共松阳县委关于开展党史学习教育的实施工作方案》和《松阳县党史学习教育专题实践活动方案》，对全县77个机关单位、757个党支部、16215名党员开展6轮巡回指导，梳理交办各单位存在问题和弱项563条。县处级党员领导干部到基层讲授86堂党课。编撰当地特色书籍和教材31本（套），开展集中学习、实地学习等多种形式专题学习2544场次，主题党日活动1823次，进行一次现场宣誓、聆听一个历史故事、参加一次场景体验、进行一项互动教学、观看一部纪录影片、诵读一段文献材料“六个一”主题教育7588次，特色宣讲225场次，推进主题文艺演出41场次。统筹推进“三服务”和专题实践活动，累计开展“党员在身边”志愿服务活动4727人次，完成为群众办实事16119件，为企业解难题1608件，为基层减负担287件。组织推动新时代松阳精神内涵表述语的总结提炼，为松阳发展注入精神动力。全年举办松阳论坛——县委理论学习中心组专题报告会21期，专题学习会4次。持续推进“学习强国”学习平台推广运用，学员12861人，在职党员覆盖率100%，全年共录用稿件190余篇。承办“守好红色根脉·推进老区振兴”浙西南红色文化论坛。完成2021年度全县社会科学研究课题（论文）立项工作，审核并立项县级课题（论文）22个，获市级立项课题8个。

坚持党管媒体，完善《关于进一步扶持推进松阳县融媒体中心改革发展的若干意见》，围绕县委、县政府中心工作，全年县级媒体各平台刊播各类新闻3.8万余篇（条）。不断扩大以“松阳新闻”微信公众号和“掌上松阳”App为主的移动端平台影响力，全年刊发相关新媒体报道2万余篇（条）。积极与省级以上主流媒体对接，全年在省级以上主流媒体刊发（播）报道470余篇（条）。组织举办第十四届中国（国际）茶商大会·松阳香茶茶叶节新闻发布会、“赓续红色根脉 建设现代化田园松阳”新闻发布会、“乡村复兴论坛·松阳峰会”新闻发布会3场，开展“沿着高速看浙江”“全国弘扬践行革命精神·红色宣传联盟大型融媒体采访”等大型集中采访活动，吸引主流媒体聚焦松阳。

持续办好中国茶商大会、城乡联系国际论坛等大型活动。完成拍摄戏曲电视剧《红色浙西南》、电影《我们的村庄》《超能水怪》。深入推进“百名艺术家入驻乡村计划”，签约入驻艺术家94人，落地艺术家工作室75个。申报2021年度丽水市文化产业重点县，申报后畲美术分馆、平田村艺术助推乡村发展展览馆、桐榔村传统村落保护利用等6个项目为“全市艺术助推乡村振兴”项目。新增农村文化礼堂26个，全县建成文化礼堂168个。推进农家书屋“三个一批”建设，确定“建强一批”23个，“提升一批”108个，“整合一批”72个。建成新时代文明实践中心1个、实践所19个、实践站179个、实践点220个。构建文明实践志愿服务队伍，组建志愿服务小队275支，注册志愿者5.52万人。建成一体化网络应急指挥中心、县瞭望哨指挥中心，接通403专网，持续推进网络监测系统优化升级，被丽水市委网信办推荐申报2021年度浙江省网信工作先进集体。

**【理论学习】**2021年，县委宣传部贯彻落实《中共松阳县委关于进一步加强和改进党委（党组）中心组理论学习的意见》。以县委理论学习中心组为龙头，以党员领导干部为重点，把学习宣传贯彻习近平新时代中国特色社会主义思想作为各级党委（党组）中心组的重要内容，突出县级领导带头学，党员干部研讨学，干部讲堂专题学，先进典型激励学，廉政教育警示学“五学机制”。年初印发《关于征集2021年县委理论学习中心组学习课题的通知》，向全县各单位征集学习课题，谋划制订全年县委理论学习中心组学习计划。利用好松阳论坛——县委理论学习中心组专题报告会、专题读书会、研讨交流会、学习讨论会等活动，切实增强领导干部的政治理论水平和思想政治素质。全年举办松阳论坛——县委理论学习中心组专题报告会21期，专题学习会4次。

**【文艺惠民活动】**2021年，县委宣传部严格按照省、市、县各级关于新冠肺炎疫情防控的要求，举办第二届城乡联系国际论坛、庆祝中国共产党成立100周年合唱大赛、庆祝中国共产党成立100周年暨党史学习教育送戏下乡文艺演出、“百年百村”传统村落影像展、第三届力溪连环画艺术节、“千年新和·田园松阳”文化走亲、《松阳英烈》首发仪式暨全民阅读节启动仪式等活动。完成拍摄戏曲电视剧《红色浙西南》、电影《我们的村庄》《超能水怪》，协助做好电视剧《何加加的桃花源记》《两个人的小森林》剧组在当地拍摄工作。

**【理论研究】**2021年，县委宣传部组织开展“庆祝中国共产党成立100周年理论研讨会”征文活动，向市委宣传部推送优秀论文10余篇。重点围绕党史学习教育，把习近平总书记在党史学习教育动员大会上的重要讲话等系列讲话精神纳入理论学习中心组、机关夜学、主题党日等的学习内容。统一购买发放党史学习教育四本必读书目1.6万余册，发放《读懂浙西南精神》读本1010本。编发《干部学习参阅》14期。组织召开松阳县社科理论界学习贯彻党的十九届六中全会精神理论研讨会。

1月23日，县委理论学习中心组专题学习会召开。温铁军受邀作题为《大循环压舱石：如何推进农业农村现代化》的专题讲座　（县融媒体中心供图）

**【爱国主义教育活动】**2021年，县委宣传部持续完善爱国主义教育阵地建设。县非遗馆、小吉会议旧址获评市级爱国主义教育基地，县城北小学乡村“复兴少年宫”挂牌成立。深入开展思想道德教育。持续开展“春泥计划”活动，举办松阳县第十届未成年人道德文化节，组织开展歌咏比赛、经典诵读、征文比赛等各类主题活动。

**【党史学习教育宣传】**2021年，县委宣传部围绕党史学习教育，举办“小青松”红色志愿宣讲集训营，在安岱后开展为期3天的宣讲培训，评选“十大金牌宣讲员”。举办2021年“奋斗百年路 启航新征程”青年理论宣讲暨微党课比赛，评选出十佳选手参加丽水市复赛，其中3人入围决赛，同时评选出十佳微党课视频。依托丰富的红色资源，通过理论溯源、历史再现、现场体验、情境实践等方式，在安民乡安岱后村、枫坪乡小吉村、裕溪乡霭溪村、玉岩镇玉岩村、象溪镇靖居口村等文化礼堂开展情境宣讲。举办全县域党的十九届六中全会精神集中宣讲活动，各宣讲团成员到各单位、乡镇（街道）开展宣讲活动近1000场次。组织党的十九届六中全会精神线上微宣讲大赛，同时创建理论宣传精品视频库，把短而精、接地气的宣讲视频推送到市里，全年拍摄制作青年理论宣讲视频90余期，

板桥乡“小青松”宣讲团成员开展现场宣讲 （县委宣传部供图）

推送60余期。打造“小青松”青年理论宣讲品牌，印发《关于推进松阳县“小青松”青年理论宣讲队伍体系建设的通知》，组建“先锋”宣讲团10支，“田园”宣讲团19支，其他青年宣讲分队10余支，制作宣讲微视频30余个。推出党史学习教育暨庆祝中国共产党成立100周年送戏下乡文艺专场，共演出82场。截至2021年末，全县连续开展送戏下乡第35年，累计演出2600余场次，观看达110多万人次。自编自演《箬寮风雷》《党史学习教育记心间》等党史情景剧，利用直播、微视频等媒介“远程式”情境教学实现全民宣讲。截至2021年末，累计创作党史文艺作品52件，开展“情境式”党史宣讲120余场次，观看达1.5万人次。

**【互联网建设管理】**2021年，县委网信办深入贯彻落实习近平总书记关于网络强国的重要思想，强化依法治网，实现互联网执法主体资格确认、全员持证上岗。建立网信公安联合执法办案点，侦破“悠游”跨境网络赌博省级督办案，抓获犯罪嫌疑人30名，缴获涉案资金3400余万元；大力开展“清朗·暑期未成年人网络环境整治”等专项行动，查处色情漫画平台11个、第四方支付平台1个，扣押色情漫画5万余部，冻结资金500万余元，有效净化网络空间、斩断利益链条。深化网络生态“瞭望哨”工程建设，高标准建成县瞭望哨指挥中心，实现全县重点部门、乡镇（街道）哨所、哨兵全覆盖，制订发放“瞭望哨”应知应会手册，累计收到哨兵预警信息1000余条，有效把网络舆情处置于未发。持续深化网络安全防控，全面落实护航中国共产党成立100周年庆祝活动、关键信息基础设施等网络安全检查工作，责令县古市医院等7个单位完成网络安全漏洞问题整改，在全市网络攻防安全演练中“零失误”。开展利用公共资源参与虚拟货币挖矿与交易行为专项整治行动，排查、责令9个单位完成存在挖矿病毒等网络安全问题整改，工作动态被“浙江网信”录用刊发。强化网络正能量传播，组织全县网军累计转发正能量帖文1000余条，全力参与抗疫网络引导，获省、市网信部门点赞。主持微博话题“茶乡随手拍”“身边的党员”，阅读量分别达10.3亿人次和11.7亿人次。强化网络文化建设，建成“田园松阳”网络文化家园，短视频《依托互联网“唤醒”沉睡山村 松阳党员带领村民走上致富路》，被省委网信办评为“旗帜·身边的党员”互联网企业党建故事分享活动优秀作品，系全市唯一。深化网络人才建设，制定行动计划，领军型网络人才“龙魂骑兵”获全国“五个一百”网络正能量榜样等称号。深化数字化建设，县财政专门拨付100万余元，高规格建成“一体化”网络应急指挥中心，舆情发现与处置效能明显提升，软硬件水平跃居全市前列。创新工作机制，建立县管领导干部网信部门学习锻炼机制，常态化选派2名乡镇（街道）宣传委员和新提任副科领导干部顶岗学习，实施学习一系列网信基本理论、政策、制度文件，熟悉一整套网信值班值守规范，处置一批网络舆情事件，开展一次网信执法，参加一次网络评论在线约战，开展一次网络意识形态工作专项督查或网络安全检查，参与一场信息化项目评审，撰写一篇高质量的网信信息，走访一家互联网企业“九个一”互联网能力提升计划。

**【基层文化阵地建设与管理】**2021年，全县建成新时代文明实践中心1个、实践所19个、实践站179个、实践点220个。完成19个实践所、141个实践站、13个特色实践点“云平台”项目建设，并与市级中心完成数据对接。新增农村文化礼堂26个，全县建成文化礼堂168个。开展农家书屋自查统计工作，推进农家书屋“三个一批”建设，确定“建强一批”23个，“提升一批”108个，“整合一批”72个，按照实际需求有针对性地发放图书、报刊，对8个有特别需求的农家书屋进行统一硬件设施采购。在原有的26个“圆梦书屋”基础上进行书册更新。开展“助力全民阅读·共建书香松阳”图书赠阅巡展活动，放映农村电影1900场次。持续推进“百名艺术家入驻乡村计划”，签约入驻艺术家94人，落地艺术家工作室75个。

**【重大主题宣传】**2021年，县委宣传部根据中央、省、市工作要求，围绕县委、县政府中心工作、重点工作，继续深化融媒体中心建设，全面落实机制再造，加强广播、电视、报纸、新媒体等各类平台进一步融合。组织开展党史学习教育、中国共产党成立100周年、新冠肺炎疫情防控、党的十九届六中全会、“六讲六做”大宣讲，全国、省、市、县两会，县委全会等重大会议、活动和城中村改造，“五水共治”“三改一拆”、黄南水库等重点工作的宣传报道。以“松阳新闻”微信公众号和“掌上松阳”App为主的移动端平台影响力、传播力不断扩大，全年刊发相关新媒体报道3.5万余篇（条），其中阅读量（播放量）突破1万人次稿件100余篇（条），突破10万人次稿件50余篇（条），突破100万人次稿件3篇（条）；“松阳新闻网”微博主持的#茶乡随手拍#话题阅读量突破10.2亿人次；“掌上松阳”移动客户端下载量达4.2万人次。施行县级全媒体联动，先后开设《奋斗百年路 启航新征程》《党史学习教育——我为群众办实事》《党史百年·松阳百事》《党史故事少年说》《主播讲党史》等专题专栏，围绕党史学习教育、中国共产党成立100周年，回顾松阳红色历史，充分展示建党以来全县社会经济发展，生动呈现红色文化的生命力和影响力。全年县级媒体刊发（播）稿件1600余篇（条），推出的多个视频成为爆款，如拍摄制作的短视频《书记说党史丨松阳县委书记李汉勤：追寻红色足迹 传承革命精神》在“浙江新闻”客户端阅读量突破35.3万人次，“松阳新闻”视频号发布《献礼党的百年华诞！松阳古筝版〈我和我的祖国〉MV首发》阅读量突破10万人次。中央电视台、新华社、中新社、浙江电视台等聚焦松阳红色文物、红色地标、红色故事，刊发（播）报道60余篇（条）。开展“沿着高速看浙江”“全国弘扬践行革命精神·红色宣传联盟大型融媒体采访”等大型集中采访活动，《人民日报》、新华社、中央电视台、中新社、《中国日报》、《经济日报》、《浙江日报》、浙江电视台新闻频道和经济生活频道、浙江之声等主流媒体纷纷聚焦松阳。重点关注党史学习教育、茶产业发展、乡村振兴、红绿融合、生态产品价值转换等方面，点赞松阳的创新举措与发展成果。组织开展第十四届中国（国际）茶商大会·松阳香茶茶叶节、第二届城乡联系国际论坛、人才科技周、第二届不锈钢管高峰论坛等重大主题集中采访报道活动。全年省级以上主流媒体刊发（播）报道470余篇（条），其中中央电视台31条，新华社网41条，人民日报客户端12条，《浙江日报》31条，浙江电视台46条。中央电视台新闻频道《走进乡村看小康》栏目对陈家铺村进行长达13分钟的直播，并登上中央电视台《新闻联播》；《浙江日报》头版头条刊发省政协驻村干部楼海勇的报道，获省政协主席葛慧君、省委副书记黄建发和时任省委常委、宣传部部长朱国贤批示；《浙江新闻联播》头条刊播松阳山海协作报道。

**【文化和新闻出版监管】**2021年，县委宣传部完成全县31家印刷企业、出版物经营单位年度核验和2022年连续性内部资料性出版物准印证核验工作。全年办理出版物许可证、印刷许可证等证照办理工作9项。对全县印刷、出版物企业进行集中走访和排查，与企业主签订安全生产责任书。完成全县正版软件安装工作。研究制订《关于调整县“扫黄打非”工作领导小组成员的通知》《松阳县“扫黄打非”工作领导小组成员单位工作职责》《松阳县2021年度“扫黄打非”行动方案》《关于开展“扫黄打非·正道”集中行动的通知》《关于开展“扫黄打非·新风”集中行动的通知》等文件。举办“护苗2021·绿书签”捐赠活动。全年印制发放“扫黄打非”宣传册2000余份。开展“扫黄打非”专项巡查10余次，完善新冠肺炎防控措施20处，排除安全隐患12起。4月12日，“11·6”特大盗版在线教育音视频案受到公安部贺电表扬，并入选全国挂牌督办、中宣部版权管理局典型案例。

**【“最美松阳人”宣传活动】**2021年，县委宣传部持续开展典型推荐选树活动。麻功佐、徐龙辉获丽水市第七届道德模范提名奖。全年评选产生26位松阳好人，4人入选丽水好人榜，2人入选浙江好人榜。

（县委宣传部）

## ·精神文明建设·

**【概况】**2021年，县委宣传部精神文明建设指导中心（以下简称“县精神文明建设指导中心”）以建设社会主义核心价值体系为根本，稳步推进新时代文明实践中心建设、持续开展群众性精神文明创建、加强公民思想道德建设、巩固未成年人思想道德建设，提升居民文明素质和社会文明程度。

**【公民道德建设】**2021年，县精神文明建设指导中心印发《松阳县厉行节约制止餐饮浪费行为行动方案》，成立领导小组，协调全县制止餐饮浪费行为工作。向全县发放公筷2万双，开展专项督查10余次，不定期发布文明用餐红黑榜。大力推进诚信建设。制订印发《关于深入开展诚信缺失突出问题专项治理的实施方案》，深入开展诚信缺失突出问题专项治理，打造不敢失信、不能失信、不愿失信的社会环境，增强群众获得感、幸福感、安全感。举办“新时代文明实践诚信宣传月”活动，评选首批信用使者4人。弘扬中华优秀传统文化。广泛开展“我们的节日”主题活动，在春节、清明、端午等传统节日期间，开展富有地方特色的节日民俗、文化娱乐、体育健身等节庆活动。

**【群众性精神文明创建行动】**2021

年，县精神文明建设指导中心积极筹备省示范文明县城创建，定期开展全民清洁行动，县四套班子带头示范、各单位全员参与、广大市民积极助力，制订包干责任区块责任分解表，实行网格化管理，定期开展专项督查。全年累计交办问题385件，完成整改350件，清理城区重点“顽疾”点位71处。同时，通过县级媒体“松州聚焦”专栏，及时曝光文明创建过程中的短板和薄弱环节，引导群众参与、全程监督。开展群众性精神文明创建活动，全年命名县级文明单位12个，开展新一轮各级文明村镇、文明单位规划培育工作。

**【新时代文明实践中心建设】**2021年，全县共建有实践中心1个、实践所19个、实践站179个、实践点220个。完成19个实践所、141个实践站、13个特色实践点“云平台”项目建设，并与市级中心完成数据对接。全县建立志愿服务小队275支，注册志愿者活跃率53%。利用“浙里办”应用推广点单式宣讲，组织“8090”宣讲团深入各地文明实践所、站开展宣讲280余场。把党史学习教育融入文艺演出，开展“送戏下乡”到各文明实践所、站40余场。建立松阳县新时代文明实践基金，制定《松阳县新时代文明实践基金管理办法（试行）》，为新时代文明实践工作可持续和志愿服务常态化开展提供保障。

**【农村文化礼堂建设】**2021年，县精神文明建设指导中心围绕“文化礼堂、精神家园”的定位，依托新时代文明实践“云平台”建设，推进智慧农村文化礼堂全域化推广，打好“建、管、用、育”组合拳，逐步实现农村文化礼堂从建设成长期转向规范发展期的转变，不断把农村文化礼堂建设引向深入。全年新增农村文化礼堂26个，全县累计建成文化礼堂168个。

（县委宣传部）

## 统一战线工作

**【概况】**2021年，中共松阳县委统战部（以下简称“县委统战部”）全面贯彻落实新修订的《中国共产党统一战线工作条例》，开展学习会21次，组织考察12次，举办主体培训班4次，撰写心得体会45篇，开展办实事活动18件，为全县的经济发展出“金点子”68个以及开展活动形式多样的自选动作26个。召开统一战线暑期读书会，组织统一战线代表人士深入学习研讨习近平总书记“七一”重要讲话精神。组织县委统一战线领导小组成员单位及乡镇（街道）主要负责人、统战委员和干部学习《中国共产党统一战线工作条例》。

**【坚守意识形态阵地】**2021年，县委统战部严格履行意识形态工作主体责任，调整县委统战部意识形态工作领导小组，举办全县畲语大赛、首届少数民族运动会、少数民族乡村发展专题展览等系列活动，引导各族群众传承弘扬民族传统文化，广泛、深入、持久开展民族团结进步宣传教育，铸牢中华民族共同体意识，献礼中国共产党成立100周年。开展党外干部培训、民宗干部培训、民营经济人士跟党走培训、乡贤工作培训，举办宗教界人士“听党话、跟党走”学习实践活动，不断巩固共同思想政治基础，提升统一战线人士综合素质和能力。成立松阳县同心合唱团，组织各领域统一战线人士“同唱一首歌”，在文化熏陶中增进思想政治共识。加强宣传报道和舆论引导，做好松阳统战公众号的管理，讲好统战故事，发出统战好声音，其中《浙江松阳：统一战线“七促”发展助力共同富裕》被《中国统一战线》杂志发文推广。

**【构建大统战工作格局】**2021年，县委统战部指导板桥畲族乡举办第二届全县畲语大赛。严密牵头做好境外新冠肺炎疫情防输入和宗教场所疫情防控工作，共同维护良好发展期。抓实乡镇（街道）党（工）委统筹。组织学习贯彻新修订的《中国共产党统一战线工作条例》，指导乡镇（街道）党（工）委落细落实“六个纳入”“三个带头”，把统战工作与党的建设其他领域工作统筹谋划、统筹部署、统筹推进、统筹落实，切实扛起党（工）委做统战工作的主体责任。召开县委统一战线工作领导小组（扩大）会议，修订县委统战工作领导小组工作规则和成员单位职责分工，发挥统战工作领导小组作用，强化县委统战部牵头协调职责，统筹成员单位及其他县直单位的资源和力量。如组织县民宗局、县自然资源和规划局、县乡贤等到民族乡村调研，探讨山茶油、泡豆腐等特色产业提质增效具体措施。主动广泛对接中央、省、市统战系统和统一战线组织、团体，发挥高层资源优势，对接基层实践优势、项目优势。促成民革中央调研组深入松阳，开展“建立国家传统村落公园制度，构建乡村振兴新平台”专项调研，助推打造国家传统村落公园，民革中央副主席、调研组组长冯巩在松阳期间三进老街，提升了松阳影响力。有机融合省知识界联合会专家资源和松阳老街工匠资源，积极打造松阳味、畲乡味“松阳匠人馆”。

**【基层统战工作职责任务清单化】**2021年，县委统战部针对基层统战工作“空心化”“边缘化”倾向，梳理制订基层统战工作责任清单，以清单压实责任，以清单开展培训，以清单考核督促，以清单巡察问责、厘清单，根据《中国共产党统一战线工作条例》等，梳理制定基层统战工作责任清单，明确县委、县直单位、乡镇（街道）、村（社区）各级党组织及“一把手”、分管负责人的统战工作责任具体事项，编印《基层统战工作手册》。通过各类乡村两级干部培训班、乡镇统战委员会议以会代训等，以责任清单为基础，简洁明了、重点突出地开展统战工作业务培训。把统战工作责任清单学习、执行、落实等情况纳入县委对乡镇（街道）年度考核内容，使基层统战工作责任更压实、重点更明确。如责任清单明确村级党组织主要负责人、统战工作负责人、普通党员、网格员在落实宗教工作三级网格两级责任制中的具体要求，使“责任制”具体明确、常态运行。把统战工作纳入县委巡察内容，具体巡察工作中以责任清单为对照，便于巡察组迅速切入、找准问题。全年县委开展3批共16家单位巡察，均把统战工作新增列入单位工作中。

**【基层统战工作平台多元化】**2021年，县委统战部按照见人见事有平台的思路，通过一个个具体事项、平台、载体，把上级部署落实下去。深入挖掘浙西南革命红色文化，以归国留学人员卢子敬为主线索，策划编排历史情景剧《梦想》，再现红军挺进师团结带领浙西南人民开创浙西南革命根据地的英勇史诗，在丽水市统一战线庆祝中国共产党成立100周年文艺巡演上屡获好评，并选送卢子敬事迹在中国侨联主办的“百年航程、赤子侨心”庆祝中国共产党成立100周年主题展参展。做到依法决策、依法履职，积极推动落实普法责任，解读民族政策、侨务等法规知识，指导县基督教古市教堂创成省“十百千万”普法示范点。实施“十联同心、十产带富”统一战线助力共同富裕行动，坚持跨山统筹，集约配置资源，改变以往结对村（社区）为结对产业（产品），由民主党派、工商联、侨联和知联会、网联会、新联会、社联会、新企联等10支队伍，认领结对10个地方特色产业（产品），通过建言献策、牵线搭桥、攻坚破难等方面的具体办法，助推产业（产品）高质量发展，助力村集体经济和农民收入协同持续增长。研究制定《乡贤联谊组织星级评价办法》，开展年度乡贤联谊组织工作情况星级评价，激发乡贤联谊组织积极性、主动性。牵头成立博士联谊会，助推全县高层次人才队伍建设。按照规范管理、自主运行、物尽其用、常态长效的目标要求，做精做亮统一战线之家、乡贤馆、“六合空间”、“海创空间”等统战工作平台阵地，打造一批统战政策文化宣传平台、统战组织建设展示平台、统战人士教育培训平台、统战人士联谊交友平台、统战法宝作用发挥平台，让统一战线人士更有使命感、归属感、幸福感。

**【助力地方经济发展】**2021年，县委统战部紧盯党委工作大局，发挥统一战线人才荟萃、智力密集、联系广泛的优势，谋划党委所需、统战所能的项目，为全县大事要事多做党委所需、统战所能的工作。深度挖掘禅茶文化，讲好禅茶故事，指导研发“崇觉罗汉茶”，组织参加第四届中国国际茶叶博览会，促成在江南名刹灵隐寺举办“云林茶会·松阳茶韵”专场，筹备召开“第九届禅茶文化论坛”，既是推动佛教中国化具体举措的有益探索，也是以禅茶文化助推当地茶产业高质量发展的具体案例。立足松阳作为江南叶氏发祥地，深挖卯山忠孝文化、宗亲文化、乡贤文化、道教文化等，积极谋划对接促成卯山文化园项目签约。为“双招双引”搭建多样平台，联合市侨联开展“问海借力、侨商回家”走进松阳活动，全市30余名侨领、侨商到松阳考察交流，在松阳创业的侨商分享成功案例，另有15个国家、地区的50多名侨领、侨商通过视频同步连线参与活动。举办知名浙商助力26个县跨越式发展松阳行活动，建立长效对接机制，聘请省工商联副主席宋汉平等19名知名浙商为松阳“经济顾问”“招商大使”。紧密对接浙商企业家篮球俱乐部，促成首个浙商梦想球场落地古市小学，举办松阳“双招双引”推介会，聘请胡柏藩等21名浙商为松阳“招商大使”。建成“田园松阳·乡村好项目”网络平台，促进乡村谋项目、乡贤领项目。通过乡情招商、乡贤引商，牵线搭桥招商引资项目73个，合同投资额55.8亿元，实际到位资金5.07亿元。民革松阳县支部连续4年在县“两会”集体提案，阶梯式提出茶产业优化升级“良策”，一批意见建议转化为政府部门工作举措、政策，助推打造“中国有机茶乡”；以崇觉寺扩建为龙头，谋划建设桐榔文化康养基地，推进板桥畲族乡供水一体化项目启动，助推打造“全域康养胜地”。

**【优化服务举措】**2021年，县委统战部把作风建设运用到工作实践，发挥统一战线联系广泛、人才荟萃、资源密集的优势，采取捐款捐物、志愿服务等方式，助力全县新冠肺炎疫情防控工作。切实优化服务，为少数民族群众办理民族身份变更、子女入学，解答中高考优惠政策等服务事项10余件，办理少数民族中高考、三侨生加分审核等110余人次。开展民主党派、非公经济、民族、宗教、港澳、海外和党外代表人士走访联络，以及少数民族困难群众、困难归侨侨眷慰问270余人次，拉近与统战成员的关系。

（县委统战部　翁琳）

## 机构编制

**【概况】**2021年，中共松阳县委机构编制委员会办公室（以下简称“县委编办”）坚持党对机构编制工作的集中统一领导，围绕中心、服务大局，不断深化机构改革，强化机构编制管理。

开展党史学习教育。深入研读《中国共产党简史》等4本必读书目和相关重点书籍，组织学习《习近平在浙江》采访实录，通过集体学习、专家辅导、研讨交流、个人自学等方式，持续加深理解体悟。党组理论学习中心组集体学习10次，专题学习会12次，研讨交流42人次，发放党史学习教育相关书籍91册。开展“六讲六做”大宣讲活动，领导干部结合党的十九届六中全会精神学习体会，作专题宣讲。组织“青春向党”演讲比赛，该办80后、90后干部积极参赛，并选派3名选手分别参加市县演讲比赛，讲述机构编制工作者的奋斗故事。组队参加全县“党旗颂、中国梦”合唱比赛获二等奖。组织观看《魂注浙西南》《县委书记说党史》等纪录片。开展“我为群众办实事”专题实践活动，参与衢丽铁路政策处理、南城区块旧村改造项目，助力征迁工作。开展低收入农户帮促，帮助农户受教育子女争取助学资金补助、为残障人士送轮椅上门，确保帮促工作取得实效。每月组织全民清洁等志愿服务活动，参与文明城市创建工作。深入弘扬践行新时代松阳精神，召开专题研讨会，该办干部结合自身岗位进行交流讨论，形成研讨成果。利用单位公众号、网站、信息简报等宣传载体，推送党史学习教育相关活动报道11篇。

推进县委巡察问题整改。针对县委第二巡察组对该办开展为期1个月的常规巡察反馈存在的三方面8类19个问题，细化制订48条整改措施。集中整改期间，先后召开党组会议、专题民主生活会、专题学习会议等13（场）次，专题研究部署和推进巡察整改有关工作。修订完善各类制度规定5项。教育约谈提醒16人次；清退违规发放资金13人次24985元。8月，县委巡察整改评估组对各单位巡察整改情况开展量化评估，该办党组获评优秀等次。

贯彻落实《中国共产党机构编制工作条例》（简称《条例》），为加强学习宣传，8月25日，邀请中共浙江省委机构编制委员会办公室（简称“省委编办”）处长黄妙根在全县理论学习中心组专题报告会上作《条例》解读。10月，该办党组书记、主任董金福为2021年县优秀青年干部培训班讲授《学习机构编制工作条例，保障共同富裕示范区建设》专题，强化机构编制“红线”意识。组织全体干部开展《条例》知识考试，确保严格执行工作基本程序和规范，提升运用《条例》开展工作的能力和水平。

2021年，县委编办被浙江省事业单位改革领导小组评为全省事业单位改革成效突出集体；董金福被评为全省事业单位改革成效突出个人。

**【“大综合一体化”行政执法改革】** 2021年，县委编办根据省市“大综合一体化”行政执法改革精神，经中共丽水市委机构编制委员会（简称“市委编委”）批复同意，在县综合行政执法局增挂县综合行政执法指导办公室牌子，把县市场监管综合行政执法队、县生态环境保护综合行政执法队、县交通运输综合行政执法队、县文化市场综合行政执法队、县农业综合行政执法队更名分别为县市场监管行政执法队、县生态环境保护行政执法队、县交通运输行政执法队、县文化市场行政执法队、县农业行政执法队。精简民政、人力社保、水利3个部门所属执法队伍，保留市场监管、生态环境保护、交通运输、文化市场、农业、应急管理、自然资源、卫生健康8个部门专业执法队伍，形成“1+8”的执法队伍架构。组建古市镇综合行政执法队，与县综合行政执法局古市执法中队整合运行。组织开展部门监管事项认领和行政监察事项全覆盖工作。截至12月末，监管事项应认领10034项，行政检查应认领4311项，认领率和覆盖率均为100%。

**【精简规范开发区（园区）管理机构】** 2021年，县委编办根据《中共浙江省委机构编制委员会关于规范开发区（园区）管理机构促进开发区（园区）创新发展的实施意见》精神，经市委编委批复同意，把浙江松阳工业园区管理委员会（丽水生态产业集聚区松阳分区管理委员会）更名为浙江松阳工业园区管理委员会，作为县政府派出机构，与园区党工委合署办公、一套机构；严格执行机构编制限额规定，核定该园区管委会科级领导职数4人，综合设置内设机构5个。12月28日，印发《中共浙江松阳工业园区工作委员会浙江松阳工业园区管理委员会职能配置、内设机构和人员编制规定》。

**【完善机构职能体系】** 2021年6月10日，经市委编委批复同意设立松阳县乡村振兴局，在县农业农村局挂牌。8月13日，浙江省邮政管理局批复设立松阳邮政管理局。10月22日，市

2021年6月11日，松阳县举行乡村振兴局揭牌仪式　（县委编办供图）

委编委批复同意设立县文物局，在县文化和广电旅游体育局挂牌。11月19日，市委编委批复同意设立县委社会建设委员会，作为县委派出机关，与县发展和改革局合署办公。调整县委宣传部、县公安局、县自然资源和规划局、县农业农村局、县交通运输局等部门领导职数、内设机构、职责等机构编制事项。进一步厘清自然资源、农业农村、综合行政执法等部门和乡镇（街道）在农民建房和违法建筑处置方面的职责边界。深化乡镇（街道）“属地管理”事项责任清单工作，根据省市部署，建立松阳县乡镇（街道）“属地管理”事项“五个一”（一清单、一纪要、一流程、一机制、一案例 ）工作体系。配合推进其他改革工作，推进群团机关“准三定”（定机构、定职能、定编制）工作，审核印发县工商联、县关工委等8家群团机关机构编制有关事项的通知。深化应急管理综合行政执法改革，把原县安全生产监察大队更名为县应急管理行政执法队，实行“局队合一”体制，以应急管理部门名义统一执法。加强基层应急管理体系建设，在19个乡镇（街道）内设机构社会治理办公室增挂应急管理站牌子。

**【建立事业单位编制周转池】**2021年，县委编办出台《松阳县事业编制周转池管理办法》，设定总量 80 人，围绕县委县政府中心工作、高层次人才引进和公共服务保障、民生等需要，进行严格管理、靶向投放。4月，贯彻落实“双招双引”战略举措，首次使用周转编制40人。10月，再次使用周转编制10人，主要用于县工业园区管委会、县发改局、县经济商务局、县招商服务中心等单位高层次人才引进工作。12月，面向世界一流大学引进优秀毕业生暨党政储备人才，使用周转编制7人。全年使用周转编制57人。

**【保障教育、卫生事业发展提升】**2021年，县委编办根据省委编办要求，做好各项工作，保障教育、卫生事业发展。6月10日，完成全县公办幼儿园和中小学教职工编制测算工作。6月20日，由县委编办、县人力社保局、县财政局、县教育局4个部门联合制定印发《松阳县民办学校报备员额人员管理办法(试行)》。10月18日，核增县汇文中学民办事业单位报备员额40人；核增2所县属公立医院医共体基层分院备案制编制100人，分若干年度分批次使用；核增县卫生监督所、县基层卫生服务保障中心、县疾控中心事业编制共5人。

**【规范编外用工管理】**2021年，县委编办依托数字赋能，开展机构编制实名制系统中编外用工信息审核工作，全年动态调整数据185条，做实做细基础台账，与县人力社保、县财政部门实现数据共享。继续发挥部门联动合力，县纪委监委负责监督检查、该编办负责总量控制、县人力社保负责政策指导及人员招聘、县财政负责经费保障，县用人单位负责日常管理。把编外用工管理情况纳入县委巡察、机构编制监督检查和领导干部经济责任审计范围。完成全县70余个部门单位编外用工监督检查工作。截至12月末，全县编外用工实有1779人，全年新增计划 51人，增幅得到有效控制。

**【事业单位登记管理】**2021年，县委编办持续优化事业单位登记管理工作，提升事业单位公益服务水平和质量。开展日常登记，全年办理事业单位法人设立登记1家、变更登记45家，办理机关群团统一社会信用代码证书变更44家，完成县交通勘察设计所等4家“双法人”事业单位整改工作。聚焦破难解题，简化优化事业单位法人注销登记程序，全面完成11个历史遗留事业单位法人注销清理工作。紧盯时间节点，完成全县140个事业单位法人年度报告公示，完成率100%，并在县政府网、县机构编制网公示法人年度报告书。按照“分年度、分领域、分批次梯度推进”的计划，有序铺开章程制定工作，完成教育、卫生、文化、科技4个部门所属66个事业单位章程制定、核准（备案）工作。持续加强事业单位法人登记事中事后监管，市县两级联动完成县畜牧兽医发展中心等4个单位法人公示信息“双随机”抽查工作。

**【机构编制管理】**2021年，县委编办推进机构编制实名制管理，严格执行编制使用核准制度，审核全年公务员用编计划92人，其中公开招考70人、选调生公务员4人、公开选调18人。审核事业单位公开招聘、选调、人才引进等用编计划259人，其中县级综合部门事业单位66人、教育系统53人、卫健系统67人、乡镇（街道）下属事业单位28人；核准年度定向培养计划54人，其中教育系统16人、卫健系统35人、基层林业2人、乡镇文化1人；核准国资营运机构定员使用计划35人。加强人员进出编登记和股级职数审核工作。全年办理进编登记340人，其中行政人员112人、参公人员13人、事业人员215人；办理出编登记311人，其中行政人员138人（含工勤3人）、参公人员16人、事业人员157人。开展股级领导职数审核，审核单位292个，股级领导职数1108人。

**【实行机构编制函告制】**2021年，县委编办开展机构编制违规整改。对全县20个部门一把手实行机构编制函告，加强政策宣传，检查指导部门机构编制工作，强化机构编制纪律意识。配合县审计局完成全县5个部门、4个乡镇（街道）主要领导干部的机构编制审计工作。开展全县机关事业单位超编问题专项梳理工作，整理上报超编机关事业单位67个，超编337人。以事业单位改革为契机，通过人员调整、自然减员等方式，减少超编单位23个，消化超编42人。开展超审批权限设置机构等问题自查自纠工作，围绕机构编制违纪违规问题清单，全面检视机构设置类问题整改情况，以机构改革为契机，加快超审批权限设置机构的整改，全面梳理各机关事业单位职数和干部配备情况。截至12月末，县级以上科级行政机构42个，其中党委9个、人大1个、政协1个、政府25个、群团4个、检察院1个、法院1个。乡镇（街道）19个，其中街道3个、乡11个、镇5个。上级下达松阳县行政编制1410人，实有1408人。全县共有事业机构367个，全县事业编制基数为4722人，实有4725人。事业编制报备员额629人，实有183人。

【实名制系统数据更新维护工作】2021年，县委编办开展实名制系统数据更新维护工作，审核部门提交的人员信息更新5786条。开展实名制数据质量压力测试及数据比对工作，6月和9月分别对实名制数据库和社保养老库数据的人员情况进行比对，并把问题数据反馈至单位整改。配合开展机关事业单位人员职业生涯全周期管理一件事改革工作，通过调整优化业务流程，打通业务系统，推行数字化管理，简化办事流程，逐步取消纸质进（出）编登记表、新增（调任）人员基本情况登记表等，实行人员进（出）编无纸化和零跑次办理，发挥实名制系统在一件事改革中的基础性作用，为一件事办理提供保障。

（县委编办）

## 党校教育

【概况】2021年，中共松阳县委党校（以下简称“县委党校”）全面贯彻落实《中国共产党党校工作条例》和中央、省、市级党校工作会议精神，深入学习领会习近平新时代中国特色社会主义思想和党的十九大精神，紧扣建设现代化“田园松阳”和建设“红色学府、示范党校、清廉基地”双建目标，以系统开展“改革创新落实年”和“规范化建设提升年”为抓手，坚持主动作为、主动创新、主动担当，把党史学习教育融入干部教育、科研咨政、后勤保障、队伍建设等各项工作之中，较好地完成了各项任务。

【干部教育培训】2021年，县委党校引导全体党员围绕学党史、悟思想、办实事、开新局与教育和培养领导干部、培养和提高综合素养的主业主课结合起来，引导参训学员学好用好“四史”（党史、新中国史、改革开放史、社会主义发展史），努力在教学质量、水平、效能上做深、做实。全年举办各类培训班46期，培训学员2500余人次。其中，举办县管干部进修班、新提任干部培训班、优秀青年干部培训班、入党积极分子培训班等各类主体班次18期，培训学员850余人；承接陕西省委党校厅级领导干部进修班、嘉兴市委党校县处级领导干部进修班、海宁市“小个专”党建理想信念教育培训班、杭州浙农集团培训班等外来培训班次（考察团）28批次，培训学员1495人次。“五提”（工作站位提标、教学培训提效、科研咨政提质、后勤保障提速、队伍建设提高）教学改革获省委党校领导肯定，并在全省党校系统教学改革研讨会上推广；新开发的精品课程《拯救老屋 振兴乡村的松阳实践与思考》入选2021年全省干部教育好教材好课程（全省共20个）；新开发的统战主题微党课《海归赤子卢子敬》获全省社院系统微党课比赛二等奖。

【科研咨政】2021年，县委党校强化科研高质量发展理念，坚持科研为教学服务、为县委县政府决策服务的价值取向不动摇。创新实行课题领导负责制和全员参与制，深入开展调查研究，推动教研咨一体化建设，为高质量建设现代化“田园松阳”出谋划策。课题立项：7个省级课题获高分立项，省级课题立项数创新高，位列全市第一，并列全省第四；市级课题2项；县级课题23项。研讨会获奖：省“庆祝中国共产党成立100周年”理论研讨会征文入选1篇；浙江省党校（行政学院）系统中国特色社会主义理论体系研究中心“浙南革命史与浙南革命精神”理论研讨会入选1篇；全省“忠实践行八八战略 推动山区共同富裕”学术研讨会入选7篇；市“庆祝中国共产党成立100周年”理论研讨会征文获三等奖1篇；市社科联“浙西南革命精神”优秀研究成果2篇。全年有8篇文章在《今日丽水》《党建交流》等市级刊物上发表。

【行政后勤服务】2021年，县委党校着力提高后勤服务理念。坚持调研，总结工作方法，提升服务理念，组织教职工撰写5篇理论文章参加全省行政后勤征文比赛，其中《数字化改革+党建新平台：开发党员干部培训档案管理模块并嵌入“红色学府网”建设的构想》获二等奖；学校获全市党校系统年度行政后勤工作组织奖。开展“地方特色美食松阳茶宴”进省委党校活动，获省委党校常务副校长及其他副校长、县委书记等领导表扬。邀请省委党校副校长胡云翔等各级领导到校调研，对该校如何提升后勤保障工作能力、如何加强校园文化建设、如何做好学员新冠肺炎疫情防控等工作提出意见建议。

【队伍建设】2021年，县委党校坚持以“内强素质、外树形象”为主要目标，从严从实抓好队伍建设，健全全员培训、考核评价、集中备课、集中调研等各项制度，立足党校伟大事业，锻造松阳红色铁军。强化挂职锻炼制度，抽调2名干部到县委组织部参加全县领导干部调研考察工作，选派2名青年干部到乡镇挂职锻炼，要求完成“三个一”（为乡镇干部或基层群众上一堂党课，撰写一份调研文章或咨政报告，谋划一条现场教学线路并参与现场讲解），通过服务重点项目、重点岗位的磨砺，切实增强干部队伍的担当实干精神。深入实施“双招双引”工程，全年招聘教职工6人，其中全日制研究生学历的专职教师2人，行政人员1人，其他岗位人员3人，进一步优化队伍结构。主动对接，积极汇报，争取教育长副科级领导职数1个，统战理论科股级职数1个，进一步优化编制结构。

（县委党校）

《霭溪支部》连环画　（县档案馆供图）

## 档案史志

**【概况】**2021年，松阳县档案馆（松阳县党史和地方志研究室）（以下简称“县档案馆”）突出政治引领、强化责任担当，以庆祝中国共产党成立100周年、党史学习教育、数字化改革为重点，以“尽责、专业、出彩”为目标，以“规范、务实、创新”为要求，推动档案、党史和地方志工作齐头并进，实现全年各项工作目标任务。

2021年，县档案馆充分发挥职能作用，建设“四库”，参与并服务全县党史学习教育、庆祝中国共产党成立100周年工作任务。建立“课题库”，指导各乡镇开发“一乡一党课”，制作党史宣讲课件30个。培育“人才库”，组建“红色宣讲兰台分队”，宣讲团10余人深入机关、校园、企业、社区、农村、网络、军营“七进”送课83场次，受众6022人次。派员参加全县“奋斗百年路 启航新征程”理论宣讲大赛暨微型党（团）课大赛获二等奖，参加2021年“争做‘优秀讲解’守好‘红色根脉’——丽水市红色讲解员擂台大比拼”获二等奖，获聘“丽水青年说”新时代青年理论宣讲团讲师。开放党史文献资料，为编印《霭溪支部——松阳最早的党组织》《霭溪支部》连环画，“青年雷锋说”“党史少年说”“六叔说党史”“百名妇联主席讲党史”，党史知识竞赛等提供史料。收集红色资料，建立“松阳红色档案”专题数据库。

实施安岱后、枫坪、燕田3个省级党史教育基地保护提升工程，市级党史教育基地虎山革命纪念地“红军游击战体验营地”改造提升项目。修复布展斗潭“三迎红军”纪念馆、卢子敬故居、高亭战斗纪念馆、玉岩叶义故居、大竹溪村县工委成立地展馆、霭溪村党建馆，以及黄庄、小吉、黄南独立乡苏维埃政府旧址。开展革命遗址普查，启动文献编研工作。

讲好松阳故事。开展“党史百年松阳百事”专题通过“线上+线下”的全方位宣传，线下在报纸《新松阳》刊登，线上在“松阳发布”“松阳新闻”“田园先锋”“松阳工会”微信公众号等新媒体平台推送，共推出100期；“党史百年 松阳百人”专栏供稿38篇；全年录制“新视角探寻松阳红色故事”4期、“古城故事会”栏目5期；协助各单位举办党史学习教育等活动。与松阳县党史学习教育领导小组办公室、松阳县文学艺术界联合会举办“档案话百年 丹青绘华章 诗歌颂党恩”庆祝中国共产党成立100周年——松阳县革命遗址图文展暨百人现场书画创作活动；参与松阳县万人党史知识“云上比”；配合县委宣传部做好电视剧《红色浙西南》的拍摄、审片等工作。全年在各级媒体发表信息宣传稿件300余篇，名列全市第一。其中，“学习强国”录用17篇、浙江电视新闻频道拍摄《追忆红色足迹 传承红色文化》等专题2期，《浙西南革命精神论坛》论文3篇。

**【疫情防控和脱贫攻坚档案管理】**2021年，县档案馆收集新冠肺炎疫情防控和脱贫攻坚档案，于11月提前完成新冠肺炎疫情防控和脱贫攻坚专题档案库建设，共整理、数字化全县75个单位疫情防控专项档案4.65万件，其中纸质档案16140件、电子档案18906件、照片档案11311张、声像档案118件、实物档案108件。归集54个部门、乡镇脱贫攻坚档案9289卷、5366件、278张照片，生成电子目录4.98万条。千村档案专题库，按规定时间节点，提前完成两类档案数据数字化扫描，进入馆藏网专题库。

**【档案查阅利用】**2021年，县档案馆提升档案查阅利用。做好民生档案数据开发利用，深化“异地查档、跨馆服务”，提升档案开放和为民服务水平。全年查阅大厅接待查档公众 1467 人次，查阅 2555 卷、1417 件，复印 8052 张，提供网上查档 101 人次。

**【档案接收征集】**2021 年，县档案馆共接收县委办、县司法局、县妇幼保健所、叶村乡人民政府等单位以及出生医学证明、新冠肺炎疫情防控等档案共 54950 件，3937 卷。接收捐赠档案 973 件，11 卷。完成全县 67 个单位的上年度档案年报工作。

**【数字档案稳步推进】**2021 年，县档案馆加快数字化扫描工作。完成第五期、第六期数字化扫描加工项目。累计完成数字化扫描 1076 万页，数字化成果近 54T。建立专题数字档案库，完成全县各单位新冠肺炎疫情防控档案目录 4.65 万件、脱贫攻坚档案目录 4.98 万条，挂接数据近 6T。利用数据库，新建红色、地情、疫情防控、脱贫攻坚、媒体看松阳等专题数字档案库。开展馆藏重要档案数据异地异质备份工作。与安徽省明光市档案馆签订馆藏重要档案数据异地备份协议书，提交数据清册、检查并封装，续后定期进行数据检查、迁移，确保县域档案数据长期安全保存。

**【档案安全管理】**2021 年，县档案馆落实各项安全规章制度，确保安全管理稳健运行。制定并落实档案安全应急预案，确保馆藏档案管理系统、数字档案协同管理系统、浙江档案服务网正常运行，严格做到局域网、政务网、因特网“三网分离”。及时更新服务器最新的操作系统补丁。跟踪管理馆内数字化加工场所，严格计算机内外网物理隔离，做好涉密文件管理。机房做到勤检查，发现隐患及时报告、及时处置。做好库房温湿度统计、档案出入库、安全风险排查和评估工作，坚持执行档案安全日巡查、月汇报、半年一次全面检查。梳理档案馆安全风险排查发现的问题及时整改，组织消防安全培训，确保档案安全。

**【优化档案数字化流程】**2021 年，县档案馆加强核心业务梳理，重构业务流程和档案归档制度，横向协同各市县档案协同管理业务，纵向贯通系统内各部门乡镇电子档案室全过程培育。对档案馆（党史研究室）四块核心业务做出五级拆分，分别为 2 项、4 项、15 项、63 项、44 项核心业务，绘制业务协同流程图 2 张、数据集成流程图 2 张。形成业务高效协同、数据有序共享的应用场景集成清单，推动业务的整体性优化。实施数字化扫描加工项目全过程监理，数字化成果从抽检 30%到实现 100%检查，全面提升数字化成果准确率。

**【档案规范化建设】**2021 年，县档案馆配合县委办指导望松街道、竹源乡档案服务农村基层社会治理，完成市档案局对该 2 个单位的市级验收工作。协助县委办开展“双随机、一公开”执法检查，完成双随机对县农业农村局、县公安局、县市场监督管理局、四都乡人民政府、县档案馆执法检查。协助县委办开展全县档案监督检查指导活动，对乡镇村、部门、中介服务企业等 70 余家单位开展执法监督检查指导，发放检查结果通知书 30 余份。开展档案业务培训，分部门和乡镇对全县档案员进行业务培训。继续对进馆档案的指导和对档案整理中介公司业务指导。做好“互联网+监管”和“掌上执法”工作。配合县档案局完善电子档案统一管理平台管理。通过“1+10+N”电子文件归档及利用系统的应用，建立档案数据资源体系，开展 OA 系统电子公文和馆（室）档案资源共享利用工作，实现档案资源数字化、管理规范化、利用便捷化。

**【档案宣传保护行动】**2021 年，县档案馆举行“6·9”国际档案日线上知识竞赛。精选题目 20 个，依托“松阳新闻”公众号推出档案知识竞赛，吸引 1000 余名网民参与答题，900 余名幸运网民获得话费奖励。同时，发送档案日宣传短信 1 万条。组织“线下”开展广场宣传活动。6 月 7 日，在松阳文里·三庙文化交流中心举行现场宣传活动，通过发放《松阳英烈》《档案法宣传小红漫画》等书籍，接受档案咨询，发放宣传资料 1000 余份，档案宣传品 500 份。开展“档案话百年”主题革命遗址图文展“线上

2022 年 6 月 7 日，松阳县档案馆开展“6·9”国际档案日线下宣传活动（县档案馆供图）

线下”齐亮相。精选松阳县革命遗址保护利用成果的档案资料 78 张，制成 25 个版面，以图文的形式展现松阳的“红色地标”（部分）。该主题展在浙江在线“国际档案日”云展厅展示，全省 8 个云展览之一；“线下”在松阳文里·三庙文化交流中心展出。举行档案资料捐赠仪式，卯山文化研究会捐赠松阳明清契约档案 942 张，这是该馆自建馆以来个人捐赠数量最多、时间跨度最长的一批明清档案。同时，市民周关爱捐赠 3 张珍贵的烈士证书。该馆把此批明清档案进行修复抢救，并制作仿真件回送给捐赠人。

**【党史编研】**2021 年，县档案馆完成《中国共产党浙江省松阳历史》（第三卷）复审稿。1 月，形成复审稿共 5 编 25 章 76 节 217 目约 40 万字，9 月 17—18 日召开《中国共产党松阳历史（1978—2002）》复审会，计划 2022 年出版发行。1 月，出版《松阳县改革开放四十年成就——中国共产党松阳历史专题》6 册 258 个专题，200 余万字。3 月，出版《松阳英烈》。4 月 22 日，在松阳文里·三庙文化交流中心举行《松阳英烈》首发式暨全民学党史启动仪式。8 月，出版《中国共产党浙江省松阳历史》（第一卷）。7 月，启动编撰《松阳革命遗址图鉴（新编 2021）》。编撰《松阳百个党史故事》、《中共松阳组织史》（第六卷）。《松阳百个党史故事》收录了大革命、土地革命、抗日战争和解放战争各个革命时期的 100 个小故事，交付印刷。完成《党的十一届三中全会以来丽水改革开放新时期（1978—2012 年）地方党史资料》松阳部分脱贫扶贫工作和小康建设情况、松阳有关改革的经典案例（以宅基地换养老为例）、农村（社区）和企业基层党建工作综述、松阳有关对外开放的经典案例（以不锈钢为例）4 个专题及相关资料。

**【方志编纂】**2021 年，县档案馆完成《松阳县志》二轮修志全书校稿，共计 43 编 600 万字，于 12 月交付印刷。与县交通运输局合作编著的《松阳航运史》出版发行，该书全面系统地记述松阳航运演变历史。持续征集谱牒及地情资料。新增征集到单氏、邓氏（梨树岗）、萧氏（下马坑）、杨氏（择子山）、阙氏（石仓）、徐氏（龙下）、叶氏（下马街、坳头、赤岸、龙湾、南坑源、天鹅孵蛋、杭坑、台湾）、孟氏（内孟新修）等 15 部 27 册宗谱，致力推动地情研究和乡土文化繁荣复兴。

**【《松阳年鉴（2020）》出版】**《松阳年鉴（2020）》首次采用全彩印刷方式，图文并茂地反映松阳地方特色、行业特色、年度特色。公益版进一步丰富图片内容，收录了上年度国家、省、市重要领导到松阳考察调研，第十二届中国茶商大会·松阳银猴茶叶节及衢宁铁路建设等重大活动相关图片，入选由浙江省人民政府地方志办公室评选的 2021 年度“浙江省精品年鉴”，成为首部松阳精品年鉴。

**【营造良好史志工作环境】**2021 年，8 月 12 日，县委书记李汉勤专题调研史志工作，为史志事业排忧解难，营造良好的工作环境。将档案史志工作列入各乡镇、部门年度目标管理考核事项，年度考核力度加大，分值从 2 分提到 3 分。全省方志系统业务骨干培训班在松阳举办，县长莫靓出席开班仪式并致辞，松阳县作题为《活用方志资源 赋能乡村振兴》交流发言。委托淳安县党史教育服务中心举办松阳党史干部培训班，各部门、乡镇（街道）分管领导及具体工作人员 73 人参训。组织全馆干部到武义县浙武红军与挺进师纪念馆等地开展研学活动。

**【助力城乡各类博物馆建设】**2021 年，县档案馆完成浙江省农业改进所（太保庙）展示馆的布展资料整理与设计。布展分为“气象葱蔚望松岭”“功用演绎太保庙”“岁月峥嵘农改所”“人物赴继数风流”4 个章节。

（县档案馆）

## 信访工作

**【概况】**2021 年，中共松阳县委、松阳县人民政府信访局（以下简称“县信访局”）深入贯彻落实习近平总书记关于加强和改进人民信访工作的重要思想，以“领导抓、抓领导，重点抓、抓重点，反复抓、抓反复”层层压实信访工作责任，实现信访生态持续好转。2021 年，全县来信 327 件、来访 773 人次、网上信访 1770 件、来电 22697 件。县级走访占四级（国家、省、市、县）走访总量 87%，初次来信化解率 100%，县领导初信批示 61.22%，初次来访化解率 96.94%，初次网上信访化解率 98.66%。

**【社会矛盾纠纷调处化解中心】**2021 年，县信访局以“做强调解、做优服务”为出发点，松阳县社会矛盾纠纷调处化解中心（简称“县矛调中心”）调解硬核作用不断提升。修改完善《松阳县专职人民调解员管理办法（试行）》，探索建立有效的调解“三大工作机制”，不断把矛盾纠纷化解逐级导引机制、“多劳多得”机制、访调对接（诉调对接）机制做优做强。出台《松阳县乡镇（街道）社会矛盾纠纷调处化解分中心规范化建设指引（试行）》，全县 19 个乡镇（街道）矛调分中心实体化运作实现全覆盖。全年县矛调中心接待来访群众 10659 人次，其中信访接待 3736 人次；中心 2.0 系统受理事件 3223 件，办结 3195 件，办结率 99.16%，满意率 99.91%。7 月 14 日，省委常委、政法委书记王昌荣到松阳矛调中心调研，肯定该矛调中心“三大工作机制”简洁、简便、实用，尤其是矛盾纠纷逐级导引机制、“多劳多得”机制，建议政法委好好总结，可作为丽水全市矛调中心调解标准之一。

【积案化解专项行动】2021 年，县信访局聚力推进集中治理重复信访事项、化解信访积案专项工作。国家级重复信访件 93 件，汇报 93 件，审核通过 88 件，化解率 94.6%；省级重复信访件 51 件，汇报 50 件，审核通过 50 件，化解率 98.04%；市级重复信访件 11 件，化解 8 件，化解率 72.72%；县级重复信访 3 件，化解 3 件，化解率 100%。

【依法信访引导】2021 年，县信访局加强信访法制宣传，正确引导群众依法有序表达合理诉求，加大对非正常上访及违法犯罪行为的打击力度，提高群众理性依法反映诉求、增强遵章守规、依法信访的自觉性，引导信访群众按规定逐级信访，努力营造依法、理性、有序的良好信访氛围。贯彻落实中央、省、市、县委“最高标准、最严要求、最大力度、最实作风”要求，提前部署谋划，落实领导值守接访、信息会商研判，高效推进矛盾纠纷化解、应急联动处置等相关工作，完成全国两会、庆祝中国共产党成立 100 周年等重大活动保障工作。

【智慧信访建设】2021 年，县信访局以数字化改革为指引，探索推进智慧信访建设，提高数字信访水平。作为全市“智慧信访”业务平台辅助系统暨“党建+信访+群众路线”考核评价试点工作。通过信访矛盾纠纷“三色预警”机制，实行不稳定因素红橙黄分级预警，进行动态交办，落实化解、督查反馈等闭环机制，建立信访矛盾纠纷发现、确认、入库、整改、销号、回头看“全链条”工作机制。完善重大决策社会稳定风险评估制度，实行前置评估和动态评估，强化评估成果运用，预防化解潜在风险隐患。

2021 年 11 月 1 日，信访知识走进优秀青年干部培训班课堂 （县信访局供图）

【信访文化宣传】2021 年，县信访局依托信访环境整肃工作，着力净化信访生态，推动宣传当地信访文化。以“政治出色、能力出众、文化出彩”为目标，构建“党建+信访+群众路线”工作体系，不断总结提炼信访工作先进经验，塑造典型榜样人物，进一步密切党群关系，提高干部队伍的凝聚力和战斗力。全年在国家、省、市级报纸、杂志、网站等录用信访信息 50 余条，获全市信访系统信息宣传工作二等奖。结合党史学习教育开展“学党史、精业务”大比武、“我在基层做信访”主题征文、寻找“最美信访干部”等系列活动。推选优秀作品获全市评比一等奖 1 个、二等奖 1 个、优秀奖 5 个；推荐优秀信访干部，获省级最美信访干部 1 人、市级最美信访干部 2 人。

（县信访局）

## 关心下一代工作

【概况】2021 年 3 月 30 日，松阳县关心下一代工作委员会(以下简称“县关工委”）设主任 1 人（由离退休干部担任或县四套班子在职领导兼任），副主任 2 人，其中 1 人由县老干部服务中心主任兼任，另 1 人兼任县老干部服务中心副主任；股级职数 1 人。县关工委与县老干部服务中心机关合署办公。

【青少年思想道德教育】2021 年，县关工委创新教育宣讲方式，以“菜单式”服务，把宣讲团成员姓名、宣讲课题列表供学校选择。为庆祝中国共产党成立 100 周年，在全县中小学校继续开展“传承红色基因 弘扬浙西南革命精神”等主题宣讲。讲课内容在广泛调研的基础上，为全县青少年量身定制课程表，内容涵盖党史、国史、德育教育、法治教育、感恩教育、健康教育、生态环保教育等。全年进校宣讲 44 场次，受教育青少年 1 万余人次。全年新增熊顿漫画馆、力溪连环画艺术馆等 5 个县级关心下一代教育基地。截至 12 月末，全县累计建成关心下一代教育基地 11 个，各类特色活动有序开展，在服务青少年中发挥重要作用。

【失足青少年帮教】2021 年，县关工委坚持把关爱帮教失足青少年作为一项重点工作来抓，依托社会资源构建帮教网络，采取原则性和个性化相结合的帮教模式，不断关爱帮助失足失范青少年重新走上正道，助推社会和谐稳定。法治咨询委五老成员结对联系 3 名涉毒青年，逐一上门进行定期回访，帮助他们重树自信、重新起航。其中，1名涉毒青年被法制咨询委六进横樟村帮教的行为所感动，在老同志的帮助下，该青年现重拾信心，回归社会，过上了正常的生活。在对失足青少年开展帮教的同时，以预防未成年人犯罪为目的，主动把工作触角延伸，面向全县留守儿童、服刑人员子女等多个特殊群体开展关爱工作，维护了社会稳定。

**【帮困助学】**2021年，县关工委筹集帮困助学资金153.79万元，资助学生463人。其中，中小学生及困境儿童399人，资金65.49万元；大学生64人，资金88.3万元。组织开展“吴永昌先生爱心助学”“嘉禾绿荫行动”“红梅助学”“爱心圆梦”“叁益助学”“远达助学”“新欣爱心助学”等助学活动。同时，联合县教育局继续在全县中小学生及社会资助学生中开展感恩教育活动，重点开展撰写一封书信、送上一份问候、讲好一个故事、报告一次成绩、参加一次公益活动“五个一”活动。至12月末，20批381名受助学子完成“五个一”活动，为爱心人士寄去书信、成绩单、学习心得等780余件；530余名受助学子参与公益活动850余场次，让爱心在活动中接力传递。

**【科技扶农】**2021年，县关工委组织老科技专家联系指导百亩无公害水稻油菜高产示范基地、千亩光伏基地等乡村振兴工程建设，到乡村、进基地，为茶叶、粮食、水果、香榧、油茶等多种类农业种植大户、合作社、家庭农场、农业企业提供技术服务。全年15名老专家下乡实地指导327人次，发挥科技老专家的作用，手把手教会基地农民种养殖技术，为全县经济发展培养一批乡村振兴致富带头人，帮助青年农民科技致富，为乡村振兴添彩。

（县关工委）

# 松阳县人民代表大会

松阳县第十二届人民代表大会第五次会议召开

## 综　述

【概况】2021年，松阳县人民代表大会（以下简称“县人大”）是松阳县地方国家权力机关，县人民代表大会常务委员会（以下简称“县人大常委会”）是县人民代表大会的常设机关，由同级人民代表大会选举产生。依据法律规定，在本行政区域内，县人大常委会有审议决定重大事项、任免地方国家机关工作人员和对法律法规的贯彻实施，对松阳县人民政府、松阳县监察委员会、松阳县人民法院、松阳县人民检察院工作及其工作人员进行监督等职权。松阳县十二届人大常委会组成人员28人，其中主任1人、副主任4人、委员23人。

松阳县第十二届人民代表大会设有法制（监察和司法）委员会、财政经济委员会、社会建设委员会3个专门委员会。县十二届人大常委会设有办公室和法制监察司法工作委员会、财政经济工作委员会、教育科技文化卫生工作委员会、代表与选任工作委员会、农业资源环境工作委员会、民族宗教华侨工作委员会、社会建设工作委员会7个工作委员会，西屏街道工作委员会、水南街道工作委员会、望松街道工作委员会为县人大常委会派驻街道的工作机构。2021年9月，根据省市人大要求和工作需要，县人大常委会农业资源环境工作委员会分设为农业与农村工作委员会和城乡建设与环境资源工作委员会；同时，撤销民族宗教华侨工作委员会，相关职能并入教育科技文化卫生工作委员会，教育科技文化卫生工作委员会机构更名为教育科技文化卫生（民族宗教华侨）工作委员会。在各乡镇设乡镇人民代表大会（简称“乡镇人大”），县、乡镇人民代表大会会议每年至少举行1次。县人民代表大会及其常委会和乡镇人民代表大会每届任5年。

【县人大常委会履职工作】2021年，松阳县人大常委会坚持以习近平新时代中国特色社会主义思想为指导，全面贯彻党的十九大和十九届历次全会精神，坚持党的领导、人民当家作主、依法治国有机统一，紧紧围绕县委“高质量建设山区共同富裕美好社会”的决策部署，聚焦发展出智出力，聚焦民生重实重行，聚焦法治担当担责，履行宪法法律赋予的职责，全年召开常委会会议9次，主任会议11次，听取审议专项工作报告39项，组织视察、调研和执法检查活动45次，开展专题询问1次，完成规范性文件备案审查19件，作出决议、决定28项，任免国家机关工作人员116人次，补选市人大代表3人、县人大代表16人，较好地完成了各项工作任务，为推进全县经济社会高质量发展和民主法治建设作出积极贡献。

## 重要会议和决议决定

【县人民代表大会】2021年，松阳县第十二届人民代表大会第五次会议（以下简称“县十二届人大五次会议”）于3月9日下午召开预备会议。会议听取县十二届人大常委会代表资格审查委员会主任委员杨水文所作《关于松阳县第十二届人民代表大会代表资格审查的报告》，通过大会议程、各项决议决定的表决方式、大会主席团和秘书长名单、议案审查委员会名单，会议还表彰了先进。松阳县委书记李汉勤在预备会上发表讲话，县人大常委会主任徐为民主持会议。

3月10日，县十二届人大五次会议在县会议中心正式召开，会期3天。出席会议正式代表167人，会议列席人员183人（线上列席140人）。会议听取和审查县长莫靓代表松阳县人民政府所作的政府工作报告、县人大常委会主任徐为民所作的县人大常委会工作报告、县人民法院院长林伟所作的县人民法院工作报告、县人民检察院检察长汪兴所作的县人民检察院工作报告，审查、批准《松阳县国民经济和社会发展第十四个五年规划》《二〇三五年远景目标纲要》，审查、批准松阳县2020年国民经济和社会发展计划执行情况的报告及2021年国民经济和社会发展计划，审查松阳县2020年财政预算执行情况的报告和2021年财政预算草案，批准松阳县2020年财政预算执行情况的报告和2021年财政预算，

2021年3月10日，松阳县第十二届人民代表大会第五次会议在县会议中心召开　（县人大办供图）

审议松阳县2020年环境状况和环境保护目标完成情况的报告。

会议选举莫靓为松阳县人民政府县长，选举刘金理、阙晓明为松阳县第十二届人民代表大会常务委员会副主任，蓝海、李志荣为松阳县第十二届人民代表大会常务委员会委员；选举叶海霞为松阳县监察委员会主任。会议通过县十二届人大法制（监察和司法）委员会和社会建设委员会组成人员名单。

会议票决产生2021年松阳县十件民生实事项目，分别为重点人群健康服务、农村生活污水处理设施标准化提升改造、农村亮化工程、提升交通服务水平、“一灯一带一标志”建设、全民健身设施建设、新建1所公办幼儿园、应急救护能力提升、提升助残服务水平、建立野生动物损害补偿商业保险机制。

会议共收到代表10人以上联名提出的议案6件，其中财贸城建方面3件、工业交通方面3件。同时，代表提出建议182件，对以上182件建议进行分析研究，对内容相近、承办部门相同的进行并案处理，并案后为113件。

会议共召开主席团会议4次。主席团会议通过主席团常务主席名单、执行主席分组名单、副秘书长名单、会议日程；作出议案截止时间的决定；提出县十二届人大五次会议选举办法（草案）、民生实事项目票决办法（草案）和县十二届人大专门委员会组成人员人选通过办法（草案），提请代表酝酿、讨论；听取各代表团关于县十二届人大五次会议选举办法（草案）、民生实事项目票决办法（草案）和县十二届人大专门委员会组成人员人选通过办法（草案）讨论情况的汇报；提名各项选举候选人；提出松阳县第十二届人民代表大会专门委员会有关组成人员人选名单（草案）；听取各代表团对政府工作报告、“十四五”规划和二〇三五年远景目标纲要（草案）、计划、预算、环境报告审议情况的汇报；听取各代表团对人大常委会、法院、检察院3个工作报告审议情况的汇报；听取县政府关于民生实事候选项目的说明，通过候选项目；听取、通过县人大财经委员会关于财政预算审查结果的报告；听取、通过议案审查委员会关于议案审查结果的报告；提出各项工作报告的决议(草案)；提出总监票人、总计票人建议名单；听取各代表团对2021年松阳县十件民生实事候选项目讨论情况的汇报;听取各代表团对各项工作报告的决议（草案）讨论情况的汇报；听取各代表团提名酝酿各项候选人和县十二届人民代表大会专门委员会有关组成人员人选名单（草案）情况的汇报；确定正式候选人；确定县十二届人民代表大会专门委员会有关组成人员人选建议名单，提请大会通过。

**【县人大常委会会议】**2021年，松阳县第十二届人大常委会共举行常委会会议9次。会议听取和审议“一府两院”专项工作报告39项，依法作出决议、决定28个，任免地方国家机关工作人员116人次。

1月11日上午，县十二届人大常委会举行第三十一次会议，会期半天，县人大常委会组成人员26人出席会议。会议听取县十二届人大常委会代表资格审查委员会关于部分代表资格变动情况的报告；审议丽水市第四届人民代表大会代表辞职事项；听取县十二届人大常委会主任会议关于提请补选县人大代表的议案；听取陈林贵、何开健、叶雯涛、吕书元、徐福标、许军战、刘金理、鲍海清、丁晓敏9名县人大常委会任命干部的2020年度履职情况报告，并进行满意度测评，审阅其他县人大常委会任命干部的2020年度履职情况报告（书面）；听取人事任免议案，作出相关人事任免决定。

2月1日下午，县十二届人大常委会举行第三十二次会议，会期半天，县人大常委会组成人员26人出席会议。会议听取县人民政府关于2020年民生实事项目办理情况的报告并进行满意度测评；听取人事任免议案，作出相关人事任免决定；听取县十二届人大常委会代表资格审查委员会关于部分代表资格变动情况的报告；听取县十二届人大常委会主任会议关于提请补选县人大代表的议案；审议丽水市第四届人民代表大会代表辞职事项；补选丽水市第四届人民代表大会代表；书面报告2020年松阳县人大常委会信访工作；传达省十三届人大五次会议精神。

2月20日下午，县十二届人大常委会举行第三十三次会议，会期半天，县人大常委会组成人员24人出席会议。会议听取县人民政府关于县十二届人大四次会议代表建议和重点督办件办理情况审议意见落实情况的报告并进行满意度测评；初审政府工作报告和2021年松阳县十件民生实事项目候选项目；初审《松阳县国民经济和社会发展第十四个五年规划》和《二〇三五年远景目标纲要（草案）》；初审松阳县2020年国民经济和社会发展计划执行情况及2021年国民经济和社会发展计划草案的报告；初审松阳县2020年财政预算执行情况及2021年财政预算草案的报告；初审松阳县2020年环境状况和环境保护目标完成情况的报告；初审县人民法院工作报告；初审县人民检察院工作报告；初审县人大常委会工作报告；听取和审议县十二届人大常委会代表资格审查委员会关于代表资格审查的报告；审议县人大常委会关于召开松阳县第十二届人民代表大会第五次会议的决定（草案）；听取和审议《松阳县第十二届人民代表大会第五次会议列席人员的决定（草案）》;听取人事任免议案，作出相关人事任免决定。

4月30日下午，县十二届人大常委会举行第三十四次会议，会期半天，县人大常委会组成人员27人出席会议。会议听取和审议县人大常委会主任会议关于确定县十二届人大五次会议代表建议重点督办件的报告；听取县人民政府关于矛盾纠纷调处化解“最多跑一地”改革工作情况报告审议意见落实情况的报告；审议通过松阳县荣誉市民称号授予办法（草案）；听取人事任免议案，作出相关人事任免决定。

6月30日上午，县十二届人大常委会举行第三十五次会议，会期半天，县人大常委会组成人员24人出席会议。会议听取和审议县人民政府关于2021年上半年十件民生实事项目办理进展情况的报告；听取和审议县人民政府关于2020年度政府重大投资项目执行情况及2021年度政府重大投资项目计划（草案）；听取县人民政府关于2021年政府性基本建设预算的报告；听取和审议县人民政府关于2020年度全县国有企业国有资产管理情况的报告；听取和审议县人民政府关于北直街等3个历史文化街区保护规划的议案；听取和审议县人民政府关于防范打击治理电信网络诈骗工作情况的报告；听取县人民法院关于人民陪审员履职工作报告审议意见落实情况的报告并进行满意度测评；听取人大街道工委工作报告审议意见落实情况的报告及人大街道工委上半年工作报告；听取县人民政府关于全民健身中心建设项目视察意见落实情况的报告并进行满意度测评；听取人事任免议案，作出相关人事任免决定。

9月2日，县十二届人大常委会举行第三十六次会议，会期1天，县人大常委会组成人员25人出席会议。会议听取和审议县人民政府关于2021年上半年全县经济社会发展情况和下半年政府工作的报告；听取和审议县人民政府关于代表建议办理工作和重点督办件落实情况的报告；听取和审议县人民政府关于应急救护能力提升、提升助残服务水平、建立野生动物损害补偿商业保险机制三件民生实事项目进展情况的报告；听取和审议县人民政府关于2021年地方政府债券使用安排的议案；听取和审议县人民政府关于2021年上半年财政预算收支执行情况的报告；听取和审议县人民政府关于2020年度财政决算（草案）的报告；听取和审议县人民政府关于2021年上半年工业经济运行情况的报告；听取和审议县人民政府关于2020年度财政预算执行和其他财政收支情况审计工作的报告；听取和审议县人民政府关于全县香榧产业全产业链发展情况的报告；审议通过县人大常委会关于修改《松阳县人民代表大会常务委员会规范性文件备案审查试行办法》的决定（草案）；审议通过县人大常委会关于修改《松阳县人民代表大会常务委员会信访办理办法》的决定（草案）；审议县乡两级人大换届选举有关事项；听取和审议松阳县人大常委会主任会议关于调整县人大常委会工作机构设置的议案；听取人事任免议案，作出相关人事任免决定。

10月29日上午，县十二届人大常委会举行第三十七次会议，会期半天，县人大常委会组成人员26人出席会议。会议传达学习中央人大工作会议精神;听取和审议县人民政府关于2021年预算调整方案的报告;听取和审议县人民政府关于松阳县2021年地方政府债务限额的报告;听取和审议县人民政府关于调整2015—2020年新增地方政府债券项目用途的报告;听取和审议县人民政府关于重点人群健康服务、全民健身设施建设、提升交通服务水平三件民生实事项目进展情况的报告；听取人事任免议案，作出相关人事任免决定。

11月28日下午，县十二届人大常委会举行第三十八次会议，会期半天，县人大常委会组成人员26人出席会议。会议听取人事任免议案，作出相关人事任免决定。

12月17日上午，县十二届人大常委会举行第三十九次会议，会期半天，县人大常委会组成人员26人出席会议。会议听取和审议县人民政府关于松阳县“七五”法治宣传教育实施情况和法治宣传教育第八个五年规划情况的报告，审议通过县人大常委会关于开展第八个五年法治宣传教育的决议（草案）；听取和审议县人大常委会检查组《关于加强检察机关行政公益诉讼工作的决定》贯彻实施情况的报告；听取和审议县人民政府关于2020年度财政预算执行和其他财政收支审计整改情况的报告;听取和审议县人民政府关于松阳县教育提质行动计划开展工作的情况报告;听取和审议县人民政府关于建筑垃圾管理与综合利用工作情况的报告;听取县人民政府关于2021年民生实事项目办理情况的报告并进行满意度测评；听取县人民政府关于2021年上半年全县经济社会发展情况和下半年政府工作报告审议意见落实情况的报告；听取县人民政府关于2021年上半年财政预算收支执行情况报告审议意见落实情况的报告；听取县人民政府关于2020年度全县国有资产管理情况报告审议意见落实情况的报告；听取县人民政府关于2021年上半年工业经济运行情况报告审议意见落实情况的报告；听取人事任免议案，作出相关人事任免决定。

**【决议决定】**2021年，县人大常委会依据宪法和法律赋予的权力，并根据《松阳县人大常委会讨论决定重大事项的暂行规定》，依法行使重大事项决定权。

1月11日，县十二届人大常委会第三十一次会议，听取县十二届人大常委会代表资格审查委员会关于部分代表资格变动情况的报告，作出松阳县人大常委会关于接受吴剑等请求辞去松阳县第十二届人民代表大会代表职务的决定；审议丽水市第四届人民代表大会代表辞职事项，作出松阳县人大常委会关于接受汤根木请求辞去丽水市第四届人民代表大会代表职务的决议；听取县十二届人大常委会主任会议关于提请补选县人大代表的议案，作出松阳县人大常委会关于补选松阳县第十二届人民代表大会代表的决定。

2月1日，县十二届人大常委会第三十二次会议，听取和审议县人大常委会主任会议所做的《关于提请补选县十二届人民代表大会代表的议案》，作出松阳县人大常委会关于补选松阳县第十二届人民代表大会代表的决定；审议丽水市第四届人民代表大会代表辞职事项，松阳县人大常委会关于接受刘伟请求辞去松阳县第十二届人民代表大会代表职务的决定。

2月20日，县十二届人大常委会第三十三次会议，听取和审议县十二届人大常委会代表资格审查委员会关于代表资格审查的报告，作出松阳县人大常委会关于代表资格审查报告的决议；审议县人大常委会关于召开松阳县第十二届人民代表大会第五次会议的决定（草案），作出松阳县人大常委会关于召开松阳县第十二届人民代表大会第五次会议的决定；听取和审议《松阳县第十二届人民代表大会第五次会议列席人员的决定（草案）》，作出《松阳县第十二届人民代表大会第五次会议列席人员的决定》；听取县人大常委会主任会议人事辞职议案，作出松阳县人大常委会关于接受孔建民请求辞去松阳县人大常委会副主任等职务的决定。

4月30日，县十二届人大常委会第三十四次会议，听取和审议县人大常委会主任会议关于确定县十二届人大五次会议代表建议重点督办件的报告，作出松阳县人大常委会关于确定县十二届人大五次会议代表建议重点督办件的决议。

6月30日，县十二届人大常委会第三十五次会议，听取和审议县人民政府关于北直街等3个历史文化街区保护规划的议案，作出松阳县人大常委会关于同意松阳县北直街等3个历史文化街区保护规划的决议；听取县人民政府关于2021年政府性基本建设预算的报告，作出松阳县人大常委会关于批准2021年政府性基本建设预算的决议。

9月2日，县十二届人大常委会第三十六次会议，审议县乡两级人大换届选举有关事项，作出松阳县人大常委会关于县乡两级人大换届选举有关事项的决定、关于设立松阳县选举委员会的决定、关于设立各乡（镇）选举委员会、街道选举办事处的决定、关于松阳县第十三届人民代表大会代表名额分配的决定、关于新一届乡镇人民代表大会代表名额的决定；审议县人大常委会关于修改《松阳县人民代表大会常务委员会规范性文件备案审查试行办法》的决定（草案），作出松阳县人民代表大会常务委员会关于修改《松阳县人民代表大会常务委员会规范性文件备案审查试行办法》的决定；听取和审议县人民政府关于2021年上半年财政预算收支执行情况的报告和2020年度财政决算（草案）的报告，作出松阳县人大常委会关于批准松阳县2020年度财政决算的决议；听取和审议县人民政府关于2021年地方政府债券使用安排的议案，作出松阳县人大常委会关于批准2021年度地方政府债务限额的决议；审议县人大常委会关于修改《松阳县人民代表大会常务委员会信访办理办法》的决定（草案），作出关于修改《松阳县人民代表大会常务委员会信访办理办法》的决定；听取和审议松阳县人大常委会主任会议关于调整县人大常委会工作机构设置的议案，作出松阳县人大常委会关于调整县人大常委会工作机构设置的决议。

10月29日，县十二届人大常委会第三十七次会议，听取和审议县人民政府关于2021年预算调整方案的报告，作出松阳县人大常委会关于批准县政府2021年度地方政府预算调整方案的决议；听取和审议县人民政府关于松阳县2021年地方政府债务限额的报告，作出松阳县人大常委会关于批准县政府2021年度地方政府债务限额的决议；听取和审议县人民政府关于调整2015—2020年新增地方政府债券项目用途的报告，作出松阳县人大常委会关于批准县政府调整2015—2020年新增地方政府债券项目用途报告的决议。

12月17日，县十二届人大常委会第三十九次会议，听取和审议县人民政府关于松阳县“七五”法治宣传教育实施情况和法治宣传教育第八个五年规划情况的报告，作出松阳县人民代表大会常务委员会关于开展第八个五年法治宣传教育的决议。

## 人事任免

**【概况】**2021年，县人大常委会共任免地方国家机关工作人员93人次。任免干部实行任前法律知识考试和任职见面表态制度、被任命干部履职情况报告制度，增强被任命干部的法治意识、人大意识、公仆意识，提高任命干部依法行政、公正司法的自觉性。

**【任免人员】**2021年1月11日，县十二届人大常委会第三十一次会议决定：任命周世德为松阳县监察委员会委员；免去刘增夷的松阳县监察委员会委员职务、叶燕的松阳县监察委员会委员职务。任命叶剑为松阳县人大常委会西屏街道工作委员会副主任；免去戴松强的松阳县人大常委会西屏街道工作委员会副主任职务。

2月1日，县十二届人大常委会第三十二次会议决定：任命莫靓为松阳县人民政府副县长，松阳县人民政府代理县长。任命程晓东为松阳县人民代表大会社会建设委员会副主任委员、徐发余为松阳县人大常委会民族宗教华侨工作委员会主任、王潜虎为松阳县人大常委会望松街道工作

2021年4月30日，松阳县新任命的国家机关工作人员进行宪法宣誓（县人大办供图）

委员会副主任；免去程晓东的松阳县人大常委会民族宗教华侨工作委员会主任职务、刘伟的松阳县人大常委会望松街道工作委员会主任职务。任命叶海霞为松阳县监察委员会副主任、松阳县监察委员会代理主任。免去阙晓明的松阳县监察委员会副主任职务。

2月20日，县十二届人大常委会第三十三次会议决定：免去刘金理的松阳县自然资源和规划局局长职务。

4月30日，县十二届人大常委会第三十四次会议决定：任命吴王文为松阳县人民政府办公室主任、许明标为松阳县发展和改革局局长、吴秀岳为松阳县科学技术局局长、周景伟为松阳县交通运输局局长、翁盛强为松阳县统计局局长、杨文斌为松阳县退役军人事务局局长；免去杨健勇的松阳县人民政府办公室主任职务、吴王文的松阳县发展和改革局局长职务、何开健的松阳县科学技术局局长职务、徐福标的松阳县统计局局长职务、鲍海清的松阳县退役军人事务局局长职务。任命张森平为松阳县人民代表大会常务委员会西屏街道工作委员会委员、何平为松阳县人民代表大会常务委员会西屏街道工作委员会委员、吴岳平为松阳县人民代表大会常务委员会西屏街道工作委员会委员、周伟兰为松阳县人民代表大会常务委员会西屏街道工作委员会委员、徐火星为松阳县人民代表大会常务委员会西屏街道工作委员会委员、阙长林为松阳县人民代表大会常务委员会西屏街道工作委员会委员、叶平为松阳县人民代表大会常务委员会西屏街道工作委员会委员、叶松青为松阳县人民代表大会常务委员会水南街道工作委员会委员、李程程为松阳县人民代表大会常务委员会水南街道工作委员会委员、何金德为松阳县人民代表大会常务委员会水南街道工作委员会委员、严伟为松阳县人民代表大会常务委员会水南街道工作委员会委员、陈金萍为松阳县人民代表大会常务委员会水南街道工作委员会委员、刘起达为松阳县人民代表大会常务委员会水南街道工作委员会委员、王永春为松阳县人民代表大会常务委员会水南街道工作委员会委员、王增亮为松阳县人民代表大会常务委员会望松街道工作委员会委员、王根水为松阳县人民代表大会常务委员会望松街道工作委员会委员、翁尚伟为松阳县人民代表大会常务委员会望松街道工作委员会委员、邱俊慧为松阳县人民代表大会常务委员会望松街道工作委员会委员、毛献武为松阳县人民代表大会常务委员会望松街道工作委员会委员、金善东为松阳县人民代表大会常务委员会望松街道工作委员会委员、李伟东为松阳县人民代表大会常务委员会望松街道工作委员会委员、何晓月为松阳县人民代表大会常务委员会望松街道工作委员会委员。任命潘富俊为松阳县人民法院民事审判二庭庭长、周景根为松阳县人民法院立案庭庭长；免去周景根的松阳县人民法院民事审判二庭庭长职务、洪美娣的松阳县人民法院立案庭庭长、审判员职务。

6月30日，县十二届人大常委会第三十五次会议决定：任命翁金豪为松阳县自然资源和规划局局长。免去郑伟坚的松阳县人民政府副县长职务、刘坤的松阳县人民政府副县长职务、蔡国清的松阳县人民检察院检察员职务。

9月2日，县十二届人大常委会第三十六次会议决定：任命雷发明为松阳县人大常委会农业与农村工作委员会主任、黄文伟为松阳县人大常委会城乡建设与环境资源工作委员会主任、包建梅为松阳县人大常委会社会建设工作委员会主任，松阳县人民代表大会社会建设委员会副主任委员、洪跃伟为松阳县人大常委会教育科技文化卫生（民族宗教华侨）工作委员会主任、叶凌为松阳县人大常委会西屏街道工作委员会主任、谢筱俊为松阳县人大常委会望松街道工作委员会主任；免去雷发明的松阳县人大常委会农业资源环境工作委员会主任职务、徐发余的松阳县人大常委会民族宗教华侨工作委员会主任职务、陈绍明的松阳县人大常委会教科文卫工作委员会主任职务、邱香兰的松阳县人大常委会代表与选任工作委员会主任职务、李志荣的松阳县人大常委会社会建设工作委员会主任，松阳县人民代表大会社会建设委员会副主任委员职务、邱河杰的松阳县人大常委会办公室副主任职务、黄健的松阳县人大常委会西屏街道工作委员会主任职务。任命刘祖军为松阳县经济商务局局长、宋伟林为松阳县民政局局长、曹松峻为松阳县司法局局长、蓝才旺为松阳县人力资源和社会保障局局长、陈增伟为松阳县水利局局长、叶经伟为松阳县文化和广电旅游体育局局长、何花云为松阳县医疗保障局局长；免去陈林贵的松阳县经济商务局局长职务、黄文伟的松阳县民政局局长职务、叶志文的松阳县司法局局长职务、许军战的松阳县人力资源和社会保障局局长职务、吴子斌的松阳县水利局局长职务、方建来的松阳县文化和广电旅游体育局局长职务、吕书元的松阳县市场监督管理局局长职务、丁晓敏的松阳县医疗保障局局长职务。任命周连伟为松阳县监察委员会委员。

10 月 29 日，县十二届人大常委会第三十七次会议决定：任命陈林贵为松阳县市场监督管理局局长。任命徐发余为松阳县人大常委会代表与选任工作委员会主任。任命周晓鹏为松阳县监察委员会委员。任命叶永青为松阳县人民法院古市人民法庭庭长、章苏红为松阳县人民法院审判委员会委员；免去吴伟平的松阳县人民法院古市人民法庭庭长职务、米超锋的松阳县人民法院民事审判一庭副庭长、审判员职务、李慧亮的松阳县人民法院审判委员会委员职务。

11 月 28 日，县十二届人大常委会第三十八次会议决定：任命梁海刚为松阳县人民政府副县长、代县长；免去莫靓的松阳县人民政府县长职务。

12 月 17 日，县十二届人大常委会第三十九次会议决定：任命张尚军为松阳县人民政府副县长。任命叶雯涛为松阳县监察委员会副主任。任命冯汉饶为松阳县人大常委会财政经济工作委员会主任；免去王华松的松阳县人大常委会财政经济工作委员会主任职务、钱明龙的松阳县人大常委会法制监察和司法工作委员会副主任职务。任命吴思平为松阳县审计局局长；免去吴敏娟的松阳县教育局局长职务。任命陈伟平为松阳县人民法院审判员、审判委员会委员、副院长，松阳县人民法院代理院长。任命詹霄宁为松阳县人民法院审判员、洪雪滢为松阳县人民法院审判员；免去吴子长的松阳县人民法院审判员职务。任命雷淑燕为松阳县人民检察院检察员、滕瑜群为松阳县人民检察院检察员。

## 人大监督

**【概况】**2021 年，县人大常委会通过依法行使监督职权，监督“一府一委两院”工作，保障各机关依法有效开展工作，确保人民赋予的权力真正用来为人民谋幸福。

**【民生工作监督】**2021 年，县人大常委会坚持以人民为中心，把实现好、维护好、发展好最广大人民的根本利益作为工作的出发点和落脚点。围绕科创体系建设、退役军人服务体系建设、教育提质行动计划、建筑垃圾管理与综合利用、农村居家养老服务中心全覆盖、妇女儿童群体需求等群众关心的热点难点问题开展专题调研。跟踪监督全民健身中心建设项目推进，听取视察意见落实情况报告，督查视察意见落实。跟踪督办县、乡镇（街道）两级民生实事，定期听取 139 个民生实事项目推进情况汇报，分批组织开展民生实事项目推进情况专题视察。

**【环境保护监督】**2021 年，县人大常委会牢固树立“绿水青山就是金山银山”的理念，持续加强对生态环境保护的监督，推动城乡环境持续改善。助力城乡环境整治，开展建筑垃圾管理与综合利用专题询问，建议政府加强建筑垃圾监管和资源化利用的科技支撑，促进建筑垃圾“变废为宝”。关注环保目标达成，听取 2020 年环保状况和环境保护目标完成情况报告，要求政府重点解决工地扬尘、机动车污染、餐饮油烟等问题，加大环保投入和环境执法力度，层层落实环保目标责任制，扎实抓好中央、省级环保督察反馈问题整改。

**【司法工作监督】**2021 年，县人大常委会开展执法检查，先后对《浙江省粮食安全保障条例》《中华人民共和国固体废物污染环境防治法》等法律实施情况进行执法检查；对“一府一委两院”贯彻落实县人大常委会《关于加强检察机关行政公益诉讼工作的决定》情况开展执法检查；对县卫生健康局落实执法检查意见情况开展“回头看”检查；配合市人大开展《浙江省松材线虫病防治条例》执法检查审议意见办理落实情况调研。有力实施法律监督，专题县公安机关防范打击治理电信网络诈骗工作情况，支持和监督政府依法加强打击治理电信网络诈骗犯罪力度。对县人民法院人民陪审员履职提升工作开展跟踪监督，听取审议意见落实情况报告。听取审议矛盾纠纷调处化解“最多跑一地”改革工作情况报告并开展满意度测评。听取审议县人民政府《关于我县“七五”法治宣传教育实施情况和法治宣传教育第八个五年规划情况的报告》，作出《关于开展第八个五年法治宣传教育的决议》。落实任前考法制度，坚持宪法宣誓制度，组织县人大常委会任命的 66 名国家工作人员进行宪法宣誓，提高宪法法律意识。配合立法调研，先后配合省、市人大开展《浙江省标准化条例（草案）》《浙江省动物防疫条例（草案）》《丽水市革命遗址保护条例》《丽水市扬尘污染防治规定（草案）》等立法调研及《丽水市饮用水水源保护条例》立法后评估工作。开展备案审查，对《松阳县促进电子商务高质量发展的二十条建议（试行）》《松阳县人民政府办公室关于规范设施农业用地管理　促进设施农业健康发展的通知》等 19 件规范性文件进行备案登记审查。修改完善《松阳县人民代表大会常务委员会规范性文件备案审查试行办法》。

【财经工作监督】2021年，县人大常委会依法审查批准松阳县国民经济和社会发展第十四个五年规划和二〇三五年远景目标纲要；2019年国民经济和社会发展计划执行情况报告和2020年国民经济和社会发展计划报告;听取和审议县政府重大投资项目2020年计划执行情况及2021年计划草案、2021年上半年全县经济社会发展情况和下半年政府工作的报告，促进经济结构调整和转型升级，不断增强经济发展后劲。组织开展"智能制造新城"建设专题调研，听取工业经济运行情况报告，从破解瓶颈制约、改善营商环境等方面提出意见建议，助力生态工业发展。强化预算决算审查监督，听取和审议2021年上半年财政预算收支执行情况报告、2020年度财政决算情况报告、2021年地方政府债券使用安排报告、2020年度财政预算执行和其他财政收支审计情况报告，审查批准2020年财政决算、2021年地方政府债务限额和财政收支预算调整方案，继续深化财政预算项目绩效目标集中评审监督工作，督促政府依法理财，强化预算约束，防范债务风险。推动国企做大做强，听取和审议国有资产管理情况报告，督促政府厘清国有资产权属，加强人才队伍建设，增强国有企业活力。加强审计工作监督，梳理列入县本级2020年度财政预算执行和其他财政收支情况审计工作报告问题101个，组织县政府督查室、县审计局针对问题开展专项督查指导，推动审计问题整改到位，切实维护审计监督的严肃性，截至12月末，完成整改事项92个，问题整改率92.08%。

【信访工作】2021年，县人大常委会把受理群众信访申诉作为履行监督职能、增强监督实效的重要渠道和了解民意、关注民生、促进和谐的重要工作来抓，通过热情接访，耐心疏导，并不断加大信访案件督办力度，促使一批信访问题得到妥善解决，为维护群众的合法权益，化解社会矛盾，促进社会和谐稳定发挥积极作用。全年受理人民群众来信来访、电话来访和网上信访9件（次）办理上级督办转办件1件（次），接待群众上访25人（次），信访数量较上年有所下降。

【创新工作】2021年，县人大常委会聚焦干部任后监督创新手段，创新开展百名人大代表、政协委员评机关活动，对全县37个事关经济社会发展，承担服务大局、推动发展、改善民生重要职能的部门进行评议，牵头制订工作方案，建立评议工作领导小组，通过公开征求意见、发放问卷调查、座谈交流等形式，向全县各级人大代表、乡镇（街道）党政班子成员、规上企业负责人和基层干部群众公开征集问题线索和意见建议，共收回意见反馈表150余份，梳理汇总意见建议236条，在此基础上先后进行2次评测小组打分，对被评议单位进行逐一"画像"，最终形成评议意见37份、意见建议123条。

## 人大代表工作

【概况】2021年，县人大常委会坚持代表主体地位，树立以人民为中心思想，不断完善代表工作机制，提高服务保障水平，支持保证代表依法履职，促进代表主体作用发挥。

【换届选举】2021年，县人大常委会贯彻落实中央、省市和县委关于换届选举工作的决策部署，高度关注和预防换届选举中可能出现的新情况新问题，按照《中华人民共和国宪法》《中华人民共和国全国人民代表大会和地方各级人民代表大会选举法》《中华人民共和国地方各级人民代表大会和地方各级人民政府组织法》等法律法规要求，正确处理加强党的领导、充分发扬民主、严格依法办事三者的关系，统筹安排各环节工作，推动试点工作及全县换届选举工作依法有序开展。加大指导力度，及时发放《选举法释义》《人大选举工作教程》等换届用书，组织人大干部进行学习研究。组织开展县乡人大换届选举业务培训和换届选举应用场景视频培训，加强数字化选民登记系统操作培训。开展县乡人大代表换届选举工作调研，收集各乡镇（街道）对代表名额、选区划分、数字化选民登记、代表建议人选排摸、结构比例、身份界定等方面工作的意见建议。完成试点各项任务，选举产生新一届县人大代表194名、乡镇人大代表808名，县乡人大代表结构比例进一步优化，基层一线工人、农民、专业技术人员和妇女代表的比例有所上升，知识结构、年龄结构更趋合理，广泛性和代表性得到更好的体现。16个乡镇人民代表大会第一次会议召开，选举产生新一届乡镇人大和乡镇政府领导班子，实现了坚持党的领导、充分发扬民主和严格依法办事的有机结合。

【人大代表议案建议办理】2021年，县人大常委会全面推广使用人大议案建议管理系统，健全建议办理工作机制，交办政府的113件代表建议全部按期办理并答复代表。围绕代表建议解决率和满意率双提升，县人大常委会领导带队深入一线调研，推动一批代表建议得到更好落实，并紧盯"不满意件"开展跟踪督办，6件"不满意"代表建议案经县政府重新办理，均满意或基本满意。实行重点督办件"县委领导联系、人大领导督办、政府领导领办"工作机制，《关于推进中国有机茶乡建设的建议》《关于建设本土企业租用新型小微园的建议》《关于加快调整并村后新村村庄规划的建议》3件为重点督办件，《关于建设中国不锈钢精品科创园的建议》《关于尽快解决火车站及配套工程有关问题的建议》《关于启动龙湖公园建设的建议》为跟踪督办件。评选出县人大代表优秀建议6件。

**【基层人大工作】**2021年，县人大常委会坚持乡镇（街道）人大负责人列席常委会会议制度，健全上下级人大沟通联系和联动开展工作的机制，召开工作例会专题研究乡镇（街道）人大工作，以清单形式交办人大街道工委工作任务。听取人大街道工委年度工作汇报，推动街道人大规范化建设，扩大全县人大"一盘棋"效应。印发《关于做好"五好"人大代表联络站申报评定工作的通知》《关于开展"局长进人大代表联络站"活动的实施意见》《担任领导职务人大代表赴代表联络站开展联系人民群众主题活动实施方案》等文件通知。加强乡镇（街道）代表联络站规范化建设，建成全市首个县级代表联络总站，通过市人大达标验收18个，示范点7个。搭建"代表局长面对面"座谈交流平台，开展全县各级人大代表集中活动日活动。建立列席县人大常委会会议代表座谈机制，县人大代表中心组活动定期开展，代表围绕县人大常委会、"一府一委两院"工作提出96条口头建议，经分类整理后以清单形式交由"一府两院"进行办理。进一步丰富代表闭会期间的活动，发挥代表主体作用，强化代表履职意识，代表履职空间进一步拓展。

**【民生实事项目人大代表票决制】**2021年，民生实事项目人大代表票决制工作实现全覆盖，全县共票决产生民生实事项目139个，项目总投资额4.42亿余元。协调县财政局落实单列补助资金1000万元用于乡镇（街道）民生实事项目建设。票决产生2021年松阳县十件民生实事，分别为重点人群健康服务、农村生活污水处理设施标准化提升改造、农村亮化工程、提升交通服务水平、"一灯一带一标志"建设、全民健身设施建设、新建1所公办幼儿园、应急救护能力提升、提升助残服务水平、建立野生动物损害补偿商业保险机制。

## 县人大常委会机关工作

**【概况】**2021年，县人大常委会机关领导班子深入学习贯彻习近平法治思想和关于坚持和完善人民代表大会制度的重要思想，全面贯彻落实党的十九大和十九届历次全会以及省委、市委、县委全会精神，政治上不断加强理论武装、落实主体责任、贯彻县委部署，工作上紧扣常委会中心工作，以强化服务职能为抓手，充分发挥综合协调、参谋助手、督办服务作用，与此同时不断加强党的建设和机关自身建设，为加快高质量跨越式发展和建设"田园松阳"升级版作出应有的贡献。

**【机关制度建设】**2021年，县人大常委会机关以县委巡察整改为契机，加强人大常委会机关制度建设，坚持以制度管人管事，充分发挥制度的刚性约束作用，出台《中共松阳县人大常委会机关党组理论学习中心组学习制度》，制订《中共松阳县人大常委会党组理论学习中心组2021年度学习计划》，重新修订《松阳县人大常委会信访办理办法》《松阳县人大常委会关于与"一府一委两院"加强联系的制度》等制度，人大常委会机关各项工作更加规范有序。

**【干部队伍建设】**2021年，县人大常委会机关着眼人大工作长远发展，坚持正确用人导向，严把政治首关，强化培训考核，注重实践锻炼，优化干部队伍专业结构和年龄结构。加大年轻干部的培养使用力度，增强人大常委会机关的工作活力。规范人大常委会机关机构设置，分设农业农村工委和城建环资工委。理顺工委职责分工，层层压实责任，建设忠诚、干净、担当的人大干部队伍。规范乡镇（街道）人大工作，年初、年中人代会均按时召开，完成各项会议议程，会议质量明显提高。加强代表教育管理，提高代表的履职能力，健全完善代表履职档案管理，确保代表活动全掌握、代表履职全记录。完善代表履职约束机制，促进代表更加积极主动、依法有效履行法定职权，引导代表自觉成为遵纪守法的模范。组织常委会组成人员及各乡镇（街道）人大主席（主任）到贵州遵义开展党史学习教育，不断提高人大干部队伍党性修养。

**【信息宣传工作】**2021年，县人大常委会机关重视宣传信息工作，依托"一刊一网"宣传阵地，着重加大对监督工作、代表履职、贯彻落实法律法规、换届选举等方面内容的宣传，在《人民代表报》、省市人大网站、微信公众号等宣传媒介上发表信息宣传报道101篇，配合丽水电视台制作《人大关注》1期，出版《松阳人大》杂志4期，广泛传播人大好声音。

**【党史学习教育】**县人大常委会机关按照党史学习教育有关要求，开展党史学习教育各项工作。组织学习《论中国共产党历史》《中国共产党简史》等书目，并定期开展通读情况检查。专题学习习近平在庆祝中国共产党成立100周年大会上的重要讲话精神，并组织开展学习体会交流。组织机关党员到安岱后等地开展主题党日活动。召开县人大常委会党史学习教育专题学习会，常委会领导带头讲授专题党课。选拔2名干部参加全市人大"悦读人大""讲好党史故事 悟透理论道理"演说会，分别获二等奖、优胜奖。组织参加县庆祝中国共产党成立100周年大合唱比赛，获三等奖。

## 视察调研

**【概况】**2021 年，县人大常委会突出调研方向性与针对性，重点对经济社会发展主要指标、重大政策、重大改革、重大项目等开展调研。坚持以专题视察调研反映民意、集中民智，着力聚焦经济社会发展大局的重大问题及人民群众关注的热点难点问题，提出具有针对性及可操作的对策建议。

**【活动情况】**3 月 15—16 日，丽水市人大常委会副主任沈根花带领调研组到松阳开展《丽水市革命遗址保护条例（草案）》立法调研。调研组一行实地察看枫坪乡革命遗址现场，了解遗址保护利用现状及存在问题，与干部群众进行交流，召开座谈会，围绕法规草案文本进行深入讨论，并提出修改意见建议。

4 月 24 日，县人大常委会副主任刘金理一行到玉岩镇调研指导香榧特色产业示范县创建工作。调研组一行先后到黄坛香榧产业服务中心、大树后主题公园、吴山头古木公园察看项目建设情况，听取玉岩镇香榧特色产业示范县玉岩区域项目建设情况汇报。

5 月 12 日，县人大常委会主任徐为民一行到玉岩镇调研指导传统村落保护发展工作。徐为民实地查看玉岩镇交塘老村，详细了解传统村落保护现状及存在的问题，并听取玉岩镇传统村落保护发展总体情况汇报。

6 月 4 日，丽水市人大常委会副主任戚永远一行到松阳调研中医药工作，调研组一行实地走访县中医医院迁建项目工地、西屏街道塔寺下村卫生室、县中医医院、康恩贝中药有限公司、林村林场数字化中药材种苗繁育基地等，详细解中医药事业发展整体情况。

7 月 19 日，浙江省交通厅原厅长郭学焕先后到卯山森林公园、明清古街、文庙、城隍庙、武庙等地考察调研叶法善文化保护传承情况。

8 月 9 日，县人大常委会主任徐为民调研指导“国家传统村落公园”创建工作，听取相关部门“国家传统村落公园”创建情况工作汇报，并对下一阶段工作提出指导意见。

8 月 12 日，县人大常委会毛胜法副主任带队到县发改局开展 2021 年上半年全县国民经济和社会发展计划执行情况专题调研。

9 月 6 日，丽水市人大常委会秘书长上官国明到松阳调研人大数字化改革工作，市人大数字化改革工作专班相关人员陪同调研。

9 月 7 日，县人大常委会主任徐为民调研指导南城区块城中村改造项目，看望指挥部工作人员，并与城中村改造项目工作组、服务组进行深入交流。

9 月 28 日，浙江省关工委主任徐宏俊到松阳考察调研基层关工委建设情况。徐宏俊先后到樟溪乡力溪村连环画创作基地、四都乡西坑村气象博物馆等地参观调研，现场察看基层关工委建设的实情，详细了解松阳关工委日常工作开展情况。

10 月 19 日，丽水市人大常委会代表选任工委主任叶加荣到松阳县大东坝镇调研县乡人大换届选举试点工作。

10 月 15 日，丽水市人大常委会副主任杜光旻带领调研组到松阳，开展今后五年工作思路及 2022 年重点履职议题调研，并召开座谈会。

11 月 12 日，县人大常委会副主任阙晓明带领检查组就全县贯彻实施行政公益诉讼决定情况开展专项检查。检查组围绕行政公益诉讼基本情况、具体做法、工作成效、存在困难和问题等方面进行检查了解，分别听取县人民检察院、部分行政执法部门相关工作情况的专项汇报，召开县监察委员会、县人民法院、县政法委等单位负责人参加的座谈会，与县检察院领导班子成员、各检察部负责人进行座谈交流，并组织代表视察公益诉讼生态示范基地与法制教育基地。

11 月 19 日，浙江省人大常委会法制委员会主任委员丁祖年就《浙江省生态环境保护条例（草案）》到松阳进行立法调研，并召开关于立法调研座谈会。会上，松阳各参会单位、乡镇以及企业法人代表结合本职就《浙江省生态环境保护条例（草案）》以及调研提纲发表相关建议，县人大常委会副主任杨水文和人民政府副县长卢丁方作发言。省人大常委会法工委社会行政法规处四级调研员刘立可、省生态环境厅法规处处长姜涛参与调研。

11 月 23 日，丽水市人大常委会副主任郑力平到松阳调研指导县乡人大换届选举工作。郑力平听取县人大常委会工作情况汇报和大东坝镇试点情况介绍，并同县人大常委会及部分乡镇（街道）人大负责人员进行交流座谈。

12 月 8 日，县委书记莫靓，县人大常委会主任徐为民，县委常委、组织部部长练斌、副县长温小运到南京农业大学考察交流，并举行“双招双引”工作座谈会。南京农业大学党委书记陈利根出席并致辞，中国工程院院士、南京农业大学学术委员会主任沈其荣等出席座谈会。

12 月 14 日，县人大常委会副主任杨水文带队到樟溪乡开展新冠肺炎疫情防控工作督查。督查小组根据疫情防控工作督查清单，逐条核对各项督查要点是否到位，检查相关台账、物资、各点位的防疫措施，对存在的采样点电脑和打印机配备不足、规定执行不到位等问题，提出整改意见，并现场督促整改；走访樟溪小学，督查现场防疫措施落实情况；走访力溪村，查看中高风险区返松阳人员居家隔离情况以及力溪湖民宿的防疫措施落实情况。（县人大常委会办公室）

# 松阳县人民政府

水文公园

## 综 述

【概况】2021 年，松阳县实现地区生产总值 129.08 亿元，比上年增长 5.4%。农林牧渔业增加值 14.01 亿元，比上年增长 3.4%。规上工业增加值 29.75 亿元，比上年增长 0.6%。服务业增加值 66.11 亿元，比上年增长 8%。实现社会消费品零售总额 62.84 亿元，比上年增长 10.6%。财政总收入 14.06 亿元，增长 2.7%，其中一般公共预算收入 8.93 亿元，比上年增长 9%。城镇常住居民人均可支配收入 47041 元，比上年增长 10.7%。农村常住居民人均可支配收入 23405 元，比上年增长 12.5%。

【年度 10 件民生实事项目完成】2021 年，松阳县第十二届人民代表大会第五次会议票决确定重点人群健康服务、农村生活污水处理设施标准化提升改造、农村亮化工程、提升交通服务水平、“一灯一带一标志”建设、全民健身设施建设、新建 1 所公办幼儿园、应急救护能力提升、提升助残服务水平、建立野生动物损害补偿商业保险机制 10 件民生实事项目。至 12 月末，10 件民生实事项目全面实现年度目标。

【产业发展】2021 年，松阳县三次产业结构比为 10.8∶38∶51.2。生态农业方面，开展粮食生产功能区整治优化，实现粮食种植面积 8380 公顷，建成茶香牧业生猪标准化养殖场。茶叶、香榧、油茶三大主导产业种植面积分别为 10213 公顷、5833.33 公顷和 7240 公顷，浙南茶叶市场成为国家级农业产业化龙头企业，茶叶全产业链产值突破 130 亿元，全县培育有机茶基地 71.27 公顷，增加有机茶认证转换基地 156.87 公顷，获评茶旅融合特色县域。生态工业方面，浙江松阳经济开发区获批设立。规上工业增加值 29.75 亿元，规上企业税收 5.4 亿元。引进工业项目 50 个，其中制造业大项目 18 个，工业投资、制造业投资、技改投资分别增长 88.9%、134.1%、69.1%。举办第二届中国不锈钢管高峰论坛，不锈钢管行业年产值突破 80 亿元。启动工业产业数字化改造，发布松阳不锈钢管工业互联网平台应用场景，增加上规企业 12 家，盘活低效工业用地 17 公顷。出台扶持建筑业发展新政，增加建筑工程施工总承包一级企业 1 家，实现产值 33.1 亿元，税收 1.6 亿元。生态服务业方面，制定生态旅游业高质量发展若干意见，新增浙江省景区镇 3 个、景区村 56 个，安岱后村入选全国建党百年红色旅游百条精品线路。举办首届中国乡宿产业发展大会，四都乡入选浙江省首批民宿(农家乐)助力乡村振兴改革试点。网络零售额增幅居丽水市第一名，绿茶商贸中心成为首批浙江省现代服务业创新发展区。

【扩大有效投资】2021 年，松阳县争取上级各类资金 29.54 亿元，实现固定资产投资 57.44 亿元，增长 12.1%。实行重点项目亮灯预警和月度推进例会制度，开展“百日攻坚”行动和“双牛”（指金牛、蜗牛）奖评选，12 个重点新开工项目全部开工，27 个重点续建项目基本实现年度计划，其中 12 个项目完工。2 个县（市、区）长项目落地。黄南水库工程实现提前蓄水、提前发电、提前主体工程竣工“三提前”目标，衢（州）宁（德）铁路（浙江段）货运开通运营，衢（州）丽（水）铁路开工建设，抽水蓄能电站入规并完成预可研评审，松古平原水系综合治理工程成为浙江省集中开工项目，整县推进分布式光伏试点实现 2 万千瓦小时并网，浙江华威门业有限公司高端智能门窗项目纳入浙江省重大产业项目。

【深化改革创新】2021 年，松阳县入选浙江省高质量发展建设共同富裕示范区缩小城乡差距领域首批试点。增加数字化改革试点 15 项，新获省部级试点 2 项、省厅级试点 24 项。举办科技创新大会暨第二届“才聚松阳”人才科技周活动。增加国家高新技术企业 6 家、浙江省科技型中小企业 29 家。高新技术产业增加值占规上工业增加值比重 50.5%，全社会研究与实验发展经费支出占地区生产总值比重为 1.36%，规上企业研发活动覆盖率 85%，高新技术产业投资 2.4 亿元。百度交通生态办公中心、浙江省交通职业技术学院公路应用技术分中心、中国农业科学院茶叶研究所“长三角”创新中心等创新平台落户松阳。启动国企二轮改革，组建松阳

2021 年 6 月 1 日，松阳县黄南水库主体工程提前完工　（县府办供图）

县乡村振兴服务集团有限公司，松阳县国有资本投资运营集团有限公司获主体信用AA评级，5.8亿元公司债券正式获批。

**【推进城乡建设】**2021年，松阳县PM2.5浓度为每立方米20微克，全年空气质量优良率99.7%，出境断面水质达到I类水标准26天。江南社区入围浙江省未来社区创建名单，古市古城入选浙江省耀眼明珠培育对象和首批千年古城复兴试点名单，老城印象、“水墨小港”成为浙江省首批城乡风貌样板区试点。新增浙江省未来乡村试点1个、“古韵古村”乡村振兴示范带1条、丽水市花园乡村精品村6个。提升改造不锈钢废水处理中心3家，完成工业园区“污水零直排区”建设。创成浙江省高标准生活垃圾分类示范小区2个。成为浙江省山区水利现代化先行县试点及首批浙江省幸福河湖试点，松阴溪获评浙江省人文水脉类大花园耀眼明珠。

**【民生保障】**2021年，松阳县低收入农户人均可支配收入增长15.2%，村集体经济村均收入83.12万元，其中经营性收入36.47万元，获评中国全面小康百佳示范县。乡镇（街道）居家养老服务中心、“儿童之家”全覆盖，2个省级康养联合体试点项目建成运营。“浙丽保”参保率88.71%。全县一体化供水受益率74.8%，居浙江省山区县首位。“双减”政策落地实施，县职业中专完成搬迁，丽水学院松阳校区、育英小学建设稳步推进，高考新一段线录取突破500人，10人被C9（指北京大学、清华大学、复旦大学、上海交通大学、南京大学、浙江大学、中国科学技术大学、哈尔滨工业大学、西安交通大学9所高校联盟）高校录取，成为丽水市首个通过全国义务教育优质均衡发展省级评估县。优化医疗设施配套，建成丽水市首个公立医院医养中心，县中医医院迁建、县人民医院改扩建工程有序推进。加快中医药振兴发展，入围浙江省中医药综合改革先行示范县创建名单。县残疾人康复托养中心建成投用，入围浙江省首批促进残疾人共同富裕先行先试名单，制定全国首个无障碍家居设施领域省级地方标准，乡村共享无障碍设施建设项目成为浙江省标准化试点。举办庆祝中国共产党成立100周年系列活动。县文里·三庙文化交流中心获联合国教科文组织亚太遗产奖，县文化馆被评为国家一级文化馆，松阳高腔戏曲电视短剧《红色浙西南》在中央电视台戏曲频道和全国156家电视台联播。举办首届“运动休闲旅游嘉年华”、全国业余围棋公开赛、全国气排球邀请赛等品牌赛事。先后破获“116”侵犯著作权案、悠游平台网络赌博案、“11·11”全国首例入侵金融机构话务系统实施电信诈骗案等一批大要案件，电信诈骗案件发案数、案损值实现“双下降”。创成浙江省食品安全示范县。退役军人服务保障体系基本建成，14个乡镇（街道）创成全国示范型退役军人服务站，18家退役军人服务中心（站）获评浙江省“新时代枫桥式退役军人服务中心（站）”。

**【重要会议】**2021年1月5日，松阳县人民政府（简称“县政府”）第七十一次常务会议召开。传达学习中央农村工作会议精神、习近平总书记在中央政治局常委会会议上听取脱贫攻坚总结评估汇报时的讲话精神，听取全县低收入农户高水平全面小康攻坚情况汇报，审议《松阳县农村人居环境综合保洁经费补助标准》等事项。

2月7日，县政府第七十四次常务会议召开。听取中央第三生态环境保护督察组督察浙江反馈问题中松阳环境问题的情况汇报，审议《2021年政府工作报告》《2021年民生实事项目征集情况》《松阳县2020年财政预算执行情况和2021年财政预算草案的报告》《松阳县2020年生态环境状况和环境保护目标完成情况报告》等事项。

3月16日，县政府第七十八次常务会议召开。听取省市县民生实事项目任务分解情况汇报、《松阳县十二届人大五次会议代表审议发言意见办理方案》，审议《松阳县全城“污水零直排区”创建工作方案》《松阳县学生交通安全保障工程实施方案》《松阳县“增花添彩”三年行动方案》《“壹起来”网络直播平台招商引资工作方案》等事项。

6月2日，县政府第八十一次常务会议召开。听取近期新冠肺炎疫情防控工作情况和2021年度城市治堵工作专题汇报，审议《加快生态工业跨越式发展的四十条意见》等事项。

6月18日，县政府第八十二次常务会议召开。学习《中共中央 国务院关于支持浙江高质量发展建设共同富裕示范区的意见》以及省委十四届九次全会精神，听取二季度安全生产工作情况汇报，审议《关于做好2021年粮食生产工作的通知》等事项。

8月18日，县政府第八十六次常务会议召开。听取2021年“增花添彩”重点项目谋划推进情况等工作汇报，审议《松阳县高质量打造全省山区水利现代化先行县试点实施方案》等事项。

**【重大施政】**2021年1月29日，县政府办公室印发《松阳县促进电子商务高质量发展的二十条意见（试行）》（简称《意见》）。《意见》根据《丽水市人民政府办公室关于促进丽水市电子商务发展的实施意见》（丽政办发〔2020〕1号）等文件精神制定，旨在推动国家电子商务进农村综合示范项目建设，强化数字赋能县域发展，提升电子商务发展水平，撬动生态产品价值高效转换，努力成为全省展示山区数字经济发展创新实践的“重要窗口”。

3月26日，县政府办公室印发《松阳县“增花添彩”三年行动方案》

（简称《方案》）。《方案》根据《浙江省大花园核心区（丽水市）建设规划》和《丽水市人民政府办公室关于印发丽水市“增花添彩”三年行动计划的通知》（丽政办发〔2021〕12号），结合松阳实际制定。旨在贯彻落实省市大花园建设系列决策部署和县委十届第十次、第十一次全会精神，推动建设可感知可体验可消费的大花园最美核心区，突出大花园示范县引领作用，加快建设现代化“田园松阳”。

4月16日，县政府印发《松阳县国民经济和社会发展第十四个五年规划和二〇三五年远景目标纲要》。纲要全文根据《中共丽水市委关于制定国民经济和社会发展第十四个五年规划和二〇三五年远景目标的建议》《中共松阳县委关于制定国民经济和社会发展第十四个五年规划和二〇三五年远景目标的建议》制定，主要阐明松阳县经济社会发展的战略意图，明确政府工作重点，引导规范市场主体行为，是政府全面正确履行职责的重要依据，是全县人民的共同愿景。

5月8日，县政府印发《关于推动生态旅游业高质量发展的若干意见》（简称《意见》）。《意见》坚持产业为基，倡导唯实惟先，将县域生态优势转化为旅游产业优势，充分发挥旅游业在扩内需、稳增长、惠民生等方面的积极作用，奋力打造全域康养胜地，全面开展全域旅游“微改造、精提升”行动，实现旅游规划建设、产品供给、区域协作、服务功能、机制改革全面升级，让旅游业成为松阳推动加快国民经济发展的战略性支柱产业，更好地满足人民群众日益增长的幸福美好生活需要。

## 县政府办公室

**【概况】**2021年，松阳县人民政府办公室（以下简称“县府办”）发挥协调职能，加强对重点项目、重大活动、重要工作的综合协调，千方百计解决工作推进中遇到的困难，努力承担起政府坚强有力的“前哨”和“后院”的职责与重任，确保松阳县委县政府各项决策落到实处、各项工作顺利推进。在各方努力下，全年12个重点新开工项目全部开工，举办第十四届中国（国际）茶商大会·松阳香茶茶叶节、松阳县国家传统村落公园建设咨询研讨会、第二届城乡联系国际论坛、“共享亚运乡村行动”松阳首届运动休闲旅游嘉年华等一批重大活动，智能制造新城、中国有机茶乡、全域康养胜地、国家传统村落公园“四张金名片”建设和收水费、环境卫生、信访等重点工作扎实推进。

制定完善《松阳县人民政府办公室“三重一大”事项集体决策制度》《松阳县政府信息主动公开制度》《松阳县人民政府办公室财务管理制度》《松阳县人民政府办公室资产管理制度》等制度，进一步规范工作程序和监督机制，从制度上预防腐败问题和不正当行为的发生。以“清廉机关建设”为抓手，大力开展形式主义、官僚主义问题排查整治，促进工作作风优化。

**【政务保障】**2021年，县府办把办文办会作为办公室工作之基，树立精品意识和效率意识，全力提高办文办会办事的效率和质量。全年以松阳县人民政府和县府办名义撰写、处理公文410余份，处理省、市、县各类公文8200余份，承办松阳县人民政府常务会议21次，其他会议158次，均未出现差错。办公室被国家机关事务管理局、中共中央直属机关事务管理局等四部门联合授予“节约型机关”称号。

**【政务信息报道】**2021年，县府办聚焦县域经济社会发展的重点、热点、难点，深入调研把脉问诊，着力摸清实情，高质量撰写各类报告材料，为县政府决策提供有益参考，全年完成各类综合材料100余份。围绕政府重点工作、中心工作，积极组织采编信息，及时报送有关县领导参阅，并多方面总结提炼松阳特色亮点工作，不断提高信息上报录用率和领导批示率。全年编发松阳《每日要情》248期、《专报信息》5期、《参政园地》10期；上报浙江省、丽水市政府办信息1013条，被国务院办公厅采用25条，获国务院领导批示6条；被浙江省人民政府办公厅采用96条、获浙江省领导批示7条；被丽水市人民政府办公室采用376条，获丽水市政府领导批示3条。健全紧急信息报送制度，各类紧急信息均做到第一时间准确报送。

### ·政务督查·

**【概况】**2021年，县府办开展重点项目、新冠肺炎疫情防控、民生实事等各类督查检查36次，印发《政务督查》5期、重要事项交办单29期。

**【重点工作督查】**2021年，县府办重点围绕县政府领导“四张清单”（指标清单、目标清单、任务清单、项目清单）中的150项指标清单、57项目标清单、160项任务清单、86项项目清单和县长月度工作交流会交办任务进行落实督查。

**【民生实事项目督查】**2021年，县府办把民生实事项目纳入县政府领导“四张清单”内容，由各分管副县长牵头，各单位主要领导作为第一责任人，确定分管领导、责任科室、责任人，确保各项民生实事项目落实到点、到位、到人；明确目标任务，对民生实事项目逐项进行指标任务分解，倒排时间，明确实施点位、节点目标、完成时限、验收标准，实行“挂图作战”“销号管理”，并形成《2021年民生实事项目任务分解清单》，经县政府第78次常务会议审议通过，在4月15日民生实事交办会上进行交办落实。坚持问题导向，把民生实事项目纳入政府常态化督查内容，常务副县长组织召开民生实事项目月度点评会，通报点评民生实事项目进展情况，相关承办单位就推进存在困难或滞后项目进行分析说明，提出解决思路举措。同时把民生实事项目推进作为“重大督查问题清单”重点关注内容，不定期进行抽查暗访，对发现的问题，以重要事项交办单形式进行交办整改落实。坚持效果导向，强化民生实事项目资金要素保障，提前对每项实事涉及的建设内容、资金来源、县本级资金需求等进行梳理，逐项予以落实；完善考核成果运用，把民生实事项目完成情况纳入目标管理考核，在“一票否优”的基础上，纳入考核加扣分项（加扣2分），出台《民生实事项目考核细则》，从完成情况、推进情况、满意度情况等多维度对实事推进进行考评。

### ·地方金融管理·

【概况】2021年，松阳县金融机构本外币存款余额218.86亿元，增速8.81%，本外币贷款余额218.56亿元，增速8.84%，存贷比为94.63%，其中不良贷款余额13470.17万元，不良率为0.65%。

【地方金融改革】2021年，松阳县累计批复56个行政村和7个专业合作社（涉农行业协会）设立担保互助社，累计提供贷款担保7924笔7.91亿元，惠及农户4500余户。

【推进企业股改上市】2021年，松阳县有浙江云中马布业股份有限公司、浙江科马摩擦材料股份有限公司、上上德盛集团股份有限公司、浙江华威门业有限公司4家企业入围丽水市重点拟上市企业培育名单，是丽水市入围企业最多的县（市、区）。全县IPO［指某公司（股份有限公司或有限责任公司）首次向社会公众公开招股的发行方式］服务协议签约企业5家，其中股改企业3家，拟股改企业2家。其中，云中马股份公司是全县上市进度最快的企业。9月15日，云中马公司正式向中国证监会申报IPO。10月20日，中国证监会反馈第一轮相关问题。全县有区域性股权交易市场挂牌38家，2021年增加2家，入围丽水市拟上市重点后备企业4家。

【地方金融风险防控】2021年，松阳县开展金融风险“地毯式”排查，清理非法放贷主体20余家，非法金融广告300余处。积极化解银行不良贷款，贷款不良率低于浙江省平均水平0.07个百分点。信贷资产质量持续保持较高水平，守住不发生系统性金融风险的底线。

（县府办）

## 县直机关后勤管理

【概况】2021年，松阳县机关事务保障中心（以下简称“县机关事务保障中心”）以机关事务工作“精、特、优”为发展方向，结合党史学习教育和数字化改革，坚定发展信心，主动适应新常态，把握稳中求进工作总基调，为打造“重要窗口”，建设现代化“田园松阳”新征程提供后勤服务保障。

【办公用房管理】2021年，县机关事务保障中心落实办公用房信息统计报告制度，实现办公用房可视化、图形化、动态化管理。执行国家机关事务管理局（简称“国管局”）关于党政机关办公用房整改工作新要求，以线上常态化巡查和线下督查方式开展办公用房督查6次，检查范围涉及66个县直单位和19个乡镇（街道），线上巡查发现问题14处，责令现场整改12处，发放整改通知书6份，在办公用房钉钉管理群发送办公用房违规警示案例 12起。全年相继完成县政法委4栋办公楼改造项目、县科技局办公楼修缮工程、县纪委监察委谈话室消防整改项目3个办公用房维修改造。10月13日，承办全市党政机关办公用房数字化管理业务指导培训会。

【公务接待】2021年，县机关事务保障中心秉持有利公务、简化礼仪、务实节俭、杜绝浪费的原则，总结提炼历年保障服务经验，完成各类各级公务接待工作。在落实中央“八项规定”“六项禁令”的基础上，提供特色服务，突出松阳风味和区域特点。全年完成县两会、第十四届中国（国际）茶商大会、第二届城乡联系国际论坛、2021（第二届）中国不锈钢管高峰论坛、2021“才聚松阳”人才科技周、杭州灵隐寺云林茶会罗汉供茶专场活动等大型活动后勤保障任务。全年接待各级宾客420余批次，服务保障县级以上重大活动15次。

【公务用车保障】2021年，县机关事务保障中心推进平台应用，提升管理质效。保障新冠肺炎疫情防控用车，县两会、县第十四届茶商大会等重大活动用车。全年累计出车13197车次，安全行驶里程202.31万千米，在市县两批次公车使用检查中没有出现违规问题。强化公务用车编制和标准管理，严控车辆总量规模，优化配置结构，做好车辆报废及更新工作。不定期开展公务用车合规使用及运行轨迹督查，配合市、县纪委开展“四套班子”主要领导、党政机关和事业单位“违规配备使用公车”专项检查。

【固定资产采购】2021年，县机关事务保障中心建立健全工作制度，合理配置固定资产，制定《松阳县机关事务保障中心固定资产管理实施细则（暂行）》。细化规范工作流程，实行全流程进度汇总，细化购置配置审批、指标调整申请、政采云采购、采购结算、资产入库等9个工作环节，规范工作流程全程记录各个时间节点，确保各个工作环节顺畅衔接。全年完成固定资产购置10批次，资产总值18.3万元。采用“一标一码”（产权单位标签、资产二维码）定期做好年度购置资产盘点。以“分产权、分类别”存放方式实行未使用资产多仓库存储管理，在建立健全仓储管理台账的同时，完善领用、借用制度。增强临时机构办公设备保障，发挥可调剂办公设备使用效益。全年为衢（州）丽（水）铁路指挥部、县数字政府工作专班、县新冠肺炎疫情防控指挥部等6个临时机构调剂办公设备6批次，节约购置经费9.4万元。严格遵循招投标工作要求，依托“政采云”项目委托采购，完成机关食堂劳务外包项目和机关大院保洁项目的采购，涉及采购金额143.9万元。

**【后勤服务】**2021年，县机关事务保障中心围绕县委县政府中心工作，在会议服务、餐饮保障、绿化保洁、垃圾分类等方面提升后勤服务保障能力，对标高规格、高品质、高服务“三高”标准，打造机关后勤好口碑。执行维修申报制度，开展水电零星维修和门锁、空调故障维修工作，全年水电维修140余次，空调、门锁等设备维修103次。开展机关食堂“文明餐桌”“公勺公筷”“光盘行动”，推出“小份菜、半份菜、拼盘菜”，倡导形成节约粮食新风尚。加强机关食堂新冠肺炎疫情防控工作，重点监管食堂卫生、菜品原材料抽检、菜品市场询价工作，做到每月结算食堂货款，全年食堂小卖部提供换购服务14502人次，换购金额205.7万元，发放伙食补助费329.18万元。配合县垃圾分类办组织开展全县党政机关等公共机构生活垃圾分类示范单位创建工作，全年实现44个党政机关垃圾分类示范单位创建。同时，开展机关大院、机关食堂、行政服务中心等区域垃圾分类指导工作。

**【机关大院安全保卫】**2021年，县机关事务保障中心加强政府大院安全保卫、人员出入管理工作，完善门岗、巡逻、消防监控、车辆管理等各项规章制度。结合常态化新冠肺炎疫情防控要求，严格落实健康码亮码核验，监控与安保联动，守住政府“小门”防线。开展安保人员技能演练，组织安保人员进行应急处置、意外临时急救、安全防护等能力专题培训，提升业务能力和安保服务质量。全年登记接待5.96万余人。

（县机关事务保障中心）

## 行政审批服务管理

**【概况】**2021年，松阳县行政服务中心（以下简称“县行政服务中心”）以数字化改革为总牵引，以提升政务服务能力为总目标，有力有序有效推进政务服务建设、大厅标准化建设、窗口服务水平提升、乡镇延伸各项工作落到实处，企业和群众获得感不断增强。该中心大厅全年收件25.73万件，全部办结，其中政务服务2.0收件20.30万件。中心获评丽水市“建设清廉机关、创建模范机关”工作先进集体、“丽水十大花园政务大厅”“丽水市先进基层党组织”。《松阳县构建“金融+政务服务”新模式推动政务服务均等化》获新华网等主流媒体报道点赞。

**【服务大厅标准化建设】**2021年，县行政服务中心对标5S［整理（Seiri）、整顿（Seiton）、清扫（Seiso）、清洁（Seiketsu）和素养（Shitsuke）］标准，以“制度+监督”为抓手，实行“领导带班巡查、大厅经理日常检查、视频实时监查、月度情况通报、代表委员民主监督”的模式，对大厅各区域物品摆放进行精细化管理并固化，做到定点定位整齐有序，下班后做好内务清洁、可视化标签定位等标准化建设工作。

**【一窗受理集成服务】**2021年，县行政服务中心完善升级大厅叫号等系统，根据办事事项、需求的不同，把公众分流到网办区、掌办区、综合窗口，实现有条件的线上办，特殊群体、复杂事项窗口兜底办。与上海市松江区行政服务中心签订高频政务服务事项“跨省通办”合作协议，有效解决群众办事“两地跑”问题。配合县委组织部在一楼大厅设立人才创新创业服务中心，为人才引进提供优质政务服务。

2021年11月8日，县行政服务中心工作人员为特殊老年人群体开展代帮办服务　（鲍梦颖/摄）

【窗口服务】2021年，县行政服务中心组建导服人员23人，设立大厅经理4人，分别在智能导服区、综合受理区、24小时自助服务区，专为老年人等特殊群体开展代帮办服务。举办窗口能力提升培训班和党旗下赛服务等系列活动，建立健全《松阳县行政服务中心窗口服务考评办法》等4大类39项制度，推行“差异化”考级定薪。全年对17个窗口150人次实行绩效扣分处理，评选服务标兵32人，流动红旗72期。

【竞价平台管理】2021年，县行政服务中心实施全面推行网上中介竞价服务，以“零门槛”引入市内外中介服务机构，实行异地互联和资源共享，推动中介服务从购买到项目审批全流程网上运行，实现中介服务公平、透明、高效。全年参与“网上中介”竞价项目4334个，成交项目3839个，成交金额3751.70万元，竞价项目数和成交项目数位居丽水市第一。

【乡镇行政服务】2021年，县行政服务中心出台《松阳县数字代办“乡呼县应，全域联动”实施方案》，推进事项标准、窗口标准、服务标准、业务标准县乡一体。安排19个乡镇（街道）综合受理人员到该中心跟岗手把手教学，共同提升县、乡工作人员业务水平。以定期驻点和不定期流动相结合方式，组织干部下乡开展“上门代办”服务，为偏远山区老人代办开通医保、采买日常药品、缴纳水电费等生活服务。

**·公共资源交易·**

【概况】2021年，松阳县招标投标中心更名为松阳县公共资源交易中心（以下简称“县交易中心”），依托丽水市公共资源交易平台服务企业，服务项目。该交易中心通过全程线上审核项目、不见面开标、远程异地评标，实现开标“不见面”，投标“零跑腿”，专家“异地评”，驱动公共资源交易领域数字化转型升级，推动公共资源交易高质量发展。全年该交易中心受理各类进场交易项目207个，涉及交易总额13.65亿元，为政府增收节支1.13亿元。其中，建设工程类项目53个，涉及交易额11.07亿元，资金节约率7.55%；政府采购类项目122个，涉及交易额1.93亿万元，资金节约率8.78%；产权交易类项目32个，涉及交易额6548.14万元，资金增收率6.36%。

【公共交易平台建设】2021年，县交易中心出台《松阳县代理机构进场交易行为管理办法（试行）》，与15家代理机构签订平台使用合同，对9家代理机构进行扣分处理；推进丽水市公共资源电子交易平台升级和政府采购远程不见面开评标系统建设，完成工程建设项目异地远程评标系统6个机位的部署。

【“政采云”平台管理】2021年，县交易中心推进“政采云”平台为政府采购提供全方位、全流程、专业化的数字服务，全年通过政采云平台完成项目交易122个，累计成交金额1.12亿元；通过网超采购货物6653批次，涉及金额7885万余元；对29家网上超市供应商进行价格违规处罚，累计暂停网上超市资格38个月，处罚475分诚信分。

【公共资源交易综合监管】2021年，县交易中心牵头起草《松阳县政府投资项目中介服务合同签订指导意见》，并于8月1日实施。全面落实全县巡察、审计中发现招投标领域普遍性重复性问题的整改工作。加强限额以下工程项目邀请发包管理，提高公开发包比例。开展工程建设项目招投标领域营商环境“双随机、一公开”抽查。

（县行政服务中心）

## 大数据和金融发展

【概况】2021年，松阳县大数据和金融发展中心（以下简称“县大数据和金融发展中心”）根据省、市、县数字化改革部署要求，重点围绕县数据仓建设试点，深入推进一体化智能化公共数据平台建设，依托市县统建模式，迭代升级县级公共数据平台，为全县数字化改革提供有力支撑。全面助力新冠肺炎疫情防控，省对县一体化智能化公共数据平台综合评价居全市第三。

【公共数据平台应用】2021年，县大数据和金融发展中心，实现“浙政钉”2.0迁移平稳过渡，县、乡、村三级网格的架构基本搭建完成，累计激活用户数约1.06万人，年平均活跃度为85%。用户体系质量达标，组织架构和用户关键信息规范完整度高于98%。推动县级自建应用接入整合，上架“i松阳”“松阳县协同办公”“松阳县数字化改革门户”“松阳舒心码”等应用。持续推广“浙里办”。与县改革办、县新冠肺炎疫情防控指挥部、县行政服务中心等联合印发通知，督促各单位加强宣传推广，积极提升“浙里办”用户注册数和活跃度。全县“浙里办”日均活跃人数从5月末0.24万人提升至12月末1.17万人，目标完成率104.47%。

【一体化资源系统】2021年，县大数据和金融发展中心基于一体化资源系统（Integrated Resources System，简称IRS），聚焦应用统筹协调、数据高效配置、组件共建共享要求，盘点梳理全县应用“一本账”。组建县IRS应用目录编制小组，分别审核应用基础信息、数据、组件、云资源和项目，点对点对接部门指导录入并关联，通过晾晒通报督促进度滞后单位及时修改完善，累计完成48个应用梳理，终审通过率100%。同时，以编制为抓手，推动完善数据目录200余条，整改注销存疑目录310余条，归集项目信息37个。通过IRS工单系统提出意见建议20余条，积极上报5个IRS优秀案例。

**【数据仓建设试点】**2021年，县大数据和金融发展中心积极申报省级试点，被列为县级数据仓建设试点县。按照数据仓建设试点要求，全力推进建设工作，在数据仓建设模式、建设内容及与县级应用相互支撑上做了深入探索，回流、归集数据表584张，数据项2万余个，数据量1.4亿条，有力支撑五大门户和“民情地图”促服务整体智治系统、互助贷等特色应用建设。基于公共数据平台，对接55个部门编制业务事项158个，编制数据目录581个，认领数据目录238个，合计目录819个，指导各单位通过平台提出数据共享需求202个，数量排名全市第一，数据共享满足率100%，累计提交数据反馈问题300余条。

**【网络安全机制】**2021年，县大数据和金融发展中心建立健全网络安全机制，制订《松阳县政务外网运行规定》，与各部门签订网络安全和共享数据安全责任书。及时整改省市下发端口漏洞，并通过整改倒逼各单位开展漏洞隐患自查，提高风险防范能力。全年整改互联网违规外联134起，修复高危漏洞1238个，问题主机1396台。开展全县政务外网主干改造提升，完成移动备网线路建设和政务外网一期项目改造，消除因主干核心交换、路由设备老旧造成的网络不稳定、带宽受限等问题，有序开展政务外网二期项目改造。以IRS应用底数为基数，10月启动政务系统等保备案提升工作，等保备案率从7%提高至73%，提升政务系统安全防护水平。建立全覆盖的数据专员、首席数据官制度，不定期组织数据安全培训，并与各数据使用单位签订公共数据安全承诺书，与开发单位和个人签订保密协议。初步建立数据安全制度保障体系和运行管理机制。

**【信息化项目审查机制】**2021年，县大数据和金融发展中心于11月牵头制定《松阳县政府投资信息化项目管理办法（暂行）》（简称《办法》），根据《办法》规定牵头常态化开展全县政府投资信息化项目审查工作。初步形成县大数据和金融发展中心、县经济商务局、县财政局、县发改局4个部门联审的机关内部协同“一件事”办事流程，通过数字化手段让干部少跑腿，获得广泛好评。严格审批各单位提交的云资源申请单，对不合理的超高配置进行核减，平均精简配置35%，避免云资源浪费，节约财政资金。11月开始牵头对2022年度信息化项目计划开展部门联审，并由副县长涂扬牵头召集县委改革办、县经济商务局、县财政局、县发改局以及相关项目业主单位对建议安排预算项目再次逐个开展审核。通过审查共取消、暂不安排资金项目20个，涉及2022年度县级财政资金2328.71万元。审查后的2022年项目计划建议通过县政府常务会议审议。

**【政府信息公开发布】**2021年，县府办法制科做好“松阳发布”微信公众号和微博的运维。全年微博累计发布60余篇，阅读量总和超74万人次；微信公众号关注人数突破1.3万人，累计发布2000余篇，及时传达当地党委政府新冠肺炎防疫工作动态，成为群众掌握属地疫情动态的权威平台。统筹做好“松阳县人民政府门户网站”的日常运维，督促相关单位建立并落实信息审核发布制度，在规定期限内做到栏目更新及时，内容准确规范。全年访问用户数31.7万人次，信息发布5603条，维护专题专栏13个，解读信息发布24条，修改一般性错误表述7901条（包括历史遗留），严重性错误表述97条。

**【银行业存贷款】**2021年，松阳县银行业存贷款规模迈上新台阶。全县人民币存贷款总量达425.66亿元，较年初新增48.07亿元，首次突破400亿关口。其中，贷款余额207.1亿元，比上年增长17.16%，增速全市排名第五。截至12月末，全县制造业贷款余额17.1亿元，比年初新增4.38亿元，比上年增长34.5%；政府类项目贷款余额31.48亿元，比年初新增11.06亿元；小微企业贷款余额88.44亿元，比年初新增13.27亿元，其中小微企业主和个体工商户贷款余额56.11亿元，占比63.45%。

**【推进企业上市】**2021年，县大数据和金融发展中心举全县之力推进企业上市，奖励政策是全市最优，把上市奖励从原来的1000万元提升至1600万元，第一家再额外奖励200万元。在数量上浙江云中马股份有限公司、浙江科马摩擦材料股份有限公司、上上德盛集团股份有限公司、浙江华威门业有限公司4家企业入围全市19家重点拟上市企业培育名单，数量居全市之首。在速度上，浙江云中马股份有限公司有望最快上市。

**【规范地方金融产业发展】**2021年，县大数据和金融发展中心规范地方金融产业发展。强化放贷类地方金融组织监管，持续开展小额贷款公司监管评级、融资担保行业规范检查和专项整治，全县金融生态环境实现新提升。截至12月末，全县有小额贷款公司2家、融资担保公司1家，2家小贷公司合计贷款余额突破1亿元，资本金运用率100%。自上年6月，丽水市政策性融资担保有限公司松阳分公司正式投入运营以来，累计承保项目16个，融资担保余额3298万元，待放款担保金额11笔1100万元，积极发挥地方金融组织的融资补充作用。

（县大数据和金融发展中心）

# 应急管理

**【概况】**2021 年，松阳县应急管理局（以下简称“县应急管理局”）以中央、省、市、县关于应急管理工作的决策部署为指引，围绕“安全生产、防灾减灾、应急救援”三条主线，坚决打好“防范较大·杜绝重大”攻坚战，深入推进基层应急管理体系建设，应急管理事业改革稳步推进。1—12 月，全县发生各类生产安全事故 7 起，死亡 6 人，生产安全事故起数与上年同比减少 2 起，下降 22.2%，死亡人数与比上年减少 2 人，比上年下降 25%。其中，发生生产经营性道路交通事故 6 起，死亡 5 人；工程施工领域事故 1 起，死亡 1 人，未发生各类较大及以上生产安全事故，安全生产形势总体稳定。

**【安全生产综合监管】**2021 年，县应急管理局行政执法：全年检查企业 152 家次，排查并整改隐患 367 处，责令企业暂时停产停业 3 家次，暂时停用设备 9 台次。查处安全生产违法案件 34 起，罚款 92.67 万余元（含事故）。安全生产巡查：对县内 8 个乡镇（街道）和 6 个重点部门开展安全生产巡查，共抽查企业 28 家，发现并整改隐患 198 处。专项整治：组织开展“防范较大·杜绝重大”生产安全事故攻坚整治行动，全县排查并整改问题隐患 3444 处。开展工贸企业起重机械安全专项整治，对全县 53 家不锈钢生产企业在用的 1409 台起重机械（含 3 吨以下）的安全隐患开展专项整治，排查并整改 143 处隐患。

2021 年 11 月 12 日，县应急管理局组织先锋综合救援队开展森林防灭火实战演练　（县应急管理局供图）

2021 年 4 月 20 日，县安全生产执法人员开展不锈钢行业起重机械专项整治行动　（县应急管理局供图）

**【应急演练】**2021 年，县应急管理局修订完善各类应急预案，印发县级专项预案 42 个，县级专项应急预案修编率 77.7%。全县组织开展危险化学品泄漏、防汛、森林防灭火等各类演练 63 场次。

**【应急管理体系】**2021 年，县应急管理局编制全县应急管理“十四五”规划。旨在构建统一指挥、专常兼备、反应灵敏、上下联动的应急管理体制，形成统一领导、职责清晰、精密智控、高效运行的现代应急管理体系指明方向。力争全县应急管理的系统性、整体性、协同性显著增强，应急响应、指挥、处置能力和基层基础保障能力提升，重大安全风险得到有效管控，较大以上事故有效遏制，安全生产形势持续向好，生产安全事故总量持续下降，自然灾害防治能力进一步提升，应急管理体系、管理能力现代化跃上新台阶。完善安全生产责任体系。调整县安委会“1+9”组成架构，在原县政府主要领导担任主任不变的基础上，全部县政府领导均担任安委会副主任并按分工领导下设 9 个专业委员会，统筹协调各领域安全监管工作。健全基层应急管理体系。出台《松阳县加强基层应急管理体系建设的实施意见》，完成乡镇（街道）分管领导调整，全县 19 个乡镇（街道）均由党委副书记分管应急管理工作，并相继印发应急管理体系建设计划，成立应急管理委员会、应急指挥工作小组，完成应急管理办公室挂牌、应急救援队伍组建等工作。

**【应急先锋综合救援队】**2021 年，松阳县应急先锋综合救援队于 2021 年 8 月 26 日挂牌成立，进一步完善全县应急救援队伍体系。该救援队是一支综合性、专业化的社会救援队伍，是丽水市首支由应急管理系统牵头组织、直接指挥的救援队伍，是公安、消防、武警等专业性队伍的补充力量。

**【防灾减灾救灾】**2021 年，县应急管理局防汛防台全年开展防汛隐患巡查检查 531 处，发现并整改风险和隐患点 22 处，启动Ⅳ级应急响应 5 次，其间调整为Ⅲ级 3 次，调整为Ⅱ级 2 次，县防指共召开会商研判 32 次，实现“不死人、少伤人、少损失”总目标。森林防灭火方面，强化责任落实和督查检查，开展野外火源专项治理行动。全年发生森林火灾（火情）3 起，过火面积 45.21 公顷，森林受害面积 36.72 公顷，森林防火形势相对平稳，尤其春节、清明节、“五一”国际劳动节等重点时段均未发生森林火情和火灾。减灾救灾方面，积极推进避灾安置场所及可视化建设。全年建成规范化避灾安置场所 30 个，其中乡镇级 10 个、村级 20 个，完成 66 个点位 132 个摄像头安装并联网，

2021 年 6 月 16 日，松阳县开展“落实安全责任 推动安全发展”为主题的第 20 个“安全生产月”宣传咨询日活动　（县应急管理局供图）

实现避灾场所的可视化和快速指挥调度。水南街道“云峰社区”创建成为省级综合减灾示范社区。

**【宣传教育培训】**2021 年，县应急管理局开展广泛宣传，在电视台常年开设安全生产和应急管理宣传栏目，定期宣传安全应急知识，播放森林防火、防汛、地质灾害宣传视频。深入开展“3・19”森林防灭火宣传日、防灾减灾宣传周、第 20 个安全生产月、“6・16”安全生产咨询日等宣传活动，共发放各类宣传资料 6000 余份，发送宣传短信 10 万余条，悬挂横幅 300 余条，全县 3.2 万余人次参加各类演练活动。强化教育培训，10 月在绍兴市举办 2 期全县应急管理（安全生产）实务培训班，部分乡镇（街道）主要领导，各乡镇（街道）和有关单位分管领导、工作人员，重点企业负责人，应急管理局干部参加。开展全县百万员工安全大培训，强化企业主要负责人“要安全”、安全管理人员“会安全”、从业人员“懂安全”，全县 6300 余人完成线上、线下培训。

（县应急管理局）

# 中国人民政治协商会议松阳县委员会

中国人民政治协商会议第九届松阳县委员会第四次会议召开

# 综 述

松阳县政协围绕传统村落保护利用、拯救老屋行动、艺术家入住乡村等主题，依托“请你来协商”平台，积极协商议政，助推松阳乡村振兴 (县政协办供图)

【概况】2021 年，中国人民政治协商会议松阳县委员会（以下简称“县政协”）坚守初心、接续奋进，坚定不移地以习近平新时代中国特色社会主义思想为指导，紧紧围绕全县经济社会发展大局，团结各民主党派、政协各参加单位和广大政协委员紧扣县委、县政府中心工作，在建言资政和凝聚共识上双向发力，在服务大局和关注民生上主动作为，履行政治协商、民主监督、参政议政三大职能，为全县经济社会高质量绿色发展作出积极贡献。

【政治引领】2021 年，县政协牢牢把握习近平新时代中国特色社会主义思想这一统揽政协工作的总纲，把坚持党的领导落实到政协工作各方面、全过程。严格执行重大事项报告制度，重大工作提前向县委汇报、重要事项及时向县委请示、重大活动主动邀请党政领导参加，各项工作在县委统一领导下，统筹有序地开展。进一步巩固党史学习教育工作成果，因地制宜开展党史学习教育，不仅擦亮“红色底色”，同时彰显“政协味”，体现“委员辨识度”，不断推动党史学习教育向广度拓展，向深度推进。进一步锚定“工业强县”发展路径，紧盯“生态惠民”目标追求，明确“双招双引”战略重点，找准“数字赋能”前进方向，切实把县委决策部署转化为社会各界的广泛认同和自觉行动，在同心同向、同频共振中精准建言发力，扛好新时代政协工作的使命担当。

【协商民主】2021 年，县政协紧扣围绕中心、服务大局工作主线，用好“请你来协商”平台，同频共振助力发展大局，有效发挥政协协商民主重要渠道和专门机构作用。县政协九届五次全会期间，聚焦民生、时政、热点，共形成大会发言材料 36 篇，会上发言 23 人次，获县领导批示 21 条，形成 10 个方面共 151 条发言讨论建议。探索建设共同富裕美好社会，打造具有松阳辨识度的山区共富样板，举办“凝心聚力谋发展，建设共同富裕示范区”第十届“田园松阳”论坛。建好用好“请你来协商”平台，按照党政点题、出题，政协领题、破题的原则精心制订“6+X”协商计划，确立了“对接企业需求、助推企业上市”“完善机制、充实队伍、助推不锈钢产业高质量发展”等 6 个重点协商课题和 10 个专委会、界别协商课题，向县委、县政府报送 16 份协商纪要和建议案，多篇调研文章在省、市级刊物发表。

【民主监督】2021 年，县政协先后针对“深入推进美丽大花园建设、努力打造美丽中国先行示范区”、《松阳县不锈钢管产业转型升级三年行动方案（2019—2021 年）》落实情况、《浙江省宗教事务条例》实施情况、“双招双引”政策执行情况等开展民主监督。全年组织监督 25 次，参与人员 200 余人次，提出相关意见建议 60 余条。县政协九届五次会议召开以来，共收到提案 260 件，立案 212 件，并案后为 121 件，全部办复完毕，基本达到承办单位、提案者、政协组织三方满意，有效发挥了提案监督的重要作用。全年有 59 条社情民意信息上报省、市政协，其中《提升衢宁铁路互联互通优势 加快实现“闽东北、浙西南”革命老区共同富裕》信息被全国政协录用，得到上级政协的高度重视，使一批事关群众切身利益的民生问题得到妥善解决。

【履职为民】2021 年，县政协以服务全县经济社会发展大局、助推全县中心工作为己任，既议政又监督，既建言又出力，在凝聚抗疫合力、巩固脱贫成效、聚力高质量发展的各条战线上发挥作用。广泛开展“百名政协委员结对帮扶百户贫困户”活动，通过产业带动增收、企业带动就业、落实扶贫政策、委员联系帮扶、社会扶贫捐助等形式，落实帮扶项目 12 个，提供就业岗位 75 个，对接贫困户 581 户，帮助 1800 余名贫困群众巩固增收基础。配合省政协深化对玉岩镇周安村的结对帮扶，数字赋能、拓展销路，促进村集体经济可持续增收。深化“提笔”抗疫，征编的《松阳“战”疫》完成，为常态化防疫新冠肺炎注入强大的精神动力。

【自身建设】2021年，县政协坚持与时俱进，做到党建与廉政两手抓两手硬，对标对表习近平总书记关于加强和改进人民政协工作重要思想所提出的新目标、新定位、新要求，肩负新使命、新任务、新担当，贯彻落实新时代党的建设总要求，从组织架构、党建文化、党建品牌三方面提升政协系统党建工作。与丽水市机关先锋党建工作室开展深度合作，探索打造“三味政协”党建工作品牌，有效地把政协元素与党建文化深度结合，探索构建集系统性、规范性、创新性、有效性、可学性于一体的党建工作新模式，致力于打造“四心向党”的新时代县级政协党建工作松阳样板。与县委组织部、统战部一道按照委员推荐准入标准，根据“合理配置、突出重点、总量控制、分块统筹”的要求，组建一支规模400余人的后备人才队伍，让政协委员的产生更加科学、合理、优化。

## 县政协重要会议

【概况】2021年，政协第九届松阳县委员会召开全会1次、常委会7次、主席会议7次，为田园松阳发展贡献了政协智慧。

【县政协九届五次会议】2021年3月8日，中国人民政治协商会议松阳县第九届委员会第五次会议（以下简称“县政协第五次会议”）在县会议中心召开，会期3天半。政协委员178人，到会177人。会议听取并审议第九届县政协主席廖宝云所作的《第九届县政协常委会工作报告》和第九届县政协副主席叶向东所作的《九届四次会议以来提案工作情况的报告》，听取23名委员的上台发言和即席发言。全体委员列席县十二届人大第五次会议听取代县长莫靓代表松阳县人民政府所作的《政府工作报告》、县人大常委会主任徐为民所做的《松阳县人大常委会工作报告》、县人民法院院长林伟所作的《松阳县人民法院工作报告》、县人民检察院检察长汪兴所作的《松阳县人民检察院工作报告》，并进行分组讨论。

3月11日下午，县政协第五次全体会议（选举会、闭幕式）召开，会议选举王德明、吴晓霞2人为政协第九届松阳县委员会常务委员会委员。表彰县政协2020年先进界别活动组、优秀委员、优秀提案、社情民意积极分子和2021年优秀大会发言。审议通过会议决议和2个工作报告。县委书记、县长李汉勤，县政协主席廖宝云分别作重要讲话。

【县政协常务委员会会议】2021年，政协第九届松阳县委员会常务委员会（以下简称“第九届县政协常委会”）召开7次会议，会议听取并讨论“一府两院”工作报告及各类专题协商纪要、调研报告、民主监督报告25份。

第九届县政协常委会第二十三次会议于1月18日下午举行，会期半天，县政协常委会组成人员33人出席会议。会议审议通过相关人事任免；听取县政府关于县政协九届四次会议提案办理情况的通报；听取县发改局关于松阳县“十四五”规划纲要的通报；审议通过松阳县油茶产业发展调研报告；审议通过“黄南水库水源地保护”专题协商纪要；审议通过关于“飞地经济健康发展”专题考察报告；审议通过关于“加大扶持建筑业发展”专题协商纪要落实情况的民主监督报告；审议通过松阳县空气质量管理民主监督报告；听取九届县政协常委2020年度述职报告。

第九届县政协常委会第二十四次会议于2月26日下午举行，会期半天，县政协常委会组成人员31人出席会议。会议协商通过委员调整方案；审议相关人事任免；协商讨论“一府两院”工作报告（审议稿）和2021年松阳县十件民生实事项目候选项目；协商讨论松阳县经济社会发展报告（审议稿）和县财政预决算报告（审议稿）；审议通过政协第九届松阳县委员会常务委员会工作报告（审议稿）和提案工作报告（审议稿）；审议通过县政协九届五次会议相关事宜。

第九届县政协常委会第二十五次会议于3月9日上午举行，会期半天，县政协常委会组成人员31人出席会议。会议审议政协第九届松阳县委员会第五次会议选举办法（草案）；审议政协第九届松阳县委员会第五次会议决议（草案）；协商政协第九届松阳县委员会补选主席、秘书长、常委委员候选人建议名单。

第九届县政协常委会第二十六次会议于3月11日上午举行，会期半天，县政协常委会组成人员31人出席会议。会议听取各委员讨论组讨论情况的汇报；审议政协第九届松阳县委员会第五次会议决议（草案）；听取政协第九届松阳县委员会第五次会议提案初步审查情况的报告；审议通过政协第九届松阳县委员会第五次会议选举办法（草案）；审议通过政协第九届松阳县委员会主席、秘书长、常务委员候选人建议名单；审议通过政协第九届松阳县委员会第五次会议总监票人、监票人建议名单；审议通过政协第九届松阳县委员会第五次会议优秀大会发言。

第九届县政协常委会二十七次会议于6月11日下午举行，会期半天，县政协常委会组成人员35人出席。会议审议通过相关人事任免；听取全域康养胜地建设工作通报；审议通过“打造智能制造新城——加快不锈钢企业转型升级，推动不锈钢管产业高质量发展”专题协商纪要；传达学习中央、省政协领导重要讲话精神。

第九届县政协常委会（扩大）第二十八次会议于8月6日下午举行，会期半天，县政协常委会组成人员35人出席，邀请县政府领导列席，全体政协委员列席会议。会议听取县政府2021年上半年经济社会发展情况与下半年工作思路通报；听取《松阳县跨越式高质量发展综合改革行动方案》解读。

第九届县政协常委会第二十九次会议于9月24日举行，会期半天，县政协常委会组成人员35人出席会议。邀请县人民政府领导、县委组织部负责人列席。政协常委会组成人员和在松阳的市政协委员视察用热企业清洁化能源使用情况；传达学习省、市政协主席读书会会议精神；审议通过相关人事事项；审议通过《关于“村（社区）信访及矛盾纠纷调处化解”的专题协商建议案(草案)》；审议通过《关于“打造茶文化街区，助推中国有机茶乡建设”专题协商建议案（草案）》；审议通过《关于深入推进美丽大花园建设，努力打造美丽中国先行示范区的专项民主监督报告（审议稿）》；审议通过《关于“对接企业需求，助推企业上市”课题专题协商的会议纪要（审议稿）》；审议通过《关于开展〈浙江省宗教事务条例〉实施情况民主监督的报告（审议稿）》；审议通过《关于组建不锈钢产业研究会的建议案（草案）》；审议通过《关于我县生态博物馆可持续发展专题调研的建议案（草案）》；审议通过《2021年“田园松阳”论坛——“凝心聚力谋发展，建设共同富裕示范区”论坛纪要（审议稿）》。

## 重大事项政治协商

**【概况】**2021年，县政协依托“请你来协商”平台，构建“6+X”协商模式，通过政协秘书长主任会议、主席会议、常委会会议先后审议确定议题报县委常委会审议最终确定6个常委会重点协商课题和13个专委会、界别组协商课题。

**【不锈钢管企业转型升级】**2021年5月31日下午，县政协“请你来协商·打造智能制造新城——加快不锈钢管企业转型升级，推进不锈钢管产业高质量发展”专题协商会在县会议中心举行，协商课题调研组成员、县直有关部门主要负责人、部分政协委员、《松阳政协》主编、部分不锈钢行业协会成员、企业负责人及社会各界人士等68人参加会议。会议由县政协主席廖宝云主持，县委副书记、县长莫靓，县委常委、副县长诸跃波，副县长卢丁方、县政协副主席周永龙，丽水生态产业集聚区松阳分区管理委员会书记、主任纪忠民出席会议。

**【打造茶文化街区】**2021年7月26日上午，县政协“请你来协商·打造松阳茶文化街区”专题协商会在县会议中心举行，协商课题调研组成员、县直有关部门主要负责人，部分政协委员、《松阳政协》主编参加会议。会议由县政协主席廖宝云主持，县委书记李汉勤、副县长温小运、县政协副主席叶向东出席会议。

**【助推企业上市】**2021年8月10日下午，县政协“请你来协商·对接企业需求，助推企业上市”专题协商会在县会议中心举行，协商课题调研组成员、县直有关部门主要负责人，部分政协委员、《松阳政协》主编及5家拟上市企业代表62人参加会议。会议由县政协主席廖宝云主持，县人民政府副县长涂扬、县政协副主席廖卫民，丽水生态产业集聚区松阳分区管理委员会书记、主任纪忠民出席会议。

**【传统村落及古建筑智慧（控）消防】**2021年9月2日下午，县政协“请你来协商·传统村落及古建筑智慧（控）消防”专题协商会在县会议中心举行，协商课题调研组成员、县直有关部门主要负责人，部分政协委员、《松阳政协》主编及社会各界人士30余人参加会议。会议由县政协副主席廖卫民主持，县人民政府副县长潘永水出席会议。

## 政协履职为民

**【概况】**2021年，县政协贯彻以人民为中心的发展思想，深刻领悟习近平总书记关于政协工作要实现好、维护好、发展好最广大人民根本利益的重要思想，聚焦富民强县、聚力赶超跨越，助力实施“二次创业”，不断强化民主监督，着力增强人民群众的获得感、幸福感、安全感。

**【民生提案督办】**2021年，县政协九届五次会议召开以来，收到提案260件，立案212件，并案后为121件。及时组织界别委员、提案办理单位负责人等相关方面进行提案办理专题协商，面对面听意见，实打实解难题。由县领导领办的6件重点提案均取得良好的办理成效，例如通过《建议开展村调“回头看”解决基层“三盼”》的办理落实后，有效促进3605万元奖补资金的落实到位，推进村级干部、资源、资产、民心的加速融合；在《关于加快油茶产业发展的建议》提案交办之后，相关部门迅速制订出台《松阳县香榧油茶中医药全产业链区域激励政策2020—2022年三年行动方案》，落实290万元/年的奖补资金，促进松阳油茶产业的“质、面”双提升。并案后的121件提案如期全部办复完毕，达到承办单位、提案者、政协组织三方满意，有效发挥提案监督的重要作用。

**【社情民意监督】**2021年，县政协持续加强社情民意反映，及时了解党政决策的信息需求，研究信息收集报送的重点选题，制订信息收集报送计划。通过委员会客厅、工作室、“三联三进”等平台，广大委员关注民生、为民代言，真切了解民情、真实反映民意，使每条社情民意都紧接地气、带着温度。全年收到社情民意报送83篇，编报党派团体、专委会和委员个

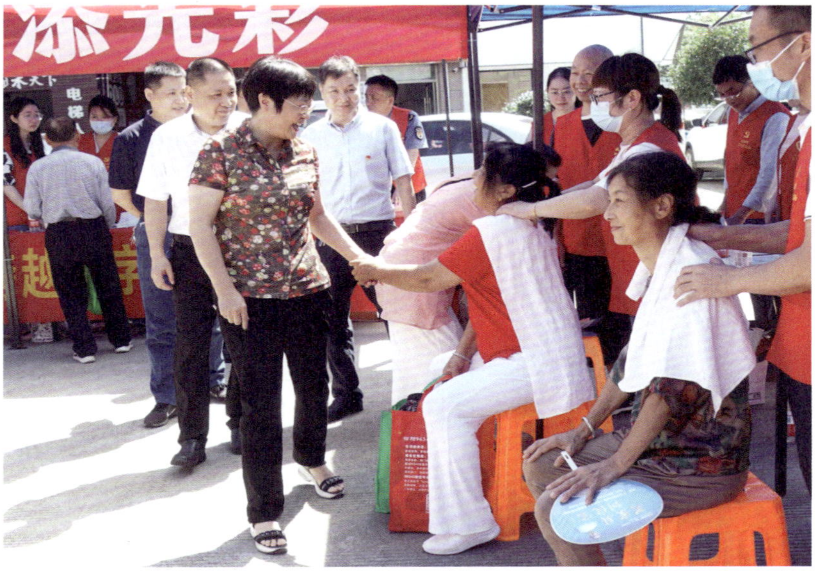
2021 年 6 月 25 日，松阳县政协城东社区委员工作室开展“三联三进”志愿服务专项活动 （县政协办供图）

人反映的社情民意信息 68 期。其中，形成县级社情民意 9 期，获时任县委书记李汉勤批示 3 篇，时任县长莫靓批示 8 篇；报送上级政协 59 期，《提升衢宁铁路互联互通优势 加快实现“闽东北、浙西南”革命老区共同富裕》被全国政协录用，《关于防堵“小工伤”“大支出”漏洞，避免工伤保险基金流失的建议》被省政协录用并获省领导批示，《基层反映党史学习教育背景下党员徽章使用不规范 亟需加强管理》《设立“海外跨境电商集聚园区” 巩固跨境电商供应链、产业链、数据链》等 14 篇被市政协录用。

**【助力脱贫攻坚】**2021 年，县政协开展“百名政协委员结对帮扶百户贫困户”活动，通过产业带动增收、企业带动就业、落实扶贫政策、委员联系帮扶、社会扶贫捐助等形式，落实帮扶项目 12 个，提供就业岗位 75 个，对接贫困户 581 户，帮助 1800 余名贫困群众巩固增收基础。配合省政协深化对玉岩镇周安村的结对帮扶，在高山西红柿基地、村级冷库等项目基础上，通过改进包装方式和数字建设，利用区块链拓展农产品销路，使村集体经济可持续增收，结对帮扶成效显著。

## 文史资料

**【概况】**2021 年，县政协继续深化“提笔”抗疫，高质量征编的《松阳“战”疫》基本成书，进入修订出版阶段。全年编辑《松阳政协》杂志 4 期，编发“松阳政协”网站、微信公众号信息 50 余条。积极向上级刊物投稿，全年有多篇稿件在《联谊报》《同心苑》等省级新闻媒体上刊登报道。

**【举办“田园松阳”论坛】**2021 年 9 月 12 日，第十届“田园松阳”论坛在松阳县举办。本届论坛由浙江省社会科学界联合会、浙江省发展规划研究院、中国农业科学院茶叶研究所、政协丽水市委员会主办，政协松阳县委员会、丽水市农林科学研究院承办。省政协副秘书长、农业和农村委副主任、致公党浙江省委会副主委梁细弟，市政协副主席、市农林科学研究院院长金爱武，松阳县领导李汉勤、莫靓、廖宝云、周鸿飞等出席论坛。省政协委员、省委宣传部副部长、省社会科学界联合会主席盛世豪作题为《发挥优势 走出山区县共同富裕建设的新路子》专题报告。省政协经济委副主任、省发展和改革委员会党组成员、省发展规划研究院党组书记、院长周华富作题为《共同富裕 山区力行》专题报告；省发展和改革委员会党组成员、副主任、一级巡视员谢晓波作题为《高质量发展建设共同富裕示范区政策脉络交流学习》专题报告；县政协主席廖宝云主持论坛专题报告会。当天下午，论坛举办 2021 年“田园松阳”论坛专家研讨交流会，与会专家以及县政协委员们围绕“推进产业高质量发展 建设共同富裕示范区”主题，就民宿产业发展、农业产业转型、生态价值转换、科技助推

2021 年 9 月 12 日，以“凝心聚力谋发展 建设共同富裕示范区”为主题的第十届“田园松阳”论坛举办 （县政协办供图）

山区振兴等内容进行了讨论交流。为期2天的论坛举行了“浙江省茶树种质资源圃”揭牌和“中国农业科学院茶叶研究所长三角创新中心”签约仪式等活动。截至2021年，“田园松阳”论坛已连续举办10届。

## 联谊交流

**【概况】**2021年，县政协搭建平台、创造条件，加强与县各民主党派、工商联、人民团体和无党派人士的联系沟通，组织政协委员外出学习培训、考察调研，以提升履职能力。

**【联络联系畅通工作】**2021年，县政协贯彻《松阳县政协党组成员联系界别党员委员、党员委员联系党外委员制度》，每名党员委员联系帮带1～3名党外委员，重点在思想引领、履职带头、互助示范等方面发挥作用。立足“学习交流新载体、联系群众新纽带、协商民主新路径、团结联谊新平台”的功能定位，建好用好茶业委员会客厅和中医药、不锈钢行业、城东社区委员工作室，开展各类活动12次。加强政协组织间的沟通交流，全年接待上级政协和省内外政协单位到松考察52批次，为促进地方经济文化的交流合作作出积极努力。

**【举办委员学习培训班】**2021年7月5—9日，县政协在青岛举办3期优秀委员（干部）培训班。参加此次培训学习的有县政协常委会组成人员、上年度优秀政协委员、各界别组长等共50人。此次学习活动以在青岛的专题讲座和现场教学为主，主要学习《人民民主与协商民主》《如何科学民主监督与参政议政》《我国周边国防安全环境和外交对策》《从苦难到辉煌：中国共产党的奋斗历程》等课程内容。

（县政协办　蓝天野）

# 中国共产党松阳县纪律检查委员会
# 松阳县监察委员会

箬寮原始林景区村

## 综 述

**【概况】**2021 年，中共松阳县纪律检查委员会、松阳县监察委员会（以下简称“县纪委县监委”）围绕新冠肺炎疫情防控、“双招双引”、重点项目推进等开展政治监督 95 次，推动解决问题 318 个。协助县委抓好中央巡视反馈问题整改落实，提前完成 24 件中巡组交办信访举报件的核查处置。聚焦国企、教育、粮食安全、拆迁拆违等重点领域开展监督检查。全力保障换届环境风清气正，创新推出“逆向监督”机制并在全市推广，实现本届县乡换届纪律问题“零信访”。落实容错免责、澄清通报等相关机制，为 6 名党员干部澄清正名，激励担当干事。

协助县委全面落实党风廉政建设主体责任，向全体县处级领导分别发放党风廉政建设主体责任履职提醒函和党风廉政建设“一岗双责”提醒函，实现县纪委书记对乡镇（街道）换届后“一把手”及领导班子集体谈心谈话全覆盖。协助县委制定《2021 年清廉松阳建设工作要点》，探索“清廉赶集日”活动，发布八大清廉建设单元创意项目 91 个，培育形成一批具有松阳特色的工作品牌。高质量完成市纪委市监委交办的《丽水市清廉医院创建标准》起草任务，并在全市推广运用，清廉医院做法在省市多次作经验交流。

以“零容忍”惩治腐败，实践完善市县两级“室组地”片区协作工作机制，坚持行贿受贿一起查，审查调查工作位居全市前列。做实案件查办“后半篇文章”，精准规范运用纪检监察建议。

健全完善一月一主题“1+X”正风肃纪工作机制，统筹运用县县交叉查、县乡联动查、片区协作查等方式开展各类正风肃纪检查。严肃会风会纪，对县党代会、县委全会、县两会等重要会议开展督查，现场通报问题。

聚焦百姓“急难愁盼”问题深入开展 15 项漠视侵害群众利益问题专项治理，主动谋划并协助县委开展村（社区）干部队伍教育整顿专项行动。探索信访举报“廉情驿站”工作机制，积极推进信访举报“云中心”建设，检举控告总量、重复举报总量等 7 个关键指标降幅超过 40%，破解检举控告信访积案 11 件，其中越级访积案 4 件。常态化开展扫黑除恶“打伞破网”，扎实开展政法队伍教育整顿，协助市纪委市监委制定出台《关于规范纪检监察机关与政法机关工作衔接的意见（试行）》，该委机关获评全市平安建设表现突出集体。

坚持常规巡察、专项巡察相结合，协同推进提级（交叉）巡察，高效推进粮食领域回访检查，全年开展三轮对 16 个党组织的政治巡察。十届县委完成对全县 84 个党组织，214 个村（社区）的巡察全覆盖任务。落实县领导约谈、分管县领导督办机制，有效压实整改责任。完善整改督查督办机制，持续开展量化评估检验和巡察整改回访检查工作。强化巡察成果运用，开展“巡察问题大起底”“问题线索大清零”专项行动，对巡察发现的问题线索办理情况进行全面排查，同时对 68 个党组织巡察整改情况进行全面梳理，对逾期未完成整改的 21 个问题进行重点督办，切实提升巡察工作质效。

健全完善监督体系，构建“金字塔形”纵向监督工作机制，获评全市纪检监察系统“优秀工作品牌”。深化派驻机构“靶向式”监督，对 23 个重点领域和风险环节开展专项监督。推进数字化改革，高效完成浙江省纪检监察整体智治应用试点任务。通过丽水市基层小微权力监督平台为基层监督赋能，用好“监督一点通”服务平台实现监督投诉“一键智达”。全年通过小微权力监督平台办理业务 6447 件，经基层公权力大数据监督应用分析碰撞，产生并转办红色预警问题 38 个，查实率居全市第一名；通过“监督一点通”服务平台受理转办群众诉求 359 件。

加强县纪委常委会自身建设，1 名班子成员获评“丽水之干”先锋人物。推动党史学习教育走深走实，成立“小青松”宣讲团，拍摄的微党课视频成功推送“学习强国”平台；组队参加全市纪检监察系统“阅读马拉松”暨党史知识竞赛获团体总分第一名。深化“三化”建设，探索创新“队伍建设+业务建设”的“矩阵式”管理模式，以专班形式统一调配“室组地”精干力量对重点难点问题定点攻坚。实施全员“一堂课”“师徒结对”工程，在全市审查调查信息研判比武中获二等奖，8 名干部通过全国法律职业资格考试。落实“一岗双责”，开展“严纪律、守规矩、规范执纪执法权”专项整治活动，全年无涉及纪检监察干部信访件和案件。主动接受外部监督，向县各民主党派、县工商联及无党派人士代表通报党风廉政建设和反腐败工作情况，邀请“两代表一委员”“特约监察员”和社会各界代表参加全县首次“纪检监察开放日”活动。

**【监督执纪“四种形态”运用】**2021 年，县纪委县监委运用监督执纪“四种形态”处理 190 人次，比上年下降 26.1%。其中，第一种形态 96 人次，下降 30.4%，占“四种形态”处理总人次的 50.5%；第二种形态 64 人次，下降 27.3%，占 33.7%；第三种形态 8 人次，下降 20.0%，占 4.2%；第四种形态 22 人次，增长 4.8%，占 11.6%。

**【管党治党】**2021 年，县纪委县监委构建主体责任、“第一责任人”责任、“一岗双责”以及监督责任贯通联动的“四责协同”责任体系，向全体县处级领导分别发放党风廉政建设主体责任履职提醒函和党风廉政建设“一岗双责”提醒函，实现县纪委书记对乡镇（街道）换届后“一把手”

及领导班子集体谈心谈话全覆盖。加强对责任落实情况的过程管理与动态检查，用好清廉丽水建设基础应用平台，审核各单位落实情况1198件，给予红牌18件，黄牌127件；对3起落实“两个责任”不力问题进行责任追究，10人受到问责处理，1人受到党纪政务处分，5人诫勉谈话，4人提醒谈话。

**【纪检监察干部队伍建设】**2021年，县纪委县监委建立“队伍建设+业务建设”的“矩阵式”工作模式，在职能垂直管理的基础上，建立灵活的模块式业务专班，有效统筹全县监督力量，推动干部队伍一体管理、具体业务一体推进。全年组建各类模块5个，有效推动文字写作、审查调查、正风肃纪、信访调解等各项工作。分层分类开展培训，举办全县纪检监察干部综合素质提升班，为全县纪检监察干部“加油充电”。实施全员“一堂课”工程，人人参与授课，推动教学相长，全年上报课题36个，县级层面授课7次、乡镇层面授课8次，村级层面授课38次。探索片区协作以会代训模式，借助片区协作模式授课18次，培训1000余人次。开展乡镇纪委换届，通过民主测评、全额定向推荐、谈话了解、民主推荐等方式，选优配强乡镇纪委班子，全县19个乡镇（街道）纪（工）委均完成换届工作，各乡镇（街道）纪（工）委书记、专职副书记配备率100%。2021年，1名班子成员获评“丽水之干”先锋人物，8名干部通过法律职业资格考试，组队参加全市审查调查信息研判比武、全市纪检监察系统“阅读马拉松”暨党史知识竞赛分别获比武二等奖和党史知识竞赛团体总分第一名。

**【廉政文化阵地建设】**2021年，县纪委县监委充分发挥位于大东坝镇横樟村“思廉堂”廉政文化馆的作用。该馆占地面积700平方米，分为廉之序、廉之范、廉之承、廉之道和廉之训五个部分，紧紧围绕“廉”字宣传作风建设，通过领会包拯清正廉明的为官之道，了解松阳包氏后人及松阳先贤的清廉思想和廉洁故事，教育引导广大党员干部树立廉政意识，真正做到清正廉洁。同时配备互联网互动教学，是广大党员干部群众接受清廉文化教育、陶冶道德情操的重要场所。建有“清廉学堂”教学点，可以容纳150余人上课；配有“廉政餐厅”，以清廉为主题，创新推出“廉政菜谱”，打造出一个以看廉政展馆、听包氏廉政故事、游传统村落、吃廉政套餐为主要载体的乡土特色廉政文化教育基地。该基地现有讲解员5人，其中专职讲解员2人、兼职讲解员3人。基地先后被评为省级党史学习教育基地、丽水市法纪教育基地、丽水市直机关党员“主题党日”活动基地、松阳县爱国主义教育基地。全年接待考察、学习团队804批次、10953人次。

**·县纪委重要会议活动·**

**【县纪委十届七次全体（扩大）会议】**2021年4月2日，中共松阳县第十届纪律检查委员会第七次全体（扩大）会议召开。会议学习传达十九届中央纪委五次全会、省纪委十四届六次全会、市纪委四届六次全会精神，回顾总结全县2020年纪检监察工作，部署2021年任务。县委书记李汉勤出席会议并讲话。县委常委、纪委书记、监委主任叶海霞主持会议并代表县纪委常委会作工作报告。县领导莫靓、徐为民、廖宝云、周鸿飞等出席。

**【县纪委十一届一次全体会议】**2021年12月30日，中共松阳县第十一届纪律检查委员会召开第一次全体会议。会议以无记名投票的方式选举产生中共松阳县第十一届纪律检查委员会常务委员会委员，选举叶海霞为中共松阳县第十一届纪律检查委员会书记，叶雯涛、吴剑为副书记。

**【清廉松阳建设第二季度推进会】**2021年8月19日，清廉松阳建设第二季度推进会召开。县委常委、纪委书记、监委主任叶海霞出席会议并讲话。会议强调，要坚持问题导向，精准把握清廉建设短板和不足；坚持精准施治，落实落细清廉建设任务要求；注重点面结合，打造清廉建设工作闭环；主动担当作为，系统推动清廉建设共创共建。会上，县直机关党工委、县农业农村局、县教育局、县卫生健康局、县国资办、县委统战部、县交通运输局、县委宣传部8个清廉建设牵头单位依次做交流发言。

**【全县村（社区）干部队伍教育整顿动员部署会】**2021年9月29日，全县村（社区）干部队伍教育整顿动员部署会召开。县委书记李汉勤出席会议并讲话。周鸿飞、雷剑锋、叶海霞、江山等县领导参加会议。会议强调，要把“接地气、易操作、真管用”作为村（社区）干部教育整顿的最基本要求，并贯穿始终，聚焦矛盾问题解决，多些实实在在，少些形式主义，着力提高农村（社区）基层党组织创造力、凝聚力和战斗力，为打响擦亮“四张金名片”，推进新时代乡村振兴，推动跨越式高质量发展建设山区共同富裕美好社会提供坚强基层保障。县委常委、纪委书记、监委主任叶海霞对全县村（社区）干部队伍教育整顿方案进行部署。

**【清廉松阳建设第三季度推进会】**2021年11月4日，清廉松阳建设第三季度推进会召开。县委常委、纪委书记、监委主任叶海霞出席会议并讲话。会议强调，要拉高标杆，争扛红旗，擦亮清廉松阳品牌；要聚焦重点，强化防控，筑牢清廉生态底线；要凝聚合力，多措并举，推进清廉成效共享。会上，县委直属机关工委、县农业农村局、县教育局、县卫生健康局、县国资办、县委统战部、县交通运输局、县委宣传部8个清廉建设牵头单位依次做交流发言。

【纪检监察开放日活动】2021年11月11日，松阳县纪委县监委举办首次“纪检监察开放日”活动，县人大常委会主任徐为民、县政协主席廖宝云应邀出席活动，部分县党代表、县人大代表、县政协委员、县新闻媒体代表、县政法代表等10余人应邀参加活动。受邀代表参观清廉村居示范点——樟溪乡力溪村，了解村级监察工作联络站及清廉村居、清廉文化等建设情况。到古市医院现场感受清廉医院建设成果。实地查看县纪委监委机关各室办公场所和展示墙、宣传栏，并通过听取介绍和现场提问等方式，详细了解涉纪信访件办理和审查调查有关工作流程，以及机关党建带团建带妇建情况，全方位感受纪检监察浓厚的机关文化和纪检监察铁军朝气蓬勃、干事创业、争当金牛的精气神。县委常委、纪委书记、监委主任叶海霞在座谈交流会上介绍了监察体制改革带来的变化，并通报五年来全县纪检监察事业取得的长足发展。

## ·清廉松阳建设·

【概况】2021年，县纪委县监委协助县委制定《2021年清廉松阳建设工作要点》，探索“清廉赶集日”活动，发布八大清廉建设单元创意项目91个，通过线上线下定期展示交流清廉建设品牌集群，培育形成一批具有松阳特色的工作品牌。高质量完成市纪委市监委交办的《丽水市清廉医院创建标准》起草任务，并在全市推广运用，清廉医院做法在省市多次作经验交流。

【清廉机关】2021年，县纪委县监委强化政治统领，开展党史学习教育，坚持把学习习近平新时代中国特色社会主义思想作为主题党日第一议题，组织5600余名党员开展党建知识“云上比”活动，通过组织培训、以会代训和中心组学习等形式，做好换届纪律宣传教育。强化互促共融，深入开展“自由裁量权不自由行动”，推动14个行政执法部门健全规范自由裁量权工作制度，推动县属国有企业党组织统一归口管理，深化机关部门进村（社区）“集千题 解千愁 惠万民”实践活动。强化典型示范，完善“五强”标准（23项细化指标），举办全县机关党建工作“实招妙招”创新展示擂台赛，32个单位的清廉机关创意项目建设成效初显，17个单位通过验收，其中县市场监督管理局、县行政服务中心获评全市“建设清廉机关、创建模范机关”工作先进集体。强化责任落实，印发2021年度县直单位党组（党委）履行机关党建主体责任清单和2021年度县直单位党组（党委）书记履行机关党建第一责任人任务清单，组建专项检查组对全县11个社区的党员“八小时外”经费使用情况进行检查，举办“清廉机关、模范机关”建设工作专题培训班，提升机关党务干部的业务能力。

【清廉村居】2021年，县纪委县监委坚持“赶集促廉”，创建“清廉村居赶集日”工作机制，发布清廉村居创意项目20个，如清廉村居“和合榜”项目在化解基层矛盾、促进干群和谐中发挥积极作用，全年收集群众监督议题252个，督促整改问题245个，约谈提醒79人，党政纪处分19人，发出监察建议书13份，清退违规资金16.13万元，建立健全制度21项。强化“制度固廉”，修订《松阳县农村集体资金资产资源管理办法》，深化村级小微权力清单“28条”运用，系统绘制包含261个村级事务廉政风险点、275条防控措施的“廉情地图”。推动“数字助廉”，推进“农经数字管理系统”全域运用，被省农业农村厅列为农村集体“三资”管理服务多跨应用场景第一批“先行先试”县。突出“监督守廉”，开展“三资”管理领域腐败突出问题专项治理，发现各类问题49个，完成整改46个，收回合同应收款和村级外借款54万元，清退违反非生产性支出0.65万元，归还未经民主决策借款50万元。探索构建“廉情地图”监督体系，借助“廉情地图”开展监督645次，发现并推动整改各类问题317个，动态记录新风险点32个，督促村两委完善防控措施37条，清退违规款项8.49万元。

【清廉学校】2021年，县纪委县监委开展“清廉淘宝”行动，发布清廉学校创意项目12个，建成清廉学校21所，1所学校被列为省清廉学校推荐对象，在全市清廉学校建设现场会上作典型发言。深化师德师风专项整治，组织开展“五个一”（一封倡议书、一场宣誓仪式、一份郑重承诺、一次师徒结对、一次班队活动）教师节系列活动，275名教职工在承诺书上签字，发放“过清廉教师节”倡议书4000余份，营造风清气正教师节氛围。开展教育领域腐败问题专项整治，办理问题线索3件，给予党纪政务处分3人。推进“六大阳光工程”建设，2家对外托管学校食堂纳入“三统一”（统一招标采购、统一询价、统一使用丰收溯配系统）。充分发挥内部审计作用，开展内部审计项目71个，核减工程结算造价339.68万元，挽回经济损失3.3万元。

【清廉医院】2021年，县纪委县监委创建并完善“六个一”清廉机制，典型做法受到浙江新闻移动客户端、浙江省纪委省监委网站报道点赞，并在省市多次作经验交流。制订一套流程图，针对公立医院决策权、人事权、采购权等重点权力事项，深入查找廉政风险隐患，形成权利流程图100项，实行全流程规范操作和实时监管。发布一个清廉码，建立“清廉码”平台，把“清廉码”张贴在医院门诊大厅、住院病房等醒目位置，全年收到各类投诉30起，均第一时间处置到位。升级一体考评指数，在钉钉搭建清廉医院平台，开辟医德医风档案管理模块，升级医德医风数字化考评体系，开展自评、科评、院评三级在线考评，考评结果与绩效考核、职称评聘、评先评优等相挂钩，通过考评，患者投诉率比上年下降22%。梳理一批权力清单，制订小微权力清单100项，并全面公开，创新廉政查房和医院行政查房相结合制度，通过定期听汇报、看现场、查资料、提建议等方式，对小微权力清单内容进行分析点评，开展“廉政查房”69次。出台一个建设标准，高质量完成市纪委市监委交办的《丽水市清廉医院建设创建标准》起草任务，以2个县级医院为重点，逐步向乡镇卫生院、民营医院铺开，推动清廉元素向行业各领域、各环节渗透。建设一批清廉阵地，建成示范性清廉文化长廊6家、清廉诊室12个，开展清廉讲座43次、业务培训120余次。

清廉文化主题公园松风园 （叶光铭/摄）

**【清廉民企】**2021年，县纪委县监委结合党史学习教育，定期举办廉洁教育主题党日活动，制订民营企业“清廉关系十必知”，推动廉洁思想深入人心。成立清廉民企巡诊队，组建由县委统战部牵头，县纪委县监委、县集聚区管委会、县经济商贸局、县工商联等相关部门共同参与的巡诊队，定期挑选1～2家企业开展清廉建设巡诊，相继走访巡诊松阳隐巷文化艺术酒店、浙江康恩贝制药有限公司等10余家企业，发现并推动解决问题17个。开展“亲清直通车·政企恳谈会”活动，邀请县集聚区管委会、县税务局、县科技局以及民营经济企业家代表参加“亲清直通车·政企恳谈会”，全年举办3场，收集涉及税收、政策、营商服务、数字化改革等方面问题建议23个，其中当场答复21个，转相关部门办理2个。

**【清廉国企】**2021年，县纪委县监委建立健全《松阳县直属企业负责人薪酬考核暂行办法》《松阳县国有企业员工薪酬管理办法（暂行）》《松阳县企业国有资本收益收缴管理办法》等7项制度，形成用制度管人管权管事的内控体系。开展国有企业岗位风险点排查，建立清廉档案，对国有企业清廉从业状况实行动态监控。加强国有资产管理，把全县国有企业全部纳入“国资监管系统”平台监管，推出“企业购”系统，62家当地国有企业入驻政采云。以资金管理为核心，逐步形成“比选‘存’、严管‘取’、规范‘借’、谨慎‘保’、择优‘贷’、低息‘融’”的全链条资金监管体系，追回违规资金225.5万元。打造一批具有鲜明特色的清廉品牌，县交通发展投资集团有限公司设置“廉洁从业承诺墙”，推出“清风松阳公交专线”；县城市发展投资集团有限公司结合老旧小区环境提升整治项目，在教师新村小区改造中融入清廉元素，打造“松风园”廉政主题微阵地；县经济发展投集团有限公司建立工程项目廉政监督工作专班，采取“嵌入式”“下沉式”“点穴式”的监督方式，加强对工程项目的动态监督。

**【清廉文化】**2021年，县纪委县监委总结提炼以“精耕勤学 开放融合 争先图强”为内涵表述语的“新时代松阳精神”，为营造清廉的环境和干事的氛围提供强大的精神支撑。充分发挥传统清廉文化和红色革命教育基地作用，大东坝镇“思廉堂”廉政文化馆获评丽水市第一批清廉文化示范点，全年接待各类学习教育团队804批次、10953人次；安民乡安岱后浙西南革命根据地领导机关旧址群被列入浙西南革命文物“金名片”，获评浙江省党员教育培训基地，全年接待各类学习教育团队300余批次、7300余人。打造一批清风正气的文化作品，举办“庆建党百年 忆红色初心”清廉海报设计大赛，获奖作品在县博物馆、县清廉文化主题公园松风园等地展出；力溪湖连环画艺术节展出的《红色浙西南——松州风雷》《清廉樟溪》等许多具有松阳清廉元素的优秀作品，备受全国连环画爱好者喜爱；“小青松”清廉宣讲团开展《筑牢信仰之基 弘扬清风正气》《切实做好靶向式监督》等主题宣讲20余场次，受众3000余人。

**【清廉交通】**2021年，县纪委县监委建立健全《机关效能警诫制度》《松阳县交通运输局亲清政商交往正反面清单》《松阳县交通工程领域廉政风险防控手册》等制度7项，把权力关进制度笼子。打造“交通小微工程阳光监管”品牌，通过进一步规范班子集体决策、施工单位选取、施工队伍管理等3项举措，实现小微工程建设成本下降、工期缩短的目标。创新清廉养护管理模式，从机制管理、工作时效、制度建设、线上平台、高效合作五方面入手，把廉政建设贯穿公路全寿命周期养护，实现路况指标优良、工程质量优质、成本费用减少、审批程序缩减、养护效率提高、廉政风险降低的目标，是丽水市公路全寿命周期养护唯一试点县。围绕清廉交通建设工作，推进机关效能提升与业务工作深度融合，协调多部门整合资源，解决农村物流末端配送“最后一公里”瓶颈，在全省客货邮融合发展工作会议上交流经验。

（县纪委）

## 党风政风监督（党风廉政宣传教育）

**【概况】**2021年，县纪委县监委持续加强政治生态建设，深化政治生态（清廉指数）评价体系，健全完善一月一主题“1+X”正风肃纪工作机制，深入开展新冠肺炎疫情防控、长三角一体化、耕地“非粮化”优化整治等专项监督以及漠视侵害群众利益问题专项治理，推动警示教育常态化，鼓励干部担当尽责，不断净化基层政治生态，推进全面从严治党向纵深发展。

**【政治生态建设】**2021年，县纪委县监委加强政治生态建设，精准画好领导干部政治画像，每季度开展政治生态分析研判，建立全县各单位政治生态建设档案，健全611名乡科级领导干部廉政档案。深化政治生态（清廉指数）评价体系，对全县73个单位进行动态监测，有63个单位评价为好，10个单位评价为良好。紧盯习近平总书记指示批示精神和县委决策部署，制定《2021年政治监督工作方案》，确定19个政治监督主题，项目化推进政治监督工作，全年围绕“双招双引”“四件关键事”、重点项目推进等开展政治监督95次，推动解决问题318个。

**【新冠肺炎疫情防控专项监督】**2021年，县纪委县监委聚焦习近平总书记“坚决打赢疫情防控阻击战”的批示指示精神，创新构建“5+X+29”全覆盖日常监督机制，紧盯全县各单位新冠肺炎疫情防控部署、测温亮码戴口罩、防疫物资储备、重点人员追踪排查及公共场所人员防护等，开展近距离、常态化监督检查和明察暗访1986人次，督促整改问题1453个，发出通报6期，通报单位党组织10个，通报批评1人，约谈提醒19人。

**【纠治“四风”行动】**2021年，县纪委县监委健全完善一月一主题“1+X”正风肃纪工作机制，统筹运用县县交叉查、县乡联动查、片区协作查等方式，重点查究违规吃喝、公职人员参与牌局、餐饮浪费、违规收送礼金礼品、违规发放津补贴、茶叶领域背后“四风”等问题。全年开展各类正风肃纪检查17次，督促整改问题142个，查处违反中央八项规定精神问题31起39人，通报典型案例3期。

**【侵害群众利益问题专项治理】**2021年，县纪委县监委根据上级部署，结合松阳实际，牵头开展39项专项整治工作。制订、落实工作方案，每月定期梳理工作进度和阶段性工作成效报市纪委。会同14个单位开展15个主题的漠视侵害群众利益问题专项治理工作，查摆问题55个，接到群众投诉举报问题5个，督查发现问题101个，查处典型问题24个，党政纪处分18人，通报批评2人，建立健全制度29项。

**【党章党规党纪教育】**2021年，县纪委县监委做实案件查办“后半篇文章”，精准规范运用纪检监察建议，全年制发纪检监察建议书20份，督促整改问题54个。坚持用“身边案”教育“身边人”。拍摄县综合行政执法局原局长叶某某《蚁式贪腐 溃败人生》、村（社区）干部教育整顿专题片《蚁害》等警示教育片，在各类重大会议上播放。通过现场旁听、“法纪云课堂”等形式组织全县党员干部、村干部“零距离”观看案件庭审，警示教育精准性、实效性不断提升，全年有10名党员干部主动投案。打造全县首座清廉文化主题公园“松风园”，“思廉堂”廉政教育基地获评全市首批清廉文化示范点，举办“庆建党百年 忆红色初心”清廉海报设计大赛、丽水市清廉文化作品创作大赛作品展（松阳站），编印清廉文化优秀作品选编，推出5条集红色元素、绿色生态、清色廉韵为一体的学习考察线路，大力营造崇廉、尚廉的社会风尚。

（县纪委）

## 巡察工作

**【概况】**2021年，中共松阳县委巡察办公室（以下简称“县委巡察办”）贯彻落实上级巡视巡察机构深化政治巡察的部署要求，牢牢把握“两个维护”根本任务，统筹开展县委巡察工作，协助市委巡察机构开展提级（交叉）巡察，推进粮食领域回访检查，深入开展村（社区）巡察整改回访检查，全面提升巡察质效。

**【政治巡察】**2021年，县委巡察办始终把“两个维护”作为首要政治任务，坚持党中央重大决策部署到哪里、巡察监督就跟进到哪里。县委巡察办聚焦共同富裕、实施乡村振兴战略、新冠肺炎疫情防控等重大决策部署情况，着力发现被巡察党组织在履行职责使命，贯彻落实新发展理念、经济社会发展等过程中存在的问题，推动被巡察单位履职尽责。结合县政法队伍教育整顿，对县人民检察院开展政治巡察；聚焦国企重组改革，对县水务发展投资集团有限公司、县城市发展投资集团有限公司、县文化旅游投资集团有限公司3家国企开展政治巡察；聚焦粮食领域腐败问题，对当地区域涉粮问题开展回访检查，深入查找粮食购销领域制度漏洞和履职短板。

**【巡察工作全覆盖】**2021年，中共松阳县委把巡察工作作为全面从严治党的重要抓手，纳入全县党风廉政建设全局统筹推进，坚持有形覆盖与有效覆盖相统一，高质量完成十届县委巡察全覆盖。全年开展三轮对16个党组织的政治巡察，发现问题679个，给予党纪政务处分15人，采取留置措施2人。十届县委巡察覆盖率和村社巡察覆盖率均为100%，形成全覆盖高质量实现、政治巡察持续深化、巡察体系日趋完善、成果运用充分有力的生动局面，有力助推全县党风政风和政治生态持续向好。

**【巡察整改成效检验】**2021年，县委巡察办坚持把解决问题作为巡察工作的落脚点，深化巡察成果运用。开展问题整改大排查，对第一轮至第九轮68个党组织巡察整改情况进行排查，对未完成整改的21个问题进行重点督办。对22个党组织巡察整改情况开展量化评估，对29个重点村社开展巡察整改回访检查，发现问题90个，发出通报2期。开展问题线索大清零，强化巡纪协作联动机制，对巡察移交的问题线索办理情况进行全面排查，健全完善线索台账，实行动态更新、定期汇总、集中研判，推动线索管理规范化、系统化、科学化。

（县委巡察办）

## 监察工作

**【组织机构派驻（出）】**2021年，县纪委县监委在派驻机构与机关干部选调录用、选拔任用、轮岗交流、教育培训、党建工作和经费保障一体化的基础上，按照省纪委《关于进一步深化派驻机构改革的实施意见》要求，有效发挥派驻纪检监察组“派”的权威和“驻”的优势作用，继续采取派驻主管单位纪检监察组综合监督的模式加强对县开发区（园区）的监督，把丽水市生态环境局松阳分局纳入派驻第四纪检监察组监督范围，把县自然资源和规划局纳入派驻第六纪检监察组监督范围，强化对垂直管理单位的监督。

**【监委措施应用】**2021年，县纪委县监委实行监察谈话29次、询问229次、讯问13次、调取40次、查询100次、扣押48次、返还1次、没收4次、勘验检查3次、鉴定2次、留置6次。

## 重大举措重要成果

**【“金字塔形”纵向监督机制】**2021年，县纪委县监委围绕群众反映强烈的问题，实施“金字塔形”纵向监督。村级监察工作联络站通过日常监督、“廉情走访”、群众“点单”、巡察反馈、信访举报等途径，每月确定一个监督主题，探索运用提级监督、交叉监督、监督“回头看”等方式，破解基层“熟人社会”监督难题。每季度开展汇总分析，找准难点堵点，突出专项整治。全年开展纵向监督10期，报送监督主题2140个，发现问题716个，推动问题整改712个，开展专项整治2期。

**【“回头看”专项整治活动】**2021年，县纪委县监委组织召开专项整治活动部署会，出台《问题线索管理大检查、既往已办案件“回头看”工作实施方案》《关于开展“严纪律、守规矩、规范执纪执法权”专题学习大讨论的活动方案》《关于开展岗位风险排查的活动方案》3个方案。对照实施方案开展问题线索、已办案件自查及抽查，实现排查全覆盖。全年自查问题线索1005个，开展既往已办案件回头看574个，发现问题1087个，完成整改1087个。开展岗位风险排查，发现风险隐患393个，制定有效防控措施412条。县纪委常委会理论中心组、各党支部、党小组结合“三会一课”、主题党日等形式常态化开展学习大讨论，全年开展大讨论36次，178人次参与。梳理现行请示报告相关制度，通过自查发现问题7个，全部整改到位。启动该委机关各项内控制度修订工作，完成委机关议事规则、公车使用、公章管理等县乡两级23项制度的修订。

**【村（社区）干部队伍教育整顿】**2021年，县纪委县监委主动谋划并协助县委开展村（社区）干部队伍教育整顿专项行动，有力化解村级乱象，巩固党的基层执政根基。全县214个村（社区）完成4323名农村党员、村（社区）干部谈心谈话和2050名村（社区）干部对照自查，通过专项整治、回访检查、意见征集、线索起底等方式，发现问题284个，对4名农村党员干部违纪违法问题进行初步核实，立案审查调查5人，给予党纪政务处分3人。

**【信访举报“廉情驿站”工作机制】**2021年，县纪委县监委为破解基层信访举报量大、信访问题多发等突出问题，聚焦发生在群众身边的腐败问题，探索建立信访举报“廉情驿站”，实施源头治理，化解基层矛盾。基层信访举报“廉情驿站”建设全覆盖。全县19个乡镇（街道）214个村（社区）依托自身实际和风俗习惯建立信访举报“廉情驿站”，主要负责收报廉情信息、强化日常监督、畅通举报渠道、参与纠纷化解等工作，重点聚焦村级重大事项或重要民生问题，做到问题早发现、早整改，把苗头性、倾向性问题处置在群众信访举报前。开展廉情信息“自画像”专项活动。根据村（社区）“廉情驿站”掌握收集的第一手廉情信息，摸清县域内涉纪问题隐患底数，列出重点区域、重点领域和重点问题，系统化掌握廉情信息面上问题及背后根源因素，明确具体责任人，着力把问题吸附处置在基层。创新“三访”举措。学习习近平总书记在浙江工作时推行的下访工作法，因地制宜、因人施策开展“约访”“下访”“走访”三访活动，重心下沉、关口前移，层层压实责任，摸清属地问题底数，对症下药治理“顽疾”，有效破解基层属地受理率低的问题。汇编“廉情驿站”典型案例。以案例讲举措、促交流、树品牌，汇编《“廉情驿站”十佳典型工作模式》工作手册，梳理典型工作模式并向基层推广。全年完成11轮“自画像”梳理，排查出廉情信息391条、倾向性苗头性问题信息75条，重点区域22个、重点领域16个，开展“三访”803批次，破解涉纪信访积案10件。

**【基层自办案件“双交叉”审理模式】** 2021年，县纪委县监委探索在片区内推行乡镇纪检监察组织自办案件交叉审理和交叉评价的“二进制”审理模式，出台《松阳县纪委县监委“二进制”审理工作实施办法（试行）》。依托基层纪检监察机构协作片推进交叉审理工作，实现基层办案力量整合，在交叉审理的基础上推进交叉评价工作，倒逼办案人员牢固树立案件质量理念，压实案件质量责任制，打造“审查调查+审理”案件质量共同体。同时，“二进制”审理工作引入激励机制，把该项工作纳入乡镇纪检监察机构工作考核指标，解决片区案件协作“上热下冷”的问题，充分调动乡镇干部工作积极性，强化责任担当意识。全年有6个案件适用双交叉审理模式开展案件审理工作，发现定性不准确、涉案款物处置不规范等方面问题30个并完成整改，基层审理工作质效得到明显提升。“双交叉”审理推动基层案件质效提升的做法被《丽水纪检监察信息》第19期刊载，《“双交叉”审理提升乡镇办案质量》一文刊发在浙江省纪委省监委网站。

**【政法队伍教育整顿】** 2021年，县纪委县监委牵头开展政法队伍教育整顿。成立政法系统问题线索处置领导小组，专题研究政法系统问题线索处置工作，每半月听取一次政法系统问题线索办理情况。全面排查党的十九大以来政法系统违纪违法问题线索，并建立未查结问题线索清单，实行销号制管理，完成线索核查。创新体制机制，推进纪法贯通。4月初，联合县委政法委成立工作专班，出台《关于规范纪检监察机关与政法机关工作衔接的意见（试行）》（简称《意见》），重点对问题线索移送、案件查办和日常监督三方面的工作进行了细化。该《意见》得到市纪委市监委、市委政法委领导高度肯定，并于4月底由市纪委市监委和市委政法委联合发文推广。加强宣传教育，贯彻政策要求。通过专班人员深入研究学，并及时向市纪委市监委审理室请示报告，确保“自查从宽、被查从严”政策学习贯彻走深走实。加强对外宣传教育，由县委常委、纪委书记、监委主任叶海霞为全县政法队伍作专题廉政报告，由派驻纪检监察组组长为各受监督单位作廉政报告，并组织政法队伍干部围绕廉政报告开展主题研讨。通过两次宣讲“自查从宽、被查从严”政策、组织观看警示教育片、发放致家属一封信、开设“清风松阳”微信公众号专栏等形式广泛开展宣传教育，在政法系统中形成威慑力。全年有12名干警主动向组织说明问题。《意见》的出台以及政策的宣讲，进一步推进纪检监察机关与政法机关工作有效衔接，促进纪检监察机关与政法机关在反腐败工作上形成合力。全年受理政法队伍教育整顿问题线索18件22人，办结18件。其中，留党察看1人、撤职处分2人，通报批评2人，诫勉谈话1人，批评教育3人，谈话提醒7人，完成省督导组、市纪委、县委巡察交办的问题线索。

（县纪委县监委办）

# 民主党派　工商联

大东坝镇茶排村

## 民革松阳县支部

**【概况】**2021 年，民革松阳县支部按照民革中央和省、市委会的工作部署，以作风建设年为抓手，真情履职，在现代化“田园松阳”建设中贡献民革应有的力量。该支部被民革中央评为“民革助力脱贫攻坚工作先进集体”；被民革浙江省委会评为“民革全省祖统（祖国统一）工作先进集体”；在民革丽水市委会考评中连续五年居第一，获评“先进集体”和“反映社情民意信息工作先进集体”。

重视民革党员队伍建设，发挥党员主人翁和党员之家的作用，提倡争先创优，修改完善《党员履职“积分制”管理办法》，发挥党员自身专业特长和资源优势，鼓励党员完成“三个一”目标（每月参加一次学习活动、承担一次履职活动、提交一篇高质量的参政议政文章）；依托三支“博爱”服务队，激励党员岗位建功，为群众办实事、解难事、做好事，不断培养骨干党员队伍，提高其履职综合能力；加强代表人士队伍建设，制定《民革松阳县支部关于开展“人人争当伯乐”活动的实施意见》，积极发展各行业、各领域代表性人士，充实后备储备人才队伍，全年发展新党员 5 名。党员在各领域取得良好成绩，叶伟兰、陈银方被民革中央评为“民革全国组织工作先进个人”和“民革助力脱贫攻坚工作先进个人”；蓝良松获丽水市人力社保系统最美先锋模范和优秀党员称号；何尉英被评为“丽水市河（湖）长制工作先进个人”；熊火旺、包益来被评为县政协优秀委员。

**【信息宣传工作】**2021 年，民革松阳县支部开展全方位宣传，把宣传工作贯穿每项活动始终，充分运用“报（刊）网端微屏”媒体融合平台，及时宣传支部履职动态与成果。编发 1 期《松阳民革》内刊，27 篇信息被民革中央、省市网站刊物采用刊登，其中团结网 1 篇、民革中央网站 1 篇、浙江民革网站（微信公众号）9 篇、丽水民革网站（微信公众号）16 篇。

**【社会服务活动】**2021 年，民革松阳县支部整合资源，精准对接，借力借势开展社会服务和祖国统一联谊，聚力打响民革“博爱”社会服务品牌。持续开展“博爱·牵手”“四个一”活动（一批特殊群体，一所山区学校，一个古村落，一部分肾病患者），多层次开展解难事、做实事、办好事活动。到结对村横樟村开展“博爱·牵手”暖冬行活动，走访慰问困难户 8 户，争取中草药项目经费 10 万元，助力产业培育和村集体经济壮大；与结对社区党支部联合开展“同心向党 礼赞百年”党史知识竞赛活动；在结对学校大东坝小学定期开设非遗传承剪纸公益课。深化“慈善·博爱”护肾公益行动，逐步建立规范化的长效机制。12 月 10 日，与县政协办、县慈善总会和爱心企业联合举办 2021 年度“慈善·博爱”护肾公益行动启动仪式，筹集善款 3 万余元，物资折价 2.6 万余元，走访全县 164 名关爱对象，赠出善款 24.6 万余元和物资价值 9 万余元。发挥党派特色。4 月 15 日，成立“博爱”联谊服务队，开展“博爱”“三服务”活动，举行公益剪纸课进乡村、进学校、进企业活动 6 次；“博爱”法律服务队开展送法进学校、社区活动 4 次；“博爱”三农服务队开展技术指导、企业帮扶、茶企调研、青果采摘等助农服务 5 次。开展祖国统一联谊。主动联系爱心企业和爱心之士，在抗战胜利纪念日，走访慰问抗战老兵 2 次，捐赠爱心物资和善款 2 万余元。利用春节、中秋等传统节日，联合县台办开展台企、台属走访慰问等活动。12 月 28 日，联合《钱江晚报》、市关工委、县关工委等单位到大东坝镇中心学校开展“针心针意　浙丽关爱”活动（“针心针意”指给学生送去手工织的围巾）；对接民革浙江省委会教育服务团和三都乡小学联合开展“博爱·牵手”暖冬行爱心助学活动。

**【参政议政】**2021 年，民革松阳县支部聚焦松阳经济社会发展的重点、难点和群众关心的热点问题，结合“社会法治、三农、祖国统一”民革三大特色领域，充分挖掘党员和特邀信息员潜力活力，开设 3 期“社情民意信息沙龙”，聚焦两会议政，提交省政协提案 1 篇、市人大建议案 5 件、市政协提案 4 件，市政协大会发言 2 篇（市民革团体发言 1 篇）、县政协大会发言 5 篇（支部团体发言 1 篇）、

2021 年 12 月 28 日，民革松阳支部联合《钱江晚报》、市关工委、县关工委等单位在大东坝镇中心学校开展“针心针意 浙丽关爱”公益活动　（民革松阳县支部供图）

提案14件（支部团体提案3件），其中1篇大会发言获县领导批示，3篇发言被评为优秀大会发言（市政协1篇），1件提案被市人大列为重点建议案，4件提案被确定为重点提案（市政协1件），2件提案获优秀提案一等奖，1件提案获优秀提案二等奖，1件提案获优秀提案三等奖。

【调查研究】2021年，民革松阳县支部围绕城市有机更新、美丽乡村建设、农村集体经济、民宿经济、茶产业发展等开展专题调研5次，形成社情民意21篇，其中省政协录用1篇并获省领导批示、省民革录用1篇、市政协录用3篇、市民革录用4篇、县政协录用12篇（5篇获县领导批示）。《建设高素质人才队伍，推动山区实现共同富裕》等5篇文章被民革中央第四届莫干山乡村振兴论坛录用，投稿数量和录用居全市第一名。承办民革中央副主席冯巩带领的调研组到松阳开展国家传统村落公园的调研考察、座谈汇报会等活动。组织民革党员参加县委、县政府、县政协以及相关部门组织的党外人士座谈会、统一战线暑期读书会、“一委两院”（纪委、法院、检察院）工作情况通报座谈会、统一战线助力共同富裕座谈会、重点提案面商会、重点课题专题调研、专项民主监督和“请你来协商”等各类协商议政活动20余次，提出建设性可行性意见建议，发挥民主党派应有的作用。

（民革松阳县支部）

## 民盟松阳县基层委员会

【概况】2021年，中国民主同盟松阳县基层委员会（简称“民盟松阳县基层委员会”）下设县第一中学支部、丽水中专支部、文教支部、医卫支部、科技支部、环境资源支部、经济支部7个。至12月末，全县盟员有126人。其中，教育界41人，占32.5%；医卫界31人，占24.6%；律师、企业家、科技人员28人，占22.2%；其他26人，占20.6%。女盟员52人，占41.3%；男盟员74人，占58.7%；退休34人，占27%。

【民盟社会服务】2021年，民盟松阳县基层委员会注重平台建设，充分利用“民盟同心·专家工作站”内资源，开展各类活动。民盟浙大华家池总支委员会结合自身优势，深入松阳开展果蔬、茶产业“三服务”活动。自首家民盟“雏鹰·关爱之家”在古市中学揭牌启用以来，县基层委举全盟之力，在古市中学开展系列社会服务活动共30余场。组织各支部“爱心爸爸妈妈”开展“最美人间四月天 温情关爱助成长”关爱活动。民盟浙江水利水电学院支部到古市中学开展捐资助学活动。由中国民主同盟浙江省委（简称“民盟省委”）牵头，盟员屈小武特级教师工作站每月开展线上“送教下乡”活动。县基层委积极争取补助资金56万元，用于建设“雏鹰·关爱之家”多功能阅览室和阳光心理活动室，添置图书、书架、电子阅读设备、空调等设施设备，优化软硬件设施，丰富关爱之家内涵，以实际行动关爱留守儿童健康成长。邀请国家二级心理咨询师、丽水中等专业学校心理健康教育负责人杜玉芳老师开展《悦纳自我，相遇最美的你》心理健康教育活动课。打造特色帮扶，联合浙大九三学社到枫坪乡中心小学开展帮扶助学活动。医卫支部深入大东坝镇中心卫生院开展《肿瘤防治》《HPV和HPV疫苗的解读》《健康饮食与癌症》等培训；到枫坪乡卫生院开展医疗义诊活动，为当地老百姓开展老年病、慢性病、计划生育等医疗服务和咨询。松阳“民盟林”连续8年开展植树活动。此外，各支部也经常开展送文化、送技术、送法律下乡活动。阮东方被民盟丽水市委（简称“民盟市委”）评为2021年度社会服务工作先进个人。

【盟员参政议政】2021年，民盟松阳县基层委员会在市政协四届五次会议上，提交市政协提案1篇；在县政协九届五次会议上，提交大会发言6件，盟员王国华代表民盟松阳县基层委员会做《深耕研学旅行蓝海 打造文旅发展新引擎》的大会口头发言；盟员吴伟松代表文学艺术界做《生态博物馆“为凤筑巢”后亟须“引凤来巢”》的大会口头发言；盟员金黎艳、陈晓燕、刘俊分别作《旧城区管网建设》《发挥乡贤作用》《老小区加装电梯》的大会即席发言，其中吴伟松、金黎艳、陈晓燕获大会发言一等奖（优秀大会发言）。提交县人大建议2件，

10月26日，民盟浙江水利水电学院支部到古市中学开展捐资助学活动（民盟松阳县基层委员会供图）

县政协提案49件，其中6篇盟员领衔提案被列为重点提案；3篇盟员领衔的提案被列为重要提案。吴定邦、王国华获评优秀政协委员；金黎艳和叶逢彬获评反映社情民意积极分子；积极资政建言，全年盟员撰写社情民意40篇，被采用26篇。其中，全国政协采用1篇、民盟省委采用18篇、丽水市政协采用2篇、县政协采用18篇。叶向东的《提升衢宁铁路互联互通优势，加快实现“闽东北、浙西南”革命老区共同富裕》社情民意在全国政协网站单篇录用。叶向东、叶逢彬、金黎艳、陈晓燕被民盟市委评为2021年度参政议政工作先进个人。围绕中心深入调研。撰写《深化实施“千万工程”着力打造花园乡村》调研报告。医卫支部到千岛湖开展改革创新旅游调研活动；经济支部到金华开展“做足田园松阳文章 展示山区共同富裕的窗口”调研活动。

**【换届选举】**2021年9月9日，民盟松阳县基层委员会召开民盟松阳县基层委员会换届大会。大会听取并审议叶向东主委代表民盟松阳县第七届基层委员会所作的工作报告，回顾五年来的工作进展，充分肯定民盟松阳县第七届基层委员会在思想建设载体、参政议政履职、拓展和提升社会服务品牌方面开展的一系列卓有成效的工作。会议还选举产生了由王尚德、叶向东、叶关毅、阮东方、陈彬、陈晓燕、吴定邦、吴昳敏、金黎艳、徐丽君10人委员组成的民盟松阳县第八届基层委员会。叶向东当选主任委员，王尚德、叶关毅、陈晓燕当选副主任委员。通过中国民主同盟松阳县第八届基层委员会第一次民盟大会决议。

**【民盟自身建设】**2021年，民盟松阳县基层委员会重视理论学习，坚持“第一时间传达”和“逢会必学”原则，组织盟员围绕重大节日、重要活动、重要会议精神开展学习。学习习近平新时代中国特色社会主义思想、中共十九届六中全会精神、中共中央印发《中国共产党统一战线工作条例》、民盟中央、省、市相关文件精神以及市县两会、党委、政府历次全会精神等。全面树立初心意识，组织开展“3·19”建盟日主题活动，“和衷共济 再启新程”暨党史、盟史理论学习话真理活动，重温学习党史、盟史；组织骨干盟员到井冈山开展“传承革命精神 继续携手前进”主题教育活动。推进对外宣传，加强“报刊、网站、公众号、钉钉群”四位一体宣传平台建设，采取微信平台等各种形式加大宣传力度，内聚人心、外树形象。在市盟网站发表文章18篇，在松阳电视台报道5次。叶雯被民盟市委评为2021年度思想宣传工作先进个人。“盟员之家”建设富有成效，全年召开会议、新盟员培训、书画交流、讲座等10余场次，接待各地民盟组织参观、考察10批次，增强了组织凝聚力，成为盟员学习、活动、交流的重要平台。陈晓燕被盟市委评为2021年度盟务工作先进个人。

2021年6月4—7日，民盟松阳县基层委员会组织骨干盟员到井冈山开展“传承革命精神 继续携手前进”主题教育活动（民盟松阳县基层委员会供图）

**【盟员爱岗敬业】**2021年，民盟松阳县基层委员会带领广大盟员投身新时代建设中，建立新业绩。陈晓燕、叶逢彬、金黎艳、王国华、徐璐、马妮卡被民盟市委评为2021年度优秀盟员；盟员吴伟松、潘银燕指导的合唱节目《农家四月艳阳天》《山在虚无缥缈间》获浙江省大学生艺术节合唱类比赛一等奖，获“优秀指导教师”称号；盟员叶丽琴个人返乡创业事迹在《中国日报》（国际版）刊登；盟员王国华的水彩画作品《童话里的故事》入选“浙江省第十六届水彩粉画展”，另一水彩画作品《呵护母亲河，守护童年记忆》入选“浙江省第八届青年美术作品展”；盟员夏梅玲获丽水市级中医护理综合技能竞赛个人三等奖；盟员徐丽君被评为市直优秀教师；盟员何文胜的摄影作品《正在崛起的智能制造企业》在“云中马”杯松阳县首届工业摄影大赛中获优秀奖，盟员朱贤信的3幅作品《宝丰钢业（组图）》等同时获入围奖；盟员杜玉芳获丽水市德育学科带头人称号，展现新时代盟员的绚丽风采。

（民盟松阳县基层委员会）

## 工商业联合会

**【概况】**2021年，松阳县工商联合会（以下简称“县工商联”）做好知名浙商到松阳考察工作，由县委书记李汉勤带队到宁波与宁波市工商联对接知名浙商助力26个县跨越式发展工作，重点推介松阳“双招双引”政策，开展洽谈交流与合作；参加丽水市工商联牵头举办的知名浙商助力丽水跨越式发展大会；牵头举办知名浙商助力松阳跨越式发展大会，参会企业家实地考察赤寿工业园区及入园企业，并召开座谈会。会上，签订长效对接协议，确定长效对接机制，成立专班。聘请企业家代表为“经济顾问”和“招商大使”并发放聘书。

全年开展3次“亲清直通车·政企恳谈会”活动。首期联合县税务局、县科技局举行“亲清直通车”活动，为全县180余名民营企业家宣传税收相关政策；第二期联合县税务局、县内先进制造业、服务业、高新技术企业、劳动密集型企业、进出口企业、小微企业、涉税中介机构等12家企业代表30余人进行商讨。收集涉及税收、政策、营商服务等方面问题建议13个，其中当场解释答复11个，转相关部门办理处置2个。第三期恳谈会及时把涉企政策传导到位，促进政商关系的良性发展。

开展“双招双引”工作。4月，时任县长莫靓带队到上海、宁波开展“双招双引”工作，县工商联积极配合开展工作。5月，该联党组书记蔡卫民带领县装饰装修家居建材商会一行到福建开展“双招双引”工作，此外陪同县委统战部部长张继森调研北京松阳商会，开展“双招双引”工作。6月，到温州开展招商引资工作，鼓励商会企业组团温州企业到松阳考察投资。7月，陪同温州企业家考察团到松阳山海协作产业园实地考察，并请县集聚区管委会和县招商局领导介绍松阳招商引资政策。

构建法治化营商环境，落实“千所联千会”机制方案，深化全县民营企业法律服务工作，营造良好法治化营商环境。9月，县工商联与县司法局、丽水市律师协会同步签订三方战略合作框架协议。同时组织各基层商会聘用法律顾问。在松阳6家商会全部签订法律顾问合同，实现在松阳商会法律顾问100%全覆盖。

2021年12月10日，松阳县工商业联合会（总商会）第七次代表大会开幕式举行，县委书记莫靓出席会议并讲话　（县工商联供图）

鼓励执委企业家和各商会开展多种形式的爱心活动。松阳温州商会、杭州松阳商会、松香商会等开展慰问农村老人活动；执委企业家结对帮助板桥乡贫困大学新生，慰问捐款捐物累计24万余元。浙江锐奇鞋业有限公司、浙江宏海钢管制造有限公司、松阳祥瑞机动车检测有限公司等5家企业捐赠东西部结对资金30万元。

【县工商联第七次代表大会】2021年12月10日，召开松阳县工商业联合会（总商会）第七次代表大会，工商界代表124人参加。县委书记莫靓出席会议并讲话，丽水市委统战部副部长、市工商联党组书记王炜莅会指导。县领导廖宝云、张继森、毛胜法、彭敏等参加会议。大会听取松阳县工商联（总商会）第六届执委会《政治引领　笃行致远　同心同德续写工商业事业新篇章》工作报告；选举产生松阳县工商联（总商会）新一届领导班子，何发富任主席、总商会会长，蔡卫民任常务副主席(常务副会长)，罗成武任专职副主席(专职副会长)，王旭红(女)、叶金明、叶祥跃、叶福忠、汤光耀、陈国椿、陈荣华、范长江、林骏、林冷双、项军炎、俞烨(女)、徐一波、徐国信、黄光海、黄显起、韩士丰、曾龙法、詹旭彬、瞿道真任副主席，王潮声、毛小萍（女）、方贤良、何东兴、张彬博、金小军、程津梅（女）、赖国伟、蔡发远任副会长，罗成武任秘书长（兼）。

【工商联基层建设】2021年，县工商联增强党建引领助推商会建设水平。4月，组织带领县新生代企业家联合会、县建筑门窗商会、松阳恒通村镇银行等5个党支部20名党员到枫坪小吉、高亭红色基地参观学习，开展党史学习教育。同时，引导各商会党支部结合实际，开展党史学习教育。完善商会建设，根据商会考核办法、商会会长和秘书长考核办法，组织开展考核工作。加强组织指导，统筹协调，提升商会自身建设；推进松阳装饰装修家居建材商会第二届理事会换届选举和象溪镇商会建设；指导县建筑门窗商会、新生代企业家联合会年会召开；支持杭州松阳商会、县松香商会等商会开展各项活动。

【开展红色教育培训活动】2021年，县工商联开展红色培训活动。5月，举办“学深悟透百年党史　赋能铸魂砥砺前行”井冈山党史学习教育专题

2021 年 10 月 24 日，松阳县工商业联合会（总商会）“坚定理想信念，永远跟党走”学习培训班在淳安县委党校举行　（县工商联供图）

培训班。组织执委、各基层商会党支部书记及优秀党员 30 余人听党课学党史，开展重温入党誓词、向革命烈士敬献花篮、参加忆苦思甜，自己动手丰衣足食体验教育。组织参观井冈山博物馆、井冈山北山烈士陵园、火炬广场与茨坪旧居、小井红军医院、大井伟人旧居原址、黄洋界和八角楼旧居旧址群等地。深刻领悟井冈山革命斗争与井冈山精神，学习井冈英烈坚定理想信念、勇于牺牲的崇高品质。10 月，组织执委以上企业家、县新生代企业家联合会等 57 人到淳安县，举行“坚定理想信念，永远跟党走”学习培训班活动。其间，县委常委、统战部部长张继森授课《企业家的时代使命》。县工商联主席、总商会会长何发富分享民营经济经营心得和体会。实地走访考察六任浙江省委书记联系村——下姜村、海公祠等，开展廉政教育。

（县工商联　叶伟华）

# 人民团体

城南掠影

# 县总工会

2021 年 9 月 7 日，松阳县总工会到安吉县开展工会疗养协作交流活动（县总工会供图）

**【概况】**2021 年，松阳县总工会（以下简称“县总工会”）深入开展党史学习教育，主动把工会工作融入党委政府中心工作，从职工根本利益和实际需求出发，推进重点工作落实落地，推动实现工会品牌更亮、工会服务更强、工会改革更实。

**【党史学习教育】**2021 年，县总工会开展“劳模讲党史”“浙西南革命精神”等为主题的巡回宣讲活动，省劳模洪关旺、县劳模高云香、叶亦竹结合自身岗位优势开展党史、家庭教育、安全教育等宣讲活动，全年劳模宣讲 13 场次。积极参与“我身边的党员故事”短视频征集活动，联合县委宣传部开展老党员视频征集，开展老党员视频拍摄和宣传 10 人次。通过县总工会微信公众号推出“党史百年”“松阳百事”系列文章 89 篇，组织 80 余名基层工会主席开展“我心向党”机关工会主席党史学习教育活动。参与职工思想政治工作优秀案例征集展评，选送优秀案例 4 篇参加丽水市总工会职工思想政治工作优秀案例征集。

**【产业工人队伍建设改革试点】**2021 年，县总工会以“三服务”活动为契机，走访调研企业产业工人队伍建设改革试点企业（简称“产改试点企业”），指导企业工人队伍建设改革工作，开展职工技能竞赛。以工会进万家、送清凉活动为契机，开展产改试点企业职工慰问活动，慰问职工 180 余人。与浙江以诺电气有限公司联合举办产业工人配件涂漆技能竞赛，吸引 40 余名职工参赛。推荐浙江以诺电气有限公司为省级产改（非公企业产业工人队伍建设改革）试点企业，丽水市飞洲电缆有限公司为市级产改试点企业。

**【职工疗休养】**2021 年，县总工会借力山海协作，推进职工疗休养合作，主动走出去，积极请进来，实现与余姚市总工会互访 1 次，到湖州安吉、南浔 2 次进行工作交流和疗休养宣传推介活动。积极“借力借势”，全力促成国企职工到松阳疗休养。全年结对地区国企工会到松阳疗休养达 1.2 万人次，同比增长 3 倍。重点围绕“康养胜地·田园松阳”疗休养主题，推出高品质线路 4 条，线路由往年的 2 条增加到 6 条。调整后线路点位涉及乡镇、村由 4 个乡镇 6 个村增至 8 个乡镇 12 个村，直接带动乡村旅游收入 6000 万元。全年全县接待外来职工疗休养团队 10.4 万人次，实现旅游收入 1.01 亿元。

**【职工文化建设】**2021 年，国网浙江松阳县供电有限公司被中华全国总工会授予“全国模范职工之家”称号、职工书屋获评全国职工书屋示范点；象溪供电所获评省级职工小家。国家税务总局松阳县税务局获评省、市职工书屋示范点；孟文化劳模创新工作室获评市级高技能人才（劳模）创新工作室；丽水飞洲电缆有限公司获评市级职工之家。组织开展公益课培训和讲座，推出入门瑜伽、成人形体、小原流花道、新媒体应用等课程，惠及职工 5000 人次。开展职工应急救援、茶文化等多项公益讲座，参与职工 500 人次。组织迎元旦“工人文化宫”杯全县职工乒乓球赛，来自全县 13 支代表队，129 名职工参加。4—5 月，开展第十六届“红五月杯”全县职工气排球比赛，全县 65 支队伍 650 余名职工参加比赛。组织开展“我心向党”全县职工演讲比赛，获第六名

2021 年 8 月 7 日，松阳县总工会开展“关爱环卫工 夏日送清凉”活动（县总工会供图）

和第八名。联合举办“党旗颂 中国梦”全县机关企事业单位职工合唱大赛，共有14个乡镇（街道）合唱团和32个机关事业部门合唱团参加比赛。9月，组织一线职工参加丽水市“永远跟党走 奋进新征程”全市职工文艺展演活动。

**【劳模管理】**2021年，全县共有县级以上劳模69人，其中县劳模21人、市劳模 24人、省部级劳模 23人、全国劳模 1人。三鑫工程有限公司曹世亮获评2021年度“浙江工匠”。开展省级以上劳模春节走访慰问活动，为全县省级以上劳模25人送去鲜花、慰问信及慰问金。开展日常劳模住院慰问及劳模去世慰问家属5人次。以庆祝中国共产党成立100周年为契机，组织全县30余名劳模观看“党史电影”，参观党建馆等活动，重温建党百年历史，厚植爱党爱国情怀。

**【职工技能素质提升行动】**2021年，县总工会加强人才队伍建设，组织开展职工技能培训和竞赛活动。通过公众号平台推送职工技能提升方面的政策3篇。深化“名师带徒”活动，激发和调动广大职工学习知识、钻研技术、岗位成才的积极性和主动性，提高职工综合业务素质。组织5名职工代表丽水市参加浙江省“平阳黄汤杯”评茶员职业技能竞赛，选手叶俊女获第三名，并获“浙江金蓝领”称号。与县供电有限公司联合举办“我心向党·登高提能”职工用电作业技能培训和竞赛，参与300余人次。联合县人力社保局、县人才办等单位组织开展2021“才聚松阳”人才科技周暨“松阳工匠”助推乡村振兴系列科技大赛以及保安员、茶艺师、手工木工师技能大赛。组织家庭服务业职工参加全市家庭服务业职业技能竞赛，选手王佩佩、徐长缨分获母婴护理工种和家务服务工种第一名和第三名，均获“丽水金蓝领”称号。

**【职工维权保障送温暖】**2021年，全县共有10276名职工参加职工医疗互助保障，参保金额为51.38万元，参保报销888人次，报销金额45.06万元。发放帮扶资金16万元；慰问抗疫一线医护人员20人，发放慰问金1万元；金秋助学困难职工家庭2户，发放帮扶资金1万元。开展困难职工调查摸底，共收到申报材料41份，退档8个，县本级送温暖对象20人，建档13个，其中深度困难户1户、相对困难户9户、意外致困户3户，发放资金11.5万元。组织开展2021集体协商“要约行动”，指导企业开展工资集体协商，新（续）签订集体合同39份。接待职工法律咨询53人次，信访接待14人次，参与劳动争议调解8次，帮助12名职工追回工资4.1万元。参与安全生产事故调查3起，帮助工亡职工家庭争取工亡保险待遇以外的人道主义补偿11万元。

（县总工会）

## 共青团松阳县委员会

**【概况】**2021年，共青团松阳县委员会（以下简称“团县委”）广泛动员全县团员青年当好“红色根脉”的传承人、守护者，系统实施“强心”“健体”“舒筋”“活络”“固本”五大工程，基层团组织的基础功能不断夯实，全县团员青年干事创业激情得到有效激发，入选全国县域共青团基层组织改革试点，并在共青团浙江省委十四届九次全委（扩大）会议共青论坛上围绕“共同富裕”话题作交流发言。

**【青年志愿队伍建设】**2021年，团县委面对预防新冠肺炎疫情防控新状况，组建200余人规模的松阳县新冠肺炎疫情防控青年志愿者预备队。持续开展“跑小青”志愿服务广场进社区活动，服务群众4000余人次。联合县委宣传部等部门开展各类志愿服务100余场次，参与志愿者7000余人，服务时长11万余小时。举办47场次关爱新就业群体活动，团员青年开展沉浸式“快递小哥”生活体验，帮助“快递小哥”100余人。截至12月末，全县志愿者注册55242人、注册组织310个，全年签到总信用实数112389小时。“小青松”志愿者先后完成全国电子商务工作推进会、茶商大会、全国助残日等县内大型活动8场次。

**【学院共青团建设】**2021年，团县委制订全年青年思想引领工作清单，结合团委机关每周夜学、团干季度例会、团教协作会议等会议载体，以及

2021年11月26日，团教协作工作会议暨2021年下半年少先队工作会议召开　（黄昊楠/摄）

"青年大学习""一起学党史""红领巾爱学习"等线上平台，系统学习、部署和研讨党史学习教育、团史团务知识、中央省市各级新政策新部署以及青年普遍关心的时事热点。

**【青少年教育引领】** 2021年，团县委依托团中央县域共青团改革试点，探索建立"跨层级、跨领域、跨部门"多跨协同基层团组织体系，在松阳竹源乡开展试点。全县吸纳105人返（在）乡大学生兼职村（社区）级团支部副书记。常态化推荐县级综合部门优秀年轻干部挂兼职团县委副书记、挂职团委机关相关部室。开展2019—2020年度松阳县"五四红旗团（工）委""五四红旗团支部（总支）""优秀共青团干部""优秀共青团员"评选工作，评选出74个示范团组织与先进团员团干。开展村（社区）团干部培训，召开第二次青年工作联席会议，审议通过《松阳县落实〈浙江省中长期青年发展规划（2017—2025年）〉实施意见》。坚持"青年所需"导向，升级青年之家"1+5"模式，在19个乡镇（街道）及部门建立"青年之家"26个，全年举办活动53场次，参加932人。"五四"青年节期间，组织全县团员青年到红色革命根据地安民乡开展"请回答1921"五四情景定向赛，锤炼团员青年的党性和团性；端午节期间，联合蓝城农业科技有限公司、县图书馆、县妇联等单位到培智学校，关心特殊儿童；重阳节期间，联合县民政局、衢宁铁路松阳站开展重阳敬老活动，圆老人火车梦。线下开展"小青松"宣讲团党史故事宣讲"六进"活动，累计120余场次，覆盖团员青年6600余人。线上展出红色视频《青红》，"新时代雷锋精神"等6期系列主题音频，阅读量达1400余人次。其中，"学习强国"平台录用宣讲视频《赴一场青春的对话》。微信视频号共推出党史学习教育相关视频19篇，阅读量3.1万余人次。举办青年理论宣讲暨微型党课比赛，推荐优秀选手参加市级比赛，获二等奖1人、三等奖2人。

**【少先队工作】** 2021年，团县委强化阵地建设，统筹校内外团的建设和活动，履行全团带队，落实红领巾奖章激励机制，全县25个少先队组织均落实少先队阶梯式成长激励制度，实行分批入队。凸显校外少先队活动阵地，搭建1+10红领巾学院体系、新建3个红领巾e站，充分发挥队长学校队干部示范引领作用，依托"流动少年宫"开展队前教育。同时深化爱国情怀，以庆祝中国共产党成立100周年为契机，开展少先队"三色"教育活动案例设计等系列评比活动，30份作品获市级荣誉。开展"学雷锋、做先锋"主题相关活动以爱国爱党为主题举行作文征文大赛活动，小学组6人获市级荣誉。组织举办少先队微队课比赛，4课入选市级比赛获奖。10人获丽水市"新时代好少年"称号。安岱后党史教育基地被命名为第二批浙江省青少年红色基因传承基地。

2021年8月31日，"青聚松阳"青年人才招引行动暨大学生"青松向阳"暑期实习总结分享会举行　（黄昊楠/摄）

**【基层共青团建设】** 2021年，团县委把团建、队建纳入各乡镇（街道）党建工作部署、基层党建述职和年度考核，纳入县委巡察监督内容。县委常委会每年定期听取共青团、少先队工作汇报。创新团干选拔形式，采取"内部提拔晋升+组织选派+竞争性选拔"等多元方式，全年县域范围内竞争性选拔乡镇（街道）团（工）委书记8人。出台《关于加强新任团干部到团县委挂职顶岗工作的若干制度》，开展新任团干部任前集中谈话制度。拓宽团建领域，摸排全县满足建团要求非公企业数，建立非公企业团组织31家。制定松阳县团干部作风建设三年行动任务清单，结合党史学习教育，县乡两级团委联动开展作风建设行动，推动各项工作落细落实。制定《共青团松阳县委"一联N"制度》，全年开展"走青连心"三服务活动45场次，走访基层团组织36次、企业218家，服务青少年510余人，解决问题31个。实施团员全过程管理，实行推优入党制度，建立中学入团积分制工作、"三亮三比"亮分制管理，完善业余团校管理，团员发展、学社衔接、对标定级等指标均达100%。

**【青少年关爱救助帮扶】** 2021年，团县委聚焦权益维护，依托基层团组织摸排核对五类重点青少年429人，发动社会力量开展结对帮扶，帮扶率100%。开展"开学法治第一课"活动、法治教育班会、暑期"青春自护·暑期安全"青少年自护教育等活动40余场次，覆盖青少年2.41万余人。联合出台《关于建立高危未成年人临界

2021 年 3 月 1 日，团县委联合县教育局、县普法办、县少工委开展春季"开学法治第一课"之"国旗下的讲话"——《中华人民共和国宪法》晨读活动　（黄昊楠/摄）

预防工作机制的实施办法》，深化权益保护工作，古市镇新铺社区成功入选浙江省"青少年犯罪零受害社区（村）"首批创建单位。

【青年就业创业】2021 年，团县委以聚焦青年振兴乡村为契机，积极培育电商经济、短视频经济，组建松阳网红主播团 28 人，在松阳启动"山里DOU 是好风光·丽水"项目。截至 12 月末，全县累计培育"乡村类创作达人"45 人，"茶叶类达人"69 人。全年开展各类电商培训 35 场次，培训 1352 人，培育预备讲师 6 人。截至 11 月末，累计实现农产品网络零售额 40.57 亿元，比上年增长 232.2%，总量排名全市第一，占全市总量的 53.9%，增幅位居全省、全市前列。与抖音官方合作拍摄《生命的修复》，以松阳青年麻功佐为主角拍摄的"山货上头条"品牌片登陆湖南电视台，总曝光量超过 10 亿次；与歪果仁研究社合作拍摄《拿着手机东晃西晃的小年轻一年把蜂蜜卖了 1500 万元》。深化"山海协作"，与余姚团市委签署余姚—松阳友好协作协议，助力"双招双引"，共同推动两地共青团工作合作发展。深化金融帮扶，松阳被列为省青创会首批贴息扶持计划县域，与县农商银行连续 19 年开展"青创贷"，累计发放金额 2.82 亿元；与邮储银行松阳县支行签订"红信贷"项目合作协议。全年创成省级青创农场 1 家，市级青创农场 3 家。积极培养青年人才成长，开展 2021"青松向阳"青年人才招引行动暑期社会实习岗位征集活动，共征集岗位 122 个，落实 113 名学生。松阳青年叶芳阳获评首届"全国乡村振兴青年先锋"、全国第五届"五个一百"百名网络正能量榜样；黄杰飞入围 2021 年浙江省青春助力乡村振兴带头人"青牛奖"30 强；麻功佐在 2021 年度抖音创作者大会、浙江希望工程实施 30 周年分享会上作主旨演讲；泮海燕、汤剑伟等 4 人被评为 2021 年"浙江青年工匠"；王佩佩获 2021 年浙江省"成绩突出共青团员"称号。

（团县委）

## 县妇联

【概况】松阳县妇女联合会（以下简称"县妇联"）有行政编制 5 人，其中主席 1 人、副主席 2 人、党组成员 1 人。按照全省群团改革精神，配备挂职副主席 1 人，兼职副主席 2 人。2021 年，县妇联以习近平新时代中国特色社会主义思想为指导，以党史学习教育为抓手，以引领服务联系为使命，围绕中心，服务大局，扎实工作，着力推进"五大巾帼行动"，实现了常规工作上台阶，重点工作有突破，创新工作显特色，各项工作开创了新局面。

【妇联基层组织改革】2021 年，县妇联把开展好党史学习教育作为全面加强妇联系统党的领导和党的建设的一项重大政治任务，三级妇联以"重走红军路、党史微宣讲、红色承诺一句话"的形式传承弘扬浙西南革命精神。发挥基层妇联干部和执委与妇女群众联系密切、接触频繁、沟通直接的优势，把"我为群众办实事、我为企业解难题、我为基层减负担"活动作为党史学习教育的重要内容，在全县妇联系统开展"我为群众办实事""五必访"活动，建立"我为群众办实事" 联系服务清单，为妇女群众办好事办实事，引导全体党员干部及广大妇女群众真正做到学史明理、学史增信、学史崇德、学史力行。全县 2000 余名妇联干部执委走访联系 5313 户家庭，推动解决各类问题 235 个。推动乡镇妇联主席竞争性选拔工作，选拔 8 名 90 后优秀妇女干部到乡镇妇联主席岗位任职。完成全县村(社区)妇联组织换届选举工作，全县 214 个村（社区）100%实现妇联主席进"两委"。组织全县各乡镇（街道）、村（社区）妇联主席 230 余人，分 6 批次在县党群服务中心进行轮训暨党史学习教育。通过一场党史现场教学、一堂业务培训课程、一次素养提升活动，增强基层妇联干部的存在感、责任感和使命感，激发她们干事创业的热情，真正发挥领头雁作用，团结动员广大妇女群众为现代化"田园松阳"建设贡献巾帼智慧和力量。

【实施妇女创业创新工程】2021 年，县妇联积极推动巾帼建功活动向"四新"领域、现代服务业拓展延伸，鸣珂里、云海间、七沐山等 14 家民宿，陈翠、叶丽琴、阙芷雯等14名女性民宿经营者获评市级巾帼示范民宿（农家乐）和最美民宿女主人。推广松阳特色美食小吃，推送苗家小厨娘、山村人家作为“妈妈的味道”“妈妈的手作”上线省妇联网上农博平台“妈妈的味道”专馆。组织松阳县水墨石仓豆腐坊李晓英参加省级“妈妈的味道”活动获“巧手美食奖”，水南街道五色粽获市“妈妈的味道·粽望所归”优胜奖。联合县文化和广电旅游体育局、县机关事务保障中心、县生态休闲养生（养老）经济促进会举办诗画浙江·百县千碗——“全域康养胜地”松阳味道养生美食大赛，组织9支队伍27名“松阳厨娘”参加大赛，进一步挖掘松阳地方特色美食，将“妈妈的味道”美食文化融入全域旅游，激活新时代美丽经济。

**【来料加工业发展】**2021年，县妇联组织来料加工协调小组成员单位、各乡镇（街道）妇联、村社妇女组织干部等50余名学员开展来料加工服务干部培训班，提高全县来料加工服务干部的政治素养和业务能力。开展“来料加工优秀经纪人”评选活动，发挥优秀经纪人和企业的示范带动作用，举办“松阳巧妇”来料加工技能大比武，搭建展示交流平台，展示从业队伍的技能与水平，推动来料加工行业的健康发展。全年共发放来料加工费2.57亿元。

**【“平安家庭”建设】**2021年，县妇联发挥238支平安丽姐队伍作用，以“法治新征程 平安进万家”为主题，开展平安丽姐在身边，每月8日妇女儿童权益日活动，为妇女儿童提供法律咨询、心理辅导、婚姻家庭指导等各类活动300余场次，排查化解婚姻家庭矛盾纠纷200余起。通过发放宣传资料、拍摄微视频、播放宣传音频等多种形式，对新修订的《中华人民共和国未成年人保护法》开展宣传活动，提升未成年人自我保护能力，增强未成年人及其家长的依法维权意识。松阳县婚姻家庭纠纷调解工作室成功申报市妇联平安丽姐品牌工作室，并向省级妇联申报平安丽姐品牌工作室。全年工作室共接待来访妇女群众60余人次，均得到妥善处理，其中成功调解案件20件，主要涉及情感、子女教育、抚养赡养、家暴等问题。

**【家教家风宣传】**2021年，县妇联组织开展“红色基因代代传”家庭家教家风主题宣传月活动，寻找“红色基因家庭”“绿色家庭”“最美家庭”等，选树全国文明家庭1户，省级文明家庭1户，省级季度最美家庭1户。广泛宣传“最美家庭”“文明家庭”等示范典型家庭事迹，引领文明新风。不定期开展家庭家风基层巡讲活动，引导广大家长努力提高自身素质，树立良好家风，科学教育子女。与女性社会组织幸福成长营牵手开展送家教“进社区、进企业、进学校”三进活动，组织开展“书香飘万家”家庭亲子阅读主题活动、“童心向党传薪火，萱草芳香报母恩”传家古色母亲节活动、“童心向党迎百年，红色精神润童心”六一亲子活动、“把爱带回家”系列活动、《漫谈隔代教育》讲座、“好家风好家训好家规”征集评选活动等线上线下家庭教育活动60余场次，受益3万余人次。做精家庭教育工作,建立普及型家庭教育免费服务平台——“为了孩子、你我相约”家庭教育大讲堂，累计开设线上线下家庭教育讲座300余期，受益家长2万余人次。成功申报省级示范儿童之家1家，市级示范儿童之家2家，依托全县儿童之家开展各类防溺水、交通安全等宣传教育20余场次。同时，谋划县妇女儿童活动中心建设，进一步拓展家庭教育服务阵地。

**【助力生态文明】**2021年，县妇联深化“洁净家庭·美丽庭院”创建活动，在水南街道桥头村开展“洁净家庭·美丽庭院”新一轮创建启动仪式，邀请家政、园林等专业人员入户，现场进行清洁指导和改造，并录制视频通过多渠道播放，在全县进行线上线下指导。与县农业农村局联合制定下发《松阳县农村人居环境综合检查方案（试行）》，同时制定下发《松阳县妇女联合会关于印发松阳县“洁净家庭·美丽庭院”创建活动细则的通知（试行）》，每月组织乡镇（街道）妇联主席交叉开展检查评分，评分结果纳入县委季度“支书三晒”内容。同时通过送课下乡、电视台图文频道滚动播放及手机短信推送“洁净小窍门”等方式，进一步加强“洁净家庭·美丽庭院”创建宣传，营造创建

2021年11月3日，松阳县“松阳工匠”助推乡村振兴系列技能大比武之第四届“松阳巧妇”来料加工技能大赛举办 （县妇联供图）

氛围。开展增花添彩行动，联合县创建大花园行动领导小组办公室下发《关于开展“献礼建党百年 花园单位、花园庭院（阳台）”征集活动的通知》，在全县范围开展花园单位、花园庭院（阳台）征集，指导相关创建工作，创成25家花园单位和1500家花园庭院，助力大花园建设。

【送温暖促和谐关爱行动】2021年，县妇联与县中医院联合开展“献礼母亲节，关爱女性健康”活动，组织各乡镇（街道）、部分村（社区）妇联主席，县直单位妇委会主任百余人参加健康知识讲座，并为近300名基层妇联干部提供一次乳腺疾病免费筛查。开展妇女“两癌”防治知识到村庄、到社区活动9场次。进一步落实对贫困妇女儿童的关爱，组织开展“把爱带回家”系列活动37场次。组织机关党员在“六一”儿童节期间到安民小学开展“关爱留守儿童 圆梦微心愿”活动，参加丽水市96345党员志愿服务中心党员志愿服务“大篷车”进松阳活动，为困境儿童点亮微心愿。安排省妇儿发展专项资金20余万元用于开展“三留人员”关心关爱和“暖秋关爱”行动，送上妇联组织的关爱与温暖。

## 科　协

【概况】2021年，松阳县老年科技工作者协会（以下简称“县科协”）坚持为科技工作者服务、为创新驱动发展服务、为提高全民科学素质服务、为党和政府科学决策服务的职责定位，围绕县委、县政府中心工作，奋力打造“重要窗口”。

开展健康科普讲座进乡村、社区、进校园。邀请丽水市科协科普宣讲团讲师、浙江省天文学会专家在城南社区、赤寿乡中心小学、古市镇庄门村、松阳县第五中学等地，开展养生保健、自然科学、冷链食品安全、现代科技等主题的科普讲座，为广大群众普及科学知识。继续开展科普研学，与县文旅投集团、薪火传统文化传播公司、县人防办等单位合作，利用寒暑假、休息日举办青少年公益科普研学8期。

【科普信息化建设】2021年，县科协运用移动e管家、微信公众号、手机短信等平台，开展多角度、全方位、多频次的宣传，把科学、权威的科普知识和信息及时发布到社会公众。紧跟社会新形势，围绕党史学习教育、数字社会、新冠肺炎疫苗接种、“碳达峰碳中和”等热点问题开展信息化推广，确保内容精准性。截至12月末，发放科普短信80万余条，公众号推送300余篇，普及受众6000余人。

【科普推进“乡村振兴”】2021年，县科协合力打造生态有机村。在竹源乡后畲村建立“中医农业实践基地”，与创始人张世铭教授签订合作协议，在后畲村开展中医农业的研究，吸引高端农业人才到松阳搭建平台；并与该村签订打造生态有机村合作协议，建立“生态银行”，为“有机村”建设提供试验平台。赠送一批太阳能杀虫灯，400份“生态银行”兑换物资。推进植物医院建设。健全全县植物医生科技志愿服务队，负责开展相关试验、数据收集、分析研究、培训指导、经验总结、宣传推广等工作。全年有植物医生47人在10个门诊部坐诊服务530余人次，组织植物医院专家送服务下乡50余人次，发放《生态农业植保手册》2000余份，接待农户咨询800余人次，发放科普宣传品2000余份，赠送有机菌肥300余份，受益群众2800余人次。开展植物医生培训5期、受益300余人次。加大科技示范推广力度。开展农民技术职称评定工作，38人参加初中级评定（晋升）。全年评选出农村科技示范户20户、植物医院基地17个，根据示范带动情况给予资金补助。举办省第一批第3期省乡村振兴科普带头人（茶叶）培训班，培训100人次。在馒头山村、后畲村开展种植业技术讲座，为当地群众答疑解惑。

【科普知识宣传活动】2021年，县科协坚持与时俱进，点对点开展科普宣传活动。先后组织科普志愿者到农村、社区、学校、科普教育基地、科普馆开展“学党史 讲科学 ”系列科普宣传活动7场次，发放宣传资料2000份，服务群众5000余人次。开展残疾人圆梦书屋和残疾人科普教育基地启动仪式，向城北社区、圆梦书屋赠送一批科普书籍，满足便捷化的阅读需求，推进全民科学素质提

2021年12月1日，残疾人员在圆梦书屋阅读科普书籍　（县科协供图）

2021年4月21日，松阳县开展"银龄跨越数字鸿沟"科普专项行动（毛雅妃/摄）

升。完善基层科普设施建设，创新科普宣传载体。在古市镇开展以"食养、药养、水养、体养、文养、气养"为主要内容，紧贴"千年古镇、康养古市"主题，精心部署、科学谋划，打造一条具有古市特色的康养科普小巷，稳步推进乡镇科普公共服务，辐射带动公民科学素质整体提升。深入开展"数智共享，跨越鸿沟"活动，联合相关职能部门，依托老年活动中心、老年大学、老年电大、农村文化礼堂等场所，利用"科普松阳"微信公众号、科普讲座、宣传手册等形式推广宣传。截至12月末，编印《老年人智能手机使用绘本》《预防老年综合征》4000册，开展培训51场，培训老年人6800人，发放教材3500余册。

**【基层科协改革】**2021年，县科协巩固壮大乡镇（街道）基层科协组织，明确科协工作的分管领导，同时把乡镇（街道）卫生院院长（基层医疗卫生机构负责人）、学校校长（园长）、农技站站长（基层农业农村服务机构负责人）、科技特派员等"三长一员"纳入科协组织，并担任副主席或秘书长，同时吸收部分有专业特长，热心科技工作的社会人士加入科协队伍，变基层科技团队由"关键少数"为"骨干多数"。截至12月末，由"三长一员"组成的乡镇（街道）基层科协组织有98人。开展科普场馆建设，举办科普场馆业务培训会暨授牌仪式，为新评选17个特色科普馆（科普基地）负责人提供交流平台，编辑出版《松阳特色科普馆》《松阳科普教育基地》科教读本6000册。

**【科普进企业行动】**2021年，县科协开展大调研大走访活动，深入浙江以诺电气有限公司、松阳莱福特酒业有限公司、上上德盛集团股份有限公司、松阳永信机械制造有限公司、浙江科马摩擦材料股份有限公司、浙江华威门业有限公司等企业进行实地走访，针对企业发展和需求制订服务举措，主动为企业赋能，激发企业科技工作者创新活力。全年征集技术研发、人工智能、物流设计等12个方面科技创新需求。推进企业科协组织建设，全年组建浙江正德和食品有限公司、浙江华威门业有限公司、浙江科马摩擦材料股份有限公司企业科协3家，为企业开展科技创新和科普活动搭建平台。

（县科协）

# 法治 军事

大木山茶园

# 政法委　综治

**【概况】**2021年，中共松阳县委政法委员会（以下简称“县委政法委”）做实“闭环管控、夯实底线、固本强基、数字赋能、铁军锻造”六大工程，推动全县政法工作高质量发展。2021年，松阳县被命名为浙江省2020年度平安县。

2021年，县委政法委持续深化“平安体检”机制，部署开展“平安建设百日攻坚行动”，全年未发生“一票否决”事项，平安得分排全市第四名、全省第11名。扫黑除恶稳步推进，高质高效完成涉黑涉恶案件（线索）倒查，及时上报市扫黑办交办的一条线索及当地梳理出的3条涉黑涉恶重点案件、3条集中反复举报线索倒查成果。社会管控日益优化，共查处“黄赌”案件118起，抓获违法犯罪嫌疑人532人；查处“食药环知”案件6起，涉案金额28万元；全力开展禁毒“云战7号”专项行动，破获“510”网络麻精药品滥用团伙案。隐患整改成效显著，对重点行业、重点领域进行风险研判并开展跨部门联合执法，先后开展各类平安暗访检查督查12次，检查场所94个，发现问题177个，发放交办单45份。公共安全持续改善，坚持“管行业必须管安全”的原则，企业类火灾比上年下降50%；加大环境违法行为打击力度，共检查企业641家（次），办理行政处罚案件12起；对企业自查及整治中发现的药品问题进行闭环管理，出动执法人员20人次，检查覆盖率100%。宣传氛围更加浓厚，组织各乡镇（街道）、各部门开展立体式、常态化平安宣传教育工作，集中开展“下乡进村”“武动太极 平安相伴”等主题平安建设宣传活动，覆盖全县19个乡镇（街道），发放3.6万余份宣传册、发送38.5万余条宣传短信、推送20万余条微信。捍卫社会稳定之基。完成庆祝中国共产党成立100周年等重点时段安保工作，有效管控各项专项工作。强化源头把控，组织开展各领域风险隐患排查化解工作，全年摸排各类涉稳问题178件，其中化解173件，化解率为97.19%，防控率100%。做实风险评估，结合县域实际，制定下发4张操作流程图和简易评估“一会一表”工作模板，全年重大决策事项44件，完成38件。开展“网格入企，企业入格”，构建县、乡、村、网格、微网格五级网格化管理模式，在企业内部划分若干个微网格，作为基层治理的最小单元，形成以管理力量为主导、全体员工参与的网格化管理网络。在全县19个乡镇（街道）划分微网格29个。四平台迭代升级，以市级“基层治理四平台”迭代升级为契机，主动沟通对接，开发出接口和标准，使“141”与“152”初步融合，在形成监管执法、公共服务、应急管理、综治工作4个功能性工作平台的基础上增设党政综合业务模块，实现“基层治理四平台”迭代升级。网格队伍建设，先后举办3次网格员业务培训，并分区域走访调研19个乡镇（街道），针对提出的问题研究制订切实可行的举措，全面提升网格员综合素质和能力水平。全县网格日上报率98.79%，累计开展反诈骗、消防安全宣传3801次，重点人员巡查3000余次。矛调中心建设提升，牢固树立“调解在前”理念，探索出切实有效的矛盾纠纷逐级化解导引、多劳多得激励、访调对接协作“三大机制”，全年调解矛盾纠纷案件1848件，成功调解1841件，调解成功率99.62%，涉及金额15936.92万元。全县累计整合投入资金5000余万元，初步形成以“两个重点区块（西屏、古市）、三道圈（出镇、出城、出县）全域辐射”的社会治安立体化电子防控网，并向全县自然村延伸。全年依托该平台，共采集各类案件线索600余条，破获案件260余起，抓获各类嫌疑人90余人。强化法治改革之力。根据“规定动作做到位，自选动作有特色”的要求，在1338整体框架上，紧盯省市级任务，加快核心业务梳理，注重数据支撑，探索松阳数字法治特色应用建设。常规动作稳步推进，完成上级统一要求建设的数字法治门户PC端和移动端验收并上线，云上公安智慧警务、大数据检察监督系统等8个应用支撑均已“点亮”。改革成果初步显现，各相关单位围绕一体推进平安建设法治建设这一核心任务,结合各自特点找准跑道，聚焦重点难点，推动1个部级项目、5个省级项目、7个创新项目共13个场景落地。三大体系协同进行，全县刑事案件单轨制办案比例、检察监督单轨制协同率均达100%。健全“1+8+19+N”大调解体系，新选聘55名专职人民调解员。推进省统一行政处罚办案系统应用，共录入行政处罚案件近5万件。设立“四长”接待日，全年征求意见、接访群众456人次，征集问题92件，全部整改到位。开展“千警进万家”“结对帮扶大走访”和“助企大走访”活动，全年走访群众1313人次，为群众解决困难501件次。

**【社会环境大治理】**2021年，县政法委在统筹协调全县政法机关方面发挥职能作用。县法院坚持将非诉讼纠纷解决机制挺在前面，主动融入党委领导下的社会矛盾综合治理大格局中，成建制入驻县矛调中心。设立丽水市中院知识产权巡回审判点，为松阳不锈钢、革基布等行业健康发展提供精准化知识产权司法保护和服务。稳妥处置“僵尸企业”，审结破产案件4件，化解不良资产近2亿元。联合县检察院建立补植复绿、公益诉讼生态修复资金专户，专款专用设立浙江省首家以种植香榧、红花油茶等经济作物为主，具备“补植复绿+乡村振兴”地区特色的经济林生态修复基地。与县自然资源和规划局共同推动“野生动物肇事责任保险”项目入选松阳县“2021年十大民生实事项目”。在县矛调中心及分中心、全部乡镇（街道）、重点村（社区）建设共享法庭，县政法委、县信访局、县司法局联合发文，建立共享法庭助力基层矛盾纠纷化解机制，打造社会智慧化治理大格局。以古市法庭为载体，全面推进乡村振兴和基层社会治理。在法庭建设便民服务区、执行指挥中心、智能合议室以及数字审判庭，提炼松阳县域特色传统文化中的家训、契约、申明亭元素并把其与基层矛盾纠纷多元化解有机结合。2021年，古市法庭获全国法院先进集体称号。县检察院推进“少捕慎诉”，大力开展不捕、不诉案件公开听证、公开宣告工作，不捕率23.5%，不起诉率20.1%，对10件不起诉案件进行公开听证，促使犯罪嫌疑人得到被害人和社会公众双谅解。研发司法网拍智能审查系统，构建“智能排查+人工审查+检察监督+全域治理”监督工作新模式，推动司法网络拍卖整体环境更加规范、公开，经验做法被全省推广。履行公益保护崇高使命，持续打磨“红+绿+古”公益诉讼检察品牌，切实保护国家利益和社会公共利益。县公安局紧扣庆祝中国共产党成立100周年安保主线，在严打整治、大案侦破、基础管控、数字化改革等方面担当作为，重拳打击了“黄赌毒”等突出违法犯罪，破获“413”跨境制毒贩毒案、“116”侵犯著作权案等一批大要案件，连续23年106起命案全破且案犯全部归案。全年2次获公安部贺电表扬和省公安厅厅长批示肯定，牵头开发的“多维智慧感知平台”在全市公安机关建模创新大赛中拔得头筹，连续三年获全市公安机关综合考评优胜单位称号。县司法局坚持整体智治，全力维护社会和谐稳定。推进社区矫正中心智慧化建设。按照部级“智慧矫正中心”建设标准，把原县公共法律服务中心用房改建为松阳县社区矫正中心。同时，结合当地实际，创新推出“码上矫务”智慧服务平台和“矫务公开”网上平台，提升社区矫正执法规范化水平。把实体平台智慧化向云上平台智慧化推进，逐步实现从“人管人”到“技管人”到“云管人”的转变。7月14日，浙江省委常委、政法委书记王昌荣，丽水市委书记胡海峰调研“智慧矫正中心”建设时给予充分肯定。新时代调解工作扎实推进。开展人民调解质效提升专项工作。结合村（社区）组织换届选举，部署村（社区）人民调解委员会换届工作，实现全县19个乡镇（街道），214个村（社区）书记担任村（社区）人民调解委员会主任、农村“法律明白人”担任人民调解员全覆盖，同时把矛盾纠纷化解实绩作为年终考核评估重要内容，促使村级调解力量经常开展矛盾纠纷排查，了解掌握社情动态，及时采取针对性措施和向上报送。建立人民调解法治指导员制度、打造“党建+人民调解”品牌，推进社会力量参与人民调解工作。修改完善《松阳县专职人民调解员管理办法（试行）》，进一步规范专职调解员队伍考核管理机制，努力实现“小事不出村，大事不出镇，矛盾不上交”的社会治理目标。基层司法所建设有新的突破。根据浙江省财政厅等五部门《关于开展公检法司条线工作现代化创建申报2021年创建资金的通知》精神，向省司法厅争取到古市司法所“培优育新”项目，并获65万元的资金扶持，对原古市法庭进行改建，建成全市占地面积最大的司法所，同时把人民调解、法律咨询、法律援助、司法鉴定、公证业务等进驻，切实发挥公共法律服务站点的作用。

**【防范化解社会风险隐患行动】**2021年，县委政法委完成各级两会、庆祝中国共产党成立100周年等重点时段安保工作，有效防范处置房地产、“双非”“双减”政策落实、“独立学院转设”“非粮化”“防欠薪”等领域风险，全县社会大局总体保持和谐稳定。开展重大决策社会风险评估工作，全年完成各类重大决策事项的风险评估42件。提升各类涉稳隐患预测预警能力，保障情报信息畅通；强化应急处置和网络舆情管控能力，确保全县社会面的平稳有序。

**【基层治理四平台建设】**2021年，县政法委继续开展规范提升工作，严格按照上级部署稳步抓落实。根据丽水市委政法委下发的《基层治理四平台迭代升级指导意见》，对乡镇（街道）进行分片区座谈收集意见建议，迭代升级之后，由原来的综合执法、市场监管、便民服务、综治工作转变为监管执法、公共服务、应急管理、综治工作4个功能性工作平台，覆盖乡镇（街道）监管执法、政务服务、应急救援、基层治理业务，全面提升乡镇（街道）统筹协调和综合管理能力。根据全市统一安排，推进“基层治理四平台”数字提升工作。与省协同平台打通，实现数据共享、信息互通。全年四平台上报处置各类事件55355件，其中综治工作平台7978件，监管执法平台17786件，公共服务平台18327件，应急管理平台4285件。为庆祝中国共产党成立100周年平安护航，下乡督查乡镇（街道）“基层治理四平台”及全科网格建设情况。结合全县行政村换届选举后网格工作的实际需要，开展网格员队伍调整工作，在充分征求各乡镇（街道）意见调整的基础上，制定《进一步加强网格员队伍建设指导意见》，各乡镇（街道）通过公开选拔聘用调整网格员队伍，确保网格员能胜任全科网格工作。全县划分306个编码网格，配备专职网格员361人，其中中共党员213人，占比59%。加强网格建设，规范网格员队伍管理，建设一支本领过硬、热爱网格、群众信赖的网格员队伍，不断开创网格化服务管理新局面。

**【社会平安监督与创建】**2021年，“平安松阳”建设实现“十六连冠”。县平安办开展黄赌毒、食药环、电信网络诈骗犯罪打防管控等方面专项打击，坚持人民为中心，维护人民群众财产安全和合法权益。生产安全方面，部署“防范较大·杜绝重大”生产安全事故攻坚整治、安全隐患大排查大整治、企业安全大排查大整治等行动。针对道路交通安全，推进交通事故预防“减量控大”、农村道路安全综合治理等重点工作，形成多级联动、部门协同、齐抓共管的治理格局。食品安全方面，围绕重点领域和重点经营主体，开展食品安全问题摸排调查，实现“浙政钉”校园食品安全检查100%全覆盖；通过安全监管促进浙南茶叶市场茶叶交易量、交易金额“量价齐升”；通过群众举报、监督抽检、执法检查等多渠道掌握案件线索，严厉打击和查处各类危害食品安全的违法行为。公共安全方面，联防联治，持续改善，精准施策、抓早抓小抓源头，确保公共安全无漏洞。

**【执法司法监督】**2021年，县委政法委聚焦人民群众反映强烈的突出问题，完善权力运行监督和制约机制，把规范公正文明执法落到实处，不断提高执法司法公信力，努力让人民群众在每一起案件办理、每一件事情处理中都能感受到公平正义。以政法队伍教育整顿为契机，聚焦“三大环节”“四大任务”，推广“政治家访”“我向组织说说心里话”“三色卡”等做法，受理的问题线索17件21人均办结。制定出台《关于规范纪检监察机关与政法机关衔接机制的意见（试行）》，被丽水市教育整顿办采纳在全市推广，并被省教育整顿办以文件形式转发至全省各地学习借鉴。开展“座谈式”+“上门式”征求群众意见活动，设立县人民法院院长、县人民检察院检察长、县公安局局长、县司法局局长“四长”接待日，共征求意见、接访群众456人次，征集问题92件，均全部整改到位。把贯彻落实“三个规定”不到位问题作为“六大顽瘴痼疾”整治之首，通过建立干警家属“助廉云阵地”，查核政法干警违反“三个规定”情况，把监督延伸至政法干警“生活圈”，全县开展2～3轮1983人次自查。开展涉法涉诉信访积案化解工作，细化工作举措，明确化解责任，促进涉法涉诉信访积案化解行动实现最大政治效果、法律效果、社会效果。全年受理11件，办结9件，办结率81.82%。

**【政法主题宣传教育】**2021年，县委政法委坚持党对政法主题宣传教育工作的绝对领导，把坚定政治方向作为第一原则，坚持人民至上作为第一立场，坚守宣传阵地作为第一职责，牢牢把握面临的新形势新要求，增强做好政法主题宣传教育工作的政治自觉、思想自觉、行动自觉。紧扣重大节庆，深入基层、深入群众开展政法主题宣传教育活动，通过悬挂宣传标语、发放宣传手册、现场劝导等方式，向群众宣传交通安全、生产安全、反邪教、防范电信网络诈骗等政法工作相关内容，形成点面结合“无死角”宣传模式，营造浓厚的宣传氛围。组织开展“忠诚铸警魂”先进事迹巡回报告会、全县政法队伍教育整顿主题演讲比赛，推选优秀干警参加全省政法系统第三届“永不落幕”微党课比赛活动、全市政法系统“学先进、比先进、赶先进”事迹报告会、全市政法系统青年理论宣讲大赛，在各微信公众号开展先进事迹、典型人物展播，掀起“比学赶超”高潮，绘就松阳政法铁军正面群像。加强微信、微博、客户端等政法新媒体矩阵建设，全面拓展覆盖广泛、导向正确、便捷高效的政法宣传平台,让广大群众在众声喧哗中及时听到政法机关和“政法人”的声音。同时，遵循社会媒体规律，把握社交语言特点，提升政法宣传的亲和力、吸引力，让群众在众说纷纭中“听得懂、喜欢看、乐于转”政法宣传报道。

**【综治信息系统化建设】**2021年，县委政法委提升综治信息系统化建设，基层治理综合信息平台系统终端延伸到全县各个网格，形成网格员发现上报信息、各乡镇（街道）指挥室人员分流交办至“四平台”、职能部门或上报至县指挥中心、“四平台”或职能部门受理处置的流程，在系统上对事件进行成熟、高效的处理。县指挥中心、各乡镇（街道）指挥室均设置A、B岗人员负责操作系统，如A岗人员因故不在指挥中心（室），则由B岗人员负责系统日常运行，确保指挥中心（室）在“四平台”工作中发挥大脑中枢作用。定期对各乡镇（街道）网格员报送的信息数量和质量进行研判，制定任务清单，并建立台账记录，提升在数字化背景下依托“四平台”和信息化手段做好基层工作的意识和能力。实现“四平台”的信息汇总、综合研判、流转督办、绩效评估等流程完整以及系统运转顺畅。

**【反邪教警示教育宣传】**2021年，松阳县反邪教协会团结和动员社会各界人士，弘扬科学精神和人文精神，尊重宗教信仰自由，反对一切危害人民生命财产与安全、扰乱社会公共秩序、破坏法律实施和社会稳定的邪教组织，提高公众对邪教的警惕性、鉴别力和防范能力。开展党内干部的警示教育。把反邪教形势专题教育纳入县委理论学习中心组学习、县委党校主体班次教学和干部职工夜学内容，使反邪教警示教育在全县各机关事业单位干部职工中实现全覆盖。指导全县网格员在日常工作中开展反邪教宣传，提高群众的反邪教知识知晓率。组织网格员参加省、市举办的网格员反邪教业务大练兵活动，并获理论成绩总分全市第一名、团体总分第二名。在“全省网格员反邪教业务岗位练兵活动”中，参与网上答题用户数位列全市第一。创新方式方法，加大反邪教宣传力度。如春节期间针对

“留松过年”的外地人员开展“远离邪教 科学防疫 共建平安”宣传活动；国家安全日开展“‘4·15’国安教育茶乡行”宣传活动；“七一”依托“集千题 解千愁 惠万民”实践活动开展反邪教宣传；“全国科普日”联合县科协、县司法局等多个部门开展联合宣传活动；11月，联合县太极八卦推手协会开展“武动太极 平安相伴”宣传活动；以及“12·4”宪法日宣传活动等。10月，利用1个月时间与县委平安办一起进村入社区宣传，遍布全县所有乡镇（街道），在全社会营造浓厚的反邪教宣传氛围。抓住重点人群，推进反邪教宣传深度。利用丽水市开展反邪教漫画比赛的契机，在全县中小学校开展反邪教漫画比赛，共征集到104件漫画作品，经过专家评定，对70件获奖作品作者进行表彰。选送市级参加评选后，获一等奖2人、二等奖4人、三等奖8人。在县博物馆举办丽水市反邪教漫画比赛获奖作品巡回展，组织全县学校师生、机关干部职工参观2514人次。

（县委政法委）

## 法 院

**【概况】**2021年，松阳县人民法院（以下简称“县法院”）履行宪法和法律赋予的职责，全年新收各类案件7649件，办结7657件（含旧存，下同），比上年下降2.94%和4.7%。结案率93.49%，比上年上升0.15个百分点，排全省第六；一审服判息诉率94.23%，排全省第六；发回改判瑕疵案件为零，排全省第一名。与县政法委、县信访局、县司法局联合出台《关于印发〈关于建立“共享法庭”助推基层社会治理现代化的意见〉的通知》，建立“三级联动、四级响应”矛盾纠纷逐级导引化解机制以及法官团队“一个法官团队对接一个分中心，定向指导联络N个调解员”（简称“1+1+N”）的指导调解模式，打造社会智慧化治理大格局。积极处置“僵尸企业”，召开浙江松州医药有限公司及俞同春股份有限公司合并破产重整及章某樵等4人个人债务清理债权人会议，共审结破产案件4件，化解不良资产近2亿元。设立丽水市中院知识产权松阳巡回审判点，为松阳不锈钢、革基布等行业健康发展提供精准化知识产权司法保护和服务。联合县检察院建立补植复绿、公益诉讼生态修复资金专户，专款专用设立浙江省首家以种植香榧、红花油茶等经济作物为主，具备“补植复绿+乡村振兴”地区特色的经济林生态修复基地。与县自然资源和规划局共同推动“野生动植物肇事责任保险”项目，入选松阳县“2021年十大民生实事项目”。7月13日，省委政法委书记王昌荣到松阳考察古市法庭，鼓励古市法庭要勇当数字化改革的排头兵，做好“发扬传统文化、推进数字化改革、密切联系群众”三篇文章，打造全国一流的现代化人民法庭，古市法庭被评为全国法院先进集体。组建“松法山水合唱团”，在全县庆祝中国共产党成立100周年合唱比赛中获一等奖，代表松阳县参加丽水市庆祝中国共产党成立100周年合唱比赛。

**【刑事审判】**2021年，县法院审结刑事案件211件，判决386人，其中5年以上有期徒刑28人，重刑率7.25%。深入开展扫黑除恶专项斗争，审结贪污、贿赂等职务犯罪案件11件18人，以受贿罪、高利转贷罪判处原松阳县交通运输局党组书记、局长徐某有期徒刑六年二个月。审结黄赌毒、“两抢一盗”、诈骗犯罪等严重危害群众安全的犯罪72件，着力提升人民群众安全感。落实认罪认罚制度改革，对186起案件适用认罪认罚程序。

**【民事审判】**2021年，县法院受理一审民商事案件2517件，审结2493件。受理诉前调解案件2945件，办理速裁案件262件。深化家事审判改革，成立家事纠纷化解委员会，审结婚姻、继承等案件288件。杜绝“和稀泥”式判决，“工作中打牌猝死”一案依法判决用人单位无需赔偿，大力弘扬社会主义核心价值观，彰显司法明辨是非的公正担当。该案例在浙江天平微信公众号刊载，点击量超“10万+”人次。

**【行政审判】**2021年，县法院审结行政诉讼39件，非诉审查13件。与景宁、遂昌法院建立行政争议联动化解、行政审判研判等7个机制，推动行政争议防范化解。快速稳妥处理遂昌县机关事务局工作人员诉遂昌县财政局22件确认行政行为违法系列案，为全市法治政府考核的发案量与败诉率双下降提供有力司法保障，获市中院及遂昌县政府充分肯定。环资审判方面：开展瓯江支流生态治理、传统村落保护、生态修复基地建设等生态协同治理工作。《打造生态保护“松阳样本”，绘就乡村振兴美丽画卷》入选《中国审判》杂志。

**【执行工作】**2021年，县法院收案3139件，执结3199件，执结标的金额1.89亿元。制定《执行实施类案件办案规划细则》，围绕执行指挥中心实体化重新架构岗位配置、办案及管理流程，推进执行办案转型升级。启动失信问题专项治理活动，助力信用松阳建设。坚持严的主基调，司法拘留82人，向县公安局移送涉嫌拒执犯罪22件23人，判决8人9件。组建以党员、青年干警为主的“执行先锋”，敢打执行硬仗，先后处置涉茶执行、集中腾房等专项行动15次，解决相邻权纠纷、强占山林阻碍清表纠纷引发的信访案件，依法处置腾房过程中的暴力拒执行为。

**【优化法治营商环境】**2021年，县法院积极处置“僵尸企业”，召开浙江松州医药有限公司及俞同春股份有限公司合并破产重整及章某樵等4人个人债务清理债权人会议，共审结破产案件4件，化解不良资产近2亿元。设立丽水市中院知识产权松阳巡回审判点，为松阳不锈钢、革基布等行业健康发展提供精准化知识产权司法保护和服务。

**【助推基层社会治理】**2021年，县法院充分发挥矛盾纠纷化解逐级导引机制的作用，推动“信访打头、调解为主、诉讼断后”的多元递进解纷机制。5月，诉讼服务中心民商事立案窗口、涉诉调解中心整体入驻县社会矛盾纠纷调处化解中心。截至12月末，全院共诉前调解纠纷1500件，比上年上升46.4%；万人成讼率万分之九十九，比上年下降12%，下降幅度全市排名第一。完成“共享法庭”县矛调中心、分中心以及乡镇全覆盖。与县政法委、县信访局、县司法局联合出台《关于印发〈关于建立“共享法庭”助推基层社会治理现代化的意见〉的通知》，建立“三级联动、四级响应”矛盾纠纷逐级导引化解机制以及“1+1+N”的指导调解模式，打造社会智慧化治理大格局。

**【干警综合能力建设】**2021年，县法院组织干警开展“公平正义就在身边·大家谈”活动，建立健全“导师带徒”“全科法官培育”等机制。第三年组织中层干部竞争上岗，35周岁以下中层干部从3人增加至16人，占中层总数的69.6%，中层干部平均年龄从46.1岁降低至35.48岁。鼓励争先创优，开展调查研究完成省级以上调研课题2个，调研文章获国家级奖项2个、省级17个、市级22个。组建“松法抖音工作室”，自创的“刘大能”系列精品普法节目在浙江天平抖音公众号连载，作品《假如逃避》获得第八届全国法院金法槌短视频三等奖。古市法庭被评为2021年全国法院先进集体。

**【接受社会监督】**2021年，县法院邀请人大代表视察法院、参加座谈、旁听庭审、见证执行160余人次。主动向县政协、各民主党派、工商联、无党派人士通报法院工作。邀请县政协委员视察法院工作并听取意见建议，办理政协委员提案7件。自觉接受检察机关法律监督。支持、配合检察机关依法履行监督职责，办理检察建议12件。落实检察长列席审判委员会会议制度，邀请县检察院检察长列席会议6次，共同维护司法公正。广泛接受社会监督。举办公众开放日活动12次，召开新闻发布会4次，开展巡回审判15次。组建“松法抖音工作室”，76个短视频在省高院官方平台发布，作品“刘大能”系列普法视频《假如逃避》获第八届全国法院金法槌短视频三等奖；作品《花开有声》获第八届全国法院金法槌铭记·春梅特别单元优秀奖，全方位构建立体型法治宣传舆论环境。

（县法院）

# 检　察

**【概况】**2021年，松阳县人民检察院（以下简称“县检察院”）坚持以习近平新时代中国特色社会主义思想为指导，全面贯彻习近平法治思想以及《中共中央关于加强新时代检察机关法律监督工作的意见》的要求，围绕打造“共同富裕示范区”“高水平建设和高质量发展重要窗口”，聚焦平安浙江、法治浙江建设，以数字化改革为牵引，全力服务保障现代化“田园松阳”建设。

开展政法队伍教育整顿、党史学习教育，全力配合县委巡察工作，对巡察组指出的问题、提出的意见建议，全面认领，围绕制定的落实清单、任务清单、责任清单加以改进。推进专业化办案团队建设，加大岗位练兵和业务培训力度，在专案专办中培养高素质专业化人才；加强案例总结提炼，注重培育打造典型案例；开展检察官专题讲课、微党课比赛等活动，提升综合素能。自觉接受县人大依法监督和县政协民主监督，落实代表委员提出的意见建议，定期向民主党派、工商联和无党派人士通报检察工作。加强代表委员联络工作，坚持院领导带队走访制度，参加代表联络站活动。开展检察开放日、新闻发布会等活动5场次，邀请人大代表、政协委员、人民监督员和社会各界人士参加，共300余人次。

全年组织召开检委会会议11次，受理提交检委会讨论案件20件，讨论事项议题1件，组织检委会学习2次，检察长列席审委会6人次。省院重点课题立项1个，入选省院理论研究年会论文1篇，《检察日报》刊发论文1篇，办理非诉执行案件18件。

**【刑事检察】**2021年，县检察院第一检察部共受理提请批准逮捕案件123件192人，审结119件187人，比上年增长45%，其中批准逮捕97件143人，不批准逮捕22件44人。无捕后撤案以及判无罪案件，无捕后轻刑案件。立案监督4件10人，生效判决1件3人，且均为1年有期徒刑以上刑罚。纠正漏捕1人，生效判决2人（含历年监督获生效判决人数），其中5年有期徒刑以上刑罚2人。受理审查起诉案件341件578人，审结案件290件483人，比上年增长32%。其中，提起公诉215件386人，不起诉73件94人（相对不起诉70件91人，证据不足不起诉3件3人），附条件不起诉2件3人。无起诉后无罪、撤回起诉案件。追诉漏犯2人，生效判决8人（含历年监督获生效判决人数），且均为1年有期徒刑以上刑罚。提出抗诉案件2件，提出再审检察建议4件，提请抗诉案件获改判2件，提出再审检察建议后法院改判1件。全年共发出纠正违法通知书8份。全面推进认罪认罚工作，全年认罪认罚适用率93.1%，确定量刑建议提出率

98.9%，采纳率 100%。

【民事检察】2021 年，县检察院受理生效裁判、调解书监督案件 7 件，全部办结。其中，4 件涉及虚假诉讼，向松阳县人民法院发出 4 份再审检察建议，县人民法院裁定再审，并作出再审调解书；有 2 件案件因不符合受理条件，作出不支持监督申请决定；另一件虚假诉讼案件经提请丽水市人民检察院抗诉，市院向丽水市中级人民法院提起抗诉。办理执行程序监督案件 35 件，审判程序监督案件 29 件。

【公益诉讼检察】2021 年，县检察院办理行政公益诉讼诉前程序 32 件，纯民公益诉讼案件 5 件，刑事附带民事公益诉讼案件 9 件，覆盖行政、公益、诉讼三大领域。其中，判决和已调解的民事公益诉讼起诉案件诉讼标的 994.82 万余元，诉请全部获法院支持。所办理的案件多次被《检察日报》刊登。其中，1 例公益诉讼案先后被最高人民检察院评为“3·15”公益诉讼典型案例和起诉典型案例。

【未成年人检察】2021 年，县检察院受理未成年人提请批准逮捕案件 11 件 11 人，其中未成年人犯罪案件 2 件 2 人（不捕 2 件 2 人），侵害未成年人犯罪案件 9 件 9 人（批准逮捕 9 件 9 人）；受理未成年人审查起诉案件 21 件 34 人，其中未成年人犯罪案件 13 件 26 人，侵害未成年人案件 8 件 8 人，审查后提起公诉 12 件 12 人，相对不起诉 8 人，附条件不起诉 3 人；办理涉未成年人民事案件 2 件、公益诉讼案件 2 件，发出社会治理检察建议 4 件，以上均被采纳。开展法治宣传讲座 9 场次，受众 1200 人次；开展法治进社区宣传 1 场次，受众 1000 余人，发放资料 530 份。

【刑事执行检察和侦查工作】2021 年，县检察院办理各类案件 33 件。其中，纠正违法案件 16 件，全部回复，采纳率 100%；办理收监执行案件 7 件；暂予监外执行审查案件 2 件；重大案件侦查终结前讯问合法性核查案件 6 件；协助上级院核查重点案件 2 件。

【控告申诉工作】2021 年，县检察院受理群众来信来访 37 件，其中来信 6 件、来访 28 件、网络 1 件、来电 2 件。办理国家司法救助案件 12 件，发放救助金额 12.2 万元，息访涉法涉诉案件 12 件，办结刑事申诉案件 3 件，均息访息诉；阻权类案件 1 件；办理重复信访积案的案件 2 件，2 件重复信访积案均予以办结，息访息诉案件 1 件。

【案件管理工作】2021 年，县检察院评查重点案件 7 件，重点案件评查覆盖率 100%；开展专项评查 3 次，共评查案件 285 件；开展常规抽查 4 次，共评查案件 86 件；评查案件覆盖率达 20%以上。全年通过流程监控发现文书质量问题 10 余个，发现判决生效后未及时进行生效裁判审查案件 9 件。撰写业务数据分析研判报告 3 份，组织召开业务数据分析研判会商会议 3 次，制作会议纪要 3 份。把司法网拍系统的应用编制成“数字办案指引案件”分析模型指引，被省检察院转发；运用省检察院下发的指引案例开展类案监督 4 例；进行内控类案监管 4 类。法律文书公开率达 95%以上。

【检察技术应用】2021 年，县检察院受理并办结检察技术案件 91 件，其中开展技术协助 23 件，委托办理技术性证据审查 67 件，委托检验鉴定 1 件；改变案件定性 2 件，开展大数据研判类案 333 件，其中通过司法网拍审查系统发现线索移送省检察院后立案 219 件。

【深化改革创新】2021 年，县检察院推进司法责任制改革。落实轮案制、检察官职权清单、联席会议等配套制度，全面压实办案责任。常态化开展案件质量评查，评查结果纳入员额检察官绩效考核评价，强化监督制约。担任领导职务的检察官带头办理重大疑难复杂案件，入额院领导带头办理案件，检察长参加列席法院审判委员会，在互动沟通中凝聚检法合力，双向发力促进司法公正。在认真落实以审判为中心的各项改革举措前提下，全面推行认罪认罚从宽制度，推动量刑建议精准化。促进履职方式创新，探索惩罚性赔偿制度，精准结合乡村振兴与脱贫攻坚。推进数字检察改革，研发司法网拍智能审查系统，构建“智能排查+人工审查+检察监督+全域治理”监督工作新模式，推动司法网络拍卖整体环境更加规范、公开，经验做法被全省推广。该系统入选省数字法治系统多跨场景 2.0 清单和省检察院第一批数字检察应用场景创新试点，获评 2021 年度全省检察机关创新成果奖，工作专班荣立集体二等功 1 次。

（县检察院）

## 公 安

【概况】2021 年，松阳县公安局（以下简称“县公安局”）有效接警 41401 起，比上年下降 11.2%；发生交通事故 9871 起，比上年上升 12.3%；发生亡人事故 29 起死亡 29 人，比上年上升 38.1%；治安受案 1912 起，比上年上升 16%；刑事立案 909 起，比上年上升 1.6%；受理电诈案件 403 起，比上年下降 13.5%，损失金额 2307 万元，比上年下降 10.8%。

2021 年，县公安局以习近平新时代中国特色社会主义思想为指导，紧扣“明理、增信、崇德、力行”要求，结合队伍实际，确保党史学习教育有声势、全覆盖、见实效，为新冠肺炎疫情防控、维护稳定、护航发展等各项工作提供充足的思想政治保障。深度融合党建与业务工作，提高站位，强化认识，以高标准高质量推进各项主题教育，发挥基层党组织战斗堡垒作用。先后组织参观安岱后浙西南革命根据地、党群服务中心、高亭纪念碑等红色基地26批次，组织全警开展清明祭扫活动5批次，开展“追寻红色足迹、践悟红色思想”野外拉练活动2批次，通过“六个一”主题教育进一步筑牢忠诚警魂。除常态化开展各类党组织活动外，积极指导基层所队创新形式，通过组织“跟班学先进找差距”警师制实践活动、“光荣在党50年”纪念章颁发仪式暨新老党员“薪火相传”仪式，传承赓续红色血脉。深入贯彻落实公安部、浙江省公安厅（以下简称“省厅”）、丽水市公安局（以下简称“市局”）全警实战大练兵要求，靶向瞄准“四个铁一般”大练兵目标，在实打实对决、硬碰硬较量中磨砺战斗精神，提高实战能力，在砺警2021全警特警系统警务实战技能比武获团体第一名及综合体技能科目获团体第二名，在全市公安交警系统摩托车警务驾驶技能实战大练兵比武获团体第二名，在全警实战大练兵的宣传工作名列全市第一。大东坝派出所党支部“坝上堡垒护民安”党建品牌实招妙招入选全市党建品牌，全局平时考核工作列入首批丽水市联系点，松阳县示范点。

2021年，松阳县公安局“4·13”涉缅跨境走私制毒贩毒案受公安部禁毒局贺电表扬，浙江省原副省长、省禁毒委主任、公安厅厅长王双全在该贺电上批示：应予专项褒奖。县公安局在“11·6”特大盗版在线教育音视频案中收到公安部的贺电，悠游网络赌博案受公安部的通报表扬；县公安局被省厅评为2020年度全省公安机关执法质量考评优秀单位；124侦察队被省委、省政府表彰为2019—2020年度全省反邪教工作成绩突出集体；西屏派出所被省委政法委评为全省政法系统执法办案、矛盾纠纷调解成绩突出集体；侦破“11·6”侵犯著作权案专案组被省厅记二等功1次；网安大队被省厅表彰为“净网”专项行动突出集体；交通警察大队车辆管理所被省厅评为全省车辆检测“一件事”集成改革工作成绩突出集体；禁毒大队被省厅表彰为“净边2020”专项行动突出集体；园区派出所被省厅评为2020年度最美警队；纪建平被省厅评为“庆祝建党100周年系列活动”安保工作成绩突出个人；谢高峰被省厅评为打击电信网络诈骗犯罪专项行动突出个人；周晨阳被省厅表彰为抗击新冠肺炎疫情成绩突出个人；程桦被省纪委监委廉政教育中心、省厅监察留置勤务专班和市局评为省留置场所执勤期间成绩突出个人；吴增民被省厅记个人一等功1次。

**【警务督察】**2021年，县公安局组织各类警务督察135次，发现和纠正问题121个，发督察文书5份，提出督察建议67条，受理各类投诉34件，其中属实或部分属实5起，依法严肃查处侵犯民警合法权益案件，办理维权案件8起。对网上警务督察工作投入1万元，加强现场督察与智慧督察的深度融合，逐步实现从问题查纠到整改处置全过程网上流转，全年开展网上督察巡查571次，巡查基层所队1530个次，查看监控视频654231次，查纠问题243个。对发生投诉、舆情，迅速调查，依法处置。全年受理投诉34件，查证属实或部分属实的5件，不属实29件，处理妨害公务、阻碍执行职务等案件8起，打击处理违法犯罪人员12人，其中追究刑事责任3人、行政处罚9人，慰问民警、辅警4人次，发放维权慰问金3500元。

**【公共安全管理】**2021年，县公安局开展活动安保、单位创建评估等工作，完成各类活动安保，对第二届城乡联系国际论坛、第十四届中国茶商大会、第二届中国不锈钢管高峰论坛等大型活动及要人警卫均制定周密安保方案，实现安保零事故。继续推进“智安小区”“智安单位”创建工作，完成16个单位处于汇入市局智安小区平台阶段，12个新旧老区在施工阶段，10个小区处于招投标阶段，全县公立学校全部建成智安单位(智安校园)，另外建成智安单位30个。根据《浙江省银行业金融机构第七轮安全评估实施方案》，牵头组织对全县12家银行61个营业网点、离行式自助银行进行全面安全评估，根据评估标准均达到优秀标准。继续完善护学岗等校园安保措施，在学校等联合力量的基础上推广“茶乡义警”社会力量充实到护学岗，确保校园安全。全面加强危爆物品管控，开展危爆从业单位安全隐患排查及非法枪爆物品清查收缴工作，张贴通告520份，对企业负责人进行约谈，督促从业单位严格落实危爆物品管理职责，下发整改通知书3份，全面压实从业单位主体责任，开展民用枪支专项排查整治行动，经过全面排查未发现有营业性射击场，全县民用狩猎枪支、弹药均集中统一入库保管，对于检测不合格的狩猎枪支进行封存处理，需狩猎的按程序报批依规使用。

**【出入境管理】**2021年，县公安局全年办理出入境证件及签注187人次，其中护照30人次，港澳通行证及签注154人次、台胞证1人次，往来台湾通行证1人次、前往香港通行证1人次，制证数据实现“零回退”“零差错”，推进“浙里办”平台公安出入境专区、一窗通办、政务服务2.0建设，13个出入境事项纳入政务服务2.0事项。6月，推出免费邮寄便民服务。全年接收国家工作人员报备数据261批，新增1023条、更新258条、撤销598条，法定不准出境人员报备数据901条，新增785条，撤控116条，证件宣布作废9人9本，协助信息核查接收、反馈查控数据4935条，核查清理法定不准出境人员924条历史数据。全年落实新冠肺炎疫情防控不放松，劝导尽量减少不必要非急需跨境出行，劝退办证人员80余人次。推进“助企双引”直通车活动，对5家涉外企业（机构）的8名外国专家，不定期走访，确保出入境新政能在第一时间助力企业生产，助力全县“双招双引”。开展打击妨害国边境管理犯罪专项斗争，破获妨害国边境刑事案件2起，抓获犯罪嫌疑人5人，均移送起诉，核查上级转送线索3条6人，立案调查2条，核查长期非法滞留外国人线索22条，落地7人，调查上年至2021年边境查获偷渡人员7人。

**【基层基础工作】**2021年，县公安局坚持把基层基础作为“一号工程”来抓，借庆祝中国共产党成立100周年安保大势，对宾馆、民爆、寄递等重点行业、重要场所开展多轮次“挑刺”检查，高标准推进“枫桥所队”创建，古市交警中队获评省级“枫桥式交警中队”、西屏派出所浙南茶叶市场联勤警务站获评全省二十佳联勤警务站。推动建立县乡村三级反诈体系，初步构建起“全警反诈、全社会反诈”工作格局，全年电信诈骗案件发案数、案损值分别比上年下降13.5%和10.8%。

**【打击治理工作】**2021年，县公安局从人民群众关心、社会各界关注的黄赌、食药环等问题着手，先后发起“黄赌”整治“春季”攻势、“雷霆”行动，累计查处“黄赌”案件120起，抓获违法犯罪嫌疑人534人，查处吸毒人员28人，强制隔离戒毒3人，抓获涉毒犯罪嫌疑人10人，农村赌博、足浴涉黄等丑恶现象得到有效遏制。破获“11·6”侵犯著作权案、悠游平台网络赌博案、全国首例入侵金融机构话务系统实施电信诈骗案等一批大要案件，实现23年106起命案全破且案犯全部归案。全年2次获公安部贺电表扬和原副省长、公安厅厅长王双全批示褒奖。

**【网络安全管理】**2021年，县公安局检查关键信息基础设施、重要信息系统88家次，完成10起互联网安全监管行政案件、10起宾馆等提供上网服务场所安全监管行政执法案件，下发整改通知书15份。

**【道路交通安全管理】**2021年，县公安局紧盯交通事故预防“减量控大”工作目标，开展各项工作。全年查纠各类交通违法行为18万起，比上年上升1.65%。查处饮酒后驾驶机动车416起，比上年上升2.46%；醉酒后驾驶机动车106起，比上年上升35.89%；行政拘留207人，比上年上升38.92%；刑事拘留113人，比上年上升109.26%；起诉102人，比上年上升34.21%；“减量控大”工作全市排名第一。全力推进“放管服”改革和民生实事项目，“车辆检测一件事”集成改革工作获省公安厅表彰，“一灯一带一标志”项目获评全县民生实事“金牛奖”，“警医邮”“警保联动”全面启动，群众办事更便捷，“红点系统”启用，为交管工作插上科技翅膀，大货车违法处罚率提升100%。交警古市中队获评全省首批“枫桥式交警中队”，交警西屏中队搬迁新址，结束无独立营房的状况。

**【禁毒整治及宣教】**2021年，县公安局深入开展“一打三防”“云战6号”“云战7号”等专项行动，完成全年禁毒打击、管控、宣传等工作，整治毒品工作平安考核列全市第一。1月，该局成立吴增民禁毒工作室，为涉毒打击处理提供了强力支撑。4月28日，在陈家铺村先锋书店成立四都乡民宿禁毒联盟，依托民宿开展全县无毒乡村建设。6月4日，在丽水中等专业学校举办“共建无毒家园，守护红色根脉”浙江省禁毒文艺巡演，网上同步直播，网民关注达1.4万余人。办理省公安厅2021年网络贩卖毒品案，破获全市首例贩卖管制精神药品案件，移诉毒品犯罪嫌疑人10人，缴获管制精神药品770克。全年查处吸毒人员28人、强制隔离戒毒3人，铲除罂粟原植物364株。全面落实涉毒人员、物品管控，排查社会面吸毒人员585人，排查率94%，联合交警查获吸毒人员无证驾驶18人，对全县61家易制毒化学品企业开展大排查，整改27家，注销企业8家。

**【公安法治工作】**2021年，县公安局开展教科书式执法活动，组织民警进行学习讨论，强化考试培训，依托实战大练兵活动，先后组织执法巡查比武、司法考试集训等业务技能培训。全年通过国家法律资格考试5人，高级执法考试4人，举办学法强警App线上法律知识考试9次，参加民警2700余人次，通过以训促学、以考促学的方式全面提升民警的执法办案能力。结合队伍教育整顿和“执法提升年”回头看，全力整治执法领域顽瘴痼疾，先后组织开展中层干部办案专项检查、未结案件专项清理、伤害类案件“回头看”等专项整治行动，累计排查案件316件，排查整改问题199个。同时，举一反三，制定出台《松阳县公安局中层履职规定》《办理伤害类案件指引》《受案立（撤）案工作规定》等制度，通过建章立制进一步规范执法流程，推动全警严格规范公正文明执法。

**【监所管理工作】**2021年，松阳县看守所坚持理性规范文明执法，在坚守战时执勤、狠抓队伍建设、在押人员军事化管理等方面下功夫，实现连续第21年监所安全无事故。持续深入倡导“军事化管理”教育理念、每日开展不少于60分钟的队列训练和行为养成教育，达到监内秩序良好、行为规范、卫生整洁。规范化管理成效显著，打架事件持续下降，械具使用率从原先的23%高危使用降低至4%左右，走出了一条具有松阳特色的在押人员军事化管理新路，被市局监管支队在全市监所推广。实行封闭式管理战时勤务模式，狠抓民警队伍建设，打造高素质的公安监管队伍，努力提升队伍的凝聚力和战斗力。每位民警职工辅警均严格按照上级部署落实执勤，未出现队伍违规违纪情况，取得了新冠肺炎疫情零感染，队伍零减员，事故零发生的优异成绩。2021年，松阳县看守所被市局记集体三等功1次，多名民警、辅警获上级嘉奖、通报表扬。其中，辅警周晨阳获公安部、省厅抗疫新冠肺炎优秀个人通报表扬，并获三等治安荣誉奖章。

**【人口与户籍管理】**2021年，县公安局受理申领换发第二代居民身份证9966份，办理临时居民身份证3049张，办理出生登记1616人、死亡注销1818人、迁入登记451人、迁出1416人、管内移居406人，分户1444户,全城通办办理54件，长三角地区迁移通办37人次，办理各类变更更正登记业务93535项；在清理“错重假”户口工作中，通过档案查询、走访调查、省市合作函询等各种渠道，共注销重复户口11条，发现并处理冒办身份信息1条；在解决无户口人员工作中，针对精神异常导致原籍地不明人员，通过走访调查、函询等方式排除重复落户和外籍的可能，帮助2人按实际生活中使用姓名和出生日期给予登记户口。

**【数字化改革】**2021年，县公安局主动融入数字化改革大局，自主设计开发的“多维智慧感知”平台和交管“红点系统”被列入市数字法治一本账，其中“多维智慧感知”平台被列为市、县共建项目，并在首届全市公安机关实战化数据建模创新大赛中拔得头筹。纵深推进“情指勤舆”一体化改革，迭代升级“社会应急联动松阳模式”，全年高效分流非警务警情3960起，相关做法获丽水市副市长毛建国批示肯定。

**【安保工作】**2021年，县公安局深入开展“清雷行动”“千警进万家”、枫桥市派出所创建等系列活动，围绕重点场所等要素开展相关工作，完成庆祝中国共产党成立100周年安保工作。先后研究制定打击“黄赌”违法犯罪专项行动工作方案及“清雷2021”4号行动工作方案，局属各业务大队根据工作方案，对所牵头业务进行了检查督导，管控措施得力。辖区派出所围绕旅馆业、娱乐场所、网吧等重点行业、重点场所开展一系列的工作举措，效果明显。县公安局共排摸重点场所8000余家次，重点行业2300余家次，摸排管控重点安全生产隐患200余个，排查化解矛盾纠纷200余起。

**【林业公安业务监督】**2021年，县公安局侦办涉林刑事案件9起，移送起诉10人。2020年10月27日，立案查处玉岩镇叶某某重大滥伐案。叶某某未经审批采伐山场林木，立木材积62.66立方米，2021年3月1日叶某某被取保，3月11日移送起诉。4月2日，立案查处竹源乡项某某重大滥伐案，项某某超范围采伐山场林木，立木材积52.99立方米；4月21日，项某某被取保，4月30日移送起诉。7月16日，立案查处玉岩镇叶某某重大滥伐案，叶某某未经审批砍伐采伐山场林木，立木材积98.78立方米；8月17日叶某某被取保，10月29日移送起诉。8月17日，立案查处象溪镇龚某某重大滥伐案，龚某某未经审批砍伐采伐山场林木，立木材积62.10立方米。12月3日，中共松阳县委机构编制委员会办公室发文批复，同意在县公安局内设机构森林警察大队挂食品药品环境知识产权犯罪侦查大队牌子，把治安警察大队承担的打击食品药品、生态环境和假冒伪劣商品犯罪职责，以及打击知识产权犯罪职责划入该机构。

（县公安局）

## 司法行政

**【概况】**2021年，松阳县司法局(以下简称“县司法局”）结合提级（交叉）巡察整改、政法队伍教育整顿和党史学习教育等工作，推进法治建设和司法行政各项工作。县委巡察整改第三评估组对该局党组巡察整改情况开展量化评估，评估等次为“优秀”。2021年，全县司法行政工作在全市排名第五，获评全市司法行政系统年度工作考评进位单位。法治建设工作市对县考核排名第五，被评为“2016—2020年全省普法工作成绩突出集体”，连续两年获评社区矫正“无再犯罪”县（市、区）成功创建单位。

**【公共法律服务体系建设】**2021年，县司法局着力构建县乡一体的公共法律服务体系。提升改造公共法律服务中心，业务使用面积达600余平方米。设有独立公共法律服务大厅80余平方米，内设法律援助、律师咨询、人民调解、司法鉴定、公证、行政复议等9个窗口，实现全要素、全链条整体入驻县矛调中心。推广应用公共法律服务集成应用系统，主要包括“浙里办”系统的法律援助、人民调解、公证业务、矫务公开、法律咨询，浙政钉系统的合法性审查等模块。通过梳理公共法律服务各业务流程，列出重大需求清单、多跨场景清单、重大改革清单“三张清单”，让老百姓扫二维码就能享受法律服务，实现“举手能及、指尖办理”。全年共办理各类公证案件561件，国内公证案件492件，涉外案件69件，收费86万余元。受理法援案件204件，认罪认罚法律帮助347件，接受法律咨询1500余人次，代写法律文书30余件，指引诉讼100余人次，2篇法律援助案例入选司法部案例库。

【人民调解】2021年，县司法局开展人民调解质效提升专项工作。实现全县19个乡镇（街道），214个村（社区）书记担任村社人民调解委员会主任、农村“法律明白人”担任人民调解员全覆盖，把矛盾纠纷化解实绩作为村（社区）书记年终考核评估重要内容，促使村级调解力量经常开展矛盾纠纷排查、化解。修改完善《松阳县专职人民调解员管理办法（试行）》，规范专职调解员队伍考核管理机制，全年开展人民调解业务巡回培训19场次，参加培训950余人。探索形成矛盾纠纷逐级化解、正向激励和访调对接“三大机制”。全县共调解矛盾纠纷案件3374件，成功调解3370件，调解成功率99.88%，涉及金额18557.75万元，调解矛盾纠纷案件数、成功数和涉及金额比上年增长47.79%、61.17%和54.91%。浙江省委常委、省政法委书记王昌荣到县矛调中心调研人民调解、公共法律服务工作，对该项工作给予高度肯定。《法治浙江》简报第26期刊发文章《松阳县健全人民调解“三大机制”提升基层依法治理水平》。省司法厅副厅长蒋建森对该项工作给予批示肯定。

【社区矫正安置帮教】2021年，县司法局推进社区矫正中心智慧化建设。推出“码上矫务”智慧服务平台和“矫务公开”网上平台，提升社区矫正执法规范化水平，逐步实现从“人管人”到“技管人”到“云管人”的转变。通过“智慧矫正中心”现场验收，成为全省首批26个部级“智慧矫正中心”之一，同时被列为全省“社区矫正心理健康智能场景应用”试点县。8月10日，由松阳县主办的全省推进社区矫正“矫务公开”会议，得到省司法厅肯定。全年在册社区矫正对象未出现脱管、漏管和再犯罪等事件，帮教期内刑满释放人员安置率100%，帮教率达98%以上。

【基层司法所建设】2021年，县司法局根据浙江省财政厅等五部门《关于开展公检法司条线工作现代化创建申报2021年创建资金的通知》精神，向省司法厅争取古市司法所“培优育新”项目，获65万元的资金扶持，对原古市法庭进行改建，建成目前全市占地面积最大的司法所，同时把人民调解、法律咨询、法律援助、司法鉴定、公证业务等进行进驻，切实发挥公共法律服务站点的作用，并通过省司法厅现场考核验收，创成省级“枫桥式”司法所。

【法治宣传】2021年，县司法局深入开展贯彻落实习近平法治思想宣传活动，把学习宣传贯彻习近平法治思想纳入“八五”普法规划，印发《关于做好习近平法治思想普法宣传工作的通知》（松普办〔2021〕1号），纳入年度工作要点和责任清单。抓好“关键少数”，提升领导干部带头学法、守法意识。把《中华人民共和国宪法》、习近平法治思想专题课列为县委党校培训必修课和法治讲座课程，落实领导干部宪法宣誓制度，全县举办领导干部法治讲座和法律培训13场次，开展习近平法治思想宣讲40余场次。青少年法治宣传常态化，抓好法治教育计划、课时、教材、师资“四落实”，以“春夏秋冬”为主题，开展普法四季歌活动，把法治课融入日常教学，开展法治研学路线、“宪法晨读”“流动少年宫·普法进校园”“开学第一课”、法治讲座等法治宣传活动50余场次。举办“传承乡土风情 弘扬法治文化”为主题的手工艺创作大赛，共征集书画类、非遗工艺类作品100余件。创建全市首个《中华人民共和国民法典》主题公园，创成省级“民主法治村（社区）”9个、市级“民主法治村（社区）”40个、新创建诚信守法企业3家，复评2家；新创普法农家院2家。

（县司法局）

## 法治政府建设

【概况】2021年，松阳县对标法治政府建设市对县考核标准和全国法治示范市创建指标，结合工作实际，建立法治政府建设“一本账”，以“一局一档一函”形式把工作任务交办到各相关单位。配套组建法治松阳（法治政府）建设群、工作群和领导群，工作群主要用于任务交办督办、共性业务指导，领导群主要用于问题通报、工作进展和特色亮点亮晒等。创新建立“亮晒—督办—考核”闭环机制，及时对落实不到位的问题进行亮晒，对完成进度较慢的单位进行督办，对长期挂账不完成任务的单位进行考核扣分。以考核指挥棒落实闭环机制，把法治建设考核分数从过去仅举证保障扣分2分，提升至基础分5分、加扣分2分，举证扣分3分，有效提升法治建设工作的重要性。迭代升级“民情地图”信息系统，“松阳县深化‘民情地图’促服务打造县域整体智治示范县”入选丽水市“十大法治事件”。2021年，在法治浙江群众满意度测评中获全省第二名。

【行政执法】2021年，松阳县深化行政执法体制改革。成立“大综合一体化”行政执法改革专班，深入推进“大综合一体化”综合行政执法改革工作。编制《松阳县综合行政执法地方扩展目录（2021年）》。开展古市镇实施“一支队伍管执法”试点工作，采取赋权方式由古市镇人民政府集中行使622项部分行政处罚权以及与行政处罚相关的行政检查、行政强制措施等职权。推进行政执法信息化建设。推进“互联网+监管”系统使用，实现掌上执法率100%、事项覆盖率100%、跨部门监管率25.54%、事件处置率100%、监管事项认领率100%，综合排名居全市前列。推广省统一行政处罚办案系统应用，全年通过省办案系统办理行政处罚案件4656件，系统使用率99.7%。推进简易程序行政处罚案件“掌上办”，全县简易程序掌上办案数221件，掌上办案率95.26%。推进行政执法“三项制度”质效提升。行政执法信息和结果公示、执法记录设备配备、重大执法决定法制审核事项清单和审核流程图制订均达到100%。完成县交通运输局、县水利局行政执法质效评估。加强行政执法监督。开展综合执法事项执行情况专项监督、涉民生执法专项监督等监督活动，开展行政执法案卷集中评查2次，集中评查案卷336卷。针对各类检查中发现的问题，制发行政执法监督通知书4份，收到整改报告4份。

**【行政决策】**2021年，松阳县着力提升依法决策水平。规范重大行政决策行为。提升重大行政决策目录化管理水平，全县共35项事项纳入重大行政决策目录，严格落实合法性审查和集体讨论决定等法定程序。完成重大行政决策后评估1件。加强行政规范性文件监管。严格落实合法性审核制度，前置审核行政规范性文件和行政机关合同41件，出具法律意见130余条。开展涉及烦企扰民、行政处罚法、计划生育等的文件专项清理工作，修改、废止县政府政策文件17件。配合做好立法工作，出台市地方性法规配套制度4件。推进乡镇（街道）合法性审查工作。完善审查队伍，形成“乡镇（街道）业务骨干+司法所负责人+法律顾问”三位一体审查体系。数字赋能审查工作，创新建设“码上审查”系统，实现审查工作全流程线上闭环运行。拓展审查事项范围，压实审查责任，全年各乡镇（街道）累计完成审查工作473件。

**【行政复议和行政应诉】**2021年，松阳县抓好行政复议规范化建设，推进行政争议实质性化解。开展“以案治本”专项行动，全县共收到行政复议申请52件（受理前化解9件），经审查后，受理32件，不予受理11件；受理的行政复议案件中，审结29件，其中撤回复议请求（调解结案）13件，行政复议案件化解量居全市第一。全县一审行政诉讼案件发案量比上年下降20%，败诉率保持零，高效化解2起高风险败诉案件。

**【行政裁决】**2021年，松阳县推动山林办整体入驻县矛调中心，落实山林纠纷化解“一站式”办理。在全市率先制定《松阳县山林权属争议处理程序规定（试行）》，进一步完善山林纠纷行政裁决机制，松阳县打造山林纠纷行政裁决丽水模式，被定为省行政裁决“最佳实践”培育试点。

**【法治化营商环境】**2021年，松阳县持续深化民营企业法律服务，建立“千所联千会”机制，并把全县法律服务资源整合调配给全县20个网格，实现市场主体法律顾问全覆盖，全年法律顾问团队共提供法律咨询4611次，推送资料1.21万余份，开展法治宣传2191次。在县级矛调中心开辟涉企纠纷调解绿色通道，设立律师调解室，全年全县各级调委会共受理调处涉企矛盾纠纷150余件。规范涉企行政执法，落实涉企行政执法备案制度，全年接受各执法部门涉企检查备案85件。加强涉企行政规范性文件管理，开展涉及《优化营商环境条例》《浙江民营企业发展促进条例》、“烦企扰民”专项清理工作，对全县400余个行政规范性文件进行清理。加强公平竞争审查，对存在限制竞争行为的2个规范性文件及时进行督促并完成整改，从源头营造稳定、公平、透明的营商环境。

（县司法局）

## 中国人民解放军松阳县人民武装部

**【概况】**2021年，中国人民解放军松阳县人民武装部（以下简称“县人武部”）坚持以习近平新时代中国特色社会主义思想和习近平强军思想为指导，围绕年初中央军委国防动员部、浙江省军区、丽水市军分区党委（扩大）会议精神，主动适应新形势新任务新要求，完成各项任务。

**【思想政治建设】**2021年，县人武部坚持把学习贯彻习近平新时代中国特色社会主义思想和习近平强军思想作为首要政治任务，以党史军史学习教育为重点，深入学习领会习近平总书记系列重要讲话精神，广泛开展形式多样的学习教育活动，重点组织“七个一”活动，即看一场红色电影、重温一次入党誓词、召开一次支部民主生活会、组织一次大谈心活动、开展一次主题党日活动、开展一次红色革命根据地实践活动、开展一次解难帮困活动，在学思践行中庆祝建党百年，牢记强军使命，切实提高政治判断力、政治领悟力、政治执行力。大力开展“挂英模画像、学英雄事迹、读强军书籍”主题活动，号召官兵向“新时代卫国戍边英雄群体”学习，并向基层武装部、民兵营连延伸。1名松阳籍公民捐款4000元委托县人武部转交给4名烈士家属。

**【征兵工作】**2021年，县人武部主动适应“一年两征”改革形势，加强工作统筹谋划与组织领导，紧盯主要阵地、突出区域特色，开展征兵宣传，通过军地双方共同努力，建立17～24岁的应征青年数据库，采取微信、微博、抖音等新媒体和邀请优秀退伍军人创业先进典型组织宣讲等方式，推动征兵宣传工作进校园、进社区、进企业、进家庭，真正做到广泛发动、精准宣传，并出台大学毕业生入伍鼓励政策。全年完成兵员征集任务。同时，组织奔向军营健康跑、迎老兵送新兵暨“从戎之剑”赠剑仪式等活动。

**【练兵备战】**2021年，县人武部以丽水市第四届民兵岗位练兵比武活动为契机，广泛开展民兵岗位大练兵活动，掀起练兵备战热潮。聚焦国防动员系统使命任务，不断抓好职责建设；以上级下发各项文件为依据，严密组织战备执勤，规范战备值班秩序，严格落实日常值班、节日战备、请示报告等制度；组织党委议战议训，及时分析训练形势，研究解决训练难题。按照年初拟制军事训练计划安排，有序开展岗位练兵活动。筹划准备丽水市第四届民兵岗位练兵比武活动，科学制订训练计划，通过预先比武、强化训练等各个环节，在比武中取得2个综合第一名、团体第三名的成绩。全县召开表彰大会，对取得优异成绩的分队和个人进行嘉奖。与县委组织部联合组织专武干部半年度集训考核，整体提高全县专武干部能力。配合县教育局筹划部署学生军训任务，挑选组建整体责任心强、能力素质过硬的军训教官队伍，分别对县职业中专、县第一中学、县第二中学、丽水学院幼儿师范学院进行学生军训工作，全年完成军训学生3094人、240个课时的训练任务。

**【民兵工作】**2021年，县人武部贯彻落实上级关于加强国防后备力量建设一系列方针政策，按照上级决策部署，严密组织民兵体格检查和政治考核，有序组织民兵分队点验和入队训练。部党委委员分组参加全县各乡镇（街道）整组点验大会并开展党史学习教育授课辅导，全县基干民兵队伍经过调整，均符合规定条件。

**【双拥共建】**2021年，县人武部推进双拥共建，坚持全县上下一心、军地同心，营造“地方拥军优属，军队拥政爱民”的良好氛围，持续巩固和加强军政军民团结，使人民与军队同呼吸、共命运、心连心的关系更加紧密。在春节、“八一”建军节等重大节日，全县上下开展大走访、大慰问活动，协调各级领导带头走访慰问驻地部队、退伍老兵和立功受奖军人。同时，利用抗日战争胜利纪念日、国家公祭日等多种时机举行全县范围的缅怀祭奠仪式，教育引导广大群众铭记历史、缅怀先烈；充分利用当地现有红色革命资源，广泛开展红色革命教育活动，发挥国防教育实践基地、爱国主义教育基地的教化育人作用。在新兵役前训练、民兵军事训练和专武干部集训等期间，发动广大民兵参与地方扶贫帮困、“五水共治”、“大搬快聚”等工作，助力地方建设。落实落细参加地方抢险救灾各项准备工作，结合季节形势、当地特点和实际需要，加强应急值班，随时掌握辖区动态，确保一有险情一有任务能够随时拉得出、用得上，民兵队伍在保护全县人民的生命财产安全中发挥应有的作用。

**【军事斗争准备】**2021年，县人武部积极做好各项军事斗争准备工作，战备训练得到有效保障。坚持以政策法规为依据，不断提高管理力度；结合民兵训练、专武干部集训等年度重点工作，科学执行年度经费预算，按照“足额、及时、到位”的要求，保障年度民兵训练和专武干部集训等各项训练任务完成。贯彻落实习近平“厉行勤俭节约、反对铺张浪费”的指示精神，狠抓节约用电、节约用水、节约粮食等群众性节约活动。加强营区、干部公寓楼、民兵训练基地建设跟进力度，不断改善营区环境。

**【国防动员和后备力量建设】**2021年，县人武部坚持每季度向地方党委政府报告工作，按照上级关于基层建设会议精神的各项部署要求，紧盯末端细节抓好工作落实。始终做到知责于心、担责于身、履责于行，聚力解决制约国防动员和后备力量建设发展的瓶颈问题，以矛盾解决带动工作质量提升；利用召开党管武装工作会议、县委议军会议、县长现场办公会等时机着重打通建设堵点、解决工作难点。大力推进规范化建设，按照中央军委国防动员部和省军区关于认真推进规范化建设的指示要求，靠前推动部署，部机关协调县委县政府投入400万余元对机关营区、值班室、荣誉室、视频会议室等场所进行升级改造；基层武装部规范化建设以望松街道为试点单位，召开基层武装部规范化建设现场观摩会，组织全县所有乡镇（街道）党政主要负责人、全体专武干部进一步厘清建设思路、明确建设目标、梳理矛盾困难、寻找解决方法，及时把试点成果向全县基层人民武装部拓展推广，整体提高全县基层人民武装部规范化建设水平。结合部机关实际情况，不断创新发展思路，着力建设“亮点”工作，利用县长现场办公会重点解决武装工作考核分值占比提高至4%，施行职工横向交流，招录2名专职民兵教练员。出台《鼓励大学生入伍实施办法》、设立军人驿站、深化双拥工作，为专武干部兼职过多减负，完成民兵误工补助每天提高至200元、民兵连长岗位津贴每年提高至3000元、建设民兵训练基地等十件实事，全面推进武装工作高质量发展。

（县人武部）

## 武警松阳中队

**【概况】**2021年，武警浙江省总队丽水支队松阳中队（以下简称“武警松阳中队”）始终坚持以习近平强军思想为指导，深入贯彻主题主线要求和武警上级党委扩大会议精神，扎实开展创先争优活动，全面推进中队四项经常性工作落实。“两个确保”目标基本实现，部队全面建设稳中有升。

**【班子建设】**2021年初，武警松阳中队党支部班子进行换届选举。调整后，支部班子成员主动作为，积极磨合，努力营造创新争优的浓厚氛围。两大群众组织作用发挥明显，中队稳中求进的目标深入人心，部队发展势头良好，中队在全年工作中稳中有升，各项成绩均有明显进步，获各级领导肯定。落实各项制度，加强理论学习。支部在坚持落实制度的基础上，注重提升党员干部的理论功底，在日常工作中认真落实7项组织生活制度，提高支部建设能力。引导官兵反思中队建设欠缺什么、自身提升需要什么，以理论支撑实践，不断提高思考能力、思维层次、思想高度。党员主动带头，发挥作用明显。有针对性地加大党员干部的培训力度，引导全体党员干部发挥模范带头作用。党员带头倡导“勤俭节约、艰苦奋斗”精神，积极响应“光盘行动”、省总队“五不一有”活动。正风肃纪守矩，排忧解难暖心。坚持干部带头，专题召开民主生活会和参与教育整顿活动，自我查摆定位、支部剖析讲评、公开承诺践诺；坚持刀口向内，对照清单找问题，自我剖析除隐患，让“微腐败”无处藏身。全年推选技术学兵2人，考学3人，士官选晋5人，发展党员3人，评选“四有”优秀士兵2人。中队党支部主动作为，积极为中队战士排忧解难，解决现实困难。

**【思想教育】**2021年，武警松阳中队把新出台的党建法规、党史系列知识等纳入课前学习计划，把三级党委扩大会议精神学习贯穿始终，让官兵从“知道、了解”向“理解、掌握”再向“熟记、运用”转化。加强对思想、心理骨干的培训，每周听取思想骨干汇报，每月支部进行官兵思想形势分析，充分利用“三互”“三帮一带”“双四一”等载体，加强个别人的帮带转化，有针对性地做好经常性思想工作。针对中队士官多的实际，开展“结对子、促提高”活动，把士官强弱搭配、加强交流，更快提升能力素质，更好发挥自身作用。注重把传统的文化阵地拉回战士视线，让冷清文体活动室回温回暖，结合“一队一品”“书香进军营”等活动，购置文体器材，采取个人自学，同时发挥中队现有文化骨干优势提升中队文体骨干的整体水平；开展“读好书、好读书”活动，让官兵主动放下手机、走出网络，体会书本中的丰富多彩。举行“双百微课”“强军故事会”“军营小广播”、文体竞赛等活动，中队2名战士参加支队主题朗诵并获优异成绩。同时利用微信公众号、云课堂等资源拓宽教育途径，增强思想政治教育的趣味性，提升育人功效。

**【日常练兵】**2021年，武警松阳中队注重学习领悟习近平主席训词训令，刚性执行军事训练“八落实”和“六种组训模式”；坚持每月组织召开议训会议，定期对所训科目进行验收，检验训练成果。中队党支部始终把中心工作摆在突出位置，坚持支部议战议训，抓好经常性战备工作。及时修订完善训练方案，规范编携配装，配齐配强人员，加强方案学习和实地演练，扎实做好两会、国庆中秋“双节”期间战备工作。创新组训方法。引导官兵学巅峰尖兵，当“四有”军人，持续掀起训练热潮，根据不同官兵的训练情况，建立个人档案，不断夯实官兵训练基础。同时，针对个别教练员组训能力弱的情况,积极开展岗位大练兵活动，利用个人自学、讨论交流、教员示范、中队长帮带等形式抓好针对性训练，切实提高教练员队伍的素质。立起鲜明训练导向。结合“周评比、月考核”，完善中队军事奖励激励机制，对军事训练表现突出的官兵实施精神和物质双重奖励，实打实立起训练有为、训练有位的鲜明导向，进一步提升中队的军事训练水平，1名班长代表支队参加总队教练员比武，取得优异成绩。

**【安全管理】**2021年，武警松阳中队始终保有如临深渊、如履薄冰的高度敏感性抓安全，管部队，提升部队建设的内涵底蕴。通过建立“支部统抓、干部包班、骨干包项、整体联动”为主的“基础网”，把工作目标和任务分解到每个班、每个人，做到“一人一责、一物一责、一岗一责、一事一责”，全面提升中队正规化建设水平。严密防范重点，消除安全隐患。及时开展安全保密教育并进行清查，落实一人一机一卡，落实相关要求，树牢安全意识。

（武警松阳中队）

# 城乡建设

松阳高速入城口景观

# 住房建设

【概况】2021 年，松阳县住房和城乡建设局（以下简称“县住建局”）以提升城市品质为目标，立足精细化管理、完善城市功能、解决民生实事，推进住房和城乡建设事业发展，为打造“高水平生态文明建设和高质量绿色发展”重要窗口示范区助力，实现年度目标任务。全年总投资 22 亿元；实现建筑业总产值 36.93 亿元（其中省内完成产值 35.57 亿元，比上年增幅 11.8%）；完成房地产开发投资 8.23 亿元，比上年增幅 22.72%；创成省级高标准生活垃圾分类示范小区 1 个（松州家园）；松阳火车站停车位工程项目红线内新增停车位 141 个，其中公共停车位 129 个，超额完成目标任务（50 个）；新开工改造 6 个老旧小区并全部完成；农村生活污水处理设施提标改造项目 50 个全部竣工验收；完成县林业局宿舍、县检察院宿舍、县农业银行宿舍、县第一中学宿舍 4 个小区“污水零直排”建设；治理改造 119 户农村困难家庭危房；完成城市天然气管道工程管道铺设 15.78 千米；全年增加绿地面积 12.51 万平方米，县建成区绿地率达 36.55%。

【城市建设】2021 年，县住建局承办项目 47 个，其中重点项目 10 个（新建 2 个），重大前期项目 5 个，重点预备项目 2 个。10 个重点项目：城乡垃圾资源化利用处置项目正在开展处置中心设施建设，力争 2023 年 5 月完成调试并试运行；古市供水区域管网改造和应急指挥调度中心工程完成进村主管安装 18.3 千米，村内支管 153 千米，建成 2 座加压泵站；瓦窑头区块改造安置房建设项目完成主体施工；城区截污纳管雨污分流工程完成 16 个小区、2 条主次干道及历史文化名城保护区钟楼路施工；开工改造老旧小区 6 个；江南东路道路及景观工程级配碎石层基本完成，水稳层完成 50%；北山大道拓宽改造工程竣工；要津南路延伸段道路工程市政部分从西竹玉一期工程至景区门口行车道沥青路面铺设完工；县域供水一体化管网工程完成进村主管安装 11 千米，建成 3 座加压泵站；城市燃气管道建设工程超额完成年度投资计划。5 个重大前期项目：南环路拓宽改造工程完成初步设计编制；东环大桥及接线道路工程、屏安东路（西段遗留部分）工程方案优化中；古市新水厂工程完成可研编制；城市第二污水处理厂可研报批中。2 个重点预备项目：长虹中路道路改造工程（太平坊路至环城西路段）完成初步设计编制工作；江南社区（未来社区）完成实施方案上报省级层面复审及项目合作方采购评标工作，筹备组建项目公司。其他项目均按计划推进。

【房地产业】2021 年，县住建局贯彻落实国家、省、市有关房地产市场调控政策，加强房地产业管理。加大商品房预售资金监管力度，全年商品房销售面积 20.23 万平方米（含 7.38 万平方米工业厂房面积），商品房买卖合同网签备案 1099 份。全年房地产市场平稳健康发展，实现房地产开发投资 10.1 亿元。商品住宅消化周期 8 个月，控制在合理周期内。全年办理核发预售许可 7 次，商品房上市 735 套，面积 22.61 万平方米，其中居民住宅 650 套 8.11 万平方米、商业用房 47 套 0.5 万平方米、工业用房 38 套 14.0 万平方米。实施“一县一策”方案，开展商品房预售资金监管排查、房地产企业委托销售行为检查等工作，保持全县房地产市场平稳健康发展，规范商品房销售行为，保障市场各方合法权益。

【建筑行业】2021 年，县住建局推进建筑业产业发展，确保行业规模同比增长，全年建筑业总产值 36.93 亿元，比上年下降 1%，其中省内实现建筑业产值 35.57 亿余元，增幅 11.8%，实现入库税收 1.63 亿元。引导建筑业企业提升和发展，开展企业资质审核工作。扶持县属建筑业企业发展，执行《松阳县促进建筑业持续健康发展的若干意见（试行）》（松委办发〔2020〕31 号），命名表彰上年度松阳县建筑业重点骨干企业和优秀企业，兑现上年度扶持奖金 413 万元，出台《松阳县促进建筑业持续健康发展的十二条意见（试行）》（松委办发〔2021〕31 号）文件。探索新型建筑工业化发展，推动全县建筑工业化发展，新开工装配式建筑面积 67.8 万平方米，其中装配式住宅和公共建筑（不含场馆建筑）21.58 万平方米，装配式工业建筑超额实现市局考核任务。新建民用建筑实施《浙江省民用建筑绿色设计标准》，深化民用建筑项目节能评估和审查工作，审查率 100%。施行房屋建筑和市政基础设施工程施工图联合审查，实现该项“最多跑一次”。按照《扫黑除恶专项斗争工作实施方案》《松阳县住房和城乡建设局关于开展重点行业领域乱象专项整治“回头看”工作方案》《松阳县建设工程领域扫黑除恶专项斗争长效机制》等相关文件开展工作，全年未收到相关线索举报。

【村镇建设】2021 年，县住建局在美丽宜居示范村试点建设中把“田园松阳”的理念融入示范村建设的各个环节，按照“村在田中、村就是园”的理念，重点进行村庄环境整治和改善人居条件，同时充分结合传统村落保护利用，着重加强村庄环境整治，持续推进传统村落保护发展，打造“国家传统村落公园”。截至 12 月末，全县开展实施美丽宜居示范试点村 27 个，通过省级专家验收村 17 个，持续推进赤三、赤四、茶排、后畲、里庄、粗垄、杭坑、凤弄源 8 个示范村项目建设。申报靖居包村村庄设计与农房设计试点，制定试点工作方案；创成美丽城镇省级样板乡镇 1 个（新兴镇），达标乡镇6个（玉岩镇、叶村乡、斋坛乡、四都乡、赤寿乡、安民乡）。

2021年9月6日，松阳县城乡生活垃圾分类工作推进会召开 （县住建局供图）

**【市容环卫】**2021年，县住建局持续完善县城环境卫生保洁工作，县城街道环卫作业人员420余人，作业车辆30余辆，保洁面积213万平方米。完成2022—2023年度县城街道、公厕清扫保洁服务项目招投标。助力县两会、“茶商大会”“不锈钢论坛”“城乡国际论坛”等活动开展，提升城市整体品质，全年更换县城各街道的破损垃圾桶500余个、检修果壳箱100余处、更换果壳箱内胆50余个，维修、更换公厕的照明灯具、洗手器具等各种配套设施180余处。做好填埋场运维、垃圾转运焚烧处置、渗滤液处置等事宜招标以及日常运行维护工作。同时，开展填埋场现场调查，完成调查报告。为加快全县城乡环境卫生事业健康发展，开展《松阳县县域环境卫生专项规划》编制工作，完成初稿。继续开展公厕服务大提升，改造西屏山脚公厕，结合西屏山公园老人小孩多的特点，优化厕位、增设第三卫生间等，方便群众如厕。在县城明清街、中草药园、江滨公园、体育场、城市平台、高速公路出口等18座公厕内增设40余台除臭设备，增强县城公厕硬件水平，提升公共厕所服务质量。

**【垃圾分类】**截至12月末，全县区机关企事业单位、居民小区等范围垃圾分类覆盖面达99.10%，生活垃圾无害化处理率达100%。创成省级高标准生活垃圾分类示范小区1个（松州家园），创建县级党政机关垃圾分类示范单位44家。结合“小青松”“垃圾分类，从我做起”“凝聚青春力量，助力社会治理”“松阳县法治宣传月”等各类活动，全县各单位、乡镇（街道）组织干部职工、环卫工人、社区片组长、网格员、小区居民开展垃圾分类知识培训100余场，培训8000余人次，同时在县建成区开展垃圾分类入户宣传2.7万余户次、受众7万余人次，累计发放《浙江省生活垃圾管理条例宣传手册》5.2万余册、分类知识折页3.2万余份、分类环保袋3.1万余个、分类宣传纸巾7万余盒、宣传海报3000余张、宣传单3.1万余张；利用23个公交车站点、50余辆邮政快递车体、10余条线路公交车车载媒体、3个城区大屏幕、电视台等媒介开展垃圾分类内容的宣传。9月6日，全县城乡生活垃圾分类工作推进会召开，会上，各相关单位做表态发言，副县长潘永水对垃圾分类工作做具体部署。全年转运处置生活垃圾5898.4万千克（餐厨垃圾量为123.5万千克），资源化利用率100%。实施全县城乡垃圾资源化利用处置项目，项目概算总投资11576.49万元，主要建设项目有新建生活垃圾资源化利用处置中心、玉岩垃圾中转站、大东坝垃圾中转站、象溪垃圾中转站各1座及配套垃圾收集运输系统，改造古市垃圾中转站和斋坛垃圾中转站。生活垃圾分选压缩转运规模22万千克/日；餐厨垃圾收集转运规模近期1万千克/日，远期2万千克/日。新建或改造的中转站每1座接收处理垃圾规模4万千克/日。9月，办理施工许可证，项目正式动建，处置中心主厂房及办公区域于12月结顶，项目有序推进中。

**【园林绿化】**2021年，全县增加公共绿地面积12.51万平方米，全县建成区绿地率为36.55%。按照“市县建成区绿地率每年较上年平均提升1个百分点”完成指标；全县建成区公园绿地服务半径覆盖率为85.03%，按照“市县建成区绿地服务半径覆盖率每年较上年平均提升1.5个百分点”完成指标。全力推进县城55万平方米街头绿地和公园的管养工作。以花园城市、花园乡村建设为抓手，深入开展“增花添彩”三年行动，结合美丽乡村“微改造”，打造全域美丽的“大花园”。全年松阳火车站站前大道及站前广场评选为绿化美化路、县松州华庭小区评选为省级园林式居住区、县明清街评选为街容示范街。做好春节等重大节日和重大活动的氛围营造工作。

**【历史文化街区保护利用】**2021年，县住建局推进历史文化街区保护利用工作，完成《松阳北直街历史文化街区保护规划》《松阳汤兰公所—文庙历史文化街区保护规划》《松阳南直街历史文化街区保护规划》并报省人民政府审批。启动申报国家级历史文化名城工作，完善《松阳历史文化名城保护规划》修编工作。发布《松阳县明清街建设高品质步行街实施方案的通知》，完善明清街实行步行街管理。继续执行历史文化街区范围内传统建筑修缮补助政策，全年完成传统建筑修缮补助9户，发放补贴32.2万元，自2015年政策实施以来累计修缮72户，发放补贴332万元。

**【建筑业体系管理】**2021年，全县共有建筑工程施工总承包二级提升一级1家，新迁入建筑工程施工总承包二级企业1家、三级企业1家，新迁入水利水电施工总承包三级企业1家；按产值计算口径，全县有房建市政等各类建筑企业32家。其中，建筑工程施工总承包一级企业3家，房建市政类施工总承包二级企业4家，房建市政类施工总承包三级及其他企业25家。全年实现建筑业总产值36.9亿元，比上年下降1%。全年共办理建设工程施工许可证77件，建筑面积126.9万平方米，工程总造价19.2亿元，施工图审查率为100%。办理工程竣工验收备案48件，建筑总面积36.49万平方米，工程总造价12.877亿元。开展无欠薪创建工作，会同县劳动人事部门，对全县建筑工地开展专项检查行动。在建工地全面实施实名制管理制度，均办理农民工工资专户，并按月按时足额支付农民工工资。落实安全生产责任。与各施工企业、外地驻松阳项目部签订安全生产及消防责任书，全县在建项目全部实行工程质量书面终身责任承诺制度。全年组织召开建筑施工安全生产及质量工作会议4次，办理建筑起重机械登记备案管理100台次，消防等各类验收48次，开展各类质量验收279次，办理智慧工地报监37个次。针对建筑施工质量及安全生产结合各类专项检查开展大检查4次，在大检查之外每月组织巡查，涉及项目232个次，发出限期整改通知书169份，提出整改意见1014条。开展消防检查26次，发出限期整改通知书16份。深入开展“建筑施工安全文明标准化工地及质量杯”“平安工地”“树标杆、学标杆”活动，全县有13个在建工程开展创建省、市、县质量及安全文明标化工地活动。全年创成国标项目1个、省质量杯1个、省标准化工地1个、省平安工地1个、市级文明标化工地5个。

**【城市改造升级项目】**2021年，县住建局根据省、市、县“污水零直排区”建设行动方案要求，实施城区截污纳管雨污分流项目。项目位于县城区域，分3年计划实施，建设项目有主城区范围内未进行雨污分流的城区主次干道、居民小区、历史文化名城保护区及县属各机关事业单位的截污纳管、雨污分流，以及上述区域内给水、电力、电信管网的改造提升等。项目采用总承包（EPC）模式实施，全年完成慧明小区、永晖小区、瑞阳小区、进士小区、古湖东小区等6个小区的改造提升，完成太平坊路西段以及江滨路、长虹东路、新华路、白露岭路，府前街等8条道路的雨污分流工程，实现投资1.2亿元。实施老旧小区改造工程，项目规划面积为6129平方米，涉及18个小区59幢房改房2668户，总建筑面积55.81万平方米。2021年，开工6个小区12幢房改房423栋，总建筑面积16.35万平方米，完成投资计划0.6亿元。

（县住建局）

## 城市公用设施

**【概况】**2021年，松阳县城区面积115平方千米，其中建成区面积10.33平方千米。建成区人口8.1万人，道路长度130.96千米，污水管网116千米，雨水管网106千米，公共停车场停车位1686个，市政桥梁23座，城市照明装灯总功率1278.49千瓦。城市公用设施完备，截污纳管、雨污分流、老街整治、垃圾处理、园林绿化、道路桥梁等市政公用基础设施建设工程建成投运，全年完成市政公用设施投资74292万元。新建和改造一批城市公园和市政广场，增加市民休闲娱乐健身的空间，提升城市品位。城市公用设施不断完善提升，供水、燃气普及率均为100%。建成区路网密度达到12.51千米/平方千米，污水处理率97.97%，生活垃圾无害化处理率100%，人均公园绿地面积15.19平方米，公园绿地服务半径覆盖率85.03%，建成区绿化覆盖率42.50%，建成区绿地率36.65%。城区供水、供气布局合理、保障能力充足，液化石油气储气能力达到200立方米，液化天然气储气能力达到54万立方米，城市供水能力达到10000万千克/日，污水处理能力达到4500万千克/日。

**【城市道路建设与维护】**2021年，县住建局对长虹东路、太平坊路、要津路等主要街道及好又多广场、市政广场、江滨公园等人行道进行修补，共计修补人行道4500平方米。对主要街道破损路面进行修补，共计修补路面3100平方米。完成危桥整治1座，实施南门大桥维修工程，对桥梁下部结构的露筋和裂缝进行修复，改造桥梁伸缩缝和铺装，修复青石栏杆等，将南门大桥评定等级从D级提升至C级，全县D级及以下桥梁全部消除。处理市政污水管道堵塞100余次，累计处理堵塞管道6500余米，清理污水检查井330余个和主要街道雨水收集井640余个。开展城市亮化设施维修维护，修复松荫溪南岸空中玫瑰，恢复灯光秀。处理修复路灯及巷弄灯1200余盏。开展水环境治理重点项目。对古湖坑县第一中学段，白龙圳源头段进行清淤，清理外运淤泥垃圾4100立方米，修复古湖坑沿岸护栏2000余米。城市亮化设施全年亮灯率保持在98%以上，参与验收并接收管理独山大桥景观亮化、青田码道安置房楼宇亮化、南城景观亮化等景观亮化，西叶公路、江南东路一期、北山路等路灯。动建江南东路、兴阳路、独山路。实施环城西路、长松路、太平坊路西段、北山路改造。

【城市给水排水】2021年，县住建局推进县域供水一体化管网建设，铺设裕溪乡主管道11千米，进村主管道11千米，建成3座无负压泵站，实现投资1500万元；完成古市供水区域管网改造工程，铺设主管道18.3千米，村内支管153千米，实现投资5000万元。全年制水量2111万立方米，最高日供水量7.45万立方米，日均供水量5.78万立方米，出厂水、管网水水质达标率均为100%。全年县自来水厂向城镇总供水量为116.1亿千克，城镇污水处理总量达到112.43亿千克，城市污水处理率为97.97%（按0.9排放系数计算）。县污水处理厂实际规模、实际污水处理量、运行天数等数据与全国和省智慧城管信息系统内数据一致，县污水处理厂运行天数为365天，实际污水处理量为162.41亿千克，运行负荷率为98.88%。

【天然气管网建设】2021年，县住建局持续推进天然气管网建设。截至12月末，松阳港华燃气有限公司铺设管网15.78千米，分别为县兴阳路（环城南路—青龙路）燃气工程0.84千米，环城西路延伸段燃气工程1.14千米，育英路东段燃气工程0.96千米，府前街（白露岭）燃气工程1.83千米，秀峰路（二期）燃气工程1.64千米，环城南路燃气工程1.15千米，屏安东路燃气工程1.2千米，青龙路燃气工程0.45千米，丽安环路燃气管道工程0.62千米，横街西路燃气工程1.70千米，太平坊路燃气工程0.53千米，北山大道燃气工程1.61千米，长松东路燃气管道工程0.73千米，万邦路燃气管道工程0.27千米，县职业中专连接线燃气管道工程0.49千米，古青线燃气管道工程0.41千米，江滨二期延伸燃气工程0.21千米。管网覆盖县工业园区1～5期，江南工业园区、王村工业区、赤寿工业区和十五里农产品区等区块，城区管网铺设全面展开。全年松阳港华燃气有限公司完成11个小区地下管网铺设，其中新华小区、御景园、江南豪园、新鸿悦府等小区实现通气。全年开通工（商）业用户118户，居民用户341户，年销气量10756万立方米。该公司现有门站1座及配套的高压管线6.46千米，LNG站1座，储气能力54万立方米，LNG站占地面积2公顷，有150立方米低温储罐6台，3000标准立方每小时空温式气化器8台，10000标准立方每小时水浴式气化器1台。

【消防设施安全保障】2021年，县住建局对各类消防竣工验收备案及政府协办类消防事项展开专业验收工作。全年办理消防竣工备案32件，现场验收12件，总面积28.44万余平方米。消防设计审核6件，总面积16.13万余平方米。出具消防专项验收合格书42份。全年出具消防专项整改通知单11份，提出整改隐患42项。年末，该局引入消防专业第三方评估检测服务，采取联合验收、互相监督验收成果的机制，有效解决县域消防专业人才短缺问题，极大缩短验收工期，获得各方责任主体的一致好评。与此同时，该局积极配合新冠肺炎防疫指挥部要求，参与对县内多个防疫措施点的质量、消防安全的综合性评估，在保障防疫工作良好进行方面履行自身的职责。另外，在配合县里其他部门解决协调消防类事项也有序进行，先后配合县府办关于浙南茶叶市场的消防安全设施改造，县卫生健康局对社会类托育机构进行初步筛选、评估；县综合行政执法局对各类违建整改事项的消防事项勘察，街道咨询解答加油站火灾隐患问题等，均经过实地勘察，给出专业性意见，为公众提供消防安全保障。

（县住建局）

## 美丽乡村建设

【传统村落保护利用】2021年，县建设局深入实施“乡村振兴”战略，打造集成性“国家传统村落公园”建设标准、评价体系、服务机制。全年会同县历史文化村落保护利用专家委员会召开传统村落项目评审会4次，评审项目46个，切实从源头上把好风貌关。严格执行乡镇（街道）每周巡查、两周上报的巡查管理机制，对乡镇（街道）报送的项目现场照片进行分析核对，对影响风貌的项目及时提出整改意见，坚持做到早发现、早处理、早整改。全年累计巡查150余人次，现场督促整改20余个项目。通过巡查整改，促使巡查工作常态化，切实提升项目建设品质。梳理汇总松阳县国家传统村落公园建设咨询研讨会、乡村复兴论坛松阳峰会上的专家意见，结合民革中央到松阳调研国家传统村落公园情况和县委、县政府领导的相关讲话精神，编制完成《国家传统村落公园建设方案（2021—2025年）》。委托北京清华同衡规划设计研究院按照“一心一带五区”总体布局编制国家传统村落公园规划。把传统村落数字化服务列入省建设厅数字化应用场景第一批试点项目，该局列为试点单位。统筹推进国家传统村落公园核心区绿色发展项目。

【农村住房改造建设】2021年，县住建局对全县84346户农村房屋开展安全隐患排查治理工作，其中非自建房1495户、生产经营性自建房2938户、非生产经营性自建房79913户。对录入浙江省农村房屋信息系统的生产经营性自建房和初判存在安全隐患的非生产经营性自建房，经系统甄别需要鉴定的1006户非自建房全部委托中介鉴定。督促乡镇（街道）对鉴定为C、D级危房的15处人员集聚非自建房和7处生产经营性自建房实施治理工作。对符合条件的15户农村低保户困难家庭危旧房改造开展即时救助。对于验收合格、资料齐全的农户及时发放救助资金，按照省15000元/户的标准发放15户救助资金22.5万元。对1户住房困难的“三老”人员进行救助，发放救助资金2.24万元。全县农村四类人员以外的一般户共82户享受C、D级危旧房改造补助资金38.32万元，改造建筑面积14006.73平方米。危房改造改善了农村居民的居住条件，美化了村容村貌。

**【美丽城镇建设】**2021年，松阳县申报美丽城镇样板乡镇1个（新兴镇），达标乡镇6个。坚持目标导向，提供要素保障，相继出台《松阳县美丽城镇建设信息宣传工作考核办法》《松阳县美丽城镇建设专项资金管理办法》《新兴镇美丽城镇建设专项扶持政策》等文件。承办丽水市美丽城镇建设现场会，多次召开全县美丽城镇建设工作推进会、业务培训会等，提高乡镇联络员业务能力。完善美丽城镇督查机制，不定期到乡镇开展督查指导，结合美丽城镇创建工作推进情况和各阶段工作重点，确定督查内容和相关安排。上级领导多次到松阳调研指导工作。通过一年建设，新兴镇获评省级美丽城镇样板乡镇，玉岩镇、叶村乡、斋坛乡、四都乡、赤寿乡、安民乡获评美丽城镇达标乡镇。

**【农村污水治理】**2021年，县住建局把农村生活污水治理与美丽乡村建设、旅游产业发展和保护传统村落相结合，立足实际，把握农村生活污水治理关键，通过全县上下共同努力，打赢农村生活污水治理攻坚战。统筹规划污水治理，全县建成农污处理设施892个，农污日均处理量达1800万千克，涉及受益人口5.3万户；合力推进污水治理。制定由县、乡镇(街道)、村、户和第三方机构“五位一体”的农村生活污水处理运维管理体系。成立以分管副县长为组长，相关单位主要领导为成员的专项工作领导小组，专门负责农村生活污水治理设施验收移交和运维管理工作的协调推进。县领导定期听取工作汇报，研究解决存在的问题，指挥部署工作任务。同时针对县财政资金薄弱的现状，通过向上争取、自身整合等方式确保农污水治理资金落实到位。制定专项资金管理办法，明确专项资金的筹集、使用和监督，提高项目建设水平和资金使用效益，确保农村生活污水治理工作有效推进；群策群力共治污水。通过召开群众大会、发放宣传手册等多种方式进行宣传。示范带动污水治理，松阳县作为全国农村生活污水治理示范县之一，全年通过新增隔油池、厌氧池更换填料、新建呼吸型人工湿地以及人工湿地翻新等多措并举，对21个处理设施进行提升改造，以出水达标排放为目的，完成农污治理工作。全年第三方运维服务机构共取水样检测5969个站点，合格数4286个，出水达标率71.8%；各类应急处理705次，设施抢修89次，污水泵更换50个、检查井盖更换566套，各项修理费用合计48.9万元；微动力设施添加药剂，药剂费4.5万元。同时，按省建设厅标准化运维导则规范日常运维台账，并为标准化提升工程提供项目指导。

（县住建局）

## 房屋征收拆迁

**【概况】**2021年，松阳县土地和房屋征收工作指导中心（以下简称“县房屋征收指导中心”）实施衢（州）丽（水）铁路松阳段房屋征收项目，该项目涉及建筑占地面积7807.87平方米，建筑总面积21777.01平方米。完成青田码道、瓦窑头项目公寓房安置户720户、1149套，其中青田码道项目公寓房安置233户、277套；瓦窑头项目公寓房安置487户、872套。

**【房屋征收管理】**2021年，县房屋征收指导中心进一步规范、完善全县的房屋征收程序，整理编撰《松阳县房屋征收格式通鉴》《土地和房屋征收与补偿法律法规汇编》《松阳县房屋征收中介服务单位工作内控流程（试行）》，制作征收工作流程导图，把征收工作各环节的文书格式化。按照法律法规，对中介服务单位的选取、中介工作纪律等方面进行规范，确保中介公司能够实事求是、公平公正地开展测量、评估、拆除等工作。2021年，根据县委县政府的城市规划需求，先后拟定衢丽铁路松阳段工程建设项目、南城区块城中村改造项目、望松街道马桥后区块改造等项目房屋补偿安置政策。听取村干部、部分村民的想法诉求，开展政策法规及利好政策宣传，指导项目实施单位利用滚动视频、悬挂横幅、入户宣传、流动广播等举措，做到责任在现场，推动在一线，矛盾问题解决在一线。

**【规范内部管理】**2021年，县房屋征收指导中心修订出台《党组议事制度》《“三重一大”事项集体决策制度》《干部考勤管理制度》《干部请销假管理制度》《档案管理制度》《公务用车管理制度》《财务管理制度》《综合性开支标准》8项规章制度，从严整顿工作纪律，严格考勤规定，定期对出勤情况予以公示，并对迟到、早退的干部提出批评教育，使干部作风转变有章可循、有制可依，严格执行财务制度，做到每笔资金使用均有审核、有复核，确保资金合理规范使用。

**【房屋征收安置】**2021年，县房屋征收指导中心开展青田码道区块和瓦窑头区块改造项目公寓选房工作，成立选房工作小组，与城中村改造办负责研拟选房办法，由西屏、水南街道负责具体方案实施。该工作历经3个月，于5月13—15日和10月31日至11月2日组织安置户选房。在青田码道选房工作中采取不同于项弄

2021 年 5 月 13 日，青田码道公寓房安置户在选房现场抽签 （兰耀威/摄）

项目的抽签定房办法，根据项目征收时分为“有机更新区”“先行区”的实际情况，以安置户征收面积及选择的安置房面积为标准，分为跃层区与平层区，3 天完成 233 户、277 套公寓房签约。瓦窑头区块改造项目公寓选房工作则延续项弄项目公寓选房工作机制和抽签选房方式，根据抽签顺序号把安置户分为三批次实施，3 天完成 487 户、872 套公寓房签约。

**【房屋征收档案管理】**2021 年，县房屋征收指导中心编制完善《房屋征收项目档案资料规整清单备考》，对征收项目中指挥部、各中介服务公司等各单位需要收集的档案材料予以明确，确保征收中介公司在项目推进过程中，规范资料的收集工作，做到房屋征收进度与征收资料收集相同步。

**【房屋征收风险控制】**2021 年，县房屋征收指导中心加强重大事项社会稳定风险控制，从源头上消除影响社会稳定的隐患，最大限度预防和减少实施重大事项过程中的社会稳定风险，把防范化解重大风险摆在土地和房屋征收攻坚克难工作地首位，做到主要负责人负主责，分管领导认真研判风险隐患、抓好督导工作，全面落实《松阳县土地和房屋征收工作指导中心重大事项社会稳定风险评估制度》。

（县房屋征收工作指导中心）

## 人民防空

**【概况】**2021 年，松阳县人民防空事业发展中心（以下简称“县防空事业发展中心”）深入贯彻第七次全国人防会议精神，全面落实全省人防工作会议精神，坚持战备牵引、平战一体，坚持军民融合、统筹发展，坚持改革创新、提质增效，坚持常态运行、统筹发展，全面履行“战时防空、平时服务、应急支援”使命任务。

**【人防知识宣传】**2021 年，县防空事业发展中心开展纪念日宣传教育。在 3 月 1 日“国际民防日”、5 月 12 日“防灾减灾日”举行防空防灾宣传教育系列活动。通过向社会公众发放《人民防空宣传手册》《旅游出行民防指南》等宣传折页，使公众进一步了解人防知识，增强全社会对人防工作重要性认识和社会公众居安思危意识，提高全民防空防灾能力。组织每个社区以黑板报的形式举办 1 期图文并茂的人民防空和防空防灾知识宣传，开展人防志愿者入户发放《居民防空防灾应急手册》和宣传卡片。分批次邀请县汇文小学、县疾控中心、县实验小学、县天狼救援队队员家属等 500 余人次参观松阳县人防（民防）宣传教育基地、县民防天狼救援队训练基地、救援器材库等地，利用教育基地举行教育培训 12 场次，进学校教育培训 11 场次，参训学生 2000 余人。邀请社区干部、居民参观防空地下室，通过专业人士讲解，让民众近距离了解防空地下室场景与作用。为提高社会公众对人防的知晓率，5 月在县城主城区通过 LED 屏幕连续 15 天每天定时播放人防知识宣传片及人防标语。

**【人防信息化建设】**2021 年，县防空事业发展中心加强人防指挥所指挥信息系统的维护管理工作。落实各项管理制度，做好机房设备维护保养和登统计工作，落实视频会议系统每周联调、短波电台每周一、三、五联调制度，确保指挥信息系统运行良好。持续做好全县人防警报维护及警报试鸣工作。全县安装有人防警报装置 13 台。全部实行社会化管理，每个人防警报点有专人维护管理，并做到定期维护保养。人防警报装置除 1 个镇因为地处山区且离县城较远外，全部实现无线统控，全县音响覆盖率达 97%以上。4 月和 9 月，对全县警报装置进行检查维修，确保警报装置完好率 100%，举行“5・12”防灾减灾日防空防灾警报试鸣和“9・18”防空警报试鸣。坚持每季度对应急指挥中心指挥信息系统进行巡检，发现问题及时解决，确保指挥信息系统运行良好，促进人防重点镇的社会应急管理水平提升。

**【人防救援队伍建设】**2021 年，县防空事业发展中心持续抓好人防救援队伍体系建设。以“任务目标化、管理制度化、行为规范化”为目标，加强人防专业队、民防应急救援队和志愿者服务队组训工作，完善由人防专

2021年9月，松阳县天狼救援队在景宁进行绳索学习训练 （县防空事业发展中心供图）

业队、民防应急救援队和民防志愿者服务队组成的群众性人防队伍体系。县民防天狼救援队优化队伍人员结构，于3月完成新队员招募。每周三常态化开展体能和技能训练；每月组织1次救援知识及技能的培训和训练，多人取得潜水救援证书、急流救援技术员证、绳索救援初级技术员证，夏季组织为期15天的水上搜救技能训练。全年救援队出动队员298人次，参加14次计24天的失联人员搜救活动；出动队员159人次，协助相关单位开展16次志愿服务；开展安全防护知识技能教育培训23场次，受众2500余人。组织绳索、潜水、桨板、冲锋舟、无人机以及医疗急救知识技能的学习培训，提高救援队的综合救援能力。

**【人防工程维护管理与监查】**2021年，县防空事业发展中心按照省人防办《关于开展全省防空地下室平时使用和维护管理大检查的通知》《浙江省人民防空标识技术管理规定》要求，梳理并明确全县人防结建工程的责任主体，并与维护管理责任主体签订责任书，按照“属地负责、查处结合、改立并举”要求，组织专人对全县范围内2021年12月31日前竣工的防空地下室进行全覆盖检查，并对人防工程主体结构、标识标牌、风水电系统等方面进行检查，确保辖区内人防工程设施设备完好。

（县防空事业发展中心）

# 农业农村

枫坪乡沿坑岭头村

# 农业

**【概况】**2021年，松阳县农业农村局（以下简称“县农业农村局”）坚持新冠肺炎疫情防控和农业农村发展“两手抓、两不误”，全县农业生产保持平稳有序。全县粮食播种面积7430.6公顷，耕地“非粮化”整治面积1666.67公顷，建设高标准农田733.33公顷，出栏生猪8.08万头。11月，三都乡年出栏10万头生猪标准化大型养殖示范项目正式竣工投产，获评省级“生猪增产保供成绩突出集体”。持续擦亮“中国有机茶乡”金名片，新增有机茶基地认证转换面积156.9公顷，茶叶全产业链产值130.3亿元，茶叶产量、产值分别比上年增长6.43%和12.52%，创成省级“首批特色产业（茶叶）‘机器换人’高质量发展先行县”。严格实行肥药双控，全面对标欧盟标准，实现化肥减量205万千克，农药减量3.2万千克，建成省级“肥药两制”改革农资店8家，完成2021年“肥药两制”改革综合试点县创建。深入实施“丽水山耕”品牌共建，以“二十四节气”活动为载体，举办古市“卯山仙橙”采摘节、望松街道翁村村“状元笋”采摘节及状元系列产品展销等7场次系列活动。水果、蔬菜、食用菌、中药材等特色产业持续发展，形成“1+N”的农业产业发展格局，全年实现农林牧渔业增加值14.01亿元，比上年增长3.4%。

**【农村产业化经营】**2021年，浙江浙南茶叶市场有限公司被评为农业产业化国家重点龙头企业，松阳县香巴佬食品有限公司、松阳县绿茗峰茶业有限公司、松阳县绿丰农业有限公司3家企业被评为市级龙头企业。至12月末，全县市级以上龙头企业29家，其中国家级2家、省级2家、市级25家。

**【农业科教与服务】**2021年，县农业农村局组织农技人员进村入户开展农技指导6120人次，赠送1000余份《农村信息报》等农技推广资料免费发放给农业龙头企业、农民专业合作社、家庭农场、种植养殖大户等。聘请45名农技专家为植物医院医生，全年坐诊580余人次，田间地头巡诊186人次。建立技术创新与推广服务团队，选择23家在种植、加工、市场营销等环节示范引领作用明显的生态精品现代农业基地，派驻定点联系农技人员，为基地开展全程指导服务。

**【农技人才培养】**2021年，县农业农村局组织县乡农技人员65人参加为期5天的省级基层农技人员知识更新培训。培育中高级农技人员队伍，推荐1人参加正高级农艺师职称评审，推荐2人申报副高级农艺师职称，1人获得中级职称；全年获评高级丽水农三师2人、中级42人；累计培育农业主体6人获得高级农艺师和高级工程师职称、1人获中级职称。

**【农业机械化提质】**2021年，全县落实农机购置补贴资金626.19万元，其中中央补贴资金625.39万元，省级补贴资金0.48万元，县级补贴资金0.32万元，增加各类先进适用农机装备3699台（套），受益农户1846户。成功创成省级特色产业（茶叶）“机器换人”高质量发展先行县，省级农机服务中心1个，省级全程机械化应用基地3个，省级农机创新试验基地1个，省级数字农机应用基地1个。

**【农村集体三资管理】**2021年，县农业农村局以制度建设为保障，加强村集体资产和财务管理，制定《大额资金竞争性存放管理办法》《松阳县村务卡管理办法》《松阳县村级集体经济组织债务管理办法》等制度。依托浙江省农村集体经济数字管理系统，系统推进农村集体“三资”（指资金、资产和资源）管理数字化转型工作，成为全市首个完成整县上线的县，成功入选省农业农村厅多跨应用场景农村集体“三资”管理服务第一批“先行先试”县。制定侵占农村集体资产资源问题集中治理方案和农村集体“三资”管理领域腐败突出问题专项治理方案，重点治理2018年以来村级集体资源纳入平台交易、村级资金对外投资、大额资金存放、非生产性开支、村级合同管理、重大事项民主决策、“三资”运行阳光公开等问题。全年组织开展村报账员、农经员、“三资”管理人员等培训30余场、1500余人次，进一步规范村级财务管理。

**【农产品安全生产】**2021年，县农业农村局深化农产品质量安全追溯体系建设，县级以上规模生产主体追溯率100%；新增“三品一标”（指无公害农产品、绿色食品、有机农产品和农产品地理标志）农产品12个，绿色食品3个，有机食品6个。全县有效期内“三品”认证企业95家137个产品。全县累计建成各类农业标准化示范基地48个，示范面积达4666.67公顷，主要食用农产品中“三品”比率达到62%，农业标准化生产程度达72%，位居全市第一。通过国家良好农业规范（GAP）认证生产经营主体4家。省级农产品质量安全例行抽检合格率100%；市、县抽检不合格产品处置率100%。《松阳县“数字+”提升农产品质量安全守护力》被省农业农村厅工作交流专刊录用，全县农产品质量安全持续向好，未发生农产品质量安全事件。

**【绿色环保农业】**2021年，县农业农村局组织开展农药化肥减量增效行动，在茶园扦插70万套黄色的黑刺粉虱信息素诱捕器，推广应用绿色防控技术2300公顷、测土配方施肥4万公顷，使用商品有机肥1920万千克、配方肥464万千克，农药化肥分别实现减量3.2万千克和205万千克，回收农药包装废弃物6.2万千克，并处置 7.2 万千克（含上年结存 1.0 万千克）。推广高效植保机械 3 台（套）、建成生态拦截沟渠系统 1 条、建成农产品产地环境监测省级监测点 2 个、建成省级绿色防控示范区 2 个、绿色防控技术推广面积 8320 公顷。

**【农业园区建设】**2021 年，松阳县松古盆地现代农业园区通过省级验收。11 月 29 日，省级现代农业园区验收组一行到松阳开展松古盆地现代农业园区验收工作，园区最终以 92.5 分通过验收，是全市首个通过验收的园区，规划范围涉及新兴、古市、赤寿、樟溪、斋坛 5 个乡镇，总面积 6520 公顷，园区内加工、物流、休闲体验、公共服务等功能区块完整，经济、社会等综合效益显著。全年松古盆地现代农业园区的茶产业全产业链产值达 49.47 亿元，农民人均可支配收入比上年增长 13.70%，生产、生活、生态均得到明显改善，成功打造产业融合发展示范区，成为打造高质量发展共同富裕美好社会的模范样板。

## 种 植 业

**【概况】**2021 年，全县施行省委、省政府在特殊时期赋予粮食生产工作的新任务、新要求。开展绿色高产示范建设项目，建成省级水稻绿色高产高效示范片 3 个，水稻高产百亩攻关方 1 个，食用菌标准化、工厂化生产基地 2 个，林下套种道地中药材示范基地 3 个。截至 12 月末，发放规模种粮补贴、旱粮种植补贴、油菜种植补贴等 624.93 公顷，补贴资金 256 万元，保障了粮食生产稳定。在新冠肺炎疫情叠加寒潮、干旱等不利天气影响下，全年粮食播种面积为 7430.6 公顷，总产量 3604.9 万千克，超额完成省政府下达的任务数。食用菌、蔬菜、水果、中药材等产量稳中有升。

**【粮食生产】**2021 年，全县粮食播种面积 7430.6 公顷，总产量 3604.9 万千克。推广水稻品种浙粳 99、浙粳优 1578、中浙优 8 号、嘉丰优 2 号、甬优 15 号、甬优 1540 等播种面积 2166.67 公顷，主导品种覆盖率 92%。储备农作物种子 6.7 万千克。

**【农作物保护】**2021 年，县农业农村局采购全降解天敌友好型粘虫板及扦插服 70 万套，在松古平原 9 个乡镇（街道）的茶园扦插使用，使用面积 2300 公顷。建立茶叶和水稻“肥药双控”暨病虫害绿色防控示范区各 1 个，建立茶叶和中草药化学农药零使用示范区各 1 个。全年农药减少使用 3.2 万千克，农药减量 5.07%。开展茶叶农药使用情况调查工作，入户调查 32 户。

**【水果生产】**2021 年，全县水果生产总面积 3339.73 公顷，比上年 3286.53 公顷增加 53.2 公顷，增长 1.62%。全年水果产量 4164.05 万千克，比上年增加 12.2 万千克，增长 0.29%。元旦前后，2 次受强寒潮的影响，晚熟柑橘类中的脐橙、椪柑、瓯柑、杂柑受到 1～3 级的冻害，枇杷正处于幼果期，也受到严重冻害，柑橘类减少 39.6 万千克、枇杷减少 15.4 万千克。李、桃、梨等果树花期、果实生长期天气较好，产量较上年有所增加。全年果品产值 15236.76 万元，增加 1231.93 万元，增长 8.80%，主要得益于各种类水果产品单价的上涨。

**【茶叶生产】**2021 年，松阳县提出打造“中国有机茶乡”金名片，形成《中国有机茶乡五年建设方案（2021—2025 年）》。截至 12 月末，全县 19 个乡镇（街道）24 个点位开展有机茶基地认证转换面积 156.9 公顷，建立有机茶基地示范样板 1 个，有机茶加工示范样板 2 个。全县茶园面积 8966.67 公顷，其中采摘茶园 8673.33 公顷，全年茶叶总产量 1753 万千克，产值 18.95 亿元，分别比上年增长 6.43% 和 12.52%。浙南茶叶市场交易量 8259.4 万千克，交易额 65.68 亿元，分别比上年增长 3.24%和 5.79%。第三方电商平台产生茶叶线上订单 2858.76 万件，网络零售额 25.91 亿元，比上年增长 138.58%。茶叶综合产值达 130.3 亿元，被授予全国“2021 年度茶旅融合特色县域”“2021 年度茶叶百强县”“2021 年度区域特色美丽茶乡”称号。

**【蔬菜生产】**2021 年，全县蔬菜播种面积 4311.6 公顷，总产量 11224.7 万千克，分别比上年增长 1.37% 和 4.37%，总产值 24817 万元，比上年增长 10.7%，受农产品整体供需旺盛影响，播种面积稍有增长，气候适宜，生长良好，产量增加显著，同时物价上涨幅度较大，尤其是下半年叶菜类价格暴涨，蔬菜产量较上年有大幅度增加。

**【中药材生产】**2021 年，全县中药材种植面积 1783.67 公顷，总产量 229.46 万千克，总产值 5747.7 万元，分别比上年增长 3.96%、2.57%和 4.88%。其中，黄精、芍药、白芨、吴茱萸等种植面积增加，栝楼、百合、覆盆子等种植面积减少。全县增加主要中药材种植基地 10 个，面积 81.33 公顷，全部为林下套种中药材项目基地。

**【食用菌生产】**2021 年，全县食用菌生产占地面积 266.2 公顷，以香菇为主的食用菌生产规模 5165.45 万袋，比上年增长 1.2%；鲜菇平均单产 0.58 千克，比上年增长 11.5%；总产量 3041.83 万千克，比上年增长 13.87%；总产值 29528.88 万元，比上年增长 5.4%；其中，反季节高温香菇生产规模 52 万袋，产量 26.2 万千克，产值 275.6 万元；开展茶树枝栽培香菇试验 3 万袋，示范生产 2.8 万袋。

**【测土配方施肥】**2021 年，县农业农村局推广商品有机肥应用面积 2560

公顷，推广商品有机肥应用1920万千克，推广测土配方施肥面积4万公顷，推广应用配方肥464万千克，减少不合理使用化肥205万千克。

（县农业农村局）

## 林 业

【概况】2021年，松阳县自然资源和规划局［林业局（以下简称“县林业局”）］出台《关于全面推行林长制的实施意见》，有效推进各项森林指标稳步增长。全县森林面积112.37万公顷，比上年增加107公顷；森林覆盖率80.21%，比上年增加0.08%；林木蓄积量776.8万立方米，比上年增加46万立方米；生态公益林63.73万公顷，占全县林地面积的54.9%。

【森林资源监测】2021年，全县受理各类建设项目征（占）用林地65宗，办结63宗；征收森林植被恢复费2654.77万元，占用林地面积142.44公顷（国有0.6790公顷）。长期占用办结39宗，121.61公顷（国有0.1321公顷），植被恢复费2591.37万余元。临时占用3宗，5.56公顷（国有0.5469公顷），植被恢复费363.4万元。林业生产21宗，15.28公顷。2021年，松阳林木采伐审批制度改革的做法获省林业局局长胡侠专门批示，在全省推广，并获国家林业和草原局微信公众号发表，相关经验和做法上报中宣部作为全国林草系统党史学习教育经典案例。

【古树名木保护】2021年，县林业局建成玉岩镇大树后最美南方红豆杉主题公园（二期）、余叶—何山头古榧树（长序榆）保护主题公园（二期）、吴山头古树保护主题公园和安民乡安岱后红色古树保护公园4个古树保护公园，拨付补助资金83万元。同时，据板桥畲族乡、新兴镇等乡镇的申请，利用省古树保护专项结余资金完成板桥畲族乡东坑村樟树、新兴镇杨村头村外孟自然村樟树和叶村乡河头村枫香3株古树的除险加固保护。

【林业与生物资源】2021年，县林业局全面深入贯彻落实林长制，推进各项森林指标稳步增长，全县森林面积112.37万公顷，森林覆盖率80.18%，林木蓄积量776.8万立方米，生态公益林63.73万公顷，占全县林地面积的54.9%。推进松阴溪国家级湿地公园建设，统筹安排全年省林业发展和资源保护项目中的松阴溪省级湿地公园湿地保护与生态恢复项目，完成湿地公园生态修复（节点绿化）、湿地碳汇研究等项目的招投标工作。开展科普宣教活动，与中国林科院亚林所合作开展湿地科普教育，制作湿地宣教片、宣传画册，系统规划松阴溪湿地公园科普宣教体系。与县关工委、县教育局、松阳文旅投集团共同开展湿地日、“爱鸟周”等专题宣教活动。在浙江省野生动植物保护管理总站、浙江省野生动植物保护协会野鸟分会的指导下，开展2021年度松阴溪鸟类监测试点，观测并记录到中华秋沙鸭、豆雁、白额雁、鸳鸯等珍稀鸟类在松阴溪湿地公园栖息。另外，开展浙江省现代林业示范区建设，完成省级森林康养名镇、产业强镇和森林氧吧申报命名工作，安民乡被命名为省级森林康养名镇、玉岩镇被命名为省级香榧小镇，安民乡安岱后村命名为省级森林氧吧。

【林业绿化造林】2021年，县林业局深入“新增百万亩国土绿化”行动。2月，出台《松阳县新增百万亩国土绿化2021年实施方案》，5月完成《松阳县新增百万亩国土绿化五年行动规划（2020—2024）》编制工作。全年实现“新增百万亩国土绿化”面积546.67公顷；迹地更新面积105.93公顷，松材线虫病枯死松木清理清理后林中空地迹地补植273.67公顷。组织实施“一村万树”示范村4个（枫坪乡根下村、古市镇五木村、竹源乡后畲村、赤寿乡赤岸村）。

【野生动植物保护】2021年，县林业局在三都乡水竹村发现国家二级重点保护野生植物长序榆新分布点，是迄今为止发现的野生种群分布数量最多、林级分布最齐全的长序榆分布点。同时积极利用繁育成功的珍稀濒危植物苗木开展野外回归试验，种植长序榆2330株，省重点保护野生植物景宁木兰850株，全县累计种植长序榆5730株、景宁木兰3000株、伯乐树260株。组织开展以“爱鸟护鸟，万物和谐”为主题的省野生动植物保护宣传月暨“爱鸟周”活动，联合县人民法院在县城市政广场、玉岩镇等地通过展示野生动植物保护宣传展板、发放宣传资料、接受咨询等方式开展宣传活动。展示展板32块，发放宣传折页、画册、资料1400余份。同时开展对野生动物观赏展演单位及野生动物养殖单位的全面检查，并就检查中发现的问题提出整改意见。全年开展野生动物救护工作80次，出动救护人员200人次，车辆70次，救护陆生野生动物82只，其中国家二级保护野生动物8只、省重点保护野生动物50只、省一般保护野生动物24只。

【林业资源保护管理】2021年，县林业局完成2020—2021年度松材线虫病除治，全县共清理枯死松木21.38万株，累计清理疫木5350万千克。按照“标本兼治”的理念，加快推进高速公路、铁路沿线及卯山、独山、松阴溪绿道景区等重点区域的松树注干剂的使用，全年注射61万支，使用量居全市首位，累计保护松树50余万株。同时，对县域内的467株挂牌古松树逐一进行取样检测，持续使用注杆剂保护。对三都酉田的古松树，持续2年在松褐天牛羽化期使用无人机喷施化学药剂进行保护，全年施药 9 次。

森林防火：2021 年，全县森林防火工作贯彻“预防为主、积极扑救”的防火方针，加强火源管控，针对新冠肺炎疫情防控形势，暂停所有清明祭扫活动。实行 24 小时值班和领导带班制度，各乡镇（街道）、森林消防责任单位严格执行森林火情报告制度。积极开展“‘3·19’森林消防宣传活动进校园”活动和森林消防宣传日广场活动，发放宣传资料 8300 余份，联合县登山协会森林义务防火宣传队不定期开展以“走森林古道、访古村居民、行防火宣传”为主题的野外森林防火宣传活动，累计走访村民 600 余人次，发放宣传资料 1100 余份。同时利用应急广播、电视、短信、微信、宣传标语、横幅、宣传牌等各种形式开展森林防火宣传，切实把宣传工作落到实处。全年县辖未发生重大森林火灾。

森林执法：全年共查处破坏森林、野生动物、非法占用林地等涉林案件 67 起，罚款 33.25 万元，其中擅自改变林地用途案 24 起，擅自开垦林地案 12 起，滥伐林木案 12 起，毁坏林木案 8 起，过失引发森林火灾案 6 起，擅自野外用火案 2 起，毁坏林地案 1 起，非法狩猎（野猪）案 1 起，非法狩捕国家重点保护野生动物（画眉鸟）案 1 起。针对县域香榧种植遭受野猪危害严重，种植户损失严重的实际，探索建立野生动物损害补偿商业保险机制，并把其列入 2021 年县民生实事项目。县财政安排专项资金 28 万元，投保野生动物肇事公众责任保险。全年保险公司接到报警 58 起，保险公司赔付 21 起，共计赔付金额 32.42 万元，其中香榧损害赔付 15 起，赔付金额 30.75 万元。

**【林业产业】**2021 年，全县林业主导产业持续提质扩量，完成 29.5 万株的油茶苗和 7.1 万株的香榧苗赠送工作，新发展香榧面积 200 公顷、油茶面积 233.33 公顷，全县香榧、油茶累计种植面积分别达到 5800 公顷和 7333.33 公顷。连续 4 年开展香榧花粉采购免费送农户活动，全年采购香榧花粉 64.6 千克，指导人工授粉面积 1533.33 公顷。实施茶榧生态复合经营等多种林下经济模式，有效推进“一亩山万元钱”，实现产业精准扶贫，共完成“一亩山万元钱”示范基地 169 公顷、辐射推广 393.27 公顷、巩固深化 789 公顷。3 个基地入选全省首批“一亩山万元钱”科技推广高质量示范基地名单。完成林下经济“中药材”建设面积 20 公顷，林下套种道地药材示范基地建设 3.33 公顷，苗圃 0.13 公顷。全年组织素质提升培训、林下经济培训、油茶嫁接技术现场培训等 5 期，培训 580 人次，开展科技下乡活动 150 场次。开展松阳县林产品质量安全检测 28 个批次，覆盖主要林产品香榧、油茶和中药材重点种植基地。12 月 22 日，国家林业和草原局印发《林下经济发展典型案例》的通知，遴选全国 28 个林下经济发展典型案例。其中，松阳县发展林下经济典型案例入选。

松阳山茶油栽培历史悠久，是浙江省丽水市松阳县传统农产品，也是象溪、裕溪等山区农民的主要经济来源之一。松阳境内现存有“油茶古道”。20 世纪 70 年代，生产队发动社员挖掘水平带，保水、保土、保肥，开展“三保”油茶基地建设。80 年代，松阳山茶油生产达到历史高峰。1989 年，全县拥有油茶总面积 7800 公顷。2007 年，为推进山茶油产业发展，县政府聘请中国林科院亚热带林业研究所经济林专家为全县山茶油产业发展技术顾问，同时从该所引进一批高产、稳产优良无性系品种，营建优质高产新品种油茶采穗圃。2009 年，裕溪乡被国家林业局正式命名为“中国油茶之乡”，并由松阳县政府出台《关于扶持油茶产业发展的意见》，实施“万亩油茶上高山、万户林农奔小康”等工程，县财政每年安排不低于 60 万元的专项资金用于新建油茶林和油茶林改造。2010 年，争取为国家新品种油茶基地发展项目，项目资金达 120 万元，规划在全县推广种植新品种油茶基地 400 公顷。2012 年，全县种植油茶面积 266.67 公顷，产量 251 万千克。2015 年，种植油茶面积 200 公顷，产量 302.5 万千克，山茶油产值 3932 万元。近年来，在县政府和有关部门的大力扶持下，松阳县引导群众开展油茶低产改造、科学管护，通过油茶低产改造，油茶籽产量逐年攀升。2020 年，县林业局通过区域协调项目赠送油茶苗 44.68 万株，种植油茶面积 313.33 公顷。2021 年，油茶籽产量 430.5 万千克，产值 6888 万元。松阳万亩以上乡镇有 4 个（象溪、裕溪、板桥、大东坝），有规模以上油茶加工企业 3 家，油茶专业合作社 37 家，油茶家庭农场 29 家。松阳山茶油多次被评为森博会金奖、银奖以及浙江省名特优作坊农产品、绿色食品等，成为当地农民致富支柱产业。

（县林业局）

## 水 利

**【概况】**2021 年，松阳县水利局（以下简称“县水利局”）坚持“节水优先、空间均衡、系统治理、两手发力”十六字治水方针，启动水安全保障“十四五”规划、小水电绿色发展规划等 11 项规划，完成年度固定资产投资 3.4 亿元。同时坚持以党建工作为引领，以推进全省山区水利现代化先行县建设为目标，以数字化应用为切入点，重点推进黄南水库、松阴溪干流综合治理、江北灌区续建配套与节水改造等项目，超前谋划抽水蓄能、松古平原水系综合治理等重大项目，启动水利数字化改革、“幸福河湖”试点等改革创新工作，同时抓好防汛防台抗旱、质量安全监管、水资源管理、水政执法等管理工作。2021 年，县水利局获浙江省第 22 届水利大禹杯铜杯奖，松阴溪获评全省唯一人文水脉类大花园耀眼明珠，成为全省山区水利现代化先行县试点及首批省级幸福河湖试点，在全省和全市水利工作综合绩效考评中获评优秀单位，位居全省县级水利部门第五。

**【水资源】**2021 年，松阳县总水资源量 17.56 亿立方米，其中年地表水资源量为 17.56 亿立方米，年地下水资源量 4.29 亿立方米，地下水与地表水重复计算量为 4.29 亿立方米。全年降水量为 28.03 亿立方米，比上年增加 23.2%，比多年平均增加 19.5%。根据《中国水资源公报》，全年全县总用水量 0.58 亿立方米（不包括水电站发电等河道内用水）。其中，农田灌溉用水量为 0.29 亿立方米，占 50.0%；林牧渔畜用水量 0.02 亿余立方米，占 3.4%；两者合计占总用水量的 53.4%。工业用水量 0.07 亿余立方米，占总用水量的 12.1%；城乡居民生活用水量 0.10 亿余立方米，占 17.2%；城镇公共用水量为 0.06 亿余立方米，占 10.3%；生态环境用水量为 0.03 亿立方米，占 5.2%。全县人均年综合用水量 281.8 立方米，人均年生活用水量 50.59 立方米，其中城镇和农村居民分别为 56.97 立方米和 44.54 立方米；农田灌溉亩均年用水量为 210.19 立方米，其中水田灌溉亩均年用水量 359.02 立方米；万元工业增加值用水量 18.17 立方米（当年价）；万元地区生产总值用水量 44.76 立方米（当年价）。

**【重点工程建设】**2021 年，松阳县黄南水库工程实现“三提前”目标。在严格落实防疫措施的前提下，工程实现提前蓄水、提前发电的基础上，于 6 月 1 日水库主体工程提前两个月完工，实现“提前蓄水、提前发电、提前完工”三个提前目标，获上半年松阳县投资项目推进“金牛奖”。11 月 18 日，工程配套电站机组通过启动验收，工程效益开始全面发挥。江北灌区续建配套与节水改造项目：项目工程建设分为 3 个土建标与 1 个信息化标，于 6—7 月陆续完成土建标段招标工作。自 7 月 5 日开工建设至 12 月末，3 个土建标段开辟 23 个工作面，完成 5.1 千米路肩挡墙施工，渠道改造完成 3.5 千米，梧桐源渠首、后塘畈堰坝、五都源渡槽、翁村渡槽、四都源渠首、观口堰闸站等重要节点工程进场施工中，信息化标于 11 月 30 日完成招标。截至 12 月末，累计完成投资 4520 万元。小港综合治理工程（一期），概算投资 5809 万元，建设项目为综合治理河道长度 8.46 千米，包括新改建堤防、护岸，绿道、景观绿化等，项目分为一个标段，工程 4 月 25 日开工建设。截至 12 月末，实现投资 1000 万元。水土流失综合治理项目：全年完成安民溪小流域水土流失治理项目 9.6 平方千米、枫坪小流域水土流失综合治理项目 10.7 平方千米。小港（枫坪段）重点山洪沟防洪治理工程，项目投资 1008.02 万元，其中中央资金补助 700 万元。项目为治理河道总长度 1.84 千米，其中新建堤防 0.25 千米，原有堤防加固 0.83 千米；新建护岸 0.24 千米，原有护岸加固 0.66 千米；修复原有堰坝 4 座。至 12 月末，该项目完成主体建设工程。

江北灌区工程施工现场　（杨晓勇/摄）

**【重点项目前期工作】**2021 年，松阳县抽水蓄能电站于 8 月入规（进入项目库），预可行性研究报告于 11 月通过审查，在浙江省 18 个入规项目中率先完成预可研。因项目前期工作扎实、进度快，被省能源局列入 2022 年核准计划名单并上报国家能源局。小港综合治理工程（二期）。虎山坝至港口段整治方案完成平面布置，景观专项方案完成招标和现场踏勘工作，初设报告于 8 月通过审查，12 月完成 EPC 招标。松古平原水系综合治理项目，项目前期工作通过专班运作，用 7 个月完成可研审查、实施方案批复、投资人招标，并把项目联合打包，以特许经营的模式引入中国长江三峡集团公司参与项目投资、建设及运营，吸收社会资本投资 21 亿元。上四都水库建议书通过审批，可研地勘完成，正在编制可研报告。

**【水生态保护】**2021 年，县水利局完成《松阳县水域保护规划》的初稿编制和内部审核。全年围绕全域幸福河湖建设目标，创成全省美丽河湖 2 条，整治安民乡李坑村爱莲塘等 15 个农村池塘，创建水南街道等 7 个水美乡镇；发挥总河长的引领作用，以总河长令的形式部署河湖建管重点工作，全年颁布 3 条总河长令；制定《松阳县“绿水币”推广奖励制度》推广“绿水币”，注册人数达县常住人口的 3% 以上，月平均活跃度 45.73%，问题发现比率 6.87%,各项指标居丽水市前列。出台《松阳县农村水电站生态流量泄放调度方案》，实现全县小水电生态流量监测设施全覆盖。完成 26 座电站 38 个取水口进行生态流量监测设施安装和小水电绿色发展规划编制工作。二滩坝水电站、界首水电站、三里亭水电站 3 座水电站获评水利部“2021 年度绿色小水电示范电站”。

**【民生水利体系建设】**2021 年，县水利局启动农村饮用水提升工程，全年实现投资 0.25 亿元，完成 1.46 万人的饮用水提标项目建设，其中完成新改扩建水源 2 处，供水管网改造 13 千米，信息化提升 44 处。建立农村供水管理体系，印发《松阳县城乡供水一体化农村用水综合管理办法》，全县一体化供水受益率达 79.6%。全年完成除险加固坑后水库、象鼻头水库、谢树寮水库 3 座，整治病险山塘 7 座，评定安全山塘 115 座，完成率 100%。在灌溉期前完成江北、江南灌区干渠修复及清淤工作；全年安装江南灌区典型田块的 6 套量水设备，实现农田灌溉水有效利用系数测算。持续深化农业水价综合改革，完成 7 项省级创建任务，被评为浙江省农业水价综合改革“五个一百”优秀典型案例。

**【行政管理】**2021 年，县水利局深化行政审批改革，重点做好水土保持方案投资项目 3.0 平台网上审批。全年网上审批 10 件，对投资项目实现 100%网上办理、100%网上批文回传。同时，对取水许可变更、延续（换证）所需材料通过“浙政钉”、微信办理，在办好“取水许可电子证”后，再一次性盖章、领证，实现企业“最多跑一次”。同时，会同县财政局、县行政服务中心、县农商银行等相关部门多次会商，推进水资源费征缴改革。年初，通过与县农商银行协商，只要用水企业在该行开设账户、签订代扣协议，完成企业水资源费代扣后，由征收部门（水利窗口）把收款票据、水资源费缴纳通知书邮寄给企业，实现企业后续缴费“零次跑”，建立缴费企业微信群，及时联系沟通，深受企业欢迎。截至 12 月末，全县有 47 家（占总数的 60%）取水企业委托实行代扣水资源费。

**【防汛工作】**2021 年，县水利局完成全县 41 座水库安全应急预案（抢险避险方案）编制及审批，完成《松阳县山洪灾害防御应急预案》、19 个乡镇（街道）山洪灾害防御应急预案及有山洪灾害防治任务的 162 个行政村村级山洪灾害防御应急预案的编制工作。补充 15 万元完善防汛物资储备，在县防汛物资仓库储备冲锋舟、应急照明灯、救生衣、编织袋、铁锹等物资。新建改建水文站点 73 处，全年发布雨量及水位超警戒预警短信 192401 条，压实水库、山塘“三个责任人”工作责任，完善村级防汛预警，保障全年安全度汛。

**【水政监察工作】**2021 年，县水利局持续开展河湖“清四乱”，打造“幸福河”专项整治行动。全年上报系统平台问题 33 处，29 处为自查问题，4 处为省市督查问题，且 33 处问题均整改并销号。按照每月月初制订的巡查计划开展巡查，每月开展至少 8 次巡查工作，水政执法人员每周不定期巡查河段。开展全县河道砂石资源管理专项整治，加强对涉河涉堤项目执法检查，加大力度打击非法盗采河道砂石行为。完成丽水市河道采砂专项整治领导小组工作专班重要事项交办单 8 件，县砂石资源工作领导小组办公室重要事项交办单 1 件。起草《松阳县河道砂石资源管理办法》。参与 3 个河道清淤疏浚项目的方案审查。全年完成河道巡查 179 次，出动执法人员 572 人次，巡查路程 8380 千米；下发各类限期改正通知书 44 份，涉及河道清障、非法搭建构筑物、未经批准擅自取水、河道管理范围内非法堆料等。根据职能划转，全年移交县综合行政执法局 18 起违法线索，并给出专业意见 30 余次，18 起违法线索均立案受理，有效地维护了正常的水事秩序。

**【质量与安全风险管控】**2021 年，县水利局严格落实“一岗双责”，与各科室、下属单位、在建工程、水电站分别签订安全目标管理责任书，把安全生产工作目标任务层层分解落实。开展“安全生产月”“安全生产万里行”“生产安全事故应急演练”活动，组织编制《安全生产专项活动方案》，根据工程施工进度采用“四不两直”（不发通知、不打招呼、不听汇报、不用陪同接待，直奔基层、直插现场）加“回头看”方式组织开展质量与安全监督活动，对发现的质量与安全问题下发监督检查意见，要求建设单位限期整改，并把整改情况进行书面回复。线上线下相结合开展质量与安全风险管控，有效防范化解系统性风险。全年对 21 个在建水利工程开展质量与安全监督检查 25 次，发现质量与安全问题 272 个，均完成整改。

**【排涝排水工作】**2021 年，县水利局修编 3 座水库控运计划和应急预案并申请报批，严格按上级批准的方案执行日常水库调度。全年实施 5 次泄洪放水（含调整汛限水位），合计弃水总量 1217.7 万立方米；开闸放水总时间达 181 小时。依托松阴溪干流综合治理工程和小港综合治理工程，完成河道治理 19 千米，完成赤寿乡界首村至古市石门村段松阴溪河道左右岸干堤加固 6 千米，开展松阴溪大石段、赤寿至新兴段和官田孵化基地段 3 段堤防的安全鉴定工作。全年竣工验收水毁修复项目 2 个，实施象溪镇坑里村八石坑堤防修复工程，项目投资 141.15 万元，其中中央资金补助 100 万元，年底均完工验收。

**【水库除险加固】**2021 年，松阳县中小型水库以政府购买服务形式推进水库专业化管理，签订33座水库相关物业化管理合同，物管率达80%。水库、堤防工程的日常巡资料上传到平台，依照合同管理考核，工程巡查率100%。全年完成象鼻头水库、谢树寮水库，坑后水库3座水库除险加固。象鼻头水库除险加固工程经批准动建，投资40.28万元，中央补助35万元。加固工程项目为溢洪道加长15米、坝顶平整、背水坡植被恢复、沉降观测设施和标识标牌等。在实施过程中发现靠左坝迎水坡塌陷需要处理，处理方案为坝脚抛石加固，投资70.71万元。工程于4月开工，12月完工通过验收。谢树寮水库除险加固工程经批准动建，投资240.69万元，中央补助205万元。加固工程项目为大坝套井回填，孔径0.8米、3.5米路面宽上坝公路920米（含1座6米交通桥）、附属有设施管理房10平方米、沉降观测设施和标识标牌等。工程于4月开工，12月完工通过验收。坑后水库除险加固工程经批准动建，投资240.69万元，中央补助150万元。加固工程项目为大坝套井回填，基础灌浆、上坝公路、附属有设施管理房10平方米、沉降观测设施和标识标牌等。工程于上年8月开工，2021年2月完成主体施工，4月完工通过验收。

（县水利局）

## 黄南水库工程建设

**【概况】**松阳黄南水库是一座以供水、灌溉、防洪为主，结合改善水生态环境，兼顾发电等综合利用的中型水库。水库设计洪水标准为100年一遇，校核洪标准为2000年一遇。输水隧洞总长10.5千米，配套坝后及输水隧洞出口电站2处，总装机1.64万千瓦/小时。工程初设概算批复总投资18.07亿元，批复总工期52个月（合同工期50个月），于2017年6月动建。水库于2020年8月6日下闸蓄水。截至2021年12月末，水库主体工程完工，坝后及上东坞电站投营发电。

**【水库工程建设完工】**2021年，黄南水库工程项目建设围绕水库提前蓄水、电站提前发电、工程提前完工“三个提前”目标，推进全年工作。实现汛期溢洪道投入运行泄洪；6月1日，举行主体工程提前完工仪式；11月18日，通过工程配套电站机组启动验收。至12月末，工程完工。实施水库水利风景区建设，编制水库水利风景区建设规划。

**【移民安置小区竣工投用】**2021年5月8日，黄南水库移民安置小区项目通过工程竣工验收。5月24—28日，集中办理交房手续，完成公寓交付144户（共155户，占92.9%）206套（共226套，占91.15%），物业完成移交。自建房外立面通过工程竣工验收，市政配套给水、排水、供电、通信、燃气、路灯等工程通过相关部门专项验收。黄南水库工程36号房（历史文化建筑）迁建工程通过工程竣工验收，布展基本完成。玉湖村综合楼通过工程预验收。

（黄南水库工程指挥部）

## “五水共治”（河长制）工作

**【概况】**2021年，松阳县“五水共治”办（河长办）[以下简称“县‘五水共治’办（河长办）”]以全县高质量绿色发展为要求，提升水质改善为目标，开展各项治水工作。深入实施河（湖）长制，巩固提升创建成果，严防水质反弹，河（湖）长制工作获广大群众认可。投资1.8亿元，整治六小行业（指经营性小餐饮店、小食品店、小浴室、小美容美发、小歌舞厅、小旅店）350余家，完成西屏街道、水南街道和古市镇“污水零直排区”创建工作及“回头看”。县水文化公园创建为浙江省第一批“五水共治”实践窗口。全县出境断面总体水质为Ⅱ类，连续8年获省级考核优秀，出境水质Ⅰ类26天，比上年增加18天。

**【“污水零直排区”建设】**2021年，县“五水共治”办（河长办）按照“管网全覆盖、污水全收集、雨污全分流、排放全达标”的创建目标，实施全域“污水零直排区”创建工作。开展“摸清家底”行动，在全面查清生活小区、镇（街道）等建设单元的截污纳管、污水排水体系、雨污有无混接等问题

黄南水库移民安置小区　（刘晓飞/摄）

浙江省第一批“五水共治”实践窗口松阳县水文化公园 ［县“五水共治”办（河长办）供图］

的基础上，认真梳理形成问题清单、任务清单、项目清单、责任清单“四张清单”。通过问题清单督促县城市发展投资集团有限公司、水南街道和古市镇采取相应措施，提升创建进度，西屏街道开展政策处理工作；“六小行业”主管部门做好各行业业主思想工作，落实污水预处理设施建设；县教育局、县卫生健康局、县文化和广电旅游体育局等部门，做好学校、医院（卫生院）、星级宾馆内部截污纳管和污水预处理设施建设。同时，开展创建镇（街道）“污水零直排区”的“回头看”工作，通过督查检查，查找“回头看”问题点位 83 个，完成整改提升 83 个。

【河湖长制工作】2021 年，县“五水共治”办（河长办）分级分片设置县、乡、村三级河长 388 人（其中县级河湖长 20 人，乡级河湖长 141 人，村级河湖长 227 人），聘请乡贤河长 37 人。前置县乡村三级河长巡河周期（按系统节点提前一天作为县级巡河周期截止时间），实行预考核扣分制，实现巡河完成率和问题处理率 100%，五星级河长排名及数量均居丽水市第一名。开展河（湖）长制提档升级工作，制订“河（湖）一策”方案，明确四张清单（问题清单、目标清单、任务清单、责任清单），开展村级河段基础定义数据核对，施行河长制平台提档升级转置和村级河长日常履职“多通融合”试点。规范公示牌信息，在河道显要位置竖立三级河长公示牌 438 块，更新各级公示牌信息 1314 处，更换破损公示牌 19 块；举行县级组织河长制提档升级工作，集中学习培训 2 期，乡镇级培训会 19 次、参训 823 人次，落实定期向县级、乡镇级总河长报告机制。全年集中向县级河长、河长联系单位、乡镇（街道）总河长交办问题 57 件，向职能单位发放督办单 18 张；各级河（湖）长开展 App 巡河（湖）作业 21046 次，围绕河（湖）长巡河履职六大类职责发现各类涉水问题 1848 个，按三色巡河处置办法全部落实整改到位。

【美丽河湖创建行动】2021 年，县“五水共治”办（河长办）推进美丽河湖创建，打造高标准示范工程和幸福河湖试点县。按照《松阳县幸福河湖试点县实施方案》要求，完成松阴溪西屏上段 11.2 千米（梁下堰至松州大桥），松阴溪象溪段 10.1 千米（吕潭至石坑口）2 段松阴溪母亲河的省级美丽河湖创评工作。至 12 月末，全县松阴溪母亲河创成省级美丽河湖 46.1 千米。美丽河湖创建从安全流畅、生态健康、管护高效、人水和谐等五方面着手打造防洪安全水网、自然生态景观、河湖现代化管理能力，并统筹沿线乡镇发展规划配套进行网红绿道、观景平台、口袋公园等亲水便民设施建设，探索高效滨水产业生态价值转换模式，释放生态红利。

【河道市场化保洁管理】2021 年，县“五水共治”办（河长办）联合县水利局实施河道保洁考核机制。县域 224 条计 529 千米河道及力溪湖等重点河湖推行保洁市场化运作模式，每季度组织县水利局、县财政局等职能部门，围绕河道有无漂浮废弃物、河道河岸有无悬挂物、河长公示牌是否完整、信息是否更新到位等对松阴溪干流、小港主流及支流河道开展每月河道保洁考核，发现 228 处问题均交办整改到位。

【“绿水币”奖励话费制】2021 年，县“五水共治”办（河长办）结合《松阳县“绿水币”推广工作方案》，制定《松阳县“绿水币”推广奖励制度》，向全社会公布实施。全县有官方河长 29 人，区域用户 846 人，官方河长推广数 881 人，其中 20 个官方河长为县级河长，9 个官方河长为河长办工作人员。全县 6515 人参与“绿水币”活动注册，巡河 115135 人次，发现并处理问题 639 个，全年奖励话费 1 万余元。

【督查机制】2021 年，县“五水共治”办（河长办）完善督查考核机制，出台《2021 年度松阳县“五水共治”（河长制）工作考核评分办法》，紧扣“污水零直排区”建设和“找寻查挖”专项行动落实等年度重点工作任务，发布《全域污水零直排创建蹲点督导工作方案》《2021 年全县“五水共治”找短板寻盲区查漏洞挖死角专项行动方案》，明确督查任务，完善责任机制，压实实施主体和部门职责，加强督查考核。通过自查互查、县级督查等多种形式，及时对各单位“五水共治”落实情况进行通报。同时实行“一周一提醒、一周一督查、一周一通报、一周一考评”的“四个一”督查行动，把督查、通报及整改落实等情况纳入年终考核，并与党政领导班子和领导干部实绩考核评价挂钩。实施“找寻查挖”专项行动，以治水交叉检查为核心开展，覆盖全县19个乡镇（街道），发现问题534个，其中乡镇（街道）自查问题164个，乡镇（街道）互查问题288个，县级自查问题27个，县级互查问题22个，市级自查问题6个，市级互查问题27个。截至12月底，均整改到位。实施督查通报机制，发布督查通报、巡河通报、督办单、交办单等。畅通公众投诉举报渠道，建立举报奖惩办法，在松阳政府网站、“好水出松阳”公众号及河长公示牌等平台公布县市治水监督电话并受理公众来电来信。

**【公众满意度提升】**2021年，县“五水共治”办（河长办）出台《松阳县“五水共治”（河长制）信息宣传工作考评办法》，落实专人负责县级层面简报和微信的编辑、网站的更新和省、市信息的报送。营造媒体宣传造氛围，推行宣传进机关、进社区、进农村、进校园和进企业（商户），通过短信、微信、“浙政钉”等线上方式，横幅、显示屏、问卷调查等线下途径，持续开展治水知识宣传，并公开举报电话，营造全民共同保护、监督水源的良好氛围。开展护水行动。发挥“党政军民学”等力量，组织开展“全民清洁日”“我当一天河长”“五水共治，健康惠民健身展示”“治水好声音”少儿朗诵大赛、五水共治戏曲演唱比赛等宣传活动，营造“五水共治”全民参与的氛围。开展常规宣传普常识，制作“五水共治”宣传折页、横幅、调查问卷，微信推送有奖问答等宣传活动，并通过电子屏滚动播放公益广告，让“五水共治”（河长制）信息家喻户晓。全年张贴海报2000张，公开展板5次，悬挂横幅1000余条，入户发放治水年历10万余张。2021年，松阳县“五水共治”公众幸福感得分在全省90个县（市、区）中排名第五。

［县“五水共治”办（河长办）雷森红］

## 畜牧业

**【概况】**松阳县是省级生猪调出大县和丽水市畜禽养殖重点县，全县畜牧业经济重点以生猪养殖为主，同时推进畜牧产业结构调整，不断提升家禽、湖羊、肉牛、中蜂等产业发展的整体水平。2021年，松阳县完成省市下达的增产保供任务，有效保障了市场供应。全县肉、蛋、奶产量分别为1029.8万千克、120.2万千克和12.16万千克。

10月29日，松阳县第十四届“田园松阳”农民文化节“百年新征程”暨五水共治戏曲演唱大赛举办　［县“五水共治”办（河长办）办供图］

**【畜牧生产】**2021年，全县生猪存栏4.26万头，累计出栏8.08万头。11月，年出栏10万头生猪标准化养殖场（浙江茶香牧业有限公司）正式竣工投产。截至12月末，全县家禽存栏27.23万羽，累计年出栏61.22万羽，其中鸡存栏24.33万羽、出栏52.21万羽。全县年存栏1万羽以上蛋禽场1家，年存栏5万羽以上蛋禽场1家。全县羊存栏0.64万只，出栏0.55万只。其中，山羊存栏0.27万只，湖羊存栏0.37万只，年出栏100只以上羊场26家。全县蜜蜂存栏1.85万箱，其中中蜂1.54万箱，蜂蜜总产量10.26万千克，年饲养蜜蜂100箱以上养蜂场（户）75家。

**【畜禽养殖污染治理】**2021年，县农业农村局开展生态环境问题隐患大排查，排查出畜牧业问题隐患4个，并及时安排人员开展问题隐患整改，整改率100%。加强生猪规模养殖场标准化提升改造，2019年以来整县制推广“异位发酵+有机肥加工”的粪污资源化利用新模式，实现畜禽养殖粪污的资源化利用，有效解决畜禽养殖资源化利用消纳地不足的问题。截至12月末，35家仍投产的畜禽规模养殖场均具备粪污处理设施，其中改建异位发酵床24家。同时高效推进养殖废弃物综合利用，逐步推进养殖场粪污工业化利用治理模式，创建绿色循环体2个，建设畜禽屠宰场污水处理系统项目1个，污水工业化处理模式3家。

**【畜禽疫病防控】**2021年，县农业农村局出台《松阳县病死动物无害化处理体系建设方案》，在巩固生猪养殖场、屠宰场等重点场所的生物安全水平的基础上构建无害化集中处理体系。4月15日，松阳县病死动物无害化集中处理场正式投用，全年共集中处理病死生猪10083头，有效保障了公共卫生安全。结合四季防疫工作，强化重大动物疫病强制免疫，消毒灭源，强化源头管控。严格执行“两项制度”（屠宰环节非洲猪瘟自检和官方兽医派驻），提升生猪屠宰企业生物安全水平，建立洗消中心，配备PCR等设备，派驻官方兽医（协检员）10人。强化生猪调运管理及调运备案管理，备案生猪运输车辆10辆并全部纳入系统管控。初步构建生猪产品全链条式追溯体系，破解生猪产品进入流通环节后追溯难题，现接入用户190人。开展重大动物疫病防控宣传，全年组织高致病性禽流感、非洲猪瘟、布鲁氏菌病等重大动物疫病防控普及宣传8次，出动工作人员80余人，发放宣传资料1200份。

（县农业农村局）

## 渔 业

【概况】2021年，松阳县渔业养殖面积811公顷，年总产量为266.8万千克（包括养殖产量253.1万千克和捕捞产量13.7万千克），比上年增长4.50%；经济总产出15069万元（包括渔业、涉渔业流通和服务业），比上年增长4.36%。县辖2家农场（上河昌富家庭农场和星桥家庭农场）均创成第三批浙江省水产健康养殖示范场。

【水生野生动物保护科普宣传】2021年，县农业农村局在全县禁渔期期间，开展集市日设摊发放宣传资料和法律法规讲解活动。全年张贴丽水市禁渔通告210份，悬挂横幅25条，发放宣传手册1000余份，宣传车流动宣传50余次，电视报道2次，短信发送62万条次。

【“放鱼日”活动】2021年，县农业农村局在县域内放流各种鱼苗610余万尾。7月20日，举办松阳县2021年渔业资源增殖放流暨长寿鱼、状元鱼放鱼活动，放流鱼苗500万尾，包括各乡镇（街道）流放鱼苗。

【渔政执法】2021年，县农业农村局渔政执法工作有序开展，建立由县农业农村局、县人民法院、县人民检察院、县公安局、市生态环境局松阳分局等11个单位组成的联席会议，加强渔业联合执法工作的组织协调和监督检查。强化执法联动，定期开展联合执法行动，邀请县人大代表、检察院工作人员到场监督，加大违法处罚力度，全年开展渔政巡查检查228次（接到涉渔举报119次），累计出动执法人员1150人次，清理各类非法渔具247副，办理涉渔行政处罚案件20起。营造良好氛围，全方位多角度开展禁渔宣传，依托抖音、微信、短信、电视台、宣传车等线上线下平台，向社会公众广泛宣传禁渔规定，实现农村地区禁渔通告全覆盖。

（县农业农村局）

2021年7月20日，松阳县2021年渔业资源增殖放流暨长寿鱼、状元鱼放鱼活动开展现场　（县农业农村局供图）

## 农 村

【概况】2021年，松阳县辖3个街道5个镇11个乡、203个行政村。全县农村户籍人口17.30万人，占全县总人口的72.33%。县农业农村局持续巩固拓展脱贫攻坚成果、加快推进乡村全面振兴，拓宽农民增收渠道，推进农民富裕富足。2021年，农村居民人均可支配收入23405元，比上年增长12.5%，增幅居全市第三，村集体经济收入1.69亿元。“大搬快聚”稳步推进，全年实现搬迁991户3200人，其中整村搬迁43个村571户1606人。深入实施“千万工程”，打造一批美丽乡村精品线路，新认定新时代美丽乡村51个，创成省级美丽乡村示范乡镇2个、省级美丽乡村精品村4个。全面加强农村人居环境管护，推进农村垃圾、厕所、污水“三大革命”，农村生活垃圾分类处理覆盖面96%，农村公厕规范化管护率100%。获评全国“全面小康突出贡献单位”。

【美丽乡村建设】2021年，松阳县深入开展“洁净乡村”“洁净家庭”活动，打响“洁净松阳”品牌。每月对各乡镇（街道）随机抽选2个村进行环境卫生、垃圾分类、公厕管护暗访检查，进行打分、排名、通报。每季度结合“支书三晒”，评选最干净、最脏村，最干净、最脏公厕各5个。巩固提升农村生活垃圾分类，累计创建省级高标准垃圾分类示范村9个，完成巩固提升垃圾分类村51个，农村生活垃圾分类处理覆盖率96%，全县累计落实户用垃圾桶10万余个，印发生活垃圾分类宣传资料8万余册，落实垃圾分类专项资金1500万元。持续推进农村公厕服务提升工作，全县有农村公厕589座，管护费用平均每座2800余元，农村公厕管护规范化率100%。持续推进新时代美丽乡村建设，全年度认定新时代美丽乡村55个。完成第七批全部历史文化村落项目验收，持续推进第八批、第九批历史文化村落保护利用项目建设。推动2021年第二批花园乡村精品村项目建设。设立花园乡村项目库，结合美丽庭院建设、美丽乡村风景线巩固提升、传统村落建设等工作，推动形成“一户一处景、一村一幅画、一带一风光、一县一品牌”的花园乡村新格局。至12月末，全县累计创成美丽乡村示范乡镇7个，特色精品村19个，四都乡陈家铺村入选浙江首批未来乡村建设名单。

**【巩固乡村振兴提质扩面】** 2021年，全县发放617.17万元资金用于扶持低收入农户发展短、平、快增收项目。重点扶持“茶、菌、果、蔬、竹、畜、禽、渔”等特色种养业及小规模经营业、加工业，累计帮扶19个乡镇（街道）3000余户农户，户均补助2000余元。全年安排财政专项衔接资金200万元，区域协调资金1245万元，县级财政配套资金380元，其中安排光伏项目34个，建设总装机容量4064千瓦，基础设施项目4个，道路硬化2千米，修缮厂房2间，新建物业经济厂房1栋。争取省级分布式光伏低收入农户同步实现现代化项目1个，项目总装机容量为14563千瓦，使用屋顶面积约10公顷，项目建成后总发电量约3.80亿千瓦时，扣除成本后预计可年均分红342万～544万元。

**【民宿农家乐经济】** 截至2021年末，全县累计发展农家乐民宿561家，床位5192张，餐位19550个。2021年，全县接待游客120.08万人次，营业总收入12217.7万元，分别比上年增长28.24%和30.47%。发布《松阳“田园民宿”建设与运营导则》。7月22—24日，由松阳县人民政府、上海景域驴妈妈集团有限公司共同主办，松阳县农业农村局承办的首届中国乡宿产业发展大会暨松阳民宿招商推介会在松阳举行，大会邀请文旅、民宿、投资等领域行业大咖及嘉宾约230人参会，《人民日报》、新华网等80家媒体全方位进行宣传报道。松阳县上田乡村振兴开发有限公司在丽水山居申报评比中获评一类五钻丽水山居农家乐综合体，安民乡李坑村省级休闲乡村项目竣工验收，全县最后一批81户民居改造提升项目通过验收。四都乡被省文化和旅游厅、省农业农村厅列为全省首批民宿（农家乐）助力乡村振兴改革试点单位。

2021年7月22—24日，松阳举行首届中国乡宿产业发展大会暨松阳民宿招商推介会签约仪式 （县农业农村局供图）

**【农民技能培训】** 2021年，县农业农村局组织农民教育培训以培训农村实用人才，打造高素质的农民队伍为重点，立足全县产业发展需要和聚焦乡村振兴人才需求，开展菌类园艺工、有机茶种植、中蜂养殖、“肥药两制”改革试点培育主体、新上任村级报账员等农民培训，培训各类农村实用人才632人、县级高素质农民181人。

**【“大搬快聚”富民安居】** 2021年，松阳县继续推进“大搬快聚”富民安居工程，以整村搬迁（小规模自然村）为重点，积极引导山区农民向县城和中心镇集聚。全年实现投资1.08亿元，新续建安置小区（点）4个，搬迁农户991户3200人，其中整村搬迁43个、涉及搬迁农户571户1606人。

**【农村新能源投用】** 2021年，全县收集利用茶叶枝条2200万千克，全县秸秆（不含茶叶枝条）综合利用率95.27%；在西屏街道新华村、白沙村，望松街道石门村等19个乡镇（街道）57个行政村安装推广建设太阳能路灯，安装太阳能路灯1085盏。

（县农业农村局）

# 工 业

2021 年 9 月 25 日，（第二届）中国不锈钢管高峰论坛在松阳举行 （吴关军/摄）

## 综 述

【概况】2021年，松阳县实现规模以上工业总产值165.57亿元，比上年增长21.2%，占全市的比重为8.4%；规模以上工业增加值29.75亿元，比上年增长0.6%，占全市的比重为8.2%；新兴产业增加值6.41亿元，比上年下降6.2%；高新技术增加值15.04亿元，比上年下降3.4%；装备制造业3.85亿元，比上年下降4.6%。全年实现工业投资11.8亿元，比上年增长88.9%。全县有规上企业110家，产值上亿元企业46家，其中1亿~3亿元企业32家，3亿~5亿元企业6家，5亿~10亿元企业6家，10亿元以上企业2家。

【企业服务】2021年，松阳县出台《关于加快生态工业跨越式发展的实施意见》等政策，精准服务企业。推进企业政策兑现，发放企业员工留岗红包、企业追产奖励210.5万元。完成经济商贸、科技、市场监管和财政上年度涉工政策补助奖励审核4783.4万元。收集企业难题97个，解决解释95个，办结率97.9%。创新对外交流渠道，举办第二届中国不锈钢管高峰论坛，共谋共商不锈钢管产业高质量发展之路。协助浙江科马摩擦材料股份有限公司、浙江博盛钢业集团有限公司引进高级人才。

【数字经济】2021年，松阳县数字经济发展综合评价指数56.5，全省排名85。数字经济核心产业规上制造业增加值全年实现1.34亿余元，比上年下降5.8%。数字经济核心产业企业5家，其中制造业3家（飞洲电缆、绿远光伏、创元纸业），服务业2家（松阳华数、创科安防）。建成5G基站167个，其中新建基站17个、改建基站150个。省级数字经济项目申报7个，申报成功2个，其中松阳县青山特材入选2021年省级新一代信息技术与制造业融合发展试点示范项目，上上德盛入选2021年丽水市企业智能制造和数字化转型试点示范项目。基础平台方面：按照浙江省经济和信息化厅印发《数字经济综合应用地方门户建设指南》，数字经济系统门户实现上线，迭代省级2个版本。在门户上线产业链一键通、商务经济、公共资源交易图、5G一件事、新时代松阳工匠、降本减负、科创平台等应用。梳理出数字经济系统重大任务110项、核心业务94项，明确数字经济系统建设推进的重点工作；对106家规上工业企业数字化情况进行摸底调查，收集企业普遍存在共性问题，在设计工业互联网平台方案中对共性问题逐一解决。申报不锈钢管智能制造产业集群和行业产业大脑省级试点。组织企业申报未来工厂、数字化车间等，入选“未来工厂”市级培育企业1家，数字化车间/智能工厂市级培育企业5家。理论架构方面：制定《松阳县推进产业数字化的行动方案》《松阳县关于加快推进产业数字化的扶持政策》，规模化推进企业数字化转型工作，对企业数字化转型进行专项扶持。制定松阳县企业数字化的量化评价标准，为全县实现规上工业企业数字化全覆盖夯实基础。参与《离散型制造企业制造执行过程云化规范》行业标准制定，推动企业数字化管理上云。

（县经济商务局）

## 工业园区

【概况】2021年，松阳县集聚区管委会（以下简称“县集聚区管委会”）以做大做强工业经济为目标，突出抓好产业培育、项目落地、平台建设、要素保障和发展环境的优化，推进全县工业经济高质量发展。截至12月末，74家规上企业全年实现总产值133.2亿元，比上年增长21.4%；实现工业增加值20.13亿元，基本与上年持平；实现入库税收5.18亿元，比上年增长42.8%；规上企业亩均税收14.57万元/亩，比上年提高43%；完成制造业固定资产投资10.1亿元，比上年增长106.1%。全年无重大安全生产责任事故和亡人事故，获评市级绿色低碳园区称号。创建成为浙江松阳经济开发区。

【园区开发】2021年，县集聚区管委会通过清理清退、“腾笼换鸟”、违建整治等方式，深化“亩均论英雄”改革，运用企业亩均绩效综合评价结果，全年盘活低效闲置工业用地10.53公顷。在此基础上，扩大土地增量，及时动建赤寿生态工业园区二期。至

浙江松阳经济开发区 （何文胜/摄）

12 月末，完成《松阳县赤寿生态工业区块二期控制性详细规划》编制并通过专家会审，完成界首、赤岸村第一阶段坟墓搬迁工作。

**【省级经济开发区创建】**2021 年 12 月 31 日，浙江省人民政府办公厅发文，批复同意整合设立浙江松阳经济开发区。该经济开发区规划面积 7.32 平方千米，分两个区块：古赤新区块规划面积 2.80 平方千米，东至半山路、南至 222 省道、西至东山路、北至楼海路。北城区块规划面积 4.52 平方千米，东至新华北路、长兴三路、竹客口标准厂房、和阳路、松州家园小区沿线，南至金屏路、云岩山北部沿线、长虹西路、王村路，西至松康路、松阴溪沿线、金涛路、古青线，北至 222 省道、茅溪坑沿线。

**【招商引资】**2021 年，县集聚区管委会引进 Hape 国际控股集团、AR 智能眼镜公司杭州光粒科技有限公司、永康凌鹰电器公司、浙江城光联链科技有限公司、浙江新鑫供应链集团有限公司等企业项目 30 个（含恒兆小微园入园项目 17 个）。其中，投资亿元以上项目 11 个;项目总用地 56 公顷，总投资 19.72 亿元。

**【项目建设】**2021 年，县集聚区管委会成立领导干部联系项目机制，组建项目服务专班，定期亮化项目“红绿”灯。至 12 月末，43 个工业项目中，开工 37 个，其中 5 个县重点新建项目全部开工，新创泰业、华威门业、宝丰钢业项目等获县投资项目推进“金牛奖”。

**【环境治理】**2021 年，县集聚区管委会推进“蓝天、碧水、清废、净土”行动，园区获市级绿色低碳园区称号。完成浙江益宏不锈钢有限公司、浙江鹏业不锈钢有限公司 2 家试点企业“退火油烟”二轮改造，分类指导推进王村区块企业废气设施整改工作。紧盯项目问题环节及关键点，采取企业分质分流、推进电导率仪安装使用等措施，完成松阳县新星不锈钢废水处理有限公司、松阳县绿洁不锈钢废水处理有限公司废水处理提升改造项目。加快环保重点项目建设，至 12 月末，年处理 10000 万千克危险废弃物综合利用及处置项目完成两段干燥处置生产线调试并正常运行；综合利用段生产线正在电炉烘炉投料生产当中。浙江省生态环境保护专项督察通过，第二轮中央环保督察信访整改工作完成销号。

**【企业帮扶行动】**2021 年，县集聚区管委会完善联企帮企制度，建立领导包片、干部联企、定人驻企的三级联系网络，经常性深入企业开展沟通联系，及时帮助企业解决遇到的困难和问题。推进企业政策兑现，发放企业员工留岗红包、企业追产奖励 82.32 万元，完成普惠性政策审核 217 件，涉及补助金额 3500 万元。

**【山海协作】**2021 年，松阳—余姚山海协作产业园实现基础设施投资 15227 万元，有在建社会性投资项目 23 个，实现投资 90373 万元，政府投资和社会投资均为历年最高。园内 15 家规上企业实现工业总产值 33.68 亿元，亩均工业增加值 121.69 万元/亩，税收 1.23 亿元，亩均税收 21.41 万元/亩，各项经济效益均比上年度有大幅度增长。

**【“飞地”建设】**2021 年 9 月 3 日，浙江松阳经济开发区（筹）与浙江余姚经济开发区签订战略合作协议，双方约定实行招商信息共享，余姚经济开发区每年帮助松阳园区落实引荐 2～3 个项目，总投资不少于 5 亿元。是年位于余姚宁波中意生态园内的松阳—余姚“产业飞地”在全省率先落地开工。松阳—嘉兴经济开发区“消薄飞地”项目全面完工，首个亿元以上招引项目创新型医疗器械项目签约。

**【首届工业摄影大赛】**2021 年 10 月，县集聚区管委会与县文联共同举办“云中马”杯松阳县首届工业摄影大赛，大赛历时 3 个月，收到各类作品近 600 余幅（组），经组织专家评审，评选出优秀奖 10 个，入围奖 70 个。通过优秀摄影作品集中展览，客观反映出全县工业发展面貌、园区建设、工业企业发展成就。

**【不锈钢管产业升级】**2021 年，县集聚区管委会完成《浙江省不锈钢管产业基地（松阳县）不锈钢产业发展规划》编制，并通过专家评审。持续与国家市场监督管理总局特种设备安全监察局开展现场“联学帮建”活动，与冶金工业信息标准研究院和中国钢铁工业协会签订战略合作协议。

**【产学研平台建设】**2021 年，县集聚区管委会创成松阳县不锈钢产业工程师协同创新中心，并在不锈钢管企业相对集中的西屏工业园区、江南工业区块建立固定的区块交流平台 2 个。持续推进校企合作，达成宝丰钢业集团与冶金工业信息标准研究院战略合作，浙江新创泰业不锈钢有限公司与浙江工业大学自动冲洗改造项目，松阳永信机械制造有限公司与科大讯飞股份有限公司预测性维护项目，浙炼石化有限公司与清华大学天津高端装备研究所润滑油项目，松阳经济发展投资集团与上海第二工业大学“无缝钢管裂纹和厚度智能打磨”项目 5 个合作项目。至 12 月末，全县有不锈钢管企业工程师 64 人(其中中高级以上 32 人)，涉工部门工程师 15 人，以及高校、科研院所不锈钢领域的专家团队，实现百名工程师汇聚。

（县集聚区管委会）

## 主要行业

【概况】2021年，松阳县黑色金属冶炼和压延加工业规上企业48家，是规上工业第一大产业，实现产值83.86亿元，比上年增长37.08%；实现增加值12.06亿元，比上年增长39.41%。纺织业规上企业2家，实现产值11.47亿元，比上年下降21.32%；实现增加值2.27亿元，比上年下降23.42%。橡胶和塑料制品业规上企业5家，实现产值7.10亿元，比上年增长18.43%；实现增加值1.39亿元，比上年增长69.62%。纺织服装、服饰业规上企业2家，实现产值0.98亿元，比上年下降20.93%；实现增加值0.35亿元，比上年下降20.44%。皮革、毛皮、羽毛及其制品和制鞋业规上企业2家，实现产值2.57亿元，比上年增长2.92%；实现增加值0.67亿元，比上年增长3.16%。酒、饮料和精制茶制造业规上企业4家，实现产值2.29亿元，比上年下降17.71%；实现增加值0.48亿元，比上年下降28.22%。

【优秀企业】2021年，松阳县根据2021年度"亩均论英雄"综合评价结果，综合得分位居全县前20的A类规上工业企业：宝丰钢业集团有限公司、浙江云中马股份有限公司、浙江康恩贝中药有限公司、松阳宏泰不锈钢有限公司、上上德盛集团股份有限公司、浙江隆达不锈钢有限公司、浙江博盛钢业集团有限公司、浙江金信不锈钢制造有限公司、浙江浙铜五星金属材料有限公司、浙江华威门业有限公司、浙江鹏业不锈钢有限公司、浙江锐奇鞋业有限公司、浙江科马摩擦材料股份有限公司、巨特钢业有限公司、浙江鑫通达特钢制造有限公司、松阳县景顺实业有限公司、浙江泰鑫合成革有限公司、浙江宏海钢管制造有限公司、丽水飞洲电缆有限公司、浙江旭峰布业有限公司。

工业和信息化部专精特新"小巨人"企业：浙江科马摩擦材料股份有限公司。

省首台（套）企业：松阳永信机械制造有限公司。

省制造业单项冠军省级培育企业（第一批）：浙江云中马股份有限公司。

省级新一代信息技术与制造业融合发展试点示范企业：丽水青山特材有限公司。

省制造业高质量发展产业链协同创新项目计划目录：江南科技（松阳）先进数控机床制造。

省级绿色低碳工厂：浙江康恩贝中药有限公司。

省2021年度节水标杆单位（节水标杆企业）：浙江锐奇鞋业有限公司。

省服务型制造示范企业（第五批）：上上德盛集团股份有限公司。

省"专精特新"中小企业：上上德盛集团股份有限公司、宝丰钢业集团有限公司、浙江华威门业有限公司、浙江云中马股份有限公司。

省第六批成长型文化企业：浙江华威门业有限公司。

省级企业研究院：浙江省康恩贝中药新药开发企业研究院。

省级高新技术企业研发中心：国邦不锈钢市级高新技术企业研发中心、景顺高性能铜带市级高新技术企业研发中心。

省级新产品：浙江上河茶叶机械有限公司2项：6CL-800/16ZD型全自动智能茶叶理条机、781ZD型全自动智能扁形茶炒制机；松阳永信机械制造有限公司3项：高精准无缝管材缩头机、特大口径超长行程精密管件成型机、单线长行程高速冷轧管机。

高新技术企业：浙江宏海钢管制造有限公司、浙江正业特钢有限公司、浙江以诺电气有限公司、浙江鑫通达特钢制造有限公司、浙江冠宇管业有限公司、浙江宝泽高分子材料有限公司。

市级节水型企业：浙江康恩贝中药有限公司、浙江华威门业有限公司。

市级企业技术中心：浙江鑫通达特钢制造有限公司、江南科技（松阳）有限公司、浙江云中马股份有限公司。

市级绿色工厂：浙江康恩贝中药有限公司、浙江华威门业有限公司、浙江鹏业不锈钢有限公司、益大特钢有限公司。

市级"未来工厂"培育企业：上上德盛集团股份有限公司。

市级数字化车间/智能工厂培育企业：宝丰钢业集团有限公司、浙江华威门业有限公司、浙江科马摩擦材料股份有限公司、浙江森海新材料股份有限公司、浙江新创泰业不锈钢有限公司、浙江云中马股份有限公司。

2021年丽水市生态工业"亩均效益"领跑者20强：浙江康恩贝中药有限公司。

2021年度"丽水市信用管理示范企业"：宝丰钢业集团有限公司。

主导（参与）制订"浙江制造"团体标准：以浙江云中马股份有限公司为主起草发布"浙江制造"团体标准《箱包手袋用针织起绒革基布》，以浙江隆达不锈钢有限公司为主起草发布"浙江制造"团体标准《输送管道用不锈钢无缝钢管》。

参与修订行业标准《摩擦材料用粘结剂》（JC / T 2011—2021）：浙江科马摩擦材料股份有限公司。

行业获评：浙江云中马股份有限公司获评全国纺织工业先进集体"定型车间"；浙江康恩贝中药有限公司®肠炎宁、金笛®复方鱼腥草合剂入"中国医药·品牌榜"系列榜单，名列工业和信息化部2020年中国医药工业百强榜第50位，并蝉联"中国医药研发产品线最佳工业企业"称号；浙江博盛钢业集团有限公司列2021中国石油和化工装备制造业50强企业第32名；浙江华威门业有限公司获评丽水市重点文化企业。

（县经济商务局）

# 电 力

【概况】2021年，松阳县全社会用电量9.69亿千瓦时，比上年增长17.79%。其中，第一产业比上年增长21.63%；第二产业比上年增长20.79%；第三产业比上年增长23.40%。最高负荷17.49万千瓦，比上年增长9.31%；连续安全日6867天，连续18年无事故。

【安全生产】2021 年，国网松阳县供电公司（以下简称“县供电公司”）修订领导班子“两张清单”和全员安全生产责任清单，梳理“红线、底线”，全覆盖签订安全生产承诺书。建设标准化安管中心，推行所有作业周计划管控，西屏施工项目部获省电力公司优秀项目部。全市电力系统首家建成安全警示教育中心。制订带电作业反违章记分标准，实行施工方案编审批人员签字负责制。推进产业单位施工企业能力标准化建设，率先应用抱杆组塔监测等新技术。实现自有、外包、临时人员“双准入”全覆盖。开展安全生产三年整治等专项行动，配合完成省电力公司安全巡查“回头看”。公司获丽水市级平安单位、带电作业班获省电力公司青年安全生产示范岗。

【电网运维】2021 年，县供电公司出台“事前化”可靠性管理提升三年行动方案，推广设备主人时户数积分制。完善配网智能管控三大体系，全省首创绝缘蜈蚣梯带电作业法，首家完成所有中高压线路杆塔雷电定位系统经纬度录入，率先试点总指挥长指挥舱系统，全市率先实现无人机智能自主巡检全覆盖，全市首批承接110 千伏变电站检修权限下放。梳理配网故障处置“两图一案一册一原则”，管控室优化方案全市推广，故障抢修时长比上年下降 23.81%。带电作业、发电车保供次数全市前列。完善春茶加工供电保障体系，创新精制茶加工电力指数，保障春茶期间可靠用电。推进铜铝鼻子、穿刺型绝缘子、总保频跳整治，治理 28 条预警高故障线路。户均停电时长 1.25 小时，供电可靠率 99.99%，位全市前列。启动防汛防台应急响应 15 次，完成庆祝中国共产党成立 100 周年等重大活动保电 17 次。

2021 年 4 月 16 日，国网松阳县供电公司全省首次使用绝缘“蜈蚣梯”进行带电作业 （县供电公司供图）

【电网建设】2021 年，县供电公司梳理全域共富零碳新型电力系统 6 大实景示范，促成“两协议两小组一意见”。实施房屋顶光伏项目 13 个、并网 5.11 兆瓦。理清“15N”战略落地体系和“标准—智能—高弹”发展路径，结合夜学逐所逐线逐设备主人梳理配网问题清单，标准化接线同比提升 17.21%。投入 38 条架空线路合闸速断 FA、2 条全自动 FA，实现象溪、小港配电自动化有效全覆盖。建成楼塘低压台区互联示范。调整小水电峰谷时段，构建 4.17 万千瓦负荷侧资源池。滚动修编配电网“十四五”规划，110 千伏新处变顺利纳规，储备 3 年 2.42 亿元电网项目。完成 500 千伏丽西—莲都双回线路等项目阶段性属地配合及 35 千伏三都变前期。助力 110 千伏叶水变顺利开工，35 千伏枫坪输变电工程有序推进，完成 35 千伏大东坝变技改、新兴变 C 检和 36 条线路综合检修，建成首条跨县联络线。

【优质服务持续升级】2021 年，县供电公司以村企协作、“双环节”核查推进用户基础信息整治。实现延庆、象溪营业厅无人化转型。试点省电力公司数字班组，全覆盖开展数智化供电所建设，实现 53 类业务工单化。城供、古市获市供电公司供电所管理提升先进，小港获评中质协五星级现场，象溪获评国网工人先锋号。出台营销违章考核办法，核减频繁停电投诉 1 起，投诉事件比上年下降 64%。累计推广网上国网 6 万户，智能交费 9.32 万户。“电 e 贷”授信 1438.39 万元，“电 e 票”贴现缴费 85.71 万元。出台业扩办电质效提升方案，编制“三图一表三书”。明确同城跨区受理、机打签字确认等实时进机要求。创新业扩主体“一站到底”新服务，试点客户经理全流程管控机制。

【经营管理提质提效】2021 年，县供电公司出台提质增效专项行动方案，明确 13 项重点任务、69 条具体举措。全面实行费用项目化管控，入选浙江省 AAA 级守合同重信用企业。试点光纤租赁，盘活存量资产 216.7 万元。推动出台资产移交会议纪要，接收迁建资产 3127.62 万元、用户资产3055.70 万元。完成所有用户供售同

2021 年 8 月 13 日，国网松阳县供电公司象溪供电所营业厅业务员到象溪镇南州村瑞盛家庭农场进行安全用电“把脉问诊”　（县供电公司供图）

期调整，试点全域理论线损计算，整治“一户多表”“无表户”等问题，推进分线精准降损，入围国网同期线损百强县、百强所 8 次，高质量承办省电力公司线损现场会。推行套餐式智慧电务服务，新增智慧电务 39 家。巩固主营业务，全年设计、施工、设备采购市场占有率分别为 92.89%、88.59% 和 88.71%。承接第二个“山海协作”项目。结算震荡波、充电桩、不停电作业等新兴业务 1304.05 万元。完善账款催收机制，应收账款下降 95.01%。华阳公司获全国 AAA 级信用企业、浙江省守合同重信用 AA 级企业称号。公司蝉联市供电公司绩效考核优胜单位称号，实现总经理特别奖“大满贯”。

**【企业生态文明建设】**2021 年，县供电公司深推党史学习教育，开展“我心向党·献礼百年”系列主题活动 13 次、“我为群众办实事”27 件。8 个集体和个人获市供电公司“两优一先”，入选省电力公司“红船·光明之路”党课 1 项。涌现出浙江青年工匠、市青年岗位技术能手、省电力公司“红船·光明讲师”等先进典型，该公司获省电力公司“红旗党委”、“五四红旗”团支部等称号。全覆盖开展“1+N”结对，形成党委、支部重点任务“三清单”17 项、“党建+”项目 11 项。开展“政治生态优化年”活动，政治生态巩固向好。开展今冬明春保供电等“一月一主题”月亮行动 8 次。全市首推供电所廉洁安全性评价，打造“1+5”清风茶社品牌。完成配合国网巡视，实现省电力公司巡察发现问题“见底清零”。协同监督项目获市供电公司二等奖，1 篇论文获省内审协会三等奖。大力推进“我为职工办实事”，2 条合理化建议获省电力公司优秀奖，获推国网“爱如电”平台展示。提升“慧美”劳模工作室，创成市五星级“妈咪暖心小屋”、省电力公司“五小”供电所示范点、省模范职工小家、全国职工书屋示范点。1 个作品获全国品牌故事大赛二等奖。多人在市供电公司变电运检一体化、供电服务、工程造价、安全知识等竞赛中斩获佳绩。获市供电公司青创赛银奖、省能源数据创新应用大赛三等奖。

（县供电公司　李超）

# 交通运输　邮政

红船共产党员服务队为茶园诱虫灯进行定期检修

# 交 通

【概况】2021年，松阳县交通运输局（以下简称"县交通运输局"）聚焦交通领域共同富裕目标，实施"交通先行"战略,全力服务"四张金名片"（指智能制造新城、中国有机茶乡、全域康养胜地、国家传统村落公园）建设，努力争当高质量建设山区共同富裕美好社会先行官，各项工作有序推进。交通体制机制改革全面完成，全年实现交通投资73685万元，比上年增长67.4%。综合交通产业推进成效显著，完成松阳县"十四五"综合交通产业发展规划编制，招引智慧交通制造产业项目8个，总投资约15亿元。自动驾驶先导应用试点项目申报至交通运输部，龙（游）丽（水）线数字公路、召寨线"路景产人"示范数字路等协同推进，百度交通生态办公中心、浙江交通职业技术学院数字公路应用技术研究中心、教授博士工作站在松阳挂牌成立。建成交通运输数字化治理智管中心，"松阳出行"接入"浙里办"行有所畅板块。推进客货邮融合发展工作，申报交通运输部"客货邮融合发展"优秀案例、农村物流服务品牌和省级"客货邮融合发展"星级样板县。推进"四好农村路"建设，完成农村公路大中修73.9千米，改造提升项目50.8千米，开展农村道路交通安全综合治理，群众出行满意度、幸福感不断提升。

【项目建设】2021年，松阳县实现交通投资73685万元,比上年增长67.4%。3个续建项目稳步推进。奉化至庆元公路松阳水南至枫坪段工程（西竹玉公路）第一合同段桥梁、隧道等主体工程全部完工，第二合同段全线动建。1—12月实现投资30072万元，累计完成投资70558万元；235国道松阳段改建三个标段工程全面开工，1—12月实现投资22523万元，累计完成投资26718万元;县域玉湖村（余叶—余叶口）林区道路工程11月重新开工建设，1—12月实现投资291万元，累计完成投资844万元。4个重大前期项目谋划攻坚，S222（原50省道）松阳雅溪口至裕溪段改建工程松阳段具备上报工可（指可行性研究评估阶段）审批的条件。235国道松阳至武义段工可初稿编制完成，正开展可研审查准备工作。奉化至庆元公路松阳靖居口至板桥段完成线位论证，正在线位优化。义龙庆高速公路由省主导专班牵头，正在线位论证、编制项目建议书阶段。

【交通安全运行保障】2021年，县交通运输局完成新（改）建农村公路43千米，开展农村公路养护63千米，实施农村公路安防工程2千米，开通主城区微公交线路，建成智能公交电子站牌21个、智慧候车站亭6座。创办"司机之家·红色驿站"，为司机提供停车、休息、餐饮、淋浴、洗衣、如厕等服务功能区。开展应急抢险工作，全年清理边坡塌方3725立方米，疏通边沟342千米。常态化落实新冠肺炎疫情防控举措。持续施行公交等公共交通管控，加大对网约车、出租车宣传检查力度，采用定期发放宣传卡片、二维码卡片、开展联合检查等形式守住防控薄弱环节。强化客运站、重点工程项目部、局属各单位管控，严格落实"口罩+亮双码+测温"制度，守好内部小门。完善人员、物资转运机制，做好转运梯队车辆储备。

【水路交通安全管理】2021年，县交通运输局以渡口安全监管、"美丽渡口""美丽渡船"创建为重点，常态化开展渡口渡船新冠肺炎疫情防控工作，对谢村水库及靖居口"美丽渡口"工程进行持续日常养护，对靖居口渡口"浙松阳渡"0010号渡船进行上岸全面维护保养和检验，对谢村水库渡口"浙松阳渡"0019号渡船进行上岸全面维护保养。全年投资8万元完成对谢村水库渡口和靖居口渡口渡埠航道疏浚养护及渡埠护岸养护。开展全县涉水区域巡查摸底，全年进行水上交通专项大检查4次，航道巡查18次，将水上交通新冠肺炎疫情防控与渡口安全检查相结合，开展检查48次，航运安全呈现平稳的态势，连续36年保持水上航运无事故。

【交通运输行业治理】2021年，全县交通运输行业安全生产责任事故控制良好，未发生较大以上道路交通事故和交通建设工程安全生产责任事故，未发生水上运输、火灾事故，连续17年实现春运旅客零死亡。强化道路运输安全隐患排查整治，5月31日，举行危化品车辆事故应急救援演练，检查危货运输企业15家次，联合执法19次，出动交通执法人员175人次，抽查车辆245辆、抽查从业人员320人。强化超限超载治理，开展整治"百吨王"为重点的"雷霆行动"，建立常态化路警联合治超机制，全年查处违法超限案件1222起，罚款238万元，杜绝"百吨王"。强化交通建设工程质量安全生产监管，做到项目监督覆盖率100%。全县受监项目22个，开展农村公路安全专项检查50余次、综合检查3次，联合丽水市交通工程管理中心开展综合督查2次。

【综合交通产业发展】2021年，县交通运输局完成松阳县"十四五"综合交通产业发展规划编制，省政府拟命名"智慧交通产业发展试点县"。全年引进制造业大项目18个，其中城光联链智慧交通设备生产线项目、绿色交通综合基地项目等智慧交通制造产业相关项目8个，总投资约15亿元。实施智慧交通项目试点先行，携手百度等龙头企业推进智慧交通项目。自动驾驶和智慧交通助推山区共同富裕创新示范项目向交通运输部申报，江滨公园无人车、S222龙丽线数字公路、四都乡召寨线"路景产人”共同富裕数字示范路、山区公路易结冰路段数字化监测项目等场景应用稳步推进实施。开展产学研深度合作，与省交通职业技术学院签订战略合作协议，成立数字公路应用技术研究中心松阳分中心和教授、博士松阳工作站，清单化推进关键技术研发、科技成果转化及高科技企业孵化、高端人才队伍建设。

**【交通工程建设市场管理】**2021年，县交通运输局加强项目标前控制，新开工的建设工程，完善细化招标文件内容。全年审批施工图设计文件29份，完成招标文件网上备案10份，小额发包备案30份，并对开标过程进行监督和强化标后管理，在项目实施过程中要求各指挥部立足规范、注意细节、加强项目建设管理。积极协调项目政策处理问题，及时处置各种矛盾纠纷，排除不稳定因素，营造平安、和谐的工程建设环境，保障工程顺利实施；推进“品质工程”建设、精细化、标准化施工建设，强化施工现场管理，着力提高工程质量；强化合同管理，严格按照合同办事，确保工程进度。8月31日，出台《松阳县公路水运建设项目设计评审专家库管理办法》，并组建技术评审专家库。

**【城市交通治堵】**2021年，松阳县城增加停车位379个，其中公共停车位129个、小区配建停车位250个，建成城市道路1.1千米，完成率110%；建设联网络1条，完成率100%；新建和改造城市公交站点完成率100%；建成投用首末站完成率100%；堵点乱点治理完成率100%；较差路段整治完成率100%；全县1926个车位停车标志箭头绘制完成率100%；增加非现场“不礼让斑马线”违法行为监控抓拍系统18处，全年抓拍“不礼让斑马线”违法行为5330起；开展人行道车辆整治22次，劝导非机动车违停2831起，开具违停处罚通知书4419张。

**【交通数字化建设】**2021年，县交通运输局开展数字公路应用场景建设。在S222望松至北山约2.5千米北进城口路段试点数字公路应用场景，通过布局太阳能LED智慧杆、完善部分路侧感应设备等，集节能亮化、通行智能绿波、数字远程监管与重点事件自动分析研判预警、车路协同等一体，提高安全度和舒适性。推进数字公路应用技术研究中心松阳分中心建设。11月1日，分中心挂牌，形成方案初稿，推进项目落地。提升数字化出行服务体验。推进政务服务数字化改革，加大数据互联共享，逐步取消纸质材料收取，持续开展许可事项、环节、材料、时限“四减”工作。依托“浙里畅行”“松阳出行”应用，提供多样化出行信息服务。完善农村电商物流配送体系，申报交通运输部农村客货邮融合示范县创建，采用PC端+小程序+后台的架构模式，打通电商物流平台数据。

（县交通运输局　林勇）

## 公　路

**【概况】**2021年，松阳县交通运输发展中心（以下简称“县交通运输发展中心”）负责全县100千米国省道和1441千米农村公路养护及行业管理工作。

**【“四好农村路”建设】**2021年，县交通运输发展中心全面完成“四好（建好、管好、护好、运营好）农村路”建设任务。投资2545.8万元，实施大中修工程线路26条；投资1269.8万元，提升改造农村公路13条50.8千米；落实省级民生实事新（改）建农村公路43千米，农村公路养护63千米、实施农村公路安防工程2千米；开展农村公路路况检测，投资475万元，修复农村公路破板、灌缝处置农村公路495千米，完成检测452千米。出台《松阳县农村公路养护与管理办法》（松政办发〔2021〕39号），维护农村公路良性发展。全年投保农村公路水毁保险234.5万元，投保金额239775.14万元。至12月末，累计理赔470万元。

**【国省道公路全寿命周期养护试点】**2021年，松阳县被列为全省推行国省道公路全寿命周期养护7个试点单位之一，县域65千米国省道公路将实施周期为10年的全寿命养护工作，为全省公路与运输“十四五”期间“八大标志性”工程之一。县交通运输发展中心积极探索全寿命周期养护模式，实施县域高速公路235新海线、省道222龙丽线共计60千米10年期限养护工作。从机制管理、工作时效、制度建设、线上平台、高效合作5大抓手推进全寿命周期养护试点的各项工作。通过实施全寿命周期养护试点，创新养护管理模式，最终实现“两优两减一高一降”的目标：实现路况指标优良、工程质量优质、成本费用减少、审批程序缩减、养护效率提高、廉政风险降低。

**【公路安全应急保障】**2021年，县交通运输发展中心全面推行“三级路长制”，调整全县“四好农村路”路长制共建名单，全县共有路长237个，其中县级24个、乡级39个、村级174个；路长牌县级22个、乡级19个、村级285个，开发路长制信息化系统App进入试点使用。开展全县农村公路安全隐患排查，隐患点治理列入全县农村道路安全隐患整治工程，实施项目增设修复农村公路减速带2930米、标志牌874套、道口标柱3193根，危桥改造4座，桥梁护栏提升205座。强化应急处置，及时有效处置县应急联动指挥中心警情201起，处置率100%；健全治理责任体系，及时调整中心安全生产领导小组成员，印发《安全生产“一岗双责”制度》《“三防”工作应急预案》等文件，从制度保障安全生产。

【公路应急保障基地建设】2021 年，县交通运输发展中心完成公路应急保障基地建设项目设计方案编制，并报省、市交通运输发展中心备案，项目地质勘察工作基本完成，施工图在设计编制中；完成项目规划许可报批手续，获得项目规划许可意见书，正在办理项目用地划拨审批手续。该项目总用地面积为 6549.81 平方米，估算总投资为 1773.7 万元，争取省级专项补助资金 600 万元。

（县交通运输发展中心　李巧芳）

2021 年 9 月 18 日，松阳县交通运输行政执法队开展公路执法宣传　（徐育辉/摄）

## 道路运输

【概况】2021 年，松阳县交通运输行政执法队（以下简称“县交通运输行政执法队”）完成长三角地区交通“一卡通”互联互通，实现第三代社保卡刷卡乘坐公交车。全年报废出租车 4 辆，更新清洁能源出租车 2 辆，新建公交电子站牌 22 个、智慧公交候车亭 8 座。全年开展公路执法巡查 353 人次，处理公路路产赔补偿案件 13 起，处理信访举报 10 余起；拆除非公路标牌 50 余块，组织执法人员在县市政广场开展公路知识宣传，发放浙江省公路条例 100 余册。

【超限治理】2021 年，县交通运输执法队联合县公安交警部门执法出动执法人员 1200 人次，检查车辆 1500 余辆次，查处违法车辆 312 辆，卸载货物 118.52 万千克，“百吨王”4 辆，整治罚款 200 万元，移交县公安交警部门记分 1794 分。非现场执法在采用“科技+信用”模式下，处罚 100 余起案件中，20 余辆车的当事人主动接受处罚。

【货运物流行业】2021 年，县交通运输行政执法队完成清理挂靠经营车辆工作；建立挂钩机制，开展经营许可、运力新增前的企业安全生产状况评估审核，实行物流企业分级分类监管；农村客货邮融合申报省级示范样板县，申报交通运输部“客货邮融合发展”优秀案例和农村物流服务品牌。

【驾培维修行业管理】2021 年，县交通运输行政执法队淘汰老旧营运柴油货车 49 辆，增建汽车尾气排放治理小型车维护站（M 站）网点 2 家。开展机动车驾驶培训专项整治，指定专人进行人工审核工作，确保人工审核比例不低于 20%，与县公安部门联动 4 次。做到车辆安全检查、驾驶员安全教育、企业资质复核三到位。

【行业监管工作】2021 年，县交通运输执法队组织人员对道路运输企业每月一次安全生产大检查，全年检查 270 家次，下发整改通知书 10 份，查处安全隐患 12 起并全部整改。与相关职能部门联合开展执法和专项稽查行动，全年出动稽查人员 1000 余人次，检查车辆 3120 余辆，办理行政处罚案件 14 起，其中货运（危货）案件 12 起，维修驾培案件 2 起，罚款金额 26.78 万元。

【交通工程质量安全管理】2021 年，县交通运输行政执法队受理质量安全监督手续并主管监督项目 22 个，

智慧公交候车亭古市镇—白角外站　（宋芳/摄）

监督覆盖率 100%。针对所有受监项目，进行农村公路质量、安全、试验检测、监理、合同等专项检查 130 余次，联合丽水市交通工程管理中心开展综合督查 2 次，联合县交通运输局开展综合执法检查 2 次，签发各类检查意见书 56 份。全年监督建设单位开展 18 个项目的交（竣）工质量评定工作，完成 18 个项目的网上交（竣）评定质量管理备案。同时开展实体质量抽检、农村公路品质工程示范创建、安全生产月、安全教育培训讲座等各项工作，在仙居至庆元公路松阳水南至枫坪段工程第 2 合同召开县级“品质工程”示范创建现场会。

（县交通运输行政执法队　汤阳艳）

## 铁　路

【概况】2021 年，松阳县铁路建设加快推进，衢宁铁路松阳站实现货运开通，完成大东坝石角危石处置，遗留问题处置及后续工作有序推进。衢丽铁路松阳段工程建设指挥部于 1 月 27 日正式挂牌成立，全力服务保障衢丽铁路松阳至丽水段项目（简称“衢丽一期”）松阳先行段枫树岭隧道活源斜井建设，完成松阳段主线和安置地土地征收 34.15 公顷，房屋征收除 1 户养殖场外完成 70 大户（118 小户），迁移坟墓 242 穴。项目用地获省政府批复，该项工作获丽水市市长吴晓东和市政协主席陈瑞商批示肯定。对接做好安置、“三线”迁改、大小“三改”等前期工作，强化安全维稳，统筹抓好铁路新冠肺炎疫情防控，全年安全生产总体平稳。全力配合推进衢丽铁路衢州至松阳段项目（简称“衢丽二期”）前期工作，完成项目预可研、可研审查，配合开展项目社会风险评估、运营补亏和综合开发、项目选址和用地预审、征迁费用包干测算等专题工作及初测、定测、弃渣场选址等工作。

2021 年 6 月 29 日，衢宁铁路浙江段货运开通仪式在松阳举行　（县铁办供图）

### ·衢宁铁路·

【松阳站货运开通与客运】2021 年 6 月 29 日，衢宁铁路浙江段货运开通仪式在松阳举行，丽水市政协主席陈瑞商，县领导李汉勤、莫靓等出席开通仪式，陈瑞商宣布货运开通。自货运开通至 12 月末，松阳货站运送货物 3028 车 19335.4 万千克，其中发送敞顶箱(沙石料)2945 车 18812 万千克；卸怕湿货物(玉米、化肥)83 车 527.4 万千克。全年松阳客站累计发送旅客 215566 人次，其中出发 115235 人次，到达 100331 人次。

【衢宁铁路后续工作及遗留问题处置】2021 年，县铁办完成大东坝石角危石处置。大东坝五部村石角自然村衢宁铁路石角隧道进口处上方 1 块危石影响衢宁铁路运营安全，上海铁路局集团要求予以整治。针对项目施工安全隐患大、政策处理难度大、群众诉求强烈等问题，县衢宁铁路指挥部协调各方，保障危石处置顺利推进，于 10 月 15 日完成危石处置工作并通过验收。安民乌弄区块、小苏坑区块临时用地复垦 1 月 25 日组织验收，叶村松阳隧道明洞口区块于 6 月 2 日组织验收。修复破损乡村道路，争取资金 462 万元，由县交通运输局破损道路进行修复。衢宁铁路征迁及施工遗留问题，经多次对接协商，妥善得到解决。

### ·衢丽铁路一期松阳段·

【先行段活源斜井施工动建】衢丽铁路先行段枫树岭隧道活源斜井位于西屏街道桐溪村活源自然村，2021 年初，县衢丽铁路指挥部会同西屏街道克服“租赁政策不平衡、涉及户多人广、村干部工作经验不足”等困难，集中力量，全力攻坚。3 月 4 日，完成斜井口用地清表工作交由中铁隧道局项目部施工。4 月 15 日，中铁隧道局正式进洞施工。4 月 22 日，完成临时用地协议签订工作，临时用地租用 7.37 公顷。至 12 月 22 日，活源斜井 1233.8 米开挖完成，进入正洞三岔口施工。实验室、拌合站、项目部驻地、弃渣场均投用。

【主线征迁政策处理】2021 年，衢丽铁路一期松阳段土地征收涉及主线红线及北干渠“三改”红线、安置地总用地面积 34.15 公顷，涉及西屏街道、水南街道、叶村乡、斋坛乡 4 个乡镇（街道）11 个行政村 560 户，项目用地于 9 月全部签约落地。至 12 月末，除部分山林未砍伐外完成红线范围土地清表工作。房屋征收涉及水南街道、叶村乡、斋坛乡 3 个乡镇（街道）共71大户119小户，面积约2.17万平方米。至7月31日，完成70大户118小户，其中选择货币安置51户、选择迁建安置67户。至12月31日，完成房屋腾空验收69大户117小户，房屋拆除62户105小户。坟墓迁移涉及水南街道、叶村乡、斋坛乡3个乡镇（街道）8个村共242穴。3月17日，发布坟墓迁移公告。4月22日，全面完成坟墓迁移工作，叶村乡东坞村级公墓于11月2日通过竣工验收。衢丽一期松阳段共规划水南街道清路村、潘西村、叶村乡东坞村、斋坛乡花田坌村4个安置点，迁建安置67户，其中水南街道5户、斋坛乡23户、叶村乡39户。至12月31日，完成设计等前期工作。

**【用地组件材料报批工作】**2021年，衢丽铁路一期松阳段主线表土剥离方案于6月17日通过县土地整治工作领导小组专家论证通过。永久基本农田（示范区）补划方案于7月7日通过省自然资源厅和省农业农村厅论证会论证。粮食功能生产区调整补划燕田地块3.4公顷，于8月5日通过省农业农村厅专家实地踏勘验收。松阳段耕地指标占补平衡指标省统筹费用、补充购买指标费用、标准农田占补平衡指标费用于8月6日前实现全部支付。土地组件材料经县、市自然资源和规划部门审核，省自然资源厅审查，于11月9日获省政府批复。

**【安全维稳防控】**2021年，县衢丽铁路指挥部督促中铁隧道局项目部落实安全生产责任制，全年配合各有关部门开展专项检查5次，开展日常安全巡查42次，对检查中发现的安全隐患，发放整改意见书27份，消除安全隐患81个。督促中铁隧道局项目部落实隧道、拌合站、碎石加工污水达标排放，做好破损道路修复和道路扬尘洒水，尽量减少项目施工对沿线群众生产生活的影响。常态化抓好铁路新冠肺炎疫情防控工作，配合抓好重点场所火车站的新冠肺炎疫情防控，对接防疫部门落实防控物资，配合市铁委办、县政府开展常态化疫情防控检查。督促铁路运行、施工单位落实掌控人员动态，按时排摸、报送省外及中高风险地区到松阳返松阳人员，做好重点地区到松阳返松阳人员的日常健康监管，确保铁路运行安全有序。

**·衢丽铁路二期松阳段·**

**【可研工作】**衢丽铁路衢州至松阳段项目采取全过程工程咨询方式，由中国铁路经济规划院有限公司（简称“国铁集团公司经规院”）于7月16日中标开展全过程咨询服务。2021年3月21—23日，国铁集团公司经规院组织专家对衢丽铁路衢州至松阳段预可研方案进行审查，提出功能定位及衢州地区接轨方案等深化研究。8月27日，国铁集团公司经规院组织对项目的功能定位、接轨方案进行研讨。10月25—27日，国铁集团公司鉴定中心组织专家对衢丽铁路衢州至松阳段可研方案进行评审。评审意见项目按时速200千米/小时（预留250千米/小时）、新建双线的建设标准和龙游并站、遂昌西设站方案。

**【前期工作】**配合社会风险评估机构、全咨项目部、中铁第四勘察设计院集团有限公司（简称“铁四院”）等开展项目松阳段社会风险评估、用地预审与选址、项目综合用地开发和投融资等可研专题的资料收集、会议征求意见等工作。配合铁四院开展项目的初测、定测工作，对接衢丽铁路、第三方审价机构及县相关部门开展项目松阳段征迁费用包干测算等工作。

（县铁办）

## 邮政业务

**【概况】**2021年，中国邮政集团有限公司浙江省松阳县邮政分公司（以下简称“邮政松阳分公司”）有全县农村邮路45条，投递段道56条，服务面积1406平方千米，担负着全县20.49万城乡人民群众的邮政通信普遍服务。全年业务总收入2713.02万元，实现年度计划的100%，比上年增长11.65%；全年实现利润131.24万元(分公司账、邮政账、速递账)，超序时进度3.24万元。2021年度丽水邮政企业战略绩效考核得分100.31分，全市排名第五。

**【惠民服务】**2021年，邮政松阳分公司实现金融业务收入1486.02万元，完成年度计划的103.48%，比上年增长14.10%，排全市第四。该公司在县域各金融网点全方位服务百姓，提升农村金融服务水平。坚持做好“金融服务站”“助农取款服务”项目，服务全县10万名农村百姓。截至12月末，助农金融业务查询4519笔，交易27184笔，交易金额496.26万元。“金融服务站”“助农取款服务”项目有效解决全县山区村民金融服务难的问题。

**【包裹寄递】**2021年，邮政松阳分公司实现邮递业务收入458.29万元，比上年增长3.97%；完成业务总量134.17万件，比上年增长30.3%。推进揽投网改革，散户及时揽收成功率98.1%，比年初提高7.78个百分点；推进快包自提代投，建成中邮驿站28个，代投邮件310件/日。推进三级物流体系建设，建成投递代办点203个，计划在城乡物流公司建立处理中心。年内，县域韵达控股股份有限公司、中通快递股份有限公司、申通快递有限公司的农村段（安民乡、枫坪乡、裕溪乡、板桥乡）的邮件委托邮政松阳分公司代为投递，自9月开始合作，至12月末代投递5305件。后续将完善三级物流体系建设方案，推进方案的落地实施，助力乡村振兴，切实解决用户收件“最后一公里”问题。全年完成各项质量指标，实现安全生产无事故，邮政总包无损失，机要邮件无丢失，邮件全程时限1.8%以下，邮件规格不合格率在8%以下，均达到上级下达的县级目标要求。

**【电商惠民行动】**2021年，邮政松阳分公司持续实施农产品进城项目，把助农扶贫放在重要工作位置。该公司以“邮乐网”为销售平台，推进“松阳卯山脐橙”“松阳三都仙桃”“松阳山蜡梅茶”“松阳石仓泡豆腐”等扶贫助农项目实施，全年助力“松阳三都仙桃”销售2362.5千克。开展“助兴助农”农产品直播活动，松阳香肠、香榧、松阳森博尔脐橙上线邮乐网，通过直播售出300件订单，脐橙750千克。该公司致力于打造“线上+线下”农特产品销售模式，整合“公共服务+物流配送”的服务体系，发挥邮政遍布基层乡镇的优势，做实“农产品进城”这项大工程。推进国家电子商务进农村综合示范项目建设，助力全县农村电商提质增效，推动“工业品下乡”“农产品进城”，优化和完善现有农村电商服务站点功能，提升广大群众的获得感和幸福感。开展国家级电子商务进农村综合示范项目站点提升改造，对项目100个站点进行选址、预算，制定实施方案。

**【企业经营成本管控】**2021年，邮政松阳分公司促进经营单位注重业务效益，增强财务管控意识，实现企业“调结构、转方式”的目标。为落实“效益为导向”的经营理念，把全年寄递事业部利润预算损益责任落到各生产经营单元，加强预算执行的过程控制和执行结果绩效考核，强化成本动因分析，通过对标、立标、达标，对企业成本管控的短板和差距进行改善，优化企业资源配置，提高企业管理水平，制定《松阳寄递事业部全面预算执行管控体系实施细则》，对各责任部门职责分工、预算编制及管控流程以及考核要求等予以明确，引导基层单位逐步理解发展重效益，经营讲利润的理念，提高收支质量。贯彻落实《中国邮政集团公司关于违反财经纪律处理处罚办法（试行）》《中国邮政集团公司浙江省分公司关于违反财经纪律处理处罚办法（试行）》，严肃财经纪律，规范企业财务管理和经营行为，确保企业健康有序发展。

**【普遍服务】**2021年，邮政松阳分公司建立健全覆盖城乡的邮政普遍公共服务体系，完成全县空白乡镇邮政局所补建、村邮站和信报箱建设。全县203个（原有401个）建制村，实现村村通邮，使农村百姓与城市居民享受到同等邮政服务。全县19个乡镇（街道）实现邮政网点全覆盖，方便基层群众用邮。村邮站不仅具备小额取现、农户基本信用信息采集、理财咨询、小额意外保险、村邮网购、普法知识宣传、订阅报刊等服务功能，还叠加电力缴费、水费代缴等便民服务项目。该公司根据《村邮站三级管理考核办法》，实行村邮站全方位管理，合理化建设。开展普遍服务网点改造升级。全年对20个网点进行统一规划，进行软件、硬件的更新改造升级，提升网点服务功能。推进普遍服务转型，通过复制推广、以点带面，实现网点转型14个，网点微整17个，异业合作3项，望松、斋坛、叶村邮政所为邮（政）、电（信）、快（递）合作转型网点，其中望松邮政所为市级标杆点。

**【内控项目管理】**2021年，邮政松阳分公司加强金融网点内控管理。督促代理金融从业人员参加各类金融持证考试，提升公司代理金融从业人员上岗持证率。制定《代理金融从业人员持证上岗考核办法》，规范代理金融网点内控检查操作程序，提高代理金融网点从业人员风险控制意识，提高网点内控管理能力。规范反洗钱业务操作，提升反洗钱管理能力，该公司根据中国人民银行相关要求以及《中国邮政储蓄银行浙江省分行反洗钱工作管理办法（试行）》《中国邮政储蓄银行浙江省分行客户洗钱风险等级划分管理办法实施细则（试行）》等反洗钱相关制度和新反洗钱系统各岗位操作要求，制定《中国邮政储蓄银行松阳县邮政金融反洗钱工作管理考核办法》。贯彻落实“安

2021年1月20日，松阳县邮政分公司与松阳电信公司联合举办望松邮政、电信联合营业所揭牌仪式　（邮政松阳分公司供图）

全第一、预防为主、综合治理”的方针，坚持“管行业必须管安全，管业务必须管安全，管生产经营必须管安全”，健全完善邮政企业安全责任体系、隐患治理体系和预防控制体系，弘扬生命至上、安全第一的思想，加强邮政企业安全生产和内部治安管理，全面落实安全生产、治安责任制，预防和减少各类事故、案件的发生。结合邮政企业的安全特点和工作重点，根据《2021年度松阳县邮政分公司安全生产和治安目标管理责任制考核办法》和《松阳县分公司安全检查考核管理办法》实行严格考核。贯彻落实“三重一大”决策制度，规范合同管理，严格执行合同管理网上审批制度，严格审批设备采购程序及管理工作，确保“三重一大”决策制度落到实处。

**【助力地方文化传播】**2021年，邮政松阳分公司践行省、市分公司发展要求，围绕函件业务转型工作，结合当地文旅广各项创建活动，创新函件业务模式，发挥邮政全方位服务优势，积极服务地方文化传播，结合当地文化特色、旅游元素等提供服务。持续与县委宣传部、县疾控中心、县妇联等部门合作，叠加业务发展，板块协同，延伸邮政服务长度，打造以“定制型”为特色、“政采云”为渠道的“政采云政务宣传品采购”邮政品牌项目，拓展当地文化传播，助力创建省示范文明县城。该公司连续5年助力茶商大会定制活动宣传品，为78个政府单位完成宣传品定制业务。推进党建文化墙项目开发，结合党建元素、旅游元素等开展墙绘业务，发挥地域特色，助力美丽乡村建设。结合数字媒体党建转型、有声图书墙等新业务，开发个性化党建项目，助力各单位更好地落实党建宣传工作。联合县委宣传部、县文化和广电旅游体育局、县教育局举办以“助力全民阅读·共建书香松阳”为主题的图书赠阅巡展活动。

（邮政松阳分公司）

# 通信管理

独山夜景

## 电信通信

**【概况】**截至2021年末，中国电信股份有限公司松阳分公司（以下简称“电信松阳分公司”）发展宽带用户、天翼高清用户3万户，发展移动用户3.4万户。下设城区、城郊、古市、田园4个支局，新增服务网点8家，有属地化专业工程师队伍40余人，服务地方经济建设和当地百姓，发挥网络强国“主导者”、网信安全“国家队”、数字松阳“主力军”的作用。

**【云网融合】**2021年，电信松阳分公司加快云网融合信息基础设施建设。全县具备5G能力基站有52个，共享站点为362个小区，完成4G补盲区基站26个，高铁沿线建设基站19个，室内信号基站建设14个，无线信号覆盖率提升至94.11%。深化网络建设，全年累计新增光缆207.62皮长公里，4822.2芯公里，新增光覆盖点位526个，全县光网覆盖能力达到98%以上。完成7个小区45个端口进行GPON（千兆以太网无源光网络）升XGPON的割接改造，实现光宽带千兆接入能力。实现1.3万个宽带用户上云割接。全力保障网信安全。开展全网风险隐患排查行动，完善网络安全监测和应急预案体系，定级备案完成率100%。助力县公安部门建成96110防诈热线。建设数据安全管理平台，实施公司数据分类分级管理。开展App索权合规整治。全年完成县委、县政府交办的重要保障任务，其中有全国乡村春晚“百县万村”联谊活动、年味——松阳直播、2021年第二届中国不锈钢钢管高峰论坛、第二届城乡联系国际论坛、国际茶商大会等大型现场网络保障。

**【数字化改革智慧应用】** 2021年，电信松阳分公司在党政机关整体智治领域，自研核心底座，打造数字化改革“一号应用”7张清单。在数字政府方面，自研建设“阳光系列”等模块助力外卖市场监管和特种材料企业的监管。深化家庭信息化应用推广，全年累计发展天翼看家监控1356个，对新冠肺炎疫情防控、平安乡村、垃圾分类等场景增设约300个公共监控点位。全力保障政府网、教育网、卫生网等各个主干网的网络顺畅。助力政务云、数据安全等网信安全工作落地，完成政务外网万兆升级。发挥网信安全“国家队”作用，构建智云护航网信安全体系，实现为党政军及重要企事业单位提供从网络到信息化建设的一站式服务。

**【为民服务】**2021年，电信松阳分公司开展结对帮扶困难群众，助推共同富裕。与潘西村14户消薄户结对帮扶，每月走访和节前慰问，帮助农副产品采购，同时定向捐赠2万元帮扶村集体“消薄”。落实民生实事。为全县失智老人发放防走失“黄手环”168台，独居老人安装烟感器4000余只。助力新冠肺炎疫情防控工作，全力做好新冠肺炎疫情防控通信服务保障，为当地政府、县疫情防控指挥部、县卫健局、县疾控中心、核酸监测点等重要场所提供紧急通信保障服务，配合县经济商务局的防疫防控工作。春节期间，完成各个防疫紧急采样点19个聚集地的Wi-Fi全覆盖，完成隔离网点的100余套报警门磁安装，并提供智能管控平台，参与流调溯源等技术支撑工作。

**【“满意客户”服务】**2021年，电信松阳分公司大力推进适老化服务。完成线上服务App适老化改造，为老年人开展幸福学堂20余场，与县总工会联合建立营业厅“爱心翼站”。持续推进提速降费，互联网专线资费下降12.96%，宽带资费下降9.65%。

（电信松阳分公司）

## 移动通信

**【概况】**2021年，中国移动通信集团有限公司松阳分公司（以下简称“移动松阳分公司”）深入落实移动通信集团公司创世界一流“力量大厦”发展战略及工作部署，围绕省公司“一五四七”和市公司“一五六八”工作思路，坚持以党建为统领，狠抓作风建设，夯实基础管理，以“党建+业务+党史学习教育”为抓手，推动公司高质量绿色发展。同时，发挥自身优势，承担现代央企的社会责任和担当，助力当地社会经济发展。截至12月末，手机用户17万余户，比上年增长2.04%；家庭宽带5万户；5G用户4.3万余户。

2021年，移动松阳分公司统筹规划，助力信息化“田园松阳”快速发展。政务云为数字化改革底层提供基础设施支撑。利用政务云基础资源能力、大数据服务能力、安全服务能力以及运维支持能力，提供云主机、云数据库、对象存储、负载均衡、云网络、大数据、云安全七大类云资源服务，全面支撑松阳县数字化改革，政务云资源覆盖包含数字经济、数字法治、数字社会等各方面的21个政府单位的29个项目，助力松阳数字化改革建设。

建设运行“民情地图”促服务整体智治系统。通过“民情地图”信息化平台，建设数据更新机制和数据到图、到户、到人的社会治理专题库；推进党政机关整体智治、政府数字化转型、数字法治的县域实践,实现业务数字化场景应用；为松阳县高质量跨越式发展综合改革试点提供数据平台支撑；推进政府、组织、群众的数字社会建设，提供“数字社会”的数字赋能服务样板；推进县域数据的多维度分析挖掘,打造数据的“县乡一体、条抓块统、数据生产”，提供数字生产、数字决策的决策模型样板。

该平台覆盖全县19个乡镇（街道）203个行政村。

为松材线虫病疫情提供无人机普查服务。通过无人机航拍图像采集、松材线虫病枯死木识别和正射影像图制作，普查松材线虫病疫情。为全县6.85万公顷松林面积的松材线虫病的防治工作提供病虫害数据结果，节省大量人力、物力、财力。

升级农民建房“一件事”系统。利用大数据、云计算、人工智能等新兴技术，构建农村宅基地审批管理系统，支持村民一窗办理，缩减审批时间，落实“一户一宅”政策，盘活农村宅基地资源，促进闲置宅基地开发利用，加强宅基地审批管理决策的数字化和科学化。

**【通信网络支撑能力建设提升】**2021年，移动松阳分公司投资5000万元加大网络基础建设。传输管线共立项121单项，完成光缆布放190.48千米，管道建设24.82千米，新建国标小区8个，验收通过率100%，共建共享率100%，宽带补点450个，新增1800个端口。推进5G网络建设，完成700MHz5G频段的69个基站建设开通；5G室分站点19个，5G3期宏站14个，5G基站214个；开展疑难站点建设，建成以及开通3个，覆盖空洞区域2个。全县4G网络实现乡镇及行政村覆盖率100%；5G网络乡镇覆盖率100%，行政村覆盖率49%。

**【应急通信保障】**2021年，移动松阳分公司为第十四届中国（国际）茶商大会·松阳香茶茶叶节、第十六届“红五月”杯全县职工气排球赛、松阳首届运动休闲旅游嘉年华活动、松阳新冠肺炎本土疫情防控现场处置实战演练等会议及活动提供通信网络保障。

**【助力地方救援】**2021年，移动松阳分公司运用信息化技术帮助地方救援。先后参与发生在四都养猪场附近和下宅街村附近2次火灾的救援，通过无人机的热成像把画面回传至灭火指挥大厅。通过无人机回传县域村道绕周线至呈田公路塌方中心区域及堰塞湖的实时情况，协助地方抢险救援。

**【流动医院及急救桩民生设施建设】**2021年，移动松阳分公司为实现全县“两张网、一地图、一群人”的服务格局，针对全县45家精品民宿、旅游景区以及各个民生公共场所完成AED（体外除颤急救设备）及急救宣传电子屏的建设，助力打造全县“5分钟社会应急救助圈”。针对地区优质医疗资源稀缺问题，在“流动医院”巡回诊疗山区模式基础上打造“智慧流动医院”场景应用，边远山区群众可以通过“浙里办”App上的“智慧流动医院”服务端口，查询“智慧流动医院”巡回诊疗车出车时间、出诊医生，检查检验结果、处方用药记录等信息，实现边远山区群众在家门口就可以刷卡就医、远程会诊等优质医疗服务。开展“流动医院到身边”“小药箱进村入户”“送药上山便民服务”等系列行动。

**【客户服务提升行动】**2021年，移动松阳分公司开展以客户为中心，推进“我为群众办实事”的实践活动。活动聚焦群众的操心事、烦心事、揪心事，切实为群众解决实际问题。结合“断卡”行动，全年开展“断卡”教育6次；为群众科普防范电信网络诈骗相关知识，提高其识骗、防骗能力。通过与县公安局联动等方式开展反诈宣传，引导群众关注“机伶”公众号、下载“国家反诈”App，消灭骚扰电话，谨防诈骗。通过线下在县老年大学、各乡镇服务中心和线上直播等方式开展反诈宣传，详细讲解软件功能，帮助群众学会正确使用，进一步提高防范意识和防范能力，全年开展30余场次。主动服务群众关注问题，针对客户反应宽带上网问题，推出质差专项治理活动。宽带义诊，提升品质。通过上门询问用户宽带使用情况、免费检修等方式进行有效整改，进一步提升移动宽带品质；银龄科普，谨防诈骗。开展银龄用户科普专项活动，现场授课指导老人智能手机使用，点对点教用户使用小视频抖音及防诈知识宣传。累计开展20余场次银龄科普。开展“多留五分钟、多问一句话”总经理接待日的定期服务，解答和解决客户关注问题，提升服务能力和服务温暖，全年开展总经理接待日12次。

**【社会公益活动】**2021年，移动松阳分公司通过志愿行动、业务答疑、员工关爱、通信保障等积极为群众、为客户、为员工服务。开展多项为民服务的实事，如“一户一策一干部”结对帮扶助脱贫，党员干部结对最偏远乡镇玉岩镇乌岩村开展结对帮扶工作，党员干部共结对贫困户11人，累计走访200余人次。志愿服务助力新冠肺炎疫情防疫，开展“洁净家园抗疫迎新”行动，助力居民树立防疫意识，提高健康自护意识，增强自我保护能力。文明劝导促和谐，志愿者服务队在高峰路口及时提醒，礼貌劝导和文明监督。每月组织开展“全民清洁日”活动。

（移动松阳分公司）

## 联网通信

**【概况】**2021年，中国联合网络通信有限公司松阳县分公司（以下简称“联通松阳分公司”）坚持稳中求进总基调，以高质量发展为主线，加快全面数字化转型，全年发展势头持续向好，主营收入实现挑战目标。手机和宽带用户净增增幅高于全市平均水平。中国联通所倡导的铁脚板精神和浙江联通推行的奋斗者文化落地生根，业绩和结果导向日益明显，干事创业的氛围愈加浓厚。

**【网络优化】**2021年，联通松阳分公司通过资源摸底，号线清查，光衰裂化整治、网络检测等，提升营业自动下单和线上下单成功率。提取高流量、高价值小区，制定优化方案，提升网络质量，提升用户感知。同电信深度合作，实现松阳县城及周边第一轮的一县一家网，从原先联通仅为82%的覆盖率提升至92%，信号SINR值（信号与干扰加噪声比是指接收到的有用信号的强度与接收到的干扰信号的强度的比值）平均提升10dB，解决了县城及周边弱覆盖问题。通过租赁到期站点腾退、FTTB（光纤到楼）改FTTH（光纤到户）、基站闲置设备下电，转改直，降低转供电单价，资源整合等举措，节省年租金2万元，节省电费2万元。

**【数字化改革】**2021年，联通松阳分公司开发“松智汇”应用助力县人大机关打造数字化改革。通过“松智汇”应用，人大代表可以随时掌握代表的参会信息，以及议案建议各环节情况，切实提升代表履职积极性。该应用还开设闭会期间代表提交建议意见的通道，进一步畅通社情民意。同时该应用还代表丽水市人大参加全省人大数字化改革优秀应用介绍，获省市领导的肯定。

**【农村供水工程信息化管理平台建设】**2021年，联通松阳分公司建成农村供水工程信息化管理平台（二期）项目水站监测50个。为保障全县饮用水供水水质安全，对规模以上的农村供水工程，进行水质在线监测和视频实时上传监控系统,逐步建立全县域供水工程信息化管理应用平台体系。

**【新冠肺炎疫情防控】**2021年，联通松阳分公司健康ETC助力县域新冠肺炎疫情防控，为全县各公立医院和乡镇卫生院提供健康ETC设备。该设备只需刷身份证或者社保卡即可实时检测刷卡人的体温及健康码，加快一线的检测速率，方便大龄无智能手机的患者，减轻一线防控基础工作人员的工作压力。短信助力新冠肺炎疫情防控，为全县联通用户发送新冠肺炎疫情防控宣传短信和疫苗接种提醒通知短信，更快更广覆盖防疫宣传，提醒未接种人员按时接种。

**【公益活动】**2021年，联通松阳分公司组织邀请客户到营业厅开展“畅听世界的声音——助残公益讲座”“电信防诈宣传讲座”“基站辐射知识讲座”等活动10余场。

（联通松阳分公司）

# 商贸　服务业

竹林剧场松阳高腔表演

## 经济商贸

**【概况】**2021 年，松阳县有限额以上商贸企业（个体）118 家，其中批发 33 家、零售 54 家、餐饮 20 家、住宿 11 家。全年累计培育电子商务企业（网店）2000 余家。全县社会消费品零售总额实现 62.84 亿元，比上年增长 10.6%，其中限上社会消费品零售总额 8.9 亿元，比上年增长 12.2%。全县实现网络零售额 51.85 亿元，比上年增长 58%。进出口总额 6.08 亿元，比上年下降 49.08%，其中出口总额 5.90 亿元，比上年下降 50.1%。

**【国内贸易流通管理】**2021 年，松阳县经济商务局（以下简称“县经商局”）发挥政策效应，吸引松阳祥和电子商务有限公司投资 302 万元，建成 4042.5 立方米冷库项目并获得中央服务业资金 135 万元，健全县域农产品冷链物流体系。根据年度省商务专项资金政策兑现资金 66.31 万余元。推进示范创建，西屏街道、新兴镇上安村分别获评浙江省第二批商贸特色镇与浙江省商贸发展示范村；县域好灶头土菜馆、松州人家、头上红、绿茶餐厅、金马家宴 5 家餐饮企业获评特色名店，松阳天元名都酒店获评餐饮名店；浙江正德和食品有限公司、高乃理溪鱼馆和山村人家农庄被认定丽水老字号品牌。联合促进消费，联合县工商联、县建材家居协会举办“浙里来消费”大型家居建材促销活动，其间有 48 家商家、14 个建材品类参与促销，签订订单 2342 单，销售额达 5381 万余元。

**【对外贸易】**2021 年，全县外贸出口业绩比上年降幅较大，尤其是生产企业出口下滑严重，下滑幅度在全市各县（市、区）生产企业出口排名第一。由于出口结构过于单一，出口以不锈钢为主，不锈钢出口决定全县出口业绩，造成生产企业出口拉低 11.88 个百分点。5 月，国家税务总局取消不锈钢出口退税政策，全县不锈钢出口受严重影响。6 月，全县不锈钢企业出口订单急剧减少，不锈钢出口出现大幅下滑。全年不锈钢出口 26519 万元，出口下降 36.21%，不锈钢出口占比由原来的 70% 下降到 58%，原出口大户宝丰钢业、金信不锈钢、银来钢管全年出口分别下降 44.87%、66.78% 和 35.18%。全县流通公司上年出口基数过大，流通公司出口不具有可持续性，流通公司比上年出口大幅下降 76.32%，拉低全县外贸出口 38.21 个百分点。

**【电子商务市场拓展】**2021 年，全县实现网络零售额 51.85 亿元，比上年增长 58.0%，总量位列全省第 69、全市第四，增速位列全省第四、全市第一。实现跨境电商 9710（指跨境电商 B2B 直接出口）或 9810（指跨境电商 B2B 出口海外仓）业务 2525.6 万元，总量位居全市第四；完成进度 168.4%，位居全市第一。实现农产品网络零售额 46.23 亿元，比上年增长 246.0%，总量位居全市第一，占比 61.4%，增速位居全市第二。4 月，正式在淘宝平台开设“松阳香茶”类目，打破限制松阳茶叶电子商务发展的瓶颈，松阳茶叶电商迎来新的发展机遇。全年培育茶叶网店 1500 余家，带动就业 7000 余人，第三方电商平台产生茶叶线上订单 2858.76 万件，网络零售额 25.91 亿元，比上年增长 138.58%。线上造节行动。与淘宝平台开展合作，联合举办“淘宝春茶节松阳专场”活动，组织 100 余家茶叶电商 300 余款“松阳香茶”参加淘宝春茶节松阳专场活动，并在淘宝平台“聚划算频道”“汇吃频道”设置“松阳香茶”话题并投放流量，打造“松阳香茶”营销矩阵，面向全网推介“松阳香茶”。截至专场活动结束，松阳卖家交易额 430 余万元（上年同期为 270 万元），在淘宝平台全国产茶县区排第五。活动期间，通过《人民日报》周刊网、中国财经、网易、搜狐、腾讯等 120 个网络媒体和新闻客户端对松阳县域和松阳香茶进行传播推广，累计页面浏览量 27 亿余次。在微信、新浪微博、小红书、知乎 4 个 App 发布专题报道进行宣传推广，累计曝光量 3486.7 万次。活动期间，“松阳香茶”话题在微博同城热搜第四。直播带货，先后组织开展“抖音宝藏乡村过大年·家乡年味在丽水”“山里 DOU 是好风光”“识香品茶·松阳香茶节”“松阳香茶杯”淘宝村播直播大赛等活动，直播在线观看 300 余万人次、抖音视频播放量 2.3 亿次，带动农产品销售 300 余万元。积极联动 Top 主播开展县域宣传和特色产品推介，3 月 29 日晚，淘宝 TOP 主播薇娅在直播间推荐“松阳香茶”，在线观看 270 万人次，1 秒钟便售罄 5000 份“松阳香茶”，随后追加 3692 份，卖出 8692 份，成交额 42.6 万元。至 12 月末，全县培育直播电商 400 余家，在浙南茶叶市场，每个集市日有 200 余人在直播带货，日均销售茶叶 1.5 万千克，销售额 500 余万元。夏秋茶期间，间接推动“黄金芽”茶青、干茶销售价格增长 10 倍。国家综合示范稳步推进。电商公共服务、培训等体系建设完成项目建设进度 85%；农产品上行及工业品下行、农村电子商务市场运营、农村电子商务产业集聚、电子商务脱贫帮扶等体系建设完成项目建设进度 70%；城乡电商物流快递配送体系完成项目建设进度 80%，建有县级分拨中心 1 个，覆盖 163 个行政村，但需花大力气进行提升改造；农村电子商务服务站提升改造项目完成项目建设进度 70%；松阳祥瑞电子商务产业园三期项目完成项目进度 100%，招引企业入驻 81 家。累计拨付项目资金 598.5 万元。探索出县域快递“客货邮融合+生鲜+便民服务”模式，撬动公交、邮政、快递企业、生鲜配送、电信金融多业态集成服务，着力打造山区县快递业“两进一出”融合示范样板。

【对外贸易与经济技术合作】2021年，县经商局组织参加宁波三会（消费品博览会、中东欧博览会、浙治会），2家外贸企业、3家采购商参展，达成意向采购额255万元。利用内外贸一体化馆丽水区域品牌展区展示“松阳三香”系列农副产品。组织15家企事业单位18人次参加第四届中国国际进口博览会，其中江南科技与上银科技有限公司签订120万美元进口采购合同；组织松阳金星文教用品有限公司、浙江万基光学有限公司2家外贸企业参加春、秋季广交会，帮助企业开拓市场。

（县经商局）

## 招商引资

【概况】2021年，松阳县出台《中共松阳县委 松阳县人民政府办公室关于加快生态工业跨越式发展的实施意见》《松阳县关于推动生态旅游业高质量发展的若干意见》《松阳县生态农业发展扶持办法（试行）》，重大招商项目上县政府常务会议、县委常委会议讨论，给予“一企一策”支持。发布“招募令”，开展招商业务培训，抽调科级干部9人、后备干部11人，组建8支驻外招商小分队，明确各小分队的招商区域和招引方向，分别到金台温、珠三角、京津冀、杭嘉湖等地招商引资。截至12月末，全县引进大项目25个，其中制造业大项目18个，实际到位内资21.5亿元。

【完善招商机制】2021年，松阳县成立以县委书记、县长为双组长的“双招双引”工作领导小组，先后带队到上海、杭州、北京等地，洽谈重要项目、部署重点任务、把关关键环节。出台《松阳县2021年“双招双引”工作实施意见》，成立一产、二产、三产、总部经济、招才引智5个工作专班，加大招商专班力量和全县域统筹力度。印发《2021年度松阳县招商引资工作目标责任制考核办法》，通过招商引资目标责任分解表，跟踪督导、定时通报招商引资工作情况，压紧压实招商引资工作责任。

【择优招商项目】2021年，松阳县多渠道开展推介招商。举行知名浙商走进松阳、央企走进松阳、省综合交通发展“十四五”规划产企对接会、智慧交通制造产业对接会等大型招商推介活动，全年开展大型招商推介活动14次。深入探索基金招商。利用市、县合作产业基金促进资本与项目合作，引进杭州光粒科技有限公司AR智能眼镜生产线项目落户松阳。开展牵线搭桥乡贤招商。推进各领域乡贤之间的交流与合作，发挥乡贤商会的桥梁纽带作用，加大与商会和优秀企业家的接洽力度，合力推动企业客商考察松阳、投资松阳，德国Hape控股股份有限公司投资5000万美元的木制玩具生产线项目和永康凌鹰电器有限公司投资6亿元的全地形车、电动车轻量化项目落地松阳。

【招商引资管理数字化】2021年，松阳县招商服务中心（以下简称“县招商服务中心”）在制作纸质招商手册和招商折页的基础上，整合县情概况、产业规划、政策支持、土地空间以及当地的产业发展方向等要素，专门推出2个招商二维码，1本电子手册，可以在网络上实时更新招商信息、产业政策，为一线招商、上门走访和招商推介提供有力的基础保障。搭建招商项目综合应用管理平台，实现项目报送和审核、数据存储和分类、部门和人员的项目权限管理、乡镇部门单位的考核汇总等多方面的管理。各乡镇部门、驻外小分队可通过该系统，进行招商项目线上录入、修改，实时汇总招商信息。

【开展高端型项目招商】2021年，县招商服务中心瞄准京津冀、长三角、珠三角等一线地区，锁定智慧交通制造、新能源新材料、生命健康等行业头部企业和链主企业，举全县之力大招项目、招大项目。紧盯“百度”链主企业，开展招引智慧交通产业项目，计划招引新石器无人驾驶商用车核心元器件生产及其检测线项目、晟集智慧交通（松阳）产业园项目、北京纬思拓公司RSU、OBU汽车零部件项目等智慧交通产业项目。紧盯“三峡集团”链主企业，开展招引新能源新材料产业项目，计划招引浙江瑞邦科特检测有限公司高端智能工程检测监测传感设备制造项目、浙江润丰能源集团光伏逆变器和储能逆变器项目等新能源新材料产业项目；以“飞楼飞地”撬动生命健康产业落地，谋划在嘉兴“飞地”落户1家以上生物医药企业，与上海复容投资公司等基金公司开展基金招商合作，杭州仁德医药年产5亿帖中西药透皮制剂生产项目开展洽谈。加快传统产业转型升级，推进不锈钢产业和茶产业的延链补链；做好耕地“非粮化”整治后半篇文章，流转土地集中向高端农业、农文旅项目倾斜。

（县招商服务中心）

## 供销合作

【概况】2021年，松阳县供销合作社联合社（以下简称“县供销社”）持续推进生产、供销、信用“三位一体”综合改革。茶叶节期间，承办中国茶产业高质量发展峰会活动；开通农产品“山海快车”；创建农产品直供基地；推进流动供销致富车项目落地；开展“农合联”数字化改革；举行农产品营销和农作物放心工程培训活动；推进茶叶产业农合联规范化建设，落实“八个一”（一个产业带头人、一位首席专家、一个发展目标、一套扶持政策、一个管理团队、一套管理制度、一场产业服务活动、一个专业服务平台）。开展服务企业、服务群众、服务基层的“三服务”活动，全年受理服务诉求 18 件，其中现场办结 4 件，研究落实办结 14 件。

推进资金互助会和农信担保工作。依托县农合联农民资金互助会，开展农合联会员 100 万元以下免担保贷款。全年办理免担保贷款 93 笔，贷款金额 2723 万元。松阳农商银行作为省农信担保基层代办点，县供销社积极推动省农信担保工作。全年向县农商银行推荐 48 笔农信担保贷款，金额 1990 万元。向省供销社争取资金 150 万元，建设县现代农业综合服务中心、流动供销致富车。

**【中国茶产业高质量发展峰会】**2021 年 3 月 27 日，由中国茶叶流通协会专家委员会、浙江茶业学院和浙江省茶叶产业协会共同主办，松阳县人民政府承办的中国茶产业高质量发展峰会暨浙江茶业学院 2020 级开班在松阳会议中心举行。该次峰会以“新时代、新转变、新发展”为主题，邀请陈坚、宋宝安、刘仲华 3 名中国工程院院士，从生物技术、绿色防控、未来食品等多维度共同把脉松阳茶产业发展。中国茶叶流通协会会长王庆就《中国茶产业十四五发展规划建议》（简称《建议》）进行专题解读，系该《建议》在公开场合首次发布。峰会期间，县供销社精心选取当地 5 家（浙江卧龙湾农业开发有限公司、雪峰云尖茶叶有限公司、松阳县神农农业发展有限公司、浙江悠谷春农业发展有限公司、浙江碧云天农业发展有限公司）有 SC 认证、有茶叶基地的茶叶企业提供优质茶叶产品，由供销社对产品质量进行把控，张贴供销社产品标识，参与由县供销社招股、残联搭建的“壹起来”直播平台直播带货活动，促进松阳茶叶销售。

**【农产品“山海快车”开通】**2021 年，松阳—平湖供销合作平台周末直通车开通，通过直通车把松阳的农特产品销往平湖。每周末根据平湖市民一周的预订数量，松阳山海公司把农特产品发往平湖的 14 家“餐餐码头”社区生鲜超市进行专摊销售。同时把平湖的优质产品带回松阳销售，实现两地优势互补，互利共赢。5 月 22 日，首趟“山海快车”农特产品销售额达 5 万余元。该模式让松阳农产品有了“绿色通道”。截至 12 月末，“山海快车”直通 16 个周次，实现松阳农特产品专项销售额 259.2 万元。

**【流动供销致富车项目落地】**2021 年，县供销社推进流动供销致富车项目落地。该项目以“浙丽供”服务车保生活、“浙丽产”服务车促生产、“浙丽销”服务车促增收为服务内容，为偏远乡村群众提供生产、销售、物流等服务，促进“农产品进城、消费品下乡”。截至 12 月末，全县有 35 辆服务车流动供销致富车投入试运行。

**【农产品直供基地创建】**2021 年 4 月 2 日，松阳县农合联组织召开农产品直供基地成员座谈会。6 月 24 日，在县供销社的牵头协助下，完成玉岩镇、西屏街道、三都乡、古市镇与松阳县山海农产品配送有限公司的农产品直供基地签约工作，初步组建管理团队，建立管理制度。农产品直供基地直接为“山海快车”提供优质货源。

**【“农合联”数字化改革】**2021 年，县供销社与浙江农合数字科技股份有限公司签订数字农合联基础平台 SaaS 服务合同，并陆续开展相关数据收集，为全县农合联数字化建设提供技术支撑。截至 12 月末，全县农合联“浙农服”微信小程序平台搭建完成，全县有 256 个农合联团体及个人会员实现平台登记注册；香榧、油茶、茶叶三大产业农合联会员基本信息全部录入，松阳县新型庄稼医院、松阳县山海农产品配送有限公司等有关服务端口均接入，“浙农服”松阳县数字农合联平台面向全省实现正常运转。

**【开展技能培训】**2021 年，县供销社有序开展以产业农合联为导向的农作物放心工程建设，组织人员参加农作物放心工程有关培训、农资知识培训等。全年举行农作物放心工程培训 4 次，涉农人员 300 余人次。4 月 16 日，组织开展春耕支农活动，活动现场邀请专家坐诊，为前往咨询的农民答疑解惑，现场发放各类宣传册，免费赠送化肥农药等；活动场外，专家下到田间为农户把脉问诊，为低收入农户和农合联会员送上新型农资 6000 千克及进行现场技术辅导。8 月 26—27 日，“丽水市食用菌产业农合联新业态交流培训会”在松阳举行，参加培训学员 51 人。其间，学员实地考察玉岩镇食用菌标准化生产基地。9 月 27 日，举办茶叶产业农合联种植技术培训，为全县农合联会员和农业主体 39 人就新媒体营销技术和品牌建设等方面内容展进行培训。12 月 3 日，“对标欧盟·肥药双控”培训会举行，就禁限用农资和替代农资产品经营管理，使用技术推广以及保障供应等内容，为全县 142 名农合联会员开展相关技能培训。

**【富民增收行动】**2021 年，县供销社开展“农合联万元钱”富民增收行动，围绕“万元钱”行动目标，组织产业农合联会员开展各类展示展销活动，先后组织农合联会员参加“首届丽水市线上供销年货节”、“2021 金平湖农产品展示展销会”、“浙江省优质品牌农产品秋季选品会”、青岛“2021 年第八届全国品牌农产品交易会”、“2021 湖州市打造‘无差别城乡’供销大联展活动”。松阳煨盐鸡入选浙江省采购商十大优选产品和网络主播十大优选商品。

（县供销社　蔡陈秀）

# 金融　保险

西坑云雾

## 中国人民银行松阳县支行

**【概况】**2021 年，中国人民银行松阳县支行（以下简称“人行松阳县支行”）立足基层央行实际，开展“我为企业解难题”“我为群众办实事”系列专题活动，组织各级党组织、80 后 90 后青年、党员志愿者等进社区、进企业、进乡村，全年完成“一户一策一干部”结对帮扶、民营和小微企业“三服务”走访对接和反诈骗宣传等清单任务 33 项，组织开展各类实践活动 76 场次，推出全省首个“携手共富贷”产品。

**【宏观调控政策落实】**2021 年，人行松阳县支行贯彻落实灵活精准、合理适度的稳健货币政策，强化金融管控，推动经济绿色高质量发展，县域金融生态持续向好。截至 12 月末，全县各项存款比年初增加 17.71 亿元，各项贷款比年初增加 30.33 亿元。强化政策导向，打好“六稳”“六保”持久战。继续实施 2 项直达货币政策工具，引导金融机构加大对小微企业纾困帮扶力度，全年为 1393 户普惠小微企业办理贷款延期 1621 笔、金额 5 亿元，加权平均延期率为 96.66%。指导法人金融机构累计发放信用贷款 4254 笔、金额 3.61 亿元，加权平均信用贷款占比为 43.86%。持续开展银企对接行动，组织全县金融机构开展“首贷户拓展”行动，全年累计新增企业首贷户 114 户，任务目标完成率 114%。持续开展“行长进企送服务”活动，组织金融机构走访民营和小微企业 454 家，解决问题 206 个，帮助企业解决融资金额 8.54 亿元。开展“贷款码”推广工作，通过邀请电视台采访、布设宣传海报、摆放宣传单等方式宣传贷款码，全市首单“贷款码”融资业务相关做法被人民银行杭州中心支行微信公众号刊登。截至 12 月末，全县有 826 家企业提出融资需求，累计授信 8.4 亿元，累计发放贷款 5.5 亿元。积极落实 3000 亿元支小再贷款，大力支持民营小微企业发展。截至 12 月末，发放支小再贷款 1.8 亿元，加权平均利率仅为 4.80%。

**【维护区域金融稳定】**2021 年，人行松阳县支行深化贷款市场报价利率（LPR）改革，指导金融机构合理把握房地产贷款投放节奏，保持房地产贷款合理适度增长。截至 12 月末，全县房地产贷款余额 35.55 亿元，比上年增长 6.44%，增速低于各项贷款增速 10.72%。从严开展打击电信网络诈骗和跨境赌博工作，在单位、企业、学校、街道、农村持续开展反诈骗宣传，指导金融服务站对农户进行辐射宣传，全年组织反诈宣传活动 15 场次、受众 2.8 万余人次。同时，组织召开金融系统打击治理电信网络诈骗和跨境赌博工作会议 7 次，持续完善涉案账户及时查询、紧急止付、快速冻结应急机制，开展倒查涉案账户 176 户，排查存量账户 34.5 万户，坚决遏制金融网络诈骗高发态势。严格落实反洗钱监管，定期开展可疑交易分析，对长期零报告的机构开展走访，落实监测主体责任。全年向公安机关移送重点可疑交易线索 6 起，4 月移送的 1 条线索被公安机关立案侦查。

**【金融服务】**2021 年，人行松阳县支行加强支付环境建设，持续推进“移动支付便民示范工程”，打造移动支付应用示范街区（商圈），通过新型银行卡助农服务体系建设不断优化农村地区支付环境。截至 11 月末，县域移动支付交易 113.5 万笔，完成率居全市第二，新增绑卡数 1.70 万张，完成率位居全市第一。优化现金服务，持续推进“小面额人民币服务巩固深化工程”，强化假币收缴管理，净化县域人民币流通环境。夯实国库会计核算基础，加强国库柜面监督，严格执行《浙江省国库事后监督操作指引》，牢守国库安全三条底线，不断提升国库履职能力。持续改善农村国债环境，推进国债便民服务站建设，形成全流程国债服务。

**【推广“携手共富贷”信贷产品】**2021 年，人行松阳县支行落实《丽水市金融支持共同富裕示范区建设行动方案（2021—2025 年）》精神，结合当地实际，探索金融助力共同富裕发展模式，创新推出“携手共富贷”特色信贷产品，利用央行支农、支小再贷款低利率资金优势，引导有能力、有实力的个人和企业牵手低收入农户，通过现金帮扶、生产资料帮扶、就业岗位帮扶等模式，为低收入农户有效提高经营收入、改善生活质量。截至 12 月末，发放有帮扶性质的再贷款 2.91 亿元，累计为 1424 户低收入农户提供 103.4 万元帮扶资金，为 21 户低收农户提供生产物质资料，解决 8 个就业岗位，相关做法被中国新闻网、中国发展网、浙江之声等 8 家省级媒体报道。

**【助力农业发展】**2021 年，人行松阳县支行主动与部门对接协调，持续推进“数字金融赋能茶叶溯源工程”的应用广度，利用金融科技手段构建茶商与茶叶种植、茶农与农资销售等环节的信息闭环，在拓展茶叶溯源系统功能、提高系统利用率的同时，有效扩大金融机构参与面。截至 12 月末，新办理茶叶溯源卡（或加载溯源功能的银行卡）1.07 万张，发放茶产业溯源贷款 3.25 亿元，实现全年目标的 325%。相关做法在“区域金改看浙江”活动中得到广泛宣传，多家媒体对“数字金融溯源茶叶工程”支持乡村产业振兴工作进行深度报道。

**【信贷扶持乡村振兴】**2021 年，人行松阳县支行根据农村地区经济发展需求，创新推出“红信贷”“振兴乡村贷”“特色产业光伏贷”“农田水利工程贷”等产品，持续加大农村资金供给。截至 12 月末，全县涉农贷款余额 159.84 亿元，比上年增长 20.04%，农户贷款比上年增长 15.71%，林权抵押贷款、农房抵押贷款分别比年初增加 3588 万元和 3743 万元。指导金融机构对接丽水市政策性融资担保公司，推动政府性融资担保体系一体化建设落地。指导金融机构深化村级担保模式创新，探索村级股权的质押价值，累计建成田园乡村惠农担保互助社 59 家，行业协会担保组织 6 家。全县普惠金融服务乡村振兴改革 19 项考核任务全部完成，13 个指标完成情况居全市前四名。其中，绿色贷款完成率居全市第一；加载“两山”功能金融服务站的完成率居全市第二；农村产权融资考核 3 项指标完成率均居全市前两名，是全市唯一同时开展“生态抵（质）押”“两山信用贷”和“生态区块链贷”业务的县（市、区）。

**【农村信用体系建设】**2021 年，人行松阳县支行开展全县信用使者评选活动，全面推进信用户、信用村、信用乡、信用县“四信”联动创建，构建农户、社区居民和中小企业“三位一体”信用体系，把道德品质行为以及食品安全不良信息纳入农村信用信息服务平台，引导金融机构对信用农户实行额度放宽、手续从简、利率优惠政策。截至 12 月末，全县共创建县级信用乡镇 2 个，县级信用村 87 个，信用农户 43960 户。依托农村信用体系建设推进“整村批发、集中授信”业务，累计为 48549 户农户授信 53.40 亿元，发放贷款 30.52 亿元。

**【完善农村金融服务体系】**2021 年，人行松阳县支行持续动态调整银行卡助农服务点布局，建立新型银行卡助农服务体系，推进服务点存量设施升级，提前完成服务点智能 POS 机和加载移动支付受理功能的改造任务。全县共建成综合型金融服务站 183 个，乡村振兴金融服务站 165 个，累计办理助农取款业务 36.74 万笔，金额 5.91 亿元，服务茶农茶商 10.56 万人次，发放助农服务财政补贴 31.73 万元。

（人行松阳县支行）

## 丽水银保监管分局松阳监管组

**【概况】**2021 年，中国银行保险监督管理委员会丽水监管分局松阳监管组（简称“松阳银保监组”）强化创新意识，立足当地实际，引领银行保险业支持复工复产，服务乡村振兴，推动监管工作高质量发展。

2021 年，松阳县辖内有银行机构 12 家，保险机构 15 家，其中财险公司 9 家、寿险公司 6 家。截至 12 月末，全县存款总额 218.86 亿元，比上年增长 8.81%；贷款总额 207.10 亿元，比上年增长 17.16%。财险保费收入 14121.26 万元，比上年增长 8.75%，财险赔付 10247.24 万元，比上年增长 17.26%；人身险保费收入 23775.62 万元，比上年增长 9.11%，人身险赔付支出 4920.76 万元，比上年增长 12.50%。

**【防范信用风险】**2021 年，松阳银保监组每月定期开展松阳银行业信用风险监测简析，组织银行机构对信用风险情况开展全面排查，督促机构加大核销力度等手段，确保全年处置不良贷款高于上年。截至 12 月末，全县不良贷款率为 0.65%，较年初小幅上升 0.02 个百分点。

**【维护地方金融秩序】**2021 年，松阳银保监组持续抓好风险防控，目标把县域不良率控制在 1%以下的良好水平，关注类贷款 3%以下。对辖内 12 家银行机构按月进行贷款不良率监测，对不良率在 1%以上的机构进行提示，要求及时压降处置。推动各农金机构加大不良贷款处置力度，原则上本年度不良贷款处置金额不低于上年。截至 12 月末，松阳农商银行和松阳恒通村镇银行本年度内不良贷款处置金额分别为 12875.71 万元和 490.45 万元，分别完成上年处置总额的 124%和 123%。建设消保示范区，化解消保投诉纠纷。全年受理信访投诉 4 件，办结 3 件，1 件在走程序。创新纠纷化解机制，与丽水银保监分局普惠科、保险行业协会、县人民法院联合设立丽水银行业保险业人民调解委员会入驻松阳县人民法院银行保险纠纷调解中心。县矛调中心全职入驻 1 名松阳农商银行员工，农行松阳支行 1 名员工机动，保证矛调中心人员充足。推广运用“共享法庭”，实现跨区域纠纷协同化解。该监管组积极推进县域内银行机构建立协调联动机制，与县级矛调中心建立信息查询、共享机制，在查人找物、调查取证、联合惩戒、信访维稳等工作上实现联动，有效推动“行业纠纷行业解”。松阳农商银行先后在营业部、玉岩支行、大东坝支行以及象溪支行设立“共享法庭”，并配备 1 名指导法官开展“屏对屏”在线指导，必要时可面对面指导。当事人可就近选择参加网上开庭或调解，打造“一站式”诉讼服务、多元解纷、基层治理的最小支点，以一体化、均衡化、便捷化的诉讼服务推进基层治理现代化。

**【助力乡村振兴】**2021 年，松阳银保监组精准对接，提升乡村金融服务可获得性。深化田园乡村惠农担保互助社模式，推进村级担保互助合作社数字化管理，与县金融办共同推进数字化系统初步上线。截至 12 月末，全县 61 个行政村、6 个合作社及 1 个行业协会完成审批，筹集活动担保基金 4878.71 万元。其中，特扶资金和省专项资金合计补助 926.32 万元；累计开展担保业务 7972 笔，担保金额 7.96 亿元。推行新型抵质押贷款模式，全年松阳农商银行、松阳恒通村镇银行、温州银行松阳支行开展余值抵押贷款，泰隆银行松阳支行着手开展知识产权抵押，中国银行松阳县支行专利权和商标权质押贷款已发放。截至12月末，发放商标权质押贷款1750万元，专利权质押贷款6800万元。创建金融支持乡村振兴示范区，督促松阳农商银行提高普惠签约率，开展比学赶超，截至12月末，松阳农商银行普惠签约率为35.75%，比年初提高3.38个百分点。积极推动野生动物肇事公众责任险增量扩面，截至12月末，中国人保松阳支公司共接报案59起，查勘26起，赔付结案21件、赔款32.42万元，全年需赔付金额（含确认中案件）62万元，在一定程度上缓解了以往野生动物损害农作物得不到及时补偿的民生痛点。该险种纳入松阳县2021年的十大民生实事。

**【结对帮扶】**2021年，松阳银保监组按照产业扶贫的总体思路，主动沟通对接，稳步落实结对帮扶措施，打造金融精准消薄样板。建立定期走访机制，通过调研走访、与村两委负责人、村民干部、党员代表座谈等形式，准确把握活源村的基本情况、存在困难、现有资源、村集体意向等，提升消薄工作的针对性。根据省委、省政府的扶贫工作要求，驻村工作组与桐溪村3户低保户进行结对，开展入户走访工作。在走访过程中发现结对户房屋存在漏水情况，随即联系松阳县西屏街道帮助解决，并登录浙政钉App，在低收入农户帮促应用端使用元道经纬相机拍照上传走访照片等。11月4日，浙江省银行保险监督局纪委书记徐君良到松阳与驻村工作组走访慰问活源村5户贫困儿童。建立信息定期报送机制。建立结对帮扶工作月报机制，定期向省局报告结对帮扶工作情况。补助党费，提升村党建水平。在庆祝中国共产党成立100周年之际省局补助6万元党建费用给2个帮扶结对村，该监管组及时与乡镇、村两委联系，监督用好党建经费，提升村党支部战斗力和凝聚力。因地制宜对接新项目。为克服活源村多为农田，只能种植粮食作物的困境，该监管组开辟扶贫新思路，拟订2套光伏发电增收方案，并同万象信托和萧山农商银行相关负责人进行实地考察，初步完成选址工作，并着手解决村集体自有资金不足的问题，争取省银行保险监督局及社会资金支持，尽快实现项目落地。

**【金融服务】**2021年，松阳银保监组加大制造业信贷支持力度。年初与县金融办联合发文支持制造业和小微企业发展，并按月进行数据统计和督查。制定全年完成首贷户100户、制造业贷款新增5亿元、小微企业贷款新增10亿元的目标。截至12月末，全县实现首贷户新增119户，制造业贷款较年初新增5.74亿元；普惠小微企业贷款余额67.85亿元，较年初增速22.81%。持续开展“三服务”走访活动，联合县域银行机构对企业进行走访调研，全面对接企业融资需求。督促县域银行对接有资金需求的企业，并把企业名单下发给各银行。全年为4家企业解决资金难题，涉及资金总额1.52亿元。大力推广省金融综合服务平台运用，督促县域银行机构推广应用，提高融资对接成功率。截至12月末，通过平台办理授信业务的机构网点数37家，占88.1%；通过平台办理授信业务的客户经理118人，占63.44%。全县通过平台成功对接802笔,合计授信金额22.53亿元。推广不动产线上抵押登记，截至12月末，通过省金融服务平台办妥不动产抵押登记3023笔。

（松阳银保监组）

## 中国工商银行股份有限公司松阳支行

**【概况】**截至2021年末，中国工商银行股份有限公司松阳支行（以下简称“工行松阳支行”）本外币各项存款余额16.11亿元，比年初增加0.68亿元，其中对公存款余额6.19亿元，比年初增加0.66亿元；储蓄存款余额6.68亿元，比年初增加0.36亿元。本外币各项贷款余额13.05亿元，比年初增加2.38亿元。不良贷款余额440万元（不含卡）。实现拨备前利润4700万元，净利润3000万元，实现中间业务收入884.24万元。2021年，该行持续保持省级文明单位和省级卫生先进单位称号，连续32年实现安全年；营业部持续保持省级“巾帼文明岗”和市级“巾帼文明窗口”称号。

**【揽储存款】**2021年，工行松阳支行大力推动项目贷款投放；积极营销和争取发债资金的承接；加大“双十客户”的走访和营销;提高特色存款的贡献度；抓好公司存款强基工作和机构存款稳增工作；开展对基础客户的摸排走访；加强同业合作，拓宽合作领域；把握乡村振兴战略，开拓农村市场。截至12月末，实现对公存款余额6.19亿元，比年初增加0.66亿元。

**【信贷业务】**2021年，工行松阳支行制造业贷款比年初增加9800万元；聚焦普惠金融，新增普惠贷款14077万元；发放全市首笔技改项目贷款9700万元。

**【经营效益提升】**2021年，工行松阳支行实现拨备前利润4700万元，净利润3000万元。拓宽中收渠道和强化中间业务的细化管理,同业法人理财的营销常态化，日均增量明显；加快分期业务的拓展，落实人员开展分期外拓营销。

**【经营安全】**2021年，工行松阳支行强化内控管理建设，完善内控制度体系。工行松阳支行压实责任，提升风险防范意识，重视风险隐患，明确重要风险点及防控治理要求，及时化解信贷风险，组织员工学习中国银行保险监督管理委员会丽水监管分局银行监管40条、负面清单110条活动，面对外部监管不断变化的严要求，积极应对，做好落实整改。开展内控文化建设，结合内控合规“价值创造年”活动及廉政案防警示教育活动，多次开展内控案防知识测试，组织员工学习各项规章制度，强化员工内控案防意识，定期召开内控例会、案防分析会，剖析内控工作的薄弱环节和风险点，提出工作措施和意见，督促整改。

（工行松阳支行 毛春达）

## 中国农业银行股份有限公司松阳县支行

**【概况】**2021年，中国农业银行股份有限公司松阳县支行（以下简称“农行松阳县支行”）成为松阳县第一家存贷总量突破45亿元大关的国有商业银行，存款总量、贷款总量均居县域工行、农行、中行、建行（简称“四行”）首位。信用风险防控成效明显，不良率为0.05%；实现拨备前利润6582万元、拨备后利润6098万元、净利润4582万元；获丽水市银行业“绿色支行”称号，支持当地经济发展考评获二等奖，松阳县委书记对该行支持地方经济发展的做法和经验作出批示，给予肯定；该行连续25年实现安全经营。

**【支持地方经济发展】**2021年，农行松阳县支行围绕民生保障、城乡发展、富民强县，持续支持县重大生态保护、城市和城镇化建设、交通及水利等基础设施建设。全年投放“大搬快聚”、黄南水库、火车站站前广场、垃圾资源化利用等项目贷款3.89亿元。截至12月末，该行政府性项目贷款余额17.27亿元，总量占全县政府性项目贷款总额的60%。围绕“工业强县”，落实“三服务”活动，开展企业关怀专项行动，精准支持企业转型升级和“双招双引”。全年对接企业100余家，增加普惠型小微企业（含小微企业主和个体工商户）76户，增加贷款7000万元。加大对制造业企业的金融支持，增加制造业贷款1.43亿元，增幅72.6%，增量和增幅均居四行第一。加大对科创企业、不锈钢、茶产业、生猪养殖等主导产业的金融支持，积极推广“纳税e贷”“抵押e贷”“入园企业前期贷”“厂房按揭贷”“续捷e贷”“生猪活体抵押贷款”等融资产品，拓宽融资渠道。对小微企业、制造业优先安排信贷计划，实行利率优惠，落实降息减费政策，对小微企业免收现金管理服务费等19项费用，全年减费让利550余万元。

**【服务乡村振兴】** 2021年，农行松阳县支行落实上级行推出的“服务乡村共同富裕十六条意见”“金融服务加快跨越式高质量发展建设共同富裕示范区二十六条措施”，全面支持共同富裕和乡村振兴。与县农业农村局签订乡村振兴战略合作协议，5年意向授信50亿元，助推当地高质量绿色发展。推广“茶商贷”“电商贷”“民宿贷”“农家乐贷”等“惠农e贷”特色产品，深化与省再担保集团、省农信担保集团、市担保公司合作，拓宽增信覆盖面。全年发放“惠农e贷”5.6亿元，其中“茶商贷”余额1.42亿元，比年初增加3001万元，受益农户1000余户；绿色产权抵押贷款7052万元，受益农户390余户。涉农贷款总量、增量持续保持四行领先。加大数字乡村的对接服务，打造农村普惠金融生态，农户通过手机银行、微信等渠道就可获得贷款、提供服务。利用总行“三农”产品创新基地优势，创新推出“生态共富贷”产品。打造“微型村银行”，创建“惠农通”平台，全县各村设立“惠农通”场景140个，其中星级商户40户，“惠农通”示范点4家。连续8年选派业务骨干到古市镇挂职（全县金融机构唯一），服务乡村振兴，扎根“三农”。

**【提升金融服务效能】**2021年，农行松阳县支行制订营业网点规范化服务各项措施，开展争创“青年文明号”“巾帼文明示范岗”“文明服务示范窗口”行风评议和文明优质服务承诺活动，设立意见箱、消保驿站、防诈专区等。加快网点转型，完成古市支行营业场所的智能化改造，提升全行的服务能力。开展普惠金融进（企）村入户宣传、送金融知识下乡等活动。党团员利用双休和节假日，上街进村设摊咨询，向公众分发各种宣传资料，开展防金融诈骗、反假人民币和金融知识业务咨询，维护金融消费者的权益，提升金融责任担当。

**【内控合规管理】**2021年，农行松阳县支行深化“三线一网格”管理（强化党建线、监督线、案防线和员工行为网格化管理），施行网格化团队管理，发挥内控案防“三道防线”（案件防范中加强柜面员工的合规操作、业务部门的检查防范和监管部门的再监督）的作用，推进“三化三铁”（会计质量的标准化、制度化、规范化和铁账、铁款、铁规章）创建和“创安”工作，防范操作风险、外部监管风险、洗钱风险和声誉风险。深入开展“内控合规管理建设年”活动，常抓运营基础管理和安全生产工作，运营质量全市农行系统排名第二，第七轮安全评估总成绩全县同业第一。定期召开客户经理例会和贷后管理例会，加强风险研判，及时采取措施。

**【履行社会责任】**2021年，农行松阳县支行秉承“大行德广，伴您成长”的品牌承诺，主动承担社会责任，支持社会公益事业。各营业网点利用电子门楣与海报机开展社会主义核心价值观宣传教育。组建志愿服务队，推进公共场所卫生责任区的环境整治、全县“五水共治”各项活动，组织员工到联系乡、村开展垃圾整治和河道治理；发动员工向受灾地区开展各种献爱心活动；每年“八一”建军节到县人武部、县消防救援大队、县武警中队开展慰问活动；组织员工参加无偿献血活动，员工徐荣华获全国无偿献血奉献金奖。围绕金融扶贫工作提质增效，创新推出“富村贷”“低收入农户贷”“乡村振兴带头人贷”等产品，参与当地扶贫结对帮扶工作，连续5年与枫坪乡黄埠坞村结对开展“双万结对、共建文明”活动，为该村提供帮扶资金5万元，为该村的经济发展献计献策。同时结对该村低收入农户27户。

（农行松阳县支行 姚政阳）

## 中国银行股份有限公司松阳县支行

**【概况】**2021年，中国银行股份有限公司松阳县支行（以下简称“中行松阳县支行”）深入落实总行“激发活力、敏捷反应、重点突破”战略要求，引导全行干部员工树立“目标导向、问题导向、结果导向”，强化争先进位意识，对标先进机构和同业，打造“茶香中行红”党建品牌，围绕“一个赶超、两大提升、三个聚焦”不断推动各项业务行稳致远。

截至12月末，该行本外币时点存款余额18.84亿元，较年初增加5644万元。本外币日均存款余额18.61亿元，较年初增加1.54亿元，新增占比居县域工、农、中、建四大商业银行第三。本外币贷款余额22.35亿元，较年初增加5.32亿元，新增占比居县域工、农、中、建四大商业银行第一。不良贷款余额417万元，不良率0.19%，资产质量继续控制在较高水平。全年实现营业收入5843万元，比上年增幅2.75%。拨备前利润4390万元，比上年下降1.3%；净利润收入2461万元。

**【项目授信】**2021年，中行松阳县支行主动融入地方招商引资工作，对接政府部门和企业，大力支持政府背景项目及县重点项目建设。全年投放松阳县兴民新农村建设发展有限公司固定资产贷款1.61亿元、松阳富春紫光水务有限公司固定资产贷款1.6亿元，获批松阳县装备制造产业园5200万元按揭项目、松阳县经济发展投资集团有限公司工业有机更新项目3亿元。截至11月末，该行授信企业47户，授信总额17.59亿元，授信余额10.37亿元。政府性项目4个，全年新增2个，贷款余额6.31亿元，较年初新增3.11亿元，增量同业第一。同时该行主动对接先进制造业、民营企业等重大投资项目的融资需求。浙江华威门业有限公司新增1.5亿元授信总量项目，投放浙江云中马股份有限公司流动资金贷款4991万元。该行制造业贷款余额居全县金融机构第一。

**【行政事业存款业务】**2021年，中行松阳县支行在行政事业存款挖掘上取得成效，全县公款竞争性存放招投标中竞得1.31亿元行政事业定期存款。营销县消防救援大队零余额账户、江南科技（松阳）有限公司工会工作委员会、县旅游集散中心有限公司工会工作委员会、县立昇教育培训中心等行政事业单位账户开立在该行。营销县财政局基建存款1.57亿元、县统一征地事务所招投标资金及征地款4100万元、仙居至庆元公路松阳县水南至枫坪段工程PPP项目土地出让金3500万元、财政非税账户土地指标款2.3亿元。3月，落地县财政非税往来款缴纳项目，预计日均存款超过1亿元，现余额超过3000万元。4月，财政代发薪系统及现金管理平台落地，可带动年代发薪金额超过5亿元、行政事业存款近5000万元。

**【多元化金融场景建设】**2021年，中行松阳县支行优化茶产业金融生态圈场景。在上级行相关部门的协同合作下，上线“茶叶质量溯源系统3.0版”，对业务模块进一步完善，并对浙南茶叶市场的硬件设施进行全面更新。茶叶旺季期间，每日安排员工进驻市场指导商户使用溯源3.0版及市场商户收单业务，及时解决系统问题。同时利用前期外地商户进驻市场需办理通行证的契机，驻点茶叶市场为外地商户及直播人员进行开卡，提升该行茶产业客群数。为有效拓展茶叶商户和加工户，积极向上级行寻求政策和费用支持。该行营业部和古市支行每周均安排人员到茶叶市场、茶青市场和各个乡镇，宣传该行存款产品和茶商E贷。截至12月末，“茶商E贷”投放308笔，金额6005万元。进一步挖掘智慧校园场景。通过县民族中学“一卡通”项目，全年新增账户600余户，带动手机银行月活动1500余户，有效提升了基础客户群增长点，移动金融考核排名第三。丽水学院松阳校区规划校园信息化工程建设，该行多次走访营销校方，制定智慧校园服务方案，并与学校达成初步合作意向，争取项目尽快落地。拓宽消费金融场景。持续扩大“优享计划”辐射范围，定期到行政事业单位外拓，组织全员加大外呼力度，宣传该行中银E贷产品。至12月末，信用消费贷款余额突破1亿元。

**【合规经营】**2021年，中行松阳县支行按照“内控管理合规建设年”活动方案，组织开展“外逃案例警示教育月”活动，召开4次内控案防暨反洗钱例会，3场以“反诈”“信息治理”“印鉴卡管理”为内容的内控风险专题分析会。开展新开客户回访和存量账户的排查重检工作。狠抓防范电信网络诈骗工作，坚持每日晨会的“案防一分钟”教育，以平安中行的各类案例为借鉴，切实提高员工防范诈骗的业务敏感性，积极向客户传达正确理财观念，落实“四必问、一签字”，成功劝阻以假借网购赔款名义、以假借还贷款名义、老年客户修改手机号码等案例，挽回客户损失。落实县公安部门对金融机构第七轮安全评估年行动，该行在硬件设施薄弱的基础上，通过完善软件上的资料台账，员工培训演练，掌握安全防范知识以及反电信诈骗宣传等工作，弥补短板，获县公安部门考核第一名。

（中行松阳县支行）

## 中国建设银行股份有限公司松阳支行

【概况】2021 年，中国建设银行股份有限公司松阳支行（以下简称“建行松阳支行”）一般性存款余额 170186 万元，其中个人存款余额 71155 万元、对公存款余额为 99031 万元；各项贷款余额 172030 万元，其中个人贷款 94595 万元、对公贷款 77435 万元。不良贷款余额 533.30 万元，不良率 0.31％。

【信贷投放】2021 年，建行松阳支行从基础设施建设、制造业、普惠金融、中型企业、个人贷款 5 个方面发力，突出优势，补齐短板。对接政府相关部门，完成全县“大搬快聚”项目资金需求投放和松阳港华燃气公司贷款授信、投放工作。对接恒兆置业有限公司，办理装备制造产业园入园小微企业“入园贷”3 笔，金额 1136 万元，实现小微企业中长期贷款零的突破。对接省农业担保公司及丽水市政策性担保公司，及时办理新产品“浙但贷”3 笔，金额 400 万元，丰富了该行在涉农领域的贷款品种。办理比例担保贷 2 笔，金额 560 万元，加大对小微企业的支持力度。高度重视个人住房贷款，掌握最新市场动态。对当地新开发楼盘指定客户经理专人对接，密切关注楼盘按揭进件量，通过服务、效率提升市场份额。

【普惠金融】2021 年，建行松阳支行贯彻落实总行普惠金融工作要求，促进普惠金融个人贷款业务健康快速发展。加强部门间协同作战，推进农村市场拓展。在存量裕农通服务点中寻找积极性高、资源丰富的业主加强合作，发挥业主积极性，持续开展业主培训与宣讲，管理好业主队伍能力提升，引导其主动去获客、活客。组织外拓团队走进北山村等 12 个行政村，为村民办理“两山惠农贷”22 笔、金额 431 万元。累计办理“两山惠农贷”41 笔，金额 797 万元。依托该行善融商务平台把农产品线上销售，5 月 14 日开展上线裕农通好货翁村状元笋专场活动，4 小时销售状元笋 3000 千克。在带动消费扶贫的同时，助推农村产业的标准化、数字化、品牌化。

【多元化金融服务】2021 年，建行松阳支行开展“我为群众办实事”实践活动，升级服务理念，解决基层客户难点痛点问题。如营业部员工延长柜台上班时间，为老人开卡等多措并举推动金融服务“适老化”，营造老年友好性金融服务环境，满足老年客户多元化金融服务需求。全年组织员工上门为行动不便的老人和残疾人办理业务 5 次，深入推进新金融行动，开展乡村振兴促进工作。以资产业务为抓手，裕农通为战略支点，组建由支行党员参加的任务型团队，对 33 个信用村、106 个文明村按片区落实到团队，开展金融服务。

【风险管控】2021 年，建行松阳支行开展员工合规意识教育，做到合规经营，遵章守纪。加强对涉赌涉诈账户管理，施行账户回访工作，同时提高对存量账户的排查力度，降低该行的涉案账户数量。成功堵截化解多起借记卡开户风险和电信诈骗事件。规范员工行为，强化内部管理，依规从严治行，对员工的轻微违规行为进行扣罚，促进合规操作。按季开展员工异常行为排查，结合网格化管理开展特定内容的风险排查和自查 10 次，有效地推进全员、全面、全过程地合规文化建设，营造浓厚的合规文化氛围。开展不良贷款处置工作，落实专人负责工作日期间每天和月末对逾期贷款通过电话、上门、法律等手段进行催收。2021 年，个人不良贷款诉讼案件回收 23 笔，金额 190.30 万元。

【惠民服务】2021 年，建行松阳支行推进“劳动者港湾”服务公益品牌建设，持续发挥便民利民作用，在原有“劳动者港湾”服务点的基础上建立“绿谷先锋驿站”充实服务内容，增添打气筒等便民设施，加大对新就业群体，快递小哥等的综合性服务，为他们提供临时休息、防风避雨等服务。开展结对帮扶村项目农户走访工作，收集整理群众诉求表达，准时反馈解答，为群众排忧解难。全年走访结对农户 20 户 120 人次，送上慰问品，体现大行担当。组建宣传小组，以反诈防诈、金融消费者权益保护等内容为重点，开展宣传活动 20 余场次，受众 2 万余人次，发放宣传资料 2000 余份。

（建行松阳支行）

## 浙江松阳农村商业银行股份有限公司

【概况】2021 年，浙江松阳农村商业银行股份有限公司（以下简称“松阳农商银行”）全方位发展以人为核心的普惠金融，致力打造“做业务最实、与民企最亲、离百姓最近”的银行，助力生态价值转换，支持田园松阳乡村振兴战略实施和小微企业振兴发展，大力扶持村集体消薄和低收入农户增收，被松阳县政府授予“乡村振兴主办银行”称号；与县委组织部结为党建共建单位；被松阳县农业农村局授予“三资”管理合作银行称号；连续 9 年获金融机构支持当地经济发展考评一等奖。

【存贷款业务】截至 12 月末，松阳

农商银行各项存款余额77.4亿元，比年初增加6.06亿元，增幅8.5%，存款市场份额为38.95%；各项贷款余额71.6亿元，比年初增加10.3亿元，增幅16.8%，贷款市场份额为35.29%，存、贷款市场份额稳居全县银行业第一名。日均贷款余额68.81亿元，比上年增加13.83亿元，增幅25.15%。其中，涉农贷款余额63.46亿元，比年初增加8.02亿元，增幅14.47%；普惠型小微企业贷款余额22.75亿元，增幅12.74%。对公小微企业贷款余额7.64亿元，比年初新增2.25亿元，增幅41.74%。制造业贷款6.46亿元，比年初新增1.94亿元，增幅42.94%。

**【互联网金融】**截至12月末，松阳农商银行互联网客户94314户，增加8106户，互联网客户覆盖率80.22%，比年初上升7.29%，个人移动支付价值客户31909户；社保卡发卡量市场占比62.11%，比年初上升5.07个百分点；信用付随心花客户15126户，增加13692户，核心收单商户0.4万户。

**【发展质效】**截至12月末，松阳农商银行五级不良余额6327.47万元，比年初下降1167.08万元；不良率0.88%，比年初下降0.34个百分点，风险总体可控。营业净收入30722.96万元，比上年增加3121.41万元，增幅11.31%；实现拨备前利润总额17755.38万元，比上年增加2737.05万元，增幅18.22%，实现各项利润指标较上年度稳健提升。全年上缴各类税金4349万元，有力支持当地经济社会发展。

**【普惠金融】**2021年，松阳农商银行开展普惠金融“进企业、进乡村、进校园”活动60余场次，把社保卡使用指南、信用贷款申办、反洗钱、防电信诈骗知识等送到千家万户。持续关注老弱群体金融服务，上门办理业务30余次。选派22名优秀党员干部与叶村乡38户低收入农户开展结对帮扶工作，每月开展扶贫走访，帮助实现微心愿。与村党员开展卫生环境整治活动、与留守村居的孤寡老人共度中秋。全年增加农户小额普惠贷款信用客户5216户，增幅31.5%，被省农信联社和省农业农村厅联合评为全省农户小额普惠贷款推广工作先进单位。以明星产品“茶链通”贷款为载体，助力地方支柱产业生态发展。截至12月末，“茶链通”贷款余额4.2亿元。探索GEP价值转换，推进当地第三产业发展，实现绿水青山的生态价值转化，支持农家乐、民宿等农旅融合产业发展。截至12月末，累计发放“民宿贷”1.4亿元，助力全县老屋实现活态再生。助力共同富裕，推出“田园·携手共富贷”产品，以先富带动后富。截至12月末，累计发放“田园·携手共富贷”174户，金额4542万元；提供帮扶资金14万元，惠及低收入农户280户。助力全县“大搬快聚”富民安居工程，让山区农民“搬得下、住得安、富得起”。截至12月末，“大搬快聚”贷款余额7787万元。

**【金融支持县域经济发展】**2021年，松阳农商银行深化与小微企业命运共同体格局，坚持做“与民企最亲”的银行，常态化开展助商惠企走访活动。截至12月末，增加对公贷款30户，对公贷款户数增长15.71%；新增农户小额普惠贷款信用客户5216户，增幅31.5%。抓住县域“工业强县”战略机遇，充分保障民营小微企业、制造业、“三农”等领域信贷规模，推出“田园·惠企复工贷”系列信贷产品，全年发放“惠企复工贷”2108户，贷款金额2.62亿元。加大金融支持小微企业特别是制造业企业的力度，落实小微园区伙伴银行授信面100%。截至12月末，增加制造业贷款1.94亿元，比年初增幅42.94%，占全县制造业贷款新增额的38.82%。其中，对公小微企业贷款余额7.64亿元，比年初新增2.25亿元，增幅41.74%，新增小微企业“首贷户”43户。持续施行减费让利，推动企业融资成本下降，持续推进“转贷通”业务，减低小微企业融资成本。截至12月末，发放“转贷通”760笔，金额6.29亿元，全部贷款累计减费让利0.29亿元。推行“余值抵押贷款”破解融资难题，全年发放“余值抵押贷款”161笔，金额10942万元。组建客户经理服务团队，建立“一对一”金融服务顾问制度，为企业提供投资、理财、授信、用信、办贷等一揽子综合服务，让企业既融资又融智，切实打通企业金融服务“最后一公里”。

**【推进数字化转型】**2021年，松阳农商银行对接县行政服务中心，推进政务服务便利化工作。全县22个营业网点均开通浙江政务服务2.0平台，通过“四个办”（就近办、自助办、掌上办、上门办）服务渠道，把政务代办业务延伸到全县每一个行政村，把农信“离百姓最近的银行”口碑做得更优更实。截至12月末，实现“四个办”便民服务1792件。拓宽“三资”合作，“三资系统”在所有乡镇全面上线，以“三资系统”合作为基础，多维度助力薄弱村实现民富强村。该行全面实现消薄工作目标任务，2018—2020年共投入消薄资金430余万元，向全县85个村级股份经济合作社发放贷款帮助村集体“消薄”增收，贷款余额4396万元。加强银村合作，与县农业农村局签订村务卡合作协议，优化村务开支报销模式，助力清廉村居建设，办理181个村296张村务卡。深化跨业合作，加强金融场景体验感，拓展跨业跨界合作，搭建“云上校园”“智慧停车”“智慧票务”系统等致力满足客户多样化的金融服务需求，推进溯源项目体系建设，提升消费者权益保障能力，助力提升全县食品安全的治理。建成13个社保卡“一站式”办理网点，有19620名客户在该行丰收互联上申领医保电子凭证。

【精细化管理】2021年，松阳农商银行把FTP利润考核纳入绩效管理，在经营责任制中提升存款付息率、百元贷款收息率、营业净收入等效益类考核占比。强化部室协同，深化成本收益核算，适当调整抵押类贷款利率，压降房产抵押贷款占比，优先发放信用类、保证类贷款，降低非生息资产比例。强管理优业务结构，聚焦“精细管理”。杜绝“拍脑袋”经营，做到精准营销、精准决策、精细管理，力求规模、效益同向增长。推进“内控管理和治理水平提升三年行动”。结合监管部门现场检查，对照工作要点开展自查，深入查找内控合规薄弱环节，建立问题清单制和整改责任制，做到摸清底数、即查即改、防堵漏洞。推进柜面数字化转型工作。加大智能柜员机的投放数量，智能柜员机的业务量19461笔，加快“机器换人”的步伐。

【风险合规管控】2021年，松阳农商银行通过经营责任制考核、不良贷款专项清收活动等考核，完成全年不良贷款防控的目标任务。强化银行、法院合作。联合县法院开展专项执行活动、在该行总部及3个较偏远乡镇支行设立“共享法庭”、向县矛调中心派驻业务骨干，多措并举推进双方合作。组建清收小组。加强不良资产的经营和管理，提升信贷资产质量，于年末组建清收小组，把全行不良资产分阶段剥离进行统一集中管理，通过制订清收任务和考核加速不良资产处置。开展员工合规警示约谈，结合员工违规行为情况和当前防控重点工作，把员工思想教育与岗位履职、职业操守和合规管理有机结合，加强警示约谈的针对性和有效性，进一步掌握员工动态，提升员工遵纪守法和廉洁合规意识。开展员工行为专项排查工作，加强监督管理，紧盯风险背后“人”的问题。通过自查，实事求是地反映问题并加强限期整改，不断提升内部控制管理水平。

【企业文化】2021年，松阳农商银行结合日常业务开展，针对员工的不同学习需求，科学选取教材，做好因材施教，有针对性地邀请县人民法院专家章晓风分析金融行业法院案件执行情况、邀请县公安局教导员支叶军开展防范电信网络诈骗专题讲座、邀请浙江工商大学法学院讲师季若望讲解《中华人民共和国民法典》新规，举行各部室业务骨干反洗钱、存款保险等培训。该行开设的“知行大讲堂”课程涵盖金融、经济、文化、法律法规及具体业务开展等内容，通过多维度、全方位、各个领域的授课学习，使全行干部员工知识受众面进一步拓宽，学有所成。

（松阳农商银行　叶玲）

## 中国人民财产保险股份有限公司松阳支公司

【概况】2021年，中国人民财产保险股份有限公司松阳支公司（以下简称“人保财险松阳支公司”）全险种业务保费收入8396万元，赔款支出5611.89万元。其中，政策性农业保险保费收入290万元，赔款支出451万元。全险种业务占市场份额的52.20%，同比提升1.01%。

【野生动物肇事损失赔付】2021年，人保财险松阳支公司针对县域野猪等大型野生动物造成的农户财产损失和人身伤害时有发生事件，建议县政府引入商业保险行为应对野生动物肇事损失赔付工作，该建议被列为松阳县2021年的十大民生实事。3月30日，与县自然资源和规划局签订松阳县野生动物肇事公众责任保险，提供3000万元的风险保障，创下当年首个办结落地的民生实事，获松阳电视台专题报道。全年为县域7个乡镇31人次遭遇野生动物肇事损失农户赔付60万元。

【助力“浙丽保”项目落地】2021年，人保财险松阳支公司招募商保业务人员，派驻4人到县医保局助力全国首创的全民健康补充医疗保险项目“浙丽保”，按“政府主导、公益运行、商保承办、自负盈亏”的原则设立的纯公益补充医疗保险。2021年，全县“浙丽保”参保为17.80万人（包括财政出资人群），参保率83.47%。

【农村公路保险】2021年，人保财险松阳支公司发挥保险的经济“减震器”和社会“稳定器”的作用，牵头承办2020—2021年全县农村公路保险工作，公路险保费235万元。该公司在承保周期其间部分农村公路路基、路面、桥梁、涵洞均出现不同程度水毁灾害情况后，及时受理理赔，保费累计赔款支出1000万元，赔付率突破400%。

【民生保险业务】2021年，人保财险松阳支公司承办全县各类农业保险、农房险、野生动物肇事责任险、农村小额意外险、老年人意外险、低保低收入人员意外险、养老机构综合保险、校园方责任险、校园方教职员工责任险、不动产权职业责任险、自然灾害公众责任险、安全生产责任险、古树名木责任险、民宿火灾责任险等民生保险。在2020—2021年承保周期内为全县农业养殖险赔款支出820余万元，赔付率200%；食用菌保险受高温影响，赔款支出175万元，赔付率260%。各类惠民项目中，全县低保低边人群意外险为220户贫困户赔款支出125万元，赔付率100%；全县老年人意外险为400余名出险人员赔款支付100万元，赔付率130%。

【警保联动工作】2021年，人保财险松阳支公司与县公安局交通警察大队签订合作协议，借助“电动自行车安全骑行月活动”“2021文明出行‘百镇百课’电动车安全教育进乡镇”系列活动、“两站两员建设”等形式的合作模式，有序开展电动自行车保险的推广工作，提高车主的风险意识和参保率。同时，结合县道路交通事故处理工作实际，推进交通“互碰自赔”模式，加强事故数据与保险数据比对分析，助力全县交通事故处理能力的提升。联合开展“警保联动”事故等多形式的快处快赔工作。通过值勤交警与保险理赔员的服务融合、互补共促，形成集“编组巡逻”“远程定责”“线上理赔”为一体的警保联动新型服务模式，为公众提供便捷、快速、高效的道路交通事故快处快赔服务，有效解决“小事故”引发“大拥堵”，“小赔付”带来“大繁琐”的突出问题。

（人保财险松阳支公司）

## 中国人寿保险股份有限公司松阳县支公司

**【概况】**2021年，中国人寿保险股份有限公司松阳县支公司（以下简称“人寿保险松阳支公司”）开展个人营销、团体直销、银行代理、网络销售等渠道，向个人和团体提供人寿、年金、健康和意外伤害保险产品，涵盖生存、养老、疾病、医疗、身故、残疾等多种保险保障，全面满足客户在人身保险领域的保险保障和投资理财需求。该公司秉持“诚实守信、客户至上”的服务理念，拥有95519客户服务专线、安全快捷的企业互联网站、16名专业管理人员、260余名专业销售人员，致力于为社会广泛大众提供优质的保险产品和服务。2021年，该公司实现总保费收入7776.47万元，比上年增长11.9%；新单保费2412.52万元，续期保费5363.95万元。

**【政策性保险】**2021年，人寿保险松阳支公司针对不同群体开展多项政策性保险，分别在大病保险、意外保险、住院医疗等方面提供保险保障，包括独生子女家庭意外伤害保险、计生特殊家庭保险、女性安康保险、男性安康保险、残疾人保险、学生平安保险、农民自建房保险、康悦百万医疗保险等，在改善民生、服务困难群体、完善社会保障体系、辅助社会管理和促进经济发展等方面起到积极作用。

**【内部管理】**2021年，人寿保险松阳支公司成立反洗钱、非法集资、内控管理等相关领导工作小组，提出“遵制度、明流程、严执行”的工作要求，推行月度经营管理制度、月度学习制度，形成年度有思路、季度有总结、月度有进度、员工有目标的良好格局。同时加强各岗位员工的工作技能培训，提升业务管理质量，提高销售人员的销售技能，增强客户服务体验标准，促进公司持续稳步健康发展。

（人寿保险松阳支公司）

## 中国邮政储蓄银行股份有限公司松阳县支行

**【概况】**2021年，中国邮政储蓄银行股份有限公司松阳县支行（以下简称“邮储银行松阳县支行”）致力于为经济转型中最具活力的客户群体提供服务，持续加大支农支小服务力度，加强业务创新和服务创优，推进涉农金融业务快速发展，助推当地经济高质量发展。截至12月末，各项存款余额17.83亿元，其中个人储蓄余额15.4亿元，公司存款余额2.43亿元。各项贷款余额16.5亿元，其中个人贷款余额14.21亿元，小企业贷款余额2.29亿元。不良贷款余额577.59万元，不良率0.34%。

**【提升风险防范意识】** 2021年，邮储银行松阳县支行持续推进合规文化建设，开展员工行为规范教育活动和提质增效专题活动。推进金融消费者权益保护工作，建立健全完善长效工作机制，推动消费者权益保护工作的深入开展。加强反洗钱工作，按照上级行及监管要求，加大高风险客户管理、客户尽职调查等制度执行力。提升安全保卫管理工作，强化案件防控能力，开展安全教育，提高网络电信诈骗等风险防范意识，提高员工自我保护能力。深入开展内控检查工作，防范外部不法侵害，杜绝案件、风险事件的发生，把安全生产，内控管理，合规经营落到实处。

**【支持当地支柱产业发展】**2021年，邮储银行松阳县支行持续加大对制造业支持力度，通过优化授信政策、加大信贷资源倾斜、降低企业融资成本等举措，支持当地不锈钢产业发展。为解决民营小微企业“融资贵”问题，立足民营企业“倒贷”痛点，该行施行小企业无还本续贷业务（贷款到期时实现自动续贷的业务，无需偿还本金），较好地解决小微企业融资难、融资贵的问题。全年为11户存量企业转贷做无还本续贷，金额13758万元。立足县域特色，针对茶农及茶叶加工户融资需求，推出产业特色贷“茶商贷”。

**【“红信贷”惠民试点行动】**2021年，邮储银行松阳县支行坚持乡村要振兴，金融必先行的理念。中国金融思想政治工作研究会与邮储银行合作，按照党建引领要求，联合推出“红信贷”惠民活动，于5月13日在松阳开展“红信贷”惠民试点，推行“红色信用惠民服务”，截至12月末，累计发放“红信贷”金额2236万元。

（邮储银行松阳县支行）

# 综合经济管理

樟溪乡力溪湖

## 综 述

**【概况】**2021 年，松阳县发展和改革局（松阳县粮食和物资储备公司）（以下简称“县发改局”）是管理全县国民经济和社会发展宏观调控、指导总体经济体制改革及物价、粮食管理的县政府工作部门。2021 年，设社会建设综合科，挂牌中共松阳县委社会建设委员会。该局坚持“绿水青山就是金山银山”发展战略，积极弘扬践行“新时代松阳精神”，统筹新冠肺炎疫情防控和经济社会发展，扎实做好“六稳”“六保”工作，一体推进“十四五”规划、共同富裕示范区、大花园（创新区）、重大项目建设、固定资产投资和审批、粮食安全和物资储备、综合能源、山海协作、央地合作等各项工作。

2021 年，县发改局被丽水市委市政府评为 2020 年度大花园建设先进集体、“美丽丽水”建设模范集体，获丽水市创建全国社会信用体系建设示范区工作集体嘉奖，获松阳县 2021 年下半年项目类“金牛奖”。

**【“十四五”规划编制】**2021 年，松阳县发布 2 批规划计划，29 个续编规划，27 个新编规划。3 月 12 日，《松阳县国民经济和社会发展第十四个五年规划和二〇三五年远景目标纲要》（简称《规划纲要》）通过人大会审议，并于 4 月 16 日正式发布。全年发布《松阳县儿童发展“十四五”规划》《松阳县妇女发展“十四五”规划》《松阳县基础测绘“十四五”规划》《松阳县产业发展及空间布局规划（2021—2025）》等 16 个专项规划。《规划纲要》全文共分 14 章，51634 字，《规划纲要》明确提出“十四五”时期全县经济社会发展“12345”目标体系，即围绕高质量跨越式发展这“1 主线”，到 2025 年地区生产总值力争突破 170 亿元；实现“2 个高于”，经济增速高于全省平均发展水平、居民收入增速高于省市平均发展水平；实现“数字经济”“生态工业”“旅游产业增加值”3 个倍增；打响“智能制造新城、中国有机茶乡、全域康养胜地、国家传统村落公园”4 张具有松阳辨识度的“金名片”；打造“民富县强的经济建设、坚强有力的政治建设、彰显特质的文化建设、共建共享的社会建设、山清水秀的生态文明建设”5 个方面的硬核成果。谋划实施重点项目 136 个，计划完成固定资产投资 791 亿元。

**【重点项目建设】**2021 年，县发改局深入贯彻落实县委、县政府决策部署，牢固树立“项目为王”理念，创新开展项目“金牛、蜗牛”双牛评选，严格落实重点项目月度例会制度，加强重点项目跟踪督查，组织开展重大项目集中开工、“百日攻坚”等活动，压实项目攻坚主体责任，推动项目早开工、早入库、早竣工。全年安排重点建设项目 42 个，其中新开工建设项目 12 个、续建项目 27 个、重点预备项目 3 个；另有重大前期项目 23 个。5 个项目列为省重点建设项目，1 个项目列为市级省重点项目。全年计划投资 38.49 亿元，实际完成投资 38.19 亿元，完成年度计划的 99.2%，10 个项目实现完工或基本完工。12 个重点新开工项目实现三季度前全开工，全年累计完成投资 11.51 亿元，完成年度投资计划的 101.8%；27 个重点续建项目有序推进，全年累计完成投资 26.69 亿元，完成年度投资计划的 98.2%。松阳抽水蓄能电站项目通过预可研审查，并被省发改委纳入下一批全省 3 个优先核准项目名单。争取衢丽铁路松阳段固定资产投资统计入库纳入县本级，估算投资 33.54 亿元。全年完成县领导办事项 57 项，完成率 85.1%，评选出“金牛奖”项目 8 个、“蜗牛奖”项目 2 个，松阳县职业中等专业学校迁建工程获评丽水市 2020—2021 年度“建设大花园”重点工程立功竞赛优秀项目。

**【大花园（创新区）建设】**2021 年，县发改局对标省大花园示范县建设标准，按照大花园核心区（丽水市）建设规划，牵头召开动员大会，推动全域实施“增花添彩”和“绿道提升”三年行动，加快推进“瓯江山水诗之路、大花园耀眼明珠”等标志性工程建设。全年 24 个大花园示范县建设重点支撑项目中 20 个完成预期，累计完成投资 21.7 亿元；40 项创建指标中有 33 项达到或超过预期；10 项重点指标中有 4 项（地表水达到或优于Ⅲ类水质比例 100%，乔木林单位面积蓄积量 5.48 米$^3$/亩全省排名第四，空气质量优良天数全省排名第一）排在全省前十。

**【节能降耗行动】**2021 年，县发改局深入贯彻落实《浙江省应对气候变化及节能减排工作联席会议办公室关于坚决遏制能耗过快增长严格落实能耗双控目标任务的通知》《省发展改革委省能源局关于启动有序用电方案的通知》等文件精神，全面开展有序用电，坚持“优质企业优先用电”原则，结合“亩均论英雄”、单位工业增加值能耗和亩均税收等指标要求，制订并印发《松阳县 2021 年能源“双控”工作有序用电方案》《关于加强公共机构和公共场所节能工作的通知》，修编《松阳县 2021 年能源“双控”工作有序用电方案》，并向社会各界发起“能源‘双控’百日攻坚活动”倡议。通过开展节能降耗联合检查、专项督查、节能宣传方式，推动有序用能耗“双控”工作按计划平稳实施。全县全年实际用电 9.7 亿千瓦时，略高于丽水市发改委下达目标 0.31 亿千瓦时，全年批复项目用能 8270 万千克标准煤，新增用能总量占上年全社会用能总量的 41.23%，为全县重大产业发展用能需求提供有力保障。

【生态产品价值实现机制示范区建设】2021年，县发改局围绕全市生态产品价值实现机制示范区建设工作要点，全力推动“生态经济化、经济生态化”发展，拓宽“两山”转化通道。通过建立健全GEP（生态系统生产总值，也称生态产品总值）“进规划、进决策、进项目、进交易、进监测、进考核”应用体系，积极推进绿色金融创新、生态文化建设和信用激励场景拓展。全年实现“生态贷”“两山贷”余额分别为23.42亿元和2.94亿元，分别比年初多增6.1亿元和2.28亿元；举办“红绿融合脱贫致富奔小康”主题系列新闻发布会，《人民日报》（客户端）、新华社（客户端）、《浙江日报》等媒体刊发报道，阅读量突破50万人次；在全市首推“信用+购房”“信用+养老”等应用场景，应用场景累计增至7个，受益群众突破1万人；实现试点乡镇（新兴镇、四都乡）行政村生态信用村评定全覆盖，评出AAA级生态信用村3家，AA级生态信用村22家，A级生态信用村2家，并向试点乡镇购买2018年GEP存量和增量各100万元。

【优化营商环境】2021年，县发改局全面贯彻落实《优化营商环境条例》精神和省、市、县优化营商环境工作决策部署，深入实施“最多跑一次”改革。统筹推进“标准地”改革、企业投资项目审批全过程“最多80天”改革和部门间“最多跑一次”改革，实现新供工业用地全部以“标准地”形式挂牌出让，“互联网+政务服务”主要指标实现率全面超过全市平均水平，保持企业投资项目竣工验收前审批“最多80天”、低风险小型项目竣工验收前审批“最多15个工作日”100%达标。全年审批新供工业用地18宗，总面积91.82公顷，受理各类项目类办件439件，全部在承诺时限内办结，平均办理用时1.16天，比承诺时间提速97.8%。

【稳定投资】2021年，县发改局主动对接要素保障，全力扩大有效投资，稳定经济增长。推动2个项目列入浙江省“4+1”重大项目建设计划、11个项目列入浙江省“六个千亿”产业工程投资计划、1个项目列入2021年第二批重大产业实施类项目、1个项目纳入省公建投资计划、发行8个专项债项目。全年实现固定资产投资57.44亿元，增幅12.1%，名列全市第五；全年实现“4+1”交通投资7.37亿元，增幅67.48%，排全市第二；生态环保、城市更新和水利基础设施投资11.09亿元，下降29.9%，排名全市第八；高新技术产业投资2.4亿元，下降14.5%，排名全市第七；民间投资25.18亿元，增幅10%，排名全市第六。根据省市要求，全年谋划县长项目3个，落地2个，完成考核任务。

【粮食储备】2021年，县发改局深入贯彻落实粮食安全责任，和粮食收购政策，开展为农优质服务，继续出台订单粮食奖励政策，全年订单粮食签订数量稳定，发放粮食预购定金11.6万元。持续加强储备粮油管理，完善轮换管理和库存监管机制，足额落实省政府下达的地方粮油储备任务，并按规定及时轮换到位。健全粮食应急供应网络体系，及时组织粮源调度，有效确保全年粮油供应价稳量足，未出现市场脱销断档、价格异常波动等情况。深入开展“放心粮油示范县”创建，全县19个乡镇（街道）建立“放心粮油”示范店22家，累计建成应急配送企业1家、“放心粮油”示范企业4家，应急加工企业2家，日加工能力达20万千克，全年实现粮油加工产值8616.4万元。

【山海协作】2021年，松阳县与结对地区协同作战、集中攻坚、持续用力，加快拓展协作领域，在产业协作发展、人才交流、就业培训、民生事业等各方面取得明显成效，获丽水市山海协作工程考核优秀等次。持续增强产业发展活力，共建产业园区4个，实施协作项目500余个。全年新签产业合作项目12个，计划总投资26.72亿元，项目实际到位资金22.75亿元。全年山海协作产业园实现固定资产投资10.56亿元，比上年增长109%，其中政府性投资比上年增长245%，实现产业合作质和量双增长。持续提升干部能力，把实际工作需要和培养锻炼干部的需要紧密结合，坚持把最优秀的干部人才派到对口地区。全年选派行政干部1人，专业技术人才3人到余姚市挂职学习，余姚市选派4名行政干部，4名专业技术人才到松阳挂职，安吉县、南浔区分别选派3名行政干部到松阳挂职。乡村振兴和帮扶工作扎实推进。乡村振兴示范点大东坝横樟村和水南街道横山村累计完成投资1000万余元，2个村的基础设施条件明显改善。通过设立直销网点，发放消费券等模式，助力农产品销售消费帮扶突破1亿元。全县凝聚合力协作新格局逐步形成，教育、卫生、科技、“消薄”等领域的全方位合作全面提档升级。全年举办培训班23期，培训干部、技术人员、剩余劳动力2002人次，培训人次比上年增长73%，其中培训转移劳动力1285人次，干部技术人员培训717人次。全年旅游收入1.01亿元，其中宁波市到松阳疗养1.65万人次，比上年增长100%，疗休养人数和经济收入均创历年新高。

## 物价管理

【概况】2021年，县发改局贯彻执行省、市发改委（局）价格管理政策，坚持服务民生，调整管理权限范围内价格定价项目，对放开的工农产品、服务价格组织行业价格管理，对重要商品价格进行监审，对农副产品价格进行动态监测，为全县经济发展提供良好的价格秩序。

【保障市场价格稳定】2021 年，县发改局密切关注粮油肉蛋菜等重要商品和服务市场供应及价格变化，防范生猪等商品价格大幅波动，全县建立监测点 16 个，监测频次每月 1～3 次。全年上报各类价格监测报表 250 余份，在政府网站“民生实事”专栏及局官网上定期发布价格信息 98 批次。做好重要节假日、严重自然灾害等特殊时期保供稳价工作，密切跟踪分析价格总水平、重要商品和服务市场价格变化，增强价格调控的针对性、前瞻性、有效性。

【开展价格调查】2021 年，县发改局开展污水处理、县属公办幼儿园保教费、松阳第二中学和县职业中专住宿费成本监审等，开展茶叶、中晚稻种植和生猪养殖成本调查，开展农户种植意向、农户存售粮情况、农户购买农资 3 个专项调查，同时协助县公安、检察机关办理涉案物品价格认定案件，全年处理价格认定案件 98 起，涉案金额 126.1 万元。

【规范市场行为】2021 年，县发改局建立收费清单制度，动态调整并公布松阳县行政事业性收费目录清单、全县政府定价管理的经营服务性收费目录清单；确定古市镇道路停车服务收费标准，制定大木山茶园和松阴溪景区景交临时收费标准，清理整顿行业协会收费标准和公墓价格。加强价格监管，促进资源优化配置。落实城区及松古平原供水一体化非居民用水超定额累进加价机制，确定松阳县水瑞水电站实行综合上网电价，适时调整松阳小水电上网峰谷时段；根据省发改委管道天然气门站价格调整，及时调整全县非居民管道天然气销售价格；进一步完善电价分时政策，规范水电气安装收费标准行为，明确转供电收费行为。

（县发改局）

## 统　计

【概况】2021 年度，松阳县统计局（以下简称“县统计局”）坚持以党的建设为统领，以提高数据质量为中心，开展经济运行统计监测，立足岗位职责，做到精准实施服务，严控数据质量，严管统计队伍，为高质量绿色发展提供坚实而优质的统计服务保障。全面落实统计信息职能，按照《进一步加强统计基层基础建设的实施意见》要求，协同相关部门制定鼓励企业升规纳统（规下企业提升至规上企业，纳入统计范围）新政，健全数据核查质量管控机制，确保本质优、数据优、质量优。有效发挥统计咨询职能，聚焦共同富裕示范区建设、山区 26 个县跨越式发展、“碳达峰碳中和”等重点热点，加强统计监测指标体系和全县经济运行的监测和分析。依法履行统计监督职能。坚持实事求是，加大统计专业核查和执法检查，加强数据逻辑性、匹配性、合理性审核，对统计数据质量守土有责、守土担责、守土尽责，讲党性、讲法纪，严守统计数据质量生命线。2021 年，县统计局获评第七次全国人口普查市级先进集体；衢丽铁路松阳至丽水段项目打破铁路建设项目省级纳统惯例，实现县级纳统，获县“金牛奖”；创新编撰绘制《统计工作手册》《统计工作思维导图》，相关做法获县委主要领导的肯定；编发的 7 篇《统计专报》获县委、县政府主要领导批示。

【统计监管】2021 年，县统计局坚持“依法做好统计、依法管理统计、依法发展统计”，不断提升统计工作水平。组织全体干部学习《关于深化统计管理体制改革提高统计数据真实性的意见》《统计违纪违法责任人处分处理建议办法》《防范和惩治统计造假、弄虚作假督察工作规定》《关于更加有效发挥统计监督职能作用的意见》等重要文件。建立防范和惩治统计造假弄虚作假责任制，制定《全面落实防范和惩治统计造假弄虚作假责任制实施办法》《统计工作管理制度》等。对全县工业、固定资产投资、限上批发和零售业、限上住宿和餐饮业、规上服务业、建筑业、房地产、劳动工资、科技等专业进行执法检查全覆盖。

【统计数据提质行动】2021 年，县统计局抓好上级统计部门核查检查。全

2021 年 12 月 4 日，县统计局开展“依法统计、依法治统”宣传活动　（县统计局供图）

年接受国家、省、市统计部门对松阳县投资、工业等12个专业的统计核查检查15批次，累计被核查检查企业（项目）225家（个）。抓好统计监督执法。配合浙江省统计局开展“双随机”统计执法检查，涉及34家企业（项目）；全年开展统计执法2批次，检查单位18个，其中处罚单位1个、罚款0.1万元。抓好统计法治宣传。制订《2021年统计法治宣传工作计划》，结合“9·20”中国统计开放日、“12·4”国家宪法日、“12·8”《中华人民共和国统计法》颁布日等重要时间节点集中开展线上线下宣传教育，推进依法统计、依法治统的浓厚氛围。

【统计基础管理】2021年，县统计局以夯实统计基础作为年度工作的重点内容，把提升统计基层基础作为工作的主要目标。内部管理方面，施行专业人员下基层机制，一对一、面对面开展基层人员沟通指导。企业方面，注重企业基层基础规范化建设，不断健全企业统计台账及原始资料；乡镇（街道）方面，制定加强农村统计基层基础的实施方案，重点是以乡镇（街道）首席统计员、辅助调查员为抓手，加强对本乡镇（街道）住户调查、低收入农户、畜禽检测和粮食监测样本点的动态管理和基础数据管理，并把各乡镇（街道）月度基础完成情况进行预测预警，作为县委、县政府对有关乡镇年终考核的重要依据；主管部门方面，完善部门联席机制，落实《松阳县直部门统计工作职责》，形成“齐抓共管、形成合力”的工作氛围。

【统计服务】2021年，县统计局聚焦统计职能，提供精准全面统计服务。精心编撰统计资料。第四次全国经济普查、第七次全国人口普查统计年报工作完成，出版《松阳经济普查年鉴（2018）》《松阳统计年鉴（2021）》，发布《普查公报》；创新编撰绘制《统计工作手册》和《统计工作思维导图》，推动全县上下提高重点经济指标的分析研判能力，相关做法获县委主要领导的充分肯定。精准编发信息专报。开展共同富裕指标体系、全省26个县考核、市对县考核指标分析研判，为领导决策提供精准可靠的统计参考资料。全年编发《统计信息》12期、《统计监测分析》30篇、《统计专报》11篇，其中7篇获县委、县政府主要领导批示。精细管理关键指标。完善分析研判会制度。月初、月底及时组织召开分析研判会，对标对表找差距，精准发力补短板。严格落实“盯住每个月、盯住每个指标、盯住责任主体”三盯举措，务求扬长避短、争先进位。

（县统计局）

## 审　计

【概况】2021年，松阳县审计局（以下简称“县审计局”）完成审计项目14个，查出管理不规范资金2.94亿元，揭示各类问题195个，向县纪检监察机关等部门移送案件线索4件，综合提炼审计专报56篇。其中，《关于加强政府债券管理的建议》《加强村级工程“集体建”项目建设管理提高工程建设质量的建议》等6篇专报获县委县政府主要领导批示，140多篇审计信息被各级审计信息刊物和新闻媒体采用。全年1个审计项目获省优二等奖，2个审计项目获丽水市优秀审计项目，在审计机关年度考核中，获评省、市优秀单位。

【财政资金审计】2021年，县审计局聚焦预算执行和财政政策落实，促进财政资金规范增效。组织完成本级预算执行和决算（草案）审计、部门预算执行情况审计和4个乡镇（街道）财政决算审计。揭示预算安排和执行不够规范、非税收入未及时上缴国库等41个问题。通过审计，推动县财政局上年度应缴未缴的罚没收入、行政事业性收费收入等1.20亿元全额缴入国库；组织收缴2019年县属各国有企业经营收益277.32万元；推动出台《松阳县生态经济产业基金投资有限公司绩效评价管理办法（试行）》等制度。

【经济责任审计】2021年，县审计局开展县委党校、县文联、县供销社、县统计局、县卫健局5个部门和望松街道、大东坝镇、斋坛乡、枫坪乡4

2021年松阳县经济责任审计工作联席会议召开　（县审计局供图）

个乡镇（街道）领导干部经济责任审计、望松街道领导干部自然资源资产任中审计，揭示重大事项决策程序不规范、中介服务发包未实行网上竞价、政府采购程序不规范、公务接待费超预算、往来款长期挂账等 88 个问题，督促修订出台《松阳县科技计划项目管理办法》《松阳县供销社关于社有资产投资管理办法》《松阳县供销社（农合联）项目管理办法》《事项供销社（农合联）项目资金管理办法》等，促进公权力的规范运行。

【内部审计】2021 年，县审计局采取日常监督、专项检查等方式，督促指导县财政局等 6 个单位出台内部审计工作制度，推动单位建立健全内部审计制度。向全县有关单位及内审协会会员单位发出《报送 2021 年度内部审计工作计划的函》，要求有关单位及时报送工作计划，督促各会员单位有计划开展内部审计工作。对接县住建局、县自然资源规划局，及时掌握其内审工作履职情况，发放《丽水市内部审计先进经验汇编》《审计发现常见问题清单》学习手册，促进内审工作成效提升。采取组织自查与重点抽查相结合等方式，围绕内部审计制度建设与执行，出台《全县内部指导与监督工作方案》，聚焦内部审计项目计划、实施、报告、整改等环节，组织开展被审计单位内部审计工作情况专项检查。

【政府投资审计】2021 年，县审计局开展 41 个政府投资项目工程价款结算审计，核减工程结算造价 2443 万元。同时，聚焦推动重大项目落地，开展重大交通项目实施情况、村级工程“集体建”项目专项审计调查以及气象预警中心工程竣工决算审计 3 个项目，揭示项目前期管理不到位造成超合同价、工程施工与服务业务未按照规定发包、工程质量未按照规范要求监督与管理、合同履约及结算管理不到位造成多结多付工程款等 59 个问题，推动出台《松阳县农村公路养护与管理办法》等制度，编发《审计提醒您——政府投资项目应注意的问题及相关规定》手册，促进政府投资建设项目规范实施。

【专项审计调查】2021 年，县审计局完成上年度税收征管及税务部门预算执行情况审计、丽水市上年社保基金审计、丽水市审计局关于丽水市医疗保险基金筹集使用和管理情况的专项审计、瓯江流域丽水段水资源保护管理开发利用情况专项审计调查 4 个上级审计机关安排的专项审计调查项目，移送案件线索 3 个，撰写 3 个计算机方法案例，其中 1 个案例获评省审计厅优秀计算机审计案例。

（县审计局）

## 财 政

【概况】2021 年，松阳县财政总收入 14.06 亿元，比上年增长 9.7%。其中，一般公共预算收入 8.93 亿元，比上年增长 8.8%，全县一般公共预算收入占财政总收入的 63.51% ，占地区生产总值的 6.91%；税收收入 7.23 亿元，比上年增长 8.5%，占一般公共预算收入的 81%，非税总收入 1.7 亿元，比上年增长 11.27%，占一般公共预算收入 19%。全县一般公共预算支出 49.65 亿元，比上年增长 5.17%，全县地方财政实现收支平衡。

【组织财政收入】2021 年，松阳县财政局（以下简称“县财政局”）把依法组织收入作为财政部门基本职责和中心工作，细化收入任务，落实收入责任，加强与税务部门沟通协作，组织财政收入及时入库，确保各项税收和非税收入依法征收、应收尽收。保障政府性基金收入，紧抓土地出让收入，及时结算土地出让金并缴库，全年实现非税收入 1.70 亿元，比上年增长 11.27%，完成政府性基金预算收入 29.46 亿元，比上年增长 56.43%。新增加政府债券 8.36 亿，其中一般债券 3 亿元，专项债券 5.36 亿元。省级转移支付 25.90 亿元。

【保障民生支出】2021 年，县财政局立足财政职能，秉持为民服务宗旨，保障重点中心工作，支持民生事业发展，全年民生支出 36.65 亿元，占财政总支出 73.8%，财政支农资金支出 7.61 亿元，扶贫资金支出 2.28 亿元。全年“双招双引”支出 1.5 亿元，其中招商引资政策兑现支出 1.1 亿元，招才引智政策兑现支出 3843.24 万元。全年科技工作支出 7051 万元，比上年增长 20.57%，增长率位居丽水市第一。兑现工业类涉企扶持资金 1.51 亿元，惠及企业 805 家次，结合“三服务”活动走访企业 54 家，协调、解决各类问题 40 余个。统筹财政资金 1050 万元，保障全县 21 个集体经济薄弱村消薄资金，并以每个村 50 万元入股嘉兴“飞地”项目。全年教育支出 6.97 亿元、卫生支出 4.79 亿元。“三保”支出保障方面，全年“三保”资金支出 16.33 亿元，其中“保工资”支出 8.92 亿元，“保运转”支出 5668 万元，“保基本民生”支出 6.85 亿元，“三保”资金足额保障到位。

【助力改革试点】2021 年，县财政局助力全县财政部农村综合性改革试点、省级乡镇内部控制指引建设试点、加强重大项目绩效目标的实质性审核试点工作。其中，财政部农村综合性改革试点 3 年内额外获中央扶持资金 1.5 亿元，至 12 月末到位资金 5000 万元，开工 67 个子项目，完工 40 个子项目，完成投资额 10610 万元，撬动各类资金 7950 万元。省级乡镇内部控制指引建设试点，形成《松阳县乡镇内部控制指引》《古市镇人民政府内部控制管理制度汇编》，从单位层面、业务层面、管理层面构建乡镇内部控制体系。加强重大项目绩效目标的实质性审核试点，按照“建机制、抓合力，强监管、强应用”思路，逐步建立全方位、全过程、全覆盖的预算绩效管理体系。全年开展项目审核16个，累计核减资金6479.9万元，取消不合理项目预算资金安排2个，提出合理化建议30余条。

**【深化财政改革】**2021年，县财政局开展“资产云2.0”改革试点，8月完成全县203个行政事业单位“资产云2.0系统”升级及上线运行，实现全县所有机关、企事业单位资产全生命周期管理，初步建立全县行政事业单位“全面、准确、细化、动态”的资产基础数据库。推进预算管理一体化改革，预算一体化系统平稳上线，建立健全预算支出标准体系，构建全生命周期项目预算管理机制，全过程预算绩效管理改革提质增效。数字赋能确保“两直”（直接到达市县基层、直接惠及企业和人民的财政资金）资金高效落地，以国库集中支付系统与直达资金监控系统“双轮驱动”。全年下达“两直”资金7.21亿元，分配进度实现100%，支付进度99.9%。推进二轮国企改革，完成《松阳县国有企业二轮改革实施方案》编制，计划通过整合重组各类经营性资源、资产、业务，搭建现代化企业架构，建立市场化的薪酬分配体系，激活国有企业造血动能。

**【财政监管】**2021年，县财政局管控债务风险，执行5年化债计划，通过清理政府投资项目，遏制债务增量，化解隐性债务，全年化债任务1.75亿元，实际化债4.48亿元，完成率256%。严肃财经纪律，通过“日常监督+专项检查+回头看”三管齐下，全年检查20个单位，发现未整改到位问题21个，日常业务问题45个，违规单位12个，涉及违规金额5万元。严控政府支出，坚持政府过紧日子，从严从紧落实厉行节约要求，全年压减非重点非刚性支出、“三公”经费等费用1680万元，比上年下降10.2%；全年“三公”经费支出1731万元，比上年下降2.09%。严控资金结余，盘活财政资金。通过对结余、结转资金的清理，收回结余结转资金3.1亿元，提升财政资源配置。

**【预决算体系建设】**2021年，县财政局健全财政预决算体系。编制一般公共预算、政府基金预算、社会保险基金预算、国有资本经营预算草案，建立全口径预算体系。经县第十二届人民代表大会第五次会议审议通过后，于1月12日将部门基本支出预算下达到各乡镇（街道）、县直部门，保障各单位基本支出。印发《松阳县财政局关于做好2021年度部门（单位）预算公开工作的通知》，要求各乡镇（街道）、县直部门按规定落实部门预算公开工作。决算方面，按时编制2020年财政总决算报表，根据省财政厅要求，及时上报简表，全报表，附注说明等各项内容。2020年全县部门决算工作会议召开，总结2019年部门决算报表工作并公布全县部门决算工作质量情况，布置2020年部门决算工作。完成2020年度部门决算全省会审，撰写部门决算填报说明和分析报告。做好决算公开，印发《松阳县财政局关于做好2020年度部门（单位）决算公开工作的通知》（松财预执函〔2021〕49号），明确公开内容、时间、方式，要求单位在2021年9月底前完成公开，并做好公开网址统计工作。

（县财政局　潘雄）

## 国有资产监督管理

**【概况】**2021年，县财政局（国资办）推进县乡村振兴服务集团有限公司组建、完成《松阳县国资国企“十四五”发展规划》和《松阳县国企改革三年行动实施方案》编制、第二轮国企改革等各项工作。截至12月末，全县有全资国有企业共61家，国有控股企业11家，国有参股企业24家；全县国有企业资产总额239.48亿元，负债总额119.78亿元，所有者权益119.70亿余元。

**【国有资本运营】**2021年，县财政局（国资办）通过资产整合，把全县闲置和经营性资产整合到国企，提升融资能力。截至12月末，县国有资本投资运营集团有限公司资产总计138亿元，负债总额36.2亿元，净资产102亿元，营业收入5.7亿元。5月，该公司取得主体信用AA评级，获浙江省担保公司5.8亿元公司债授信担保，通过券商审核。该公司实现融资27亿元，为下属公司提供担保21亿元。

**【国有企业改革】**2021年，县财政局（国资办）出台《松阳县直属企业负责人薪酬考核暂行办法》《松阳县改革国有企业工资决定机制实施办法（试行）》《松阳县国有企业员工薪酬管理办法（暂行）》《松阳县国有企业员工招聘用工管理办法》《松阳县企业国有资本收益收缴管理办法》《松阳县清廉国企建设实施方案》等制度。《松阳县国资国企“十四五”发展规划》《松阳县国企改革三年行动实施方案》编制完成。初步形成用制度管人管事管资产的内控制度体系。在全县国有企业推行工资总额预算制度、落实工资总额预算，实行国企负责人绩效考核制度、签订目标考核责任书，实行国有资本经营预算编制、实行国有企业收益收缴。完成县乡村振兴服务集团有限公司组建并进行登记注册，从相关集团公司抽调5名工作人员充实县乡村振兴队伍。建立健全和完善国资国企党的组织机构。9月8日，县国资办党工委成立，由县财政局局长兼任县国资办党工委书记。

**【国有资产监督】**2021年，县财政局（国资办）通过省财政厅“资产云

2.0”系统搭建国有企业智能化国有资产监管平台，依托省财政厅的信息网络资源，建立智能化国有资产监管体系，把国有企业的人事、工资、党建、财务、资产等全部纳入监控；通过“政采云”平台搭建为国企服务的“企采云”物资采购系统，经过与采云公司的协商，降低当地商家入驻“企采云”门槛和收费，并免费为国企采购人员和商家进行培训。通过日常监管和重点检查相结合的方式，加强对国有企业资金安全监管，强化全县国有企业银行账户开设和公款存放管理，会同派驻县第五纪检组开展国有企业银行账户开设、公款存放情况等专项检查以及正常的财务巡回检查，在检查中发现的违规违纪问题，要求企业认真进行整改，并督促国有企业对存在的问题和不足，制定相应的措施，及时完善相关制度堵塞漏洞。

**【国有产权管理】**2021 年，县财政局（国资办）加快推进企业国有资产交易机构整合，实现国有资产进场交易，防范国有资产流失。县国资委联合其他县（市、区）国资机构、丽水市国资委、浙江产权交易所有限公司、丽水市农业投资发展有限公司等单位共同出资设立丽水市产权交易有限公司，共同搭建省、市、县（市、区）三级联动的全省统一规范的企业国有资产交易平台，实现统一信息披露、统一交易规则、统一交易系统、统一过程监测、统一资金结算和统一交易鉴证的“六统一”。为推动全县产权交易规范化、市场化、信息化、统一化发展，实现市场配置要素资源功能增强，助力国资监管和国企改革提供保障。

（县财政局）

## 税 务

**【概况】**2021 年，国家税务总局松阳县税务局（以下简称“县税务局”）落实丽水市税务局党委和松阳县委、县政府各项决策部署，深入开展党史学习教育，坚持和加强党对税收工作的全面领导。2021 年，县税务局获评全国“五四红旗”团支部、2018—2020 年浙江省市场环境建设成绩突出集体、浙江省税务系统先进集体、浙江省职工书屋示范点、丽水市“巾帼建功”先进集体、丽水市税务系统先进基层党组织、丽水市税务系统先进党员工作室等，复评浙江省文明单位。

**【税收征管】**2021 年，县税务局深化税收征管改革，成立《关于进一步深化税收征管改革的意见》落实领导小组和办公室，把相关内容纳入党委会、理论学习中心组、夜学等各类会议集中学。开展货物劳务税工作，推进增值税专用发票电子化，全年核定增值税电子专用发票企业 105 家。开展成品油行业税收秩序专项整治，29 家成品油企业自查率达 100%。加强所得税管理，完成上年度企业所得税汇算清缴工作，汇算清缴按时申报率排丽水市第二。开展企业所得税后续管理风险核查，调增应纳税所得额 1335 万余元，有效降低纳税人涉税风险。组织开展上年度个人所得税综合所得年度汇算清缴工作，办理退税 8775 人，退税办结率 100%。开展财产行为税合并申报，落实房产税、城镇土地使用税两税减免，推进土地增值税清算等工作，提升小税种管理质量。10 项非税收入（水土保持补偿费、地方水库移民扶持基金、排污权出让收入、防空地下室异地建设费、土地闲置费、城镇垃圾处理费、国有土地使用权出让收入、矿产资源专项收入、海域使用金、无居民海岛使用金）划转平稳，合计入库 4.69 亿元。开展“优服务、强管理、降风险、育税源”专项服务活动，成立 15 个调研组，对重点税种、重点行业开展税源调研，形成税源调查报告 14 篇，活动取得一定成效，如土地增值税清算工作取得实质性进展，其中中梁雅园项目经清算补交土地增值税 4000 万余元，“育税源”专项活动相关做法被《浙江日报》刊登。规范重点行业监管，采用“以电核销、以电核税”方式，设立纳税人最低风险税收警戒值。加强对总部经济、平台经济等企业的风险防范措施，全面实施“三核一谈一底稿”，加强纳税辅导和风险提醒提示，防范涉税风险。

**【减税降费】**2021 年，县税务局依托浙江省电子税务局、浙江省征纳沟通平台，推进热线咨询、远程指导办等“非接触式”办税辅导方式，全年网上办税率 98.49%。推行“集成管理+部门协作”打造跨区域涉税事项闭环管理新模式，打通“纳税人—税务—银行”三方数据网络，缩短外埠纳税人网上办税时间。通过“税务服务专员”24 小时快速响应纳税人、缴费人需求，“服务专员”协助开展行业风险应对指导 560 余人次，先后为 29 家不锈钢“酸雾治理”等转型升级企业化解涉税风险 32 项。深化“大数据+网格化”机制，精准匹配推送税费优惠政策，确保应享尽享、直达快享，全年实现新增减税降费 1.39 亿元，其中新出台的政策减税降费 7116 万元。优化外贸企业服务措施，办理出口退税 2886 万元。

**【组织收入】**2021 年，县税务局坚持依法依规收税，组织收入工作完成。全年组织税费收入 28.38 亿元，比上年增长 30.06%。其中，税收收入 13.03 亿元，比上年增长 3%，增幅在丽水市 9 个县（市）局中排名第五；社会保险费收入 10.21 亿元，比上年增长 16.69%；非税收入 5.14 亿元，剔除新划转非税收入后比上年增长 7.92%。一般公共预算收入 7.43 亿元，比上年增长 10.92%，增幅在 9 个县（市）局中排名第五。

**【依法治税】**2021 年，县税务局加强法治队伍建设，推进依法治税工作例会制度，开展领导干部述法评议。动态调整年度权责清单，持续推进行政执法三项制度（行政执法公示制度、行政执法全过程记录制度、重大执法决定法制审核制度），新增非税收入职责划转内容并重新公示。严格按照裁量基准执行，确保裁量标准统一，全年作出一般程序行政处罚决定 76 件，不予处罚 13 件，简易处罚 1679 件。深入开展现金税费征缴专项整治“百日攻坚”，对 2016—2021 年票证开展全量核查，排除风险隐患。推进内控机制建设，开展过错责任追究。组织开展 2021 年督察和内部审计，针对问题及时整改、逐项销号。

（县税务局）

## 市场监督管理

**【概况】**2021 年，松阳县市场监督管理局（以下简称“县市场监管局”）立足职能，聚焦民生，创建成为浙江省食品安全示范县，并以全省第一名的成绩通过食品安全满意度测评。全面优化营商环境，办结时限均压减至 0.5 个工作日以内，全年核发营业执照 3753 份，全县市场主体有 24327 家。

推进省政府民生实事、市场主体全生命周期管理服务集成改革、平台经济监管与服务、质量强省标准强省品牌强省建设、知识产权全链条保护集成改革、食品安全全流程监管集成改革、特种设备安全周期监管集成改革、商品市场提升发展和优化消费环境、市场监管“大执法”体系建设、药品安全全过程监管集成改革、浙江 e 行在线 11 个板块重点任务，提质扩面各大系统应用，实现市场监管业务全领域、全链条“数字化”。

2021 年，松阳县获浙江省食品安全示范县称号，县市场监管局获省年度地方市场监管工作评价优秀等次、全省市场监管系统“三比一讲”争先创优竞赛二等奖、全省市场监管系统“壮丽百年·监管同行”微视频风采大赛优秀组织奖，松阳县消费者权益保护委员会获评浙江省市场监管安全保障工作先进集体、全省消保委系统信息工作先进集体，该局药械科获评全省药品检查工作成绩突出集体。何伟明被授予“全国市场监管卫士”称号，林建波获评浙江省反走私综合治理工作先进个人，叶锦在浙江省市场监管重大案件查处成绩突出记三等功 1 次，叶树明入选浙江省市场监管执法办案能手队伍，徐隽获评全省消保委系统信息工作先进个人，蔡红丽获评浙江省知识产权保护工作成绩突出个人。

**【行政执法监督】**2021 年，县市场监管局全年共查处各类案件 125 起，最高单笔罚没款 88 万元创新高，罚没款 245.46 万元创新高，其中涉刑移送案件 3 起，移送县农业部门案件 1 起，移送县自然资源和规划局案件 1 起，行政处罚大要案 18 起，罚没款 204.61 万元。开展农村假冒伪劣食品专项执法行动，立案查处相关案件 57 起，罚没款 25.12 万余元。开展无合法来源证明进口货物综合执法行动查处案件 7 起，总案值 42.34 万元，罚没款 13.32 万元，没收并处置油品等物资。开展民生领域案件查办“铁拳”行动，查处减肥产品添加违禁药品“西布曲明”案件 1 起，移送县公安部门立案侦查。借助“3·15”消费者维权日和漠视群众利益专项行动，立案查处 5 家房地产开发商，罚没款 148 万元。其中，某房地产开发公司案件中涉及的商品房总价超过 1000 万元，该案被列入 2021 年丽水市反不正当竞争执法典型案例。受理举报查获侵犯注册商标专用权系列案件，在办理冒用红牛饮料厂名厂址的案件中，查获涉案饮料 500 箱，货值金额超 5 万元，办理侵权“Zippo”打火机案件中，查获涉案打火机近 2 万个以及相关制作工具，涉案金额超过 20 万元。县某食品有限公司生产经营不符合食品安全标准的原味瓜子案入选全省食品抽检不合格食品核查处置典型案例。由该局移送的何某某生产销售有毒有害食品案被省公安厅列为挂牌督办案件。由该局移送的刘某某、纪某某生产、销售有毒、有害食品刑事附带民事公益诉讼案先后被最高人民检察院列为“3·15”食品药品安全消费者权益保护检察公益诉讼典型案例和检察公益诉讼起诉典型案例。

**【市场价格检查】**2021 年，县市场监管局充分发挥价格监管职能对规范市场价格秩序的重要作用，切实抓好重点民生领域价格监管，保障重点民生领域价格基本稳定。开展公平竞争审查业务培训（智慧监管系统操作培训），全县 24 个单位审查人员和联络员参加。配合省市场监督管理局开展全省滥用行政权力排除、限制竞争行为交叉检查，对县财政局、县住房和城乡建设局、县农业农村局、县经济商务局、县行政服务中心、县招商服务中心等单位现存有效的规范性文件进行检查，查明松阳县人民政府办公室印发《松阳县国有投资限额以下工程建设项目简易发包实施办法（试行）的通知》（松政办发〔2019〕63 号）文件第五条第三款涉嫌违反《公平竞争审查制度实施细则》第十三条市场准入和退出标准，通过松阳县人民政府办公室《关于修改和废止部分行政规范性文件的通知》（松政办发〔2021〕59 号）文件进行修改。开展公用事业收费领域监管，对松阳县子民市政工程有限公司的收费进行检查，经查明该公司对居民生活供水“一户一表”改造项目超标准多收价款 46151.03 元，自立收费项目收取“移表”费 30054.06 元，上述两项价款共计 76205.09 元，最终对该公司作出处罚，没收违法所得 76205.09 元，罚款 8 万元。开展全县粮食购销领域腐败问题专项整治，于 10—11 月分别对松阳县粮油储备中心、松阳县旭升米业有限公司、松阳县众森农业有限公司、松阳县粮食收储公司等开展专项检查，保障粮油市场秩序。对元旦、“五一”国际劳动节、国庆节等重大节假日期间开展市场价格巡查检查，重点对县万家惠超市、县华联超市、县农产品综合市场、县城东菜市场、县延庆寺塔、县双童山、县大木山景区等场所开展重点检查，提醒相关经营者做好明码标价工作，规范促销等行为，确保节日期间市场价格基本稳定。开展餐饮业明码标价示范单位创建工作，创建县城“新华北路餐饮业明码标价示范一条街”并通过丽水市市场监督管理局验收。

**【食品安全监管】**2021 年，县市场监管局深入贯彻习近平总书记对食品安全工作重要指示精神，落实“四个最严”（最严谨的标准、最严格的监管、最严厉的处罚、最严肃的问责）和“四有两责”（食品药品监管有责、有岗、有人、有手段，监管职责和检验职责）的工作要求，开展省食品安全示范县创建工作，党政主要领导多次召开创建工作会议，先后深入一线开展食品安全专题调研。9—12 月，通过台账审核、满意度测评、明察暗访、现场考评等环节创建成为浙江省食品安全示范县，其中群众食品安全总体满意度达 92.27 分，位列全省第一。深化食品安全基层责任网络建设，实现古市镇、斋坛乡 2 个食品安全办四星级管理，西屏街道、望松街道、水南街道等 9 个乡镇食品安全办三星级管理。对全县 394 名网格员和食品安全办专兼职人员开展在线培训，全员均以 90 分以上的高分完成在线考试，网格员通过手机“食安通”上报食品安全巡查信息 3.08 万条。构筑覆盖全县域的食品安全监管“防护网”，以食品抽检、专项整治、风险监测、风险会商等手段提升风险隐患发现率，全年定量检测食品及相关产品 1915 批次。多维度收集线索强化案件打击力度，办结各类食品案件 162 起，其中涉刑移送案件 2 起。实施食品安全金融联合惩戒工程，向县人民银行报送食品安全不良信息 155 条，对食品安全失信 45 人实行金融惩戒。为全县学校及公办幼儿园食堂、养老机构食堂、农批农贸市场、农村家宴放心厨房等 88 个单位统一投保食品安全责任保险，并鼓励引导食品生产经营者投保食品安全责任险。全年未发生重大及以上食品安全事故（事件），连续 3 年在市对县考核中获优秀等次。

**【信用监管】**2021 年，县市场监管局推行市场主体“精准年报”，全县企业全零申报率 0.43，年报率 95.84%，其中重点领域年报率 100%；农民专业合作社年报率 97.47%；个体户年报率 100%；年报精细化综合绩效考核评分 92.15，全省排名第二。全员加码争先创优“三比一讲”（比快、比好、比贡献、讲大局）。“浙江企业在线”激活主体总数为 2.34 万户，激活完成率 154.66%，全省排名第一；掌上执法率、告知承诺按时核查率、企业画像信用标签准确率均实现并列第一。全面构建互联网+监管“大格局”，松阳实现掌上执法开通率 100%，掌上执法激活率 100%，监管事项入驻率 100%，抽查事项覆盖率 100%，通过“双随机”抽查方式开展的行政检查占所有行政执法检查的 33.02%，位居全市第一。实施新“小微企业三年成长计划”，持续深化商事制度改革，有序推进“最多跑一次”改革，通过完善政策体系、优化服务环境、激发内生动力、突出发展特色，促进全县小微企业平稳较快发展。落实 2021 年度省级“信用管理示范企业”培育点筛选、指导、申报工作。充实申报示范企业后备库，采用落实专人、入企帮扶，信用 QQ 群等途径，通过面对面指导、制度梳理、信用培训等方式了解、分析企业信用管理的现状与前景，帮助企业完善、落实信用管理制度，选定培育对象。是年，宝丰钢业集团有限公司获评丽水市信用管理示范企业。开展行政处罚信息信用修复工作，以保障失信主体权益。结合疫情防控下的涉疫企业需求，信用监管科引进信用修复机制，通过信用修复宣讲会等开展线上线下指导、简化工作流程，引导不良信息主体主动改正违法失信行为，消除社会不良影响。建立信用修复企业“一企一档”专项档案，定时组织 10 户登记在档的信用修复主体进行信用监管相关法律法规的普及与宣传，实现信用修复长效监管。

**【行政审批工作】**2021 年，县市场监管局优化企业开办流程，设置“企业开办专窗”，将企业开办的 5 个环节整合为 1 个完整闭环。科学分解办证人流，设置专职导服，根据业务特点将办证人员合理分流为窗口办理和网上申报，减少排队等待时间。针对偏远地区，发挥中介机构、银行乡镇等代办机构的作用实现就近办、合力办。全年实现企业开办网办率 90.06%，均在 0.5 个工作日内办结。整合社会各界力量，发挥“生力军”作用，以社会实践的形式招募 70 名县职业中专学生“志愿者”参与，2 天下载电子营业执照 1523 户。利用县餐饮协会、县印刷协会、县建材商会等行业经营者集中开会时机，协同推进电子营业执照下载等工作，实现电子营业执照下载量 2.08 万户，完成率为 137.92%，全省排名第一。出台《松阳县进一步深化“证照分离”改革全覆盖试点工作实施方案》，第三年在全市率先出台松阳县涉企经营许可事项改革清单，迭代升级打造松阳特色“证照分离”改革 3.0 版。全年牵头办理证照具体事项 3531 件，其中实行告知承诺办理业务 1218 件，优化准入服务办理业务 1935 件，改为备案办理业务 378 件，告知承诺应用率 100%，深化企业注销“一件事”改革，引导企业通过企业注销“一网服务”平台进行清算组备案及公示，并增加企业救济途径，对简易注销申请未通过企业，根据实际情况提供指导意见。全年注销企业318户，网上办结292户，注销网办率91.82%；推进企业简易注销改革，实现简易注销284户，简易注销数占比89.31%。

**【市场规范管理】**2021年，县市场监管局完成1家“五化”（便利化、智慧化、人性化、特色化、规范化）市场改造提升，2家省放心农贸市场续创，2家三星级文明规范市场复评。打造“五化”农贸市场，营造放心消费环境，以保障和改善民生为重点，推进农贸市场的软硬件升级、长效管理和业态创新，开展县城东菜市场“五化”提升工作。推进县城东菜市场和县城南菜市场的省放心农贸市场和三星级文明规范市场联创工作，完善智慧服务体系，综合提升市场软实力。全县各商品交易市场全面上线应用“浙江市场在线”，录入市场基本信息，并及时上传市场巡查、检测、价格采集等各类经营信息。持续巩固浙南茶叶市场“五化”创建成果，并以“茶叶质量安全双卡溯源数字化监管系统”为依托，通过系统开发和接入，打通双系统溯源链条，在全省率先实现专业市场溯源系统与“浙食链”应用系统的数据融合。由该局牵头持续构建“市场为主，部门联动”的联防联控体系，开展防疫警示宣传、疫苗接种排摸、交易人员管理等工作，确保既防得住疫情，又闻得到茶香。全年浙南茶叶市场实现交易量8260万千克，交易总额65.68亿元。

**【网络交易监管】**2021年，县市场监管局按照“依法管网、以网管网，信用管网、协同管网”的要求，重点打击利用网络侵犯知识产权、销售伪劣商品、不正当竞争、发布违法有害信息等扰乱网络市场经营秩序的违法行为，营造公平有序的网络市场秩序和消费环境。对网络经营活动中存在的突出问题，采取网上巡查、现场检查、梳理消费投诉等措施，严厉查处各类网络经营违法违规案件。全年查处网络案件62起，罚没款20.53万元，其中大要案6起，罚没款9.2万元，有力地维护了网络交易秩序。举办2期电子商务相关法律法规知识培训班，发放《中华人民共和国电子商务法》等宣传资料313份，参训106人次。培育具有示范带动的产业直播机构和网红带货达人，提高当地产品直播带货量。完成浙江省一体化数字资源系统应用编目1条，完成相关数据关联、组件关联、云资源关联、项目信息关联等工作。

**【消费维权】**2021年，县市场监管局畅通12315、12345、网络投诉举报平台等各项投诉举报渠道，同时执行24小时值班制度，对涉及食品安全、产品质量等消费投诉实行首接负责、第一时间受理机制，做到有诉必答、有案必查，净化市场交易环境。全年受理消费者投诉举报1260起，其中投诉511起、举报749起，涉及争议金额20余万元，挽回消费者损失金额9.5万元。根据消费者投诉热点，针对当地现状发布5期消费警示，及时提醒消费者安全理性消费。为加大对消费维权、放心消费的宣传力度，通过官方微信公众号、微博、电视、报纸等媒介发布消费维权知识、消费警示。3月15日，联合县移动公司发布微信朋友圈消费警示，主动推送信息1.5万余条，消费维权宣传信息阅览受众10余万人次，比上年增长50%。结合投诉举报典型案例对该领域经营户开展靶向性线下约谈，由执法人员主动走访，通过上门普及《中华人民共和国电子商务法》《中华人民共和国消费者权益保护法》等相关内容，以上门“约谈+授课”的方式“软硬兼施”引导经营单位提升法律意识，增强行业自律。全年建成放心消费单位457个，完成率114.25%；无理由退货承诺单位206个，完成率114.4%；放心工厂70家，完成率112.9%；放心消费商圈3个，完成率300%。通过省消保委暗访，成为全省5个100%通过的县之一。10月14日，县市场监管局、县消费者权益保护委员会秘书处会同县人民检察院、县人民法院、县财政局、县审计局率先在全省出台《松阳县食品消费类民事公益诉讼损害赔偿金管理办法》。

**【餐饮服务监管】**2021年，县市场监管局结合数字化改革加强餐饮服务监管。特大型餐饮单位、学校食堂自查率100%。开展大中型餐饮单位、学校、幼儿园食堂、养老机构食堂食安管理员培训和线上抽考，中型及以上餐饮服务提供者抽考率100%，合格率100%。入网餐饮服务提供者持证率、公示率100%，创建网络订餐“阳光厨房”200余家，实现主城区全覆盖，同时接入省局食品安全综合协同应用平台，“浙江外卖在线商户端”激活率100%，“阳光厨房”在线率90%以上，网络餐饮第三方平台及分支机构备案率100%。农村家宴厨房场景应用率100%，其中16家农村家宴厨房完成“阳光厨房”建设。建成学校、托幼机构食堂“智能阳光厨房”60家，实现校园智慧餐饮全覆盖，构筑“全数智”校园食品安全监管安全网，实现校园食品安全治理体系现代化。开展餐饮具掌上执法专项行动，4月底前完成养老机构食堂检查录入，5月底前全面完成除学校以外的其他单位食堂检查录入，学校食堂掌上执法专项春、秋季检查完成100%。通过微信公众号发布食品安全及文明用餐红黑榜19期，通过微信群发布《浙江省坚决制止餐饮浪费行动方案》、“厉行节约 反对浪费”的倡议书、提倡餐饮单位使用公筷公勺等内容开展线上宣传，并制作宣传海报、《行动指南》的宣传折页等开展线下实地走访宣教。承担县两会、中考、高考、公务员考试、文化活动、体育赛事、重要领导到松阳调研检查等食品安全保障工作20余次，出动执法人员87人次，保障安全用餐4870

人次。开展餐饮量化等级评定工作，评定年度A级单位33个，年度B级单位123个。

【食品生产与流通监管】2021年，县市场监管局以省民生实事和数字化建设推动发展，完成食品生产企业“阳光工厂”42家，“浙食链”应用主体249家，“样样赋码”315个，“件件扫码”215304个，“浙冷链”扫码、赋码率100%。全年出动执法人员3500余人次，检查覆盖肉类、水产、水果等重点食品生产经营主体2500余家次，联合县疾控中心开展“人、物、环境”核酸检测1.2万余份，强化“人物并防”常态化闭环管理，确保进口冷链食品“全受控、无遗漏”。处置涉疫“冻带鱼”、奶枣、车厘子、进口龙眼等事件，其中10月泰国进口龙眼应急事件主动作为规范高效处置获省委书记袁家军的批示肯定。落实“抽检分离”及基层食品抽检能力规范化建设，全年开展食品、食用农产品监督抽检1068批次，检出问题产品23批次，合格率为97.85%，立案21起（移送公安1起），处罚没款14.66万元。以“传承传统、打扶结合、优化升级”的要求，创建“名特优”作坊和量化达标小微企业全覆盖，实施“5S”现场管理7家。浙南茶叶市场全年茶叶交易22.72万笔、交易金额25.91亿元，茶青交易56万笔、交易金额8132.18万元。“浙食链”食用农产品全链条无纸化交易入选省市场监督管理局“揭榜挂帅”项目，茶叶质量溯源系统对接“浙食链”。茶叶质量安全“双卡溯源”工作获省市场监督管理局局长章根明批示肯定，茶叶质量安全“双卡溯源”系统入选全国市场监管部门首届食品安全智慧监管成果入围案例。

【化妆品安全监管】2021年，县市场监管局通过智慧监管、专项整治、加强宣传等方面施行化妆品安全监管工作。推进药械化经营领域“双随机、一公开”智慧监管工作，通过浙江省行政执法（互联网+监管）平台和“浙政钉”掌上执法模块，出动执法人员200余人次，对辖区100余家化妆品经营单位开展双随机检查，提升基层监管效能。针对儿童化妆品、染烫发类特殊用途化妆品、美容院院妆类化妆品等当事人关注度高、容易出现问题的化妆品种类开展专项检查和整治行动，规范化妆品经营市场，全年查处化妆品案件3起，罚没款2.23万元。开展日常监督检查、微信公众号、“5·25”全国护肤日、化妆品“百千万”放心消费示范工程创建等多样化多维度的形式进行《化妆品监督管理条例》《化妆品生产经营监督管理办法》等法律法规宣贯。指导经营单位做好索证索票和进货查验记录，如何辨别化妆品的类别、如何使用“化妆品监管”App查询化妆品是否合规、如何正确使用化妆品广告用语等，提升从业人员的专业知识和法律责任意识。同时面向公众开展各类宣贯活动，发放化妆品宣传资料，全年开展各类宣贯活动10余场次，发放宣传资料3500余册。

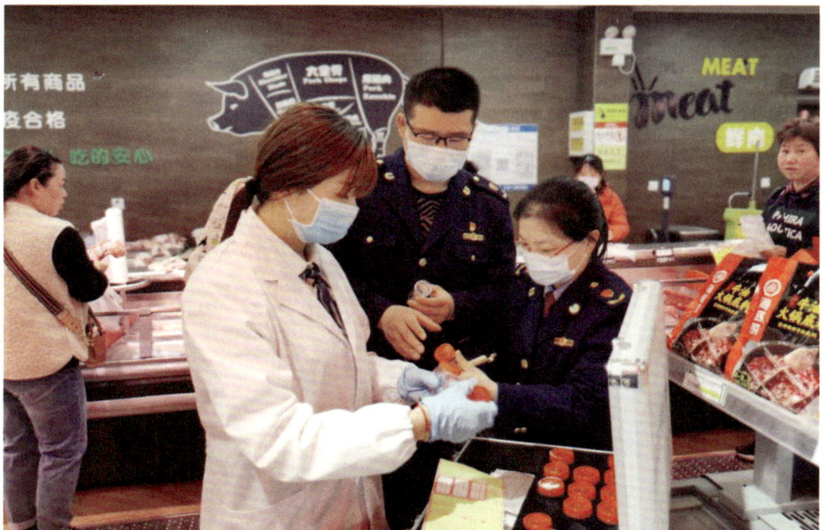

2021年3月26日，县市场监管局就全县流通市场开展牛羊肉“瘦肉精”快速检测专项行动　（包超/摄）

【药品医疗器械监管】2021年，县市场监管局坚持防风险和高质量发展两大取向，落实“四个最严”要求，保证人民群众用药用械安全有效可及，推动全县药品、医疗器械安全治理现代化和医药产业高质量发展。坚守药品生产安全底线，与药品生产企业签订安全生产承诺书，落实企业主体责任，进一步完善监督检查、飞行检查等缺陷整改落实，实现药品质量风险闭环管理机制。帮助企业在审批审评、生产销售等环节提供指导和帮助，为企业发展赋能助力。围绕中药饮片质量、网络销售药械、敷贴类医疗器械非法添加、新冠肺炎病毒检测试剂质量等老百姓关心关注的突出问题，净化药械市场环境，全年出动执法人员530人次，检查药械经营单位126个次、药械使用单位235个次，发放责令改正通知书19份，警告6份，查处药械案件7起，罚没款14.88万元。开展药品、医疗器械、化妆品不良反应（事件）监测工作，全年上报不良反应（事件）320例，超额12%完成全年监测任务。加强与县新冠肺炎疫情防控办公室、县卫健局、县医保局等相关部门沟通协作，严格落实购买疫情监测四大类药品人员的实名登记要求，全年上传148234条实名登记购药人员信息。全力抓好新冠肺炎病毒疫苗的质量监管，配合省药监局“疫苗流通评估管理”和“浙苗

2021 年 4 月 26 日，松阳县城第一家民生药事服务站挂牌运行 （县市场监管局供图）

链”系统，对新冠肺炎疫苗接种点开展每周巡查，全年接种点巡查 136 次，做到疫苗支支可追溯。依托零售药店为主体，建成 2 家民生药事服务站和 2 家 24 小时“网订店送”药店，开展测量血压、中药切片打粉、用药咨询、代客寻药、网订店送等药事服务，结合“学党史、悟思想、办实事”开展民生药事进社区、进老年大学等党员志愿活动，为群众提供服务和便利。

【质量与产品监管】2021 年，县市场监管局加强产品质量监督抽查，完成生产、流通领域监督抽查产品 53 批次，发现问题产品 6 批次，问题发现率 9.44%。依据省市场监督管理局部署，对所有“放心工厂”进行走访摸排，针对条件较差的企业暂时列入培育清单，严格控制准入条件，开展“放心工厂”后续评价工作，评定“放心工厂”70 家。针对不锈钢管产业开展分级分类监管和块状产业产品风险隐患排查，了解生产企业生产产品、产能规模、管理水平，联系国家特种金属结构材料质量监督检验中心与县不锈钢行业协会共同开展松阳不锈钢管产品质量提升活动，制定《松阳不锈钢管产品质量提升活动方案》，开展不锈钢管风险监测，走访生产企业 46 家，抽检样品 90 批次，发现隐患 14 个。落实兑现质量建设奖励资金，印发《关于开展 2020 年度松阳县推进品牌创建与质量建设奖励申报工作的通知》，开展 2020 年度品牌创建和质量建设奖励兑现工作，兑现奖励资金 43 万元，激励企业转型提升，提高企业质量创新和品牌培育积极性。对“品字标浙江制造”培育企业开展认证动员，3 家不锈钢管企业通过认证取得证书。动员指导浙江云中马股份有限公司、浙江万寿建筑工程有限公司参与申报 2021 年丽水市政府质量奖评选活动，通过评选分别获 2021 年丽水市人民政府质量奖和 2021 年丽水市人民政府质量奖创新奖。

【标准与计量监管】2021 年，县市场监管局发布主导或参与标准制修订 9 项。联合县残疾人联合会申报《人类工效学 家居无障碍设计要求》国家标准立项，成为丽水市首个社会管理类国家标准制定者。指导残疾人联合会制定《乡村景区无障碍环境建设标准化试点》成为全市唯一的省级标准化试点项目。联合县委组织部申报《浙江松阳基层社会治理综合标准化试点》入选全国备选典型案例。《“标准化+无障碍”建设共享乡村“无障·爱”》被评为丽水市 3 个标准化优秀案例之一，并在全市标准化工作交流会上作典型经验介绍。专报《松阳县全力打造省级无障碍建设示范点的主要做法》获副省长王文序批复。以国家第三批“百城千业万企对标达标提升专项行动”试点城市为契机，实施标准提档工程，指导 108 家企业自我声明 434 项标准，涵盖 788 种产品。全县 93 家制造业规上企业完成标准化统计监测。落实民生计量监管，组织对农贸市场、网店、实体店、医疗机构、眼镜制配以及民用“三表”（水表、电表和燃气表）、定量包装商品等开展计量监督检查，重点管理计量器具检定率达到 98%以上。把计量重点监管事项纳入“亮剑 2021”系列综合执法行动中，严厉打击计量作弊等违法行为，立案查处 4 起，全力营造县域内良好消费环境。推进认证工作，全年巡查机动车检验检测机构 8 次，其他检验机构 7 次，发放责令整改通知 4 份，随机抽查自愿性认证现场 8 次。推进“互联网+检验检测”公共服务平台应用落地，引导企业使用“浙里检”平台，实现线上委托订单 150 个，实验室预约开放 30 批次。

【特种设备安全监察】2021 年，县市场监管局积极履行特种设备安全监察职能，开展特种设备风险隐患的排查和治理，全年检查特种设备使用单位 128 个，出动执法人员 341 人次，检查设备 1600 余台，发现安全隐患 264 处，开具特种设备安全监察指令书 45 份，立案查处特种设备违法行为 2 起，全县特种设备运行总体平稳，未发生特种设备安全事故。围绕保障不锈钢产业起重机械运行安全，联合县应急管理局等部门协同推进起重机械专项整治，对 53 家不锈钢企业 1409 台（含 2.8 吨）起重机械进行全覆盖检查，排查各类安全隐患 143 处，均落实整改。开展特种设备全周期“一件事”改革，深化“浙江特种设备在线”落地应用，实现在用特种设备 100%赋码，9 家特种设备制造企业建成“阳光工厂”，87 台电梯建立物

2021 年 8 月 3 日，县市场监管局对浙江瑞鑫达实业有限公司开展起重机械安全专项整治　（县市场监管局供图）

联感知系统。推进电梯维保模式改进和检验检测方式调整试点工作，推行“自我声明+信用管理”和“物联网+维保”的新模式，落实使用单位和维保单位主体责任。获得国家市场监督管理总局 政策支持，在松阳举办 1 期涡流检测和超声检测培训考核班，40余家不锈钢企业的200余名检测人员参加培训考核，为企业节约交通、住宿等成本 130 万元。利用“特种设备安全月”“电梯安全宣传周”等时机，举行特种设备安全宣传，开展现场咨询活动 1 次，电梯安全进社区 2 次，特种设备安全进校园 2 次，电梯应急演练 2 次，企业负责人及作业人员专题培训会 2 次，受众 2000 余人次。

**【基层市场监管】**2021 年，县市场监管局组织开展“双百所”创建活动。帮助各基层所改造提升硬件设施，配备平板移动监管终端、单兵执法记录仪、现场取证、快检装备等数字化执法装备，修订和完善干部职工平时考核、考勤管理、教育培训、会议管理、档案管理等制度。为 5 个基层所配置“一舱显示”智慧屏，打造基层智慧监管指挥平台。

**【知识产权与发明专利】**2021 年，县市场监管局以数字化应用为抓手，服务知识产权创造、运用，加强知识产权保护，助推县域经济高质量发展。全年受理企业、个人各类商标查询 528 次，新增注册商标 980 个，新增农产品商标 299 个（茶叶商标 198 个），全县首件集体商标“原乡上田”29 类、30 类、43 类获国家知识产权局注册。全县有效注册商标 4288 个（其中农副产品商标 1302 个、服务商标 919 个）。2021 年，全县获授权专利 557 个，比上年增长 16.28%，其中发明 28 个、实用新型 461 个、外观设计 68 个。截至 12 月末，全县经国家知识产权局授权的有效发明专利为 128 个，高价值专利发明拥有量为 27 个，按上年末全县常住人口计算，每万人有效发明专利拥有量为 6.26 个，每万人高价值专利发明拥有量为 1.3 个。指导 4 家企业完成 33 个专利许可备案登记，协调中国银行松阳县支行为 6 家企业利用商标、专利权质押贷款 1.14 亿元，增强企业融资活力。对接县公安局、县人民法院等单位，开展知识产权保护“三合一”机制建设，丽水市中级人民法院知识产权巡回审判点于 4 月 27 日在古市法庭揭牌设立。开展全省电商领域专项侵权调处专项行动，办结完成全省专利协同案件录入 104 件，交办案件办理办结 100%。开展知识产权执法“铁拳”行动和地理标志保护等专项执法检查 5 次，出动检查人员 450 余人次，检查经营主体 327 户次，严厉打击商标恶意注册、非正常专利申请等行为，重点领域整治达到 100%，非正常专利申请撤回率 100%，“一链条保护”知识产权案件办结率 100%。全年立案查处侵犯注册商标专用权的案件 3 起，案值为 1.72 万元，罚没款 1.6 万元。

（县市场监管局）

## 综合行政执法

**【概况】**2021 年，松阳县综合行政执法局（以下简称“县综合行政执法局”）综合行政执法处罚案件办结 1102 件，完成《浙江省新增综合行政执法事项统一目录（2021 年）》新增划转事项 264 项，综合执法事项占比达 15%，实现监管事项认领 100%、监管事项执法检查覆盖 100%、办理综合行政执法事项处罚案件覆盖 30%、执法领域 50%的目标。

**【城市执法精细化管理】**2021 年，县综合行政执法局利用智慧执法平台、高空喊话系统等“非现场执法”模式，通过“智管通”的“摊贩管理”模块对流动摊贩进行信息采集、事件上报，进行数据分析、数据统计，用更高标准、更严要求推进市容市貌环境管控工作。推进“严管街、示范街”管理，发挥“以点带面”作用，提升全县域城市面貌。加大与人民群众切身权益相关领域的执法力度，持续开展占道经营、人行道违停等整治工作。全年发现相关问题 1.2 万余起，办结率 100%；利用高空喊话系统劝导违规行为 700 余起,纠正店外店、流动摊贩、噪声扰民、横幅广告等违法行为 8500 余起,整治人行道机动车、非机动车 1 万余辆，开具违法停车告知书 6490 份。

【城乡规划综合行政执法】2021 年，县综合行政执法局紧盯“无违建”创建这一目标，挂起“作战图”、亮出“问效榜”，通过每周通报、每月例会重点交办全面落实创建各项工作。以 28 个“示范村”创建为样板，引领全县“无违建”创建，全力打好“治违除患促安全”违法建筑专项整治行动攻坚战。全年排查违建 37635 宗，面积 240.54 万平方米；拆除违建 2739 宗，面积 39.47 万平方米，完成丽水市下达任务的 281.92%。违法建筑数据质量管控做法获浙江省“三改一拆”办常务副主任许小忠批示肯定，在全省推广学习。

【智慧城市管理】2021 年，县综合行政执法局开发并运行人行道违法停车综合管理系统，执法人员利用“浙政钉”的人行道违停采集端口以移动手持终端执法模式，对人行道违停机动车的车牌、图片、地点等信息进行采集，在线提交，现场打印，实现集执法勤务随行、案件一网通办、证据云端固定、罚款电子支付等为一体的综合行政执法“掌上云端”处理新模式。从“手写单”向“电子单”，“转录系统”向“即查即传”效能转变，提升人行道违法停车执法的数字化和规范化。该系统自 8 月底上线至 12 月末，处置人行道违章停车 2398 起，每单全程处置平均时间不到 1 分钟，较传统开单模式相比提速约 500%。2021 年，该局成立犬类执法专班，“错时+延时+突击”相结合强化管理，形成威慑力，力求“白+黑”双提升。联合村（社区）工作人员对养犬户进行“一对一”入户走访排摸情况，对 9 个城中村、社区，集市、4 个公园广场等重点场所进行文明养犬宣传，并进驻小区业主群 10 余个，张贴标语、图册，推送、发放《丽水市城市养犬管理规定》等宣传资料 2000 余份。依托丽水市智慧执法平台犬类信息管理模块实现线上监管，在全县范围内推行犬类电子标识植入登记管理，可通过“一犬一码”扫描识别犬只及犬主详细信息，有效避免防疫中断、犬牌丢失造假、犬只流浪等事件发生。全年抓捕公示 391 只犬，立案查处 160 件，共处罚金 2.96 万元，73 只犬完成犬类电子标识植入。全年依托“智管通”平台累计发现综合行政执法问题 4283 起，各部门应解决案件数 4283 起，结案率 100%；受理政务热线“12345”和“110”社会应急联动举报投诉问题 670 起，办结 670 起，办结率 100%。

【行政执法宣传】2021 年，县综合行政执法局于 9 月到三都乡紫草村开展“精准助农出实招 暖心服务送到家”系列活动。活动现场，执法人员在广场设点宣传秸秆禁烧、“无违建”创建、垃圾分类等政策法规，以案释法，以小见大，引导公众从自身做起，确保普法不留盲区、不离基层，实现政策宣传在一线。同时，该局主动对接爱心企业丽水市三青农业发展有限公司、松阳惠农农资有限公司为紫草村捐赠有机化肥 6000 千克、复合肥 10 包，随行的县农业农村局农技人员、三青农业有限公司经理各司其职，现场指导果树栽培技术、病虫害治理办法、生长期管理注意事项、传授科学施肥技术等。该局结合市容管控工作，把解决销售问题纳入“提前计划”，主动为种植户寻求销售渠道，联系爱心企业浙江百洁保洁有限公司，为该村果农签订 2022 年第一张高额翠冠梨订单，以“技术+物资”双保障，有效缓解种植户经济负担。

【专项综合行政执法行动】2021 年，县综合行政执法局通过“蓝天卫士”秸秆禁烧烟雾监测系统，对田间、山体、房舍周围火情进行实时抓拍、信息推送，实时监测报警，收到烟雾报警信息推送后可第一时间对事件进行处置，弥补巡查力量不足，实现“早发现、早出动、早扑灭”。火情高发时段组织辖区各中队开展为期 3 个月的秸秆禁烧专项整治月行动，每周不定期开展不少于 3 次（包含一次节假日）专项整治。此外，优化考评机制，通报每日火点，压实乡镇（街道）属地监管责任，多措并举确保秸秆禁烧“不松弦”。全年县域“中国蓝天卫士”秸秆禁烧烟雾检测系统发现火点 1700 余个，立案查处相关案件 151 起，处罚金额 6.53 万元 。

【行政执法体制改革】2021 年 8 月，松阳县成立“大综合一体化”行政执法改革专班，全面统筹推进改革工作。11 月 30 日，根据市级统一部署

2021 年 9 月 29 日，县综合行政执法局工作人员到三都乡紫草村开展“精准助农出实招 暖心服务送到家”系列活动 （包叶雯/摄）

对综合行政执法指导办公室进行挂牌，统筹推进行政执法体制改革，履行统筹协调、指导监督和考核行政执法、完善执法工作机制、协调指挥各执法主体执法活动、调配使用执法力量等职责。12月22日，举行古市镇人民政府行政执法事项赋权交接仪式，在条件较成熟的古市镇区域内实施“一支队伍管执法”，以赋权方式整合古市镇现有行政执法力量和资源，组建统一的综合行政执法机构，以古市镇人民政府名义开展执法工作。通过人员轮岗，在执法力量有限的情况下实现19个乡镇（街道）执法工作全覆盖，执法力量下沉一线达80%以上。精简整合专业执法队伍，整合形成“1+8”（综合执法+市场监管、生态环境、文化旅游、交通运输、农业农村、应急管理、自然资源、卫生8支专业执法队）的执法队伍架构。同时，严格按照省市县决策部署，深入推进“大综合一体化”执法体制改革，确保改革落地见效。

**【“微心愿”结对帮扶】**2021年，县综合行政执法局于5月联合结对村西屏街道钟楼村党支部、结对企业浙江中邦建设工程有限公司党支部开展“微心愿”结对帮扶活动，通过前期发动3个支部党员募捐，集中采购“微心愿”征集活动收集的枫坪乡枫坪小学91名留守学生想要实现的小心愿。5月15日，全体党员为其送去各类课外书籍及各类学习、运动用品。6月，该局开展“我为群众办实事”实践活动，为樟溪乡樟溪小学16名贫困儿童圆梦“微心愿”，送去衣物、课外书籍、学习用品、体育用品。

（县综合行政执法局）

## 消防救援

**【概况】**2021年，松阳县消防救援大队（以下简称“县消防大队”）隶属丽水市消防救援支队，负责辖区单位的消防监督检查，火灾事故调查，开业前检查，消防宣传等工作。大队下辖1个执勤站，有水罐车2辆、登高车2辆、抢险救援车1辆，宣传车1辆，主要担负辖区内的防火、灭火及各类抢险救援工作任务，以及全县1支乡镇企业专职消防队的业务指导工作。辖区内有消防安全重点单位129个。

2021年，县消防大队持续发扬“搏在山区、拼向前列”的丽水消防精神，开展“践行训词精神，担当神圣使命，坚持五个不动摇”教育实践活动和“以案促改，整风肃纪”专项整顿活动，队伍整体形象明显跃升。全年共接警出动275次。其中，扑救火灾111次、抢险救援108次，社会救助42起，公务执勤14起。出动人员2514人次，出动车辆402辆次，抢救被困人员114人，疏散被困人员77人，抢救财产价值529.45万元，保护财产价值494.6万元，全县火灾起数比上年上升9.9%。实现社会火灾形势稳定和队伍管理的双稳定，全县消防工作和队站建设呈现良好的发展态势。

2021年5月15日，县综合行政执法局、“中邦建设”公司、钟楼村党员与枫坪小学留守儿童开展“微心愿”结对帮扶活动　（包叶雯/摄）

**【落实消防监管责任】**2021年，县人民政府组织召开应急管理、安全生产、消防安全工作会议，与19个乡镇（街道）、32个消防安全委员会成员单位签订年度应急管理、安全生产和消防工作目标管理责任书，把消防工作纳入全县年度综合考核内容并提高分值比重。县委、县人民政府先后召开县委常委会会议、县委议军会议和县人民政府常务会议听取消防工作报告，部署启动“消防安全基础提升年”活动。县教育局、县民政局、县民宗局、县卫健局、县文广旅体局等部门均出台行业消防安全标准化管理文件。全县上下贯彻落实《消防安全责任制实施办法》，督促乡镇（街道）、行业主管部门落实消防安全岗位职责规定、责任追究办法，依法履行消防安全管理责任。县领导莫靓、周鸿飞、郑伟坚等先后带队开展消防安全检查，推动全县消防安全工作的开展。

**【执勤备战】**2021年，县消防救援大队着力构建符合当地特点的灭火救援初战体系，深化“专业化、基础化、实战化”的要求。围绕“能打仗、打胜仗”目标，不断夯实灭火救援基础工作。开展重点单位熟悉演练120余次，制作新增重点单位数字化预案14份，修订完善预案单位129个；联合龙丽高速管理处、县交警大队等部门开展龙丽高速东田隧道应急演练，配合古市镇人民政府、县应急管理局等单位完成全县地质灾害联合演练。该大队5月的全市消防救援队伍体能比武竞赛中获团体第三名；参加支队组织的夏训科目对抗赛，获消防号操全优。

**【城市消防设施维护】**2021年，县消防救援大队对全县420只市政消火栓和6个天然水源取水口进行检查保养，确保完好率，全年增加市政10只消火栓和1个天然水源取水口。

**【消防宣传教育】**2021年，县消防救援大队以消防宣传“五进”、安全生产月、“119”消防宣传月等活动为抓手，以微博、微信、电视、报刊、广播等为载体，全方位开展消防安全宣传。联合县教育局开展消防安全暑期社会实践活动、消防安全“开学第一课”，提升师生消防安全意识和逃生自救能力。部署行业部门、乡镇（街道），发动广大群众参与消防知识答题，提升全民消防常识知晓率。督促16个乡镇建成消防宣传教育体验室。对接县应急管理局把消防知识同步纳入全县百万员工大培训内容，开展线上线下培训，培训1980人。该大队全年开展消防培训106场次，培训35981人，开放消防站20余次，出门宣传173次，发送提醒短信15万余条，发放宣传资料10万余份。每周开展常态化咨询服务和常识宣讲，既传播消防安全，又展示消防形象。

**【消防安全监督检查】**2021年，县消防救援大队紧盯“防大火、遏亡人、降总量”工作目标，以高层建筑、小微企业、居住出租房等场所为重点，开展一系列专项整治。县委常委、常务副县长郑伟坚专门召集相关部门部署高层建筑整治事宜，明确责任分工，量化工作任务。截至12月末，县域各高层建筑均完成消防车通道划线工作，除天元时代广场以外，其余小区消防设施全部整改，增加城市消防远程监控系统5处。联合县工业园区管委会、县应急管理局对不锈钢行业开展第二轮集中治理，把消防安全管理纳入行业安全生产制度化管理内容，更换可燃顶棚5万平方米。全年检查社会单位1195家，发现火灾隐患或违法行为945处，督促整改火灾隐患942处，下发责令改正通知书736份，下发行政处罚决定书117份，临时查封20家，责令“三停”20家，罚款41.66万元。跟踪督办2家市级挂牌重大火灾隐患单位整改。

**【组织开展业务技能比武竞赛】**2021年，县消防大队不间断组织全县专职（志愿）消防队员开展轮训，提升专职队伍能力建设。11月5日，举行2021年松阳县乡镇专职（志愿）队、微型消防站业务技能比武竞赛。全县19个乡镇（街道）人民政府专职消防队（分管乡镇副职领队），15个重点单位微型消防站，170余人参赛。比武过程中，全体参赛人员严格遵守比武纪律和要求，发挥不怕苦、不怕累，奋力拼搏，团结协作的精神，展现了较强的业务技能和优良的战斗作风。通过开展此次消防技能比武竞赛，全面检验辖区多种形式消防队伍的消防业务水平，进一步提升其应急救援保障能力，为确保辖区消防安全形势的持续稳定奠定坚实基础。

（县消防大队　黄世洁）

2021年11月5日，松阳县乡镇专职（志愿）队、微型消防站业务技能比武竞赛现场　（县消防大队供图）

## 自然资源管理

**【概况】**2021年，松阳县自然资源和规划局（以下简称“县自然资源和规划局”）实现政府性资金收入23.58亿元，其中收取土地出让金6.34亿元、指标调剂收入17.24亿元。有效破解耕地占补平衡难题，统筹用好土地指标，实现全县所有项目用地应保尽保。上报土地指标2个单选和5个批次共计面积47.68公顷（耕地23.78公顷，涉及农民6.10公顷）。全力配合重大项目“百日攻坚”行动，其中衢丽铁路松阳至莲都段项目、235国道松阳段和育英小学3个重点攻坚项目土地报批进度位列全市第一。推进市场土地评估及开展农村集体经营性建设用地入市等工作。

**【自然资源调查监测评价】**2021年，县自然资源和规划局根据国家、省、市自然资源主管部门的部署和要求，于3月底前按时完成2020年度变更调查，上报自然资源部、省自然资源厅核查。首次上报的成果三项差错率均低于1%，高质量、高效率地推进该次变更调查工作。根据《关于先行开展自然资源统一确权登记的通知》（浙自然资厅〔2019〕750号）文件和省厅部署，按照《浙江省自然资源确权登记操作指引（试行）》的要求，于10月修改完成试点浙江松阳卯山国家森林公园自然资源确权登记成果，完成数据库及各类成果。同时，组织开展自然资源资产清查项目，清查全县自然资源资产，并估算自然资源资产经济价值，完成价值量和实物量上报。另外，2020年筹划施行全县集体建设用地和农用地基准地价、标定地价体系制订、城镇基准地价更新4个项目，于2021年6月召开4个项目听证会，完成成果指定并通过验收。

**【自然资源合理开发利用】**2021年，县自然资源和规划局根据《中华人民共和国土地管理法》、2021年“中央1号文件”《中共中央 国务院发布关于全面推进乡村振兴加快农业农村现代化的意见》等文件精神和有关工作要求，根据省、市统一部署，结合松阳实际，稳妥审慎开展传统村落集体经营性建设用地入市工作。选定四都乡汤城村（国家级传统村落）作为试点村，现已完成实施方案编制。推进土地整治，全年完成报备入库耕地数量273.4公顷，水田规模279.27公顷，粮食产能232.70万千克，是全市唯一入库指标为正数的县（市、区）。完成建设用地复垦入库20.58公顷，新立项11.23公顷，为全市复垦量最多的县（市、区）。

**【耕地保护】**2021年，县自然资源和规划局坚持“数量不减少、质量有提高”，牢牢守住耕地和基本农田红线。全县实际耕地面积为18953.33公顷，大于下达的耕地保有量指标。基本农田任务14733.33公顷，基本农田划定14733.33公顷，完成上级下达任务。高质量完成涉林垦造耕地问题整改项目202个（181个涉林项目和21个非涉林项目），涉及全县19个乡镇（街道）。32个省级下达整改项目通过市级验收，94个省交办市级督导整改项目通过市级验收，76个县级整改项目通过县级验收。完成生态修复面积161.86公顷，其中181个涉林项目生态修复面积158.77公顷，植树造林30万余株；耕种管护面积358.75公顷，其中181个涉林项目耕种管护面积324.48公顷。

**【规划编制并监督】**2021年，县自然资源和规划局按照自然资源部、省自然资源厅关于做好近期国土空间规划有关工作的通知精神，完成全县过渡期城镇开发边界划定工作，获省政府批复。同时松阳被列入浙江省三线试划试点县（市），重点围绕永久农田保护与松阳茶园即可恢复整改问题进行多轮对接，第二轮相关成果于10月底全面完成并提交省自然资源厅审核。形成《松阳县国土空间总体规划》方案初稿，同步推进《松阳县乡镇级国土空间总体规划》编制工作。完成省级村庄规划试点村大东坝镇蔡宅村规划编制以及市级“两山转化”集体建设用地入市试点村四都乡四都阳村村庄规划编制工作。

**【不动产登记工作】**2021年，县自然资源和规划局持续推进不动产登记便民服务，拟定不动产交易资安全保障路径，通过改造存量房网签系统，实施不动产交易资金安全监管，保障交易双方权益；完善不动产登记和纳税联办机制，7月底全面实施不动产登记和网上缴税联办；深化林权不动产登记改革，率先在丽水市范围内全面实施林权不动产统一登记。全年完成办理各类不动产登记业务18616件，各类查询登记5324次。

**【土地征用】**2021年，县自然资源和规划局严格依法规范土地征收行为，保障集体土地所有者、使用者的合法权益。全年土地征收项目8个，新启动征收项目3个（马桥后区块、南城区块、周坑水库）。全年在征项目总面积67.92公顷，支付征地补偿费15051.15万元，其中衢丽铁路总征地费用3529.95万元，总征地费用中有69.62万元由征地所支付，3460.33万元由衢丽铁路指挥部支付。全年新测算下达参保名额609人，确保失地农民基本生活有保障。

**【未供土地及闲置土地管理】**2021年，全县盘活存量建设用地任务26公顷，实现26.06公顷；城镇低效用地再开发任务12.33公顷，实现15.05公顷；2009—2018年批而未供土地消化利用任务30.89公顷，实现34.53公顷；闲置土地处置任务1公顷，完成2.64公顷。

**【土地出让】**2021年，县自然资源和规划局统筹全县土地出让项目，有序把握经营性用地出让规模、结构和时序，抓好项目动态监管。5月，县政府出台《松阳县人民政府办公室关于印发松阳县规划国土联席会议制度议事规则的通知》(松政办发〔2021〕21号)，建立一月一次的联席会议制度，进一步推进全县土地市场健康平稳发展。全年共出让34宗国有建设用地，出让总面积103.07公顷，涉及土地出让金6.34亿元，其中工业项目18宗，面积91.42公顷，涉及土地出让金2.67亿元。

**【自然地质灾害防治】**2021年，县自然资源和规划局组织开展《松阳县地质灾害防治“十四五”规划》编制工作。6月底通过专家评审，8月通过市局审核批准，9月底由县自然资源和规划局、县发展和改革局发布实施。全年组织开展地质灾害综合治理项目4个，其中2个项目竣工验收。调查、处置地质灾害灾险情23处。完成5个批次14户32人避让搬迁资金审查发放，合计发放资金151.7万元，其中拆房奖励和过渡期租房补助3.2万元、迁建安置补助1.5万元、公寓安置补助42万元、货币安置补助105万元。组织开展180处地质灾害风险防范区常态化巡查，网格员覆盖安装“地灾智防”App，全年累计签到巡查5237人次。新增地质灾害（地质环境）监测预警实验点项目建设11处，全县建成专业监测点19处，全方面提高监测预警的水平，通过智能化方式，及时有效地发现险情，保障百姓的生命财产安全。

**【国土矿藏资源】**2021年，全县共有持证矿山10家，其中省级发证矿山4家、县级发证矿山6家。10家矿山分别为铜多金属矿1家、钼矿1家、萤石矿1家、高岭土矿3家、建筑石料矿4家。10家矿山中，正常生产5家，停产2家，处于基建期3家。全县共有探矿权1宗，为浙江省松阳县板桥乡上湾铜多金属矿外围详查项目。全县矿山企业绿色矿山应建必建，完成省绿色矿山建设三年专项行动全部任务，创成绿色矿山8家。配合省自然资源厅完成象溪镇靖居包萤石矿延续、出让，签订延续出让合同，收取新增矿产资源出让收益104.23万余元；督促浙江松阳明石矿业有限公司开展峰洞岩高岭土矿新增Ⅲ号、Ⅳ号矿体（低品位）生产勘查，委托绍兴鑫达矿产资源储量评审科技咨询有限公司对勘查成果进行审查，矿山新增低品位高岭土矿（矿石$Al_2O_3$平均含量<14.64）资源量11.94亿千克。委托吉林大地资产评估有限责任公司开展新增Ⅲ号、Ⅳ号矿体（低品位）评估，评估采矿权出让收益542.09万元。

**【基础测绘工作】**2021年，县自然资源和规划局以“规范使用地图 一点都不能错”为主题，组织开展“8·29”全国测绘法宣传日暨国家版图意识宣传活动，不断强化公众的国家版图意识，让“规范使用地图”成为全民自觉。2021松阳地理信息公共服务平台（天地图）数据融合和生产、维护更新数据项目（1：2000数字线划图更新），电子地图数据融合150平方千米，涉及10个乡镇(街道)；POI及地址库数据更新20平方千米，涉及4个乡镇。1：2000基础地理信息DLG及数据库更新150.5平方千米，涉及7个乡镇（街道）折合1：2000标准图幅（50cm * 50cm）150.5幅。11月，通过省质检验收，为国土空间基础信息平台提供大数据支撑，充分发挥“天地图”的作用。

**【不动产档案管理】**松阳县不动产登记围绕不动产登记“最多跑一次”改革、数字化改革、优化营商环境等主题，以“便民、利民、优质、高效”为基本准则，深入开展不动产登记改革工作，切实落实省市主管部门重点工作任务，全方位强化登记服务。全年累计完成办理各类不动产登记业务17236件，各类查询登记5029次。其中，存量房网签671套，各类转移登记1734件，首次、变更登记2532件，抵押登记3320件，预告登记1528件，林权登记942宗，林地经营权流转登记3宗。

（县自然和资源规划局）

## 国有资本投资运营

### ·国有资本投资·

**【概况】**2021年，松阳县国有资本投资运营集团有限公司（以下简称“县国投公司”）履行“融资、经营、管理”三大职责，谋划投资经营思路，推进平台融资工作，努力提升公司实力，为县域经济社会发展发挥作用，助力松阳跨越式高质量发展，建设共同富裕美好社会。

**【投资经营】**2021年，县国投公司成立上海松州置业有限公司，购买上海海尔智谷科创园5号楼，该楼位于上海市松江区广富林东路和中创路交界处，总层数5层，建筑面积4357.5平方米，总价6423.22万元，1楼部分建成松阳会客厅，规划打造成为松阳在上海的展示窗口和科创人才基地。为促进全县破产企业资产处置和小微园创建，推进古市小微园建设，按“一园二区”的布局把原凯尔泰竹业公司、原华汽公司等地块建设成为小微创业园，占地4.85公顷，完成1号、5号厂房改造，供排水及供电、光伏工程正在实施中。8月，引进浙江城光联链科技有限公司入驻中德产业园。根据松阳县黄南水库发展有限公司股东投资协议以及调整股东投资协议，一次性回购浙江省乡村振兴投资基金有限公司持有的黄南水库股权，转让回购价格28720.83万元。

**【国有资产管理】**2021年，县国投公司开展公司资产调查分类工作。截至12月末，该公司总资产52.95亿元。账面资产56宗，托管资产34宗，原经县人民政府划转15宗资产因历史原因未能办理过户手续，其中2宗资产房产过户未能办理土地过户。现行除经营性资产（含托管）由该公司按照管理办法对外出租外，其余由县各行政事业单位无偿使用。全年组织国有资产公开拍租3次，成交标的27宗，成交价年租金78.85万元，按照资产管理办法经国资办审批后协议出租4宗，成交价年租金20.8万元，租金总计99.65万元。该公司资产运营部办理铺门佳苑、和乐路1号等5宗资产过户手续，账面价值近1.5亿元，进一步提升公司的资本实力。3月，完成50宗资产评估，价值11.69亿元，其中4宗资产需改变用地性质（补缴土地出让金约1000万元），3宗资产需划转过户，1宗资产需提高容积率。配合做好资产评估值入账工作，确保按时落实反担保抵押资产。根据县治砂办工作安排，及时把9处砂石料资源进行公开拍卖。全年开展资产拍卖8次，成交金额6333.48万元。做好全县机关事业单位废旧物资回收利用，规范国有资产处置和回收，减少国有资产损失，全年废旧物资回收销售额为13.02万元。全年钢材销售额为930.49万元。

【企业金融工作】2021 年，县国投公司主体信用等级评定为 AA 级，获得远东评级出具的非公开发行债券信用等级 AAA 级。12 月 21 日，经上海交易所上会通过发行债券，首期发行总额为 5.8 亿元，期限 3 年。10 月 11 日，与省担保公司签订担保合同，为国有企业融资开展担保业务。发挥国投融资平台功能，全年公司对外实际提供融资担保余额 22.37 亿元。

【担保追偿工作】2021 年，县国投公司开展担保代偿等债权追偿工作。全年共追偿金额 36.1 万元，其中担保追偿 25.1 万元、短期借款 11 万元；另对浙江博勒科技有限公司、松阳县神农农业发展有限公司 2 家借款单位进行起诉立案。

（县国投公司）

### ·城市发展投资·

【概况】2021 年，松阳县城投集团（以下简称“县城投集团”）项目建设计划总投资 13.23 亿元（概算数）。截至 12 月末，实现总投资 11.39 亿元，完成率 86.09%。

【项目建设】全县发展投资项目共 32 个（新建项目 10 个，续建项目 17 个，前期项目 4 个和预备项目 1 个），其中重点项目 10 个，重点项目中新开工 3 个，分别为城乡垃圾资源化利用处置项目、育英小学和人民医院改扩建项目；重点续建项目 6 个，分别为瓦窑头区块改造安置房建设项目、城区截污纳管雨污分流工程、老旧小区改造项目、江南东路道路及景观工程、北山大道拓宽改造工程、要津南路延伸段道路工程；重点预备项目 1 个，为长虹中路道路改造工程（太平坊路至环城西路段）。2021 年，建成竣工的项目有棚户区改造一期（城中村）项目 10 个，分别为青田码道安置区块、北山大道拓宽改造工程、育英路东段道路工程、江滨区块基础设施配套工程（二期）、垃圾填埋场地下水污染阻控项目、老房子修缮工程、独山路道路工程（新华南路至环城西路延伸段）、县人大联络总站项目、民兵训练基地（土建及建筑工程）、市政小工程。

（县城投集团）

### ·经济发展投资·

【概况】松阳县经济发展投资集团有限公司（以下简称“县经投集团”）于 2021 年 3 月 3 日完成工商登记注册，正式挂牌成立。公司注册资本 2 亿元，由松阳县国有资产管理委员会出资，经营范围为房地产开发经营、各类工程建设活动、货物进出口、离岸贸易经营、市政设施管理、物业管理；非居住房地产租赁、广告发布（非广播电台、电视台、报刊出版单位）、普通货物仓储服务（不含危险化学品等需许可审批的项目）、股权投资、国内贸易代理、以自有资金从事投资活动。集团公司下辖 4 家子公司，分别为松阳县西屏工业园开发有限公司、松阳县中小企业孵化基地开发有限公司、松阳县“大搬快聚”开发有限公司、松阳县舜龙山海协作产业园开发有限公司。

县经投集团定位于松阳县生态工业高质量绿色发展服务平台，围绕县委县政府决策部署，着力推进工业园区基础设施和重大项目建设，拓展全县工业发展空间，推动工业产业资源资产整合，培育与现有资源相近的工业产业和工业贸易，以市场化运作方式从事授权范围内国有资产、资源经营和资本运作，助推全县工业产业转型升级和做大做强。

【园区基础设施建设】2021 年，县经投集团成立，全年累计完成 14 个项目的结算审核工作，厘清多年竣工但未结算项目。续建项目中松阳县赤寿生态工业区块近期第二阶段基础设施工程不锈钢示范区（近期）场地平整和水渠工程竣工验收，完成场地平整 80.07 公顷，新建水渠 1.2 千米，新增工业用地 70.87 公顷。为配合企业落地，启动不锈钢示范区（近期）第一阶段工程、赤寿生态工业区块新无名支七路、赤寿生态工业区块 4–02 地块分界道路 3 个基础设施工程的开工建设。项目前期方面，参与赤寿生态工业区块二期项目规划工作，提前开展风险评估、项目初步设计、初步地勘等项目前期工作，为 2022 年项目实施创造积极条件；同时开展不锈钢示范区中期、赤寿生态工业区块近期提升工程等项目前期工作，为全县招商引资提供助力；开展经营性项目如标准厂房、科创孵化园、赤寿标准厂房综合楼等多个项目的谋划工作，不断增加项目储备数量和提升项目前期工作水平。

【投融资经营】2021 年，县经投集团拓展业务范围，走多元化发展道路，出资成立 4 家合资公司，分别为浙江丽水中万环保科技有限公司、宁波松意山海协作建设发展有限公司、浙江畅阳交通科技有限公司、丽水润阳新能源开发有限公司，其中控股浙江丽水中万环保科技有限公司、宁波松意山海协作建设发展有限公司。发挥国有企业融资平台作用，为园区建设提供资金保障，全年集团累计完成融资授信 3.75 亿元，申请专项债券 5.5 亿元，其中松阳县赤寿生态工业区块近期第二阶段基础设施工程专项债券 1.5 亿元，到位 7000 万元；松阳县赤寿生态工业区块二期第一阶段开发项目专项债券 3 亿元，该项目通过国家发改委、财政部审核通过；松阳马桥后工业园开发项目专项债券 1 亿元，该项目通过国家发改委审核。

（县经投集团）

### ·交通发展投资·

【概况】2021 年，松阳县交通发展投资集团有限公司（以下简称“县交投集团公司”）以优化国有资本布局、提升产业竞争力和国有资本运管效率、提高国有资本回报为目标，通过

玉湖公路桥梁建设　（县交投集团公司供图）

开展投融资、资本股权运作、有序进退等方式，盘活存量国有资产，引导和带动社会资本共同发展，实现交通行业资本合理流动和保值增值。截至12月末，该公司资产总额28.65亿元，全年实现营业收入9592万元。

**【交通发展投资】**2021年，县交投集团公司实施交通工程项目3个。235国道松阳段改建工程，全年完成一标段、二标段临建设施，控制性工程进场施工，实现年度投资22223万元。仙居至庆元公路松阳水南至枫坪段工程，第一合同段桥梁、隧道等主体工程全部完工，第二合同段隧道工程完成43%，路基工程完成38.4%，桥梁工程完成8.6%，全年实现投资30007万元。玉岩镇玉湖村林区道路工程全年实现投资768万元。

**【公交客运惠民服务】**2021年，县交投集团公司旗下有运营车177辆，其中新能源电动车46辆，公交线路17条，线路总长约303千米，公交停靠点490个。全年公交完成168314班次，客运量136.8万人次，公交IC卡刷卡量99万人次；客运行车总里程430.22万千米，发送旅客13.9万人次，客运周转量1151.8万人次。

**【公路养护】**2021年，县交投集团公司完成全县19个乡镇（街道）桥梁栏杆改造276座，波形护栏新建及修复40千米，路面病害坑洞修复15785平方米，路面病害车辙处置30885平方米，清理边坡塌方3684立方米，路面病害处置灌缝804千米。日常巡查出动养护作业人员1.9万人次，养护作业车辆3000余台班。

**【交通施工图设计】**2021年，县交投集团公司完成全县11条"四好农村路"提升改造工程的施工图设计，总里程46.03千米，总造价1140万元；9条农村联网公路的外业勘测和设计，总里程14.05千米；"四好农村路"大中修工程的施工图设计，总里程73.93千米。

**【商贸经营转型发展】**2021年，县交投集团公司推动下属华顺公司转型发展，2月正式对华顺公司的经营范围进行调整，范围扩大包括机械工程、设备、仪器及零部件销售，客车配件销售等。全年实现销售收入2022万元。

（县交投集团公司）

## ·水务发展投资·

**【概况】**2021年，松阳县水务发展投资集团有限公司（以下简称"县水投集团"）实现供水211.10亿千克，发电2312万千瓦小时，实现经营收入1.22亿元，资产总额18.12亿元。

**【城乡供水一体化】**2021年，县水投集团立足于安全供水，依托县城自来水厂，扩大供水范围，纵深推进城乡供水一体化。续建县域供水一体化管网工程，建成裕溪乡进村主管道11千米，新建3座无负压泵站，实现投资1500万元。改造古市供水区域管网，铺设进村主管道18.3千米、配水管网153千米，建成2座加压泵站，实现投资5000万元。截至12月底，全县城乡一体化供水受益18.03万人，城乡一体化供水率74.8%。

**【农村供水工程县级统管】**2021年，县水投集团全面落实农村供水工程县级统管，提升农村供水工程信息化管理水平。信息化系统二期项目新增45个水站余氯、浊度在线监测设备，至12月末，设备均安装完毕。同时根据上级主管部门要求，谋划"松阳县农村饮用水运行管理平台"建设。全年农村饮水（简称"农饮水"）水质暗访合格率100%，获丽水市乡村振兴考核农村饮水工作第一名，获浙江省农饮水达标提标奖补资金3000万元。

**【河道治理工程】**2021年，县水投集团持续实施河道治理工程。续建松阴溪干流综合治理工程：港口至毛弄村段综合治理工程完工并通过验收，石门村至港口村段综合治理主体工程基本完工，界首村至石门村段综合治理工程完成河道整治5.6千米；全年实现投资4500万元。松阴溪象溪段和西屏上段获评省级美丽河湖。动建小港综合治理工程（一期），整治河道3千米，实现投资1500万元，完成省级民生实事考核。

**【农村生活污水运维管理】**2021年，

县水投集团配合县住房和城乡建设局落实省、市考核任务、民生实事关于农村污水（简称“农污”）治理提升工作。全县50个农污处理设施改造提升工程全面完工，通过厌氧池更换填料、人工湿地翻新、新增公示牌等举措，使出水达标排放，实现农污标准化运维管理。对151个农污设备施行标准化运维管理，利用信息化管理平台，全面实行信息化。全年第三方运维机构处理农污运维事件705起，包括终端废弃使用登记、终端水毁重建，管网堵塞疏通、管道破损修复、井盖破损更换、水泵报废更换等，运维整改完成率100%，实现响应及时、处理及时。

**【用水报装服务流程优化】**2021年，县水投集团推进“最多跑一次”改革，实行“一窗受理”及“首问责任制”，围绕“减事项、减材料、减环节、减时间、减费用”的要求，报装申请材料精简至1份，环节精简至3个，从用户申请到通水不超过4个工作日，切实提高用水报装公共服务质量和效率，居民和企业用水报装的便利性、满意度持续提升。

（县水投集团）

## ·文化旅游发展投资·

**【概况】**2021年，松阳县文化旅游发展投资集团有限公司（以下简称“县文旅投集团”）下辖6个子公司，分别为松阳县旅游发展有限公司、松阳县四方保安有限公司、松阳县档案服务有限公司、松阳县广播电视广告有限责任公司、松阳高腔传承发展有限公司、松阳县田园风光旅行社有限公司，共有工作人员107人。全年实现营业收入6690.28万元，比上年增长100.17%。

**【文旅产业发展】**2021年，县文旅投集团细化景区提升。完善大木山茶园、松阴溪、黄家大院和延庆寺塔等旅游景区的基础设施建设，引入梅花鹿、羊驼、孔雀等观赏动物及移动售卖车等全新业态，提升游客新鲜感和体验感，植入喊泉、采茶制茶、汉服游园等体验项目，增进体验式消费，开展“亲青恋”“女神节”等系列活动20余场次，推进松阳“研学+旅行”平稳发展，开展松阴溪湿地研学、黄家大院木雕研学等15场次内容丰富、寓教于乐的研学旅行，既锻炼了员工组织策划能力，又增加了景区营收。优化文旅商品，全年开发设计茶叶包装、文创产品等55款。充分利用茶叶元素，包装设计松阳香茶系列产品、端午茶18款，提高市场竞争力，增加产品附加值；挖掘浙西南红色文化和松阳景区元素与特色，开发设计红军筷布袋、庆祝中国共产党成立100周年纪念书签等红色文创产品及带有松阳元素的折扇、笔记本、雨伞、便携式旅行茶具、便携式小罐茶等31款；与蓝城农业公司联合开发“山耕家宴——松阳味道”礼盒。提升服务品质，严格执行规章制度，树立主动服务、优质服务理念，强化员工服务意识，提升员工职业素质，更好地为服务客户排忧解难；定期开展员工技能提升培训，举办文旅投集团红色讲解大赛和保安技能大比武；邀请专家授课，鼓励员工参加各级单位组织的技能培训，提升员工各项职业技能水平。

**【子公司业务发展】**2021年，县文旅投集团在推进文旅事业发展的同时，科学规划，打造集团“一体五翼”格局，实现该集团各子公司多点开花的良好局面。截至12月末，培训公司承办外来培训班20批次，县内单位党员活动类业务68批次，县内外出培训班29批次。在相关单位的共同支持下，开拓井冈山、上海、嘉兴等培训线路；承接多次县内大型活动和培训班；教学业务特色初步形成，工作机制也日趋完善，服务品质日益提高，受到客户的广泛好评。同时充分利用县内优质资源，研发工业产业、古建筑、红色文化等研学课程体系，打造系列精品研学课程。通过对保安公司现有业务板块进行全面整合，进一步推进优势业务发展。全年人防业务稳固，摩托车驾驶员培训业务营业收入和报名学员创新高。技防、拍照、110区域防盗的接处警等业务稳定发展。截至12月末，公司业务收入突破2900万元，比上年增长16%，实现业务收入稳步增长。档案公司：对接全县的行政、企事业单位的档案业务，扩大档案业务承接范围，并努力提供优质服务。全年完成县委、县政府、团县委、市生态环境局松阳分局、县水利局文书档案7500余件，业务档案150卷，实现营收30.36万元，比上年增长159.5%。高腔公司坚持活态传承，打造松阳“文化金名片”。自1月运营以来，相继承接戏曲（松阳高腔）电视剧《红色浙西南》开机仪式、松阳县第十四届中国（国际）茶商大会·松阳香茶茶叶节、松阳高腔艺术文化节等各类活动10余场次，开展党史学习教育送戏下乡100场次。成立田园风光旅行社，紧密对接县7家资质旅行社，搭建疗休养数字化管理平台，推进工作开展，保障服务品质，连同全县229家企、机关事业单位签订疗休养三方服务协议，促进全县各单位职工疗休养规范化，服务整个县域疗休养资源，助推县域数字化改革，增加国有企业营收和全县服务业产值。该旅行社实现营业额2350万元，净利润27万元。

**【景区提升改造】**2021年，县文旅投集团坚持项目为王，以大项目为龙头，以点带面，推动文旅融合发展。谋划大木山亲子乐园项目建设和对大木山茶园综合服务中心、大木山自然学堂、茶文化体验中心及茶园景区进行提升改造，打造亲子度假旅游产品等，项目估算总投资8000万元，与浙江省旅游投资集团有限公司进行对接合作，完成概念方案编制；谋划黄家大院改造提升。以创建高等级旅游景区为目标，编制黄家大院改造方案，并报省文物局审批通过，估算总投资4000万元，委托浙江省古建筑设计研究院编制施工图。上述2个项目正在进行专项债申报。

**【盘活闲置资源】**2021年，县文旅投集团谋划闲置资源利用，永丰粮库、青田码道部分保留房屋对外出租，盘活了闲置资源。非遗馆附属区块改造完成，并植入茶馆和蜂巢培训馆，进一步丰富了松阳老城业态。

（县文旅投集团）

### ·县田园强村投资·

**【概况】**2021年，松阳县田园强村投资有限公司（以下简称“县强村公司”）秉承服务“三农”和发展壮大村集体经济的理念，在全县国有企业改革和实施乡村振兴战略上认真履行企业工作职责，不断学习与思考，不断更新思想观念。该公司作为支持村集体经济发展的重要载体和平台，主要发挥统筹利用乡村闲置资产、强化支农资金整合等功能，助力村集体经济可持续发展。

**【松阳—嘉兴“飞地”产业园项目】**该项目位于嘉兴市经济开发区塘汇街道，用地面积约3.87公顷，建筑面积约6万平方米，投资概算约2亿元，其中19个乡镇强村公司投资6580万元。2021年12月7日，松阳—嘉兴“飞地”产业园项目厂房及基础设施配套工程通过竣工验收。2021年，嘉兴“飞地”项目进行2次收益分红，金额总计407.32万元，其中乡镇强村公司收益总计382.8万元，平均为每个参股村增加经营性收入3.3万元。

**【光伏小康项目】**该项目总投资1.54亿元，2019年建设完成并网发电。2021年，光伏小康工程实现1次收益分红，分配资金40.85万元，全部分配到547户低收入农户。

**【余姚“消薄飞地”产业园项目】**余姚飞地项目由县强村公司牵头，县域48个村股份经济合作社共同投资，项目总投资3109.55万元，其中村集体投资2510万元，县强村公司投资599.55万元。2021年，余姚“飞地”项目进行2次收益分红，金额总计310.95万余元，其中48个参股村收益251万元，平均为每个参股村增加5万元的经营性收入。

**【乡村振兴改革试点实施项目】**2021年，县强村公司按照县委、县政府决策部署落实乡村振兴改革试点工作。乡村振兴改革试点中的3个重点项目——松阳县石仓工坊原种豆腐有限责任公司、松阳县上田乡村振兴开发有限公司、松阳县石仓白老酒工坊有限公司相继在2019年的第一季度成立。上田村试点：“原乡上田”综合体项目基本成型，120个餐位和32间客房对外营业；对花田泥农业基地的劳动生产方式进行调整，鼓励和引导村民直接参与农业生产，并在基地新增捉泥鳅、钓青蛙等体验项目，不断丰富试点业态，全年实现营业收入170万余元。蔡宅村试点：与浙江讯唯电子商务有限公司开展合作，把豆腐工坊打造成传统工艺体验和研学实践教育的基地，全年有2000余人参加50余场体验活动，实现收入15万元。山头村试点：重点做好白老酒工坊的生产准备等前期工作，相继完成工坊食品生产许可证办理、白老酒生产标准制定及酿造设备调试等工作。

嘉兴松阳产业园　（县强村公司供图）

**【乡村振兴服务集团有限公司成立】**2021年6月，《松阳县乡村振兴服务集团有限公司组建方案》经县人民政府常务会议、县委常委会议审议通过，并于7月印发。7月5日，松阳县乡村振兴服务集团有限公司（简称“乡村振兴集团”）正式注册成立，注册资本2亿元。8月8日，作为松阳探索开创乡村建设的新型标准化体系开拓者和专业化高端智库、综合性资源及学术交流平台的幸福乡村研究院（松阳）有限公司正式成立。8月底，县强村公司根据组建方案拟定的《松阳县乡村振兴服务集团有限公司内部机构设置和职能方案》提交县国资办审批。11月中旬，松阳县粮食收储公司资产的排摸工作完成，结果上报县国资办，启动粮食收储公司资产的划转工作。12月14日，由乡村振兴集团出资成立的松阳县慈恩园生态开发有限公司正式成立，注册资本304万元，该公司从2022年1月1日起运营松阳县殡仪馆殡葬业务。县强村公司组建乡村振兴服务集团，通过资产重组，把乡村振兴服务集团打造成为一个以公共服务为主，集水务、“两山”转化为一体的多产业集成的带动全县域乡村共同发展、实现乡村共同富裕的乡村振兴大型国有企业，争取在“十四五”期间取得AA级，并快速做大做优做强。

**【“非粮化”整治行动】**2021年，县强村公司按照《松阳县耕地“非粮化”整治优化实施方案》开展“非粮化”工作。11月初，公司班子成员走访浙江红专粮油有限公司、瑞安市穗博农机专业合作社、松阳郡郡农产品有限公司等具有丰富种粮经验的规模工商资本企业。同时，公司初步拟定与乡镇强村公司签订的农村土地承包经营权流转交易合同和与外来工商资本签订的松阳万亩高质量绿色粮食生产基地项目土地农业种植合作协议，交由公司法律顾问修改，并征求县农业农村局等相关部门意见。公司高度重视“非粮化”整治工作，成立“非粮化”工作专班。专班成立后，积极联系各乡镇，落实土地流转工作，全面排摸全县“非粮化”整治面积，挂图作战，每周进行进展汇总，及时了解工作进度。为完成粮食生产功能区“非粮化”整治优化，坚决制止耕地特别是永久基本农田、粮食生产功能区抛荒，构建完善耕地抛荒闭环管理长效机制。

**【乡镇级强村公司经营增效】**2021年，县强村公司帮助全县19个乡镇（街道）强村公司培训财务人员正确使用专业财务系统软件，使乡镇强村公司的财务工作更加规范；通过共同投资嘉兴“飞地”、村级工程集体建等项目，增加乡镇强村公司的经营性收入。1～3季度，全县乡镇强村公司经营利润为887.77万元。在丽水市消薄办发布的全市乡镇强村公司运营情况通报中，松阳县连续2年有5家乡镇强村公司排名全市前20，其中大东坝镇强村公司连续2年排名全市第一。

**【分布式光伏项目动建】**2021年，松阳县分布式光伏——低收入农户同步实现现代化试点项目，于5月被浙江省扶贫办、浙江省财政厅确定为光伏试点项目，也是松阳整县推进光伏项目建设的重点项目之一。由此县强村公司积极联系县各相关单位，做好可研编制招标、可安装屋顶光伏面积排摸、施工图纸、招投标方式等项目前期工作。10月21日，县人民政府召集相关部门召开分布式光伏建设专题会议，确定此项目的招标方式、报价方式、安全鉴定机构等。12月1日，分布式光伏项目正式开标，中标单位浙江正泰新能源开发有限公司，中标价格6025万元。12月14日，分布式光伏项目正式开工建设。项目建成后，可惠及83个重点帮扶村，低收入农户4943户。

**【打造“有机茶乡”金名片】**2021年，县强村公司开展有机禅茶开发工作。9月28日，“崇觉一味”商标注册成功，10月7日“崇觉”商标注册成功。12月13日，该公司把“崇觉”“崇觉一味”商标转让给浙江松阳崇觉寺经营，再由松阳崇觉寺唯一授权给该公司运营。以此探索走出松阳有机茶乡的新路。该品牌于2022年3月的松阳县国际茶商大会上正式发布。

（县强村公司）

## 住房保障

**【概况】**2021年，县住建局在推进城镇住房商品化的同时，探索推进城镇住房保障工作，通过加快保障房建设、推进住房保障受益人群扩面、强化住房保障配租和监管等措施，不断加大住房保障力度，保障对象包括城镇低保户、低收入、中等偏下收入、外来务工、新就业职工和引进人才家庭。施行住房保障建设标准化，县保障性住房项目规划选址在3个区块，分别位于县城城北、城东及城南区块共797套，总建筑面积5.53万平方米，总投资约1.27亿元；配租公平化，为确保保障房配租过程公平、公正、公开，保障性住房申请须经社区、街道、民政、公安、国土、建设等单位进行联合审查，最终符合交由县房管处进行统一配租管理。保障房配租抽签过程由县公证处公证，并由县人大、县政协、新闻媒体及相关单位现场监督。加强住房保障年审工作，严格落实保障房退出机制，根据保障房资格年审结果，符合条件的租户续签合同，不再符合低收入标准的租户按要求提高租金标准，不再符合保障房条件的退租处理。管理标准化，为确保物业企业切实履行职责，在物业公司的选聘上，事前对有意向的物业公司进行调查摸底，了解其是否符合保障房物业服务企业标准。物业管理费用由县财政承担，不向住户收取物业费，县住房保障服务中心定期对物业公司管理情况进行考核。

**【公租房准入管理】**2021年，县住建局多措并举抓公租房保障工作。公共租赁货币补贴方面：公共租赁住房补贴扩面政策初见成效，新增外来务工人员家庭5户，全年享受租赁补69户，发放公共租赁住房补贴12.8万元。公共租赁住房实物配租方面：根据上级部门对住房保障的有关工作要求，通过开展调查和多方论证，经请示县政府同意，于5月底启动年度公共租赁住房实物配租和货币补贴申报受理工作。此次公共租赁住房实物配租和货币补贴申报受理共147户，其中社区申请家庭131户，外来务工人员家庭16户。经线下线上联合审核，符合公共租赁住房申报条件121户，其中实物配租申请家庭94户，货币补贴申请家庭27户。公共租赁住房实物配租工作全部结束，本次配租51户、轮候43户，实物配租申请家庭在轮候期间发放货币补贴。持续抓好住房保障年审工作，严格落实保障房退出机制，加强保障房小区的管理，组织工作人员不定期到保障房小区进行检查，开展小区环境整治。

【高层次人才住房保障】2021 年，松阳县人才公寓位于水南街道保障房小区共 54 套，户型面积约 60 平方米，两居室，简装修。人才公寓保障对象为从县外引进到县属机关、企事业单位的第四至第五类高层次人才，以及经县委人才工作领导小组办公室研究审定到松阳从事高新技术研究、科学成果转化的高层次人才或专家等。2021 年，县人才公寓配租 2 期共 24 户，因工作调动等原因退租 16 户，至 12 月末实际居住 47 户，空余人才公寓 7 套。人才公寓实行动态管理，由县住建局建立高层次人才住房保障工作档案，对人才公寓使用、配租入住情况进行统计，同时做好小区日常公用设施维护、环卫保洁等物业管理工作。县委人才办会同县人力社保局、县住建局等部门，每年对享受住房保障政策的人才相关情况进行审查。

（县住建局）

## 住房公积金管理

【概况】2021 年，丽水市住房公积金管理中心松阳分中心（以下简称“县住房公积金管理中心”）坚持整体智治、唯实唯先，创新住房公积金服务渠道和手段，各项工作成效明显。全县实现月均实缴人数 13903 人（当期净增 944 人），全年缴存住房公积金 3.77 亿元，累计缴存总额 29.37 亿元，缴存余额 9.47 亿元；提取住房公积金 2.96 亿元，累计提取总额 19.90 亿元；发放个人住房贷款 308 笔 1.18 亿元，累计发放个人住房贷款 7813 笔 18.04 亿元，贷款余额 8.79 亿元；个人住房贷款余额占缴存余额的 92.82%，贷款逾期率为零。全县实现增值收益 1788.06 万元，上缴城市廉租房建设补充资金 382.68 万元，贷款风险准备金 9748.31 万元，风险准备金充足率 11.09%，年度结息 1297.25 万元。2021 年，获评丽水市住房公积金管理中心目标责任制考核优秀单位。

【公积金事项办理“最多跑一次”】2021 年，县住房公积金管理中心推进“数智公积金”建设，全面提升服务质量。主动融入住房公积金长三角一体化建设，8 项住房公积金高频服务事项实现“跨省通办”；深化住房公积金组合贷款、企业开办、机关内部“一件事”集成办理；大力推行住房公积金业务“智能网办”。4 月 13 日起，市场租赁租房提取住房公积金实现“智能秒办”，既提升缴存职工的办事体验又减轻一线窗口人员负担。持续开展“政银合作”，优化拓展 6 家受托银行服务网点受理住房公积金贷款业务，形成以中心窗口为主、各延伸网点为辅的住房公积金服务网。推进政务服务 2.0 工作，缴存单位网厅签约率 80%（行政事业单位网厅签约率 99%），“浙里办”办件量增加，业务离柜率进一步提高；深化“党员服务专员”活动，创新开展延时、预约、上门、24 小时在线等特色服务，持续提升企业和群众的获得感、满意度。

【住房公积金内部控制管理】2021 年，县住房公积金管理中心完善制度建设，提升内控管理水平。结合落实全省住房公积金行政专项监督检查、内部审计指出的问题，修订固定资产管理、业务工作监督管理、约谈提醒等 15 项内部管理制度。规范资金使用管理，全部归还丽水市住房公积金管理中心的调剂资金，有效降低存贷风险；常态化开展扫黑除恶斗争工作，形成严厉打击骗提骗贷高压态势；落实住房公积金贷款三级审核审批制度，实行逾期贷款分级管理，科学制订追收措施，防范和化解贷后风险；严格执行大额资金存储管理制度，通过委托县财政局公开招投标资金竞争性存放 9555 万元。健全风险监督检查机制，以数字化为手段，每月监测分析业务数据，定期抽查业务办理、系统密码更换等情况，抓好问题整改，堵住安全漏洞；持续推进清廉机关建设，建立权力清单“廉情地图”，绘制风险防控图，完善廉政档案，营造出风清气正的政治生态。

【住房公积金缴存管理】2021 年，县住房公积金管理中心严格规范公积金缴存管理，制度扩面稳步提升。结合“建制三十年，绘就安居图”住房

2021 年 6 月 25 日，县住房公积金管理中心到建材市场开展“建制三十年，绘就安居图”住房公积金宣传活动　（县住房公积金管理中心供图）

公积金宣传月活动，通过公交车车体广告、微信公众号、进村进社区开展“摆摊”宣传、进楼盘进企业开展“专场”宣传等形式，发放宣传册2000余份，不断扩大住房公积金政策的社会知晓度、认可度和影响力。全面开展缴存数据管理检查，根据丽水市住房公积金管理中心统一部署，4月组织开展缴存职工身份信息核查及账户清理工作，做到应改尽改，能清则清，保障系统内数据准确完整；根据县财政局统一安排，6—7月派出业务骨干对部分单位住房公积金缴存基数开展专项检查，强化资金监督管理。坚持把党史学习教育同解决企业“急难愁盼”问题相结合，精准落实优化营商环境相关政策，引导缴存企业用好5%～12%缴存比例的弹性空间，帮助企业做好成本核算，促进缴存企业协调发展。

（县住房公积金管理中心）

## 烟草专卖

**【概况】**2021年，松阳县烟草专卖局（分公司）（以下简称“县烟草公司”）销售卷烟9704.5箱，与上年基本持平；定制品牌销量89.55箱，比上年增长51.36%，高于全市平均水平6.13个百分点；共建成加盟终端22户，占比1.4%；现代终端417户，占比26.8%；“香溢通”覆盖面达33.4%，“香溢坊”使用率保持在80%以上，“香溢购”客户比例97.76%。2021年，县烟草公司开展党史学习教育，参与全县“两优一先”、丽水烟草“两优一先”暨“最美丽烟人”“最美丽烟团队”评选活动，4名党员分获省、市系统及地方“两优一先”称号。建立“我为群众办实事”事项清单，开展“慈善一日捐”、“精实希望书库”进校园、爱老敬老等志愿服务活动，全年为群众办实事11件次，无偿献血7人次，赠送书籍1058册，“微心愿”认领42人次，全体职工捐款

2021年11月17日，松阳县烟草专卖局团支部一行为象溪镇靖居中心小学赠送书籍　（县烟草局供图）

捐物折合资金1.68万元。全年召开党组会专题学习党建相关会议文件精神、研究部署党建相关工作23次，召开党的建设工作领导小组会议、党风廉政建设责任制领导小组会议4次，召开党组会、党的建设工作领导小组会定期分析研判单位内部意识形态领域形势4次。2名入党积极分子参加全县入党积极分子培训班；1名党员当选松阳县第十一次党代会代表。

2021年，县烟草公司“事项办理效率”指标未发生超时现象得满分；“违法违规大户取缔率”和“涉烟追刑人数”位于第1区间；“查获省外流入真烟”“人均劳动效率”“违法嫌疑重点籍”“假私烟”4个指标位于第2区间。申报4项创新工作思路，7个项目攻坚活动，全年自主开发党组织建设、许可证办理、农网建设、绩效考核等16个数据看板，员工参与率40%。

**【烟草专卖监管】**2021年，县烟草公司共查处真烟案件89起，查获违法卷烟4384件，其中查处省外真烟案件比上年增长183.43%；查获违法违规大户真烟案件11起，其中“双五”案件4起，责令停业整顿1户，取缔违法违规大户2户，查处违法嫌疑重点籍案件相对量排名全市第一，市场净化率98.34%。全年共刑拘5人，逮捕4人，判刑13人，其中“2020·8·07”特大非法经营卷烟案获国家烟草专卖局通报表扬，并被确认为一级国标网络案。该局获评2021年全省卷烟打假打私工作成绩突出集体。全年摸排电子烟销售户14户，劝退或主动配合下架持证零售户5户，电子烟销售商户3家。开展“守护成长”专项行动，严肃查处向未成年人销售烟草制品、电子烟的违法行为，查处1起向未成年人售卖电子烟的案件。不断完善与高速交警的日常协作机制，全年开展联合执法34次，查获专车运假案件1起，真烟无证运输案件4起。紧跟“政务2.0”建设步伐，网上办证率100%。对中小学和幼儿园周边烟草零售点进行排查，清理零售点12户。开展上门办证、温暖送证、法律宣传等服务举措，满足老弱病残等特殊群体申请人的政务服务需求。

**【规范内部治理】**2021年，县烟草公司深化中央巡视整改和政治生态突出问题全面整改作为“首要政治任务”，高标准完成迎接国家烟草专卖局巡视和“两项整改”的全面自查工作，迎接市局巡察整改“回头看”。深化运用监督执纪“四种形态”，发

放《清廉家信》，借助移动工作流线上签订全面从严治党责任书 11 份，组织各层级开展廉政谈话 58 人次，开展劳动纪律、新冠肺炎疫情防控、会风会纪、酒驾醉驾及公务用车检查 14 次。贯彻落实三项工作管理制度，强化采购成本源头控制、过程管控和数据预警，重点关注需求提报、合同履约“一头一尾”两大节点，深入推进从形式规范向实质规范转变，从重要节点规范向全链条全过程规范转变。

（县烟草局）

## 生态环境保护

**【概况】**2021 年，松阳县空气质量状况：县城空气环境质量总体良好，优良率 99.7%，细颗粒物（PM2.5）年均浓度为 20 微克/米 $^3$；可吸入颗粒物（PM10）年均浓度 36 微克/米 $^3$；二氧化硫（$SO_2$）年均浓度 5 微克/米 $^3$；二氧化氮（$NO_2$）年均浓度 21 微克/米 $^3$；臭氧（$O_3$）年均浓度 76 微克/米 $^3$；一氧化碳（CO）年均浓度 0.6 毫克/米 $^3$。PM10、二氧化硫、二氧化氮、臭氧、一氧化碳等指标达到《环境空气质量标准》（GB 3095—2012）中的一级标准。

水环境质量状况：地表水，松阴溪及其支流 10 个地表水监测断面，Ⅰ类、Ⅱ类占 100%，其中Ⅰ类占 10%，Ⅱ类占 90%，功能区达标率 100%。饮用水，全年县级饮用水源地东坞水库水质总体良好，符合《地表水环境质量标准》（GB 3838—2002）二类标准。其中，pH 值、溶解氧、氨氮、总磷等指标达到一类标准。

土壤环境质量状况：全县未发生土壤污染引发农产品超标、污染地块违规开发等事件，土壤环境质量总体良好。

生态环境状况：全县森林面积 11.24 万公顷，比上年增加 107 公顷，森林覆盖率 80.21%，比上年增加 0.08%；林木蓄积量比上年增加 46 万立方米；生态公益林 6.37 公顷，占全县林地面积的 54.9%。

环境风险状况：全县未发生重大突发环境事件。

污染物排放总量控制情况：2021 年核定上年度削减化学需氧量 5.9%，氨氮削减 4.9%，二氧化硫削减 0.7%，氮氧化物削减 0.1%，4 项污染物均完成省下达年度目标任务。

**【环保专项督察迎检工作】**2021 年，丽水市生态环境局松阳分局（以下简称“县生态环境局”）完成省委生态环境保护专项督察迎检工作，全县收到督察交办信访件 3 件，比第一轮（2019 年）省级环保督察 21 件信访交办件下降 85.7%，无重点交办件。推进第二轮中央生态环境保护督察信访交办件整改销号工作，12 件均在整改时限内实现销号。推进中央生态环境保护督察反馈问题整改，总投资 7400 万元，完成绿洁、环洁、新星 3 家不锈钢废水处理厂改造提升，出水水质达到《钢铁工业水污染物排放标准》（GB 13456—2012）排放标准后纳入县城污水处理厂达标排放。

**【水污染防治】**2021 年，县生态环境局开展水环境综合治理。制定实施《松阳县水生态环境保护“十四五”规划》，完成松阳堰后、松阳第二中学松阴段 2 个国控断面环境状况排查分析工作，编制实施“一点一策”治理方案。编制堰后断面河湖生态缓冲带试点项目建设方案。加强饮用水水源保护，推进集中式饮用水水源保护区规范化建设和矢量图数据库建设，完成东坞水库饮用水水源地全有机物指标分析，制定“一源一策”治理方案，制定《松阳县饮用水水源保护生态补偿暂行办法》。深入实施地下水污染阻控国家试点工程，建成松阳垃圾填埋场地下水污染阻控工程。开展松阳生态产业集聚区地下水调查评估，启动集聚区地下水修复工作。深化“污水零直排区”建设。工业园区“污水零直排区”建设通过省级评估验收，完成省级以上工业园区“污水零直排区”建设“回头看”10 个问题整改。完善污水收集管网建设，全年建成污水管网 10.3 千米（占年度计划的 103%），雨水管网 5 千米（占年度计划的 100%），提标改造管网 5.1 千米（占年度计划的 102%），雨污分流改造 5.1 千米（占年度计划的 102%）。截至 12 月末，全县城镇污水处理总量达 938360 万千克，城市污水处理率为 97.97%（考核指标任务为 97.95%）。

**【空气污染防治】**2021 年，县生态环境局开展工业源污染和机动车尾气治理。完成 2 家不锈钢管企业退火油烟深度治理试点，并取得成效，达到钢铁行业超低排放标准。完成 1 个工业臭气异味治理项目，1 个二甲胺废气治理项目，3 个 $VOC_S$（挥发性有机化合物）源头替代治理项目，1 家 $VOC_S$ 企业提升改造项目，关停 1 家工业企业炉窑。全年完成非道禁用区划定方案编制，实现 160 家 OBD（车载自动诊断系统）联网，100 台非道登记上牌，6 台非道新能源替代，30 辆机动车非道监督性监测，22 家加油站油气回收检测。优化调整产业和能源结构。大力推动绿色低碳制造，淘汰落后设备促进企业转型升级，严控“两高”行业产能。全年完成 9 家企业落后设备淘汰拆除，关停 1 家企业腾出用能 290 万千克标准煤，均超额完成下达任务。严禁新增钢铁、焦化、铸造、水泥和平板玻璃等产能。大力发展清洁能源，松阳被纳入国家级整县推进分布式光伏规模化开发试点县，梳理谋划分布式光伏项目容量 11 万千瓦开工建设。全年非化石能源占能源消费比重达到 36%以上。加强能源消费总量和能源消费强度双控，完成 5300 万千克原煤的煤炭消费总量控制年度任务指标。开展锅炉综合整治，全年完成 2 家企业燃气锅炉拆除和 1 家燃气锅炉低氮改造。禁燃烟花爆竹和焚烧秸秆。落实《丽水市烟花爆竹经营燃放管理规定》，向禁燃区范围内各社区村庄印发2万份《烟花爆竹禁燃告知书》。全年查处违规燃放烟花爆竹5起。加大秸秆禁烧巡查、违法案件查处和法律法规宣传的力度，把秸秆焚烧和综合利用纳入乡镇考核，秸秆综合利用率95%。全年开展秸秆禁烧巡查，实现秸秆禁烧烟雾检测系统实时监测，精准发现并扑灭火点。全年处理火点数1628起，立案查处焚烧秸秆案件152起，处罚金额6.59万元。有效控制城市扬尘和餐饮油烟。建立餐饮业油烟整治常态化巡查机制，把是否安装油烟净化器和是否在禁燃区使用蜂窝煤纳入日常监管。查处未安装、擅自拆卸、停用油烟净化设施等问题，并限期进行整改。全年排查餐饮商户360余家，下达限期整改通知书3份，整改油烟净化设备3家，均整改到位，整改率100%。加强城市扬尘管控，统一标准，落实洒水、覆盖、清洗等措施。扬尘整治专项检查4次，检查项目40个，发现扬尘问题49条。同时，全县实现智慧工地全覆盖，全年创标化工地10个、红色工地10个。

**【“无废城市”建设】**2021年，县生态环境局推进“无废城市”建设。印发实施《松阳县“无废城市”建设工作实施方案》，成立“无废城市”建设工作专班，完成5个“无废城市细胞”建设（2个无废景区、2个无废医院、1个无废学校）等年度任务。丽水市工业污泥处置项目（松阳）建成运行，完成松阳启诚新型环保材料有限公司技改项目，松阳县小微企事业单位危险废物集中收集平台建成运行，全县工业固废处置能力得到有效提升。实施危废动态清零，全年规范处置危险废物3500万千克。

**【环境监管与执法】**2021年，县生态环境局开展建设项目环境监管，切实把好环境准入关。深化“最多跑一次”改革，推进“三线一单”、规划环评等实施成果应用。全年办结81个建设项目，其中审批类52个、登记表备案类21个、零土地技改备案7个、规划环评降级备案1个，实现网上办件率100%。持续优化资源配置，以环评审批与排污许可相衔接为基础，为推进排污权制度有效落实提供重要支撑。全年30余家企业完成许可证首次申请、重新申请、变更及延续工作；4家企业新增排污权电子竞价，成交量6.73万千克；10余家企业完成排污权补缴续费工作，缴纳排污权有偿使用税19.73万余元。推动生态环境整体智治先行示范，建成数字化环保企业监管应用平台“护绿盾”，制定综合评价指标对污染源企业实施分级管理，运用亮码惩罚机制倒逼企业按时整改。强化核辐射安全监管能力，全年核发辐射安全许可证7件。开展辖区内辐射安全隐患排查工作，完成全市首例废旧放射源安全送贮工作，实现废旧放射源“应收尽收”。保障县域生态环境安全。推进生态环境隐患问题排查整改工作。结合全省环境污染问题排查百日攻坚执法专项行动，对涉及重复访的工业企业和群众反映强烈的环境污染点位，通过日常巡查和不定期夜查，及时发现环境违法隐患点，全年出动检查人员3000余人次，梳理出全县范围内生态环境隐患30多个，明确整改责任单位、整改时限，实行动态管理推进整改。持续保持生态环境执法高压态势，依法依规开展环境执法，严厉打击各类环境违法行为。全年查处环境违法案件17起，共处罚款150.69万元，移送公安行政拘留2起。

（县生态环境局）

# 教育　科技

松阴溪绿道

# 教 育

**·基础教育·**

**【概况】**2021年，松阳县有高中3所（普高2所，职高1所），初中4所，小学22所（含3个集团分校），九年一贯制学校1所，特殊教育学校1所，幼儿园45所（公办幼儿园22所，民办幼儿园23所），社区学院1所，区域成技校4所。全县有在校生31005人，其中高中5382人（普高3098人，职高2284人）、初中6740人、小学11724人、培智学校67人、幼儿园7092人。全县在编在职教职工2082人，拥有省特级教师2人，省教坛新秀6人，市教学名家2人，市县名师69人，市县学科带头人140人，市教学能手50人，市县教坛新秀751人，市教坛新苗197人。

**【“双减”政策落实】**2021年，松阳县教育局（以下简称“县教育局”）贯彻落实“双减”（减轻义务教育阶段学生过重作业负担和校外培训负担）政策。课后服务项目化落地见效，在全县中小学全面开展“五项管理”（手机管理、睡眠管理、读物管理、作业管理、体质管理）工作专项督查，覆盖率100%。采取“基础服务+拓展服务”模式，丰富课后服务内容，提升托管质量。如实验小学集团学校开设篮球、足球等课程，玉岩镇校采取劳动教育形式，开展教室美化、种植蔬菜等系列活动。全年有学生16571人次、教师1480人次参与课后服务，义务段学校参与率100%，其中参加托管的小学生参与率84.26%，初中生参与率98%。常态化监督检查校外培训机构，实施“黑白名单”动态管理机制和“双随机、一公开”日常巡查，建立管理长效机制，促进校外培训机构依法、有序、健康发展。全年盈利性学科类培训机构压减率、办结率100%。

**【教师队伍建设】**2021年，县教育局制定出台《松阳县教育人才队伍建设实施办法（试行）》，吸引高层次人才加入教师队伍。开展“双招双引”行动，全年聘任正高级教师1人，引进硕士生5人。公开招聘中小学幼儿园新教师19人，定向培养教师10人，与20名在读小学全科教师和中学紧缺学科教师的优秀高中毕业生签订服务协议。健全校长教师交流轮岗机制，交流轮岗骨干教师占交流轮岗教师总数的38.5%。骨干教师群体不断壮大，全年获评省教坛新秀1人，市首届教学名家2人，市教学名师、德育名师13人，市学科带头人22人，市教学能手26人，市教坛新秀、德育新秀370人，市教坛新苗、德育新苗139人。

2021年12月20日，县城北小学学生在劳动教育实践基地参加劳动课 （县教育局供图）

**【教育基建项目】**2021年，全县教育系统完成新建、改扩建项目7个，实现固定资产投资2.3亿元，增加幼儿园学位270个，中小学学位1740个。职业中等专业学校迁建、新兴小学集团学校改扩建等建设项目竣工投用，丽水学院松阳校区建设稳步推进，动建育英小学和文教园区幼儿园。暑假期间，投资1800万元维修各类校舍，投入899万余元改善一线教师的基础应用环境。抓好智慧校园建设，13所学校被认定为智慧校园，县第三中学、县实验小学集团学校入选丽水市智慧校园示范校。全县中小学、幼儿园的79家食堂100%实现“智慧阳光厨房”建设，34所公办中小学、幼儿100%实现“智安学校”创建，其中2所学校获评健康促进银牌学校。

**【教育资源均衡发展】**2021年，全县教育教学质量稳步提升。学前教育：深化集团化办园，组建紧密型办学模式的松阳县实验幼儿园教育集团、松阳县第二实验幼儿园教育集团，扩充名园优质资源。办园品质得到提升，优质学前教育资源覆盖率72.61%，公办园覆盖率53.82%，等级幼儿园、普惠性幼儿园在园幼儿占比和幼儿教师持证率均实现100%。义务教育：全面培育新时代城乡义务教育共同体6对12家，深化“互联网+义务教育”，实现优质教育资源共建共享。11月，在全市率先通过全国义务教育优质均衡发展县省级评估。县第五中学被省教育厅评为“现代化学校”，县实验小学集团学校获评“省中小学教师信息技术应用能力2.0培训第一期省级示范学校”。2021年中考，县

2021 年 11 月 19 日，松阳县召开全国义务教育优质均衡发展县省级督导评估反馈会 （县教育局供图）

优秀率、关注率居全市第三，平均分居第四。高中教育：全面深化高考综合改革，大力推进普通高中分类办学特色发展，创新型人才培养体系，全面提升教育质量。2021 年，全县普通高校录取 976 人，录取率 98.89%，其中 C9+2（第一类北京大学和清华大学 2 所；第二类南京大学、浙江大学、复旦大学、西安交通大学等 9 所学校）高校录取 10 人，重点高校录取 31 人。高职单考单招录取 282 人，录取率 98.95%。2 个专业入选浙江省高水平专业建设名单，茶香共富实训实习基地入选省产教融合项目。县职业中等专业学校新校园投用，丽水市中等职业学校［遂（昌）·松（阳）］联盟正式挂牌，增挂丽水市茶产业学校牌子，获批丽水市技师学院。古市老年分校入选浙江省优质（示范）老年学堂教育示范学校。

**【省市县民生实事项目】**2021 年，县教育局完成省市县三大民生实事。省民生实事：建成农村普惠性幼儿园 2 所，增加学位 270 个。新增城乡教育共同体结对学校（校区）12 家，实现优质资源共享。市民生实事：完成公办学校食堂“微改造”10 个，并实行师生同菜同质同价，进行“食堂改革”，同时增加共建型教育共同体 6 对。县民生实事：动建公办幼儿园 1 所，办学规模 15 个班，计划 2023 年春季投用。

**【立德树人教育】**2021 年，县教育局落实立德树人根本任务，全面推进学生身心健康发展，持续推进“田园教育”县域德育品牌创建工作，各校形成“一校一品”“一校多品”德育品牌。大东坝镇中心学校选入第三批全国中小学中华优秀传统文化传承学校。全县中小学体质健康优良率 54.96%，达标率 97.15%。县第三中学、县城北幼儿园申报国家级足球特色学校，县实验小学集团学校获评省第一届文明校园。落实儿童青少年近视综合防控工作，全县儿童青少年近视率下降 1.22%。重视师生心理健康，启动丽水市首个心理健康教育能力提升项目。劳动教育全面推开，创成省级中小学劳动实践基地 1 个，省级劳动教育项目试点学校 4 所。

（县教育局　叶扬舟）

### ·中等幼师专业教育·

**【概况】**2021 年，丽水中等专业学校（丽水学院幼儿师范学院）（以下简称“丽水中等专业学校”）全面贯彻党的教育方针，围绕提高人才培养质量，坚持走内涵式发展道路。2021 年，五年一贯制学前教育专业在校生 1200 余人，教学点 10 个，教育实践基地 27 个。

**【人才培养】**2021 年，丽水中等专业学校获浙江省第一批教师教育创新实验区建设项目。《三链耦合：浙西南山区乡村幼儿教师育训模式》入选浙江省职业教育改革发展典型案例。在丽水市高等教育、职业教育教学成果奖评比中获一等奖 2 个、二等奖 1 个。组织师生参加各类比赛，获全国二等奖 1 个、省二等奖以上 4 个、市级一等奖 22 个，其中天使合唱团代表丽水学院参加“2021 年浙江省大学生艺术节”获合唱类一等奖，朗诵节

2021 年 6 月 16 日，县汇文中学学生创作红色党史刻纸作品庆祝建党百年（县教育局供图）

目《乳娘》和《谈生命》获第三届中华经典诵写讲大赛“诵读中国”经典诵读大赛全国总决赛二等奖；获全省学前教育专业技能“人人赛”第二名；2017 级教师资格首考一次性通过率 66.22%；普通话测试二乙及以上通过率 87%。2016 级毕业生就业率 96.62%，其中 52 人考上各地教育局幼儿园编制或报备员额编制，31 人通过全日制专升本考试。《中国教育报》、《浙江日报》、省职成教网等媒体相继报道该校的办学成果。

**【科学研究提质】**2021 年，丽水中等专业学校在核心期刊发表论文 6 篇；国家级出版社出版专著 1 部，精品教材 2 部；实用型专利 1 项；省级课题立项 4 项、市级 17 项；市级课题结题 5 项，市级优秀成果一等奖 2 项、二等奖 1 项；被评为省、市教科研先进集体。乡村学前教育研究、绘本剧研究、松阳高腔戏曲研究、华侨移民家风传承研究等团队已具雏形。丽水学院幼儿师范学院社科联成立，与市社科联合开展全市“儿童教育研究”专项课题研究，并形成常态化运行机制。开展“丽水市幼教联盟”筹建工作。

**【社会服务】**2021 年，丽水中等专业学校承办由松阳县农业农村局委托的县职业技能（实用人才）——农村报账员培训和中共丽水市委党校委托的军转干部培训等各类培训项目 39 个，培训 2987 人次。丽水市学前教育重点研究基地、松阳县妇女儿童发展指导中心落户该校，进一步推动产、学、研合作，打造新时代校地合作的新局面、新机制、新样板、新成效。

（丽水中等专业学校）

2021 年 7 月 23 日，浙江省松阳县妇女儿童发展指导中心揭牌 （丽水中等专业学校供图）

## 科 技

**【概况】**2021 年，松阳县科技局（以下简称“县科技局”）按照《松阳县人民政府办公室关于补齐科技创新短板的若干意见》（松政办发〔2017〕204 号文件），全年兑现奖补资金 1241.3 万元。发放创新券 125.70 万元，使用创新券 86.16 万元。向企业宣传科技惠企政策，辅导企业申报高新技术企业和省科技型中小企业，对企业诉求和困难提供指导帮助，全年走访企业 150 余家。全县高新技术制造业增加值 15.04 亿元，占规上工业增加值比重 50.55%，排名全市第三。规模以上工业企业研发费用累计 4.80 亿元，比上年增长 38.8%，排名全市第三。全年技术合同交易额 2.68 亿元，全市排名第二。

**【科技创新体系建设】**2021 年，县科技局实施科技企业“双倍增”计划。新增国家高新技术企业 6 家，重新认定国家高新技术企业 7 家。新增省科技型中小企业 29 家，创下历史新高。新增 1 家省级企业研究院，为浙江省康恩贝重要新药开发企业研究院。新增 2 家省级高新技术企业研发中心，为浙江省国邦特种不锈钢高新技术企业研究开发中心、浙江省景顺高性能铜带高新技术企业研发中心。新增市级众创空间 1 家，为康洁众创空间。入选市级企业孵化器培育名单 1 家，为恒兆智能制造产业园，实现科技孵化器的零突破。由中国农科院茶叶研究所与丽水农林科院合作落户赤寿工业园的新型研发机构“中国农科院茶业所长三角创新中心”签约落地。

**【科技人才资源集聚】**2021 年，县科技局引进杭州电子科技大学吴开华教授团队推广建立“智慧茶园”示范基地，引进省农科院茶叶专家李青和博士团队开展“老龄茶园改造”，推进有机茶乡建设。全年新引进外国专家 10 人。开展丽水市绿谷精英创新引领行动计划申报工作，推荐 10 个人才项目申报丽水市绿谷精英人才计划，5 名人才入选 2021 年绿谷精英创新创业人才；推进 3 个绿谷精英项目落地，兑现项目资助资金 125 万元。10 月 31 日，与县委人才办共同举办松阳县科技创新大会暨 2021“才聚松阳”人才科技周活动。省市有关领导、高层次人才、各领域专家学者及县内企业家和人才代表等 300 余人参加。10 月 31 日晚，组织召开省市科技特派员助力“双招双引”座谈会，为探索科技服务新途径、集聚科技人才资源赋能。

**【科技计划项目】**2021 年，由中华全国供销总社杭州茶叶研究院蒋玉兰专家团队与浙江正德和食品有限公司联合申报的浙江省 2022 年度农业领域“尖兵”“领雁”研发攻关计划项目“茶—肉制品加工产业化应用关键技术研发与示范”获省科技厅立项，争取省级财政补助经费255万元，为至2021年全县获得补助经费最大的研发类项目。

【科技交流与合作】2021年，县科技局与余姚市共建山海协作“科创飞地”框架协议；与安吉县签订山海协作科技合作协议，共同推进农业科技合作，推进“安吉白茶”与“松阳香茶”品牌建设、生产技术等方面的经验交流；与湖州市南浔区科技局签订合作框架协议，推进“稻虾共养”等对口产业交流合作。引进浙江科技大市场联合共建松阳县科技大市场。自8月1日开展工作以来，征集企业技术难题35项，辅导企业研发费用归集及政策宣传50余家，发布技术需求156项，发布成果信息147项，录入专家信息67条。

【科技特派员工作】2021年，县科技局有序推进科技特派员工作。开展第十四批特派员绩效评估和验收工作。省团队科技特派员工作成效初显，如松阳甲鱼中华鳖产业振兴服务团队建立松阳花鳖养殖示范户3户，建立面积1.33公顷的花鳖品牌宣传示范基地1个、以示范户和示范基地为基础，推广中华鳖性别温度孵化控制技术的生产应用，培育花鳖苗种20余万只，增加就业10人，增加农民收入50万元。茶叶病虫绿色防控及污染物阻控团队参与松阳县茶产业创新服务综合体项目的讨论咨询。中国计量大学教授、博士生导师、省科技特派员韩宝瑜被丽水市委组织部推选为丽水市“双招双引”大使。全年引进工业领域专家13人与企业结对担任工业企业科技特派员，助力企业创新。做好第七批市个人科技特派员、第十五批省科技特派员入驻对接工作。7月20日，松阳县作为唯一的县（市）发言代表在第五次全省农业科技大会上作典型发言。

2021年11月9日，省地震局专家到松阳县第五中学开展防震减灾千场科普讲座 （县科技局供图）

2021年7月20日，县长莫靓代表松阳县在第五次全省农业科技大会上做典型发言 （县科技局供图）

【防震减灾】2021年，县科技局强化地震监测设施，全年台站设备升级维护6次。落实爆破报备制度，优化地震观测环境。全年开展广场宣传5场次，千场科普讲座1场次，发放防震减灾宣传资料1500份。防震减灾科普宣传信息被省地震局录用12篇。科普教育基地全年接待访客19批次1004人次。松阳县第五中学通过国家级防震减灾科普示范学校中期实地评估。按时保质完成年度地震灾害风险普查第一阶段任务。全年开展地震执法4次，开展新动建工程抗震设防落实情况的检查，检查35个新建项目均达到抗震设防要求。防震减灾工作考核获全市第一名，并被评为全省防震减灾先进单位。

（县科技局）

## 气象事业

【概况】2021年，松阳县冬春季气温显著偏高，2月、3月的平均气温创历史新高；季中前期降水持续偏少，上年秋季以来的气象干旱进一步加剧；上年年末冷空气强度强，全县出现明显的强寒潮天气；岁末年初气温低，出现持续严寒天气；降水前少后多，5月出现汛期最早的降水集中期，月降水量为历年5月最多；春季强对流天气多发，部分时段出现较明显的冰雹天气；梅汛期主要呈现雨量分布不均，局地雨量大、短时暴雨强度强、致灾风险高等特点。其间，全县共出现6轮强降水过程，分别是5月17—24日、5月27—29日、6月3—4日、6月10—14日、6月17—22日、6月26日至7月2日。全县梅雨量750.9毫米，其中县城796.2毫米，较常年梅雨量（316毫米）偏多137.6%，较上年梅雨量（614.4毫米）偏多22.2%，最大竹源乡潘坑村987.3毫米。7月末至8月中旬，连续出现局地短时强降水天气，局部洪涝灾害较明显。9月多受副高边缘影响，多物候局地强对流天气，其中9月7—9日连续出现局地短时强降水天气，下垒村和馒头山村雨量超100毫米，分别达118.8毫米和108.7毫米，大岭头村最大小时雨强达58.6毫米。10月中旬以后，冷空气频繁影响，强度偏强，全县气温持续走低，出现寒潮天气。较明显的冷空气过程有4次，分别是10月10—12日、10月15—17日、11月7—9日和11月21—23日。其中，10月10—12日冷空气影响后，全县于10月12日进入气象意义的秋季。

2021年，松阳县天气气候事件：

气温异常偏高。全县年平均气温再创新高，平均气温19.2℃，较常年（1998—2021）偏高0.8℃。其中，2月、3月和9月全县月平均气温均为历年最高。

年初持续少雨天气，干旱持续发展致使各地缺水较严重。1月，全县持续少雨天气（全县平均降水量较常年偏少91.33%），8—21日出现长时间的连晴天气。受少雨和连晴天气影响，上年秋季以来的气象干旱进一步加剧，全县各地缺水较严重。

年初低气温强度较强，大部分地方出现较明显的严寒天气。受上年年末的强寒潮和是年1月上旬中后期的冷空气持续影响，1月上旬全县气温显著偏低。

入春时间为历年最早，冬季时长为历年第二短。1月底开始全县气温异常偏高（2月全县平均气温较常年偏高3.7℃，为历年最高），1月28日进入气象意义的春天，入春时间较常年提早了1个月（常年入春时间为2月28日），为历年最早。冬季时长45天，较常年明显偏短（常年平均84天），仅次于上年的31天，为历年第二少。

春季强对流天气多发，部分时段出现较明显的冰雹天气。春季（3—5月）强对流天气多发，且短时强降水、雷雨大风、小冰雹齐上阵。其中，7月9日洋坑埠头村出现小冰雹。

梅汛期暴雨过程多，出现历年最早的降水集中期。梅汛期（5—6月）全县共出现9次暴雨过程（5月4日、7日、11—13日、17—24日、27日和6月4日、10—13日、18—21日、27—30日）。其中，5月17—24日为历年最早的降水集中期，累计雨量列历年5月第一；6月4日为最大范围的区域性暴雨过程（全县共有43个站日雨量超过50毫米）；6月30日为强度最强的暴雨过程（全县共有9个站日雨量超过100毫米），新兴镇关岭村区域气象观测站日雨量高达130.0毫米。

盛夏局部暴雨过程多，8月出现较明显的多雨寡照天气。7月末至8月中旬，全县连续出现较大范围的午后雷阵雨天气，局部伴有短时强降雨，7月31日和8月9日、10日、12日、15日、17日局地出现大暴雨。受多局部暴雨影响，8月降水明显偏多，日照明显偏少（全县平均日照时数较常年偏少45.1小时），全县出现较明显的多雨寡照天气。

初秋气温异常偏高，局地强对流天气频发而且强度强。9月，全县气温异常偏高（全县平均气温27.4℃，较常年偏高2.6℃），而且由于多受副高边缘影响，午后局地强对流天气频繁发生。其中，7—9日连续出现较大范围的短时暴雨和雷暴大风；20日下午到傍晚出现较大范围的雷暴大风。

秋末冬初冷空气活动频繁，强度偏强，多次出现寒潮过程。秋末冬初（11—12月）影响全县的冷空气较频繁，共有4次强冷空气过程，分别出现在11月7—9日、11月30日至12月2日、12月16—19日和12月24—26日。其中，11月7—9日全县出现寒潮天气，12月24—26日全县出现寒潮（此次过程中高山地区有小雪和雪淞及少量积雪，高山地区最低气温达-5℃～-8℃）。

**【气候要素】**2021年，松阳县年平均气温为19.2℃。年极端最低气温为-6.8℃，出现在1月9日；年极端最高气温为38.8℃，出现在7月11日。年总降水量为2090.1毫米。年内日降水量最大出现在6月30日，其值为98.9毫米。全年降雨日数为181天。年总日照时数为1508.4小时。春季终霜期出现在1月19日，秋冬季初霜期出现在12月19日。全年无霜期日数为334天。

**【公共气象服务】**2021年，松阳县气象局（以下简称“县气象局”）向县委、县政府及相关部门提供气象决策服务材料，第一时间向公众发布气象各类预警信息。在竹源乡山体滑坡、大东坝镇森林火灾发生的第一时间，担当起现场值班重任，为抢险救灾提供科学依据。全年发送“气象信息报告”94期、“专项气象服务”7期、“专题报告”1期、信息快报8期，发布强降雨等“紧急异常天气”服务短信197条，受众80万余人次。

**【农业气象服务】**2021年，县气象局持续与松阳电视台联合制作“一周气象”专题节目，开展茶叶气象保障服务。全年与县茶办联合会商5次，进行田间灾情、虫害调查6次，发布服务短信 2 万条，与县农业农村局联合发布春季茶园害虫防治意见 2 期。采购自动站设备 15 套，全年新增区域气象站 8 个、农田小气候站 1 个；完成本站观测场标准化改造；推进气象灾害综合风险普查工作。实施 5 套人影烟炉设备的采购、选址征地工作。全年开展人影（火箭、烟炉）增雨作业 6 轮，助力“五水共治”工作，提高土壤墒情、降低森林火险气象等级。

**【生态气象保障】**2021 年，县气象局推进丽水国家气象公园松阳试点建设，发布四都气象景观预报 104 期，箬寮避暑指数预报 88 期，完善气象自动站、实景监控站、气象显示屏等气象设施。与县委宣传部、县文旅广体局等单位联合举办松阳县大毛岘背主题摄影大赛、“中国天然氧吧 · 走进四都”系列活动——四都乡“第八届萝卜节暨美丽气象之旅”开启仪式。推进四都乡西坑村气象服务新时代美丽乡村示范点建设，向上级推荐西坑村申报省级气象科普教育基地；推荐安民乡大毛岘背申报“天气气候景观观赏地”，挖掘气候养生、避暑和气象景观资源，充分发挥生态气象资源的价值。

**【气象防灾减灾体系建设】**2021 年，县气象局强化资源整合，建立全方位的合作机制和定期会晤机制，加强气象与县应急管理局、县水利局、县农业农村局的合作，开展联合会商 24 次、联合调研 3 次。联合县应急管理局、县水利局对全县各乡镇（街道）分管领导、气象协理员进行汛前培训；分批开展网格员气象防灾减灾知识和履职能力培训。完成全县 43 个创建气象防灾减灾标准化村（社区）材料上报，并通过市县验收。

**【气象社会管理】**2021 年，县气象局树牢数字化理念，推进气象大数据平台建设。梳理核心业务、软件平台，实现向丽水市级数据环境的集约，推进全县气候监测平台应用和气象专网升级改造，提升气象社会治理数字化转型。运用浙江省统一的审批执法综合监管平台，深化气象政务“网上办”“掌上办”；开展防雷“安全码”推进工作；依托“浙政钉 · 掌上执法”平台，实现气象行政检查事项数据全覆盖。

**【巡察反馈问题整改】**2021 年，县气象局全面推进巡察整改。就浙江省气象局党组巡察反馈问题及时制定整改方案，分析查找原因，梳理归纳 3 大方面 29 个具体问题，研究制定 50 条整改措施，先后开展车辆专项督查、安全生产等方面专项检查 11 次，常态化开展节假日、汛期应急值班、上下班纪律和会议纪律等作风纪律检查 17 次，切实把巡察问题整改到位。

（县气象局）

## 社会科学研究

**【概况】**2021 年，松阳县社会科学界联合会（以下简称“县社科联”）共有松阳县教育学会、田园文化研究工作者协会等所属社团 39 个，社科普及基地 43 个，其中有赤寿乡界首村 1 家省级基地，浙西南革命根据地安岱后、松阳县非物质文化遗产馆、松阳茶叶博物馆等 9 家市级基地，松阳气象二十四节气馆、契约博物馆、水文化公园等 33 家县级基地，11 家红色基地参与浙江省红色科普基地联盟。2021 年，县社科联被评为浙江省市县社科联测评优秀单位。

**【课题规划与管理】**2021 年，县社科联贯彻落实习近平新时代中国特色社会主义思想和党的十九届六中全会以及省、市、县有关会议精神，围绕县委现代化“田园松阳”战略目标和县域经济社会文化发展的重大理论和现实问题，组织开展全县社会科学研究优秀课题（论文）申报立项及“新时代松阳精神”专项课题（论文）评选工作。评选出社科优秀课题（论文）15 篇，形成各方积极申报，共谋现代化田园松阳建设的浓厚氛围。积极参与“浙西南革命精神”研究专项课题、市社科课题、市社科优秀成果评选等活动，获市级立项课题 8 个、优秀成果 3 个。

**【社科活动】**2021 年，县社科联推进社科赋能山区 26 个县跨越式高质量发展行动。参加全省动员部署会，并在会上以《凝聚社科力量，汇集社科智慧：争做山区共同富裕探路者和模范

2021 年 7 月 20 日，浙江大学“乡村文旅小微企业与乡村振兴”调研专题研讨会在松阳举行　（县社科联供图）

生》为主题作交流发言。与浙江省委党校发展战略研究院、浙江省中国乡村社会史研究会、中国两山学院等多家科研院所结对开展缩小城乡差距、产业转型升级、古村活化保护等专题调研与专项课题研究。组织动员全县各单位及社会各界专家学者参与行动，搭建基层与高校、科研院所之间跨学科、跨领域合作交流平台，配合市社科联承办华东六省一市社科院院长论坛，进一步提高服务党委政府决策咨询能力。

**【社会科学人才培养】**2021 年，县社科联完成省内外松阳籍高层次社科专家人才信息统计，面向全县开展社科人才摸底调查，更新社科人才信息，全县现有具备一定研究能力并有研究成果的优质社科类人才 76 人，充分发挥社科人才在社科理论研究、社科普及宣传方面的积极作用。

**【社科成果】**2021 年，县社科联联合县档案馆等共同编辑出版《松阳英烈》，收录当地新民主主义革命时期和社会主义建设时期及改革开放时期的 191 名烈士事迹。以开展丽水市历代文化名人（重点层）版本资源采集呈缴工作为契机，面向全县社科专家学者征集到一批优秀研究成果。系统梳理挖掘松阳历史文脉的相关社科资源，收集汇总松阳籍名人叶法善、张玉娘的相关文史资料。开展弘扬践行“浙西南革命精神”研究活动进行阶段性总结，并面向全县社科专家学者征集到一批优秀研究成果。

**【组织学术研讨】**2021 年，县社科联召开全县社科理论界学习贯彻习近平总书记在庆祝中国共产党成立 100 周年大会上的重要讲话及县委第十届十二次全体（扩大）会议精神座谈会、学习贯彻党的十九届六中全会精神理论研讨会，提升社科理论研究能力，为现代化“田园松阳”建设提供强有力的理论支撑和智力支持。

**【开展主题宣讲与活动】**2021 年，县社科联助力全县党史学习教育，开展“传承红色基因，讲好松阳故事”小青松宣讲员集训，评选出十佳“红色金牌讲解员”，推动宣讲到基层。邀请当地党史专家与宣讲员讲述松阳百年党史与英烈故事，推出《党史百年·松阳百人》专栏，在“松阳新闻”微信公众号和“掌上松阳”App 推出，全年推出 40 余期，阅读量达 7 万+人次。联合县档案馆等单位举办“档案话百年·丹青绘华章·诗歌颂党恩”活动，以图文展览形式呈现松阳“红色地标”。承办“守好红色根脉·推进老区振兴”浙西南红色文化论坛，粟裕将军长孙粟志军、浙西南红色文化研究会专家学者等 100 余人参加。联合县图书馆举办“礼赞百年征程·传承红色经典”丽水市瓯江山水诗之路暨松阳县庆祝中国共产党建党 100 周年朗诵比赛，100 余名朗读爱好者用声音传递爱国情怀。开展“别样年味·灯火传情”关爱春节留松阳外来建设者行动。

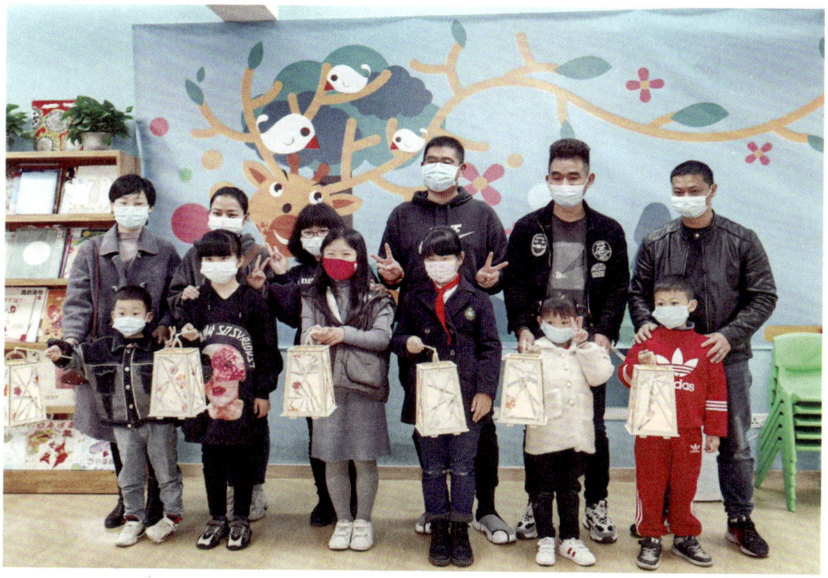

2021 年 2 月 7 日，县社科联组织开展“别样年味·灯火传情”关爱春节留松阳外来建设者行动　（县社科联供图）

**【社会科学知识普及行动】**2021 年，县社科联深入打造“田园文化大讲堂——古城故事会”系列社科普及品牌，邀请对松阳历史文化有深入研究的专家学者为主讲人，以松阳人讲松阳故事为活动主线，以讲述松阳古城的历史变迁、风物习俗、名胜古迹、非遗文化等为主要内容，以线上线下共同推进为主要形式，组织开展专题讲座 21 期，阅读量 5 万余人次，受众 3 万余人次，编辑整理《古城故事会》读本。与县档案馆等单位联合举办“传承红色基因·担当历史使命”《松阳英烈》首发暨社科普及周启动仪式。利用“松轩茶语”“松阳新闻”等微信公众号，普及社科知识，在省社科联网站、“浙江社科”“丽水社科发布”等新媒体平台发布信息 40 余篇。

（县社科联）

# 文体　旅游

松阳十大特色小吃

# 公共文化

**【概况】**2021年，松阳县公共文化服务以夯实文化服务基础为主线，以提升文化效能、弘扬红色文化为重点，推进公共文化建设，推动公共文化资源共建共享。松阳县文化馆（以下简称“县文化馆”）通过第五次全国文化馆评估定级，被评为国家一级文化馆。全县19个乡镇（街道）文化站全部通过浙江省第七次乡镇（街道）综合文化站定级，其中一级6个、二级9个、三级4个。古市镇综合文化站，水南街道寺岭下村文化礼堂、大东坝镇茶排村文化礼堂入选浙江省文化和旅游厅公共文化场馆服务功能拓展先行先试单位名单；在玉岩镇建设图书分馆及文化馆分馆，并创成省级戏曲之乡、省级文化强镇；叶村乡河头村创成省级文化示范村。开展文化基因解码工程，完成松阳高腔、松阳古村落、松阳茶文化等成20个重点文化元素解码并通过省厅评审，松阳高腔被列为省文化标识培育名单。戏曲（松阳高腔）电视剧《红色浙西南》在丽水万地国际影城举行首映仪式，在丽水大剧院进行公映，市县四套班子悉数出席观看，在中央电视台戏曲频道和全国156家电视台进行联播。

**【群众文化】**2021年，县文化馆免费开放活动室正常有序开放，预约1000余次，进馆活动3.5万余人次，全年举办452个培训班次，培训6960余人次。全年组织承办各类文艺活动165场次，其中送戏下乡124场次，大型活动7场次，累计观看演出达89370余人次。举办展览8次，观看展览1.12万余人次。利用网络资源，开展线上文化活动。推出云音乐展、云赛事、云灯谜会、云讲座、云展览、云学堂和云拜年7大类128场次的线上文化活动，春节系列“云”活动短视频大赛参与40万余人次，庆祝中国共产党成立100周年前夕，陆续推出松阳县“三团三社”（艺术团、合唱团、器乐团；书画社、摄影社、文学社）建党献礼线上展播30场次，全县29个艺术团1000余人参与，16个合唱团1000余人齐唱红歌，参与达1.2万余人次。为庆祝国庆节，县文化馆推出全县合唱比赛作品线上展播活动45场次。

**【文化交流活动】**2021年，松阳县文化广电旅游体育局（以下简称“县文广旅体局”）与新疆维吾尔自治区阿克苏地区新和县、金华市婺城区、湖州市南浔区、余姚市、龙泉市、武义县、景宁县、庆元县、遂昌县、云和县和缙云县等地开展文化走亲交流活动16场次，其中走出去7场次、走进来9场次。

**【传统文化保护行动】**2021年，县文广旅体局健全非遗保护传承体系。做好项目、基地、传承人管理工作，推进“三位一体”建设。以国家级项目、省级项目为重点，建立长效保护机制，开展第五批县级非遗代表性项目申报工作，增加县级非遗代表性项目15项。申报8个项目为第七批市级非遗代表性项目。成功申报李伯能、郑王义、蓝根土、兰炳花4人为第六批省级非遗代表性传承人。举办松阳县田园文化传承生态保护区建设专题研培班、松阳县非遗代表性项目和代表性传承人评估培训会，开展全县四级非遗代表性传承人评估工作。与浙江艺术职业学院合作开设松阳高腔定向委培班，招学生15人，为松阳高腔长久发展注入新活力。开展非遗活态保护利用。探索新形势下的文旅融合发展，推动非遗更好融入现代生活。开展春节“松阳好年味——多彩非遗过大年”、中秋节拜月、“国庆七天剧场”等活动，挖掘传统节日的文化内涵，弘扬传统节日文化的魅力。开展文化和自然遗产日活动，主打“松阳好非遗”系列品牌，搭建“松阳非遗集市”平台，为传承人提供非遗展示、体验渠道，推动非遗产品销售。承办丽水市“多彩非遗乡村行”（非遗夜市）、第五届全球科技创新大会数字赋能非遗产业发展高峰论坛等活动。开展省级文化传承生态保护区工作。全县提出与“田园文化传承生态保护区”创建理念高度契合的“田园松阳”发展战略，明确“发展田园经济、培育田园城市、建设田园乡村、保护田园生态、经营田园风光、弘扬田园文化”六大任务，高站位编制《松阳田园文化传承生态保护区总体规划》，并把其纳入县“十四五”规划，通过保护区中期评审。

**【博物馆展陈活动】**2021年，松阳县博物馆推陈出新，优化展览形式。举办牛鼻子兮归来——黄尧先生牛鼻子系列漫画展、“田园先锋 红心向党——致敬中国共产党百年华诞主题展”等6场次、临时展览流动展览 14场次，送文博知识进学校、社区、部门等流动博物馆活动7场次。打破常规，开展特色社教活动，开展“纸寿茗香——茶叶手工古纸制作活动”“松博奇妙夜”“‘5·18’国际博物馆日活动”等活动9场次,累计服务群众12万余人次。“红心向党”红色主题活动精彩纷呈，结合庆祝中国共产党成立100周年主题，推出红色主题展、红色流动展览、红色博物馆日活动、红色点“点单式”研学活动等系列活动10余场次。进一步健全博物馆与中小学校合作机制，促进博物馆资源与课堂教学、综合实践活动有机结合，接待中小学生参观和开展学习实践活动20场次5000人次。开展“流动博物馆”送文博知识进城北小学、岗寺小学等活动7场次，参与5000余人次。创新全县域生态博物馆“建、管、用”长效机制，推进生态博物馆后期活化利用与产业融合发展。建成张玉娘诗文馆、气象博物馆、拯救老屋展示馆、浙西南革命根据地展陈馆等5

处示范项目并投用，造纸工坊研学中心竣工。生态博物馆建管用机制方案形成初稿，县政协专题报告《构建科学的建管用机制打造永不闭馆的生态博物馆——关于我县生态博物馆可持续发展专题调研的建议案》列入政协年度重点提案。同时，积极进行建管用机制与社会团体、民间力量参与运管协作的探讨试点，张玉娘诗文馆、航运文化展示馆进行先行试点。

【文物保护】2021 年，松阳安岱后浙西南革命根据地领导机关旧址群被评为“浙西南革命文物金名片”，小吉会议旧址入选提名名单。松阳县红军挺进师师政委会小吉会议旧址被评为市级爱国主义教育基地。完成国保延庆寺塔修缮工程省局验收，开展塔院环境整治及周边道路修整，设立詹宝兄弟进士牌坊国保标志碑。安岱后浙西南革命根据地旧址之红军主会场、红军食堂、刘英粟裕旧居、挺进师机关旧址及石仓乡土建筑之阙伟胜宅 5 处省保单位通过省局验收。完成大东坝镇、玉岩镇、枫坪乡、安民乡、水南街道 5 个乡镇（街道）共 27 个子项目建设。盘活利用修缮后的文物和建筑，开展枫坪小吉会议旧址、斗谭纪念馆、安岱后村红军主会场、刘英粟裕故居、挺进师机关旧址、杨林故居、黄南独立乡苏维埃政府旧址展示馆、燕田战役纪念馆、高亭战斗纪念馆、斗潭纪念馆等展陈馆布展工作。

【公共图书馆建设】2021 年，县文广旅体局按照“满意图书馆”的创建要求，本着一切为读者服务的宗旨，以人为本，突出重点，加强阵地建设，优化便民服务，完善数字服务，提升服务效能，以“声阅读”助推“深阅读”，以“阅读+”推进文旅融合，打造便利化、智慧化、人性化、特色化、规范化的图书馆，切实提升读者满意度和获得感，不断增强图书馆的人文感召力和品牌影响力，为构建学习型社会发挥作用。获“长三角阅读马拉松大赛”优秀组织奖；“松阳早安朗读”获浙江省第一批最美阅读团队；浙江省第二批“满意图书馆”达标单位；松阳故事主题分馆获丽水市“最美阅读空间”称号，主馆城市书房和茑舍圆梦书屋获丽水市“最具特色阅读空间”称号；获中国图书馆学会阅读推广委员会主办的“方言·图书馆”创意短视频展示活动星级组织奖。积极拓展服务外延，以“线上+线下”的方式，着力为读者提供丰富优质的图书馆服务。全年累计送书下乡 12186 册，开展活动 113 场次（线上 79 场次，线下 34 场次），展览 18 场次，讲座 20 场次，培训 270 场次。丰富数字资源，开展免押金“信阅”服务，完善微信公众号服务平台，举办系列线上阅读推广活动，让读者们“宅家”也能够看书、听书。结合社会教育功能，探索“图书馆+研学”模式，传承优秀传统文化。举办“感知松阳 美美与共——我们的节日”、“诗意松阳·四季学堂”、“田园梦 心悦读”、“灯火传情、阅伴万家”、田园松阳文化大讲堂、松阳童谣进校园等一批有特色的活动。对松阳古诗词、松阳童谣、松阳茶叶、松阳中草药、松阳古法造纸技艺等地方文化资源进行挖掘利用，举办“古诗里的松阳”“古城故事会”等主题活动，编制《松阳方言童谣》传唱手册。在全县精品民宿、旅游驿站新建“圆梦书屋”9 家，全县累计建成 29 家。

【松阳高腔传承发展】2021 年 1 月 8 号，松阳高腔传承发展有限公司揭牌仪式在松阳县文化中心举行，并入选数智科技赋能非遗产业发展示范基地。松阳高腔的传承保护工作受到各级媒体关注，《中国非遗文化报》、《人民日报》（海外版）、浙江戏曲家协会公众号、浙江电视台中国蓝、丽水电视台等媒体相继报道。完成《新时代戏曲文化魅力影像工程浙江地方戏系列集锦》（松阳高腔）拍摄工作。该公司演员参演并协助完成戏曲（松阳高腔）电视剧《红色浙西南》拍摄工作。参加各类文化活动、文艺展演和文旅推介活动，打破地方非遗文化的区域限制，松阳高腔陆续在“2021 杭州未来生活节”、上海“老有腔调”栏目、上海“岁月如痕”影像展发布会等活动中展演；承接松阳县非遗馆运营管理，全年实现演出 50 余场次，接待各级领导嘉宾 2000 余人、游客 2 万余人次；与碧山旅行社合作开展旅游推广演出 3 场次；先后承办第十四届中国（国际）茶商大会开幕式、“人民的非遗，人民共享”松阳好非遗系列活动、丽水市“多彩非遗乡村行”、丽水市第五届运动会开幕式、松阳县养生美食大赛、松阳高腔文化艺术节、“二十四节气古市镇农民丰收节暨卯山仙橙节”等活动 10 余场次；参加全市职工文艺会演、丽水·新和新疆行文化走亲活动、松阳—金华文化走亲、“八一”建军节军民联欢文艺演出等活动 10 余场次。完成大戏《箬寮风雷》《红色浙西南》全资料整理，高腔传统剧本手抄本 19 本，松阳高腔小戏剧本 20 本，曲牌 6 支，并通过多种方式完整保存记录。

## 文学艺术

【概况】2021 年，松阳县文学艺术界联合会（以下简称“县文联”）是中共松阳县委县政府领导下的群众性文艺团体机关，是党和政府联系文艺家的桥梁和纽带，是全县文艺家协会的联合组织。有文联委员 22 人，直属艺术家协会 11 个，协会会员 779 人，其中市级会员 134 人，省级会员 82 人，国家级会员 33 人。主办季刊《松阳文艺》并开设有同名微信公众平台，2021 年召开的县六届四次全委会审议通过《牢记初心使命 坚持守正创新 高质量谱写新时代松阳文艺事业新篇章》的工作报告。

【文艺交流活动】2021年1月3日，浙江省文联党组书记、副主席陈瑶一行到松阳开展“三服务”活动。1月22日，县文联召开各文艺家协会主席会议学习贯彻县委务虚会精神。重点讨论2021年各协会深化艺术助推乡村振兴工作，研究部署文联系统如何围绕当地建设中国传统村落国家公园主动作为，贡献文艺人的力量。2月2日，松阳县书法家协会召开理事会，探索艺术招商模式，用艺术助力企业文化建设，助推工业经济发展。2月20日，《丽水日报》记者采访力溪连环画乡村艺术馆、专题报道松阳艺术助推乡村振兴工作成果。3月16日，县文联“文艺助企”书画笔会暨松阳县书协企业书法家协会授牌仪式在中澳大酒店举行。3月21日，中国文联副主席、中国民间文艺家协会主席潘鲁生带队的中国民协走进国家传统村落公园现场会在松阳召开。全国各省民协主席，传统村落保护及非遗专家100余人参会。3月31日，省文联到古市文化广场调研卯山文化。4月26日，县委书记李汉勤带领相关领导到西塘传统村落参加国际论坛，学习借鉴西塘古镇保护与发展的好经验、好做法。7月15日，全省文联系统组联干部培训暨组联工作现场会，县文联围绕“艺术助推乡村振兴”作交流发言，扎实推进“艺术乡建”工作，助力高质量发展建设共同富裕示范区。12月1日，省民协和县文联“结对提升”签约仪式在赤寿乡界首村签约，共同探索结对提升的方法路径，提升全县文艺的专业水平，繁荣基层文艺创作。

【举办各类展演赛】2021年1月28日，县文联举行文艺志愿者“书写抗疫春联送温暖”活动。5月7—12日，南京江宁—松阳文艺交流暨东晋书画院艺术家在松阳，开展走进“国家传统村落公园”采风创作活动。6月7日，在松阳县文里·三庙交流中心举办“档案话百年 丹青绘华章 诗歌颂党恩”庆祝中国共产党成立100周年活动。6月26日，开展庆祝中国共产党成立100周年“百本连环画说百年党史”“三进”活动暨《霭溪支部》发行签赠活动。6月30日，举行庆祝中国共产党成立100周年暨“百年百村”国家传统村落公园摄影书画展开幕式。7月12日，县文联开展招才引智工作，浙江师范大学美术学院院长团队到松阳考察大东坝“艺术家工作室”项目。10月30日，松阳县第三届连环画艺术节暨樟溪乡第十四届农民文化节在力溪村举办。《刘英与浙西南》《老庙新说》2本连环画在文化节上首发。

2021年10月31日，松阳县第三届连环画艺术节暨樟溪乡第十四届农民文化节在力溪村文化礼堂举行　（县文联供图）

【文艺创作活动】2021年，县文联庆祝中国共产党成立100周年，开展“田园松阳·百年追梦”为主题的系列活动，举办文学大赛、书画作品展暨聚焦“四张金名片”建设摄影展等。与上海图连文化传播有限公司合作，以企业投资的方式，邀请知名连环画画家，出版本土原创连环画《刘英与浙西南》《老庙新说》《霭溪支部》连环画。作家协会李祎《西塘脉脉，钟声杳杳》获省级“青春浙江”网络文学大赛一等奖，陈海聪的《青红》获丽水市2021年文学创作大赛纪实类金奖；鲁晓敏出版散文集《瓯江之上》（中国文史出版社）；由郭福俊创作，潘彩琴、方建英导演，潘彩琴参演的小品《代价》入围浙江省第三十二届群众戏剧小品大赛决赛。音乐家协会吴伟松、潘银燕编唱的《不忘初心》《农家四月艳阳天》获丽水市庆祝中国共产党成立100周年“心中的歌儿献给党”暨第六届合唱节金奖、优秀指导师奖。音协潘银燕编排的朗诵节目《乳娘》获2021浙江省中华经典诵写讲大赛一等奖、优秀指导师奖，第三届中国经典诵写讲全国总决赛一等奖、优秀指导师奖，吕青山作词的《向阳生》入选省委宣传部浙江省主题歌曲创作专班最终31首作品名单；美协项森琪《乡村幽居》入展省展国画，叶先高《守望家园》入展省美协农民画，王民《有现代书店的古村陈家铺》入展省美展油画；书协叶龙芳参展浙江革命历史文化书法大展（浙江省文化和旅游厅主办），叶龙芳草书，叶维德刻字入展“艺”心向党·浙江书法篆刻刻字700家主题创作大展（由中书协、省委宣传部、省文联主办，省书协承办），叶维德特邀，高根金、叶晓伟入展第七届浙江省刻字艺术大展（浙江省书协主办），叶龙芳、汪清泉参展浙江省群星荟萃视觉艺术系列展——丽水群文书法精品展（浙江省文化馆主办），市级新具备会员资格申报1人。安民乡文联沿坑岭头画家村柿子节拍卖作品 28 幅，为乡强村公司增收 23 万元。编印《松阳文艺》季刊 4 期，其中刊发廉政专栏 1 期。

【文艺志愿者惠民活动】2021 年，县文联不断推进文艺志愿服务工作，连续 13 年坚持春节前到农村免费为村民写春联、送书画和拍全家福。充分利用好文艺志愿者队伍，整合、配置各类文艺资源，从实际出发，不断丰富文艺志愿服务内容和形式。1 月 28 日，举行“文艺拥军、情系警营”图书捐赠和送书法作品活动，向县武警中队捐赠松阳本土书籍 200 册、画作 8 幅、书法 11 幅。9 月 27 日，开展“慈善一日捐”暨“红色根脉爱相随”活动，为困难人群奉献爱心。弘扬践行“新时代松阳精神”，11 月 16 日，组织县文艺界 20 名党员志愿者到叶村乡南岱村，联合开展“新时代松阳精神”实践活动。为全面贯彻落实省、市“五水共治”工作要求,巩固提升全域水质,营造浓厚的“五水共治”工作氛围。11 月 22 日，在叶村开展“深化五水共治、打造美丽河道”全民河道保洁日活动。

（县文联）

## 旅 游

【概况】2021 年，松阳县共接待游客 275.4 万人次，比上年下降 3.3%；实现旅游总收入 30.5 亿元，比上年增长 3%。全县 10 家旅行社共接待国内游客 15.72 万人次，比上年下降 30.67%；假日旅游地接待量排名首位，接待国内游客 5.96 万人次。全县 6 家星级饭店营业收入 4140.32 万元，比上年增长 18.36%；平均床位出租率 43.01%，较上年增长 4.14 个百分点；隐巷艺术酒店床位出租率居星级饭店首位，为 54.31%。非星住宿设施平均床位出租率 53.66%，较上年下降 0.28 个百分点；松泰酒店床位出租率居非星住宿设施首位，为 66.35%。全县纳入统计的重点景区接待 247 万人次，比上年下降 37.73%。双童山景区实现营业收入突破 1000 万元，营收列全县各景区首位。打造并推广一日游至五日游以及古村探秘、乡建打卡、田园问茶、老街寻味、山居旅拍等 10 个主题 14 条精品游线路。

【旅游基础设施建设】2021 年，县文广旅体局开展旅游业“微改造、精提升”行动，深入推进百千万工程。古市镇、玉岩镇、竹源乡创建成为省级景区乡镇，横樟村、松庄村、八都村等 8 个村庄创建成为省 AAA 级景区村庄，西屏街道九村等 48 个村庄创建成为省 AA 级和 A 级景区村庄，进一步完善游客中心、标识体系、旅游厕所等基础设施配套建设。榔树民宿综合体、南明桥文旅项目二期、白丰民宿综合体、气象博物馆、大木山景区茶园绿道景观驿站等项目建成营业。与浙江百县千碗餐饮管理有限公司签订“百县千碗·松阳味道”品牌打造合作协议，以“松阳味道”为核心，采取挖掘提升、活动策划、媒体宣传等方式，进行美食品牌打造，丰富松阳文化旅游体验度。持续抓好百县千碗特色体验店（示范店）、街区的培育指导和深化工作。在原有 3 家特色体验店基础上，培育头上红、好灶头、王家厨房、文里为第二批特色体验店。

【旅游市场营销】2021 年，县文广旅体局以提升“江南秘境 田园松阳”文旅品牌，讲好“松阳故事”为目标，做好市场营销。融入长三角一体化，开拓各地文旅市场。先后参加首届上海旅游产业博览会主题展、“乘着衢宁高铁游丽水”——2021 浙江丽水·遂昌庆元龙泉松阳文化旅游（福建）联合推广周、第十七届海峡旅游博览会暨 2021 中国（厦门）国际休闲旅游博览会、“一起跨越最美山城”自驾游线路等 10 余场文旅推介活动。举办“2021 杭州·未来旅游嘉年华”松阳故事文旅展。以中国有机茶乡为主题，把大木山茶园竹亭“搬进”西子湖畔，布置茶空间、民俗体验与产品销售空间、文创空间，并在展会上融合松阳高腔元素，打造极具创意的体验感，3 天展期“松阳故事馆”吸引 10 万余人次入馆互动。举办首届“走进国家传统村落公园·松阳故事”文创产品和旅游商品设计大赛，推出“精神抖擞茶、松阳高腔冰箱贴、独山异形拼图、千锤百炼茶盘、秘境寻踪氛围灯”等优秀文创产品，并在“未来旅游嘉年华”活动中正式亮相。开通 2 趟“走进国家传统村落公园系列火车旅游专列”，不断开拓铁路沿线旅游市场。与县委宣传部、县文联等部门联合举办“2021 松阳国家传统村落公园”全国摄影大展，松阳县大毛岘背“星花怒放”主题摄影大赛，“斗米岙当代艺术展”，2021 丽水摄影节松阳展区“遇见松阳 预见美好”系列艺术展，《岁月如痕》暨江南秘境

2021 年 4 月 17 日，首届“走进国家传统村落公园·松阳故事”文创产品和旅游商品设计大赛举行　（县文广旅体局供图）

中“曾经年轻的他们”艺术展等活动。同时，利用新媒体做好松阳文旅线上宣传与推广。开通“松阳文旅”视频号，优化“松阳文旅”公众号服务平台。加强与《人民日报》、《文化月刊》、《中国旅游报》、《文旅中国》、《都市快报》、中央电视台、新华网、浙江广电集团等媒体合作，全年松阳文旅品牌关注量达数十亿人次。提升智慧旅游，上线“图游松阳”手绘导览项目，实现一图知松阳，全力打响“松阳故事”文旅品牌。

**【旅游行业管理】**2021 年，县文广旅体局政策保障再强化。制定《松阳县酒店留员工稳生产惠企政策实施方案》，对县内各旅游饭店中留松阳过年并在岗的非松阳籍员工进行补助和奖励。面对旅游业发展的新形势和新要求，牵头制定《关于推动生态旅游业高质量发展的若干意见》《县内外旅行社接送团奖励实施细则》。安全管理再细化，借助专业和部门力量，委托江泰保险经纪有限公司对全县 137 家文旅体企业（项目）开展第三方机构安全风险评估，提高文旅行业风险管控能力。首次开展综合类应急演练，科目涉及高风险体育项目救援、森林火灾、恶劣天气应急疏散和发现疑似病例游客的现场应急处置。对玻璃栈道、玻璃平台、玻璃滑道、热气球等新业态项目，以第三方专业机构安全评估与部门、所在乡镇（街道）联合检查相结合方式，形成监管全覆盖。旅游服务再优化。举办民宿管家培训班、文旅场所应急救护取证培训班、松阳县第三届金牌导游（讲解员）大赛和“全域康养胜地”松阳味道养生美食大赛；隐巷艺术酒店创成浙江省银桂级品质饭店，松泰酒店创成国家银树叶级绿色饭店，丽水风光国际旅行社有限公司创成浙江省四星级品质旅行社；张琦被授予“终身金牌导游”称号。

## 体　育

**【概况】**2021 年，县文广旅体局围绕打造“全域康养胜地”的目标，加强体育设施建设，完善户外运动休闲体系，构建高水平全民健身公共服务体系，打造“10 分钟健身圈”和“永不停歇”的乡野运动品牌。松阳县被评为“浙江省运动休闲基地”，七沐山景区获评丽水市“运动休闲示范基地”，魏莱健身网红俱乐部获评丽水市“运动健身示范场馆”。

**【群众体育】**2021 年，县文广旅体局组织开展全民健身系列活动。举办庆祝中国共产党成立 100 周年系列活动、县篮球联赛、老年人快乐舞步健身操等群众性体育赛事活动 149 场次，举办 2 期健康松阳“体医融合”培训班，参训 300 余人次。全县经常参加体育锻炼的人数比例为 28.4%，营造良好全民健身氛围。社会体育指导员队伍不断壮大，全县现有社会体育指导员 697 人。出台《松阳县单项体育协会年度工作考核办法》，进一步规范体育社会组织管理。全县有体育协会 30 家，创评樟村拳协会、乒乓球协会、龙舟协会为 AAA 级协会，全县各乡镇（街道）体育社会分会组织 47 个，形成城乡全覆盖的群众体育组织框架。

**【竞技体育】**2021 年，县文广旅体局通过教体结合机制，推进全县青少年业余训练工作的开展。出台《松阳县人民政府办公室关于深化教体结合加强县少年儿童业余体育运动学校建设的实施意见》。增强体育后备人才储备，全年新注册运动员 186 人，在省皮划艇锦标赛中获一金一银两铜的成绩。组队参加丽水市第五届运动会，其中田径组破 13 岁男子组 110 米栏、16～17 岁男子组七项全能市纪录。

**【体育产业】**2021 年，县文广旅体局大力打造各项品牌赛事，坚持“品牌引领，融合发展”战略，先后举办首届“运动休闲旅游嘉年华”、全国气排球邀请赛、全国业余围棋公开赛等大型体育赛事活动，取得较好的社会效益和经济效益。对接省体育局，成功争取 2022 年中央集中彩票公益金支持地方体育事业专项资金 200 万元。配合开展全县校外体育培训机构摸排整治工作，建立全县体育类培训机构名录库 19 家。

**【体育设施建设】**2021 年，县文广旅体局以省级民生实事为抓手，大力推进体育设施建设，获 2021 年度浙江省体育民生实事建设突出贡献奖。全民健身中心项目完成体育场三层结构，体育馆完成网架顶升，游泳馆网架和幕墙材料进场。新增 5 个百姓健身房、1 个笼式足球场、3 个社区多功能运动场、1 个体育公园、1 个全民健身广场。推进落实 8 个机关企事业单位的体育场地面向社会免费错时开放工作。开展提升改造村级体育设施、送器材下乡 9 个村庄，投入资金 11.3 万元。

（县文广旅体局）

# 融媒体

独山驿站

## 广播电视

【概况】2021 年，松阳县融媒体中心（以下简称“县融媒体中心”）负责全县新闻宣传、乡镇（街道）广播站管理等工作；办有广播调频松阳人民广播电台 FM105.8 兆赫、“松阳新闻”综合频道两套节目；每周刊发《新松阳》报 2 期，每期发行量 9100 份；负责运营“松阳新闻”微信公众号、“掌上松阳”移动客户端、“松阳新闻”视频号、“松阳新闻”抖音号、“松阳新闻网”和“松阳新闻网”新浪微博等新媒体平台。全年广播电视广告和《新松阳》广告收入 108 万元。

2021 年，县融媒体中心获浙报集团“共享联盟・最佳合作奖”；丽水市广播全媒体传播协作先进单位一等奖；丽水市电视全媒体传播协作先进单位二等奖和县（市）转播台站安全播出先进单位。

【重要宣传活动】2021 年，县融媒体中心开设《打好冬春新冠肺炎疫情防控攻坚战》专栏，刊播相关报道 1000 余条，发布权威信息，宣传解读新冠肺炎防疫政策措施，加强新冠肺炎疫情防范知识科普，推动形成全社会参与新冠肺炎疫情防控格局。开展“奋斗百年路 启航新征程”融媒体宣传活动，策划推出《奋斗百年路 启航新征程・学党史 悟思想 办实事 开新局》《新视角：探寻松阳红色故事》《声声告白给党听》等专栏，刊播相关报道 1200 余条，制作原创短视频 40 余个。在第十四届中国（国际）茶商大会・松阳香茶茶叶节期间，电视、报纸、新媒体平台开设专栏，刊播相关报道 200 余条。松阳新闻网新浪微博“茶乡随手拍”话题互动，累计阅读量 9.3 亿次，讨论量 13.9 万次。主动对接中央、省、市级主流媒体，聚焦松阳春茶上市、新品种质高价优、采茶工供不应求等内容，开展深度宣传合作。3 月 3 日当天，松阳茶叶 12 次登上中央电视台大屏。8 月，开设《共同富裕新征程》专栏，刊播相关报道 650 余条，讲述基层一线的奋斗故事。9 月 5 日，中央电视台新闻频道特别节目《走进乡村看小康》走进松阳县四都乡陈家铺村，通过直播的形式，讲述该村通过改造内里，丰富旅游业态，留住乡愁，带来新发展的具体实践。在 2021（第二届）中国不锈钢管高峰论坛期间，聚焦论坛筹备工作、各项活动议程及松阳不锈钢管产业成果等内容进行全方位动态报道。在第二届城乡联系国际论坛期间，围绕论坛开闭幕、嘉宾实地考察、主题演讲等内容进行跟踪式报道，刊播相关报道 60 条。

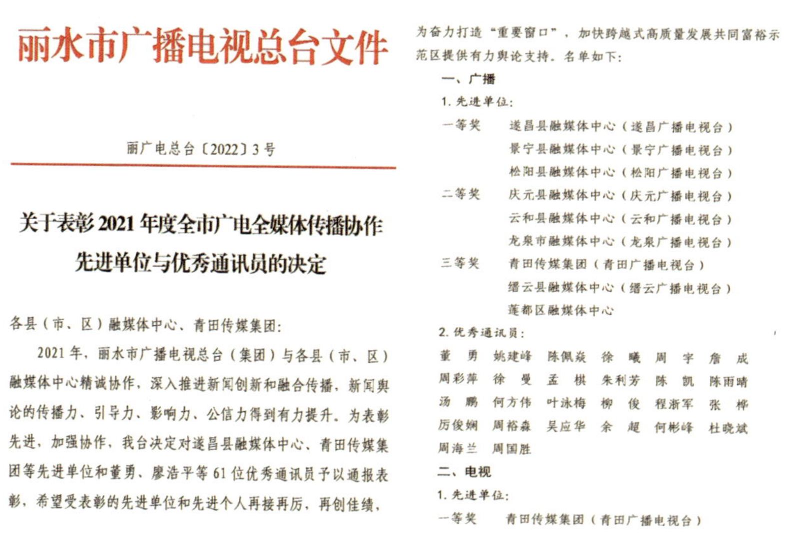
丽水市广播电视总台文件

丽广电总台〔2022〕3 号

关于表彰 2021 年度全市广电全媒体传播协作先进单位与优秀通讯员的决定

各县（市、区）融媒体中心、青田传媒集团：

2021 年，丽水市广播电视总台（集团）与各县（市、区）融媒体中心精诚协作，深入推进新闻创新和融合传播，新闻舆论的传播力、引导力、影响力、公信力得到有力提升。为表彰先进，加强协作，我台决定对遂昌县融媒体中心、青田传媒集团等先进单位和董勇、廖浩平等 61 位优秀通讯员予以通报表彰，希望受表彰的先进单位和先进个人再接再厉，再创佳绩，为奋力打造“重要窗口”，加快跨越式高质量发展共同富裕示范区提供有力舆论支持。名单如下：

一、广播

1. 先进单位：

一等奖　遂昌县融媒体中心（遂昌广播电视台）
景宁县融媒体中心（景宁广播电视台）
松阳县融媒体中心（松阳广播电视台）

二等奖　庆元县融媒体中心（庆元广播电视台）
云和县融媒体中心（云和广播电视台）
龙泉市融媒体中心（龙泉广播电视台）

三等奖　青田传媒集团（青田广播电视台）
缙云县融媒体中心（缙云广播电视台）
莲都区融媒体中心

2. 优秀通讯员：

董　勇　姚建峰　陈佩焱　徐　曦　周　宇　詹　成
周彩萍　徐　曼　孟　棋　朱利芳　陈　凯　陈雨晴
汤　鹏　何方伟　叶泳梅　柳　俊　程浙军　张　桦
厉俊娴　周裕淼　吴应华　余　超　何彬峰　杜晓斌
周海兰　周国胜

二、电视

1. 先进单位：

一等奖　青田传媒集团（青田广播电视台）

2021 年，县融媒体中心获得丽水市广电全媒体传播协作先进单位一等奖（县融媒体中心供图）

【广播电视栏目节目设置】2021 年，县融媒体中心有自办广播节目 7 档，分别是一周六档的《松阳新闻》（每档 15 分钟）、一周五档的《闪亮的足迹》（每档 15 分钟）、一周两档的《话说党史》（每档 20 分钟）、一周一档的《致富经》（每档 25 分钟）、《每周农经》（每档 15 分钟）、《金色田园》（每档 15 分钟）、《音乐茶吧》（每档 15 分钟）。有自办电视节目 7 档，分别是一周五档的《松阳新闻》（每档 15 分钟）、一周一档的《松州聚焦》（每档 5 分钟）、《时空漫步》（每档 15 分钟）、《农业在线》（每档 15 分钟）、《时代风帆》（每档 15 分钟）、《松阳闲谈》（每档 15 分钟）、《一周要闻》（每档 15 分钟），另有 2 档通用性栏目《星火科技 30 分》《致富经》（每档 30 分钟）。

【媒体融合发展】2021 年 1 月 7 日，“松阳新闻”视频号正式上线，发布第一个原创短视频。至 12 月末，“松阳新闻”微信公众号粉丝数突破 9 万人，发布推文 2546 条，总阅读量突破 448 万次，其中阅读量破 10 万次推文 2 条，破万推文 41 条；“掌上松阳”移动客户端下载量突破 4.3 万次，发布稿件 9500 余条；“松阳新闻”抖音号发布短视频 500 个，总播放量突破 2990 万次，其中播放量破 100 万短视频 3 个，破 10 万次短视频 44 个；“松阳新闻”视频号发布原创短视频 291 个，总播放量突破 453 万次，其中点击量破 10 万次短视频 9 个；“松阳新闻”网发布稿件 12750 余条。6 月 30 日，松阳县委、县政府出台《关于进一步推进松阳县融媒体中心改革发展的若干意见》（松委办发〔2021〕28 号）。根据意见精神，该中心制定《县融媒体中心深化融合激发活力八项措施》。9 月 7 日，印发《松阳县融媒体中心编辑委员会工作制度》《松阳县融媒体中心技术委员会工作制度》。12月13日，印发《松阳县融媒体中心新媒体工作考核办法（试行）》。12月22日，印发《松阳县融媒体中心工作人员平时考核实施办法（试行）》。

【科技设施建设】2021年，县融媒体中心投资177.5万元，完成“松阳新闻”综合频道高清化改造及监测屏项目建设。该项目建成后可实现“松阳新闻”综合频道节目高标清同步播出。投入40.69万元，更新摄像机、照相机、笔记本等设备；投入8.13万元，新建中九卫星接收系统，用于中央电视台综合频道备用信号源设备。

（县融媒体中心）

## 华数电视

【概况】2021年，松阳华数广电网络有限公司（以下简称“松阳华数公司”）服务于全县各级党委、政府和各行业，是松阳县最大规模的有线电视运营商和智慧化综合服务运营商。业务涵盖有线电视、数字内容传输、综合政务信息化服务、综合生活信息化服务、行业数字化应用服务等。承担全县“最多跑一次”“文化大礼堂”“四个平台”“党员远教平台”等政务数字化信息化服务运行。截至12月末，该公司有线电视主终端出账用户数达35960户，其中数字高清电视用户15707户，互动电视用户11116户。

【大众业务】2021年，松阳华数公司经营有互动业务：主要分为高清互动电视产品和华数4K智家产品。高清互动电视基于浙江华数的内容生产系统、互动电视平台和运营支撑系统，通过高清增强交互型机顶盒，提供全方位的视听类、应用类、服务功能类的互动服务产品线。主要包含数字电视产品、互动视频产品与互动增值产品三大类业务，定位用户群体为个人家庭用户。华数4K智家产品搭载国家自主知识产权的TVOS2.0系统，以华数4K智能盒子为核心，实现4K直播、4K点播、语音遥控等功能，智慧+教育、智慧+医疗、智慧+安防等业务在不同区域结合项目落地，未来还承载语音识别、人脸识别、安全支付、智能物联等互联网技术能力，打造“智能全屋”概念。宽带业务：利用广播电视网络传输视频和海量下行带宽优势，华数光宽带通过智能缓存、内容聚合等技术，为用户提供高速上网、海量视频、云端存储、智能加速等服务。华数光宽带覆盖全县10255用户。付费频道业务：相比有线数字电视基础频道，付费频道指由专业制作机构提供的用户需要单独付费才能收看的专业直播频道。松阳华数付费频道业务主要由中数、鼎视、华诚等平台提供，汇集超100路的影视、体育、娱乐、健康等专业频道。信息化业务：信息化业务主要指基于电视大屏，提供满足乡镇政府及村民信息化需求的综合解决方案。以当地屏为基础，实现美丽乡村、党员远教、村级监控、智慧乡镇、智慧旅游、视频会议、Wi-Fi、农产品交易等信息化平台的搭建、运营和维护，从而为政府信息化宣传提供发布便捷、质量稳定、形式多样的展示平台。

【集客业务】2021年，松阳华数公司布局全县公安、医疗、交通、水利、教育等政府信息化项目，在融媒体、物联网等重要战略领域有所突破。持续深挖客户价值，特定领域深度渗透深度挖掘客户及项目价值，重视运营。从集成类项目向平台类转变，以校园电视台、“最多跑一次”、“四个平台”等项目作为突破口，做深做透政务、民生、教育、安防四大重点行业。具体项目涵盖智慧交通、智慧教育、生活污水智慧监控、智慧社区、智慧安防、可视应急广播、智慧城管、四个平台、县级融媒体平台、“最多跑一次”、新时代文明实践中心等。

【网络质量优化】2021年，松阳华数公司以市级骨干网作为全县互动电视业务、宽带业务、集客业务的传输承载和交换枢纽，建成丽水方向、遂昌方向2个通道环网，实现环路双路由传输。每环网40波系统，单波10Gbps，环网容量达到400Gbps，业务侧10Gbps、100Gbps支持速率端口，具备10Gbps到100Gbps的业务对接能力。通过浙江华数省、市干光缆监测保护系统实现骨干网络主备光缆的保护切换、光缆监测检测和光缆资源管理等功能，增强骨干网络可靠性、缩短光缆故障历时、降低光缆阻断率，确保市级骨干网络安全、可靠运行。城域网：在城域IP网络建设上，主要乡镇具备10Gbps及以上的业务对接能力，全县核心层与汇聚层之间基本实现双路由，具备承载综合性IP业务能力。通过网络运行管理系统对全网设备运行参数采集，图形化呈现，实现城域网自动化、智能化的管理。全县网络实现双向接入，具备全县全网双向运营能力。接入网侧约60%的县城区域和农村区域支持100Mbps带宽接入，可开展4K超高清视频、超高清游戏、AR/VR等高带宽业务应用。通过浙江华数网络质量拨测系统实现实时收集现网中宽带用户和互动电视用户的网络质量指标数据，通过后台系统大数据分析，实现网络运行质量的实时监测，主动发现网络质量劣化并预警，为全县网络质量的优化提供数据支撑。全县有线数字网络同轴电缆具备技术优势，完全适应三网融合与绿色建筑发展要求。经过多年的发展和改造，全县以有线数字同轴电缆网作为家庭网络的基础设施，传输带宽可按需扩展至3Gbps，完全满足4K视频、3D视频、VR等新应用，具备网络安全性，适应“智慧家庭”“智慧城市”建设的发展需要。

**【销售模式】**2021年，松阳华数公司通过实体渠道和电子渠道两大类渠道向用户销售业务。实体渠道主要包括自有的实体广电网络营业厅和第三方代理机构。通过遍布全县的广电网络营业厅自行销售公司业务，或者在部分城市、社区、乡镇、村组通过与银行、便利店、社会化营销机构等合作，由其代理销售公司业务。公司还积极划小服务单元，推进网格化管理，由网格经理向用户提供更为全面周到的售前、售中、售后服务。电子渠道主要包括网上营业厅、微信营业厅、电视营业厅，支持银联卡、微信、支付宝等多种支付方式，帮助用户轻松实现信息查询、账户充值、产品订购、客户服务等多种功能。

**【服务模式】**2021年，松阳华数公司按照“分级、分责、属地化管理、量化考核”的原则，秉承“贴心服务、满意第一”的服务理念，坚持“以客户为中心，用服务促转型”，不断提升服务水平。公司客户服务部主要负责落实本级客户服务的具体工作并指导监督支公司客服工作；由丽水市公司统一成立全市呼叫中心，通过全省统一客服电话96371可以7×24小时为广大用户提供业务咨询、业务受理、故障报修、投诉建议等“一站式”服务，并在完成公司客服工作的同时，开展电话营销、座席外包等业务。

（松阳华数公司）

# 医疗卫生 医疗保障

大木山茶园

## 综 述

【概况】2021年，松阳县卫生健康局（以下简称“县卫健局”）落实党委领导下的院长负责制，健全党内激励机制，制定涵盖5方面10条的《加强公立医院党务干部队伍建设的意见》，提高党务干部岗位认可度和自豪感。搭建基层党组织互学互比检验平台，系统各党组织逐一上台晾晒，提升党员领导干部履职能力。打造“松阳·清廉医院”升级版，代表丽水市牵头制定千分制《丽水市清廉医院建设创建标准》和医院小微权力清单100条、权力流程图100项，明确权力运行工作流程、风险点防控措施。创新推出“把脉问廉”清廉品牌、“120”预警机制和“清廉码”，搭建清廉医院文化、党建文化阵地、清廉医院数字监管平台，形成“一图一码一指数一清单一标准一阵地”机制，推动清廉医院建设走深走实、建立现代医院管理制度。典型做法在2021年丽水市医疗卫生行业不正之风专项整治部署会上作经验交流。

【卫生重点项目建设】2021年，县卫健局推进基层基础、就医环境建设。全年实施卫健项目17个，完成项目15个、投资2.39亿元。其中，县中医医院迁建工程提前3个月实现综合楼主体结顶，该项目获评2021年上半年松阳县投资项目推进（重点经济指标）“金牛奖”；县人民医院改扩建项目改建部分工程完工，扩建部分完成主楼地下室及三层主体施工；安民乡卫生院建设项目完工。

【中医药事业】2021年，松阳县入选浙江省中医药综合改革先行县试点。全县中医适宜技术推广基地深入基层医疗单位，开展中医药适宜技术推广项目10个，举办培训6场次，培训单位22个、126人次，应用1046例次，全面提高医务人员中医药专业技术水平。同时，面向康养企业、家政服务业、民宿业、医务人员等人群开展为期5天的中医适宜技术理论和实操培训3期，培训650余人次。

【基层公共卫生服务】2021年，县卫健局聚焦“病有所医”，全力推进基本和重大公共卫生服务项目，启用智医助理电话机器人，推广“两慢病”刷脸随访服务，做实做优健康管理。全县建立居民电子健康档案18.04万份，建档率93.98%；孕前优生健康检查率111.8%、婚检率88.16%、孕产妇系管率96%，连续12年保持常住人口孕产妇零死亡；高血压、糖尿病规范率和控制率均实现省定目标要求。

【卫健人才队伍建设】2021年，县卫健局深化“双招双引”，主动对接全国各大医学院校和城市三甲医院，建立校地招聘联络站，设立现场签约奖，实行线上线下、现场直接面试签约等招聘方式，最大力度引进人才；并解决外地留松人才住房、家属就业、子女就学等后续问题，定期开展暖心关怀活动，超常规留住人才。全年组织专场招聘会11场、招引高校毕业生214人，其中博士1人、高级职称2人，实现博士生引进“零”的突破；新增高技能人才104人、博士后工作站1家，柔性引进浙江大学医学院附属第二医院（简称浙大二院）一批顶尖专家教授在松阳开设工作室；1人获首届浙江省“仁心仁术奖”，1人获评2020年度全国“生命英雄·免疫英雄”个人优秀案例。

【老年健康服务体系建设】2021年，县卫健局聚焦“老有所养”，成立全市首家公立嵌入式医养结合中心古市“百龄帮”医养中心，实现传统养老照料服务与现代化医疗服务相结合，为老年群体提供精准化服务。截至12月末，该中心设置医养床位50张，入驻37人。加强老年健康管理和老年友善医院建设，65岁以上老年人规范健康管理率71.14%、创成老年友善医疗机构6家。

【健康松阳建设】2021年，县卫健局聚焦“健有所行”，系统推进健康松阳28项行动落地，举办“健康松阳 万步有约”健步走激励大赛、“中医中药进工地”等活动，启动浙江省健康促进县、4个省级健康乡镇、21个省级健康村、5个国卫乡镇创建工作，新增健康细胞（健康家庭、健康乡镇、健康村、健康企业、健康街区、健康餐厅、健康食堂等相关健康元素）1539个，居民健康素养达32.59%；被中共浙江省委、省政府评为2018—2020年健康浙江建设先进县。

2021年6月23日，松阳县卫生健康局与浙江大学医学院附属第二医院举行博士后工作站揭牌仪式 （县卫健局供图）

【民生实事项目】2021年，县卫健局推动健康服务提质扩面增效，完成省市县民生实事项目6个9项。其中，新增村卫生室12家，公共区域配备AED45台，开展前列腺癌筛查9594人、孕产妇系统超声检查334人、重点人群结直肠癌筛查15429人、23价肺炎疫苗接种1.5万人、流感疫苗接种8039人，并为162名符合条件的阿尔茨海默症患者配置防走失黄手环。

## 生育和家庭服务

【幼儿托育】2021年，县卫健局聚焦"幼有所育"，切实增加3岁以下婴幼儿普惠性托育服务有效供给，向上争取130万元国家托育普惠项目资金，建有托位598个，千人托位数为2.92个。同时，县级医院均建成规范化母婴室，其中人民医院母婴室实现四星级标准。

【计生特殊家庭扶助】2021年，县卫健局施行"困有所扶"，健全独生子女家庭、计生特殊家庭服务机制，全年发放奖扶和特扶金2630人次441.48万元、计生困难家庭补助194户35.71万元；计生系列险赔付402.65万元、惠及672户计生家庭。

## 卫生监督

【公共场所卫生监管】2021年，县卫健局围绕群众关心热点及风险点，开展公共场所双随机抽查、集中空调通风系统卫生专项整治、游泳场所水质卫生安全治理、生活美容场所经营乱象治理、住宿场所消毒保洁治理等专项治理行动。全年抽检游泳池水、浸脚池水样品15份，合格率100%；抽检公共用品用具样品82份，合格74份，合格率90.24%；监测集中空调通风系统单位5个，合格率100%；实施量化分级管理公共场所243家，量化分级率100%；按期完成主城区理发美容、沐浴场所的"污水零直排"三年整治任务，135家场所均完成毛发过滤器的安装和排水许可证的办理。全年监督检查公共场所600余户次，出动执法人员1800余人次，出具卫生监督意见书91份，立案查处85起，罚款金额11.16万余元，公共场所百家处罚率为35.0%。

2021年7月21日，卫生监督执法人员依法对辖区内游泳场所开展卫生监督执法检查和游泳池水质进行卫生检测　（县卫健局供图）

【医疗卫生监管】2021年，县卫健局依托双随机、专项检查、飞行检查等方式对医疗机构的许可管理、人员管理、执业行为、抗菌药物临床应用管理、临床用血管理、母婴保健技术服务、是否开展打击非医学需要的胎儿性别鉴定和选择性别人工终止妊娠情况等内容开展医疗卫生日常监督检查，立案查处7起。坚持打击非法行医常抓不懈，执法人员采取日常监督巡查和集中整治相结合，在辖区内加强排查、摸底，及时掌握"黑诊所"、非法医疗美容的动态信息，并联合县公安等部门，及时准确地予以打击。全年立案查处非法行医案件13起，结案11起，未完全履行1起，申请法院强制执行1起，罚款43.89万余元，没收违法所得5.77万元。

【监督执法能力提升行动】2021年，县卫健局持续抓强业务素质能力。通过监督员网络学习平台、学法用法轮训、新进监督员培训、外出基地实训、内部业务培训等线上线下多渠道开展执法人员业务能力培训，全年网络培训人员学时均完成50学时。开展《中华人民共和国行政处罚法》等法律法规知识内部集中业务培训12期；完成新监督员线上培训80学时及基地实训；选派执法人员参加省、市职业卫生、医疗卫生、法制等培训班25期130余人次，提升执法队伍的理论与办案实践水平。2021年，在全市卫生监督应急演练暨技能竞赛获团体二等奖、个人二等奖。获评丽水市"污水零直排区"建设工作先进集体。

【传染病防治卫生监督】2021年，县卫健局结合新冠肺炎疫情防控、双随机监督检查等，开展国家医疗机构废弃物专项整治、传染病防治分类监督综合评价和餐饮具集中消毒服务单位监管等工作。完成辖区26家医疗机构传染病防治分类监督综合评价，其中二级医院2家、一级医院3家、未定级医疗机构21家，最终评出优秀单位4个，合格单位19个，重点监督单位3个。全年查处餐饮具集中消毒服务单位违法行为2起，预防接种单位违法行为7起，抗（抑）菌制剂违法行为1起；预检分诊管理情况、发热门诊设置、医疗废物管理、消毒管理等方面违法行为97起。

## 卫生应急

**【食品安全风险监测】**2021年，县卫健局开展食品安全风险监测213件，完成1.04件/千人的监测任务；在全县所有二级以上医疗机构开展疑似食源性异常病例/异常健康事件监测，未发现疑似病例；食源性疾病哨点医院监测中县人民医院上报308例，阳性标本45例，阳性率15.20%；县中医医院、乡镇卫生院分别上报136例和16例。报告4起食源性疾病事件，均规范进行处置，患者全部治愈。

**【大型活动应急保障】**2021年，全县两会、高考、第二届城乡国际论坛、不锈钢高峰论坛、党代会等大型活动期间，县卫健局第一时间成立领导小组，提前谋划、精心部署，与筹备组保持紧密对接，履行卫生健康部门职责，强化工作举措，制定疫情防控和医疗卫生保障方案，由局领导带领各医疗科室人员组成的督导组提前踩点，及时发现问题，督促整改落实到位，确保重大活动期间新冠肺炎疫情防控和医疗保障责任全覆盖，管控无死角。活动期间调度救护车辆，派出医务人员携带相关医疗器械和药品全程保障，全年派出医疗卫生人员51批306人次。

**【疫情应急处理】**2021年，县卫健局全力开展医疗救治工作，确定县人民医院为当地新型冠状病毒感染的肺炎定点医院，启动重大突发公共卫生事件“一级响应”，配足定点医院诊疗力量，成立诊疗技术专家小组和临床救治小组，负责新型冠状病毒感染的肺炎全面救治工作。组织新型冠状病毒感染的肺炎病例的会诊救治和指导救治工作，开展对医务人员诊疗及防控知识的培训，同时临床救治小组下设诊疗救治预备队伍和诊疗护理应急小组。在定点医院规范设置发热门诊，对发热病人进行24小时接诊，开展对新型冠状病毒感染的肺炎的鉴别、排查、登记工作，细化发热门诊、隔离观察室、隔离病房工作流程，全力阻断医源性传播。成立院感防控（指住院病人或医院工作人员在医院内获得的感染，即对医院感染的防控工作）小组，负责对全院院感防控管理工作。根据国家卫生健康委印发的各院感防控规范相关防控要求文件，利用OA平台、微信、钉钉群对全院工作人员进行院感防控知识培训，并按风险高低程度组织相关人员进行不同人员个人防护用品使用现场培训和考核。加强对所有工作人员的防护，严防院内交叉感染和工作人员感染。

**【突发事故医疗救治】**2021年，县卫健局推进胸痛、卒中、创伤三大救治中心能力提升。在浙大二院的帮扶指导下，以县人民医院急救网络为核心，全县各级医疗机构为救治中枢，构建县域胸痛、卒中中心，并全部通过国家级专业机构认证，全年两中心救治胸痛、卒中患者141例。同时，进一步完善院前急救和院内急救网络，与浙大二院开通空中生命1小时快速通道，实现急危重症患者空中转运。

## 医院管理

**【县级强院建设】**2021年，县人民医院与浙大二院建立型医疗合作关系，联合设立县域首家肺结节诊疗中心、丽水市县级医院首个“无陪护新生儿救治中心”，成功实施国内首例5G远程神经外科机器人辅助脑内血肿清除术、5G远程病理会诊、空中急救转运等。王建安、王伟林、蔡建庭、冯建华、李雯、姚克6名教授（团队）工作室先后成立，帮扶开展新技术新项目44个、会诊及疑难病例讨论100例、业务培训353次、手术带教637次。医院门急诊总人次、三四类手术同比分别增长14.16%和75.05%，平均住院日、药占比同比分别下降3.78%和5.04%。县胸痛中心、呼吸与危重症医学科、卒中防治中心均通过国家级标准认证。县中医医院持续深化与省中医院医疗合作，重点扶持中医内科、神经内科、肛肠科、乳腺科、内镜中心、康复科等学科做强做大。成立早期大肠癌筛查示范中心、浙江省数理医学会盆腔肿瘤MDT学组松阳工作站、陈贵平教授（胃肠外科）工作室，建成治未病中心和体检中心，名中医工作室、内镜中心、康复科业务量及三四类手术同比分别增长23.65%、156.05%、33.66%和28.08%，“十三

2021年5月20日，松阳县人民政府与浙江大学医学院附属第二医院医疗合作启动仪式举行　　（县卫健局供图）

五”省中医药重点学科——中西医结合神经康复科通过考核验收。

【县域医共体改革】2021 年，县卫健局深化医共体扁平化管理、实体化运行、同质化帮扶，借助“流动医院”“小药箱进村入户”“智慧中医”等形式，提升基层综合能力。26 名县级专家参与签约团队，42 名省县专家下沉成员单位坐诊，排班 1340 天；全县家庭医生规范签约 9.14 万人，规范签约率 47.63%；流动医院巡诊 2489 次，派出医务人员 5046 人次，服务群众 15.52 万人次。

【数字赋能工程】2021 年，县卫健局在县人民医院打造县域一体、机构互联、业务互通、服务连续的全县卫生健康大数据中心，重点开展健康大脑、诊疗决策支持、口袋病历、医疗闭环管理、移动 BI（数据分析工具）、5G 智慧家庭计划、医共体预约平台、运营管理和综合监管等建设，完善县人民医院内部信息系统升级，建成院内数据中心、集成平台、实时运营驾驶舱。在县中医医院打造共享阳光药房、中医智能诊疗、中医药大数据、中医药统一配送溯源等功能于一体的中医智能医联体，完成二期溯源项目建设，并上线浙里办“i 松阳”。依托“基层治理四平台”，建设具有当地特色、数字版的社会心理服务体系“舒心码”应用，实现心理健康服务“一机智达”、管理“一屏智控”、预警“一键智派”。全县有 3.7 万人登录“舒心码”，心理评估 4 万人次，心理咨询 3400 余人次，心理教育 1400 余人次、心理训练 1000 余人次；全县学生心理测评率达 90%以上，危机预警干预率 100%。此外，完成智慧流动医院、院前医疗急救、检查检验共享互认、数智卫监精密智控、住宿场所透明保洁和口腔医疗机构智能监管等信息系统接入上线，开通“核酸检测线上自助开单结算”“病历复印线上申请线下邮寄”等，实现服务数字化、精准化、便捷化。

## 新冠肺炎疫情常态化防控

【防控措施】2021 年，县卫健局落实“源头查控+硬核隔离+精密智控”机制，开展人物并防，做好监测预警、疾病流调、核酸检测、院感防控、医学观察、人员培训、应急演练等工作，从严把好疫情“输入关、隔离关、扩散关”，有效应对江苏、上海、福建，以及省内杭州、绍兴、温州、宁波等地疫情风险，完成重大活动、重大会议疫情防控和医疗保障，维护社会经济稳定发展。全年全县规范排摸、管控中高风险地区到松阳返松阳人员，处置密接人员，涉疫冻带鱼、奶枣、龙眼等突发事件。

【防疫机制】2021 年，县卫健局按照“四个确保一个力争”总要求，规范发热门诊、基层医疗机构哨点监测建设，建立网格化监督管理机制和定期巡查机制，17 家基层医疗机构建成规范化传染性疾病专用诊室和预检分诊台，并守好“三道门”，落实首诊负责制，严格查验“健康码”“行程码”和测温戴口罩，严格询问流行病学史，规范新冠肺炎可疑症状患者的信息登记和接诊处置流程。

【疫苗接种】2021 年，县卫健局科学有序、分批分类、挂图作战推进全人群新冠疫苗接种工作，建立群体免疫屏障。在县城设立方舱接种点 1 个、临时接种点 12 个，完成疫苗接种“四个 100%”，全年完成 3～11 岁人群儿童接种 1.68 万人，完成率 100.3%；18 周岁以上全程接种 15.23 万人，完成率 102%，其中 60 周岁以上人群全程接种 4 万人；加强针接种 4.2 万人。

（县卫健局）

## 医疗保障

【概况】2021 年，松阳县医疗保障局（以下简称“县医保局”）实施丽水市全民健康补充医疗保险“浙丽保”运行一周年，参保 19.58 万人，参保率 91.82%。全年有 5.42 万人次享受“浙丽保”报销待遇，报销 1700 余万元。

【医保救助】2021 年，全县累计救助困难群众 93807 人次，发放救助金 773.55 万元。开展自费 5 万元以上困难人员高额医疗费用化解工作，9 人享受化解 32.8 万元。全县符合条件困难群众资助参保率和医疗救助政策落实率均为 100%。

2021 年 12 月 15 日，松阳县开展新冠肺炎本土疫情现场处置实战演练（县卫健局供图）

**【基本医疗保险和生育保险】**2021年，全县基本医疗保险参保21.14万人，其中一档职工3.37万人、二档城乡17.77万人，参保率99.79%。医保基金总收入46765.49万元，总支出41304.79万元，年末累计结存32027.25万元。全年职工医保（含生育）收入16379.74万元，支出13983.08万元，年末累计结存19376.19万元，其中个人账户累计结存9029.90万元；城乡医保收入30385.75万元，支出27321.71万元，年末累计结存12651.06万元。

**【药品集中带量采购】**2021年，县医保局全面完成年度集中带量采购任务，累计节约医保基金和个人药品费用900万余元。深化医疗服务价格改革，调整二级及以上公立医院医疗服务价格。全年县2家公立医院通过本轮医疗服务价格改革，合计增加医疗服务收入366.34万余元，通过腾空间体现医务人员劳务技术价值，激发工作积极性；药品、医用耗材、检查、检验4类项目合计收入较2019年减少425.93万元。

**【医保基金监管】**2021年，县医保局开展“打击欺诈骗保 维护基金安全”宣传月活动；采用线上监管模式，实现医药机构实时监控；夯实长效机制，严格案件查处。全年查处违法违规定点医药机构22家，移送司法机关案件3起，追回医保基金4.45万元。

**【便民服务】**2021年，全县医保电子凭证激活19.19万人，激活率90.72%，结算率22.85%。持续完善异地就医结算，住院费用跨省直接结算546人次，累计结算医疗费用1288.05万元，医保基金支付524.18万元。推进门诊费用直接结算，市外直接结算14.53万人次，累计结算医疗费用2191.69万元，医保基金支付305.12万元。

（县医保局）

# 社会事务管理

松阴溪国家 AAAA 级旅游景区

## 人力社保

【概况】2021年，松阳县人力资源和社会保障局（以下简称“县人力社保局”）开展党史学习教育，落实各级党委政府新冠肺炎疫情防控部署要求，开展法治政府建设应知应会考试和业务技能大比武活动，提升全体干部工作能力。在2021年度全省人社系统绩效考核中被评为良好单位、获丽水市人社业务最佳组织奖、《松阳县深耕“人才沃土”打造电商发展全国示范县》一文获时任丽水市市长吴晓东批示肯定。蓝良松撰写的《关于防堵“小工伤大支出”漏洞，避免工伤保险基金流失的建议》信息专报获副省长徐文光批示。潘武军、罗倩玲获全国人社窗口单位业务技能练兵比武团体一等奖。

在斋坛、古市、望松等地举办乡村振兴系列招聘会。全年举办“才聚‘浙丽’春风送岗暨高校毕业生招聘会”等线上线下专场招聘会15场次，通过各类媒体平台累计为500余家企业发布岗位信息1.3万余条。线上依托松阳政府网人才市场、“松阳就业”小程序、朋友圈云招聘等平台为300余家企业累计发布岗位信息1400余条，提供岗位6300余个。全县居民人均可支配收入增幅12.1%，全市排名第二；城镇常住居民人均可支配收入增幅10.7%，全市排名第一。

推进各类创业政策落地，截至12月末，城镇新增就业2486人，完成全年任务2200人的113%，城镇登记失业人员再就业201人，就业困难人员再就业61人，城镇登记失业率1.37%，保持在考核任务3%以内；新增发放创业担保贷款32人1069万元，完成全年考核1000万元的106.90%；发放创业担保贷款贴息29人60.04万元；举办创业活动13场次，完成全年考核任务10场次的130%；发放失业金1283人次178.23万元，发放失业补助金1257人次79.59万元；累计开发村（社区）公益性岗位200个，在岗167人。

在春茶采摘时节，推出“用工预约”服务，提早对接省外主要劳务输出地，组织开展“点对点”员工接返。2021年，与铁路部门对接，帮助90余人河南籍采茶工乘坐K1091次直达列车到松就业，县政府全额补助他们的交通费、餐费等，中国人民保险公司松阳支公司免费为他们提供意外伤害险。

【人力社保服务】2021年，县人力社保局根据县委、县政府部署启动开发采茶工灵活用工供需网络服务平台，为劳务供需双方提供非接触式劳动力服务市场，同时加大对采茶工中介机构的规范管理，优化采茶工劳务纠纷处置机制。推进“互联网+人社”多元化发展。大力推广新媒体运用，线上发挥企业用工平台动态监测功能，全年县域省级监测企业66家，部级监测企业15家。与余姚、嘉兴等山海协作地搭建省市就业创业交流平台，开展技能培训、人才交流等方面的深度合作，创新线上直播培训模式。全年引进人才3352人；发掘培养“松阳工匠”47人，新增高技能人才652人。

【社保待遇领取人员资格认证】2021年，县人力社保局巧用“浙里办”进行智能化认证。鼓励待遇领取人员通过“浙里办”App进行待遇资格认证，实现社保办事“零距离”。3月，开始年度待遇资格认证工作，通过前期发布通知，发放宣传资料，乡镇宣传等形式，发动广大待遇领取人员通过手机人脸识别完成认证工作；中期发放未认证名单，各村工作人员利用晚上等空余时间组织本村待遇领取人员进行认证；后期开放柜台认证，为无法使用人脸识别认证人员进行后台认证。至12月末，整体认证率99.65%，掌上认证率91.08%，位居全市第二。

【社会保障卡应用】2021年，县人力社保局推进社会保障卡“民生一卡通”应用。全县社会保障卡持卡人刷社会保障卡（含电子社保卡）均可在县图书馆实现书籍借阅，刷社会保障卡（含电子社保卡）参观博物馆。在第三代社保卡上搭载公共交通功能，实现刷社会保障卡（代替原公交卡）即可乘坐公交车。第三代社保卡还搭载了旅游功能，凭第三代社会保障卡（包含电子社保卡）可在开通功能的景区购票和网上购票，通过电子社保卡扫码或者读取第三代社保卡的方式即可进入景区。加强基层社保工作人员培训力度，通过业务技能大比武、集中培训等方式，加强社保基层服务平台经办能力，提升社保经办的效率和水平。

【推进“数字人社”建设】2021年，县人力社保局推进政府数字化转型，推动“数字人社”建设，实施“互联网+人社”行动。深化便民利民，高频事项实现网上办。持续落实政务服务2.0改革，健全社保数智集成服务机制，建设智慧社保服务大厅，推进人社数据跨层级跨部门共享，在社保大厅设置“互联网+政务服务”网办区，继续实施网上办、掌上办、钉群指导办等服务方式变革，社保业务高频事项在政务网实现应办尽办。全年社保高频事项网办率88.77%，高出考核3.77个百分点，位居全市第二。通过公务员一件事落地634件，事业单位一件事落地730件，核定170个机关事业单位6492名正式在编人员的下年度机关事业养老保险和职业年金基数申报。通过企业开办一件事落地办件474件（单位新增740家，单位变更175家，单位注销133家，职工参保109人）。6月，启用联办人社、医保、公积金的“退休一件事”，至12月末，通过“退休一件事”办结377件。实现矛盾纠纷化解网上联动。

推进工资支付监管平台、一体化平台、掌上执法平台、浙江省劳动纠纷化解一体化平台等平台工作，从事前、事中、事后3个阶段直接介入监管，确保民工工资按月足额支付，从源头上消除欠薪隐患。

【完善政策体系】2021年，县人力社保局联合松阳县财政局、松阳县自然资源和规划局、国家税务总局松阳县税务局出台《关于进一步做好被征地农民参加基本养老保险有关工作的实施意见》等社保政策，保障群众权益。调整工伤保险费率。为保障职工人身安全，促进用人单位加强安全生产管理，落实用人单位工伤预防主体责任，调整了年度各用人单位的工伤保险费率。

### ·人事管理·

【机关事业单位工作人员招聘工作】2021年，县人力社保局严格按照《浙江省公务员录用办法》和《浙江省事业单位公开招聘人员暂行办法》，坚持“信息公开化、操作程序化、监督全程化”，严把报名关、笔试关、面试关、体检关、考察关。对考生和家长最为关注的面试环节，坚持做到“三全制”，确保面试环节的公平。施行全部外县考官制，全部聘请外县具有考官资格的担任面试考官；实行全程监督制，由县纪检监察部门全程监督，并聘请人大代表、政协委员进行全程监督；进行全程录音录像制，把面试情况全程录音录像，设立举报电话，增加工作的透明度。因为程序到位、工作严谨，招聘全程无举报、无差错，全年零投诉，人事招考工作得到社会各界的认可。完善机制，有序开展机关事业单位工作人员考录工作。先后会同县委组织部、县教育局、县卫健局、县民政局、县公安局等单位开展公务员、高层次人才引进、事业单位综合岗位、卫技人员、教师、社工、编外人员等各类人事考试笔试12场次，面试28场次，专业（军事、体能）技能测试4场次。报考5000余人次，组织各项体检25批次。全年招聘各类人员453人，其中公务员33人、事业人员42人、教育系统20人、卫生系统15人、编外62人 、社区工作者19人、民政经办人员15人、卫生编外23人、公安辅警24人、人才引进高层次和急需紧缺人才94人（博士研究生1人、硕士研究生45人、本科48人）、待聘教师106人。选调机关事业单位工作人员35人。

【事业单位岗位设置与管理】2021年，县人力社保局推进事业单位岗位设置管理工作，全年对73个事业单位进行岗位设置核准，对新成立的事业单位首次申请岗位设置进行及时的岗位核定和批复，对事业单位部分符合晋级条件的岗位聘用人员及时进行岗位级别调整。做好岗位设置调整、人员聘用调整审批等工作，坚持按岗聘用，并及时摸准更新事业单位岗位设置及人员聘用底数，保证各单位、各级别岗位设置及人员聘用管理工作的真实性、准确性和连续性。同时要求各事业单位在人员岗位变动、调配时，必须在单位有相应岗位空缺的前提下进行，形成岗位有核准、聘用有审批的工作机制，确保岗位管理的系统性。全年核准变更73个事业单位岗位设置，核准岗位673个，办理岗位聘用320次862人。开展管理岗位职员等级晋升工作。建立实施协调小组及工作专班，在前期调查摸底的基础上，全面掌握全县事业单位及其管理人员情况，制定实施方案（初稿）、综合评价方案及风险舆情防控预案，加强人员管理、密切关注舆论导向、掌握工作主动权，确保工作平稳有序开展。截至12月末，全县事业单位正式人员共有4397人，管理岗位603人，专业技术岗位3720人，工勤技能岗位74人。严格人事管理，做好事业单位人员的录用、调动、考核、奖惩、统计等工作。截至12月末，事业人员交流等工作正常开展，共办理事业单位人员交流（含机构改革人员转隶）、新招聘人员入职手续244人。推行全省事业单位人事工资管理服务系统平台应用。全县人事工资业务功能常态化运行，业务经办后由主管部门和人事部门分级审核，确保相关业务的准确度。在工作群内设置工作提醒，每月督促各单位查漏补缺，确保平台业务应办尽办。截至12月末，信息完整度99%，人事工资联动率105.87%。

【机关事业单位工资改革和管理】2021年，县人力社保局推进机关事业单位按年度考核正常晋升工资工作为重点，做好机关事业单位工作人员的工资调整审核审批工作。全年审核审批机关晋升级别工资367人，晋升级别档次工资374人，事业晋升薪级工资4291人。机关事业单位工作人员职务（岗位）变动调整工资1152人；工作调动、工龄认定等原因重新套改工资385人；调整警衔津贴标准68人；审批浮动工资96人；审核办理工资转移手续652人。根据相关文件精神，办理工龄认定203人。以严格执行机关事业单位工作人员退休制度为重点，做好退管工作。按照干部管理权限批准机关事业单位工作人员退休127人，其中机关干部49人、机关工人2人、事业干部74人、事业工人2人。按照有关政策，审核机关事业单位工作人员和离退休人员死亡后享受丧葬费和抚恤金60人，其中在职3人、离休1人、退休55人、退职1人；审批遗属生活困难补助12人。发放丧葬费24万元、抚恤金861.79万元。根据文件精神，对13名机关事业单位离休干部，6名企业离休干部落实每年增发2~3个月的基本工资，作为2021年的生活补助费。

【退休干部管理服务】2021年，县人力社保局继续开展机关事业单位退休干部服务管理，关爱退休干部退休后学习生活。动态管理全县机关事业单位退休干部服务管理网，做好退休干部基本情况数据库动态管理，全年增加退休人员 72 人。组织实施中心组学习计划，开展外出学习考察 2 次。组织实施春节期间走访慰问退休干部困难户 28 户，发放慰问金 2.8 万余元，发放精简人员生活困难补助 32 人。

## 人才服务

**【人才引进】**2021 年，县人力社保局在深入企业开展人才引进需求情况调查摸底的基础上，全年组织企事业单位参加线上线下招聘活动 42 场次。其中，组织 265 家次企事业单位到省内外参加线下人才招聘会 28 场次。搭建桥梁，促进用人单位人才招聘，组织企事业单位参加 2021 年浙江省春季人才交流大会、浙江丽水—陕西西安“千硕百博”专场对接会、浙江丽水—西南民族大学校园招聘会、浙江丽水—四川成都综合型人才招聘会暨“百博千硕”对接会、浙江丽水—黑龙江哈尔滨综合性招聘会等 14 场次网络招聘会。全年引进人才 3352 人，其中博士 26 人，硕士研究生 150 人。根据省市要求推进人才服务数字化改革，启动“人才码”应用建设。

**【技能人才培养】**2021 年，县人力社保局推进企业职业技能等级认定试点，13 家备案试点企业，职业工种涵盖中医药制药、不锈钢、鞋服、电力、建筑、家政服务等行业领域，开展企业职工职业技能等级认定 98 人。有 4 家开展企业新型学徒制培训，涉及焊工、电工、缝纫工等职业工种，培养企业职工学徒 65 人，有效缓解企业工学矛盾。全年开展各类职业技能培训 4800 人次，发放职业技能等级证书、国家职业资格证书、专项证书 1583 人次，新增高技能人才 652 人，其中技师 40 人。加大新时代工匠培育力度。高度重视乡土技能人才的培育和传承，开展“松阳工匠”助推乡村振兴系列技能大比武活动，培养本土技能人才，提升传统工匠的业务水平。通过大赛培养“松阳工匠”47 人。选拔各职业技能人才参加丽水市第一届技能大赛，7 人获“绿谷技能大师”“绿谷工匠”等称号。1 人入选“浙江工匠”，4 人入选“浙江青年工匠”。推进人才培养平台建设。大力实施人才强县战略，锚定“工业强县”发展路径，致力打响“智能制造新城”“中国有机茶乡”“全域康养胜地”“国家传统村落公园”4 张金名片的发展目标，积极谋划高技能人才培养新思路，解决发展路上技能人才紧缺问题。在县委、县政府决策下，会同县教育局、县职业中等专业学校等积极推进丽水农林技师学院筹建工作，并获浙江省人力社保厅批准筹建。同时经丽水市人力社保局批准，建立松阳技工学校。技工院校的建成，将为当地培养大批高技能人才，缓解当地高技能人才短缺的问题。

**【人才项目建设】**2021 年，县人力社保局开展博士后工作站建站工作，引入人才中介服务机构助力博士后人员引进。新建浙江华威门业有限公司博士后工作站 1 家，引进博士后研究员 1 人。樟溪、枫坪 2 个乡被列入丽水市博士入乡镇人才计划试点，5 家企业被纳入“丽水市百名博士入百家企业引领计划”管理。发放引进的人才签约奖 193 万元，其中硕士研究生 33 人次 165 万元，本科生 14 人次 28 万元，发放引进人才安家补助 16 人次 22.2 万元，发放上年度高层次人才政府岗位津贴 774 人次 492 万元，发放“百名博士入百家企业”项目奖励 4 家次 20 万元。

**【职称评审制度改革】**2021 年，县人力社保局推进职称评审制度改革，在专业技术人才集中的教育、卫生系统推进自主评聘改革。增加改革试点，县教育系统自评评聘试点单位从上年的 10 家增加到 11 家，其中省级试点 3 家，为县第一中学、县第二中学和县职业中等专业学校，市级试点为县民族中学、县城北小学等 8 家教育试点学校，各自主评聘学校共评审初级人员 24 人、中级 52 人、副高级 9 人。深入推进卫生系统自主评聘工作，县人民医院医共体、县中医院医共体 2 家卫生试点医院自主评聘副高级人才 18 人，正高级 6 人。根据《丽水市人力资源和社会保障局关于开展 2021 年度创新创业人才职称“直通车”认定和评审工作的通知》开展直通车认定与评审，推荐中级 5 人。指导农业工程、林业工程、水利工程、教育、卫生等系列的职称评审委员会做好职称评审和推荐。开展企业工程专业技术人才评审工作，评审通过初级人才 16 人，推荐通过中级 32 人。开展大中专毕业生初定专业技术职务申报、审核工作，确认 103 人具有初级专业技术职务任职资格。全年通过职称评审（初定）368 人，其中初级 153 人、中级 140 人、副高 68 人、正高 7 人。

## 劳动就业

**【公共就业服务平台建设】**2021 年，县人力社保局搭建招聘供需平台促就业。联合全县各乡镇（街道）开展“稳就业促增收”系列活动，走村入乡举办各类招聘会，结合就业培训、创业指导、推介解疑等环节，根据求职招聘需求，结合退役军人、高校毕业生、扶贫等主题举办专场招聘会，主动送岗位、送政策进村入户，搭建用人单位和求职者桥梁，打通服务群众就业“最后一公里”。线上通过“松阳就业”公众微信号、小程序等网络渠道提供优质线上招聘服务。全年线上线下举办专场招聘会 15 场次，通过各类媒体平台累计为500余家企业发布岗位信息1.3万余条，有效保障企业用工，促进重点群体就业增收。线上发挥企业用工平台动态监测功能，全县省级监测企业66家，部级监测企业15家。与余姚、嘉兴等山海协作地搭建省市就业创业交流平台，开展技能培训、人才交流等方面的深度合作，创新线上直播培训模式，有针对性地开展市场急需创业培训，提高全县就业创业工作水平，充分发挥培训带动创业带动就业作用。全年开展返乡入乡合作创业带头人培训11期546人次。搭建试点平台，以全县“农村常住人口+农村外出户籍人口”为综合调查对象，配合市局作为试点开展“农村劳动力就业综合指数”调查，摸清辖区内劳动力资源底数，为构建“农村劳动力就业综合指数”打下基础。试推行“预约用工”平台—松阳县采茶工服务“一件事”暨灵活用工服务平台保障春茶采摘，通过搭建网络劳务供需服务、用工数据分析平台，探索为采茶工构建从进到出全流程闭环服务的管理体系，以此解决当地茶产业因受新冠肺炎疫情影响以及适龄劳动力的逐年减少所带来的系列用工紧缺问题。

【就业援助】2021年，县人力社保局优化完善就业创业优惠政策，加大政策普惠性，实施高校毕业生就业创业促进计划，精心打造毕业季系列服务活动，缓解高校毕业生离校未就业难题。发挥“数字就业”平台改革创新精准监测效能，针对县内离校未就业高校毕业生、失业人员、就业困难人员开展精准帮扶。全年通过电话联系、走访等形式帮扶重点群体4221人次。落实积极的创业政策，发放创业担保贷款32人、金额1069万元，发放创业担保贷款贴息29人、金额60.04万元。认定14个社区（村）为县级高质量就业社区（村）。开发村级公益岗位，全年开发公益性岗位200个，上岗人员167人，从事该岗位工作人员每月可获得岗位补贴500元，有效促进低保人员、低保边缘户增收。通过走访和电话回访公益性岗位安置对象，实行动态管理，对就业困难人员优先扶持和重点援助，保障重点就业困难人群积极就业。全年增加见习单位6个，增加见习岗位12个，累计开发见习岗位360个，发放见习补贴116.60万元。

## 社会保险

【基本养老保险统筹管理】2021年，全县参加基本养老保险185575人，参保率98.95%；城乡居民基本养老保险参保86681人，领取待遇27271人；企业职工基本养老保险在职参保49095人，领取待遇27924人；机关事业单位基本养老保险在职参保6600人，领取待遇3292人；工伤保险参保60537人，享受待遇891人。机关事业单位养老保险基金收入32415万元，基金支出29049万元，基金累计结余4216万元，支付能力1.7个月。企业养老保险基金收入49425万元，基金支出84151万元；城乡居民社会养老保险基金收入17427万元，基金支出9975万元，基金累计结余21530万元，支付能力25.9个月；工伤保险基金收入3977万元，基金支出4141万元，基金累计结余744万元，支付能力2.2个月。被征地农民基本生活保障基金收入302万元，基金支出3615万元，基金累计结余2827万元。失业保险基金收入1522万元，支出870.89万元。社会保障待遇进一步提高。企业离退休人员基本养老金从人均每月2279元提高至每月2398元，惠及27844人。机关事业离退休人员基本养老金从人均每月6785元提高至每月7260元，惠及3255人。

【社保基金安全管理】2021年，县人力社保局持续扩大覆盖面的基础上，依法规范基金征缴，夯实缴费基数，扩大社会保障基金筹资渠道，健全和完善筹资机制，全面加强社保基金风险防控，形成政策、经办、信息、监督“四位一体”的风险防控体系，压实地方政府对社保基金安全的主体责任。全面开展社保基金第三方审计和安全评估工作，强化内控机制建设监督检查。坚持维护数据互通，利用大数据开展稽核工作。推进部门间数据共享体系建设，建立县级信息交流渠道。重点加强与县卫健局、县民政局、县人民法院等部门的配合协调，采取数据共享的形式，形成全县死亡人员名单、服刑人员名单等数据网络，通过死亡名单比对、殡葬一件事、服刑人员名单比对等工作，有效防范死亡冒领，服刑人员违规参保、代领等情况发生。全年累计比对死亡信息3654条，报送业务处理89人，办理殡葬一件事1758件，累计比对服刑人员740人，报送业务处理91人，有效遏制违规参保，违规领取养老金事件的发生，维护社会保险基金安全运行。开展养老保险风险排查、社保基金要情摸底排查、待遇领取资格认证管理工作专项检查、企业职工基本养老保险提前退休问题专项核查、社保工作人员及亲属核查等工作，由大华会计师事务所对全县的养老、工伤、失业保险基金进行审计，并督促经办机构对存在的问题进行整改。严格执行社保基金要情报告和基金监管定期报告制度，全年未发生基金要情事件。通过规范社保经办业务操作，强化内部审计等手段，结合各项评估检查成果，坚决堵塞基金管理漏洞，健全完善基金管理机制，切实维护社保基金安全。

【工伤保险】2021年，县人力社保局按照《工伤保险条例》开展工伤认定，配合市局做好劳动能力鉴定预约和鉴定结论送达工作，为企业和工伤职工提供便捷、高效的服务；探索全县工伤预防工作机制建设，贯彻落实

“政府牵头、部门协作、信息共享、常态管理”的工作思路，通过工伤预防联席会议制度建设、实施工伤事故三级预警制度和工伤保险参保费率浮动机制，开展多部门工伤预防联合检查和工伤事故信息共享等，督促生产经营单位落实安全生产主体责任，有效减少工伤事故的发生。全县工伤保险平均参保56667人，发生工伤816起，工伤发生率1.44%，较上年度下降0.05%。

**【完善被征地农民保障机制】**2021年，县人力社保局贯彻实施被征地新政策，根据省市县工作安排，分批次、多方向开展被征地农民备案登记集中审核和职工养老保险参保业务。开展被征地农民报批材料集中备案审核。分批次对各乡镇（街道）849名被征地参保人员备案材料进行集中预审并报送省市审核，同时对符合职工养老保险的被征地农民办理参保手续，办完后二次核查，确保人员无遗漏、无错保。对存量被征地农民开展书面告知。分4批名单需告知6666人，完成6219人书面告知，完成率93%。清理户籍不符人员的被征地农民养老保险参保资格。根据县专题会议纪要，对户籍不符的被征地参保人员分类处理，保留36人被征地农民养老保险参保资格，取消45人被征地农民养老保险参保资格，并完成替换人员的备案审核和参保。核实整改80余人存量被征地参保人员缴费数据，把未到账的数据与税务同步核销，把到账的数据退回专户。

**【城乡居民基本养老保险】**2021年，县人力社保局强化举措，对残疾人员、低保人员、特困人员、低边人员按城乡养老最低缴费档次（100元）全额免缴。根据省市文件及时调整城乡居民基本养老保险待遇确定和基础养老金正常调整机制，从2020年1月1日起，城乡居民基本养老保险个人缴费档次调整为9档，分别为每年100元、300元、500元、800元、1000元、1500元、2000元、3000元、5000元，其中100元档次限低保对象、特困人员、残疾人、低保边缘户等困难群体参保，由县财政全额代缴。合理调整缴费补贴标准，对选择较高档次缴费的人员适当增加缴费补贴，引导城乡居民选择高档次标准缴费。

## 劳动关系

**【职工维权】**2021年，县人力社保局继续完善和巩固“无欠薪”县基本制度，以建筑工程领域为重点，全面开展根治欠薪工作；推行“浙江安薪码”小程序的应用，进一步畅通维权投诉渠道，继续施行国务院欠薪线索平台开通、24小时电话值班、“110”应急联动、“12345”市长热线维权方式，做到专人接待、及时回应；加强与系统开发公司的沟通，举行企业劳动关系协调员的业务培训，打通业务瓶颈，真正发挥浙江省企业工资支付平台的作用；加强进驻县矛调中心的人员的配合，协调整合劳动监察、劳动仲裁、劳动关系科室，提高职工维权工作效率；加强乡镇基层劳动监察协管员、劳动争议调解员、劳动关系协调员的业务培训，推进劳动纠纷基层调解组织建设。

**【劳动人事争议仲裁】**2021年，县劳动人事争议仲裁院坚持开展“阳光仲裁”“绿色通道”等便民措施，创新优化服务流程，维护良好的用工环境。充分运用线上调解仲裁平台的优势，着眼线上线下相结合，发挥网络调解仲裁平台方便、灵活、高效、快捷的优势，逐步推进线下办案向线上审理的转变。通过“无接触办案”开展劳动纠纷化解工作。全年县劳动人事争议仲裁委员会受理劳动争议案99件，其中仲裁网络调解18件、案前调解4件、立案处理77件。立案案件中有劳动报酬10件、社会保险46件、解除劳动合同14件，其他7件。当期结案75件，结案率为96.2%，涉及劳动者125人，涉案金额387.72万元。其中，调解结案48件，其他18件，调解成功率95.3%；裁决9件，终局裁决8件，终局裁决率77.8%。仲裁终结率97.3%，网络办案率38.3%。

**【劳动保障监察】**2021年，县劳动监察大队办理欠薪投诉案件562起，为2838名劳动者追回被欠工资3110万元。处置重大集体欠薪案件12起：1—2月，处理中梁滨江首府工程欠薪案，欠薪343.53万元，涉及50人，于9月处理完毕；5月30日，处理松阳县独角兽工贸有限公司欠薪案，金额73.54万元，涉及74人，法定代表人朱某某逃匿。经县政府协调和禧工贸公司于6月4日垫付资金，县公安追逃朱某某，归还和禧垫付款，朱某某犯拒不支付劳动报酬罪被法院判处有期徒刑1年缓期1年半；9月，处理浙江荣兴活性炭有限公司欠薪案，欠薪122万元，涉及职工70余人，经县政府、县政法委、县人力社保局、赤寿乡等单位协调，与该公司的投资人洽谈成功支付所欠的工资，职工复工。全年办理行政处罚案件4件，其中欠薪类案件2件、使用童工2件。涉嫌拒不支付劳动报酬移送公安的案件4起。开展综合执法机构改革，于11月拟定劳动保障监察大队改革方案，更名为劳动监察中心，12月向县编委提交请示待批复。

**【企业薪酬调查】**2021年，县人力社保局薪酬调查工作抽取样本企业50家，采用人社部新开发的企业薪酬调查信息系统在线填报方式上报，其中人社部抽取的样本6家，分别为松阳华欣商贸有限公司、松阳县兰雪印苑文化服务有限公司、松阳县田园中意大酒店有限公司、浙江云中马股份有限公司、浙江龙跃实业有限公司和松阳县绿远光伏科技有限公司。在填录过程中，通过电话、网络、远程操作演练等方式对企业填录过程中存在的问题加以解决，完成全部样本企业的薪酬调查工作。部级样本企业后续按照年度进行薪酬调查数据填报，进行长期薪酬调查数据的采集。

**【劳动关系机制建设】**2021 年，县人力社保局开展劳动关系“和谐同行”三年计划创建行动，开展“双爱”宣传、“两法”宣传、“诚信保障”宣传等活动。7 月，开展建筑工程送清凉活动及相关法律法规、政策宣传，解答群众咨询。深入企业与企业管理人员及职工代表座谈，了解职工工作、生活情况，现场解决劳动用工存在的问题。与浙江锐奇鞋业有限公司座谈，指导完善劳动用工管理方案，推荐浙江万寿建筑工程有限公司为市级劳动关系和谐企业。11 月，举办 2 期劳动关系协调员培训，培训 176 人。委托第三方人力资源服务机构开展工业企业用工情况体检，完成入户调查 32 家。开展电子劳动合同签订工作，指导丽水云中马布业有限公司、浙江锐奇鞋业有限公司等 6 家企业订立电子劳动合同 586 份。

（县人力社保局）

## 退役军人事务

**【概况】**2021 年，松阳县退役军人事务局（以下简称“县退役军人事务局”）创成“示范型”服务中心（站）乡镇 6 个、社区 7 个、村级 21 个，“枫桥式”服务中心（站）县级 1 个、乡镇 3 个、村级 17 个。建成松阳“老兵之家”，把服务中心建成退役军人的温暖之家、关怀之家、保障之家。结合红色旅游资源，打造大东坝、枫坪、安民革命老区红色退役军人服务站。大东坝退役军人服务站入选浙江省 100 家红色退役军人服务站，古市镇退役军人服务站被评为省级先进单位。举办 2021 年松阳县退役军人工作培训班，召集全县 49 名工作人员参加学习。开展退役军人全生命周期系统建设，建成退役军人村两委干部数据库，全县有多名退役军人担任村（社区）两委干部，其中村书记 30 人，引导“兵支书”等村(社区)退役军人干部在基层治理中勇挑重担。常态化组织开展欢迎退役返乡、送立功喜报、悬挂光荣牌、走访慰问、就业帮扶等工作，建立帮扶机制，做好矛盾化解。建立退役军人常态化联系机制，持续开展退役军人公益性岗位帮扶工作，通过就业帮扶推动退役军人落实再就业。

**【移交安置】**2021 年,县退役军人事务局完成退役军人的接收安置工作。“军人退役一件事联办”推进，把涉及多个职能部门办理的军人退役单个事项，包括社会保险关系转接、户口办理、党员组织关系转接等事项采取“一窗受理”+“一事联办”模式，集中在退役军人服务中心为退役士兵办理退役相关手续，以最大程度便利退役军人，提升军人退役后的荣誉感和获得感。推进安置工作，开展符合政府安排工作的转业士官安置工作，按照服役表现量化评分加考试的方式妥善安置，促进人岗相适、人事相宜。

**【优抚政策】**2021 年,县退役军人事务局落实抚恤补助和各类重点优抚对象的医疗待遇，依照国家出台的标准和相应的调标文件，开展抚恤补助金发放工作，对三属、两参、在乡老复员军人、带病回乡退伍军人、60 岁以上退役士兵给予生活补助，对烈士子女给予医疗补助。优抚资金发放更加高效便捷，重点优抚对象的抚恤补助金由按年、半年、季度发放转变为按月发放，实现部分优抚对象住院医疗费用补助“一站式”结算，符合待遇的优抚对象在丽水市 26 家定点医院就医可享受即时结算的便利。开展 2021 年度 60 周岁以上农村籍退役士兵认定工作。

**【双拥共建】**2021 年，松阳县四套班子领导在春节、“八一”建军节等重大节日，开展走访慰问丽水军分区、驻松部队官兵、军休干部、优抚对象；县退役军人事务局、乡镇（街道）、村（社区）服务站对一线工作退役军人、困难退役军人、中华人民共和国成立前参加革命工作老同志、抗美援朝老兵、三属、边海防现役军人家属、荣立二等功以上退役军人、参战残疾军人等进行全面走访慰问。营造浓厚双拥氛围，完成省级双拥模范城（县）创建复评工作。围绕“军民融合式发展”工作要求，不断探索革命老区双拥共建新途径，“八一”建军节期间，全县有 46 个单位与驻松部队开展结对共建活动，慰问物资 13.8 万余元，县双拥领导小组办公室联合县教育局举办“献礼八一 致敬军人”主题书信征文活动，向松阳籍现役军人送信件，为部队官兵带去松阳人民的问候和祝愿。县退役军人事务局组织全县现役义务兵家属和烈属享受免费健康体检，让军人家庭共享“军人荣光”。9 月 17 日，全县举行 2021 年“从戎之剑”赠剑仪式暨“迎老兵送新兵”活动，真正实现“入伍光荣、退役荣耀”。

**【教育培训】**2021 年，县退役军人事务局围绕退役军人就业，采取与企业、培训基地合办培养人才定向班的“靶向培训”模式，探索更精准的服务途径。与浙江中金电力建设有限公司和县中金职业技能培训学校签订退役军人就业创业培训战略合作协议，把企业人才培养过程前置化，5 名退役军人通过考核，与企业签订就业合同。依托普通高校、职业院校(含技工院校)等教育资源，构建现役军人与退役军人教育培训相衔接、学历教育与职业技能培训并行并举的多层次多样化教育培训体系。通过单列计划、单独招生、加分投档、免试入学以及学费和助学金资助等措施，为退役军人接受高等教育提供更多机会。围绕市场需求，提供有特色、精细化、针对性强的培训服务。

【就业创业】2021年，县退役军人事务局继续拓宽退役军人就业创业渠道。加强退役军人和随军家属就业创业政策宣传力度，建立退役军人教育培训机构信息黄页，为退役军人提供选择，与6家培训公司签订培训机构合作协议。在古市、象溪等乡镇举办3期退役军人专场招聘会，为退役军人提供480多个就业岗位信息。与县山海农产品配送有限公司等企业洽谈退役军人就业方面的合作。持续推出各类“拥军贷”信贷产品，帮助解决创业融资难等问题。

【褒扬纪念】2021年，县退役军人事务局开展烈士纪念设施整修工程，对全县范围内散葬烈士墓、烈士纪念碑和革命烈士陵园等烈士纪念设施实地排查，检查所有纪念设施是否存在主体破损、碑文字迹不清、周边环境脏乱等情形，完成县革命烈士陵园和18座零散烈士墓的修缮工作。继续为全县现役军人家庭、退役军人家庭、烈士遗属、因公牺牲军人遗属和病故军人遗属家庭悬挂光荣牌，并在春节、“八一”建军节等节日，对部分一至四级残疾军人、抗美援朝老战士、烈属、下岗残疾军人、困难退役军人等对象开展走访慰问，及时把现役军人立功受奖的喜报送上家门；全年发放各类优抚对象慰问金18.65万元，发放困难帮扶补助金33.4万元。在清明节和“9·30”烈士公祭日组织英烈事迹宣传和纪念活动，开展“守护·2021清明祭英烈”的线上祭扫活动，发动10000余人次参加线上祭扫，大力宣传立下不朽功勋的英雄烈士，激发广大市民学习英烈的优秀品质。与县史志办联合出版《松阳英烈》，弘扬英烈精神。联合县文化和广电旅游体育局、县博物馆等单位举办“田园先锋·红心向党——致敬中国共产党百年华诞主题展”。开展《松阳县退役军人风采》系列丛书之三《战斗的故事》采编工作并出版，组织优秀退役军人参选丽水市最美退役军人评选活动、寻找丽水“麦香”式优秀军烈属等评选宣传活动，全方位展现松阳县退役军人的风采，加强优秀退役军人宣传，彰显榜样力量。

（县退役军人事务局）

## 民政事务

【概况】2021年，松阳县民政局（以下简称“县民政局”）在全县民生保障、社会治理和基础服务等重要领域贡献民政力量。聚焦急难愁盼，省市民生实事项目保质提量。全县新建儿童之家7家，累计建成24家，实现乡镇（街道）儿童之家全覆盖。超额完成130户生活困难老年人家庭适老化改造；建成樟溪、竹源、三都、四都4个乡镇级居家养老服务中心，实现全县19个乡镇（街道）全覆盖。新建望松街道、大东坝镇、叶村乡3个乡镇（街道）级社会工作站，为辖区困难弱势群体提供专业化个性化服务。

【养老服务体系建设】2021年，县民政局实施智慧养老项目，2个省级联合体试点项目建成投用（君宇颐养院康养联合体、古市医院康养联合体）。投资7600余万元，规划总床位402个的南山大健康文化园智慧养老院项目一期基本完工。为提高公办养老机构的服务质量，与重庆光大百龄帮签订县养老服务中心公建民营合作协议，改善运行管理和服务水平。实施养老服务体系创新工程，完成全县7家养老机构、179家居家养老服务照料中心与县中医院和当地卫生院签订合作协议，签订率100%，并逐步推行居家养老健康管家服务，构建居家社区机构相协调、医养康养相结合具有松阳特色的养老服务体系。培育和发展养老服务组织4家，开展养老护理员培训，累计培训养老护理员430人、家庭护理员3800人和城乡社区居家养老服务照料中心管理人员90人。

【社会救助体系】2021年，松阳县低保标准提高到每人每月910元，特困供养标准提高到每月1210元；实行低保动态管理，通过平台对全县19个乡镇（街道）在册低保对象居民家庭经济状况进行复核，不符合低保条件的给予取消，全县低保3873户6106人，新增451户744人，取消926户1373人。完善生活无着流浪乞讨人员救助管理体系，建立流浪乞讨人员救助管理工作联席会议制度，厘清部门责任边界，落实县公安、县综合行政执法在街面巡查、身份查询和转介处置的责任；推行“一证通办”，实现一张身份证即可申请救助，后续流程由乡镇（街道）在规定时间内完成办理；按照三级救助站建设标准，推动救助站建设，规范救助程序；加大寻亲力度，使长期滞留在站内3年的流浪乞讨人员安全返乡，完善站外托养工作监督管理长效机制。结合“最多跑一次”工作，探索由乡镇便民服务中心办理到村（社区）代办的工作模式，实现社会救助“零次跑”。全县代办民政社会救助事件964件，完成代办2541人次，真正让困难群众“少跑路甚至不跑路”。全面落实支出型贫困入保政策，解决因患大病、遭受重大意外事故等刚性支出大而导致经济困难家庭的实际问题，救助金额1万元（含1万元）以下委托乡镇（街道）审批发放，全年临时救助1062人次，发放临时救助金额108.9万元；按时发放237人集中供养经费，发放供养经费361.78万余元，护理补贴76.88万余元，做好新入院对象的审批工作，新入院特困对象12人，死亡注销27人。发放精简下放人员33人生活补助66.29万余元、三老人员

12 人生活补助 7.96 万余元、支宁返乡人员 34 人生活补助 14.52 万元，特困户及其他定补对象 18 人，发放生活补助金 38.43 万元。

**【儿童社会福利工作】**2021 年，县民政局聚焦儿童福利机构和未成年人救助保护机构建设，通过开展儿童政策宣讲进村居活动，开通未成年人保护专线，完成 13 名孤儿免费体检项目，持续推进“明天计划”和“添翼计划”等项目实施，全面提升儿童救助保护保障水平。健全农村留守儿童、妇女、老人关爱服务体系，开展摸底排查，信息采集纳入网格化管理范畴，相关工作多次被丽水市电视台“县市区一刻”栏目报道。孤儿救助标准提高到每人每月 1270 元，全年发放孤儿生活补助费 175 人次 10 万余元；发放困境儿童基本生活补助 2283 人次 221.86 万元。

**【社会管理体系建设】**2021 年，县民政局构建党建引领城乡社区治理新模式，推进新村组织建设和融合发展，制定村（社区）补选办法操作手册，并对西屏街道、望松街道、竹源乡、斋坛乡进行村（社区）班子成员的补选工作培训、指导，完成西屏街道、望松街道、竹源乡补选工作；建立健全城乡基层党组织领导，巩固“三多清理”和村（社区）减负成果，推动“大搬快聚”安置小区规范化治理。完善城乡社区工作者队伍建设新机制，加强专职社区工作者规范管理、教育培训、考核等制度建设，落实和完善“三岗十八级”薪酬保障机制，提升社区工作者的能力水平。培育社会组织，全县有社会组织 341 家，社会团体 175 家，民办非企业单位 164 家，基金会 2 家，初步形成了覆盖广泛、门类齐全、层次不同、特色鲜明的组织体系。开展社会工作领军人才选拔培养，增强社会工作专业人才激励保障；大力发展志愿服务组织，规范志愿者记录和信用管理，建立完善志愿服务激励保障制度；推进青年志愿服务进社区试点行动，促进社区志愿服务项目化、品牌化和制度化。与县 96345 信息服务中心组织开展“社会工作主题日”宣传活动；组织全县社会工作者职业水平培训、考试工作，全县有 445 人参加社会工作资格证书考试，43 人取得社会工作资格证书。开展社会组织年度检查工作，通过询价委托第三方开展社会组织评估工作。评出 AAAA 级社会组织 1 家，AAA 级社会组织 3 家，A 级社会组织 1 家。

**【公共社会事务管理】**2021 年，县民政局实现国家 AAA 级婚姻登记机关规范化和标准化建设。加强婚姻文化建设，组织开展“520·集体婚礼”“缘定松阳，纸书于你”三行情书征集系列活动，推动婚姻礼俗改革；全省集中补领婚姻登记证试点工作有序开展；婚姻档案分类归档管理，实现浙江省通办补领婚姻登记证，落实双休日预约服务，全年办理结婚登记 1050 对，离婚登记 241 对，补发婚姻登记证 233 件，登记合格率 100%。加快实施“互联网+民政执法监管”，推动线上处罚、掌上执法，全面落实“双随机一公开”监管机制，实现双随机事项覆盖率 100%，完成 6 个跨部门任务，跨部门联合“双随机”监管率 75%，即时检查 26 次，掌上执法率 100%，应用信用规则率 100%。规范地名管理服务，动态更新路牌门牌，全年办理门牌证、出具地名证明等 3944 件，制作各类门楼牌、街道牌 2876 块，地名核准 6 件。开展平安边界创建工作，完成松阳—龙泉线、松阳—云和线、金华—丽水线武义松阳段联检任务。深化地名信息化建设，推广“智慧地名”模式，增强地名公共服务能力；推进地名文化遗产保护，开展红色地名文化进校园、进社区活动。

**【殡葬管理】**2021 年，县民政局健全完善基本殡葬服务保障，推动生态殡葬改革。3 月 1 日零时起，区域内人员死亡后遗体一律实行火化（依照条例和文件规定允许少数民族土葬的除外）。重新修订出台《松阳县关于进一步加强骨灰跟踪管理规定的通知》，对原文件内容涉及的办事流程删繁就简，明确骨灰跟踪管理经费的补助标准，完成骨灰跟踪 1700 余例。完善群众身后“一件事”联办服务；推进生态公墓建设，竣工验收 26 个村坟墓及 9 个乡镇级树葬示范点，做好 12 个乡镇 24 个村 7102 穴坟墓的建设审批工作；落实赋葬基本服务免费政策，办理免费服务 1799 人次，免费金额 98.57 万元。

**【慈善工作】**2021 年，县民政局慈善事业稳步推进，开展慈善“一日捐”活动，接受捐赠 172.4 万元，捐赠参与人数和捐赠金额均创历史新高；全年募集到位资金 655.47 万元，发放慈善助医、慈善助学、慈善春节慰问等救助资金 739.14 万元，受助 4904 人次。发挥村级慈善帮扶基金作用，加强对 49 个村（社区）帮扶基金管理，做到帮扶基金及时发放，确保资金用于村民困难救助和村级公益事业。实施乡村公益助教项目，省慈善联合总会对松阳县乡村 6 所学校进行资助，连续三年为学校聘请音乐教师，让山区孩子也能接受到良好教育。开展“慈善博爱护肾公益行动”，全年为接受血透治疗的重症肾病患者发放救助金 27 万余元，180 余人受助。实施“慈善关爱计生特殊家庭项目”，加强项目管理，做到逐季组织工作验收评估，并完善材料档案。

（县民政局）

## 移民工作

**【概况】**2021 年，松阳县移民工作中心（以下简称“县移民工作中心”）持续开展“入千访万”活动，密切关注移民群体思想动态，落实重点时段值班制度，按时报送“入千访万”信息报表，建成移民信息管理平台，完善来访接待制度和接访室建设，建立健全乡镇（街道）移民网格队伍，落实各级主体责任。

坚持移民项目“扶持要准、项目要实、实施要快、效益要好”的目标要求，成立县、乡、村三级工作专班推进项目实施，进度每月排名通报，把移民扶持绩效纳入全县乡村振兴和农民人均收入水平整体评价体系，有效助推乡村振兴和移民增收致富。

规范移民资金管理，修订完善《松阳县水库移民项目资金使用和项目扶持管理办法》。常态化开展资金使用末端检查，对项目资金的收入、支出、项目资料、项目资产处理、资金绩效等方面进行检查，发现问题督促及时整改，促进移民资金发挥出应有效益。

2021 年，松阳县连续 8 年获评浙江省“水库移民工作优秀县”。

**【移民后扶工作】**2021 年，县移民工作中心分 3 批下达全县移民项目年度实施计划，并按时向省里进行备案。全年安排上级下达移民项目资金 1860.94 万元、项目 72 个，移民项目资金到位率 100%。按照移民项目管理相关规定，全年组织实施年度计划项目，截至 12 月末，完成计划项目 71 个，项目完成率 98.61%。开展上年度全县直补移民复核和 2021 年移民后扶直补资金发放工作。按照《国务院关于完善大中型水库移民后期扶持政策的意见》（国发〔2006〕17 号）和《关于认真做好大中型水库移民后期扶持人口年度复核工作的通知》（浙移领办〔2007〕19 号）等有关文件要求，在 1—3 月，对全县上年度 12 月 31 日前核定到户到人并登记在册的纳入后期扶持范围的扶持人口开展年度复核工作。通过直补移民年度复核工作，上年度核减直补移民 82 人，其中死亡 70 人、财政供养 8 人、其他情况 4 人。2021 年，全县有大中型水库直补移民 12133 人，按照相关文件精神，直补资金通过“一折通”形式，于 6 月底前将 12133 名移民全年的直补资金发放到位。

**【项目谋划】**2021 年，县移民工作中心谋划和申报 2022—2023 年度省竞争性项目。按照《浙江省水库移民安置办公室 浙江省财政厅关于印发浙江省水库移民共同富裕示范项目实施方案（试行）的通知》（浙移扶〔2021〕31 号）文件要求，年初成立谋划项目工作领导小组开展项目谋划工作，对全县符合条件的项目做出筛选和谋划。最终结合项目的投资规模、可行性、效益、示范性、实施条件的成熟度等综合因素，报县相关领导研究同意，就松阳县茶香小镇茶叶精深加工区项目作为申报 2022—2023 年度浙江省水库移民共同富裕示范项目。该项目于 11 月申报成功，争取上级移民专项资金 1100 万元。

**【移民安置村基础设施建设】**2021 年，县移民工作中心针对部分移民安置村基础设施尚不完善的现状，重点提高移民安置村道路、基地路面硬化、农村饮用水达标提标、村庄亮化工程、水渠建设、文化礼堂等基础设施配套工程的资金补助，改善生产生活条件，提升移民安置村现代农业发展水平和人居环境。村庄亮化工程：涉及 1 个乡镇 1 个村，补助资金 23 万元。道路、基地路面硬化及水渠建设项目：涉及 17 个乡镇 46 个村，补助资金 1099.94 万元。农村饮用水达标提标工程：涉及 1 个乡镇 1 个村，补助资金 13 万元。挡墙、渠道、游步道、综合楼、物业楼等基础设施建设项目：涉及 12 个乡镇 21 个村，补助资金 719 万元。

**【美丽移民村建设】**2021 年，县移民工作中心按照省、市移民工作的要求，开展新时代美丽移民村建设。全年建成美丽移民村 5 个，其中美丽移民村精品村 1 个；实施项目 5 个，总投资 206.68 万元，其中移民资金 151 万元，完成上级下达目标任务。通过创建美丽移民村项目的实施，完善各移民村基础设施，改善村况村貌，使原本脏、乱、差的环境旧貌变新颜，提升移民的幸福指数，受益村民 4500 余人，其中移民 1000 余人。

**【移民创业扶持】**2021 年，县移民工作中心组织技能培训，增强移民创业能力。坚持“移民需要、促进创业、群众满意”的培训宗旨，在培训内容上，注重与县域经济产业发展相结合，与市场需求相结合，与移民就业、创业实际相结合，全年安排培训资金 6 万元，培训移民 400 余人次。以“绿色生态理念”为主导，扶持移民村的原种农业、有机农业等生态农业业态的发展。依托当地香茶、香菇、香榧等优势特色农产品，打造一批具有移民村自身特色的绿色优质农产品生产基地。扶持创新创业移民带头人。发展创意农业、功能农业、休闲农业、特色食品、民宿经济、电商等新产业、新业态，实现移民安置村一、二、三产业深度融合。深化“物业经济”发展模式。针对部分移民村资源匮乏、集体经济薄弱、缺乏稳定经济收入来源等现状，在移民项目扶持上逐步向移民创业致富、移民村集体物业经济、现代农业等创业致富项目深化拓展。全年安排物业楼项目 2 个，投资 901 万元，其中移民专项资金 206 万元。

（县移民工作中心）

## 残疾人事业

**【概况】**2021 年，松阳县有各类持证残疾人 10135 人，其中视力残疾 1163 人、肢体残疾 3369 人、听力残疾 3590 人、言语残疾 75 人、智力残疾 694 人、精神残疾 698 人、多重残

松阳县残疾人康复托养中心大楼　（县残联供图）

疾546人；一级残疾1080人、二级残疾1485人、三级残疾3129人、四级残疾4441人。

2021年，松阳县残疾人工作委员会（以下简称“县残联”）获评“十三五”浙江省残疾人工作成绩突出集体，孟文庭家庭获评全省最美残疾人家庭。

**【残疾人之家建设】**2021年，县残联按照浙江省残疾人之家建设强基赋能要求标准，细化改造提升内容，新建竹源乡残疾人之家1家，提升改造松阳县残疾人之家、古市残疾人之家和樟溪残疾人之家3家；6月30日，经丽水市残联组织验收组现场验收通过。设在县残疾人托养中心二楼的县残疾人之家完成内部各功能室设备安装投用，照料残疾人35人。

**【残疾人康复托养中心建成投用】**2021年，松阳县残疾人康复托养中心总用地面积7982平方米，总建筑面积1.33万平方米，设计残疾人康复与托养床位255张，总投资6000余万元，于6月27日通过竣工验收，7月正式投用。通过竞争性磋商方式引进第三方机构（杭州钱江养老服务中心、钱江社会服务中心）为残疾人托养中心、儿童康复中心、残疾人之家等项目“公建民营”运营方。残疾人托养中心于7月26日正式运行，入托人员36人。残疾儿童康复中心于9月1日正式运行，位于中心三楼，面积约1000平方米，按要求设置各类多功能室，配备符合儿童身心特点的康复训练设备，入训残疾儿童 22人。

**【残疾人社会保障】**2021年，县残联争取资金，通过组织申报，经初评和复评获得省级残疾人服务能力提升工程财政专项激励资金900万元。落实重度残疾人护理补贴和困难残疾人生活补贴，规范申报流程，按月发放补助，全年发放补助资金1334万元。开展助残危房改造验收工作，对上年申报的24户进行验收，拨付改造资金108.8万元。实现残疾人社会保险全覆盖，为全县持证残疾人投保意外伤害保险57万元、残疾人城乡居民医疗保险328.70万余元、城乡居民社会养老保险22.11万元和浙丽保（每人100元）67.73万元，均实行政府全额补助。对243名残疾学生及残疾人家庭子女进行助学救助，救助资金67.64万元。春节和助残日期间，走访慰问贫困残疾人248人，发放慰问金19.84万元。

**【残疾人康复服务】**2021年，县残联实施残疾人康复基本服务8937人次。儿童康复训练31人，其中省级康复机构3人、市级6人、县级22人。辅助器具适配383件，其中电动轮椅13辆、普通轮椅157辆、护理床3张、助听器160台，小额辅具30件，智能眼镜20副。精神病门诊服药社保专线录入681人，门诊服药救助2493人次，金额63万余元。

**【残疾人就业培训】**2021年，“壹起来”助残直播平台在第十四届中国（国际）茶商大会·松阳香茶茶叶节正式上线，通过互联网整合残疾人资源，推动残疾人就业服务工作提质增效。对残疾人从事个体经营、自主创业、灵活就业等进行补助，帮扶个体经营、自主创业、灵活就业残疾人36人，增加就业125人。开展残疾人创业贴息补助113人，补助金额99.37万元。开展网络直播、中式面点培训3期，培训175 人。

**【文体宣传工作】**2021年，县残联与各新闻媒介宣传全县残疾人工作经验、成就亮点30余次。开展各类主题宣传、志愿服务，深化文化助残“五个一”（帮助农村地区困难和重度残疾人每年读1本书、看1份报刊、游1次公园、参观1次展览、参加1次文化活动）工程，组织残疾人无障碍观影21场1500人次。结合全国爱耳日、全国助残日、全国特奥日、残疾人健身周等主题活动，开展形式多样的宣传和文体活动；组织全县残疾人参加全省残联征文书画摄影比赛，4人获良好成绩。

**【无障碍环境建设】**2021年，县残联主导编制《无障碍家居设施建设规范》经省市场监督管理局批准于8月9日正式发布，为全国首个无障碍家居领域的省级地方标准。8月27日，《人类工效学　家居无障碍设计要求》国家标准正式获国家标准化管理委员会批准立项，并接受中国残疾人联合会委托开展编制工作。乡村景区无障碍建设市级标准化项目获评“2021年度丽水市标准化优秀案例”；10月19日，申报乡村共享无障碍设施建设标准化项目入选2021年省级标准化试点项目。11月，松阳县被列入全省首批促进残疾人共同富裕先行先试项目——“全链条”无障碍建设先行区。全年完成城南社区省级无障碍社区、双童山市级无障碍景区创建，为全县53户残疾人家庭进行无障碍改造，为350余名残疾人适配无障碍辅具。7月，《浙江政务信息》专报“出行无障碍 生活更有爱——松阳县全力打造省级无障碍建设示范点的主要做法”获副省长王文序批示。选送工作案例“‘无障碍+标准化’建设 打造共享乡村全国样板”获评丽水市党史学习教育专题实践活动最佳实践案例。

（县残联）

## 县红十字会

**【概况】**2021年，松阳县红十字会（以下简称“县红十字会”）建成县第五中学红十字生命教育体验馆，成为丽水市生命教育体验馆建设示范点。城东社区红十字“博爱家园”建设、古城社区红十字基层组织建设试点工作通过省红十字会验收。建立竹源乡小竹溪村、新兴镇大石村、望松街道新望松社区、大东坝镇灯塔村4家红十字“博爱家园”。2021年，县红十字会获浙江省红十字工作进步单位表彰。

**【应急救援】**2021年，县红十字山鹰救援队开展救援搜救行动14次，其中成功搜救5人次，打捞失联者遗体7人次，历时3天打捞因货车发生事故致落入松阴溪的树脂桶。日常参与县域新冠肺炎疫情防控、“博爱送万家”等红十字志愿服务。

**【第三次会员代表大会召开】**2021年5月28日，县红十字会第三次会员代表大会召开。参会正式代表109人，丽水市红十字会党组书记到会祝贺，中共松阳县委书记出席会议并讲话。大会选举产生松阳县第三届红十字会理事会，理事28人。选举产生会长温小运、常务副会长王芳，副会长吴思平、何群荣、赖松平、朱伟、冯汉饶，秘书长何伟红。选举产生松阳县第一届红十字监事会，陈绍明任监事长、黄黎伟任副监事长、毛兰香任理事。

**【救护培训】**2021年，县红十字会开展普及培训7611人次，红十字救护员818人次，增加救护师资20人。开展“5分钟应急救护圈”省市民生实事项目建设，在全县4个国家AAAA级景区及8家4钻级民宿、人群密集公共场所、乡镇（村）卫生院（室）安装45台AED（除颤仪），每个点位培训配置红十字救护员5人。

**【生命关爱工程】**2021年，县红十字会推进造血干细胞捐献入库28人份，开展初筛7人，再动员1人。对5名松阳籍患白血病儿童进行小天使基金补助21万元。人体器官捐献实现眼角膜1例、遗体捐献1例。增加人体器官捐献志愿登记616人。

**【宣传募捐活动】**2021年，县红十字会利用“5·8”世界红十字日和红十字青少年活动月，开展《中华人民共和国红十字会法》宣传活动。吸收红十字注册会员1773人，注册志愿者483人。开展“红色根脉爱相随”项目募捐活动，募捐资金71.91万余元。

**【博爱帮困活动】**2021年，县红十字会实施重病患者红十字人道救助基金救助52人次4.8万元。开展“博爱送万家”活动，省红十字会到松阳帮困慰问30户，发放慰问金6万元；市红十字会到松阳开展“红色根脉爱相随·致敬英雄”慰问活动，慰问抗战老兵11人，发放慰问金3.3万元；县红十字会开展慰问困难群众、重点疾病患者118户，发放慰问金5.9万元，物资1.37万元。人道救助火灾户1381元。定向捐赠学校7万元，定向捐赠县天狼、山鹰救援队7.26万元，定向捐赠贫困村1.05万元。

（县红十字会　何伟红）

# 乡镇（街道）

桃源仙景

## 西屏街道

**【概况】**2021年，西屏街道区域面积69平方千米，辖22个行政村85个自然村和7个社区（含阳溪社区）。辖区山林面积2251.88公顷，耕地面积1413.47公顷。总户数20863户，总人口47782人，年内出生347人，死亡307人，人口自然增长0.84‰。全年聚力聚焦党的建设、产业发展、城市建设、民生保障等重点难点工作，持续推进重点项目、信访工作、拆违控新“三大攻坚战”，推进“五个稳步提升”，完成规上工业总产值8100万元，增加值2000万元；村集体经济总收入2000.25万元，比上年增长17.43%，其中经营收入达977.7万元。

**【工业经济】**2021年，西屏街道增加规上企业1家，规模企业总产值约8100万元，增加值约2000万元，比上年增长约11%。提供“双招双引”线索10条。整治“低散乱”企业4家，解决企业发展问题25项，生态工业经济发展后劲更足。

**【“双招双引”行动】**2021年，西屏街道引进松阳县诚天和茶文化旅游开发有限公司茶文化旅游综合体项目、松阳县艺元农业发展有限公司花卉基地市场、时代力天科技有限公司总部经济项目3个浙商回归项目，落实投资2000万元。引进上海恒瑞投资控股有限公司，投资9000万元成立禾瑞升生物科技有限公司，与南京农业大学合作共建松州农业绿色发展研究院。全年引进人才40余人，其中博士7人。

**【生态农业】**2021年，西屏街道坚持茶产业主导地位，茶叶种植面积594.47公顷，茶叶加工厂160余家，新增电商企业31家。北山村获评中国淘宝村，白沙村、新华村获评为省级电子商务专业村，该街道获评省级现代商贸特色镇。

**【城乡建设】**2021年，西屏街道推进重点项目建设，锚定G235国道建设不松劲，完成土地清表工作，迁移坟墓，做到“能迁尽迁”。咬定育英区块建设不放松，56家生产用房的政策处理落地，妥善解决五村、六村长达20年的土地权属争议问题，延续了西屏在该项目上的“加速度”。奋战南城区块新征程，率先完成走访测量工作，做好征迁户的思想引导工作。加快“无违建街道”创建，严控新增违建全年不超10宗。组织拆除违法建筑129宗62147.43平方米，“两违”处置168宗，破解北山、西坌等村困扰多年的“千万工程”历史遗留问题。加速“千年古镇、唐宋名城”复兴，助力举办2021乡村复兴论坛·松阳峰会、第二届城乡联系国际论坛、第二届不锈钢管高峰论坛等活动。千年古镇、唐宋名城知名度美誉度进一步提高。完成水牵面制作技艺、打锡工艺、泮氏中医正骨疗法3个项目的县级非物质文化遗产代表性项目名录申报，以及松阳钉秤工艺项目的市级非物质文化遗产名录申报。文里家宴、王家厨房入选第三批“诗画浙江·百县千碗”省级美食体验店。

**【基层治理】**2021年，西屏街道化解信访积案11件。加强网格化治理，把原有95个网格结合县政法委要求及实际情况重新划分为70个网格，优化资源配置，提高网格员队伍的素质及执行力。全年化解矛盾纠纷104起，涉及金额431.6万元。调解劳资纠纷投诉案65起，安全生产、消防安全等领域实现总体平安，创成省三星食安办。

**【民生实事】**2021年，西屏街道推进民生工程建设，建成北山村笼式足球场、城东社区城市百姓健身房和阳溪社区农村百姓健身房3个省体育民生实事项目，完成4个省、市、县健康领域民生实事项目，惠及9599人。龙湖公园启动立项设计，铺门小区基础设施建设纳入县“增花添彩”工程。旧村改造审批建房156幢，“大搬快聚”搬迁56户131人。实施农田水利、村庄基础设施建设工程12项。拓宽集体增收渠道。指导村集体抱团投资“飞地”项目1650万元，累计分红113万元。“集体建”改革实施项目38个，增加收入126.61万元。促成桐溪村与浙江雷克机械有限公司合作共建光伏发电项目，预计村集体经济总收入1995.65万元，比上年增长17.16%，完成年度“消薄”任务。开展人居环境整治，推进城乡垃圾撤桶并点改革，新建垃圾分类亭42个，改造生活污水处理终端14个。二村、九村获评省AA级景区村。

**【提质行动】**2021年，西屏街道开展党史学习教育，弘扬践行新时代松阳精神，先后完成街道班子、党代表、人大代表集中换届。建立“联系领导+驻村干部+村（社区）两委”的组团攻坚机制，抓好村（社区）换届“后半篇”文章；探索党建+数字化打造“四有自治”2.0版本；打造两新党建示范点4个，浙江旺通物流有限公司党支部“一路一驿”党建品牌作为全县两新党建示范品牌到全市交流发言。严格落实意识形态工作主体责任，新建新时代文明实践点4个。开办村（社区）后备干部“蹲苗育才”成长营，培养后备干部56人。深化廉政作风建设，开展专项督查27次，发现问题21个。开展村（社区）干部队伍教育整顿，集中轮训243人次。

（西屏街道党政办）

## 水南街道

**【概况】**2021年，水南街道区域面积46平方千米，辖11个行政村45个自然村、2个社区，山林面积2348.93

公顷，耕地面积901.8公顷。总户籍6803户，户籍人口14589人。全年完成衢（州）丽（水）铁路用地征迁、耕地“非粮化”整治、民生实事项目建设、村社人居环境整治等工作。

**【重点项目建设】**2021年，水南街道衢丽铁路用地房屋征迁涉及清路、潘西、横山3个村，完成11个大户、15个小户的签约及16公顷土地征收政策处理工作。落实高速公路临时改线租地1.11公顷。开展耕地“非粮化”整治优化工作，完成耕地“非粮化”整治优化签约123.4公顷，清理腾退66.67公顷。涉林垦造耕地整改项目14个，规划新增耕地面积71.53公顷，规划新增水田面积48.67公顷。抽调专班完成486户870套瓦窑头区块改造公寓选房工作。

**【实事项目实施】**2021年，水南街道投资140万元，完成大竹溪中共松阳县工作委员会旧址展陈馆修缮布展。投资80万元，开展潘西村路面硬化、石头路整修、水沟修复等工程。投资230万元，完成新溪小区污水管网接线、小区绿化和云峰小区道路硬化、亮化、绿化配套设施小市政项目建设。投资180万元，开展涉及6个村农田灾毁（渠道、堰坝、防洪堤）等修复。投资100万元，动建该街道体育中心公园。

**【企业风险隐患治理】**2021年，水南街道开展排查整治企业生产各环节存在的重大风险隐患和突出问题，全年排查整改各类隐患30余项。推进工业生态化发展，整治“低散乱”企业2家，落实“能源双控”任务的松阳县精密铸造厂按要求执行有序用电。发展生态来料加工业，全年街道有来料加工一级经纪人20人，二级经纪人5人，从业人员2600余人，发放加工费1660万元。

**【集体经济增收】**2021年，水南街道遵循“谁种植、谁受益”的导向，落实耕地地力（耕地的基础能力）保护补贴政策，引导农户种植粮食。落实政府兜底的水稻保险政策和实际性一次性种粮补贴等，提高农户种植水稻的积极性。全年投资180万余元，在寺岭下、大竹溪、潘西等6个行政村开展农田灾毁基础设施修复，夯实粮食生产基础保障。统筹推进街道11个行政村集体经济增收，利用县域南城区位优势和人口集聚优势，发展村集体“物业经济”，全年街道“物业经济”收入250万余元。提高村集体闲置资金回报率，增加3个行政村投资“飞地”项目。截至12月末，有5个行政村总收入突破20万元、经营性收入达到10万元以上。

**【农文旅融合】**2021年，水南街道立足“双童山”景区优势，走体验观光农业发展之路。申报省级“一事一议”美丽乡村示范村创建，结合双童积雪国家AAAA级旅游景区创建，打造南山村成为美丽乡村示范村。截至12月末，辖区内有农家乐、民宿23家，农家乐民宿餐位1390个；其中民宿15家，房间99个，床位125个，直接从业人员108人。全年申报民宿1家（松阳曙伟民宿客栈），“秋夕小舍”民宿被评为“丽水山居”精品民宿。全年接待游客10.4万人次，直接营业收入1049.6万元，间接营业收入8.67万元，营业总收入1058.27万元。

**【人居环境治理】**2021年，水南街道结合“四个关键小事”（平安稳定、环境卫生、收缴水费及物业费、违建防治）落实，组织开展环境卫生保洁及公厕管理整治月和整治日行动20余次，常态化落实禁止秸秆焚烧、志愿者文明劝导、洁净家庭创建等专项行动，发挥群众的力量对卫生死角、“牛皮癣”、乱堆乱放等现象进行整治。全年发放环境卫生保洁及公厕管理工作倡议书5000余份、宣传单1000余份、悬挂横幅100余条。全年拆除各类违法小广告800余处、清理河道30余千米、清除“牛皮癣”600余处、整治乱堆乱放6000平方米。

**【违建违章建筑治理】**2021年，水南街道开展“无违建街道”创建工作。全年处置两违案件78宗，办理不动产证38本。涉及大棚房整治点位3处，均整改到位。巡查发现7起新增违法建筑，面积760平方米，均拆除完毕。3月25日，街道组织人员对新鸿悦府小区内2起违章浇筑阳台楼板行为进行强制拆除。9月30日，对《松洲聚焦》栏目曝光的3处违建点位进行强制拆除。

**【危旧房治理】**2021年，水南街道组织1次大型危旧房排摸工作，排摸低收入农户450余户，发现疑似危旧房2处。经鉴定，2处为D级危房，均拆除到位。横山村蔡家自然村整村搬迁2户6人集聚到横山村中心村，实现生产生活条件改善。

**【民生保障】**2021年，水南街道利用多渠道举行健康教育宣传活动。开展省级民生项目结直肠癌免费筛查1030人，其中100余人参与结肠镜检查；市级民生项目流感疫苗免费接种570人；肺炎疫苗免费接种980人；60周岁以上男性前列腺免费筛查617人。组织60岁以上老人进行免费健康体检，建立慢性病病人健康档案，定期进行随访，实行慢性病规范化管理。截至12月末，该街道城乡居民医疗保险参保缴费10609人，参保率99.76%，“浙丽保”缴费10657人，参保率95.03%；电子医保凭证激活9141人，激活率84.88%；农医保报销58人次，报销金额12.5万元；参保社会养老保险11377人，参保率98.89%；被征地农民转职工养老保险5940人。

**【扶贫解困行动】**2021年，水南街道有低保225户370人，其中低保户175户288人、低保边缘户39户71人，五保户 11 户 11 人。全年发放临时救助金 2.3 万元，县残疾人联合会慰问残疾人 650 余人次，发放慰问品 680 余份，发放慰问金 0.97 万元。全年扶贫小额信贷项目贴息资金发放 8 户 1.1 万元；发放低收入农户产业帮扶到户资金 15.96 万元，涉及 108 户 213 人；雨露计划补助 6 人 1.8 万元；光伏小康项目受益低收入农户 38 户 3.07 万元。全街道有持证残疾人 603 人，全年享受残疾人生活困难补贴 93 人，每月发放补助金 2.37 万元；落实重度残疾人护理补贴 218 人，每月发放护理补贴 3.64 万元。领取辅助器具 20 人、康复器具 4 人。发放白内障手术补助 2 人、安装假肢补助 1 人。发放残疾学生和残疾人家庭子女学费补助 29 人，改造残疾人危房 3 户，改造家庭无障碍设施 3 户。全年享受创业补贴和贴息贷款 9 人，送教上门 3 人。

**【基层社会治理】**2021 年，水南街道有社会治理网格 18 个，全科网格员 31 人，其中专职网格员 17 人。全年受理事件 974 起，组织网格员培训 9 次，参训 153 人次。开展“南城社会风气大整治”“扫黑除恶攻坚年”专项行动，推进社会大局稳控、积案化解工作。全年受理信访 163 件，结案 161 件。摸排较大风险隐患 10 件，其中利益群体类 8 件，矛盾纠纷类 2 件。除 1 件信访件在化解中，其他 9 件均化解。全年成功调解各类案件 98 件，积案化解 33 件，涉及矛盾纠纷信访件 6 件，调解兑现金额 300 余万元。该街道获评 2021 年度丽水市平安建设表现突出集体。

（水南街道 党政办）

## 望松街道

**【概况】**2021 年，望松街道区域总面积 46 平方千米，辖 10 个行政村 137 个村民小组和 1 个社区。全街道户籍人口 10587 人，流动人口 6318 人。财政收入 4317.51 万元，财政支出 4573.57 万元；农村集体经济收入 713.48 万元。辖区内名胜古迹有黄家大院、石门廊桥、王景纪念馆、吴弄古村落、翁村瀑布群等。

**【基层社会治理】**2021 年，望松街道夯实综治平安建设工作责任制，健全信访工作长效机制，强化社会矛盾排查化解力度。完成省平安三率入户问卷调查 1 个小区任务目标，定期开展平安综治宣传，全年发放各类平安宣传单 3000 余份。充分利用互联网开展网上调解，网上调解 17 件，各个成员单位密切配合，矛盾纠纷快速得到有效化解。全年调解各类案件 68 件，涉及信访矛盾件 9 件，重大纠纷 34 件。

**【人居环境治理】**2021 年，望松街道持续抓好“两违”控新工作，全年处置“两违”41 户，累计拆除违法建筑面积 1.2 万平方米，收缴“两违”处置款 33.8 万元。完成危旧房 4880 户排查工作，联合审批新建房 10 宗，备案办理不动产证 38 宗。实施垃圾分类，完善垃圾分类处置终端，对西河、翁村、乌石下 3 个行政村垃圾集中堆放点的公共垃圾分类桶进行维护更新。新增西河、六都村 2 个省 A 级景区村庄。

**【工业经济】**2021 年，望松街道突出工业经济主导地位，奋力克服疫情汛情影响，持续壮大经济总量。全年实现工业总产值 6.53 亿元，比上年增长 4.8%，其中 2 家规上工业总产值 2.11 亿元，比上年增长 4.7%。新增规上企业 1 家浙江正德和食品有限公司，年产值突破 2000 万元。深入开展“三服务”活动，持续优化区域整体营商环境。完善服务企业机制，修订《望松街道“服务企业大提升”活动实施方案》，落实 1 名领导班子成员加 1 名普通干部对接联系服务 1 家企业制度，精准帮扶企业，服务干部做好日常政策宣传、信息沟通，帮助企业解决力所能及的问题，提高企业自身发展新动能。4 月，该街道召开“招商引智”暨生态工业发展大会，传达县级帮扶企业相关政策，鼓励企业根据实际积极谋划招才引智，用好用足县里各项惠企政策，促进工业产业升级，效益提升。

**【产业发展】**2021 年，望松街道持续开发特色系列生态农产品，打造“状元 IP”，帮助农户拓展销路。全年状元笋、状元鸡、状元酒、状元香肠、

2021 年 11 月 22 日，望松街道开展“深化五水共治打造美丽河道”全民河道保洁日活动　（黄徐文/摄）

状元饼等系列生态产品的年销售额突破 4000 万元，提供就业岗位 300 余个。其中，状元宴获评“丽水味道”创意大赛银奖，状元香肠获中国长寿之乡名优产品、状元煨盐鸡成为丽水十大碗、处州十大名小吃，并入选丽水市大众创业政府补助项目。全年 10 个行政村 100%实现集体经济总收入双达标。按照县扶贫办工作要求，累计向符合条件的 116 户农户发放产业帮扶资金 26.10 万余元，落实松阳县光伏小康项目受益低收入农户 29 户 2.34 万元，年度扶贫重点村山仁下村 10 名低收入农户人均收入增长在 15%以上。总投资 159 万元，建成翁村、六都村、西河村 3 个村的光伏产业增收项目并通过验收，受益农户 3400 余人。

**【“双招双引”行动】**2021 年，望松街道 2 次组织人员到杭州、诸暨等地开展“双招双引”工作。4 月 20 日，乡贤企业松阳县头上红食品有限公司与浙江天天向上餐饮有限公司达成战略协议，投资 2000 万元用于煨盐鸡标准化建设及连锁加盟。该项目入选丽水市创业培训政府补助项目，并开设多家分店。协助做好杭州师范大学马腾博士团队“百博入乡镇”工作，先后帮助松阳县吉强机车配件有限公司完成专利县里补助事项，协助 3 家企业新引进副高级专技人才 3 人、高级技师 1 人、省级青年工匠 1 人。

**【项目建设】**2021 年，望松街道重点推进耕地“非粮化”整治优化工作。截至 11 月末，第一批六都、吴弄、山仁下 3 个村入户签约 203 户 39.93 公顷，签约率为 54.7%；第二批翁村、西河、乌石下 3 个村开展数据摸底调查。全年实施移民项目（西河、望松、山仁下、乌石下、王村）5 个，至 12 月末竣工项目 4 个，完成率 80%。该街道涉及县重点工程江北灌区配套与节水改造项目，至 12 月末全部完成涉及江北灌区政策处理，落实弃土堆放点。六都村茭笋塘综合整治工程于 9 月完工验收，西河村五都源综合整治工程完成施工进度 40%。全年完成建设用地复垦 0.73 公顷，垦造水田 6.67 公顷。实施王村桥拓宽改造项目。

**【社会保障事业】**2021 年，望松街道社会低保、特困供养人员标准全面提标，纳入五保 15 人，低保 164 户 289 人，低保边缘户 45 户 72 人，发放各类救灾、临时救助及慰问金 12 万余元；城乡医保报销 22 人次，报销 11.2 万元；参加城乡居民养老保险 1825 人，享受养老金待遇 1296 人，参保率 98.8%；“浙丽保”缴费 8210 人，参保率 90.88%。

2021 年 4 月 20 日，望松街道乡贤企业松阳县“头上红”食品有限公司与浙江天天向上餐饮有限公司战略协议签约仪式举行 （朱晓雅/摄）

**【文体活动】**2021 年，望松街道举办“有知有味·状元之旅”松阳县第四届农民丰收节暨第二届状元笋采摘节。组织基层党员干部和群众参加党史学习教育暨庆祝中国共产党成立 100 周年送戏下乡文艺演出活动，组织望松村和王村村文化礼堂演出 2 场次。6 月，组织街道干部拍摄红歌《没有共产党就没有新中国》合唱短视频，参加中国共产党成立 100 周年文艺活动暨“三团三社”建设成果展示活动，生动展现望松人民良好的精神风貌，献礼中国共产党成立 100 周年。在全县庆祝中国共产党成立 100 周年“党旗颂 中国梦”合唱大赛中，该街道合唱团选送的《不忘初心》获乡镇组二等奖。组织开展 2021 年“童心向党”春泥计划活动 2 期（寒暑假）。该街道代表队获松阳县第十四届“田园松阳”农民文化节“百年新征程”朗诵比赛一等奖，选送的《十八相送》节目获“戏曲演唱”大赛二等奖。

**【党史学习教育】**2021 年，望松街道于 3 月开设“乡村振兴领航班”，重点围绕抓好基层组织建设、党史学习教育、增强村级管理能力等内容，先后邀请县委组织部组织科科长徐杰、县农业农村局干部何向东到该街道进行主题宣讲，为乡村干部赋能充电。“六一”国际儿童节之际，该街道向城北小学捐赠红色经典连环画 500 余册，机关支部的党员为 39 名家庭困难的儿童送上书包等学习用品，帮助孩子们实现“微心愿”。7 月，组织召开“七一”表彰会暨党史学习教育推进会，对在党 50 周年老党员授予纪念章。参与省级微视频展播活动，制作 1 期“建党百年·青年说”宣讲微视频。参加全县“奋斗百年路 启航新征程”理论宣讲大赛获三等奖。根据年度重点工作及民生实事项目安排，列出望松街道“以学促行、以行践学”办实事情况推进表，完成实事项目10件。全年开展“百镇千村”民生政策宣讲6场次，累计为群众办实事30件，为企业解难题9个，为基层减负担4件，汇总上报重要民生实事线索4条。

**【安全生产工作】**2021年，望松街道严格落实安全生产责任制，联合多部门对“三合一”“多合一”场所开展安全生产隐患排查治理专项整治工作，对发现的一般安全隐患全部完成整改。辖区安全生产形势总体平稳，全年未发生重大安全生产事故。强化食品安全监管，落实食品安全党政同责。组织开展食品安全知识培训，加强农村聚餐风险防控。加强防汛防火安全巡查，切实压实工作责任。

**【街道人大工作】**2021年，望松街道推进人大工作，建立健全居民议事会制度，全年召开6次居民议事会，表决通过《街道议事会章程》《街道民生实事项目票决办法》《街道议事员履职登记办法》等制度。3月，人大望松街道工委组织本区域县人大代表对街道年度民生实事项目“状元谷古茶树群保护开发项目”进行调研，提出意见建议。全年人大工委成员和代表参与矛盾纠纷化解6件，通过代表反映及时叫停因招标程序不规范项目1件。至12月末，10件民生实事项目全部启动，江北灌区望松段进入全面施工阶段，五都源水库改造完成50%。县人大实事项目资金配套的项目4个，建成进村公路，天网工程进入安装阶段，其他2个项目进展顺利。截至12月末，该街道完成县第十三届人民代表大会代表换届选举，选举产生11名县第十三届人大代表。

（望松街道党政办　朱晓雅）

## 古市镇

**【概况】**2021年，古市镇区域面积47平方千米，耕地面积1200公顷、林地面积1133.33公顷，辖15个行政村60个自然村和2个社区。全镇总户数8841户，其中农业户7470户；总人口20513人，其中农业人口17981人。全年出生新生儿133人，死亡168人，人口自然增长率-1.71‰。财政总收入1268万元。

2021年，古市镇主动适应经济发展新常态，推进城乡建设，改善社会民生，创新社会治理，统筹抓好经济社会发展和各阶段重点工作，创建成为浙江省AAAA级景区乡镇、省4星级食品安全示范镇、省级电商镇，全省“污水零直排区”通过初验。镇获评全省“五水共治”（河长制）优秀乡镇、丽水市乡村振兴·法治同行示范乡镇。镇人大代表联络站被评为全市先进代表联络站，镇文化站入选省级公共文化场馆功能拓展先行先试单位，新铺社区入围全省“青少年零犯罪零受害社区（村）”首批创建单位，镇司法所命名为全省“枫桥式”司法所，古市镇岗下村退役军人服务站获评全省“新时代枫桥式退役军人服务中心”，八都村入选省级善治示范村，古市基督教教堂入选省级宗教法治宣传教育基地。

**【村级组织建设】**2021年度，古市镇通过提升村级班子工作运行能力、统领致富能力、基层治理水平，壮大村集体经济等方面着重提升“一肩挑”工作质量。“消薄”项目《奋力打造资源价值转换村集体经济发展示范样板》获丽水市第二届优秀“消薄”项目大比拼二等奖。寺口村获全县第二十期“支书三晒”活动二等奖，十五里村获全县最美党群服务中心评比第一名，黄圩村在全县后进村“整转”考评中获得第二名。全年发展中共预备党员18人，培养入党积极分子46人。

**【“非粮化”整治行动】**2021年，上级下达古市镇“非粮化”整治优化任务面积484.4公顷，其中2021年291.33公顷，2022年度193.07公顷。第一批签约712户112.93公顷（山下阳、上河、岗下3个村集中连片）完成清表；第二批整治优化地块荷塘畈片区（涉及城门、建安、塘湾、下街、东角垄村），初步划定集中连片面积约153.33公顷，加上直接划入约80公顷，2021年实现流转农田346.27公顷。申报省绿色农田建设试点项目1个，规划面积158.67公顷，涉及山下阳、上河、岗下3个行政村，主要开展大田平整和路渠修复，项目初设投资1656.9万元。建设高标准农田项目1个，灾毁修复项目2个。

**【工业经济】**2021年度，古市镇围绕

2021年11月19日，古市镇获得丽水市第二届优秀消薄项目大比拼活动二等奖　（古市镇供图）

全县“工业强县”和“智能制造新城”发展战略，立足全镇县域副中心及三大工业区块优势，攻克镇域暂无新增工业用地的瓶颈，推进招商引资、“腾笼换鸟”、亩产提升等工程，加大“三服务”工作力度，促进镇域工业企业的精准更新和技改提升。全年实现工业投资3908万元；规上企业实现产值12.52亿元，比上年增加3.52亿元，增长39.1%；规上企业实现增加值2.18亿元，比上年增加0.64亿元，增长41.3%。整治低散乱企业5家。开展镇域企业的能耗“双控”工作，主动服务对接、每日精准监控、严格督促落实，对4家高能耗企业，均完成控制任务。启动全镇工业企业违建整改工作，督促13家涉违企业落实整改备案，全年实现招商引资2015.2万元。通过购买服务方式，聘请资质中介机构每季度一次对全镇企业开展安全生产专项监督检查。

**【A级景区村创建】**2021年古市镇全域旅游实现跨越式高质量发展，“变不可能为可能”创成省AAAA级景区乡镇；增加市AAA级景区村1个、市AA级景区村6个、市A级景区村2个，全镇A级景区村庄覆盖率从33.3%提升至86.67%。举办古市镇第二届“康养节”暨桑葚采摘节、县农民文化节“百年新征程”系列活动（广场舞比赛决赛）、2021年松阳县二十四节气暨第四届农民丰收节古市“卯山仙橙”等系列活动。

**【行政办事效能建设】**2021年度，古市镇深化“最多跑一次”改革，依托“一窗受理”“一证通办”平台提高办事效率，全年接件办理2059件，服务满意率100%。实现申领老年人优待证“跑零次”，办理门牌证96件“最多跑一次”。推进“点单式”服务，开展“1+N”（指1个专职代办员代办N件事）村级代办制，全年代办4863件。强化村级代办员队伍建设，健全代办员长效管理机制，打造优质代办服务体系，更好地为广大农村群众提供“点办式”“定制化”精准服务，实现群众办事不出村、不出镇，“跑一次”乃至“跑零次”。

**【民生实事】**2021年，古市镇开展新冠肺炎疫苗接种、城乡妇女免费“两癌”检查、前列腺癌和结直肠癌筛查等民生实事项目。全年完成省外返乡人员172人，市外返乡1000余人核酸检测及日常健康监测管控。开展慈善计生特殊家庭助老活动2户，每半月上门帮扶打扫卫生、测量血压等活动。开展流动人口的调查摸底工作，全镇有外出流动人员3206人，外来流动人口已婚育龄妇女182人，并输入全员流动人口平台列入现居住地管理，使每位外来育龄妇女可享受现居住地同管理、同服务的待遇。开展健康素养进农村文化礼堂活动。

**【平安法治建设】**2021年，古市镇建立健全矛盾纠纷排查化解机制，推进“村级调解员、镇级老娘舅”、警调联动、镇村联调等工作模式，探索推行村社“两个三次”（村三次、镇三次调解）矛盾纠纷化解机制。全年镇级排查矛盾纠纷并成功调处135起，调解办理各类初信初访件118起。多措并举开展防范电信网络诈骗宣传工作，先后组织全镇干部反诈宣讲4次，与古市派出所结合主题党日，进村入社开展宣讲活动，发放、张贴各类反诈宣传资料5000余份，完成常住人口35%国家反诈App任务。开展各类法治宣传6次，发放宣传单2000余张，张贴宣传海报50余份。

（古市镇党政办）

## 象溪镇

**【概况】**2021年，象溪镇区域面积124平方千米，辖13个行政村99个自然村。总户数5603户，总人口15359人，年内出生89人，死亡117人。全镇山林面积8824.69公顷，耕地面积562.98公顷。全年实现工业总产值36679万元，比上年增长9.56%；财政总收入7068.32万元，比上年增长5.52%。辖区内主要旅游景点有七沐山景区、象溪村旅游景区、上梅畲族旅游景区3个国家AAA级旅游景区。2021年，该镇被浙江省文化和旅游厅授予省AAAA级景区镇称号。

**【农产业多元化发展】**2021年，象溪镇围绕茶叶、油茶、果蔬等主导种类，推动省级果蔬特色农业强镇建设。培育有机茶基地1个，3.33公顷。金钟村与浙江省“九三学社”结对帮扶项目——龙游“飞鸡”项目落地，5000羽“飞鸡”落户养殖，通过“飞地”式异地养殖和“代养统购一条龙”的管理模式探索林下养殖，推动农业产业多元化发展。推进“蜂旅融合”发展，镇“蜂旅融合”示范项目进入收尾阶段，投资90万元的南坑口村“蜂旅融合”示范提升项目正在有序进行中。提升农业基础设施建设，完成坑里村、象溪圩村氮磷拦截净化工程，投资650万元的南坑口等10个村的高标准农田建设项目完成招投标。抓实强村集体经济，以镇强村公司为平台，推进村级工程“集体建”，承建29个项目涉及合同价945.5万元。1—9月，13个村集体经济总收入568万元，6个村实现年经营性收入10万元、总收入20万元的目标。

**【工业发展】**2021年，象溪镇工业总产值36679万元，比上年增长9.56%。其中，4家规模以上企业总产值8880万元，同比增长24.7%。工业增加值3737.2万元，同比增长13.5%。以“双招双引”为契机开展引才、引资、引智，新增规上企业（丽水市宏泰高分子材料有限公司）1家，完成松阳县雅溪日鑫页岩砖厂、浙江浙炼石化科技有限公司2家固定资产续建项目，实现投资6680万元，新引进企业3家，计划投资5380万元。化工企业引进专业技术人才6人，实施新建技改项目4个，合计投资3500万元。松阳县万汇石业有限公司、浙江丽水石创新型材料科技有限公司、松阳县绿源矿产有限公司3家新建企业均入驻并实施项目工程建设。

**【旅游业多元融合】**2021年，象溪镇以七沐山、象梅畲寨、象溪村国家AAA级旅游景区等点位为“龙头”，以滨水绿道为主轴，推动松阴溪两岸节点“精提升”，开发多元化、全域化、体验式旅游发展新模式，施行“蜂旅融合”产业带动农文旅融合发展。以休闲观赏提升品质为目标，完成象溪村精品花园乡村项目，投资35万元创建象溪村国家AAA级旅游景区夜间景观项目竣工待验收，一批“打卡”新点位跃然纸上，带动“夜间经济”集聚人气。“针灸式”微打造提升松阴溪沿岸配套设施，靖居口村A级旅游公厕、塔背自然村生态旅游公厕均验收。旭景民宿、徐浩民宿、松居客栈3家民宿通过上年度第二批民宿改造项目验收，七沐山、近水楼台和老高溪鱼馆3家民宿（农家乐）成功申报年度职工疗休养接待点，全面启动民宿质量安全鉴定工作。注重各民族民俗文化推广，靖居包村踏莲花申报第五批县级非遗代表性项目，畲族彩带编织、木雕技艺、编草鞋入选松阳文里集市展陈推介。该镇承办的“民族同心跟党走，启航奋斗新征程”2021年松阳县少数民族运动会落幕。

**【垦造耕地项目】**2021年，象溪镇推进储备补充耕地项目报备入库，涉及6个项目全部整改到位，并于3月底通过省级举证验收，为全县贡献耕地指标12.71公顷。对标省市新要求，全力做好镇域23个涉林垦造耕地项目整改，涉及面积57.63公顷。至12月末，第一批次14个项目全部通过县级验收，涵盖市级验收项目7个，其中项山头整改项目列为县级示范点，第二批次9个项目全部通过县级验收。窗口期建设用地复垦，涉及梅峰、金钟2个项目均通过验收，增加耕地面积1.14公顷，其中水田0.17公顷、旱地0.97公顷。

**【农民安居工程】**2021年，象溪镇联合审批农民建房59幢。严格落实住房救助动态管理，推进“治、拆、改”有效结合，落实群众住房保障。对住房确权超用地、超建筑面积符合“两违”处置的35幢住房进行处置，收缴“两违”处置款3.1万元。排查鉴定C类危房11幢，完成修缮并通过县级验收。推进“无违建县”创建工作，拆除涉及公共安全危房及整治违建面积8500平方米。推进“大搬快聚”富民安居工程，有序实施象溪圩村黄庵、梅峰村岭脚、东田源村中央坑3个自然村整村搬迁工作，搬迁16户48人，其中货币安置10户31人，自建房安置6户17人。

**【社会事业】**2021年，全镇新增低保20户37人，核减11户15人；新增低保边缘户3户5人，核减8户12人；特困供养新增1人，取消4人。全镇有低保295户463人，低边77户137人，特困36户36人。全年新增残疾人40人，办理生活困难补贴人18人，重度护理补贴11人，残疾人危房改造7户全部通过验收。城乡养老待遇审核发放134人，参保及暂停220人，发放丧葬抚恤金89人，申请补缴登记119人，社会保障卡申领178人，电子医保凭证申领8000余人，养老待遇资格认证3000余人，追缴多发养老金7人，追缴金额2万余元，办理医保报销60人，“浙丽保”参保9800余人，参保率达90%以上。独生子女奖扶增加220人，退出奖特扶4人。发放计生公益金10人8800元，网上办理生育登记102件。

**【基层平安治理】**2021年，象溪镇始终将矛盾纠纷调处、信访问题化解摆在突出位置，常态化开展不稳定因素排查并进行梳理分类，对较大的矛盾纠纷，坚持主要领导牵头包案组负责化解的工作机制，层层落实责任。及时调整13个村级矛盾调解组织，组织开展业务培训，全面提升村级矛调队伍能力水平。以提升村级治理能力为目标，出台《象溪镇村级治理水平提升实施方案》，引导各村研究制定村级治理方案，组建道德评判团等社会组织，常态化参与群众来访接待和矛盾纠纷调处化解工作，守好初信初访关。全年排查矛盾纠纷线索73起，成功化解72起；受理办理信访件106件，其中直接答复68件、重复30件、转其他法定途径8件。积极开展积案化解，组织多个专班赴多地协调处置，10件积案成功化解8件，实现国家级和省级积案全面清零。

（象溪镇党政办）

## 玉岩镇

**【概况】**2021年，玉岩镇区域面积134平方千米，辖14个行政村60个自然村。镇域山林面积10925.07公顷，耕地面积1087.2公顷。全镇户籍人口13687人，常住人口8966人，流动人口4721人。全年财政收入6102.69万元，财政支出6102.69万元。农村集体经济收入1093.88万元，比上年增长13.10%。辖区内名胜古迹有普济桥、文昌阁、香乳禅寺、天师殿、砻空殿、香乳山、云台山、高腔文化中心、翠屏山公园、千年红豆杉主题公园等。

**【农林产业】**2021年，玉岩镇利用“香榧全产业链”建设契机，推进吴山头、乌岩等香榧基地建设提升，建成黄坛香榧产业服务中心，“油茶套种香榧”模式实现扩面提质，累计发展香榧2133.33公顷。科技引领香菇产业向生态产业转型，全镇菌棒年生产量保持在1500万袋左右，成功培育全市首个高山香菇周年化生产项目。与省林科院签订助力高质量发展科技服务合作协议并获省林科院专家服务站授牌,发展高山蔬菜。紧抓省政协结对周安村的机遇，推进洋坑、程惠等村蔬菜、茶青交易市场和冷库等设施建设，丰富四季豆、西红柿、土豆等蔬菜品种，实现规模化生产。对标欧盟，推广减药增效，保障蔬菜安全质量。以全县打造“中国有机茶乡”为契机，对乌岩、周安等村老茶园进行改造提升，开展有机茶园创建。

**【农副产品加工业】**2021 年，玉岩镇以“产业平稳，产能增效”为目标，推进生产企业机器换人，引导工业企业朝低碳、无污染方向发展。扶持发展多种规模经营形式，重点培育花菇、高山蔬菜冷藏加工营销、香榧炒制、油茶加工等主导产业群，引导花菇加工流通户联小做大、整合做强。规上企业实现全年总产值 2522.8 万元。

**【重点项目推进】**2021 年，玉岩镇完成西竹玉公路等项目征地拆迁任务，实施移民安置工作。完成玉湖小区自建房、公寓楼以及小区道路、绿化、健身广场、移民博物馆等公用设施建设。配合抽水蓄能电站项目政策处理和后勤保障工作，保障项目落地。推进香榧特色产业示范县玉岩区块建设，香榧产业服务中心、红豆杉主题公园一期、乌岩示范基地林区道路、省级香榧基地景观台竣工。推进全域土地综合整治工作，对王山头、八旦等村闲置资源进行排摸。落实耕地占补平衡，开展垦造耕地工作，完成 2 个建设用地复垦项目，新增耕地 0.53 公顷；1 个垦造水田项目，新增耕地 1.39 公顷。

**【基础设施建设】**2021 年，玉岩镇保障西竹玉公路玉岩段无障碍施工，完成永久占用土地征用 2.95 公顷，租用 4.45 公顷手续以及征收拆除房屋 1246.15 平方米的政策处理。推进“四好农村路”建设，完成县道谢玉线玉岩段公路提升和安全隐患治理工程。完成农村生活污水处理和农饮水达标提标项目，持续实施农村生活污水处理终端改造提升，完成排居口、周安、乌岩、洋坑等 8 个村 14 个点位。

**【村庄环境治理】**2021 年，玉岩镇积极营造整洁人居环境，狠抓“厕所革命”、污水治理、垃圾分类等工作。镇域全面实行垃圾分类，形成户分类、村收集、镇转运的垃圾处理模式和长效机制。玉岩、何山头等 5 个村的传统村落实现改造提升。

**【帮扶解困行动】**2021 年，玉岩镇持续加强低收入农户产业帮扶，推动村集体增收，实现集体经济薄弱村全面清零，低收入农户年人均可支配收入 9000 元以上目标任务。申报并落实雨露计划，全年救助大学生 20 人共 6 万元。开展临时救助 173 户 395 人，发放救助金共计 16.67 万元。构建“两进两回”机制，实施青年回农村行动，主动发掘青年农创客 15 人。实施乡贤回农村行动，制定乡贤回归激励措施，吸引 135 名新时代乡贤返乡创业。

**【文旅融合发展】**2021 年，玉岩镇把握全县建设“国家传统村落公园”的机遇，依托国家传统村落保护利用和拯救老屋行动，在古村落植入民宿、生态农业、旅游等业态，发展“红+绿+古”的乡村旅游。全镇共有民宿农家乐 29 家，房间 169 个、床位 221 个。全面完成浙西南红色革命文化遗址保护与修缮项目。举行“2021 年松阳高腔艺术文化节暨普济桥建成 500 周年庆祝活动”，相关报道在“学习强国”、浙江电视台等平台播出。

**【基层社会治理】**2021 年，玉岩镇围绕“长治久安”“平安玉岩”建设目标，固化排查机制，深化“大调解”体系建设，建立浙西南红色革命根据地联动联调体系，成立全县首个乡镇级社会矛盾纠纷调处化解中心，依托 6 个调解大网格，整合乡贤、老干部等社会资源，全年化解矛盾纠纷 130 余起，化解 3 起信访积案。发挥基层网格作用，全面落实安全生产责任制。开展防邪、防电信诈骗、禁毒宣传教育，有效维护镇域和谐稳定。

**【各项社会事业融合】**2021 年，玉岩镇高标准完成农医保、“浙丽保”、农村小额保险参保征缴工作。全面整修国家级文物保护单位普济桥，实现对文物保护单位、文物保护点和历史文化建筑的常态巡查。全面落实安全

2021 年，玉岩镇举办松阳高腔艺术文化节暨普济桥建成 500 周年庆祝活动（玉岩镇党政办供图）

生产责任制，做好应急防范工作，常态化开展地质灾害隐患点和危旧房巡查，抓好防汛防台防火及松材线虫病防治工作，保障人民群众生命财产安全。

（玉岩镇党政办）

## 大东坝镇

【概况】2021 年，大东坝镇区域面积 206 平方千米，辖 17 个行政村 108 个自然村，192 个村民小组，总人口 16659 人。2021 年，该镇创建成为浙江省森林城镇、省红色退役军人服务站，被省文化和旅游厅确定为 2021 年度“浙江省民间文化艺术之乡”，被丽水市委市政府评为全市实施乡村振兴战略工作中突出贡献集体，该镇民兵连被中国人民解放军浙江省丽水军分区评为先进民兵连。

【工业发展】2021 年，大东坝镇贯彻县委关于工业高质量绿色发展“三十条”政策，推动浙江松阳明石矿业有限公司“上规升级”，2 家规模以上企业实现产值 6961 万元。

【生态农业】2021 年，大东坝镇发展绿色生态产业，坚持市场化、规模化、品牌化发展路子，推动生态农业提质增效。抓好粮食增产保供，投资 398.6 万元建成高标准农田 222.33 公顷；种植水稻 80 公顷；完成 8 公顷原种大豆基地、7.33 公顷原种糯稻基地建设；连片种植油菜 15.33 公顷；投资 216.79 万元，完成灾毁农田修复 92.6 公顷。以生态农业为基础，依托生态环境、特色工坊、休闲旅游等，把生态资源变“生态资产”“生态产品”“生态项目”“生态产业”。泡豆腐、白老酒、土蜂蜜等一批特色产业在上海、杭州、台州、贵阳等地打开市场，市场均价、产量、销售收入实现较大增长。

【生态服务业】2021 年，大东坝镇把当地清新空气、优美环境等生态要素纳入民宿定价范围，推行民宿“生态价”，鸣珂里·石仓民宿、泉沚·白峰民宿综合体等高端民宿得到市场认可。该镇强村公司联合乡趣文旅举办石仓客家风物季暨立夏乡音派对活动，2 天吸引来自上海、杭州、青岛等地的游客 8000 余人，当地 20 余家泡豆腐、白老酒等农户和专业合作社全程参与，共享假日经济。至 12 月末，全镇民宿（农家乐）直接从业人员 136 人，接待游客 12 万余人次，旅游经济收入 700 万余元。

【农村综合改革集成项目】2021 年，大东坝镇坚持以改革创新赋能省级农村综合改革集成项目建设，推动乡村发展成色更足、质量更高。调整后实施项目共 77 个，其中涉及省补资金项目 61 个、县级配套项目 16 个。至 12 月末，项目开工 67 个（县级配套项目 15 个），完工 46 个（县级配套项目 9 个），正在施工 21 个项目（县级配套项目 6 个），项目前期 10 个。累计实现投资额 10850 万元，其中完成省级财政专项投资 2800 万元，实际完成支付 2190.87 万元，县级配套资金投入 2860 万元，带动社会资本投入 5140 万元。以体制机制创新为抓手，以推进共同富裕为目标，不断扩大强村公司投资。该镇强村公司投资水力发电、文化旅游等优质项目 8 个，营收利润 289.6 万元，在 2021 年丽水市乡镇强村公司营利排名第二，获首届丽水市优秀“消薄”项目大比拼活动一等奖。

【土地综合治理】2021 年，大东坝镇挖掘和储备土地开发资源，提高土地利用的社会效益、经济效益和生态效益。在窗口期建设用地复垦立项 10 个，开工建设 9 个 4.36 公顷。推进全域土地综合整治与生态修复工作，专班运作、先行先试、梯度排查，初步建立空闲土地台账和数据库。同时，以“成熟一片、整治一片”为原则，分批推进逐步实现整村集聚，现经排摸相对较为成熟的洋坑源自然村，以“一村一盘活”“一户一方案”进行精准推进。

【乡村数字经济】2021 年，大东坝镇以大力发展数字经济作为高质量发展的重要引擎，在数字产业化、产业数字化、数字化治理上发力。依托“共享小院”这一共享旅游资源、共享销售渠道和共享人才资金的创业创新平台，以体验挖掘、整合推广和直播营销发力等方式，帮助农户开展当地土特产品线上销售。与抖音等平台合作，探索数字乡村建设新模式，成为全国农产品直播带货活跃度最高的乡镇之一。全年通过电商渠道销售土蜂蜜、白老酒等农特产品 6000 万余元。引进杭州希格斯科技信息有限公司和浙江讯唯电子商务有限公司，希格斯网红学院落地二滩坝村。

【“双招双引”】2021 年，大东坝镇持续深化“两进两回”（科技进乡村、资金进乡村，青年回农村、乡贤回农村），探索“柔性引才用才”机制，用好“网红+平台”，引才留才效果显著。自然农法教育培训基地、写生基地等一批优质项目落地该镇，横樟伴山民宿综合体建设稳步推进中，投资 5000 万元的小后畲康整村开发项目动建。麻功佐获丽水市第七届道德模范提名奖。利用郑国健等自然农法专家的榜样效应，引进山东“百鸟展翅朝辉煌”项目团队，达成投资意向 1000 万元。推动艺术家工作室在该镇落地，引进青年古筝演奏家孙金阳，在茶排村拍摄《我和我的祖国》古筝版 MV，带动村民参与拍摄，宣传镇域特色文化，为生态价值转换注入新动能。建成 400 余人的人才库，全年“新大东坝人”创业、乡贤回归等带动投资 2600 万余元。

【基础设施建设】2021 年，大东坝镇

聚焦基础设施共建共享，推进生态农业基地生产道配套、农村生活污水治理提升及乡村体育公园等项目建设，不断夯实农业农村发展基础。推进235国道建设和农村公路提级改造，蔡宅—梨树岗—后宅通村公路开工建设。完成全镇70余千米通村公路养护并通过县级验收，构建“通畅、整洁、安全”的道路交通环境。推进亮化工程，安装路灯92盏。开展洋坑埠头、大东坝、五部等村生活污水提升工程招标，牛角圩、二滩坝、大东坝村石寺源终端标准化提升通过县发改局审批。

**【文旅资源挖掘】**2021年，弘扬“浙西南革命精神”、展现社会主义核心价值观的优秀影视作品《红色浙西南》在该镇取景拍摄。启动新时代美丽乡村“微改造、精提升”建设行动。一批精品乡村项目加快推进，泉沚·白峰民宿投入运营，鸣珂里成为“浙江非遗特色民宿”。截至12月末，全乡有52家民宿，其中省级白金民宿1家、精品民宿4家。着力激活红色文化资源密钥，虎山坝红色智慧研学基地、红色教育基地等项目均开工建设。横樟村“思廉堂”入选浙江省党史学习教育基地，把“思廉堂”廉政文化馆与党史学习教育有效结合，全年接待参观学习者762批次9413人次。

**【人居环境治理】**2021年，大东坝镇坚持“两山”发展理念，探索生态产品价值实现机制的创新路径，推动“红绿客廉”深度融合，释放生态优势，打造绿色生态美丽家园。把河道综合整治与美丽乡村建设、“三改一拆”等紧密结合起来，发动全民参与保洁。从3月开展该项工作以来，全镇有党员群众7000余人次参与，清理河道150余千米。聚焦“违建防治”，推进“三改一拆”，联合镇行政执法中队、镇自然资源和规划所等部门，开展镇域巡查90余次；发放责停通知书11份，拆除违法建筑81处13306平方米，处置“两违”3宗。

**【基层治理】**2021年，大东坝镇提出“积案化解”等五大行动，以“事要解决”“事心双解”为目标，信访积案化解100%，实现治理重复信访、化解信访积案任务清零。打造“客家说事”矛盾纠纷调解品牌，深化拓展“客家小院”调解室解难题、畅民心实效，全年化解各类矛盾纠纷32件，成功率100%，涉及金额231.28万元。开展反邪教和禁毒宣传工作，营造“全民反邪”的良好社会氛围，发放禁毒宣传、法律援助等宣传册2200余份。创成定光佛院为省级宗教法制宣传教育基地。

**【社会保障】**2021年，大东坝镇开展省民生实事——失能失智老人居家适老化改造项目的前期走访数据测绘工作。社保覆盖率稳步提升，医疗保险、养老保险、“浙丽保”参保率分别达为99.06%、99.1%和91.42%。至12月末，全镇有低保381户630人，发放低保金43.28万余元。临时救助11户27人，发放救助金3.62万元。开展困境儿童关爱保护，对排摸出的13名困境儿童每月合计发放补助金16510元。实施“大搬快聚”富民安居工程，完成搬迁46户168人，实现集聚发展。开展“四个清零”（“两不愁三保障”突出问题清零、年家庭人均收入8000元以下情况清零、集体经济薄弱村清零、低收入农户零就业家庭清零）攻坚，加强低收入农户动态管理，建立干部结对帮扶制度，落实产业帮扶项目资金50万元。

**【社会事业】**2021年，大东坝镇衔接基层治理“四平台”与网格化管理，推进监控探头在中心镇区和重点功能区的全覆盖，安装监控探头203个，实现饮用水、汛期水位、森林消防等监控无死角。开展农村文化礼堂健康素养促进工作，围绕疾病预防、应急救护、心理健康等主题开展专题讲座10场次，参与村民1200余人；完成适龄妇女725人“两癌”免费筛查工作。灯塔村畲族文化礼堂启动建设。

（大东坝镇党政办）

## 新兴镇

**【概况】**2021年，新兴镇区域面积21.1万平方千米，辖22个行政村76个自然村。全镇山林面积1.22万公顷，耕地面积2072.33公顷，其中水田1555公顷。全镇总户数7976户，总人口22017人，出生新生儿152人，死亡173人。全年实现工业总产值10.96亿元。辖区内有国家AAAA级旅游景区大木山骑行茶园。全镇共有茶叶加工企业601家，茶产业产值8.37亿元，占工业产值的76.4%；规模以上企业1家。水稻及水生植物种植面积20公顷，旱粮面积466.67公顷。完成茶叶枝条收集清运、循环利用，由丽水三清公司制成有机肥，全镇购买使用有机肥20万千克。

2021年，新兴镇获评全国乡村特色产业十亿元镇、省级法治化综合改革试点乡镇；入选新时代美丽城镇建设省级样板名单、浙江省美丽乡村示范乡镇名单、第一批全国种植业“三品一标”基地名单。该镇文化站入选第七次浙江省乡镇综合文化站名单，茶香小镇党群服务中心、上安村党群服务中心入选百个市级红色示范阵地名单，上安村入选第二批全国乡村治理示范村名单，大石村、横溪村、上安村、徐郑村获评浙江省电商镇，大石村和徐郑村获评浙江省电子商务示范村，横溪村入选省级示范性农村公厕名单，大岭根村入选省级高标准农村生活垃圾分类示范村名单。

**【有机茶基地建设】**2021年，新兴镇深化松（阳）遂（昌）茶产业党建总联盟，围绕擦亮“中国有机茶乡”金名片目标，推进有机茶基地建设，打造智慧茶园。外石塘村10公顷有机茶基地通过有机茶认证，茶园品种为土茶；新培育朱山村张山头自然村有机茶基地4公顷，主要品种为高山晶雪芽等。大力实施招才引智助力乡村振兴，与杭州电子科技大学签订战略合作协议，建设约3.33公顷智慧茶园项目。谋划集茶叶规范化加工、茶叶电商、茶叶研发等于一体的茶叶小微园项目，拟投资6800万元，占地面积约1.41万平方米，建筑面积约1.75万平方米，在规划设计中。

**【基层综合治理】**2021年，新兴镇凝聚全镇干群合力，抓好环境卫生、平安维稳、水费收缴、违建防治四个“关键事”。开展卫生大扫除，营造宜居环境。结合村干部绩效考核办法，落实各村环境整治责任，弘扬文明新风。由镇纪委、村庄环境整治工作专班牵头，开展每月卫生评比排名，并为“最干净村”和“最脏村”授旗。全年接待群众来信、来访、来电、网上投诉163件，办结163件；处理110应急联动接警122起，全部按要求完成处置；成功调解矛盾纠纷200余起。持续巩固农村饮用水达标工程建设成果，强化水费收缴制度落实，全年收缴12个山区村水费2.1万元。推进“三改一拆”大清除，更新城镇肌理。该镇通过违章拆除、危房拆除、“大搬块聚”、镇办公楼拆除等行动，治旧控新，拆除面积6000平方米。其中，整治拆除新增违建5起，拆除面积2000平方米。

**【重点项目建设】**2021年，新兴镇“美丽城镇”样板镇建设完成验收。制定并实施农业特色型美丽城镇样板镇建设方案和任务指标，于9月完成验收工作。协办丽水市“美丽城镇”现场会，完成镇学前路道路建设、砖窑博物馆基础建设，推进造纸工坊、泉庄区块周边环境整治提升、村级垃圾中转站、上安村电灌等项目建设。开展高标准农田项目建设，谢村村投资13.22万元，张山头村投资29.28万元，庄后村投资36.79万元，官岭村投资6.80万元，工程进度分别达到66%、41%、64%和52%。全年实施移民项目12个，完工8个，总投资402.98万元，移民工作中心补助306万元。受益8926人，其中移民2405人。投资24万元，建成徐郑村泵站；投资360万元，完成松阴溪绿道新兴段建设项目，完成8千米绿道白改黑及绿道路面划线工作。下源口泵站改造工程通过预审，后周包泵站改造开工建设。大石村里顶山塘综合整治工程完成招投标，总投资150万余元。该镇综合便民服务中心办公楼建设提上日程，项目预计投资968.75万元，完成方案审批、地质勘测及发改赋码，进入完善设计方案。

**【全域茶旅融合发展】**2021年，新兴镇结合全县旅游业“微改造、精提升”五年行动计划，制定新兴镇“十四五”旅游规划方案。依托国家AAAA级旅游景区大木山茶园，推进大木山自然学堂、大木山茶园景观驿站（采石矿剧场）等精品旅游项目建设，打造集生态休闲、观光体验、运动骑行、养生度假等多种功能于一体，融自然和休闲、田园和艺术、生态和健康等特色的茶旅融合路线，并承办第十四届中国（国际）茶商大会开幕式。该镇全年接待游客40万人次，旅游收入700万元。支持民宿农家乐产业发展，投资60万元用于大木山民宿集聚村、关山寮花园乡村精品村等项目建设，打造全域“大花园”。全镇有在营民宿61家、床位652个，餐位1161席。

**【民生保障】**2021年，新兴镇有低保户439户625人，低保边缘户87户136人，特困21户21人。全年补助3户7人共2.1万元。开展到龄未享受待遇人员核查工作，共审查232人；暂停城乡养老与职工养老重复参保人员140人；完成待遇领取生存认证3920人。推动镇域路网优化提升，投资124万元提升改造官岭至庄后公路；投资30万元修复新处村挡墙；投资17万元修复一级电站至大甫路段挡墙。投资1300万元实施新兴小学集团学校3号、4号教学楼及室外附属工程建设及1号、2号教学楼维修工程。截至12月末，4号教学楼建设进入尾声，室外附属工程进度基本完成。落实独生子女优抚政策，申请发放困难计生独生子女公益金9户8400元，为独生子女家庭户免费承保意外险，关心慰问失独老人100余人次。完成“两癌”筛查1648人次，60周岁以上男性前列腺癌筛查820余人，23价肺炎疫苗接种1350人次，结直肠癌筛查1313人次，70周岁以上流感疫苗接种715人次。

（新兴镇党政办）

## 叶村乡

**【概况】**2021年，叶村乡区域面积42平方千米，辖8个行政村29个自然村。全乡山林面积2554.9公顷，耕地面积338.9公顷，其中水田338.9公顷。全乡总人口7217人，其中常住人口6589人。出生人口62人，死亡46人，人口自然增长率2.22‰。全年实现财政总收入3160.45万元。农村集体经济总收入685.82万元，增长20.1%。

2021年，中共松阳县叶村乡第十五次代表大会召开，完成乡党委换届各项工作任务，选举产生乡党委委员8人，平均得票率100%；同步选举产生4名出席县党代会代表。推选出“过去五年群众最满意的十件事”“今后五年群众最期待的十件事”。实施“头雁”工程，加强对换届后的“一肩挑”干部管理，实施乡党委届期内的政绩考核评价体系，通过季度擂台赛等形式晾晒，叶家村党支部书记、南岱村党支部书记分别闯入全县“支书三晒”决赛。

2021年，该乡谋划党建服务品牌，分别与县农商银行建立村银党建联盟、赤寿乡建立文脉传承党建联盟，形成组织共建、资源共享、人才联用、产业共促的发展态势，打造基层党建金名片取得新突破。全年与党建联盟成员单位相继开展中秋节慰问、洁净村居志愿服务和斗米岙国际艺术展志愿服务等活动。

2021年，该乡横坑村被评为省AAA级景区村庄，河头村评为省AA级景区村庄，南岱村、叶村村评为省A级景区村庄。

**【宣传思想文化工作】**2021年，叶村乡推动党史学习教育工作。组织召开乡村两级党史学习教育专题动员会，组建活力叶村“8090”宣讲团，深入开展党史学习教育大宣讲。在全乡范围掀起“我为群众办实事”活动热潮，帮助群众解难题办好事。与县文联机关支部联合开展弘扬践行“新时代松阳精神”主题党日活动。组织庆祝中国共产党成立100周年系列活动，参加全县大合唱比赛、微型党课大赛、朗诵比赛、戏曲演唱大赛等活动，组织各党支部举行革命烈士瞻仰、健步走、健身赛等活动。推进文化事业文化产业发展，持续打响“艺术部落 活力叶村”品牌，举办第二届斗米岙村当代艺术展，集结57名艺术家共同参与。加快推进南岱浙江展览馆乡村美术馆项目、双龙运动休闲中心项目、玖层·云水美术馆项目建设，基本形成以南岱、横坑2个山区行政村为中心的艺术集聚片区。改造升级乡文化站，实现农村文化礼堂覆盖率100%，获评“浙江省农村文化礼堂建设示范乡镇（街道）”。

**【工农文旅业经济融合】**2021年，叶村乡聚焦“智能制造新城”建设，深入实施生态工业“双招双引”行动计划，打好工业经济高质量发展组合拳，完成不锈钢管科创小镇规划，面积35.87公顷。做好文化艺术助推乡村振兴文章，南岱村通过招引艺术人才带动村庄发展，促进百姓共同富裕，获中央电视台农业农村频道“中国三农报道”栏目点赞。签约招商项目1个，拟打造集“玖层·云水”可以住的美术馆、非遗工作坊、艺术家工作室等为一体的横坑国际生态艺术村。以乡村798文化创意园为引爆点，推进“百名艺术家入驻乡村”行动。截至12月末，全乡累计签约入驻艺术家36人，设立艺术家工作室22个、公共美术馆2个。巩固食用菌、水稻为主的支柱产业，壮大香榧、油茶等主导产业，发展高山大米等特色产业，培育山区村中医药基地建设。全年发展食用菌1200万袋，油茶53.33公顷，香榧80公顷，茶叶108.67公顷，完成水稻种植40公顷。加强茶叶种植资源保护与开发，构建“龙头企业+种植大户”发展模式，扶持陆和茶业发展有限公司发展高端茶叶，并与库区内有机茶叶种植结合，形成品牌效应。新培育2.67公顷有机茶示范基地1个。同时，推进茶产业与全域旅游、文化创意、养生养老等业态有机结合，筹划开设茶楼茶馆、茶书院、茶叶养生馆等茶主题空间，营造浓厚的茶乡氛围。结合党史学习教育，把南岱村岱头自然村“麻士尖革命战斗遗址”和传统村落建设、生态保护区相结合，打造“红绿古”融合示范区。南岱民宿2幢完工。加快培育农业农村经济发展新动能，探索具有当地特色的产业融合发展道路，全乡现有横坑云溪谷、云夕天域等农家乐民宿19家、床位157个，餐位907个、全年接待游客1.2万余人次，营业收入85.6万元。

2021年9月30日，叶村乡第二届斗米岙当代艺术展开幕　（叶村乡供图）

**【乡村宜居环境】**2021年，叶村乡持之以恒抓好村庄环境整治，结合村庄环境卫生、农村公厕、洁净家庭和美丽庭院，每月组织工作人员和人大代表等，对8个村开展检查，设立红黑榜，每月排名，并召开各村书记专题点评会。落实秸秆禁烧巡查及处置工作。加大生态保护力度，建设饮用水源保护区内绿色防控体系和生态补偿机制。巩固“国家级卫生乡镇”创建成果，开展爱国卫生运动，以建设干净整洁、环境优美、特色鲜明、适宜人居的“纯净叶村”新家园为目标，组织开展各类整治15次，针对乱搭乱建、乱种乱养行为，全年开展巡查28次，制止违法建设行为8起。截至12月末，累计拆除违法建筑1.02万平方米，完成年度任务的100%。实施村庄美化、亮化、硬化、绿化工程，涉及东坞、松山2个村，完成村庄整治、沿线绿化美化、现场踏勘和电路改造设计。实施“全域土地综合整治”行动，涉及松山村0.27公顷，开展调查摸底。聚焦“全域康养胜地”建设，做好河头文旅区块规划。投资600余万元，实施叶村村“一事一议”美丽乡村二期工程建设，完成村庄水渠修复、村内道路修复、老屋修缮、湿地公园和文化公园等工程。完善和规范农村饮用水管理，全面启动水费收缴工作，收缴正常无拖欠。改善交通基础设施建设，抓好库区道路修复、传统村落游步道等工程建设。投资 32 万元，建成南岱村岱头自然村林区道路；投资 38 万元，完成横坑村埠袋坑至埠袋岗头、膳垄自然村古道修复。

**【民生实事】**2021 年，叶村乡施行脱贫攻坚与乡村振兴的有效衔接，落实责任清单、“一户一档”清单、住房清单、安全饮用水清单等固定清单，完善医疗保险优惠政策等动态清单。截至 12 月末，全乡有低收入农户 156 户 261 人，结对干部 45 人，累计走访 765 次，落实扶贫项目 2 个，涉及资金 192 万元。落实衢丽铁路政策处理，保障项目无障碍施工，完成叶家、松山、东坞等村衢丽铁路主线的征地拆迁协议签订工作。抢抓铁路带来的发展效应，对接政策，完善村庄规划，深化产业布局。投资 350 万余元，动建松阳火车站站前大道区块河道整治及排灌渠工程项目。实现光伏项目助推村集体“消薄”增收，叶村村、东坞村、南岱、横坑村均通过验收并网发电。投资 100 万元，实施河头、松山等村水渠修复项目完工。夯实农村卫生保洁长效机制，严格落实“河长制”，动态管理好水环境。大力发展来料加工、农村电子商务等生态服务业，培育生态经济新增长点，促进农民持续增收，全乡来料加工从业人员达 612 人，实现加工费 640 万元。大力培养农村电商骨干，支持祥瑞电商产业园做大做强，入驻电商企业 250 家。办好“大搬快聚”安居富民实事好事，全乡整村搬迁 6 户 17 人，零星安置 18 户 54 人。重视特殊困难群体和受灾群体救助工作，做好低保户 197 人、低边户 62 人的核查及动态管理工作，全年发放低保金 160.6 万元、临时救助金 3.5 万元、残疾人困难补贴 20.2 万元。开展关爱农村留守儿童和残疾青少年工作，全年走访重点青少年 12 次，认领完成微心愿 5 个。

**【基层治理公共服务】**2021 年，叶村乡实施“数字化改革”行动，推动“民情地图”促服务整体智治系统持续迭代升级。找准平安稳定、环境卫生、收水费等社会关注、群众关心的“关键小事”，以点带面夯实基层民生基础。推进“四个平台”和“最多跑一次”改革工作，注重把网格员触角延伸至防汛防台、乡风文明等工作中，建立健全综合指挥体系，加强部门派驻人员管理，1 月开展专职网格员进行重新选聘，提升网格员能力，全年上报处理各类事件信息 1350 条。加大积案化解力度，全年该乡收到国家、省级积案 4 件，征迁领域积案 3 件，在全县率先实现化解任务。深入开展矛盾纠纷排查化解工作，排查解决各类矛盾纠纷 65 起。落实“党政同责、一岗双责”的安全生产责任制，专题召开安全生产会议 8 次、安全检查 15 次，全乡社会发展形势总体和谐稳定。开展各类讲座、论坛、春泥计划等活动，努力为群众提供更加优质的文化资源，举行农业技术培训、党史学习教育主题宣讲、民法典普法讲座、中医保健知识讲座等文化活动 8 场次，吸引 600 余人次参与。组织参加全县厨娘大赛等系列活动。

**【基层组织议事】**2021 年，叶村乡实施坚持依法行政，完善“三重一大”民主决策机制，规范依法决策程序。利用公开栏、各级会议等对危旧房补助、困难群体补助、产业帮扶补助等进行公示，提升各项工作合法化、公开化、透明化。不断完善议事决策等制度，形成较完善的议事规则和工作机制。利用好全乡干部例会、集中夜学等载体，结合党史学习教育，加强对干部的学习教育。把重点工作、重点项目、民生实事项目等工作纳入对干部的年度考核范畴，成立专门的督查小组，围绕各项工作开展定期、不定期督查，压实主体责任，定期通报工作进度缓慢事项，建立负面清单，及时约谈、提醒工作进展较慢的责任干部。

（叶村乡党政办）

## 斋坛乡

**【概况】** 2021 年，斋坛乡区域面积 26 平方千米，辖 7 个行政村 46 个自然村。全乡山林面积 1356.3 公顷，耕地面积 1931.5 公顷。全乡总户数 4165 户，总人口 9215 人。出生新生儿 59 人，死亡 61 人，人口自然增长率-0.22‰。财政总收入 4355.68 万元，下降 8.87%。农村经济总收入 762.3 万元，增长 22.87%。域内主要名胜古迹有石门圩廊桥等。

2021 年，斋坛乡党委换届以 100% 得票率完成。本次换届选举出党委成员 8 人，平均年龄为 38 岁，女性 1 人，占比 12.5%；大专以上学历 8 人，占比 100%；35 岁及以下 3 人，占比 37.5%。2021 年，乡党委获“丽水市先进基层党组织”称号；云顶仙坑源创成省级中医药文化旅游示范基地；花田垄、庐东、石门圩、京梁、斋坛 5 个村创成省 A 级旅游景区村，乡村旅游设施、村庄卫生环境、交通等基础配套设施显著提升。举办第十四届农耕文化节活动，打响农耕文化金名片。

**【工作作风改善】**2021 年，斋坛乡实行月例会工作制度，建立重点工作重点项目督查机制，发出各类督查通报 10 期。增强理论学习，推进党史学习教育，深化干部队伍政治建设。加强干部管理，印发《斋坛乡机关干部日常管理制度》《斋坛乡机关干部目标管理责任制考核办法》等相关制度。

**【生态农业发展】**2021 年，斋坛乡推进粮食生产功能区建设，水稻种植面积104公顷，新建高标准农田132.33公顷。市级生态精品现代农业示范乡创建成果巩固深化，群芳家庭农场被确定为“丽水山耕”合作主体，佳佳乐家庭农场年产值逐年提升。绿色防治、农产品质量安全生产和监测体系建设不断加强。农田水利工程、高标准农田项目、灾毁修复工程，农业基础设施进一步完善。建立服务企业帮扶机制，为企业复工复产提供“保姆式”服务。对121家茶叶加工企业进行升级改造，绿色茶叶加工业巩固发展。农村电子商务营销年产值达5000余万元，来料加工从事人员234人，发放来料加工费300万余元。

【乡域人居环境综合治理】2021年，斋坛乡持续推进旧村改造，“三改一拆”“无违建”创建和危房治理，实现清零目标。强化批后监管工作，推行农户建房信息公开。全年联合审批自建房134户。完成环境整治、秸秆禁烧等工作。国家卫生乡、省级新时代美丽城镇创建通过验收，生态文明创建逐步提升。“污水、垃圾、厕所”三大革命深入推进，规范落实“河长制”工作，采取分段市场化保洁方式，推进河道保洁。全乡21个传统村落保护利用项目累计报账856.4万元。全年清理松材线虫病疫木45万千克，种植各类苗木600余株。

【乡村产业发展】2021年，斋坛乡积极谋划蓝莓基地提升、庐东民宿产业综合体建设、花田垄村村级联建物业楼及安置公寓房建设及松阴溪生态价值实现示范带项目。建成花田垄铁路拆迁安置小区、桐楼铁路拆迁安置小区和斋坛村下山移民安置小区。松阳火车站综合功能服务站用地5050.16平方米交付使用。利用侨资2000万元建成舒宁康复医院。

【民生保障】2021年，斋坛乡有152户232名低收入农户实现增收。完成“两不愁三保障”、年家庭人均收入8000元以下、集体经济薄弱村“三个清零”目标。开展残疾人生活补贴和护理补贴发放工作。创成高质量就业村1个。全年申报奖特扶对象10人，1255人参加安康保险。完善农村医疗保险、养老保险、“浙丽保”参保等社会保障。改造独居老人住房电路110户。重视教育工作，巩固示范学校创建成果。农村卫生水平和农民的医疗保障扩面提质。

【基层综合治理】2021年，斋坛乡安全生产形势保持总体平稳，食品安全监管、交通道路安全、公共卫生安全等工作不断加强。健全公共安全防控体系，加强食品安全监管，创成省四星级食安办。探索开展“村、片、乡”三级联调工作机制。开展调处矛盾纠纷、化解信访积案。全年办理信访件178件，消除“陈尸”专项行动2件，调解矛盾纠纷25起。完成便民服务中心规范化建设，设置1个综合窗口，配备“好、差”评价器，实现“一窗受理”平台接件，干部代群众跑，数据代干部跑。落实素质高、责任心强、业务能力强的网格员作为村级代办员，知晓代办事项，落实代办职责。

【规范行政行为】2021年，斋坛乡充分发挥人大代表监督作用，办理人大代表议案、建议10余件，办复率100%。深入开展普法教育，坚持推行法律顾问制度。施行依法行政工作和政府信息公开工作，以便民服务中心改造为抓手，规范民政、社保等相关窗口人员的行政行为，增强干部依法行政意识，全年未发生政府信息公开投诉和泄密事件。

（斋坛乡党政办）

## 三都乡

【概况】2021年，三都乡区域面积63平方千米，辖10个行政村32个自然村，全乡共3086户8321人，常住人口2224人，年内出生63人，死亡64人，人口自然增长率-0.12‰。全年围绕打造“国家传统村落公园”最美核心区，提升“山区共同富裕改革实践先行区”“传统村落保护发展示范区”“全域康养休闲运动体验区”建设，为跨越式高质量发展建设山区共同富裕美好社会贡献三都智慧、三都力量、三都样板。2021年，该乡被评为省AAA级景区乡镇、省体育强乡、市群众体育先进单位。

【发展生态农业】2021年，三都乡推进生态农业示范基地建设，进一步发挥上田、紫草、里庄、黄岭根、上源等村生态农业种植基地的示范引领作用，推进松庄美丽云上牧场项目建设。开展有机茶园创建和耕地“非粮化”整治工作，扩面增加水稻和其他农作物种植面积1.54公顷，加大抛荒田的开发力度，实施生态农产品种植项目。拓宽农产品销售渠道，对接县山海公司，举办直播带货等活动，通过乡强村公司推动三都农产品和市场的对接。

【全域旅游品牌建设】2021年，三都乡聚焦“全域康养胜地”建设，进一步打响“古韵山村、秘境三都”全域旅游品牌。申报实施松庄村“花园村庄”创建和桃野民宿“微改造、精提升”市级示范点创建，继续推进原乡上田中医药康养村建设。在创建松庄省AAA级景区村同时，提升全乡域旅游基础设施和标识标牌，完成全乡30余个节点旅游标识标牌设计工作。推动原乡上田、杨家堂乡宿、筱隐·家堂、松庄桃野等精品民宿发展壮大，节假日（周末）来乡客流量比上年增长20%，完善杨家堂景区村节假日换乘服务，“五一”国际劳动节、“十一”国庆节期间带动村集体增收15万余元。电影《红色浙西南》等在杨家堂、西田等地取景拍摄。拓展户外运动类型，开展徒步、登山、溯溪、露营、骑行、摄影等户外休闲运动。

2021 年 1 月 1 日，三都乡举办古道登高徒步活动 （三都乡供图）

**【传统村落保护利用】**2021 年，三都乡继续推进上田改革试点工作，完成上田村露营基地建设，创成“丽水山居”精品综合体。实施“双招双引”行动，引进北京白日梦旅行团队，签订“原乡上田民宿综合体”为期 10 年的管理运营协议，为村集体增收。在结对单位省粮食和物资储备局的帮助下，引进威海盛农岛公司，进行上田生姜工坊运营及三都农产品直播销售。围绕“国家传统村落公园”核心区创建目标，向县发改局申报核心区建设 5 个方面 20 余个绿色发展示范项目。推进杨家堂省级历史文化重点村项目建设，启动古道修复、民居修缮、污水终端提升、环境整治等项目。实施老旧线路改造、环境治理等传统村落项目，推进呈回、后湾、上田、下田传统村落项目建设。加大传统村落业态植入，杨家堂、上田、松庄、西田等村与字节跳动开展“山里 DOU 是好风光——丽水”项目合作，全年接待“乡村复兴论坛 · 松阳峰会”等重大会议考察 30 余批次。

**【民生实事项目建设】**2021 年，三都乡实施年度 6 件民生实事项目。加强安联溪山塘和水厂、单村供水村的日常运营管理，推进里庄村水管改造和水表安装项目，落实每季度水费收缴等长效管理机制。推进里庄车站验收整改工作，建动乡居家养老中心并完成初步验收。推进杨家堂、岭上、毛源、呈回等 5 个垦造耕地项目整改工作。实施龙胜小区基础设施建设，小区排污排水项目竣工验收，完成小区强弱电、供水等项目设计，成立小区临时党支部，开展水费收缴等工作。

**【乡村人居环境提升行动】**2021 年，三都乡推进“全域土地综合整治”行动和“大搬快聚”富民安居工程。成立工作领导小组和工作专班。由村联系领导、驻村干部和村干部形成排摸小组，全面排摸各村土地资源。以松庄五尺坑、凉连和尹源下连坑等自然村为重点，召集各村户主进行政策解读。截至 12 月末，松庄五尺坑整村搬迁全域土地综合整治进入验收阶段，4 个村建设用地复垦项目完成现场踏勘。宣传发动“大搬快聚”富民安居工程，全年完成乡域范围零星搬迁联合审批 68 户 210 人。创建“洁净乡村”，在每月开展“全民清洁日”基础上，开展每季度农村环境卫生“村村过关”整治大行动。出台《三都乡农村人居环境卫生检查评分标准》，把洁净乡村创建工作纳入村干部年终绩效考核。重点对乱堆放、公厕、主干道、河道等开展环境卫生集中整治，每月进行排名公布。全乡创建“洁净家庭”“花园庭院”20 个，创成上田、杨家堂村 2 个“花园村庄”。开展“五水共治”（河长制）工作，施行农村生活垃圾分类。开展治危拆违工作，落实“即查即拆”工作机制，全年开展集中拆违 2 次，拆除违法建筑面积 4580 平方米，对违法违章建筑做到零容忍。

**【基层社会治理】**2021 年，三都乡累计排查矛盾纠纷 10 件，有效化解 8 件。落实“四个平台”建设和“最多跑一次”改革，完成网格员调整，定期开展网格员培训。网格巡查走访、平安浙江公众爆料、网格日报打卡等各项指标全部实现。做好庆祝中国共产党成立 100 周年等重要时间节点的信访工作，落实每日研判，压实安保责任。深化平安三都建设，开展安全隐患大排查大整治行动，健全安全生产监管体系，进一步完善防汛、防台和森林防火、农村消防等应急预案。

**【建立健全帮扶机制】**2021 年，三都乡建立健全防止返贫动态监测和帮扶机制，落实“一户一册一干部”结对帮促工作，每月开展走访，有针对性地持续跟踪帮扶，发放帮扶资金 15.04 万余元，落实低收入农户产业帮扶 86 户 162 人，申报“雨露计划”涉及 6 个村 14 人。动态管理农村危旧房，及时开展治理工作，确保低收入农户危房保持清零状态。开展里庄、黄岭根村中央消薄项目“回头看”，完善项目有关资料，加强项目管理，提高效益。

**【完善民生服务机制】**2021 年，三都乡救助困难群众 27 户 34 人，发放救助金 5.99 万余元。落实残疾人 2 项补贴，享受生活补贴 84 人、护理补贴 142 人，实现应补尽补。落实“浙丽保”城乡居民医疗保险、农村养老保险、“两性”安康保险等机制，参保人数不断增加。开展 60 周岁以上村民结直肠癌筛查、肺炎疫苗接种、“两癌”筛查等工作；发展文化体育教育等事业，开展送戏下乡、春泥计划等活动10余场次。

**【换届选举工作】**2021年，三都乡完成45名党代表的推选工作，其中党政干部代表12名，占26.67%；生产和工作一线代表33名，占73.33%。妇女代表12名，占26.67%；45周岁以下代表25名，占55.56%；大专以上学历27名，占60%。10月25日，中共三都乡第十四次代表大会召开，选举产生党委委员7名、纪委委员3名。党代表到会率100%，新一届乡“两委”委员均满票当选，党代会工作报告满意度测评100%。乡人大代表选区划分为23个小选区，按照县人大关于划分人大代表选区、名额分配条件，对分配该乡的6名县人大代表、50名乡人大代表按照相关比例要求，进行具体名额分解下达，均按要求选出。6名县人大代表中，女性3名，占50%；非中共党员人士2名，占33.3%，增加电商和民宿等新就业形态从业人员各1名。

（三都乡党政办）

## 四都乡

**【概况】**2021年，四都乡区域面积47平方千米，辖5个行政村13个自然村。全乡山林面积3466公顷，耕地面积292.8公顷。全乡总户数1704户，总人口3551人。全年财政总收入2102.2万元，比上年下降34.31%。农村集体经济总收入351.96万元，比上年增长20.7%。

2021年，四都乡对标全县发展“四张金名片”，打造“国家传统村落公园”核心区和山区乡村高质量跨越式发展“重要窗口”。该乡被浙江省委、省政府评为浙江省文明镇（乡），被丽水市委、市政府评为丽水市“美丽丽水”建设模范集体，创成2021年度新时代美丽城镇，被浙江省文化和旅游厅、浙江省农业农村厅列入第一批民宿（农家乐）助力乡村振兴改革试点。该乡陈家铺村创成浙江省善治示范村，获评浙江第一批低（零）碳村（社区）试点创建单位，建成全省新时代枫桥式退役军人服务中心（站）；平田村被列入第十批省级历史文化重点村落。

**【换届工作】**2021年，四都乡做好乡党代表推选、乡党委委员候选人和党代表谈心谈话、意见建议征集等前期工作，完成全县乡镇党委换届试点工作，7名乡党委委员全部高票当选，同步选举产生3名出席县党代会代表。同时，结合党代会对“过去五年群众最满意的十件事”“今后五年群众最期待的十件事”进行票决认领，党代会工作报告测评满意度100%。

**【生态产业发展】**2021年，四都乡深入探索生态产品价值实现机制和生态保护补偿机制，发展“生态+”产品。探索生态价值数字化、可视化，定期发布松阳四都气象景观指数90余期。联合县自然资源和规划局、县检察院、县法院建成全省首个以“补植复绿+乡村振兴”模式开展的“地区特色经济林”生态修复基地。开展有机茶基地建设试点工作，建成有机茶基地2公顷。

**【产业融合】**2021年，四都乡深入挖掘乡土文化、山村特色的文创产品和乡村新业态，鼓励外出村民回乡创业、外来青年进村发展农家乐小吃、文创体验、手工艺等小业态。温铁军丽水乡村振兴研究室落地陈家铺，松阳气象·二十四节气馆开馆，陈家铺艺术家工作室“今有光”文创空间、隅堂茶集、鸺咖啡、“木也”工作室等开业运营。

**【乡村旅游】**2021年，四都乡开展省级休闲乡村创建，新增云影心谷、无心云舍2家民宿为“丽水山居”精品民宿示范项目，揽树山房为“丽水山居”农家乐综合体示范项目。飞茑集、依山伴舍、揽树山房等精品民宿项目二期顺利推进，陈家铺村列为市、县旅游业“微改造”试点。全省文旅资源大会现场教学、乡村复兴论坛等文旅活动在四都举办，新华社“新华视点”刊发报道四都的《白云生处有书香：文旅点亮浙江松阳山村》浏览量达114.2万次，中央电视台新闻频道《走进乡村看小康》到陈家铺村开展现场直播。“五一”国际劳动节及国庆节期间，全乡累计接待游客15万余人，住宿、餐饮等收入350万余元，带动村民增收35万余元。

**【项目建设】**2021年，四都乡推进基础设施和产业项目建设，动建项目23个，其中“集体建”项目9个。全面推进国家传统村落公园各项工作，周坑水库开工建设，有序推进陈家铺村“数字乡村”“未来乡村”建设试点、塘后自然村省级历史文化重点村建设等。实施旅游和交通基础设施提升工程，抓好农村公路巡视和养护。启动平田村综合楼改造提升、花园乡村建设、陈家铺河垒道路提升等民生实事项目建设。完成乡级居家养老照料中心、“儿童之家”改造提升，推进历史文化重点村建设等项目；完成涉林垦造生态修复项目7个，退耕还林9.87公顷。

**【乡村发展】**2021年，四都乡把“双招双引”作为产业发展新引擎，对接投资方，深化汤城自然村、寨头休闲园项目、龙殿后农旅项目等招引，推进精准招商。加强文创人才招引，开发一批具有当地辨识度和松阳文化元素的文创产品、文创体验项目。以数字赋能提升乡村建设，推进传统村落数字化改革，与海尔集团旗下“海纳云”公司开展战略合作，在陈家铺村开展数字乡村建设试点，推进生态颜值可视化，开展四都气象景观指数、空气质量指数、土壤质量指数、水质量指数等实时监测，动态发布。

【基层社会治理】2021 年，四都乡推进网格化治理工作，基本形成基层社会治理体系。开展宪法宣传、防范治理电信网络诈骗等工作，成立四都民宿禁毒联盟，开展禁毒宣传。强化矛盾纠纷排查化解力度，全年排查矛盾纠纷 13 起，调处 13 起，切实防范矛盾纠纷上行。构建发展方向共同谋划、重大决策共同商议、乡村秩序共同治理、发展成果共同享有的“四共”治理模式。

【乡村人居环境提升】2021 年，四都乡围绕县委提出的“四件关键事”（平安稳定、环境卫生、收缴水费及物业费、违建防治），开展全域洁净大整治活动，推动村庄序化、洁化、绿化、美化大提升，“美丽庭院”工作扩面提质，农村人居环境优化。开展西垄安置小区环境卫生专项整治，统一绿化公共区域，优化小区人居环境。推进“花园乡村”精品线路建设，以陈家铺、西坑、平田等国家传统村落为重点，开展村庄节点“微改造”，打造特色点位，实现串点连线成片发展。

【安全应急保障】2021 年，四都乡全面筑牢政治安全、制度安全、意识形态安全防线，防范化解各类重大风险隐患。开展新冠肺炎疫情常态化防控。建立健全应急管理和市场监管的每月例会、联合整治、督查巡查等一系列工作制度，改造消防体验室，组织参加全县安全生产、消防灭火和防汛救灾等应急救援线上线下培训，完成三星级食安办创建。落实防灾减灾、避灾安置等应急预案和物资储备，防汛工作二级响应期间，全体乡（村）干部进岗在位，落实 24 小时值班值守，及时排除各类隐患，全力保障安全度汛。

【民生保障工作】2021 年，四都乡完善政策兜底，持继续推进“一户一册一干部”帮扶措施，实施低收入农户动态管理。推进残疾人帮扶举措、独居老人电路改造、留守儿童关爱等民生保障工作。全年完成 4 户残疾人无障碍卫生间改造、5 户独居老人适老化改造，为 34 人发放大病救助 4.5 万余元，走访慰问困难群众 36 人，发放慰问金 7.9 万余元。开展“我为群众办实事”——点亮微心愿活动，为 33 户困难群众实现 33 个微心愿。

（四都乡党政办　张佩霞）

## 竹源乡

【概况】2021 年，竹源乡区域面积 57 平方千米，辖 7 个行政村 20 个自然村。全乡山林面积 5065.53 公顷，耕地面积 368.67 公顷，其中水田 336.44 公顷。全乡总户数 2619 户，其中农业户 2619 户；总人口 6816 人，其中农业人口 6816 人。年内出生 37 人，死亡 40 人，人口自然增长率 -0.44‰。

全年财政总收入 1885 万元，下降 10.2%。农村经济总收入 492.72 万元，下降 11.51%。辖内名胜古迹有竹源峡瀑布群、潘殿源瀑布、尧桥观景亭、东岭蝙蝠洞、水库湖心岛等。

【重点项目】2021 年，竹源乡聚焦抽水蓄能电站项目前期工作，全面推进项目探洞临时租用 3 万平方米土地的政策处理及周岭根村 161 户 376 人的入户调查、实物测量等工作；配合实施西（屏）竹（源）玉（岩）公路改线工作。推进“大搬快聚”富民安居工程，全年实现整村搬迁 26 户 74 人，零星货币安置 33 户 108 人。实施垦造耕地项目，全年完成垦造耕地项目 13 个 29 公顷，其中新增耕地 27.81 公顷、建设用地复垦 1.19 公顷。

【生态农业】2021 年，竹源乡投资 1170 万余元，建成竹溪源山区小流域农业生态工程和高标准农田项目，266.67 公顷农田基础设施得到提升。与浙江万里学院结对，邀请省科技特派员俞信光驻村开展农业技术培训 10 余次，帮助农民提升从业技术水平。完成《香榧加工工艺技术提升研究与示范》《黄精生态种植技术集成创新和示范》2 项科技项目；引进人才张世铭教授与乡政府联合创建的生态永续实践站、中医生态农业实践所、乡村共富学堂等设施投用，承接各类农业户外实践活动。中秋节、国庆节期间，先后接待中小学生户外教育实践活动 10 余批次，“生态农业+实践基地”模式初见成效。

2021 年 9 月 2 日，竹源乡举行后畲农民丰收节小学生户外教育实践活动（竹源乡供图）

【“双招双引”】2021 年，竹源乡围绕打造县域后花园经济目标，全年引进石蛙养殖人才 1 人，投资 1000 万元建设石蛙养殖基地；引进民宿业主 3 人，投资 700 万余元创建后畲民宿综合体；引进生态农业专家 3 人，在教授张世铭的带领下，投资 300 万余元，开展中医生态农业种植及生态实践基地建设。引进高校艺术家 11 人，创办艺术家工作室，举办“国家传统村落公园”艺术文献展 1 场。创办“农民大讲堂”“乡村共富学堂”“农村基层党校”；聘请兴村名师、农技专家等“兴村导师”和“荣誉讲师”，开展治村培训、专业技能培训、现场指导 10 余场次，参与培训 1300 余人次。

【“双增”工作】2021 年，竹源乡乡强村公司稳健运营，全年实施“集体建”工程 9 项，工程投资 223.47 万元，实现盈利 25.06 万元。完成联建物业楼、入股民宿、“飞地”项目等一批“消薄”增收项目，全乡 7 个村经营性收入合计 300 万余元，总收入 590 万余元，各村增收动力逐步提升。

【基础设施】2021 年，竹源乡投资 40 万元，在呈旺坑村（潘坑自然村、可重旺自然村、呈田自然村）、黄上村、黄庄村（周岭根自然村）等村建成 5 座电瓶车充电棚，全乡 7 个村实现电瓶车公共充电场所全覆盖。推进小竹溪村生态公墓项目建设，黄庄村生态公墓完成选址、进入设计阶段，大岭村生态公墓竣工验收。实施农村亮化工程，安装后畲村路灯 27 盏；建成旅游公厕 2 所；动建黄上村公共停车场 1 个。创成省 AAA 级景区乡、省 AAA 级景区村 1 个（小竹溪村）、省 A 级景区村 2 个（横岗村、黄庄村）。新建文化礼堂 1 个（横岗村），全乡 7 个村实现文化礼堂全覆盖。

【社会保障】2021 年，竹源乡为重点人群提供健康服务，全年接种 23 价肺炎疫苗接种 219 剂、流感疫苗接种 75 剂、结直肠癌筛查服务 548 人；推进“浙丽保”等惠民政策落地，动员广大群众参保，全乡医保参保率 99.67%，“浙丽保”参保率 92.65%。施行低收入农户动态管理，每月对系统审核异常户进行上门走访，对新申请的低保户进行全面核查，全年全乡退出低保 11 户 22 人，退出低保边缘户 9 户 22 人，新增低保户 12 户 14 人。推进低收入农户产业帮扶到户工作，落实产业帮扶 157 户 201 人、资金 39.36 万元，最低生活保障 156 户 272 人，扶贫公益岗位 9 人，实现低收入农户结对全覆盖。创成乡镇级居家养老照料中心和三星级“残疾人之家”，为全乡留守老人、残疾人提供便利。

【数字网格】2021 年，竹源乡推进网格队伍建设，开展全科网格员管理及“手机云”“微信云”“平台云”三位一体运作体系等相关业务培训，推进“掌上办”“上门办”服务，全年办理业务 1021 次，助推“最多零次跑”。定期督促全科网格员开展重点场所巡查及走访工作，组织发动网格员队伍参与新冠肺炎疫情防控、重大节日以及重大活动会议期间的安保工作。基层治理四平台综合信息指挥室有效运行，全年完成网格任务交办 59 次，回复率 100%；全年网格平安日报打卡率 95%以上。

【乡村治理】2021 年，竹源乡持续开展新冠肺炎疫情常态化管理，实现“零感染、零疑似”。深化“最多跑一次”改革，推进乡级便民服务中心标准化建设，完成“四个平台”建设，全年办结事件 1413 件，办结率 100%，受理诉求、办理便民服务等事项 800 余件；聚焦“四件关键事”（平安稳定、环境卫生、收缴水费及物业费、违建防治），全年调处矛盾纠纷 150 余起，社会治安平稳有序。全年环境卫生检查 7 次位列全县前三，各村水费收缴率均实现 100%。持续推进“逢 8 拆违日”，全年拆除违法建筑 2550 平方米。

【党史送学】2021 年，竹源乡建立帮教送学机制，成立“党史送学团”，创新学习方式，推动党史学习教育走深走实。把党史书籍和收音机送到 56 名行动不便的老党员家中，让老党员在家学党史、听党音、不掉队。邮寄党史必读书目、党员手册和笔记本给 32 名外出党员，组建微信学习交流群，让外出党员“离乡不离党、流动不流学”。持续开展“送学进校园”“送学进工地”“送学进企业”等活动，全年举行微党课 8 节，覆盖受众 760 余人次。

【统一战线】2021 年，竹源乡落实新冠肺炎疫情防控期间宗教场所封闭管理，关闭辖内民间信仰场所 24 座。以乡贤馆为阵地，乡贤联谊会为平台，摸排建档乡级、村级乡贤 51 人，常态化开展乡贤联谊活动，如“我为家乡环境卫生做贡献”卫生整改活动、为村民写对联送祝福活动、开设农民课堂，为群众传授种植技术，组织开展庆祝中国共产党成立 100 周年老年健步走、“九九过重阳，关爱老人心”、“乡贤为家乡办实事”等系列活动。

【党管武装】2021 年，竹源乡坚持党委议事和遵循党委政府对武装工作主导原则，践行使命担当，抓好民兵队伍建设，在应对防汛抗洪、重大节日安保、森林灭火等急、难、险、重任务中发挥积极作用。3 名基干民兵参加全县组织的民兵岗位练兵大比武选拔，1 人代表全县参加丽水市民兵岗位练兵大比武。召开现役军属座谈会，发放慰问金。开展“八一”建军节大走访，为立功受奖的现役士兵家属送上喜报和奖励金。

（竹源乡党政办）

## 樟溪乡

【概况】2021年，樟溪乡区域面积31平方千米，辖8个行政村49个自然村。全乡山林面积1187.56公顷，耕地面积735.7公顷。全乡总户数4094户，总人口10278人，其中农业人口10125人。年内出生67人，死亡78人。财政总收入3435.57万元，农村经济总收入596.63万元，比上年增长11.33%。辖区内古迹有建于南北朝大同年间（535—546）的县级文物保护单位法昌寺。市级非物质文化遗产樟村拳，县级非物质文化遗产木偶戏、溪下文武彩灯等。

【项目建设】2021年，樟溪乡全面完成衢宁铁路等项目政策处理工作，动态处理好各类矛盾纠纷，确保无障碍施工，被县政府记集体三等功1次。小城镇环境综合整治，美丽乡村建设，农民饮用水达标提标，国家传统村落的保护和提升工程全面完工。实行班子成员“1+1”重点项目联系推进机制，完成垦造水田、旱改水、宅基地复垦等重点项目建设。完成东市村路面硬化、馒头山村道路建设等17个移民村项目建设；完成力溪、溪下、肖周、东市、兴村等村共9个财政“一事一议”项目建设，馒头山、力溪等村农业综合开发项目完成。积极破解资金短缺、工期紧张等难题，用3个月时间建成全国首家入驻乡村的“连环画乡村艺术馆”，成为全市网红景点。

【生态环境建设】2021年，樟溪乡治危拆违加强日常治理和动态管理，确保群众居有所安。全面排摸农村住房安全问题，加大困难群众危旧房治理力度，完成40户C、D级危旧房腾空和修缮工作。严格建房审批，加大控新拆违力度，五年整治各类乱搭建点位509个，拆除旱厕20余个，拆除违章建筑5万余平方米，完成基本无违建县创建任务。“五水共治”常抓不懈。全面落实“河（湖）长制”，县、乡两级河长开展河道巡查2377次。完成力溪湖周边整治工程、集中供水工程和4个山区村单村供水工程，创成水美乡镇。环境整治纵深推进。全面实施城乡环境综合整治行动，开展松材线虫病防治工作，清理枯死树木490万千克。持续开展最美村庄和洁净家庭评比，率先推行市场化保洁模式，乡村环境品质全面提升。完成国家级卫生乡、省美丽乡村示范县创建任务，原包村村创成丽水市第一批花样乡村。

【乡村经济发展】2021年，樟溪乡通过采取一村一策一干部，实施精准帮扶，实现农民增收。同时强化资源及项目配比功能，争取相关项目和资金支持，注重项目建设效益。完善村集体增收和财务收支制度，鼓励干部干事创业，营造良好的比学赶超氛围，完成历年的“消薄”任务。坚持走“以茶产业为主导、多元产业齐头并进”的产业格局，通过低产茶园品种更新改良，每亩增收5000余元，采用大棚、喷滴灌等技术，实现每亩增收2000余元，创成高山有机茶基地2.67公顷，全乡现有名优茶633.33公顷，位列全县第三。建成东市中草药种植基地3.33公顷，初步实现黄精、蟠桃和茶叶套种，有效提升亩产效益。实施红糖全产业链提升工程，全乡甘蔗种植面积增加到13.33公顷；利用红糖工坊的“网红效应”，注册“樟溪有礼”商标；成立樟溪有礼农旅合作社，通过开糖节、网络直播、电子商务等形式，古法红糖及衍生产品的销量节节攀升，单价从8元提高至25元，产品附加值大大提升。兴村村设立电商培训基地，获评省级电子商务专业村。

【文旅产业】2021年，樟溪乡完成乡综合文化站的修缮提升，新建文化礼堂6个、非遗传承基地3个、传统红糖制作技艺体验点1个、乡村戏苑1个，传统古村落2个，挂牌历史文化建筑26幢。申报A级景区村庄6个，新增民宿7家，床位59个。力溪村成立全国首家连环画乡村艺术馆，引进8名连环画艺术家入驻，出版《红色浙西南——松洲风雷》《张玉娘》《叶法善》等一批讲述当地故事的连环画。力溪村被确定为松阴溪国家AAAA级旅游景区重要节点村。全年通过“微改造、精提升”项目，联手工商资本对力溪村进行进一步的开发和提升。兴村红糖工坊作为研学基地，承接城乡联系国际论坛、乡村振兴论坛等多个在松阳召开的国家级、省级重要活动。樟村拳、溪下文武彩灯、木偶戏等乡域内的非物质文化遗产得到有效传承，樟溪成为外地游客在松阳体验自然生态环境、田园农耕文化的重要目的地。

【脱贫攻坚】2021年，樟溪乡紧盯脱贫攻坚“两不愁三保障”（指不愁吃、不愁穿，义务教育、基本医疗、住房安全有保障）。全面落实“一户一策一干部”帮扶措施，全面打好脱贫攻坚战。完成低收入农户产业帮扶资金申报，发放补助158.92万元，雨露计划补助6.6万元。完成老旧房屋线路改造230户，实现3个偏远自然村45户168人的“大搬快聚”整村搬迁，累计发放安置补助1110.6万元。全面落实“零就业家庭”动态清零工作，确保全面小康路上“不落一户、不漏一人”。

【社会保障机制】2021年，樟溪乡实现城乡基本养老保险参保率98.48%，基本医疗保险参保率99%，推进妇女“两癌”筛查，加大大病保险力度，组织发动村民参与“浙丽保”，保险覆盖率90.58%。全面开展低保审查核实工作，全乡有在册低保户161户247人，低保边缘户63户116人，特困户11户11人。办理残疾人2项补贴全覆盖，发放残疾人补助 193.5 万元，建成市四星级残疾人之家 1 家。常态化开展优抚对象、退役军人走访慰问、困境儿童帮扶，施行临时救助 228 户 393 人，发放补助 34 万余元。建成溪下村、馒头山村等 5 家居家养老服务照料中心，推动养老服务健康有序发展。

【基层平安建设】2021 年，樟溪乡落实安全生产管理责任，遏制各类安全事故发生。强化应急安全工作保障，完善应急力量配置，加强应急物资储备，提升全乡 2 个防汛救灾物资仓库和 10 个避灾安置场所。五年共受理并办结信访案件 350 件，其中网上投诉 130 起，来信 41 件，来访 75 件，来电 157 件，办结率 100%，化解信访积案 31 件，成功调解矛盾纠纷 124 起，完成安置帮教走访 3100 余人次。

【政务服务】2021 年，樟溪乡加快政府数字化转型，推进"最多跑一次"延伸基层，大力推广"浙里办"App，优化网上办理，方便群众办事。依托"互联网 + 政务服务"，加大政策事项、民生实事、行政执法等方面的公开力度，主动公开政府信息 946 条，办理人大代表建议和意见 90 件，完成政府民生实事项目 29 件，全力打造公平、开放、透明的法治环境。

（樟溪乡　梁日强）

## 赤寿乡

【概况】2021 年，赤寿乡行政区域面积 54 平方千米，辖 8 个行政村 47 个自然村 196 个村民小组。全乡山林面积 3353.86 公顷，耕地面积 733.37 公顷。全乡总户数 4427 户，总人口 11018 人。全年出生新生儿 68 人，死亡 82 人，人口自然增长率-1.27‰。全年实现工业总产值（规上企业）7.51 亿元，比上年增长 19.02%；财政总收入 4214.52 万余元，比上年下降 40.38%。各村集体收入共计 1109.8561 万元，比上年增长 9.35%。辖区内主要名胜古迹有万寿山、狮子岩，国家 AAA 级旅游景区古驿界首，省 A 级景区村有赤岸、楼塘、叶川头、黄山头村、国家传统村落界首、黄山头村。

2021 年，赤寿乡被评为浙江省美丽乡村示范乡镇、新时代美丽城镇建设基本达标单位，该乡武装部被评为丽水市"五星"基层武装部。

【农业改良】2021 年，赤寿乡围绕打造"中国有机茶乡"金名片，培育界首力德有机茶园 3.85 公顷，保护老茶园 38.46 公顷；引进创办睿雨文创园等一批从事茶叶网上销售的电商企业，形成种植、加工、线上线下相结合销售的茶叶全产业链格局。利用山海协作项目及移民补助资金，完成半古月村田坌道路及水渠建设、红连村道路面硬化及排水工程以及赤岸、红连、卯山后、楼塘、半古月等村高标准农田建设项目。实施垦造水田 10.61 公顷，建设用地复垦 1.15 公顷，涉林垦造耕地问题整改项目 15 个 57.83 公顷（退耕还林 1.18 公顷）；开展耕地"非粮化"整治优化工作，完成签约 362 户 49.92 公顷，清表 49.23 公顷。全年全乡村集体收入 1109.86 万元，其中经营性收入 541.97 万元，所有行政村均实现上级下达的"消薄"目标。

【工业发展】2021 年，赤寿乡有规模以上企业 10 家，其他工贸企业 8 家，其中规模以上企业产值达 7.51 亿元，比上年增长 19.02%，工业投入 1342 万元。完成赤寿生态工业区块（二期）规划编制，启动征迁前期坟墓迁移工作，新建村级公墓 4 个。引进博盛特钢博士工作站，洽谈投资项目 2 个，全乡初步形成由不锈钢业为主，建材、小水电以及再生性活性炭、茶叶加工等多层次、多类型的工业发展格局。

【乡村旅游经济】2021 年，赤寿乡实施旅游业"微改造、精提升"行动，创成叶川头省 A 级景区村。全乡有省 AAA 级景区村 1 个，省 A 级景区村 4 个。全年共接待游客 7.92 万人次，营业总收入 1271 万元。各景区村开展公共节点绿化美化，完成拯救老屋展陈馆项目建设，古驿界首景区成为影视剧《红色浙西南》的取景地之一。开展创业带头人电商培训 60 人次，全域旅游经济大环境进一步提升。

【美丽乡村建设】2021 年，赤寿乡发放美丽乡村建设宣传资料 5000 余份，年初在楼塘村召开环境整治工作现场会，全面推进垃圾分类、"洁净村庄"建设，建立金、银、铁扫把评选机制，组织乡纪委、组织办、农办、人大代表等人员每月检查各村环境卫生，逐月点评并通报排名，形成你追我赶的良好氛围，逐步打造干净、整洁、有序的乡村环境。开展界首村花园村庄创建及红连村整村美化建设，提升陇川村路灯亮化、叶川头等村农村生活污水终端建设；提升改造农村饮用水管网，硬化整治卓伍路口—半古月—叶川头康庄公路路肩等。采伐松材线虫病疫木 617.32 万千克，新增赤岸等村绿化面积 3000 平方米，联合审批农民新建房屋 31 幢，全力推进"无违建县"创建工作，拆除违章建筑 6715 平方米，完成"两违"处置 25 宗 817.16 平方米，收缴回购款 6.83 万余元。

【社会保障】2021 年，赤寿乡完成城乡医疗保险参保 8666 人，参保率 99.43%；"浙丽保"参保 7912 人，参保率 90.97%；医保电子凭证申领激活 7594 人；完成"两癌""重点人群结直肠癌"等筛查 1791 人，联合乡卫生院开展义诊咨询、圆梦微心愿等健康卫生服务 12 场次。实现基本养老保险 8737 人，参保率 99.07%，养老待遇资格认证 3003 人，认证率 99.9%。全年发放救济款 14.65 万元，救助人数 172 人；全面实行低保动态管理，全年新增 9 户 12 人。截至 12 月末，全乡共有低保 189 户 281 人，每月发放低保金 20 万余元；改造残疾人无障碍设施进家庭 2 户，慰问残疾人 50 人。开展政策帮扶活动，全乡有 98 名对象享受每年 960 元的奖扶补助金，9 名对象享受每年 9600 元的特扶补助金，1235 名独生子女享受独生子女优先优惠政策。

**【安全生产】**2021 年，赤寿乡聘请专家定期对辖区内企业开展安全生产检查，检查 25 次，排除并整改隐患 100 处，形成闭环管理。开展职业健康培训和安全大培训 300 余人次，完善风险管控体系建设。优化护林员队伍，配齐装备，严格落实森林防火责任。完善食品安全社会协管工作，开展农产品质量检测 350 批次，茶叶质量安全专项检查 150 次。

**【基层平安综治工作】**2021 年，赤寿乡围绕平安建设狠抓社会治理、禁种铲毒、反邪教、防电信诈骗等专项工作。建立一支专业化救援队伍，配齐应急物资，多次参与县域范围内的救援活动。接待信访、投诉等 59 件并全部办结，其中 7 件重复信访事项全部办结、1 件初信初访办结。优化全科网格员和巡查队作用，开展反电信诈骗、秸秆禁烧巡查等工作。开展矛盾纠纷化解，全年调解矛盾纠纷 36 件，涉及金额 646.4 万元。

**【乡人大换届选举】**2021 年，赤寿乡于 12 月 23 日召开第十八届人民代表大会第一次会议。本次大会应到代表 53 人，实到代表 53 人，列席代表 30 人。大会听取和审查胡慧强所作的《政府工作报告》，郑来清所作的《人大主席团工作报告》，审查《赤寿乡 2021 年财政预算执行情况和 2022 年财政预算安排意见的报告》《2021 年度民生实事票决项目完成情况和 2022 年民生实事票决候选项目情况说明的报告》和《2021 年赤寿乡环境状况和环境保护目标完成情况报告》，票决产生 2022 年民生实事项目，选举产生赤寿乡人大主席、乡长、副乡长。

（赤寿乡党政办　周永斌）

## 枫坪乡

**【概况】**2021 年，枫坪乡区域面积 98 平方千米，辖 10 个行政村 48 个自然村。全乡山林面积 8515.97 公顷，耕地面积 489.6 公顷。乡辖旅游景点有苏维埃政府旧址、卢子敬故居、中国工农红军挺进师政委会小吉会议旧址、斗潭纪念馆等。全乡总户数 2984 户，户籍人口 8253 人。全年出生 54 人，死亡 61 人。

**【多元农业种植养殖】**2021 年，枫坪乡推进高标准农田建设，改造小吉、南胜等 6 个村的农田 33.07 公顷，有序推进“非粮化”优化整治提升工作。探索发展笋竹林、香榧林套种中草药的林下经济、效益农业和生态农业，推广原种农业种植。全年发展水稻 20 公顷、香榧 33.33 公顷、食用菌 240 万袋、油茶 58.33 公顷、高山蔬菜 32 公顷、茶叶 66.67 公顷、中草药 13.33 公顷，石蛙养殖基地 3 个。形成以食用菌、笋竹林为支柱，以高山蔬菜、香榧、油茶为主导，以黄牛、石蛙为特色，以中草药种植为补充的多元农业。

**【林业经济】**2021 年，枫坪乡完成春季迹地（林木采伐之后还没重新种树的土地）更新任务 17 个小班计 28.73 公顷，其中珍贵树种造林 7.33 公顷，同时完成百万亩绿化造林任务 37.07 公顷。持续推进中幼林抚育 127 公顷，其中综合抚育 92.2 公顷，间伐抚育 34.8 公顷，完成根下村一村万树项目建设。开展香榧花粉赠送 4.75 千克，香榧青果收获 7807 千克。申报香榧抚育 4.07 公顷，建成香榧基地作业道 0.37 千米。申报建设油茶基地作业道 3 千米，基地抚育 31.13 公顷。落实松材线虫病疫情防控要求，处理枯死松木 221 株。开展公益林补偿款的发放造册，全乡有公益林面 3809.73 公顷，涉及 1670 户，发放补偿资金 200 万余元；天然林面积 57.6 公顷，涉及 79 户，发放资金 1.38 万余元。

**【乡村旅游经济】**2021 年，枫坪乡创成根下省 AA 级景区村和斗潭省 AAA 级景区村，编制《红色小镇旅游发展专项规划》。建成浙西南红色旅游项目 6 个，动建修缮小吉会议旧址、斗潭红军广场、红军食堂等 5 个功能性点位。提升乡村讲解员队伍综合素

高亭迎神赛会　（谢春秋/摄）

质，开展旅游接待服务培训1次，培育当地讲解员8人。深入实施社会主义核心价值观“六大行动”（优良家风传承行动、优良校训倡导行动、企业精神培育行动、乡贤文化创新发展行动、学雷锋志愿服务行动），全面推进农村文化礼堂建设，修缮改造高亭村文化礼堂。大力发展乡村民宿，全乡建成农家乐民宿48家，餐位1080个，住宿床位579张，形成一批以“柿子红了”“无羁民宿”“清幽悠居”“杉山喜舍”等为代表的精品民宿品牌。举办迎神赛会、“又见柿子红了”沿坑岭头艺术家暨柿子采摘节等节庆活动。全年接待游客1万余人次，实现旅游收入300余万元。

【绿色产业】2021年，枫坪乡发展以小水电、竹木加工、农产品加工等为代表的绿色产业。全乡拥有小水电站4家，食用菌冷库4家，专业合作社34家。全年实现工业总产值8370万元。发展来料加工、农村电子商务等现代服务业，全乡来料加工经纪人7名，区域内参与加工有315人，全年发放加工费150万元。共建设电子商务服务点13个，培育抖音、微商等新兴产业人才97人。

【生态文明建设】2021年，枫坪乡全面推行“河长制”，持续巩固“五水共治”成果。实施“六边三化三美”“三改一拆”专项行动，拆除违法违章建筑5549平方米，改造危旧房37户。以推进农村“厕所、垃圾、污水”三大革命为重点，开展农村环境卫生大整治。全乡建成垃圾分类点位285个，实施公厕升级改造1个，建设污水处终端1个，实现生活污水零直排。完成斗潭村美丽乡村“一事一议”项目，推进小吉村省级红色美丽村庄和斗潭村县级红色美丽村庄项目建设。启动钱余自然村传统村落保护利用项目建设，实施“拯救老屋”专项行动，修缮传统建筑1幢，全面恢复和形成富含乡愁元素、文化印记的传统村落风貌格局。投资438万元，实施小流域水土保持综合治理项目，改善流域内生态环境。

【扶贫解困工作】2021年，枫坪乡持续把扶贫攻坚作为改善民生的一号工程，通过完善扶贫专班责任清单、“一户一档”清单、住房清单、安全饮用水清单等固定扶贫清单，推出点亮“微心愿”扶贫政策、医疗保险优惠政策等动态清单，在帮扶低收入农户增收同时减轻生活负担。是年，全乡有低收入农户183户289人，结对干部87人，开展走访285次；落实低收入农户产业项目帮扶153户，资金41.44万余元。实施扶贫项目2个，涉及资金267万元。

【民生实事】2021年，枫坪乡完成各类民生实事6件，公共文化服务优质普惠，举办各类文化惠民活动12场。推进社保、医保、“浙丽保”提标扩面。开展卫生健康工作，为275名村民送上“两癌”、直肠癌、前列腺免费筛查福利。爱心义诊送进村，邀请华侨医院眼科医生2次到该乡卫生院开展体检。重视特殊困难群体和受灾群体救助工作，开展临时困难救助和结对帮扶工作，对低收入农户采取7个部门“一对一”结对帮扶措施，并纳入省扶贫系统统一管理，实现应保尽保。全年发放低保补助金177万元、临时救助4.8万元、雨露计划补助金0.9万元、计生公益金0.16万元。成立乡贤管理基金，全年发放救助金2.3万元，帮助困难群众35人次。

【“四个平台”建设】2021年，枫坪乡推动“四个平台”（综治工作、市场监管、综合执法、便民服务）和“最多跑一次”改革工作，注重把网格员触角延伸至防汛防台、乡风文明建设等工作中，致力打造全科网格。探索新型矛盾纠纷调处机制，持续推进联防联调中心建设，整合社会资源，合力化解各类矛盾，形成符合当地特色的“枫桥经验”。全年排查矛盾纠纷58件，化解58件。

【文体活动】2021年，枫坪乡举行各类讲座、论坛、“春泥计划”等文化活动，为群众提供优质文化资源。全年开展农业技术培训、《中华人民共和国民法典》普法讲座、中医保健知识讲座等文化活动6场，吸引320余人次参与。组织村民参加县第十四届“田园松阳”农民文化节系列活动，朗诵比赛获一等奖、广场舞比赛获银奖、戏曲比赛获三等奖、老年体协健身操获优胜奖、兜球比赛获优胜奖。

（枫坪乡党政办）

## 安民乡

【概况】2021年，安民乡全面实施乡村振兴战略，立足“红绿古蓝”四色融合发展定位，在破解瓶颈、加速转型中创先争优，经济和社会各项事业跃上新台阶。

【经济产业】2021年，安民乡扩大香榧、蔬菜、茶叶等高山优质优势品种种植面积，大毛岘背秀丽谷农场千亩红花油茶示范基地建成投产；开展“双招双引”，与浙江农林大学风景园林与建筑学院签订战略合作协议，加强各领域合作；引进中蜂养殖研学基地和石斑鱼养殖项目；推动乡强村公司实体化运营，公司全年实现经营收入484.39万元，利润66.95万元。

【民生实事】2021年，安民乡“大搬快聚”工程通过联合审查32户108人，其中搬迁安置23户78人；深入推进危房改造、教育扶贫、兜底保障、就业创业等工作，实现脱贫“两不愁三保障”、年家庭人均收入8000元以下、集体经济薄弱村、低收入农户零就业家庭“四个清零”。完成乡级便民服务中心标准化建设，实现群众办事“最多跑一次”；积极开展居家适老化改造，建成乡级居家养老服务照料中心；关注扶贫事业，全年新增低收入农户10户16人，全乡共有159户276人。截至12月末，全乡基本医疗保险参保率99.74%、“浙丽保”参保率94.79%。

**【美丽乡村建设】**2021年，安民乡推进“五水共治”“六边三化三美”、环境整治、垃圾分类等行动，美化村居环境；“三改一拆”工作稳步推进，全年拆除各类违章建筑11户2959.35平方米，拆后利用率100%；洁净家庭创建率超85%，洁净家庭示范户915户；创成国家级卫生乡镇，获小城镇环境综合整治“省级样板”、省级森林康养名镇等称号。

**【旅游产业】**2021年，安民乡安岱后村获评浙江省革命老区建设先进集体，省党史教育基地、省党员教育培训基地、省级红色旅游教育基地等，入选全国庆祝中国共产党成立100周年红色旅游100条精品线路和长三角20条红色旅游精品线路。安岱后红色教育基地全年累计接待学员8000余人次，实现经营收入70万余元。全乡共建成民宿农家乐33家，餐位1515个、床位544个，投资200万元的李坑村省级休闲乡村项目全面完成，大毛岘背星空康养基地投入运营。李坑村乡贤创立的民宿协会主动对接旅游市场，整合李坑村民宿农家乐资源抱团发展，全年接待游客1000余人次，实现经济收益50万余元。箬寮原始林被授予省级森林氧吧、森林康养基地等称号。

**【基层统战工作】**2021年，安民乡重视乡贤工作。乡贤潘明荣及其团队开展爱心助学活动，为安民乡的23名贫困学子每人送上3000元爱心助学基金。

（安民乡党政办）

## 板桥畲族乡

**【概况】** 2021年，板桥畲族乡区域面积32平方千米，辖5个行政村43个自然村。全乡山林面积1955.72公顷，耕地面积507.34公顷，其中水田315.87公顷。全乡总户数1889户，其中农业户1876户；总人口4779人，其中农业人口数4754人。年内出生19人，死亡46人。全乡实现集体经济收入493.99万元，经营性收入295.07万元。辖区内主要名胜古迹有桐榔崇觉寺。

2021年，板桥畲族乡开展“追寻红色浙西南足迹学党史”主题党日活动，组织全乡100余名党员到东坑村“桐川农民武装暴动”旧址乡党史馆参观学习，邀请板桥中心小学原校长江锡铭讲述“桐川农民武装暴动”史实，以500名畲汉群众共同抗争国民党反动统治的红色故事激励全体党员发挥先锋模范作用，助力平安稳定、卫生保洁、水费收缴、基层党建等各项重点工作。坚持树立实干导向，深入开展“我为群众办实事”实践活动。每月主题党日开展全民清洁行动，以实际行动助力关键事。结合“组团包村”周二夜访，组织乡村干部深入农户开展政策宣传、为村民办理电子社保卡、做生存认证等，服务群众的重心下移。

2021年，该乡入选第四批浙江省民族团结进步培育单位，创建成为浙江省电商乡（镇），“枫桥式”退伍军人服务站，获评丽水市红色示范乡镇（街道）。

**【项目建设】**2021年，板桥畲族乡开展“大搬快聚”暨全域土地综合整治。贯彻占补平衡政策，挖掘地力资源，开展摸底调查，筛选出马角安、水枝坳等地块。水枝坳项目通过县级验收。推进桐榔文化康养基地重点项目前期建设。委托浙江省发展规划研究院编制《松阳县桐榔文化康养基地发展规划》，并完成项目社会风险评估；桐榔村外立面整治正在进行设计。项目投资方委托中国美院开展整体设计。扩建项目拟于6月底动建。开展“双招双引”，中铁建集团城市开发有限公司决策层多次到该乡进行投资意向考察。开展垦造耕地非粮化整改。对潘八、张山等区块的垦造耕地进行全面整改，鼓励农民种植水稻、玉米、土豆等粮食作物，完成整改抛荒面积14.13公顷。拓宽安置小区建设。满足农民日益增长的建房需求，在建成桐榔、下仓安置小区的情况下，新规划枫岭根农民建房点和安勤畈建房点。深化美丽城镇建设。推动

2021年7月7日，松阳县浙西南革命根据地首脑机关旧址群教育基地授牌仪式举行 （安民乡供图）

板桥村老信用社前道路硬化、周氏祠堂后广场等工程项目建设。完善日常管理，巩固小城镇环境综合整治成果，继续整治城镇秩序、环境卫生、乡容村貌。完善交通基础设施建设。拓宽万岭脚—潘八、东坑—插葱乡道，治理张山—万岭脚塌方，完成全乡康庄路破损路面调查登记。

**【关键实事】**2021 年，板桥畲族乡实施茶产业转型升级，开发研制出崇党罗汉茶。科技特派员扶持项目江星茶厂良性发展。积极鼓励发展茶叶电商，利用抖音等新媒体开展视频直播，组织电商培训 265 人次，实现“防得住新冠肺炎疫情、又闻得见茶香”。全面实施水稻种植保险。打好松材线虫病歼灭战。社会保障更加完善。加快电子医保卡申领，鼓励群众利用支付宝、微信积极申领电子医保卡。截至 12 月末，全乡有 1000 余人激活电子医保卡。在桐榔开展劳动力就业调查，抽样调查 10 户。对年满 60 周岁以上的男性进行前列腺癌筛查，另外开展直肠癌筛查。落实关键事，把收缴水费、环境卫生、违建防控实行月度排名，列入村主要干部绩效报酬考评内容。全面开展环境卫生行政村周互查，评选出最美村庄和家庭、最脏村庄和家庭。开展危房治理，按照低收入农户和普通困难群众不同补助标准，着手对 14 幢 C 级危房进行治理。弘扬传统民族文化，坚持文化自信，用好用活村级文化礼堂，在桐榔、大毛科开展送戏下乡活动。委托丽水学院编排的情景诗画舞台剧《插花娘娘》。组团参加“畲汉同心跟党走、红动中国百年路”“竹柳新桥”民族运动会，主办全县“礼赞百年征、歌颂家乡巨变”庆祝中国共产党建党 100 周年畲语大赛，邀请全县 15 个民族村组团参赛。该乡申报省民间文化艺术之乡，板桥村申报省级民俗文化村。

**【社会稳定】**2021 年，板桥畲族乡加强对金山矿业、江星茶厂等企业的安全生产检查，压实安全生产责任，执行安全生产制度，开展安全生产演练。组织人员参加百万员工安全生产大培训，参训 150 人次。加强防汛防灭火工作，及时转移汛期东坑半岭自然村山体滑坡危险区域人员。加强食品安全工作。开展茶叶清洁化生产检查，落实农村家宴备案申报制度，争创省三星级食安办。加强平安稳定工作，做好庆祝中国共产党成立 100 周年等重点时期安保工作，全年化解矛盾纠纷 7 件。做好初信初访，无重点人员上访。严厉打击邪教组织，全面开展反诈工作。

**【干部队伍建设】**2021 年，板桥畲族乡深入实施组团包村、周二夜访制度，创新开展组团 PK，把基层党建、项目建设、安全稳定、环境卫生、违建防控列入 PK 内容，设立月度金牛奖、蜗牛奖。发放《村级班子和村干部“十条负面清单”》和《村干部铁规十条》，鼓励村“一肩挑”主要干部，争做“忠诚型、潮头型、硬核型、耕牛型、规矩型”五型书记。实行村主要干部列席每周乡干部例会。实施乡领导班子成员周计划、日报告制度。加强机关干部日常管理，实行工作周报告制度，倡导“事交我办请放心、文经我手无差错”的工作导向。全面开展农村宅基地领域腐败问题和不正之风专项整治。继续推行“廉情地图”特色做法，落实“五议两公开”，规范村级小微权力清单，把权力关进制度的笼子，促进班子清廉、村务清爽、民风清朗、干群和合。坚持纪在法前、纪严于法，全年立案查处 7 起，给予党纪处分 7 人。

（板桥畲族乡党政办）

## 裕溪乡

**【概况】**2021 年，裕溪乡推进“油香小镇”建设，推广种植新品种油茶 133.33 公顷，改造油茶低产林 43.73 公顷，改造老板栗林种植新品油茶 65.33 公顷，裕溪泡豆腐工坊于 12 月 31 日开业。全乡村集体经济收入实现增收 464 万元，其中经营性收入 192 万元，帮扶霭溪、联溪、凤弄源、内陈、木岱坑 5 个村参与县级光伏扶贫增收项目，促进各村每年村集体经济增收 4 万元。

完成乡党委、乡人大换届选举。10 月 24 日，中国共产党裕溪乡第十四次代表大会召开，会议 44 名乡党代表平均得票率 91.66%，其中 3 名高票当选县党代表。12 月 24 日，召开裕溪乡第十八届人民代表大会，6 名县人大代表高票当选，50 名乡人大代

中共霭溪支部旧址修复后全景图　（林金金/摄）

表平均得票率84.3%，6名乡党委委员、3名乡纪委委员、4名乡人大和政府领导人员全部满票当选。

**【“浙松谷泉”项目动建】**2021年，裕溪乡于1月动建“浙松谷泉”项目。该项目落地于木岱坑村，计划用地1600平方米，一期投资400万元。议定开发槎川源优质水资源，规划投资成立山泉饮用水生产公司，项目运营由杭州民本食品有限公司、县水投公司、裕溪乡木岱坑村、小槎村、内陈村合作社共同出资入股，计划于2022年4月底前投产。

**【实事项目】**2021年，裕溪乡推进57.11公顷涉林垦造耕地整改，完成乡域松材线虫病死枯木除治638.47公顷，推进窗口期建设用地复垦项目，新增耕地面积0.22公顷。跟进县民生实事项目，在木岱坑、内陈、联溪、凤弄源等4个村安装50盏太阳能路灯。验收木岱坑、霭溪等4个村灾毁农田修复项目，全年8个民生实事项目全面完成。

**【中共霭溪支部旧址修复完工】**2021年6月，位于松阳县裕溪乡中共霭溪支部（1933年松阳县第一党支部）旧址修复重建工程开工，建设仿古建筑1幢，用地总面积164平方米，建筑总面积230平方米，总投资45.62万余元，用于展示松阳县第一党支部创立发展的有关历程，项目于11月竣工验收。

**【宜居乡村建设】**2021年，裕溪乡完成木岱坑村环境综合整治工程并验收。推进凤弄源村美丽宜居项目，完成瓦片翻新，村庄环境整治、路面修复、小节点建设等子项目完成设计及预算并启动招投标。黄岭头、楼山岭脚、叶西后终端提升改造工程竣工验收。持续推进农村“垃圾革命”，新建二分类、四分类垃圾分类亭69个。开展“双招双引”工作，引进版画艺术家李光春入驻小槎村。

**【扶贫解困工作】**2021年，裕溪乡对全乡低收入农户开展定期核查，全乡有低保205户328人，低保边缘户16户30人，五保户9户9人，持证残疾人315人。落实临时救助及2项补贴，施行困难群众兜底性制度，全年办理临时救助35户75人，每月发放护理补贴105人，生活补助87人。修缮加固农村危房21栋，完工验收4户残疾人住房改造。2021年，该乡低收入农户人均收入9326元。

（裕溪乡党政办）

# 名 录

大木山竹亭

# 松阳县主要组织机构和乡镇及负责人名录

【中国共产党松阳县委员会】

书　记：李汉勤（—2021.11）
　　　　莫　靓（2021.11—）
副书记：莫 靓（2021.2—2021.11）
　　　　梁海刚（2021.11—）
　　　　周鸿飞（—2021.11）
　　　　陈建广（2021.11—）
常　委：李汉勤（—2021.11）
　　　　莫　靓（2021.2—）
　　　　梁海刚（2021.11—）
　　　　周鸿飞（—2021.11）
　　　　陈建广（2021.11—）
　　　　黄德慧
　　　　潘仲珏（—2021.1）
　　　　潘力平
　　　　雷剑锋（—2021.11，畲族）
　　　　郑伟坚（—2021.5）
　　　　江　山（—2021.11）
　　　　张继森
　　　　刘斯华（—2021.11）
　　　　诸跃波（挂职）
　　　　叶海霞（2021.1—）
　　　　张尚军（2021. 11—）
　　　　李　巍（2021.11—）
　　　　徐文杰（2021.11—）
　　　　刘坚强（2021.11—）
　　　　练　斌（2021.11—）

【松阳县人民代表大会常务委员会】

主　任：徐为民
副主任：毛胜法
　　　　孔建民（—2021.2）
　　　　杨水文
　　　　阙晓明（2021.3—）
　　　　刘金理（2021.3—）
党组书记：徐为民
副书记：黄德慧（2021.12—）

【松阳县人民政府】

县　长：李汉勤（—2021.2）
　　　　莫　靓（2021.3—2021.11）
副县长（代县长）：
　　　　莫　靓（2011.2—3）
　　　　梁海刚（2021.11—）
常务副县长：郑伟坚（—2021.6）
　　　　张尚军（2021.12—）
副县长：诸跃波（挂职）
　　　　刘　坤 （—2021.6）
　　　　彭　敏（女）
　　　　潘永水
　　　　温小运
　　　　卢丁方
　　　　涂　扬（挂职）
　　　　梅显云（兼）
党组书记：李汉勤（—2021.1）
　　　　莫　靓（2021.1—12）
　　　　梁海刚（2021.12—）
副书记：郑伟坚（—2021.8）
　　　　张尚军（2021.12—）

【中国人民政治协商会议松阳县委员会】

主　席：毛建南（—2021.1）
　　　　廖宝云（女，2021.3—）
副主席：周永龙
　　　　单国亮（—2021.2）
　　　　叶向东
　　　　廖卫民
　　　　叶伟兰（女）
秘书长：蓝　海（—2021.2，畲族）
　　　　宋明正（2021.3—）
秘书长人选：宋明正（—2021.3）
党组书记：毛建南（—2021.1）
　　　　廖宝云（女，2021.2—）
副书记：张继森
　　　　潘力平（2021.12—）

【中国共产党松阳县纪律检查委员会】

书　记：潘仲珏（—2021.1）
　　　　叶海霞（2021.1—）
副书记：阙晓明（—2021.1）
　　　　叶雯涛（2021.12—）
　　　　吴　剑
常　委：潘仲珏 （—2021.1）
　　　　叶海霞（2021.1—）

阙晓明（—2021.1）
吴　剑
潘海滨（—2021.8）
应佾潇（2021.8—）
刘志云（女）
周世德
徐　烽（2021.8—）
正科级纪检员：潘海滨（—2021.8）

派驻第一纪检监察组
组　长：方震华
副组长：周育年（—2021.9）
唐淑芳（女，—2021.9）
杨旭明（2021.9—）
刘文炜（2021.9—）

派驻第二纪检监察组
组　长：吴华基
副组长：叶卫华
华利群（—2021.3）
叶家宝（2021.8—）

派驻第三纪检监察组
组　长：叶建伟（—2021.9）
王晓红（女，2021.9—）
副组长：李慧芳（女）

派驻第四纪检监察组
组　长：李珍莲（女）
副组长：金关火

派驻第五纪检监察组
组　长：王善明（—2021.9）
唐淑芳（女，2021.9—）

派驻第六纪检监察组
组　长：王晓红（女，—2021.9）
陈小权（2021.9—）

派驻县委组织部纪检监察组
组　长：叶晓伟

派驻县人民法院纪检监察组
组　长：刘增夷

派驻县人民检察院纪检监察组
组　长：叶　燕（女）

派驻县公安局纪检监察组
组　长：曾志友（—2021.4）
鲍海清（2021.4—）

中共松阳县委巡察办公室
主　任：刘志云（女）
副主任：施建平
组　长：潘成伟
毛明军
汤志锋
潘旭晖（女）
副组长：周夏来
钟仁锋
李雪梅（女）
张　燕（女）

**【松阳县人民法院】**

院　长：林　伟（—2021.12）
常务副院长：王心阳
副院长：陈伟平（代院长，2021.12—）
吴振忠
李金泉
政治部主任：孟　霞（女）
执行局局长：叶强军
党组书记：林　伟（—2021.11）
陈伟平（2021.11—）
副书记：王心阳
审判委员会专职委员：李永伟
叶强军

**【松阳县人民检察院】**

检察长：汪　兴
常务副检察长：叶大利
副检察长：阙福亮
黄晓莲（女）
政治部主任：刘良山
党组书记：汪　兴
副书记：叶大利
检察委员会专职委员：毛建辉
林　伟（2021.1—）

**【县委工作部门】**

办公室
主　任：叶云宽（—2021.3）
杨健勇（2021.3—）
副主任：曹松峻（—2021.8）
宋伟林（—2021.8）
叶春松（兼）
黄　健（2021.8—）
刘以汉（2021.8—）
宋跃伟（2021.8—）
沈峰峰（2021.12—，挂职）
台办主任：叶云宽（—2021.3）
杨健勇（2021.3—）
台办专职副主任：谢秀峰（—2021.8）

深改服务中心主任：宋伟林（—2021.8）
宋跃伟（2021.8—）
副主任：蓝艳芳（女，—2021.3，畲族）
陈碧鑫
金伟富

**中共松阳县委、县人民政府信访局**

局　长：叶春松
副局长：林樟明
刘春梅（女）
赵如庆（—2021.8）
潘建清（2021.8—）
党组书记：叶春松
信访督查专员：章冰梅（女）

**档案馆**

馆　长：黄金花（女）
副馆长：蓝　君（女，—2021.8，畲族）
吴　阳（—2021.1）
华利群（2021.3—）
李宗训（2021.8—）

**组织部**

部　长：雷剑锋（—2021.12 ，畲族）
练　斌（2021.12—）
常务副部长：傅春霞（女，—2021.3）
叶云宽（2021.3—）
副部长：宋跃伟（—2021.8）
蓝才旺（畲族）
廖群慧（女，—2021.8）
董金福（兼）
许军战（—2021.8，兼）
温兴水（2021.8—）
宋荣丽（女，2021.8—，兼）
县委正科级组织员：包绍达
宋昌琪（—2021.12）
叶新武
汤海滨
县委副科级组织员：邓先平
新经济与新社会组织工作委员会
书　记：蓝才旺（—2021.8，畲族）
温兴水（2021.8—）
副书记：占芳华（女）
叶国松（兼）
郑水旺（—2021.12，兼）
罗成武（2021.12—，兼）
县直机关工作委员会
书　记：雷剑锋（—2021.12，畲族）
练　斌（2021.12—）
常务副书记：叶新武（兼）
专职副书记：徐　杰
县委人才办专职
副主任：刘玉婷（女）
老干部服务中心
主　任：廖群慧（女，—2021.8）
宋荣丽（女，2021.8—）
副主任：钟旭萍（女）
颜雪玲（女，2021.9—，兼）
公务员局局长：傅春霞（女，—2021.3，兼）
叶云宽（2021.3—，兼）

**宣传部**

部　长：江　山（—2021.12）
李　巍（2021.12—）
常务副部长：陈增伟（—2021.8）
潘海滨（2021.8—）
副部长：潘旭辉
邓胜标
丁建胜（兼）
网络舆情服务中心主任：邓胜标
副主任：包桂林
蔡志方（2021.1—）
社科联副主席：任　燕（女）

**统战部**

部　长：张继森
常务副部长：蓝建平（—2021.3，畲族）
徐福标（2021.3—）
副部长：蓝春林（畲族）
叶梦梅（女）
蔡卫民（兼）

**民宗事务局**

局　长：叶梦梅（女，兼）

**侨联**

副主席：雷晓岚（女，畲族）

**政法委员会**

书　记：周鸿飞（—2021.12）
陈建广（2021.12— ）
常务副书记：包金付（—2021.3）
阙柳发（2021.3—）
副书记：郑伟坚（—2021.8，兼）
梅显云（兼）
阙柳发（—2021.3）
李文军
宋　伟（2021.8—）
委　员：林伟（—2021.11，兼）
陈伟平（2021.11—，兼）

汪　兴（兼）
曹松竣（2021.8—，兼）
叶志文（—2021.8，兼）
李珍莲（2021.1—）
陈文伟
许火龙（—2021.1）
金国梁（—2021.1）
游隆标（—2021.1）
政治处主任：宋　伟（—2021.8）
吴荣鹏（2021.8—）

党校
校　长：雷剑锋（—2021.12，畲族）
练　斌（2021.12—）
常务副校长：刘伟俊
副校长：吴利民（—2021.9）
叶远仁
王金文（2021.9—）

中共松阳县委机构编制委员会办公室
主　任：董金福
副主任：陶　慧（女）
黄海清
党组书记：董金福

**【县纪委（监察委）机关】**

办公室
主　任：叶洪峰（—2021.8）

干部室
主　任：吴宗权

宣传教育室
主　任：周松娣（女）

党风政风监督室
主　任：周晓鹏

信访室
主　任：郑　涛

案件监督管理室
主　任：季　伟

第一纪检监察室
主　任：朱发荣

第二纪检监察室
主　任：江松平

第四纪检监察室
主　任：周连伟

案件审理室
主　任：占剑军

**【县人大常委会机关】**

办公室
主　任：蓝　海
副主任：毛献华
邱河杰（—2021.9）

法制监察和司法工委
主　任：毛先法
副主任：钱明龙（—2021.12）

财经工委
主　任：王华松（—2021.12）
冯汉饶（2021.12—）

教科文卫（民宗侨）工委
主　任：陈绍明（—2021.9）
洪跃伟（2021.9—）

代表与选任工委
主　任：邱香兰（女，—2021.9）
徐发余（2021.10—）
副主任：洪燕波（女）

民族宗教华侨工委（九月份该机构并入教科文卫工委）
主　任：程晓东（—2021.2）
徐发余（2021.2—2021.9）

农业与农村工委
主　任：雷发明（2021.9—）

农业资源环境工委（九月份拆分为农业与农村工委和城乡建设与环境资源工委）
主　任：雷发明（—2021.9）

城乡建设与环境资源工委
主　任：黄文伟（2021.9—）

社会建设工委
主　任：李志荣（—2021.9）
包建梅（女，2021.9—）
党组书记：蓝　海（2021.1—）
副书记：王华松（2021.1—2021.12）
雷发明（2021.12—）

**【县人民政府工作部门】**

政府办公室
主　任：杨健勇（—2021.4）
吴王文（2021.4—）
副主任：吴思平
周景伟（—2021.3）
夏伟清
杨志锋
何　苗
刘　军（2021.8—）
占钧强（2021.8—）

陈　鹏
单跃忠
梅先平（—2021.8）
张　伟（挂职）
徐春艳（女，兼）
党组书记：杨健勇（—2021.3）
吴王文（2021.3—）
督查室主任：宋　师（女，—2021.1）
吴思远（2021.1—）

**县大数据和金融发展中心**

主　任：李良厅
副主任：黄黎伟（—2021.3）
陈金波

**发展和改革局**

局　长：吴王文（—2021.4）
许明标（2021.4—）
副局长：刘祖军（—2021.8）
胡雄飞（女）
陆利平
程开俊（2021.9—）
郭　靖（挂职）
总工程师：金根生（2020.3—）
党组书记：吴王文（—2021.3）
许明标（2021.3—）
副书记：刘祖军（—2021.8）
铁路建设办主任：程晓东

**经济商务局**

局　长：陈林贵（—2021.9）
刘祖军（2021.9—）
副局长：陈新军（—2021.3）
徐立民（—2021.12）
潘先宝
张光鑫（—2021.12，挂职）
李樟标（2021.8—）
梅敖铭（2021.12—，挂职）
杨　勇（2021.12—，挂职）
总工程师：周杨胤（2021.8—）
党组书记：陈林贵（—2021.8）
刘祖军（2021.8—）
副书记：陈新军（—2021.3）
李樟标（2021.8—）

**丽水生态产业集聚区松阳分区（工业园区）管理委员会**

主　任：纪忠民
常务副主任：张淑芳（女）
副主任：程海伟
陈新长
徐建军
翁盛强（—2021.4）
楼继业（2021.9—）
罗　捷（挂职）
蓝匀云（2021.12—，畲族，挂职）
党工委书记：纪忠民
党工委副书记：叶国松
总工程师：丁嘉良

**浙江松阳—余姚山海协作产业园管委会**

主　任：诸跃波（挂职）
副主任：张淑芳（女，兼）
程海伟（兼）
陈新长（兼）
叶辉华（女，兼）
黄良金（—2021.8，兼）
胡慧强（2021.8—，兼）
专职副主任：李　超（—2020.12）
书　记：李汉勤（—2021.1）
莫　靓（2021.1—2021.12）
梁海刚（2021.12—）
副书记：诸跃波（挂职）
纪忠民
叶新华（—2021.8）
王昌华（2021.8—）

**教育局**

局　长：吴敏娟（女，—2021.12）
副局长：赖松平
曾建光
吴新武
党委书记：吴敏娟（女，—2021.12）
专职副书记：刘伟松（—2021.8）

**公安局**

局　长：梅显云
政　委：徐建飞（2021.3—2021.12）
副政委:
常务副局长：徐建飞（—2021.3）
吴献明（2021.3—）
副局长：吴献明（—2021.3）
徐智钦
毛伟荣
肖波峭
政治处主任：刘跃芳
党委书记：梅显云
副书记：徐建飞（—2021.12）
吴献明（2021.3—）
情报指挥中心主任：占开贵（—2021.8）

叶　宵（2021.8—）
教导员：张承镒

科技局

局　长：何开健（—2021.4）
吴秀岳（2021.4—）
副局长：周伟良（—2021.9）
邱　芳（女，—2021.8）
陈建明（2021.8—）
吴定邦（2021.9—）
汤嘉良（2021.9—，挂职）
党组书记：何开健（—2021.3）
吴秀岳（2021.3—）

民政局

局　长：黄文伟（—2021.9）
宋伟林（2021.9—）
副局长：朱　伟
李樟标（—2021.8）
叶松青（2021.8—）
党组书记：黄文伟（—2021.8）
宋伟林（2021.8—）
副书记：李樟标（—2021.8）

司法局

局　长：叶志文（—2021.9）
曹松峻（2021.9—）
副局长：刘晓飞（—2021.8）
潘建跃
王钧禾
政治处主任：胡雅杰（2021.8—）
党组书记：叶志文（—2021.8）
曹松峻（2021.8—）

综合行政执法局

局　长：邓慧勇
副局长：宋金贵
周炳林
郑　亮
党组书记：邓慧勇

监察委员会（与纪委合署办公）

主　任：潘仲珏
叶海霞（女，2021.3—）
副主任（代理主任）：叶海霞（2021.2—3）
副主任：阙晓明（—2021.2）
叶雯涛（2021.12—）
吴　剑
委　员：刘增夷（—2021.1）
叶　燕（女，—2021.1）
周世德（2021.1—）
徐　烽
周晓鹏（2021.10—）
周连伟（2021.9—）

财政局

局　长：钟善德
副局长：江剑武
冯汉饶（—2021.12）
占　友
总会计师：吴振宏
国资办公室主任：钟善德（兼）
党组书记：钟善德

县医疗保障局

局　长：丁晓敏（—2021.9）
何花云（女，2021.9—）
副局长：夏文伟
范金根
党组书记：丁晓敏（—2021.8）
何花云（2021.8—）

人力资源和社会保障局

局　长：许军战（—2021.9）
蓝才旺（2021.9—，畲族）
副局长：蓝良松（畲族）
刘丽春（女）
党组书记：许军战（—2021.8）
蓝才旺（2021.8—，畲族）
社会保险事业服务中心主任：鲍婷婷（女）

自然资源和规划局

局　长：刘金理（—2021.2）
翁金豪（2021.6—）
副局长：孙建文（—2021.9）
雷淑文（畲族）
徐伟民（2021.9—）
林荣华（女，2021.9—）
党委书记：刘金理（—2021.5）
翁金豪（2021.5—）
总工程师：徐伟民（—2021.9）
总规划师：吴海明（2021.9—）
执法监察大队大队长：刘火伟（—2021.9）
生态林业发展中心主任：刘建宇
生态林业发展中心副主任：李杰峰（2021.9—）
叶根华（2021.9—）
总工程师：李杰峰（—2021.9）
不动产登记中心主任：林荣华（女，—2021.9）
土地储备中心主任：包松伟

住房和城乡建设局

局　长：潘　毅

副局长：叶茂松
叶亚栋
徐金俊
总工程师：叶越屿
党组书记：潘　毅

**丽水市生态环境局松阳分局**

局　长：林晓东
副局长：叶根基
孟群伟
丁根明
总工程师：叶根基
党组书记：林晓东
生态环保综合行政执法队队长：林晓东（兼）
专职副队长：李　超

**交通运输局**

局　长：周景伟（2021.4—）
副局长：包海鹰
潘建业
曾　波
何蔚武
陶春胜（2021.12—，挂职）
总工程师：潘锦胜
党组书记：周景伟（2021.3—）
交通运输发展中心主任：何蔚武
交通运输综合行政执法队队长：周景伟（2021.3—，兼）
交通运输综合行政执法队专职副队长：刘世伟（2021.8—）

**农业农村局**

局　长：吴为民
副局长：李云波（—2021.8）
夏卫中
林海长
程开俊（—2021.9）
叶金军（2021.8—）
赵寅任（2021.12—，挂职）
赵　锋（2021.12—，挂职）
党组书记：吴为民
副书记：李云波（—2021.8）
叶金军（2021.8—）
畜牧兽医发展中心主任：廖为伟
茶叶产业办公室主任：刘林敏
农业综合行政执法队队长：吴为民（兼）
农业综合行政执法队专职副队长：吴世新（—2021.9）
陶　震（2021.9—）

**水利局**

局　长：吴子斌（—2021.9）
陈增伟（2021.9—）
副局长：包绍达
王增亮
包根福
王志祥（—2021.10，挂职）
总工程师：张志杰
党组书记：吴子斌（—2021.8）
陈增伟（2021.8—）
副书记：包绍达
防汛防旱指挥部办主任：刘开林（—2021.1）
黄南水库发展有限公司总经理：潘金土

**文化和广电旅游体育局**

局　长：方建来（—2021.9）
叶经伟（2021.9—）
副局长：杨建明（—2021.8）
刘俏杨
徐伟锋
叶勇军
党组书记：方建来（—2021.8）
潘伟光（2021.8—）
文化市场综合行政执法队队长：方建来（—2021.8，兼）
叶经伟（2021.8—，兼）
专职副队长：华　蕾（女）

**气象局**

局　长：卢建伟
副局长：周旭琴（女）
邱奕婷（女）
党组书记：卢建伟

**卫生健康局**

局　长：何群荣
副局长：黄伟飞（—2021.3）
刘　军
叶东香（女）
党委书记：何群荣
专职副书记：吕建伟

**退役军人事务局**

局　长：鲍海清（—2021.4）
杨文斌（2021.4—）
副局长：徐新华（—2021.9）
王家遗
朱松林（2021.9—）
党组书记：鲍海清（—2021.4）
杨文斌（2021.4—）

**县应急管理局**

局　长：潘建伟
副局长：徐　翔（—2021.9）
蔡　哲

叶　峰（2021.8—）
刘火伟（2021.9—）
总工程师：宋　师（女）
党委书记：潘建伟
副书记：徐　翔（—2021.9）

统计局

局　长：徐福标（—2021.4）
翁盛强（2021.4—）
副局长：李新雄
蓝昊慧（2021.9—，畲族）
党组书记：徐福标（—2021.3）
翁盛强（2021.3—）
总统计师：王树斌

审计局

局　长：叶雯涛（—2021.11）
吴思平（2021.12—）
副局长：方观根（—2021.1）
陈文俊
黄黎伟（2021.1—）
总审计师：杨益平
党组书记：叶雯涛（—2021.11）
吴思平（2021.11—）
经济责任审计联席办主任：叶跃新

市场监督管理局

局　长：吕书元（—2021.9）
陈林贵（2021.10—）
副局长：周卫星
蔡建立（—2021.8）
包根华（兼）
黄良金（2021.8—）
党组书记：吕书元（—2021.8）
陈林贵（2021.8—）
党组副书记：黄良金（2021.8—）
县食安办副主任：包根华
市场监管综合行政执法队队长：吕书元（—2021.8，兼）
陈林贵（2021.8—，兼）
专职副队长：林建波（2020.3—）

**【县政协机关】**

办公室

主　任：宋明正（—2021.1）
王德明（2021.1—）
副主任：叶荣亮（—2021.1）
钟华杰
李林超（2021.1—）
党组书记：宋明正
副书记：王德明

经济发展专委会

主　任：翁成龙
副主任：曾志友（2021.6—）

社会法制专委会

主　任：毛雄津
副主任：郑樟华
包金付（2021.6—）
阙伟亮（2021.9—）

提案专委会

主　任：陈忠华
副主任：王子鑫

农业农村和人口资源环境专委会

主　任：叶建福
副主任：吴定法
李云波（—2021.9）
周淋龙（2021.9—）

委员工作委员会

主　任：程松华（—2021.9）
叶志文（2021.9—）
副主任：蔡俊霞（女）
廖群慧（女，2021.9—）

教科卫体专委会

主　任：许士田（—2021.9）
方建来（2021.9—）
副主任：李文标
丁晓敏（2021.9—）

文化文史和学习专委会

主　任：叶建豹
副主任：张增明
程建中
邱　芳（女，2021.9—）

港澳台侨和民族宗教委员会

主　任：叶伟民（—2021.9）
蓝　君（女，2021.9—，畲族）
副主任：吴文户

**【部分群众团体】**

总工会

主　席：阙伟亮（—2021.8）
吴子斌（2021.9—）
副主席：刘以乾
副主席人选：曹莉娜（女，—2021.1）
党组书记：阙伟亮（—2021.8）
吴子斌（2021.8—）

**共青团松阳县委**

书　记：蓝艳芳（女，2021.3—，畲族）
副书记：张玲燕（女，—2021.3）
周　祎
罗　怡（女）
叶倩虹（女，2021.12—，挂职）
李为芬（女，2021.12—，挂职）

**妇联**

主　席：林　云（女，—2021.5）
叶丽萍（女，2021.5—）
主席人选：叶丽萍（女，2021.3—2021.5）
副主席：叶丽萍（女，—2021.5）
王旭梅（女，2021.5—）
副主席人选：王旭梅（女，2021.3—2021.5）
蓝丽芬（女，畲族）
郭俊莉（女，挂职）
党组书记：林　云（女，—2021.3）
叶丽萍（女，2021.3—）

**科协**

主　席：叶经伟(—2021.8）
副主席：王金文(—2021.9)
党组书记：王德明（—2021.1）

**文联**

主　席：吴秀岳
主席人选：林　云（女，2021.3—）
副主席：罗成武（—2021.12）

**残联**

理事长：许明标（—2021.5）
陈新军（2021.5—）
理事长人选：陈新军（2021.3—2021.5）
副理事长：李发明（—2021.2）
李根亮（—2021.2）
吴君能（2021.2—）
叶红佳（2021.2—）
党组书记：许明标（—2021.3）
陈新军（2021.3—）

**工商联（总商会）**

常务副主席（副会长）：蔡卫民
专职副主席（副会长）：郑水旺　（—2021.12）
罗成武（2021.12—）
党组书记：蔡卫民

**关工委（与老干部服务中心合署办公）**

专职副主任：颜雪玲（女）
副主任：宋荣丽（女，2021.9—，兼）

## 【民主党派】

**民革松阳县支部**

主　委：叶伟兰（女）
副主委：陈忠华

**中国民主同盟松阳县基层委员会**

主　委：叶向东
副主委：王尚德
叶关毅
陈晓燕（女）

## 【部分事业单位及国有企业】

**县机关事务保障中心**

主　任：徐春艳（女）
副主任：包绍忠
何玫玫（女）
党组书记：徐春艳（女）

**县行政服务中心**

主　任：周根良
副主任：潘跃平
刘伟军
金新德
党组书记：郑伟坚（—2021.8）
张尚军（2021.12—）
副书记：周根良
潘跃平

**县融媒体中心**

主　任：丁建胜
副主任：程淑慧
肖土根
总　编：董剑辉
党组书记：丁建胜

**供销社**

主　任：宋苏君（女）
副主任：叶培虎
蓝子光（畲族）
郑丽君（女，2021.9—）
书　记：叶培虎（—2021.12）

**招商服务中心**

主　任：叶辉华（女）
副主任：叶　华
徐　超
蒋健任（2021.12—，挂职）
党组书记：叶辉华（女）

**移民工作中心**

主　任：杨文斌（—2021.4）
李绍誉（2021.8—）

党组书记：杨文斌（—2021.4）
李绍誉（2021.8—）

土地和房屋征收工作指导中心
主　任：叶松军
副主任：潘拥民
包卓科
党组书记：叶松军

国有资本投资运营集团有限公司
董事长（总经理）：周昌达（—2021.8）
叶新华（2021.8—）
副董事长（副总经理）：廖　青

经济发展投资集团有限公司
董事长（总经理）：汪德军
副总经理：谢秀慧

城市发展投资集团有限公司
董事长（总经理）：潘强军
副总经理：阙祖新
钟土军
黄文山

水务发展投资集团有限公司
董事长（总经理）：曾建伟
副总经理：叶伟成
赵　阳

文化旅游发展投资集团有限公司
董事长（总经理）：王永球（女）
副总经理：杨　彬
裘基鹏

交通发展投资集团有限公司
董事长（总经理）：何迎春
副总经理：洪　斌
董哲威

田园强村投资有限公司
董事长（总经理）：陈艳平
副总经理：李剑勇

松阳一中
校　长：阙柳顺
副校长：王尚德
占　悠（女）
党总支书记：阙柳顺
副书记：苏水长

松阳二中
校　长：吴国林
党支部书记：吴国林

松阳第三中学
校　长：郑智军
党支部书记：吴　杰

职业中专
校　长：吴建伟
党支部书记：叶秋发

浙江广播电视大学松阳学院
院　长：修志强
党支部书记：修志强
副书记：潘人发

民族中学
校　长：叶建伟
党支部书记：朱志昊

教师进修学校
校　长：黄文信
党支部书记：占龙根

实验小学集团学校
校　长：程发军
党支部书记：刘菊梅（女）

县第五中学
校　长：吴新武（—2021.2）
廖军土（2021.2—）
党支部书记：鲍景伟

红十字会
常务副会长：王　芳（女）
党组书记：温小运
副书记：王　芳（女）

人民医院
院　长：王建平（—2021.8）
常务副院长：周　方（—2021.3）
程林贵（2021.3—）
书　记：周　方
副书记：王建平（—2021.8）

中医医院
院　长：郭兴化
书　记：程林贵（—2021.3）
黄伟飞（2021.3—）

古市医院
院　长：刘志平
党支部书记：刘志平

疾控中心
主　任：叶富根
党支部书记：叶富根

卫生监督所
所　长：陈子发
党支部书记：陈子发

妇幼保健服务中心
主　任：陈海莉（女）
党支部书记：黄小伟

副书记：陈海莉（女）

**【中央、省属企业和双重管理单位】**

**国家税务总局松阳县税务局**

局　长：吴　伟

副局长：徐关根

叶岳泉（—2021.4）

雷永利（畲族）

王先军（2021.9—）

王海伟（—2021.4）

周淋伟（2021.4—）

党委书记：吴　伟

纪检组组长：胡小根

**国网浙江省电力有限公司松阳县供电公司**

总经理：王笑棠（—2021.12）

叶慧强（2021.12—）

副总经理：吴常春

吴林洋（—2021.3）

陈扬哲

熊照熠（2021.3—）

党委书记：吴常春

副书记：王笑棠（—2021.12）

叶慧强（2021.12—）

纪委书记：徐丽勇

**松阳邮政分公司**

总经理：吴青林（2021.6—）

副经理：叶永付

党委书记：吴青林（2021.6—）

纪委书记：叶永付

**中国电信股份有限公司松阳分公司**

总经理：施益俊（—2021.10）

江长伟（2021.10—）

副总经理：叶景艳（女，—2021.5）

党委书记：施益俊（—2021.10）

江长伟（2021.10—）

纪检书记：叶景艳（女，—2021.8）

**浙江省移动通信有限公司松阳分公司**

总经理：黄福群（—2021.9）

俞　烨（2021.9—）

副总经理：吴建明

李海振（2021.1—）

叶剑虹（2021.10—）

施淳馨（—2021.10）

**中国联合网络通信有限公司松阳分公司**

总经理：周伟光

副总经理：何晨蔚

**县烟草专卖局（烟草公司）**

局长（经理）：黄智灵

副局长：王延众

副经理：沈小青

党组书记：黄智灵

纪检组组长：王延众

**中国人民银行松阳县支行**

行　长：蒋　政

副行长：潘利军（—2021.7）

连明富

陈沈阳（2021.10—）

党组书记：蒋　政

副书记：潘利军（—2021.7）

纪检组组长：连明富

**丽水银保监分局松阳监管组**

组　长：阙一心

**中国工商银行松阳支行**

行　长：叶斐群

副行长：丁维明

雷亚军（畲族）

党支部书记：叶斐群

**中国农业银行松阳县支行**

行　长：吴东星

副行长：翁科君

党委书记：吴东星

纪委书记：严鑫莉（女）

江　漩（女，2021.11—）

**中国银行松阳支行**

行　长：朱文伟

副行长：程伟荣（—2021.12）

陈　军

周芷伊（女，挂职）

党总支书记：朱文伟

**中国建设银行松阳支行**

行　长：王　勇（—2021.5）

副行长（主持工作）：纪科锋（2021.8—）

副行长：叶　春（2021.5—）

党总支书记：王　勇（—2021.5）

纪科锋（2021.5—）

**浙江松阳农村商业银行股份有限公司**

董事长：王旭红（女）

行　长：季晓伟

副行长：沈俊伟

陈俊浩

监事长：李　诚

党委书记：王旭红（女）

纪委书记：李　诚

中国人民财产保险股份有限公司松阳支公司

总经理：俞　旻

副总经理：占鲁梅（女）

党支部书记：王　勇

中国人寿保险股份有限公司松阳县支公司

经　理：陈向阳

【西屏街道】

中国共产党西屏街道工作委员会

书　记：阙祖权

副书记：叶　峰（—2021.8）

蔡根新

张森平（—2021.8）

吴新锋（2021.8—）

谢秀峰（2021.8—）

朱邦建（—2021.4，挂职）

林军明（挂职）

委　员：叶建辉（—2021.8）

陶　震（—2021.9）

吴爱萍（女，—2021.9）

潘关根

徐晓春

王金法（2021.8—）

李红艳（女，2021.8—）

杨　扬（2021.9—）

叶陈伟（2021.9—）

马志强（2021.9—）

人大工委

主　任：黄　健（—2021.9）

叶　凌（2021.9—）

副主任：叶　剑

办事处

主　任：蔡根新

常务副主任：吴新锋（—2021.8）

副主任：周恩华（—2021.9）

王金法

潘金增（—2021.9）

周方波（2021.9—）

温作源（2021.9—）

【水南街道】

中国共产党水南街道工作委员会

书　记：王红伟

副书记：王昌华（—2021.8）

孟子仁

冯　斌

张森平（2021.8—）

委　员：陈小权（—2021.9）

叶松青（女，—2021.8）

杨东俊

冯　斌

叶利军（—2021.8）

何阳露（—2021.8）

刘　真（2021.8—）

蓝季峰（2021.8—，畲族）

王建来（2021.9—）

刘　挺（2021.9—）

人大工委

主　任：周旭锋

副主任：孟子仁

办事处

主　任：王昌华（—2021.8）

张森平（2021.8—）

常务副主任：叶利军（—2021.8）

副主任：江伟胜（—2021.1）

吴定邦（—2021.9）

刘　真（2021.8—）

金军民（2021.9—）

阙慧玲（女，2021.9—）

【望松街道】

中国共产党望松街道工作委员会

书　记：温兴水（—2021.8）

吴海燕（女，2021.8—）

副书记：刘世伟（—2021.8）

王潜虎

刘　伟（2021.1—）

叶洪峰（2021.8—）

施义亭（—2021.4，挂职）

吴伟松（—2021.7，挂职）

周昱辰（2021.10—，挂职）

委　员：周淋龙（—2021.8）

蔡杨卿（女）

林　辉（—2021.9）

潘　俊

陈伟斌

阙永生（2021.8—）

占黎峰（2021.8—）

叶宝金（2021.9—）

人大工委

主　任：刘　伟（—2021.1）

谢筱俊（2021.9—）
副主任：王潜虎（2021.2—）

办事处

主　任：刘　伟（2021.1—）
常务副主任：周淋龙（—2021.8）
副主任：阙永生
项骏华
蔡　浩（—2021.8）
方伟才（2021.9—）
党委副科级组织员：吴文峰（—2021.9）

**【古市镇】**

中国共产党古市镇委员会

书　记：张　屏
副书记：叶德标
刘以汉（—2021.8）
阙　颖（女，—2021.8）
尹彬斌（2021.8—）
舒　畅（2021.8—）
商政凯（—2021.7，挂职）
党委委员：宋伟忠（—2021.8）
叶陈伟（—2021.9）
吴荣鹏（—2021.8）
邵成君
王建来（—2021.9）
郑来清（—2021.8）
彭俊根（2021.8—）
雷熠俊（2021.8—，畲族）
叶君红（女，2021.8—）
鲍李伟（2021.9—）
刘晓华（2021.9—）
阙余斌（2021.9—）
吴跃华（2021.9—）

人大主席团

主　席：洪跃伟（—2021.8）
阙　颖（2021.12—）
主席人选：阙　颖（2021.8—2021.12）
副主席：叶君红（女，—2021.8）
孟　伟（2021.12—）
副主席人选：孟　伟（2021.9—2021.12）

政府

镇　长：叶德标
副镇长：宋伟忠（—2021.8）
叶根清（—2021.9）
包超勇（—2021.8）
彭俊根（2021.12—）
占利军（2021.12—）
汤海宵（2021.12—）
徐志明（2021.12—）
副镇长人选：彭俊根（2021.8—2021.12）
徐志明（2021.8—2021.12）
占利军（2021.9—2021.12）
汤海宵（2021.9—2021.12）

**【象溪镇】**

中国共产党象溪镇委员会

书　记：潘伟光（—2021.8）
梅先平（2021.8—）
副书记：鲍绍铭（—2021.8）
王伟军
李　艳（女，2021.8—）
冯群强（2021.8—）
吴　彦（—2021.7，挂职）
党委委员：赖火旺（—2021.1）
翁琼芬
李红艳（女，—2021.8）
范林涛
曾水平（2021.1—）
赖以超（2021.1—）
刘　勤（2021.8—）
郑　巍（—2021.9）

人大主席团

主　席：徐发余（—2021.1）
宋伟忠（2021.12—）
主席人选：宋伟忠（2021.8—2021.12）
副主席：蓝水林（畲族）
叶素伟（2021.12—）

政府

镇　长：鲍绍铭（—2021.8）
王伟军（2021.12—）
镇长人选：王伟军（2021.8—2021.12）
副镇长：王　毅
杨旭明
余　斌
陈俐光（2021.12—）
钟巧玲（女，2021.12—，畲族）
秦绍松（2021.12—）

**【玉岩镇】**

中国共产党玉岩镇委员会

书　记：叶福龙
副书记：洪伟林（—2021.8）
毛金科

何阳露（2021.8—）
邱河杰（2021.8—）
楼海勇（—2021.4，挂职）
唐言风（2021.10—，挂职2年）
党委委员：王超林
叶素伟（—2021.9）
杨　扬（—2021.9）
雷熠俊（—2021.8，畲族）
庞文强（—2021.8）
祝南胜（2021.8—）
叶芳阳（2021.8—）
雷海亮（2021.9—，畲族）
周建武（2021.9—）
郑连华（2021.9—）

**人大主席团**

主　席：谢筱俊（—2021.8）
林　巍（2021.12—）
主席人选：林　巍（2021.8—2021.12）
副主席：胡爱生

**政府**

镇　长：毛金科
副镇长：徐志明（—2021.8）
周建武（—2021.9）
祝南胜（—2021.08）
何阳春（女，2021.12—）
程　鹏（2021.12—）
副镇长人选：程　鹏（2021.8—2021.12）
何阳春（女，—2021.12）

## 【大东坝镇】

**中国共产党大东坝镇委员会**

书　记：翁金豪（—2021.8）
王建华（2021.8—）
副书记：张松龙（—2021.8）
叶　霞（女）
冯黎明（2021.8—）
包超勇（2021.8—）
褚骏涛（—2021.4，挂职）
陈　军（2021.3—，挂职）
任　炅（2021.10—，挂职）
党委委员：胡雅杰（—2021.8）
郑海燕（女，—2021.8）
阙勇东
尹彬斌（—2021.8）
王金良
叶方敏（2021.8—）
徐　超（2021.8—）
董笑春（女，2021.9—）
余　斌（2021.9—）

**人大主席团**

主　席：冯黎明（—2021.8）
叶利军（2021.11—）
主席人选：叶利军（2021.8—2021.11）
副主席：方伟才（—2021.9）
刘国强（2021.11—）
副主席人选：刘国强（2021.9—2021.11）

**政府**

镇　长：张松龙（—2021.8）
冯黎明（2021.11—）
镇长人选：冯黎明（2021.8—2021.11）
副镇长：叶永明（—2021.9）
李伟科
叶方敏（2021.11—）
谢炳文（2021.11—）
副镇长人选：叶方敏（2021.8—2021.11）

## 【新兴镇】

**中国共产党新兴镇委员会**

书　记：周志勇
副书记：陈菁菁（女，—2021.10）
周景伟（—2021.8）
郑海燕（女，2021.8—）
杨龙庆（2021.8—）
马　骏（2021.10—）
党委委员：叶方敏（—2021.8）
李　艳（女，—2021.8）
朱松林（—2021.9）
鲁国平
蔡　浩（2021.8—）
周皓月（2021.8—）
廖苏里（—2021.9）
陈金伟（2021.9—）
王　毅（2021.9—）

**人大主席团**

主　席：包建梅（女，—2021.8）
赵如庆（2021.12—）
主席人选：赵如庆（2021.8—2021.12）
副主席：占满和（—2021.2）
叶承晖（2021.12—）
副主席人选：叶承晖（2021.9—2021.12）

**政府**

镇　长：陈菁菁（女，2021.2—2021.10）

马　骏（2021.12—）
镇长人选：马　骏（2021.10—2021.12）
副镇长：占利军（—2021.9）
刘水松（—2021.9）
占远峰
潘长国（—2021.9）
蔡　浩（2021.12—）
阙伟军（2021.12—）
副镇长人选：蔡　浩（2021.8—2021.12）
阙伟军（2021.9—2021.12）
党委正科级组织员：叶　凌（—2021.8）
包朝彪（—2021.9）

**【叶村乡】**

**中国共产党叶村乡委员会**

书　记：刘　军（—2021.8）
刘伟松（2021.8—）
副书记：陈智俊（—2021.8）
王金鑫
周景伟（2021.8—）
李　诚（—2021.4，挂职）
党委委员：马志强（—2021.9）
占黎峰（—2021.8）
刘文炜（—2021.9）
叶舒锐（女）
王芬天（女，2021.8—）
诸葛璐（女，2021.8—）
黄夏芳（2021.9—）
叶永明（2021.9—）

**人大主席团**

主　席：周杨胤（—2021.8）
洪伟林（2021.12—）
主席人选：洪伟林（2021.8—2021.12）
副主席：王金鑫

**政府**

乡　长：陈智俊（—2021.8）
周景伟（2021.12—）
乡长人选：周景伟（2021.8—2021.12）
副乡长：丁路敏（女，—2021.8）
刘晓华（—2021.9）
蓝昊慧（—2021.9，畲族）
宋昭君（2021.12—）
陈叶鹏（2021.12—）
副乡长人选：宋昭君（2021.9—2021.12）
陈叶鹏（2021.9—2021.12）
党委副科级组织员：叶昌明（—2021.9）

**【斋坛乡】**

**中国共产党斋坛乡委员会**

书　记：阙剑和
副书记：占钧强（—2021.8）
潘浩杰
党委委员：邱如华（—2021.1）
阙仙梅（女，—2021.8）
张　辉（—2021.8）
谢新华
林伟东（2021.8—）
邱文军（2021.8—）
叶斌倩（女，2021.8—）
潘长国（2021.9—）
钟李斌（2021.9—）

**人大主席团**

主　席：吴伟林（2021.2—）
主席人选：吴伟林（—2021.12）
副主席：潘浩杰（—2021.8）

**政府**

乡　长：占钧强（—2021.8）
潘浩杰（2021.12—）
乡长人选：潘浩杰（2021.8—2021.12）
副乡长：陈金伟（—2021.9）
周方波（—2021.9）
钟俐青（女）
夏　俊（2021.12—）
副乡长人选：夏　俊（2021.9—2021.12）

**【三都乡】**

**中国共产党三都乡委员会**

书　记：林嘉栋
副书记：张伟信（—2021.8）
张旭军（—2021.8）
吴永华（2021.8—）
徐　征（2021.8—）
王治国（—2021.4，挂职）
赵　衍（2021.10—，挂职）
党委委员：伊　晖（—2021.8）
黄夏芳（—2021.9）
陈建明（—2021.8）
徐　征（—2021.8）
叶子卿（2021.8—）
潘　彬（2021.8—）
兰润泽（2021.9—）
刘宇平（2021.9—）

人大主席团

主　席：杨庆华（女）

副主席：张旭军（—2021.8）41

政府

乡　长：张伟信（—2021.8）

吴永华（2021.12—）

乡长人选：吴永华（2021.8—2021.12）

副乡长：叶慧华（女）

温作源（—2021.9）

兰晓露（女，—2021.9）

蓝智桢（女，2021.12—，畲族）

副乡长人选：蓝智桢（女，—2021.12，畲族）

**【四都乡】**

中国共产党四都乡委员会

书　记：蒋亚慰

副书记：吴海燕（女，—2021.8）

兰丽燕（女，畲族）

张玲燕（女，2021.8—）

叶　芳（女，挂职）

党委委员：叶家宝（—2021.8）

丁坤勇（—2021.8）

吴昊东

洪美娣（女，2021.1—）

朱新权（2021.8—）

鲍朝火（2021.8—）

人大主席团

主　席：吴永华（—2021.8）

张旭军（2021.12—）

主席人选：张旭军（2021.8—2021.12）

副主席：兰丽燕（女，畲族）

政府

乡　长：吴海燕（女，—2021.8）

张玲燕（女，2021.12—）

乡长人选：张玲燕（女，2021.8—2021.12）

副乡长：纪定锋（—2021.8）

胡　俊

叶　楠（女，2021.2—）

副乡长人选：叶　楠（女，—2021.2）

**【竹源乡】**

中国共产党竹源乡委员会

书　记：李绍誉（—2021.8）

叶长春（2021.8—）

副书记：叶长春（—2021.8）

卢智华（—2021.8）

叶　荪（2021.8—）

刘　剑（2021.8—）

党委委员：董笑春（女，—2021.9）

刘　捷

周芝芬（女）

廖苏里（—2021.9）

吴建伟（2021.9—）

人大主席团

主　席：吴梦华（—2021.8）

谢军生（2021.12—）

主席人选：谢军生（2021.8—2021.12）

副主席：卢智华（—2021.8）

政府

乡　长：叶长春（—2021.8）

叶　荪（2021.12—）

乡长人选：叶　荪（2021.8—2021.12）

副乡长：杨君弟（女）

秦绍松（—2021.9）

叶家升（—2021.9）

杜俊勇（2021.12—）

副乡长人选：杜俊勇（2021.9—2021.12）

**【樟溪乡】**

中国共产党樟溪乡委员会

书　记：何花云（女，—2021.8）

鲍绍铭（2021.8—）

副书记：上官耀鹏（—2021.8）

邱土基（—2021.8）

吴梦华（2021.8—）

叶建辉（2021.8—）

李征宙（—2021.7，挂职）

党委委员：彭俊根（—2021.8）

刘　剑（—2021.8）

郑丽君（女，—2021.9）

潘基伟

杨　浦（2021.8—）

周津辉（2021.9—）

詹志伟（2021.9—）

兰晓露（2021.9—）

人大主席团

主　席：林　巍（—2021.8）

包致远（2021.12—）

主席人选：包致远（2021.8—2021.12）

副主席：邱土基（—2021.8）

政府

乡　长：上官耀鹏（—2021.8）

吴梦华（2021.12—）
乡长人选：吴梦华（2021.8—2021.12）
副乡长：金军民（—2021.9）
楼继业（—2021.9）
詹志伟（—2021.9）
叶伟龙（2021.12—）
徐苏成（2021.12—）
副乡长人选：叶伟龙（2021.9—2021.12）
徐苏成（2021.9—2021.12）

**【赤寿乡】**
中国共产党赤寿乡委员会
书　记：叶新华（—2021.8）
王昌华（2021.8—）
副书记：黄良金（—2021.8）
胡慧强
洪雪婷（女，2021.8—）
党委委员：洪雪婷（女，—2021.8）
叶宝金（—2021.9）
蓝季峰（—2021.8，畲族）
王　炜
邓智霞（女，2021.8—）
蔡冬生（2021.9—）
叶家升（2021.9—）
毛阿敏（2021.9—）
人大主席团
主　席：叶国章（—2021.8）
郑来清（2021.12—）
主席人选：郑来清（2021.8—2021.12）
副主席：胡慧强（—2021.8）
政府
乡　长：黄良金（—2021.8）
胡慧强（2021.12—）
乡长人选：胡慧强（2021.8—2021.12）
副乡长：叶方敏（—2021.9）
蔡冬生（—2021.9）
周慧军（—2021.8）
叶　斌（2021.12—）
陈　晖（2021.12—）
副乡长人选：叶　斌（2021.8—2021.12）
陈　晖（2021.9—2021.12）

**【枫坪乡】**
中国共产党枫坪乡委员会
书　记：王建华（—2021.8）
张松龙（2021.8—）
副书记：叶金军（—2021.8）
徐华科
苏　辛（女，2021.8—）
党委委员：雷海亮（—2021.9，畲族）
苏　辛（女，—2021.8）
吴跃华（—2021.9）
楼海涛（2021.8—）
徐文军（2021.9—）
周　瑢（2021.9—）
人大主席团
主　席：包致远（—2021.8）
卢智华（2021.12—）
主席人选：卢智华（2021.8—2021.12）
副主席：徐华科（—2021.8）
政府
乡　长：叶金军（—2021.8）
徐华科（2021.12—）
乡长人选：徐华科（2021.8—2021.12）
副乡长：陈俐光（—2021.9）
楼海涛（—2021.8）
刘宇阳（2021.1—）
张益平（2021.12—）
副乡长人选：刘宇阳（—2021.1）
张益平（2021.9—2021.12）

**【安民乡】**
中国共产党安民乡委员会
书　记：应佾潇（—2021.8）
张伟信（2021.8—）
副书记：牟伊婷（女）
舒　皓（2021.1—）
党委委员：周津辉（—2021.9）
刘　挺（—2021.9）
包海波
潘　标
范伟建（2021.9—）
人大主席团
主　席：谢军生（—2021.8）
邱土基（2021.12—）
主席人选：邱土基（2021.8—2021.12）
副主席：牟伊婷（女）
政府
乡　长：林嘉栋
舒　皓（2021.12—）
副乡长：张益平（—2021.9）
孟　伟（—2021.9）
林奇才（2021.12—）

陈　彬（2021.12—）
副乡长人选：林奇才（—2021.12）
陈　彬（2021.9—2021.12）

**【板桥畲族乡】**

中国共产党板桥畲族乡委员会
书　记：孔雀屏（女，—2021.10）
陈菁菁（女，2021.10—）
副书记：兰明顺（畲族）
叶　荪（—2021.8）
伊　晖（2021.8—）
谢勇华（—2021.7，挂职）
党委委员：林伟东（—2021.8）
楼深科（—2021.9）
蓝伟明（—2021.8，畲族）
刘宇平（—2021.9）
项国锋（2021.8—）
周晓宇（2021.9—）
马　超（2021.9—）

人大主席团
主　席：李宗训（—2021.8）
蓝伟明（2021.12—，畲族）
主席人选：蓝伟明（2021.8—2021.12，畲族）
副主席：叶　荪（—2021.8）

政府
乡　长：兰明顺（畲族）
副乡长：王　玲（女，—2021.9）
汤海霄（—2021.9）
徐伟林
徐国栋（2021.12—）
副乡长人选：徐国栋（2021.9—2021.12）

**【裕溪乡】**

中国共产党裕溪乡委员会
书　记：宋荣丽（女，—2021.8）
陈智俊　（2021.8—）
副书记：舒　皓（—2021.1）
何跃平
张玲燕（女，2021.3—2021.8）
张　辉（2021.8—）
潘　琦
徐春华（—2021.7，挂职）
党委委员：吴建伟（—2021.9）
刘　真（—2021.8）
郑　巍（—2021.9）
胡松铃
王潇潇（女，2021.8—）
梅先亮（2021.9—）

人大主席团
主　席：章剑荣
副主席：舒　皓（—2021.1）
张玲燕（女，2021.6—2021.8）
副主席人选：张玲燕（女，2021.3—2021.6）

政府
乡　长：何跃平
副乡长：钟巧玲（女，—2021.9，畲族）
贾慧珍（女）
梅先亮（—2021.9）
兰丽军（2021.12—）
副乡长人选：兰丽军（2021.9—2021.12）

（县委组织部）

## 松阳县第十二届人民代表大会第五次会议代表名单（2021）

| | | | | |
|---|---|---|---|---|
| 王火根 | 王龙根 | 王华松 | 王红伟 | 王志红 |
| 王建华 | 王根水 | 王智平 | 王增亮 | 毛先法 |
| 毛伟东 | 毛胜法 | 毛振荣 | 孔建民 | 孔雀屏 |
| 石金钟 | 占芳红 | 占时旺 | 占跃华 | 占增军 |
| 叶丽丽 | 叶财金 | 叶国章 | 叶金亮 | 叶春景 |
| 叶南清 | 叶信亮 | 叶根良 | 叶海霞 | 叶祥跃 |
| 叶基华 | 叶章根 | 叶景才 | 叶新华 | 叶福龙 |
| 叶樟水 | 包建梅 | 包荣强 | 包致远 | 冯黎明 |
| 兰土金 | 朱金伟 | 华火浩 | 刘　军 | 刘克忠 |
| 刘金理 | 刘美燕 | 刘跃信 | 刘斯华 | 刘新法 |
| 刘慧芳 | 江宗信 | 汤根木 | 纪　莲 | 李汉勤 |
| 李伟华 | 李会发 | 李志荣 | 李坤龙 | 李坤富 |
| 李宗训 | 李建伟 | 李绍誉 | 李美爱 | 杨水文 |
| 杨庆华 | 杨振龙 | 吴昳敏 | 吴永华 | 吴伟林 |
| 吴伟波 | 吴岳平 | 吴莉梅 | 吴梦华 | 吴　毅 |
| 邱香兰 | 何火珠 | 何　平 | 何花云 | 何国鹏 |
| 何金德 | 应佾潇 | 汪　兴 | 宋火星 | 宋法亮 |
| 宋荣丽 | 张军伟 | 张宏雁 | 张　屏 | 陈绍明 |
| 陈荣华 | 陈彩美 | 范大忠 | 林　伟（检察院） | |
| 林　伟（半古月村） | 林　军 | 林嘉栋 | 林　巍 | |
| 金世星 | 金永兵 | 周伟兰 | 周伟民 | 周旭锋 |
| 周志勇 | 周杨胤 | 周国理 | 周建伟 | 周建华 |
| 周星龙 | 周根伟 | 周鸿飞 | 郑伟坚（—2021.06） | |

| | | | | |
|---|---|---|---|---|
| 泮土旺 | 项军炎 | 项荣伟 | 胡锋吉 | 钟仁旺 |
| 钟伟明 | 洪香云 | 洪跃伟 | 莫　靓 | 徐长城 |
| 徐火灵 | 徐火星 | 徐为民 | 徐发余 | 徐李献 |
| 徐林德 | 徐金来 | 翁尚伟 | 翁金豪 | 翁　春 |
| 高建松 | 黄文升 | 黄美花 | 黄　健 | 曹伟湧 |
| 章剑荣 | 蒋亚慰 | 韩士丰 | 程允寿 | 程林贵 |
| 程金花 | 程晓东 | 傅明亮 | 温永其 | 温兴水 |
| 谢军生 | 谢筱俊 | 蓝　海 | 蒲德余 | 雷发明 |
| 雷剑锋 | 鲍朝火 | 阙子华 | 阙火明 | 阙伟亮 |
| 阙建华 | 阙剑和 | 阙祖权 | 阙晓明 | 蔡卫民 |
| 廖军士 | 樊邦献 | 颜荣山 | 潘必亮 | 潘伟光 |

（县人大办公室）

## 松阳县第十二届人民代表大会常务委员会委员名单（2021）

| | | | | |
|---|---|---|---|---|
| 徐为民 | 毛胜法 | 杨水文 | 阙晓明 | 刘金理 |
| 王华松 | 王智平 | 王增亮 | 毛先法 | 叶丽丽 |
| 冯黎明 | 朱金伟 | 刘跃信 | 刘斯华 | 李志荣 |
| 邱香兰 | 陈绍明 | 周旭锋 | 钟伟明 | 洪跃伟 |
| 徐发余 | 黄　健 | 韩士丰 | 程晓东 | 蓝　海 |
| 雷发明 | 阙伟亮 | 蔡卫民 | | |

（县人大办公室）

## 中国人民政治协商会议第九届松阳县委员会第五次会议委员名单（2021）

| | | | | |
|---|---|---|---|---|
| 周永龙 | 廖卫民 | 丁晓敏 | 宋跃伟 | 宋明正 |
| 翁成龙 | 徐定超 | 程建中 | 毛雄津 | 程松华 |
| 叶伟民 | 叶建豹 | 许士田 | 廖宝云 | 王德明 |
| 郑永安 | 章旭东 | 徐和有 | 叶青长 | 潘利军 |
| 王茂建 | 季学文 | 陈　彬 | 夏雨清 | 叶丽红 |
| 何尉英 | 叶经伟 | 李晓英 | 陈国椿 | 潘志超 |
| 余小华 | 张淑芳 | 徐苏成 | 叶祖武 | 叶向东 |
| 李伟科 | 李云波 | 陈金富 | 叶根基 | 洪建明 |
| 刘金法 | 潘邦佐 | 曾建伟 | 潘邦先 | 叶慧兰 |
| 孟文化 | 练秋珠 | 徐永健 | 叶春喜 | 叶建福 |
| 杨香兰 | 宋泓震 | 叶伟华 | 王寿康 | 叶景艳 |
| 王金文 | 叶东标 | 吴理文 | 叶伟明 | 洪　斌 |
| 陆俊敏 | 邱　芳 | 曹　栋 | 徐　翔 | 毛君明 |
| 叶益兰 | 项骏华 | 阙柳发 | 李发明 | 王小明 |
| 周炳林 | 李永伟 | 潘建英 | 李樟标 | 潘跃平 |
| 王家遗 | 叶炳土 | 黄　莹 | 占利军 | 吴定邦 |
| 阙翔威 | 陈晓燕 | 刘志云 | 金黎艳 | 卢寿亮 |
| 纪　红 | 刘伟军 | 徐薇宏 | 项晓虎 | 吴长顺 |
| 雷晓岚 | 蓝建平 | 陈志选 | 蓝良松 | 兰明顺 |
| 兰建芳 | 兰　倩 | 钟水清 | 叶岳娟 | 吕少锋 |
| 邵慧玉 | 叶梦梅 | 潘先宝 | 叶永标 | 郑建标 |
| 叶金明 | 何东兴 | 潘昌财 | 李胜武 | 吴坛伟 |
| 潘肇伟 | 包火旺 | 钟新明 | 郑水旺 | 叶逢彬 |
| 刘　俊 | 单国亮 | 陈忠华 | 陈　军 | 曹莉娜 |
| 吴秀岳 | 刘以汉 | 叶艳燕 | 徐俊辉 | 钟巧玲 |
| 陈菁菁 | 熊火旺 | 麻功佐 | 吴长素 | 邱　蕻 |
| 牟伊婷 | 吴晓霞 | 陆秀云 | 张芝兰 | 刘春梅 |
| 蓝丽芬 | 徐伟民 | 王　军 | 廖建洋 | 张维清 |
| 宋苏君 | 蒋　晨 | 宋昭君 | 包春花 | 修志强 |
| 王国华 | 陈子亮 | 阙柳顺 | 叶建伟 | 张　骏 |
| 曾木连 | 杨爱华 | 叶火云 | 张增明 | 陈春娥 |
| 李爱英 | 叶东香 | 叶慧勤 | 周　方 | 陈海莉 |
| 潘　法 | 杨荣军 | 李　斌 | 包益来 | 叶金火 |
| 吴伟松 | 阙美法 | 杨建明 | 黄春爱 | 吴永明 |
| 叶伟兰 | 高　飞 | 孙丽雅 | 王　晔 | 潘　清 |
| 邓胜标 | 叶　扬 | | | |

（县政协办公室）

## 中国人民政治协商会议第九届松阳县委员会常务委员名单（2021）

| | | | | |
|---|---|---|---|---|
| 廖宝云 | 周永龙 | 叶向东 | 廖卫民 | 叶伟兰 |
| 宋明正 | 王德明 | 王小明 | 王茂建 | 毛雄津 |
| 叶伟华 | 叶岳娟 | 叶建伟 | 包火旺 | 刘志云 |
| 刘金法 | 杨荣军 | 何东兴 | 宋跃伟 | 陈忠华 |
| 陈金富 | 郑永安 | 翁成龙 | 程松华 | 蓝建平 |
| 雷晓岚 | 叶建福 | 陈菁菁 | 宋苏君 | 叶经伟 |
| 叶伟民 | 叶建豹 | 许士田 | 吴晓霞 | |

（县政协办公室）

# 松阳县行政村党支部、村委会、村监委会主要负责人名单（2021）

## 西屏街道

| 行政村 | 书记（主任） | 村监会主任 |
|---|---|---|
| 一　村 | 李文忠 | 毛革委 |
| 二　村 | 张斌武 | 叶绍龙 |
| 三　村 | 项威霞 | 蔡胡秋 |
| 五　村 | 刘勇华 | 毛菊芝 |
| 六　村 | 兰香华（—2021.8）<br>占增军（2021.8—） | 徐樟林 |
| 七　村 | 程长宪 | 蔡学民 |
| 九　村 | 丁根生 | 郑宝英 |
| 十一村 | 叶忠献 | 夏晓春 |
| 钟　楼 | 张增永 | 阙祖剑 |
| 延　庆 | 何　平 | 谢朝利 |
| 项　弄 | 周景军 | 周开亮 |
| 白　沙 | 程伟胜 | 包社权 |
| 北　山 | 包珠菊 | 张章福 |
| 官路口 | 占时旺 | 高五弟 |
| 乌形山 | 刘石基 | 刘长法 |
| 西　坌 | 吴起标 | 吴仁增 |
| 新　华 | 陈家增 | 李伟华 |
| 周　坌 | 谢伟荣（—2021.8）<br>潘永鑫（2021.8—） | 叶关华 |
| 青　蒙 | 程军民 | 郑建亮 |
| 桐　溪 | 何红花 | 郑宗球 |
| 铺　门 | 徐光明 | 徐云宗 |
| 项桥下 | 吴昌来（—2021.8）<br>叶建华（2021.8—） | 程向阳 |

## 水南街道

| 行政村 | 书记（主任） | 村监会主任 |
|---|---|---|
| 横　山 | 吴新根 | 王卫军 |
| 瓦窑头 | 陈金岳 | 王月生 |
| 潘　西 | 林伟珉 | 徐金根 |
| 独　山 | 刘起达 | 何建胜 |
| 清　路 | 曹森火 | 刘幼军 |
| 桥　头 | 潘绍贤 | 王　鹏 |
| 大竹溪 | 叶斌武 | 徐文义 |
| 南　山 | 王永春 | 廖志军 |
| 寺岭下 | 何樟林 | 徐光亮 |
| 程　徐 | 李余信 | 周龙标 |
| 水　南 | 陈　坚 | 王彩春 |

## 望松街道

| 行政村 | 书记（主任） | 村监会主任 |
|---|---|---|
| 石　门 | 金善东 | 王昌勤 |
| 王　村 | 叶伟军 | 王昌军 |
| 望　松 | 邱俊慧 | 黄华军 |
| 五都阳 | 吴群林 | 钟火达 |
| 乌石下 | 李晓翔 | 黄良军 |
| 西　河 | 林文科 | 叶木松 |
| 翁　村 | 李伟樟 | 郑永清 |
| 六　都 | 郑宗发 | 王金琦 |
| 吴　弄 | 何跃平 | 曾建伟 |
| 山仁下 | 杨金利 | 王根亮 |

## 古市镇

| 行政村 | 书记（主任） | 村监会主任 |
|---|---|---|
| 建　安 | 周星平 | 潘晓华 |
| 城　门 | 杨剑忠 | 洪秉高 |
| 下　街 | 潘必亮 | 刘志军 |
| 塘　湾 | 程家发 | 刘剑波 |
| 筏　铺 | 王火荣（2021.11—）<br>纪旭阳（—2021.11） | 吴伟亮（2021.11—）<br>王火荣（—2021.11） |
| 东角垄 | 叶文伟 | 赖水清 |
| 七　都 | 陈志平 | 刘刚林 |
| 八　都 | 周根伟 | 王立群 |
| 黄　圩 | 黄文知 | 黄继军 |
| 五　木 | 叶火寿 | 叶养平 |
| 岗　下 | 吴延金 | 叶根金 |
| 上　河 | 王龙根 | 许文武 |
| 山下阳 | 何跃法 | 杨孙权 |
| 寺　口 | 张信根 | 刘彩永 |
| 十五里 | 谢挺华 | 纪方平 |

## 象溪镇

| 行政村 | 书记（主任） | 村监会主任 |
|---|---|---|
| 南坑源 | 兰金连 | 王荣利 |
| 南坑口 | 周井田 | 王秋华 |
| 雅溪口 | 留益浪 | 叶逢祥 |
| 东田源 | 夏绍伟 | 苏仁贤 |
| 南　州 | 罗金法 | 罗敏森 |
| 象溪圩 | 兰伟斌 | 兰土金 |
| 象　溪 | 高建松 | 谢丽娇 |
| 靖居口 | 胡连有 | 阙火龙 |
| 金　钟 | 兰大柱 | 郑慧峰 |
| 石牌门 | 兰火根 | 涂成火 |
| 靖居包 | 李增仁 | 包荣强 |
| 梅　峰 | 兰韶东 | 刘松青 |
| 坑　里 | 毛宗庆 | 王松旺 |

## 玉岩镇

| 行政村 | 书记（主任） | 村监会主任 |
|---|---|---|
| 何山头 | 叶发起 | 何松发 |
| 周　坑 | 钱荣斌 | 叶献明 |
| 周　安 | 吴松发 | 吴发林 |
| 白沙岗 | 陈赤火 | 洋成根 |
| 溪　口 | 李洪青 | 金根宝 |
| 排居口 | 叶樟满 | 何春伟 |
| 玉　湖 | 徐家利 | 俞信米 |
| 根　坑 | 叶昌谷 | 叶关旺 |
| 交　塘 | 叶永标 | 叶昌发 |
| 乌　岩 | 叶景才 | 吴达荣 |
| 程　惠 | 谢土富 | 谢献荣 |
| 大　树 | 周杨辉 | 洪金旺 |
| 玉　岩 | 李章火 | 叶金亮 |
| 洋　坑 | 金关金 | 金水发 |

## 大东坝镇

| 行政村 | 书记（主任） | 村监会主任 |
|---|---|---|
| 西　山 | 吴铁英 | 赖委明 |
| 百　步 | 刘根林 | 王秀岳 |
| 蔡　宅 | 李　华 | 蔡伟华 |
| 灯　塔 | 雷文凤 | 阙晓春 |
| 牛角圩 | 邓武宾 | 刘启富 |
| 二滩坝 | 梅先标 | 李有根 |
| 五　部 | 周吴发 | 周学华 |
| 山　徐 | 潘高宝 | 周学森 |
| 横　樟 | 包绍忠 | 叶樟英 |
| 茶　排 | 阙伟华 | 阙伟胜 |
| 山　头 | 林尉英 | 王建华 |
| 大东坝 | 叶春景 | 华章松 |
| 黄　南 | 周冬梅 | 叶伟荣 |
| 洋坑埠头 | 李美爱 | 潘关法 |
| 燕　田 | 吴碧伟 | 潘献德 |
| 下宅街 | 阙关德 | 阙伟平 |
| 后　宅 | 阙建平 | 林来英 |

## 新兴镇

| 行政村 | 书记（主任） | 村监会主任 |
|---|---|---|
| 上　安 | 袁启章 | 刘建松 |
| 新　刘 | 邵宏伟 | 吴松青 |
| 潘　连 | 郑金法 | 徐传信 |
| 横　溪 | 温永其 | 温绍荣 |
| 杨村头 | 周建武 | 俞致信 |
| 徐　郑 | 郑伟春 | 周樟树 |
| 泉　庄 | 温作林 | 李建平 |
| 内　孟 | 徐加伟 | 李荣伟 |
| 朱　山 | 郑荣福 | 叶水福 |
| 外石塘 | 叶洪清 | 叶春妹 |
| 新　处 | 徐金来 | 叶子法 |
| 大岭根 | 叶夏生 | 张增荣 |
| 谢西坑 | 李光忠 | 徐顺利 |
| 谢　村 | 李金良 | 李建平 |
| 大　石 | 文孝明 | 陈志锋 |
| 竹　囮 | 叶基华 | 叶金根 |
| 庄　后 | 周坛金 | 周根林 |
| 后周包 | 程卫文 | 包立荣 |
| 官　岭 | 陈金标 | 陈鹏伟 |
| 下源口 | 刘青春 | 郑青松 |
| 李山头 | 李会发 | 李关新 |
| 平　卿 | 张小飞 | 周松飞 |

## 叶村乡

| 行政村 | 书记（主任） | 村监委会主任 |
|---|---|---|
| 东　坞 | 徐新华 | 李万喜 |
| 横　坑 | 徐叶谊 | 叶朝万 |
| 河　头 | 徐海泉 | 潘思升 |
| 叶　家 | 王曙斐 | 徐淑敏 |
| 叶　村 | 黄文升 | 叶庆樟 |
| 南　岱 | 金火贵 | 吴岳平 |
| 官　田 | 杨伟标 | 杨光标 |
| 松　山 | 罗来龙 | 刘火信 |

## 斋坛乡

| 行政村 | 书记（主任） | 村监委会主任 |
|---|---|---|
| 石门圩 | 丁加亮 | 陈伟军 |
| 小　石 | 王新美 | 夏卫平 |
| 京　梁 | 潘土利 | 周国伟 |
| 花田垄 | 王火根 | 黄金高 |
| 大　路 | 毛琳波 | 黄火根 |
| 庐　东 | 叶新东 | 兰信根 |
| 斋　坛 | 李金星 | 叶王燕 |

## 三都乡

| 行政村 | 书记（主任） | 村监委会主任 |
|---|---|---|
| 上　田 | 吴建伟 | 宋建伟 |
| 黄岭根 | 蔡美仙 | 周火标 |
| 下　田 | 蔡丽生 | 蔡伟华 |
| 上　源 | 潘金伟 | 蔡志良 |
| 西　田 | 汤忠优 | 叶爱君 |
| 杨家堂 | 占斌龙 | 潘伟平 |
| 松　庄 | 叶根忠 | 叶陈生 |
| 尹　源 | 徐樟龙 | 李丽霞 |
| 紫　草 | 冯怀杰 | 王叶伟 |
| 里　庄 | 刘志丰 | 毛火伟 |

## 四都乡

| 行政村 | 书记（主任） | 村临委会主任 |
|---|---|---|
| 下　包 | 何更森 | 何开生 |
| 西　坑 | 丁菊红 | 叶　伟 |
| 陈家铺 | 鲍朝火 | 鲍子标 |
| 平　田 | 陈建武 | 宋绍娥 |
| 四都阳 | 曾文水 | 陈邦根 |

## 竹源乡

| 行政村 | 书记（主任） | 村监委会主任 |
|---|---|---|
| 后　畲 | 叶火法 | 叶龙伟 |
| 大岭头 | 阙进荣 | 叶庆海 |
| 黄　上 | 王关标 | 王朝来 |
| 黄　庄 | 王延利 | 王根亮 |
| 呈旺坑 | 周仲义 | 潘显亮 |
| 小竹溪 | 吴水军（—2021.6） | 泮伟平 |
| 横　岗 | 潘养伟（2021.8—） | 潘养春 |
|  | 潘安清 |  |

## 樟溪乡

| 行政村 | 书记（主任） | 村监委会主任 |
|---|---|---|
| 上徐山 | 叶宝龙 | 李军荣 |
| 东　市 | 任永文 | 王大旺 |
| 力　溪 | 金永兵 | 叶深红 |
| 兴　村 | 傅金鋆 | 郑永峰 |
| 樟　村 | 吴跃明 | 廖建跃 |
| 馒头山 | 郭春伟 | 金　伟 |
| 溪　下 | 刘春根 | 郑连增 |
| 肖　周 | 兰伟林 | 徐荣卫 |

## 赤寿乡

| 行政村 | 书记（主任） | 村监委会主任 |
|---|---|---|
| 界　首 | 刘方德 | 刘权海 |
| 楼　塘 | 傅明亮 | 杨增文 |

| | | |
|---|---|---|
| 赤　岸 | 吴定云 | 章建伟 |
| 半古月 | 周永庆 | 周永荣 |
| 叶川头 | 叶信亮 | 张新华 |
| 卯　山 | 毛坚强 | 苏国成 |
| 红　连 | 项思蔚 | 应满华 |
| 陇　川 | 李军华 | 程志刚 |

## 枫坪乡

| 行政村 | 书记（主任） | 村监委会主任 |
|---|---|---|
| 南　胜 | 李建林 | 李树明 |
| 枫　坪 | 筕康权 | 叶水根 |
| 山乍口 | 毛洪根 | 叶坛根 |
| 高　亭 | 吴永富 | 王寿松 |
| 丁　坑 | 阙春勇 | 周立和 |
| 斗　潭 | 周世星 | 毛关仲 |
| 黄埠坞 | 叶献保 | 张义春 |
| 小　吉 | 翁伟俊 | 翁樟富 |
| 沿坑岭头 | 叶庆春 | 叶金荣 |
| 根　下 | 王林水 | 李棕根 |

## 安民乡

| 行政村 | 书记（主任） | 村监委会主任 |
|---|---|---|
| 安岱后 | 陈　斌 | 陈延平 |
| 李　坑 | 潘黎明 | 周李升 |
| 苏马坪 | 泮先礼 | 杨　斌 |
| 大潘坑 | 杨昌仁 | 樊邦献 |

## 板桥畲族乡

| 行政村 | 书记（主任） | 村监委会主任 |
|---|---|---|
| 高　山 | 叶李英 | 郑瑞海 |
| 东　坑 | 包建鹏 | 蔡延军 |
| 板　桥 | 兰龙奇 | 叶逢平 |
| 桐　榔 | 李　俊 | 杨广相 |
| 大毛科 | 潘国强 | 雷国土 |

## 裕溪乡

| 行政村 | 书记（主任） | 村监委会主任 |
|---|---|---|
| 裕　溪 | 周国理 | 兰元仓 |
| 内　陈 | 曾延富 | 刘先清 |
| 靏　溪 | 陈　烨 | 叶　平 |
| 木岱坑 | 石华凤 | 张维忠 |
| 联　溪 | 曾海土 | 刘根林 |
| 小　槎 | 刘　强 | 程伟军 |
| 凤弄源 | 许晓玲 | 许根鑫 |

［以上名单由各乡镇（街道）党政办提供］

# 荣　誉

黄圩驿站

# 先进集体

## 2021 年松阳县受省部级以上表彰的先进单位一览表

表 1

| 单位名称 | 获奖时间及奖项（称号） |
| --- | --- |
| 松阳县 | 1 月，被浙江省人民政府办公厅评为 2020 年度森林浙江建设目标责任制考核优秀单位；被浙江省财政厅评为 2019 年度中央财政水利发展资金绩效评价优秀县；3 月，被浙江省人民政府授予浙江省第 22 届水利“大禹杯”竞赛活动铜杯奖；4 月，被农业农村部中国小康建设研究会授予“全面小康突出贡献单位”称号；4 月，被浙江省文化和旅游总评榜组委会评为 2020 浙江文旅融合高质量发展十佳县；4 月，入选 2021 中国最美乡村百佳县（市）；5 月，被中国茶叶联盟茶产业委员会、中国农业国际合作促进会评为“2021 年度区域特色美丽茶乡”；10 月，被中国茶叶流通协会评为“2021 年度茶旅融合特色县域”“2021 年度茶叶百强县”；12 月，被《小康》杂志社评为 2021 年度中国乡村振兴百佳示范县；2022 年 1 月，被浙江省水库移民安置办评为 2021 年度水库移民工作优秀县；2 月，被中共浙江省委、浙江省人民政府评为 2018—2020 年健康浙江建设先进县；4 月，被中共浙江省委、浙江省人民政府授予“浙江省平安县”称号 |
| 新兴镇 | 1 月，被中共浙江省委、浙江省人民政府授予“浙江省美丽乡村示范乡镇”称号；10 月,被农业农村部评为全国乡村特色产业十亿元镇；12 月，被浙江省城乡环境整治工作领导小组评为全省新时代美丽城镇建设省级样板；12 月，被浙江省商务厅评为浙江省电商镇 |
| 县文广旅体局 | 1 月，被浙江省文化和旅游厅评为 2020 年度全省文化和旅游系统网络信息工作优秀集体；9 月，被国家体育总局评为“2017—2020 年度全国群众体育先进单位” |
| 松阳县人民法院古市法庭 | 2022 年 1 月，被最高人民法院评为全国法院先进集体 |
| 县工商联 | 12 月，被中华全国工商业联合会评为 2020—2021 年度全国“五好”县级工商联 |
| 县委组织部 | 1 月，被中共中央组织部办公厅评为全国组织系统信息报送工作先进单位 |
| 县林业局 | 1 月，被中共浙江省委、浙江省人民政府评为“森林浙江”建设工作突出贡献集体；12 月，松阳县林下经济发展案例被国家林业和草原局办公室入选国家林草局《林下经济发展典型案例》 |
| 赤寿乡 | 1 月，被中共浙江省委、浙江省人民政府授予“浙江省美丽乡村示范乡镇”称号 |
| 四都乡 | 1 月，被中共浙江省委、浙江省人民政府授予“浙江省文明村镇（乡）”称号 |

续表 1

| 单位名称 | 获奖时间及奖项（称号） |
| --- | --- |
| 西屏街道延庆村 | 1 月，被中共浙江省委、浙江省人民政府授予“浙江省文明村镇（乡）”称号 |
| 水南街道寺岭下村 | 1 月，被中共浙江省委、浙江省人民政府授予“浙江省文明村镇（乡）”称号 |
| 新兴镇上安村 | 1 月，被中共浙江省委、浙江省人民政府授予“浙江省文明村镇（乡）”称号 |
| 中国农业银行松阳县支行 | 1 月，被中共浙江省委、浙江省人民政府授予“浙江省文明单位”称号 |
| 松阳县新华书店有限公司 | 1 月，被中共浙江省委、浙江省人民政府授予“浙江省文明单位”称号 |
| 松阳县妇幼保健计划生育服务中心 | 1 月，被中共浙江省委、浙江省人民政府授予“浙江省文明单位”称号 |
| 松阳县实验小学集团学校城南小区 | 1 月，被中共浙江省委、浙江省人民政府授予“浙江省文明校园”称号 |
| 鲍朝火家庭（四都乡陈家铺村） | 1 月，被中共浙江省委、浙江省人民政府授予“浙江省文明家庭”称号 |
| 县政法委安全稳定指导科 | 4 月，被中共浙江省委、浙江省人民政府评为全省反邪教工作（2019—2020）成绩突出集体 |
| 县公安局 124 侦察队 | 4 月，被中共浙江省委、浙江省人民政府评为全省反邪教工作（2019—2020）成绩突出集体 |
| 县司法局社区矫正管理科 | 4 月，被中共浙江省委、浙江省人民政府评为全省反邪教工作（2019—2020）成绩突出集体 |
| 县文化和广电旅游体育局直属机关党委 | 6 月，被中共浙江省委评为先进基层党组织 |
| 县人民医院第十一党支部 | 6 月，被中共浙江省委评为先进基层党组织 |
| 县台湾事务办公室 | 3 月，被中共浙江省委办公厅、浙江省人民政府办公厅评为浙台经济社会融合发展突出贡献单位 |
| 县农业农村局 | 11 月，被浙江省人民政府办公厅评为生猪增产保供成绩突出集体 |
| 县森林资源保护管理站 | 12 月，被浙江省人民政府办公厅评为全省松材线虫病防治工作和全面禁止非法交易、滥食野生动物工作突出贡献集体 |
| 县公安局工业园区派出所 | 1 月，被中共浙江省委宣传部、浙江省公安厅评为 2020 年度全省“最美警队” |
| 叶村乡 | 11 月，被中共浙江省委宣传部评选为浙江省农村文化礼堂建设示范乡镇；12 月，被浙江省商务厅评为浙江省电商镇 |
| 县司法局 | 12 月，被中共浙江省委全面依法治省委员会守法普法协调小组评为 2016—2020 年度全省法治宣传教育突出单位 |
| 县公安局 | 1 月，被浙江省公安厅评为 2020 年度全省公安机关执法质量考核优秀单位 |
| 县公安局网安大队（“净网”专项行动） | 2 月，被浙江省公安厅评为 2020 年度全省公安机关打击整治专项工作成绩突出集体 |
| 县公安局禁毒大队（“净边 2020”专项行动） | 2 月，被浙江省公安厅评为 2020 年度全省公安机关打击整治专项工作成绩突出集体 |
| 县财政局 | 2 月，被浙江省财政厅评为 2020 年度全省财政管理绩效考评优秀单位 |

续表 1

| 单位名称 | 获奖时间及奖项（称号） |
| --- | --- |
| 大东坝镇 | 8 月，被浙江省文化和旅游厅评为“浙江省民间文化艺术之乡” |
| 枫坪乡 | 8 月，被省文化和旅游厅评为“浙江省民间文化艺术之乡” |
| 玉岩镇 | 11 月，被浙江省文化和旅游厅评为第二批浙江省戏曲之乡；12 月，被浙江省文化和旅游厅评为浙江省文化强镇；12 月，被浙江省林业局评为浙江省级林业特色产业强镇；12 月，被浙江省爱卫会评为浙江省卫生乡镇 |
| 安岱后浙西南红色教育中心 | 11 月，被省文化和旅游厅评为浙江省第五批红色旅游教育基地 |
| 西屏街道 | 12 月，被浙江省商务厅评为浙江省电商镇 |
| 古市镇 | 12 月，被浙江省商务厅评为浙江省电商镇；12 月，被浙江省爱卫会评为浙江省卫生乡镇 |
| 板桥乡 | 12 月，被浙江省商务厅评为浙江省电商镇 |
| 县审计局 | 12 月，被浙江省审计厅评为全省审计优秀机关 |
| 斋坛乡 | 12 月，被浙江省爱卫会评为浙江省卫生乡镇 |
| 县交警大队车辆管理所 | 12 月，被浙江省公安厅评为全省车辆检测“一件事”集成改革工作成绩突出集体 |
| 县红十字会 | 2 月，被浙江省红十字会评为“浙江省红十字会新冠肺炎疫情防控工作”先进集体；被浙江省红十字会评为浙江省红十字工作进步单位 |
| 县人民政府残疾人工作委员会 | 11 月，被浙江省人民政府残疾人工作委员会评为“十三五”期间浙江省残疾人工作成绩突出集体 |
| 县科技局 | 12 月，被浙江省地震局评为浙江省县级防震减灾工作先进单位 |
| 县委编办 | 12 月，被浙江省事业单位改革领导小组评为全省事业单位改革成效突出集体 |
| 县水利局 | 2022 年 1 月，被浙江省水利厅评为全省水利工作综合绩效考评优秀单位 |
| 县医疗保障局 | 2022 年 1 月，被浙江省医疗保障局评为浙江省县级医疗保障工作先进单位 |
| 县气象局 | 2022 年 1 月，被浙江省气象局评为浙江省气象业务服务工作先进集体 |

# 2021 年松阳县受市级表彰的先进单位一览表

表 2

| 单位名称 | 获奖时间及奖项（称号） |
| --- | --- |
| 大东坝镇 | 2 月，被中共丽水市委、丽水市人民政府评为生活富裕方面突出贡献集体；12 月，被中共丽水市委、丽水市人民政府评为丽水市“美丽丽水”建设先进集体 |
| 四都乡 | 2 月，被中共丽水市委、丽水市人民政府评为治理有效方面突出贡献集体；12 月，被中共丽水市委、丽水市人民政府评为丽水市“美丽丽水”建设先进集体 |
| 县林业技术推广站 | 2 月，被中共丽水市委、丽水市人民政府评为产业兴旺方面突出贡献集体 |
| 县农业农村局社会事业促进科 | 2 月，被中共丽水市委、丽水市人民政府评为生态宜居方面突出贡献集体 |
| 县文广旅体局资源开发科 | 2 月，被中共丽水市委、丽水市人民政府评为乡风文明方面突出贡献集体 |
| 松阳县 | 3 月，被中共丽水市委、丽水市人民政府评为 2020 年度大花园建设先进集体；2022 年 1 月，被丽水市消薄办评为 2021 年度全市消除集体经济薄弱村工作考核优秀等次 |
| 县人民政府 | 3 月，被中共丽水市委、丽水市人民政府评为 2020 年度丽水市大花园建设先进集体 |
| 县发改局 | 3 月，被中共丽水市委、丽水市人民政府评为 2020 年度丽水市大花园建设先进集体 |
| 县文广旅体局 | 3 月，被中共丽水市委、丽水市人民政府评为 2020 年度丽水市大花园建设先进集体 |
| 市生态环境局松阳分局 | 12 月，被中共丽水市委、丽水市人民政府评为丽水市“美丽丽水”建设先进集体 |
| 县农业农村局 | 12 月，被中共丽水市委、丽水市人民政府评为丽水市“美丽丽水”建设模范集体；丽水市实施乡村振兴战略工作突出贡献集体 |
| 县集聚区管委会 | 12 月，被中共丽水市委、丽水市人民政府评为丽水市“美丽丽水”建设先进集体 |
| 象溪镇 | 12 月，被中共丽水市委、丽水市人民政府评为丽水市“美丽丽水”建设先进集体 |
| 裕溪乡 | 12 月，被中共丽水市委、丽水市人民政府评为丽水市“美丽丽水”建设先进集体 |
| 斋坛乡党委 | 6 月，被中共丽水市委评为丽水市先进基层党组织 |
| 县纪委监委第一党支部 | 6 月，被中共丽水市委评为丽水市先进基层党组织 |
| 县行政服务中心党支部 | 6 月，被中共丽水市委评为丽水市先进基层党组织 |
| 西屏街道城西社区党委 | 6 月，被中共丽水市委评为丽水市先进基层党组织 |
| 象溪镇雅溪口村党支部 | 6 月，被中共丽水市委评为丽水市先进基层党组织 |
| 大东坝镇大东坝村党支部 | 6 月，被中共丽水市委评为丽水市先进基层党组织 |
| 县政法委 | 6 月，被丽水市人民政府评为丽水市扫黑除恶专项斗争工作表现突出集体 |
| 县人民法院 | 6 月，被丽水市人民政府评为丽水市扫黑除恶专项斗争工作表现突出集体 |
| 县人民检察院 | 6 月，被丽水市人民政府评为丽水市扫黑除恶专项斗争工作表现突出集体 |

续表 2

| 单位名称 | 获奖时间及奖项（称号） |
|---|---|
| 县自然资源和规划局 | 1 月，被丽水市自然资源和规划局办公室评为丽水市自然资源和规划局考评优秀单位 |
| 县审计局 | 12 月，被丽水市审计局评为丽水市审计机关优秀单位 |
| 县司法局 | 12 月，被丽水市司法局评为丽水市司法工作考核进位单位 |
| 县委党校 | 2022 年 1 月，被中共丽水市委党校评为丽水市县级党校工作综合考核先进单位 |
| 县交通运输局 | 2022 年 1 月，被丽水市交通运输局评为丽水市各县（市、区）交通运输重点工作考评优秀单位 |
| 县市场监管局 | 2022 年 1 月，被丽水市市场监督管理局评为丽水市市场监管工作目标责任制考核优秀等次 |
| 县供销社 | 2022 年 1 月，被丽水市供销合作社联合社评为丽水市供销系统考核优秀单位 |
| 住房公积金管理中心松阳分中心 | 2022 年 1 月，被丽水市住房公积金管理中心评为丽水市住房公积金管理目标责任制考核优秀单位 |
| 县气象局 | 2022 年 1 月，被丽水市气象局办公室评为丽水市气象部门综合考评优秀单位 |
| 松阳团县委 | 2022 年 2 月，被丽水共青团系统评为丽水共青团系统目标考核优秀单位 |

## 2021 年松阳县受县级表彰的先进单位一览表

表 3

| 单位名称 | 获奖时间及奖项（称号） |
|---|---|
| 古市镇 | 2022 年 1 月，被中共松阳县委、松阳县人民政府评为乡镇（街道）目标管理考核优秀单位；2022 年 3 月，被松阳县人民政府办公室评为全县政务信息工作考核优秀单位；2022 年 5 月，被中共松阳县委、松阳县人民政府评为全县乡村振兴工作中乡村振兴工作、“消薄”工作、“非粮化”整治工作突出集体 |
| 大东坝镇 | 2022 年 1 月，被中共松阳县委、松阳县人民政府评为乡镇（街道）目标管理考核优秀单位；2022 年 5 月，被中共松阳县委、松阳县人民政府评为全县乡村振兴工作中消薄工作、“非粮化”整治工作突出集体 |
| 新兴镇 | 2022 年 1 月，被中共松阳县委、松阳县人民政府评为乡镇（街道）目标管理考核优秀单位；2022 年 5 月，被中共松阳县委、松阳县人民政府评为全县乡村振兴工作中“大搬快聚”工作突出集体 |
| 西屏街道 | 2022 年 1 月，被中共松阳县委、松阳县人民政府评为乡镇（街道）目标管理考核优秀单位。 |
| 斋坛乡 | 2022 年 1 月，被中共松阳县委、松阳县人民政府评为乡镇（街道）目标管理考核良好单位；2022 年 5 月，被中共松阳县委、松阳县人民政府评为全县乡村振兴工作中乡村振兴工作突出集体 |
| 象溪镇 | 2022 年 1 月，被中共松阳县委、松阳县人民政府评为乡镇（街道）目标管理考核良好单位；2022 年 5 月，被中共松阳县委、松阳县人民政府评为全县乡村振兴工作中共同富裕工作突出集体 |

续表 3

| 单位名称 | 获奖时间及奖项（称号） |
| --- | --- |
| 玉岩镇 | 2022 年 1 月，被中共松阳县委、松阳县人民政府评为乡镇（街道）目标管理考核良好单位；2022 年 3 月，被松阳县人民政府办公室评为全县政务信息工作考核优秀单位；5 月，被中共松阳县委、松阳县人民政府评为全县乡村振兴工作中乡村振兴工作、“大搬快聚”工作突出集体 |
| 叶村乡 | 2022 年 1 月，被中共松阳县委、松阳县人民政府评为乡镇（街道）目标管理考核良好单位；2022 年 5 月，被中共松阳县委、松阳县人民政府评为全县乡村振兴工作中共同富裕工作突出集体 |
| 赤寿乡 | 2022 年 1 月，被中共松阳县委、松阳县人民政府评为乡镇（街道）目标管理考核良好单位；2022 年 5 月，被中共松阳县委、松阳县人民政府评为全县乡村振兴工作中共同富裕工作突出集体 |
| 水南街道 | 2022 年 1 月，被中共松阳县委、松阳县人民政府评为乡镇（街道）目标管理考核良好单位；2022 年 5 月，被中共松阳县委、松阳县人民政府评为全县乡村振兴工作中“非粮化”整治工作突出集体 |
| 四都乡 | 2022 年 1 月，被中共松阳县委、松阳县人民政府评为乡镇（街道）目标管理考核良好单位；目标管理考核进步奖 |
| 竹源乡 | 2022 年 1 月，被中共松阳县委、松阳县人民政府评为乡镇（街道）目标管理考核良好单位；2022 年 3 月，被松阳县人民政府办公室评为全县政务信息工作考核优秀单位 |
| 浙江云中马股份有限公司 | 2022 年 3 月，被中共松阳县委、松阳县人民政府评为松阳县经济社会（生态工业）2021 年纳税超千万元工业企业；3 月，被中共松阳县委、松阳县人民政府评为松阳县经济社会（生态工业）2021 年县制造业企业 20 强 |
| 浙江康恩贝中药有限公司 | 2022 年 3 月，被中共松阳县委、松阳县人民政府评为松阳县经济社会（生态工业）2021 年纳税超千万元工业企业；3 月，被中共松阳县委、松阳县人民政府评为松阳县经济社会（生态工业）2021 年县制造业企业 20 强 |
| 宝丰钢业集团有限公司 | 2022 年 3 月，被中共松阳县委、松阳县人民政府评为松阳县经济社会（生态工业）2021 年纳税超千万元工业企业；3 月，被中共松阳县委、松阳县人民政府评为松阳县经济社会（生态工业）2021 年县制造业企业 20 强；3 月，被中共松阳县委、松阳县人民政府评为松阳县经济社会（生态工业）2021 年优秀外贸出口企业 |
| 丽水云中马贸易有限公司 | 2022 年 3 月，被中共松阳县委、松阳县人民政府评为松阳县经济社会（生态工业）2021 年纳税超千万元工业企业 |
| 上上德盛集团股份有限公司 | 2022 年 3 月，被中共松阳县委、松阳县人民政府评为松阳县经济社会（生态工业）2021 年纳税超千万元工业企业；3 月，被中共松阳县委、松阳县人民政府评为松阳县经济社会（生态工业）2021 年县制造业企业 20 强 |
| 松阳宏泰不锈钢有限公司 | 2022 年 3 月，被中共松阳县委、松阳县人民政府评为松阳县经济社会（生态工业）2021 年纳税超千万元工业企业；2022 年 3 月，被中共松阳县委、松阳县人民政府评为松阳县经济社会（生态工业）2021 年县制造业企业 20 强 |
| 浙江华威门业有限公司 | 2022 年 3 月，被中共松阳县委、松阳县人民政府评为松阳县经济社会（生态工业）2021 年纳税超千万元工业企业；3 月，被中共松阳县委、松阳县人民政府评为松阳县经济社会（生态工业）2021 年县制造业企业 20 强 |
| 浙江科马摩擦材料股份有限公司 | 2022 年 3 月，被中共松阳县委、松阳县人民政府评为松阳县经济社会（生态工业）2021 年纳税超千万元工业企业；3 月，被中共松阳县委、松阳县人民政府评为松阳县经济社会（生态工业）2021 年县制造业企业 20 强 |

续表 3

| 单位名称 | 获奖时间及奖项（称号） |
| --- | --- |
| 松阳港华燃气有限公司 | 2022 年 3 月，被中共松阳县委、松阳县人民政府评为松阳县经济社会（生态工业）2021 年纳税超千万元工业企业 |
| 浙江锐奇鞋业有限公司 | 2022 年 3 月，被中共松阳县委、松阳县人民政府评为松阳县经济社会（生态工业）2021 年纳税超千万元工业企业；3 月，被中共松阳县委、松阳县人民政府评为松阳县经济社会（生态工业）2021 年县制造业企业 20 强；3 月，被中共松阳县委、松阳县人民政府评为松阳县经济社会（生态工业）2021 年优秀外贸出口企业 |
| 国网浙江省电力有限公司松阳县供电公司 | 2022 年 3 月，被中共松阳县委、松阳县人民政府评为松阳县经济社会（生态工业）2021 年纳税超千万元工业企业 |
| 浙江隆达不锈钢有限公司 | 2022 年 3 月，被中共松阳县委、松阳县人民政府评为松阳县经济社会（生态工业）2021 年县制造业企业 20 强 |
| 浙江博盛钢业集团有限公司 | 2022 年 3 月，被中共松阳县委、松阳县人民政府评为松阳县经济社会（生态工业）2021 年县制造业企业 20 强 |
| 浙江金信不锈钢制造有限公司 | 2022 年 3 月，被中共松阳县委、松阳县人民政府评为松阳县经济社会（生态工业）2021 年县制造业企业 20 强 |
| 浙江鹏业不锈钢有限公司 | 2022 年 3 月，被中共松阳县委、松阳县人民政府评为松阳县经济社会（生态工业）2021 年县制造业企业 20 强 |
| 巨特钢业有限公司 | 2022 年 3 月，被中共松阳县委、松阳县人民政府评为松阳县经济社会（生态工业）2021 年县制造业企业 20 强 |
| 浙江浙铜五星金属材料有限公司 | 2022 年 3 月，被中共松阳县委、松阳县人民政府评为松阳县经济社会（生态工业）2021 年县制造业企业 20 强 |
| 浙江鑫通达特钢制造有限公司 | 2022 年 3 月，被中共松阳县委、松阳县人民政府评为松阳县经济社会（生态工业）2021 年县制造业企业 20 强 |
| 浙江旭峰布业有限公司 | 2022 年 3 月，被中共松阳县委、松阳县人民政府评为松阳县经济社会（生态工业）2021 年县制造业企业 20 强 |
| 丽水飞洲电缆有限公司 | 2022 年 3 月，被中共松阳县委、松阳县人民政府评为松阳县经济社会（生态工业）2021 年县制造业企业 20 强 |
| 浙江宏海钢管制造有限公司 | 2022 年 3 月，被中共松阳县委、松阳县人民政府评为松阳县经济社会（生态工业）2021 年县制造业企业 20 强 |
| 浙江泰鑫合成革有限公司 | 2022 年 3 月，被中共松阳县委、松阳县人民政府评为松阳县经济社会（生态工业）2021 年县制造业企业 20 强 |
| 松阳县景顺实业有限公司 | 2022 年 3 月，被中共松阳县委、松阳县人民政府评为松阳县经济社会（生态工业）2021 年县制造业企业 20 强 |
| 百度智行科技有限公司智慧交通产业项目 | 2022 年 3 月，被中共松阳县委、松阳县人民政府评为松阳县经济社会（生态工业）2021 年招商引资优秀项目 |
| 光粒（松阳）科技有限公司 AR 智能眼镜生产项目 | 2022 年 3 月，被中共松阳县委、松阳县人民政府评为松阳县经济社会（生态工业）2021 年招商引资优秀项目 |
| 浙江城光联链科技有限公司智慧交通设备生产线项目 | 2022 年 3 月，被中共松阳县委、松阳县人民政府评为松阳县经济社会（生态工业）2021 年招商引资优秀项目 |
| 县委组织部 | 2022 年 5 月，被中共松阳县委、松阳县人民政府评为全县乡村振兴工作中乡村振兴工作突出集体；2022 年 8 月，被中共松阳县委、松阳县人民政府评为 2021 年度县直机关单位目标管理考核优秀单位（党群和综合类） |

续表 3

| 单位名称 | 获奖时间及奖项（称号） |
| --- | --- |
| 县发展与改革局 | 2022 年 5 月，被中共松阳县委、松阳县人民政府评为全县乡村振兴工作中乡村振兴工作突出集体；2022 年 8 月，被中共松阳县委、松阳县人民政府评为 2021 年度县直机关单位目标管理考核良好单位（经济管理类） |
| 县财政局 | 2022 年 3 月，被松阳县人民政府办公室评为全县政务信息工作考核优秀单位；2022 年 5 月，被中共松阳县委、松阳县人民政府评为全县乡村振兴工作中乡村振兴工作突出集体；2022 年 6 月，被松阳县人民政府办公室评为全县改革工作先进集体；2022 年 8 月，被中共松阳县委、松阳县人民政府评为 2021 年度县直机关单位目标管理考核优秀单位（经济管理类） |
| 县自然资源和规划局 | 2022 年 5 月，被中共松阳县委、松阳县人民政府评为全县乡村振兴工作中乡村振兴工作突出集体；2022 年 6 月，被松阳县人民政府办公室评为全县改革工作先进集体；2022 年 8 月，被中共松阳县委、松阳县人民政府评为 2021 年度县直机关单位目标管理考核优秀单位（经济管理类）；2022 年 8 月，被中共松阳县委、松阳县人民政府评为 2021 年度县直机关单位目标管理考核特别贡献奖 |
| 县建设局 | 2022 年 3 月，被松阳县人民政府办公室评为全县政务信息工作考核优秀单位；2022 年 5 月，被中共松阳县委、松阳县人民政府评为全县乡村振兴工作中乡村振兴工作突出集体；2022 年 8 月，被中共松阳县委、松阳县人民政府评为 2021 年度县直机关单位目标管理考核良好单位（经济管理类） |
| 三都乡 | 2022 年 5 月，被中共松阳县委、松阳县人民政府评为全县乡村振兴工作中“大搬快聚”工作突出集体 |
| 安民乡 | 2022 年 3 月，被松阳县人民政府办公室评为全县政务信息工作考核优秀单位；2022 年 5 月，被中共松阳县委、松阳县人民政府评为全县乡村振兴工作中“消薄”工作突出集体 |
| 县委办 | 2022 年 8 月，被中共松阳县委、松阳县人民政府评为 2021 年度县直机关单位目标管理考核优秀单位（党群和综合类） |
| 县府办 | 2022 年 8 月，被中共松阳县委、松阳县人民政府评为 2021 年度县直机关单位目标管理考核优秀单位（党群和综合类） |
| 县纪委监委机关 | 2022 年 6 月，被松阳县人民政府办公室评为全县改革工作先进集体；2022 年 8 月，被中共松阳县委、松阳县人民政府评为 2021 年度县直机关单位目标管理考核优秀单位（党群和综合类） |
| 县委宣传部 | 2022 年 8 月，被中共松阳县委、松阳县人民政府评为 2021 年度县直机关单位目标管理考核优秀单位（党群和综合类） |
| 县人大办 | 2022 年 8 月，被中共松阳县委、松阳县人民政府评为 2021 年度县直机关单位目标管理考核优秀单位（党群和综合类） |
| 县政协办 | 2022 年 8 月，被中共松阳县委、松阳县人民政府评为 2021 年度县直机关单位目标管理考核优秀单位（党群和综合类） |
| 县委统战部 | 2022 年 8 月，被中共松阳县委、松阳县人民政府评为 2021 年度县直机关单位目标管理考核优秀单位（党群和综合类） |
| 县委编办 | 2022 年 8 月，被中共松阳县委、松阳县人民政府评为 2021 年度县直机关单位目标管理考核良好单位（党群和综合类） |

续表 3

| 单位名称 | 获奖时间及奖项（称号） |
|---|---|
| 县政法委 | 2022 年 8 月，被中共松阳县委、松阳县人民政府评为 2021 年度县直机关单位目标管理考核优秀单位（党群和综合类） |
| 县信访局 | 2022 年 8 月，被中共松阳县委、松阳县人民政府评为 2021 年度县直机关单位目标管理考核良好单位（党群和综合类） |
| 县大数据和金融发展中心 | 2022 年 6 月，被松阳县人民政府办公室评为全县改革工作先进集体；2022 年 8 月，被中共松阳县委、松阳县人民政府评为 2021 年度县直机关单位目标管理考核良好单位（党群和综合类）；2022 年 8 月，被中共松阳县委、松阳县人民政府评为 2021 年度县直机关单位目标管理考核进步奖 |
| 县教育局 | 2022 年 3 月，被松阳县人民政府办公室评为全县政务信息工作考核优秀单位。2022 年 8 月，被中共松阳县委、松阳县人民政府评为 2021 年度县直机关单位目标管理考核良好单位（社会管理类） |
| 县公安局 | 2022 年 8 月，被中共松阳县委、松阳县人民政府评为 2021 年度县直机关单位目标管理考核优秀单位（社会管理类） |
| 县民政局 | 2022 年 8 月，被中共松阳县委、松阳县人民政府评为 2021 年度县直机关单位目标管理考核良好单位（社会管理类） |
| 县司法局 | 2022 年 8 月，被中共松阳县委、松阳县人民政府评为 2021 年度县直机关单位目标管理考核良好单位（社会管理类） |
| 县人力社保局 | 2022 年 3 月，被松阳县人民政府办公室评为全县政务信息工作考核优秀单位；2022 年 8 月，被中共松阳县委、松阳县人民政府评为 2021 年度县直机关单位目标管理考核良好单位（社会管理类） |
| 县交通运输局 | 2022 年 8 月，被中共松阳县委、松阳县人民政府评为 2021 年度县直机关单位目标管理考核良好单位（经济管理类） |
| 县水利局 | 2022 年 8 月，被中共松阳县委、松阳县人民政府评为 2021 年度县直机关单位目标管理考核特别贡献奖 |
| 县农业农村局 | 2022 年 3 月，被松阳县人民政府办公室评为全县政务信息工作考核优秀单位。8 月，被中共松阳县委、松阳县人民政府评为 2021 年度县直机关单位目标管理考核优秀单位（经济管理类）；8 月，被中共松阳县委、松阳县人民政府评为 2021 年度县直机关单位目标管理考核进步奖 |
| 县文广旅体局 | 2022 年 8 月，被中共松阳县委、松阳县人民政府评为 2021 年度县直机关单位目标管理考核良好单位（经济管理类） |
| 县卫生健康局 | 2022 年 3 月，被松阳县人民政府办公室评为全县政务信息工作考核优秀单位；2022 年 8 月，被中共松阳县委、松阳县人民政府评为 2021 年度县直机关单位目标管理考核优秀单位（社会管理类）；2022 年 8 月，被中共松阳县委、松阳县人民政府评为 2021 年度县直机关单位目标管理考核特别贡献奖 |
| 县市场监管局 | 2022 年 3 月，被松阳县人民政府办公室评为全县政务信息工作考核优秀单位；2022 年 6 月，被松阳县人民政府办公室评为全县改革工作先进集体；2022 年 8 月，被中共松阳县委、松阳县人民政府评为 2021 年度县直机关单位目标管理考核优秀单位（社会管理类） |
| 县综合行政执法局 | 2022 年 8 月，被中共松阳县委、松阳县人民政府评为 2021 年度县直机关单位目标管理考核良好单位（社会管理类） |
| 县气象局 | 2022 年 8 月，被中共松阳县委、松阳县人民政府评为 2021 年度县直机关单位目标管理考核良好单位（垂直管理类） |
| 县集聚区管委会 | 2022 年 3 月，被松阳县人民政府办公室评为全县政务信息工作考核优秀单位；2022 年 8 月，被中共松阳县委、松阳县人民政府评为 2021 年度县直机关单位目标管理考核良好单位（经济管理类） |

续表 3

| 单位名称 | 获奖时间及奖项（称号） |
| --- | --- |
| 县消防救援大队 | 2022 年 8 月，被中共松阳县委、松阳县人民政府评为 2021 年度县直机关单位目标管理考核优秀单位（垂直管理类） |
| 县法院 | 2022 年 8 月，被中共松阳县委、松阳县人民政府评为 2021 年度县直机关单位目标管理考核优秀单位（党群和综合类） |
| 县检察院 | 2022 年 6 月，被松阳县人民政府办公室评为全县改革工作先进集体；2022 年 8 月，被中共松阳县委、松阳县人民政府评为 2021 年度县直机关单位目标管理考核优秀单位（党群和综合类） |
| 县残联 | 2022 年 8 月，被中共松阳县委、松阳县人民政府评为 2021 年度县直机关单位目标管理考核良好单位（党群和综合类） |
| 县工商联 | 2022 年 8 月，被中共松阳县委、松阳县人民政府评为 2021 年度县直机关单位目标管理考核良好单位（党群和综合类） |
| 县妇联 | 2022 年 8 月，被中共松阳县委、松阳县人民政府评为 2021 年度县直机关单位目标管理考核良好单位（党群和综合类） |
| 团县委 | 2022 年 6 月，被松阳县人民政府办公室评为全县改革工作先进集体；2022 年 8 月，被中共松阳县委、松阳县人民政府评为 2021 年度县直机关单位目标管理考核良好单位（党群和综合类）；2022 年 8 月，被中共松阳县委、松阳县人民政府评为 2021 年度县直机关单位目标管理考核进步奖 |
| 县行政服务中心 | 2022 年 6 月，被松阳县人民政府办公室评为全县改革工作先进集体；2022 年 8 月，被中共松阳县委、松阳县人民政府评为 2021 年度县直机关单位目标管理考核良好单位（社会管理类） |
| 县招商服务中心 | 2022 年 3 月，被松阳县人民政府办公室评为全县政务信息工作考核优秀单位；2022 年 8 月，被中共松阳县委、松阳县人民政府评为 2021 年度县直机关单位目标管理考核特别贡献奖 |
| 县公积金中心 | 2022 年 8 月，被中共松阳县委、松阳县人民政府评为 2021 年度县直机关单位目标管理考核优秀单位（垂直管理类） |
| 税务局 | 2022 年 8 月，被中共松阳县委、松阳县人民政府评为 2021 年度县直机关单位目标管理考核良好单位（垂直管理类） |
| 供电公司 | 2022 年 8 月，被中共松阳县委、松阳县人民政府评为 2021 年度县直机关单位目标管理考核优秀单位（垂直管理类） |
| 电信公司 | 2022 年 8 月，被中共松阳县委、松阳县人民政府评为 2021 年度县直机关单位目标管理考核良好单位（垂直管理类） |
| 银监办 | 2022 年 8 月，被中共松阳县委、松阳县人民政府评为 2021 年度县直机关单位目标管理考核优秀单位（银行类） |
| 人民银行 | 2022 年 8 月，被中共松阳县委、松阳县人民政府评为 2021 年度县直机关单位目标管理考核优秀单位（垂直管理类） |
| 松阳县农村商业银行 | 2022 年 2 月，被松阳县人民政府办公室考评为金融机构支持地方经济发展工作一等奖；2022 年 8 月，被中共松阳县委、松阳县人民政府评为 2021 年度县直机关单位目标管理考核优秀单位（银行类） |
| 中国银行松阳县支行 | 2022 年 2 月，被松阳县人民政府办公室考评为金融机构支持地方经济发展工作一等奖；2022 年 8 月，被中共松阳县委、松阳县人民政府评为 2021 年度县直机关单位目标管理考核优秀单位（银行类） |

续表 3

| 单位名称 | 获奖时间及奖项（称号） |
| --- | --- |
| 中国农业银行松阳县支行 | 2022 年 2 月，被松阳县人民政府办公室考评为金融机构支持地方经济发展工作二等奖；2022 年 8 月，被中共松阳县委、松阳县人民政府评为 2021 年度县直机关单位目标管理考核优秀单位（银行类） |
| 中国邮政储蓄银行松阳县支行 | 2022 年 2 月，被松阳县人民政府办公室考评为金融机构支持地方经济发展工作一等奖；2022 年 8 月，被中共松阳县委、松阳县人民政府评为 2021 年度县直机关单位目标管理考核优秀单位（银行类） |
| 松阳恒通村镇银行 | 2022 年 2 月，被松阳县人民政府办公室考评为金融机构支持地方经济发展工作二等奖；2022 年 8 月，被中共松阳县委、松阳县人民政府评为 2021 年度县直机关单位目标管理考核良好单位（银行类） |
| 中国建设银行松阳支行 | 2022 年 2 月，被松阳县人民政府办公室考评为金融机构支持地方经济发展工作二等奖；2022 年 8 月，被中共松阳县委、松阳县人民政府评为 2021 年度县直机关单位目标管理考核良好单位（银行类） |
| 中国工商银行松阳支行 | 2022 年 2 月，被松阳县人民政府办公室考评为金融机构支持地方经济发展工作二等奖；2022 年 8 月，被中共松阳县委、松阳县人民政府评为 2021 年度县直机关单位目标管理考核良好单位（银行类） |
| 浙江泰隆商业银行松阳支行 | 2022 年 2 月，被松阳县人民政府办公室考评为金融机构支持地方经济发展工作三等奖 |
| 中国人民财产保险公司松阳县支公司 | 2022 年 2 月，被松阳县人民政府办公室考评为金融机构支持地方经济发展工作三等奖 |
| 财通证券公司松阳营业部 | 2022 年 2 月，被松阳县人民政府办公室考评为金融机构支持地方经济发展工作三等奖 |
| 浙商证券公司松阳营业部 | 2022 年 2 月，被松阳县人民政府办公室考评为金融机构支持地方经济发展工作三等奖 |
| 温州银行丽水松阳小微专营支行 | 2022 年 2 月，被松阳县人民政府办公室考评为金融机构支持地方经济发展工作三等奖 |
| 浙江稠州商业银行松阳支行 | 2022 年 2 月，被松阳县人民政府办公室考评为金融机构支持地方经济发展工作三等奖 |
| 民泰银行丽水松阳小微专营支行 | 2022 年 2 月，被松阳县人民政府办公室考评为金融机构支持地方经济发展工作奖励奖 |
| 松阳县盛世小额贷款股份有限公司 | 2022 年 2 月，被松阳县人民政府办公室考评为金融机构支持地方经济发展工作奖励奖 |
| 松阳县科马小额贷款股份有限公司 | 2022 年 2 月，被松阳县人民政府办公室考评为金融机构支持地方经济发展工作奖励奖 |
| 中国人寿保险公司松阳县支公司 | 2022 年 2 月，被松阳县人民政府办公室考评为金融机构支持地方经济发展工作奖励奖 |
| 县经济商务局 | 2022 年 3 月，被松阳县人民政府办公室评为全县政务信息工作考核优秀单位；6 月，被松阳县人民政府办公室评为全县改革工作先进集体 |
| 樟溪乡 | 2022 年 3 月，被松阳县人民政府办公室评为全县政务信息工作考核优秀单位 |
| 板桥畲族乡 | 2022 年 3 月，被松阳县人民政府办公室评为全县政务信息工作考核优秀单位 |
| 县深改服务中心 | 2022 年 6 月，被松阳县人民政府办公室评为全县改革工作先进集体 |

# 先进个人

## 2021 年松阳县受省部级以上表彰的先进个人一览表

表 4

| 姓 名 | 单位名称 | 获奖时间及奖项（称号） |
| --- | --- | --- |
| 陈银方 | 县农业农村局 | 11 月，被民革中央评为民革助力脱贫攻坚工作先进个人 |
| 毛朝明 | 象溪林业工作中心站 | 1 月，被中共浙江省委、浙江省人民政府评为“森林浙江”建设工作突出贡献个人 |
| 谢 君 | 县林业局 | 1 月，被中共浙江省委、浙江省人民政府评为“森林浙江”建设工作突出贡献个人 |
| 吴为民 | 县农业农村局 | 12 月，被中共浙江省委、浙江省人民政府评为全省扶贫开发工作成绩突出个人 |
| 鲍朝火 | 四都乡陈家铺村 | 6 月，被中共浙江省委评为优秀共产党员 |
| 吴敏娟 | 县教育局 | 6 月，被中共浙江省委评为优秀党务工作者 |
| 廖为伟 | 县农业农村局 | 11 月，被浙江省人民政府办公厅评为生猪增产保供成绩突出个人 |
| 毛仙龙 | 县森林资源保护管理站 | 12 月，被浙江省人民政府办公厅评为全省松材线虫病防治工作和全面禁止非法交易、滥食野生动物工作突出贡献个人 |
| 刘建宇 | 县生态林业发展中心 | 12 月，被浙江省人民政府办公厅评为全省松材线虫病防治工作和全面禁止非法交易、滥食野生动物工作突出贡献个人 |
| 谢高峰 | 县公安局 | 2 月，被浙江省公安厅评为 2020 年度全省公安机关打击整治专项工作成绩突出个人 |
| 廖 俊 | 县农业农村局 | 11 月，被浙江省农业农村厅评为农业和渔业执法工作先进个人 |
| 符伟新 | 西屏派出所 | 12 月，被浙江省公安厅评为全省车辆检测“一件事”集成改革工作成绩突出个人 |
| 童丽丽 | 县司法局 | 12 月，被中共浙江省委全面依法治省委员会守法普法协调小组评为 2016—2020 年度全省法治宣传教育突出个人 |
| 董金福 | 县委编办 | 12 月，被浙江省事业单位改革领导小组评为全省事业单位改革成效突出个人 |

# 2021年松阳县受市级表彰的先进个人一览表

表5

| 姓　名 | 单位名称 | 获奖时间及奖项（称号） |
| --- | --- | --- |
| 叶承晖 | 县农业农村局 | 2月，被中共丽水市委、丽水市人民政府评为丽水市实施乡村振兴战略工作（产业振兴方面）突出贡献个人 |
| 应　晖 | 县农业农村局 | 2月，被中共丽水市委、丽水市人民政府评为丽水市实施乡村振兴战略工作（产业振兴方面）突出贡献个人 |
| 周志勇 | 新兴镇 | 2月，被中共丽水市委、丽水市人民政府评为丽水市实施乡村振兴战略工作（产业振兴方面）突出贡献个人 |
| 叶远仁 | 县委党校 | 2月，被中共丽水市委、丽水市人民政府评为丽水市实施乡村振兴战略工作（人才振兴方面）突出贡献个人 |
| 胡雄飞 | 县住建局 | 2月，被中共丽水市委、丽水市人民政府评为丽水市实施乡村振兴战略工作（人才振兴方面）突出贡献个人 |
| 何佳臻 | 县畜牧兽医发展中心 | 2月，被中共丽水市委、丽水市人民政府评为丽水市实施乡村振兴战略工作（人才振兴方面）突出贡献个人 |
| 徐伟锋 | 县文广旅体局 | 2月，被中共丽水市委、丽水市人民政府评为丽水市实施乡村振兴战略工作（文化振兴方面）突出贡献个人 |
| 张　屏 | 古市镇 | 2月，被中共丽水市委、丽水市人民政府评为丽水市实施乡村振兴战略工作（文化振兴方面）突出贡献个人 |
| 鲍绍明 | 象溪镇 | 2月，被中共丽水市委、丽水市人民政府评为丽水市实施乡村振兴战略工作（文化振兴方面）突出贡献个人 |
| 吴子斌 | 县水利局 | 2月，被中共丽水市委、丽水市人民政府评为丽水市实施乡村振兴战略工作（生态振兴方面）突出贡献个人 |
| 蓝智桢 | 板桥畲族乡 | 2月，被中共丽水市委、丽水市人民政府评为丽水市实施乡村振兴战略工作（生态振兴方面）突出贡献个人 |
| 杨龙庆 | 县委办政策调研科 | 2月，被中共丽水市委、丽水市人民政府评为丽水市实施乡村振兴战略工作（组织振兴方面）突出贡献个人 |
| 吴王文 | 县发改局 | 2月，被中共丽水市委、丽水市人民政府评为丽水市实施乡村振兴战略工作（组织振兴方面）突出贡献个人 |
| 林海长 | 县农业农村局 | 2月，被中共丽水市委、丽水市人民政府评为丽水市实施乡村振兴战略工作（组织振兴方面）突出贡献个人 |
| 钟勇军 | 三都乡 | 2月，被中共丽水市委、丽水市人民政府评为丽水市实施乡村振兴战略工作（组织振兴方面）突出贡献个人 |
| 郑伟坚 | 县人民政府 | 3月，被中共丽水市委、丽水市人民政府评为2020年度丽水市大花园建设先进个人 |
| 周景伟 | 县府办 | 3月，被中共丽水市委、丽水市人民政府评为2020年度丽水市大花园建设先进个人 |
| 吴王文 | 县发改局 | 3月，被中共丽水市委、丽水市人民政府评为2020年度丽水市大花园建设先进个人 |

续表 5

| 姓　名 | 单位名称 | 获奖时间及奖项（称号） |
| --- | --- | --- |
| 包家铭 | 县发改局 | 3 月，被中共丽水市委、丽水市人民政府评为 2020 年度丽水市大花园建设先进个人 |
| 刘祖军 | 县发改局 | 3 月，被中共丽水市委、丽水市人民政府评为 2020 年度丽水市大花园建设先进个人 |
| 王月园 | 县创新办 | 3 月，被中共丽水市委、丽水市人民政府评为 2020 年度丽水市大花园建设先进个人 |
| 楼继业 | 樟溪乡人民政府 | 3 月，被中共丽水市委、丽水市人民政府评为 2020 年度丽水市大花园建设先进个人 |
| 宋伟忠 | 古市镇人民政府 | 3 月，被中共丽水市委、丽水市人民政府评为 2020 年度丽水市大花园建设先进个人 |
| 张淑芳 | 丽水生态产业集聚区松阳分区管委会 | 3 月，被中共丽水市委、丽水市人民政府评为 2020 年度丽水市大花园建设先进个人 |
| 朱仙龙 | 县府办 | 12 月，被中共丽水市委、丽水市人民政府评为丽水市“美丽丽水”建设先进个人 |
| 黄春爱 | 县发改局 | 12 月，被中共丽水市委、丽水市人民政府评为丽水市“美丽丽水”建设先进个人 |
| 叶姝芳 | 县经商局 | 12 月，被中共丽水市委、丽水市人民政府评为丽水市“美丽丽水”建设先进个人 |
| 林荣华 | 县自然资源局 | 12 月，被中共丽水市委、丽水市人民政府评为丽水市“美丽丽水”建设先进个人 |
| 翁乙幻 | 市生态环境局松阳分局 | 12 月，被中共丽水市委、丽水市人民政府评为丽水市“美丽丽水”建设先进个人 |
| 宋华晶 | 市生态环境局松阳分局 | 12 月，被中共丽水市委、丽水市人民政府评为丽水市“美丽丽水”建设先进个人 |
| 何　萍 | 县住建局 | 12 月，被中共丽水市委、丽水市人民政府评为丽水市“美丽丽水”建设先进个人 |
| 吴丽华 | 县住建局 | 12 月，被中共丽水市委、丽水市人民政府评为丽水市“美丽丽水”建设先进个人 |
| 程海伟 | 县集聚区管委会 | 12 月，被中共丽水市委、丽水市人民政府评为丽水市“美丽丽水”建设先进个人 |
| 马　骏 | 新兴镇 | 12 月，被中共丽水市委、丽水市人民政府评为丽水市“美丽丽水”建设先进个人 |
| 叶承晖 | 新兴镇 | 12 月，被中共丽水市委、丽水市人民政府评为丽水市“美丽丽水”建设先进个人 |
| 徐　征 | 三都乡 | 12 月，被中共丽水市委、丽水市人民政府评为丽水市“美丽丽水”建设先进个人 |
| 余　斌 | 大东坝镇 | 12 月，被中共丽水市委、丽水市人民政府评为丽水市“美丽丽水”建设先进个人 |
| 陈中武 | 大东坝镇 | 12 月，被中共丽水市委、丽水市人民政府评为丽水市“美丽丽水”建设先进个人 |

# 2021 年松阳县受县级表彰的先进个人一览表

表 6

| 姓　名 | 单位名称 | 获奖时间及奖项（称号） |
| --- | --- | --- |
| 韩士丰 | 宝丰钢业集团有限公司 | 2022 年 3 月，被中共松阳县委、松阳县人民政府评为 2021 年县十大优秀制造业企业家 |
| 叶福忠 | 浙江云中马股份有限公司 | 2022 年 3 月，被中共松阳县委、松阳县人民政府评为 2021 年县十大优秀制造业企业家 |
| 王潮声 | 浙江博盛钢业集团有限公司 | 2022 年 3 月，被中共松阳县委、松阳县人民政府评为 2021 年县十大优秀制造业企业家 |
| 项军炎 | 浙江隆达不锈钢有限公司 | 2022 年 3 月，被中共松阳县委、松阳县人民政府评为 2021 年县十大优秀制造业企业家 |
| 季学文 | 上上德盛集团股份有限公司 | 2022 年 3 月，被中共松阳县委、松阳县人民政府评为 2021 年县十大优秀制造业企业家 |
| 林　童 | 松阳宏泰不锈钢有限公司 | 2022 年 3 月，被中共松阳县委、松阳县人民政府评为 2021 年县十大优秀制造业企业家 |
| 毛小萍 | 浙江康恩贝中药有限公司 | 2022 年 3 月，被中共松阳县委、松阳县人民政府评为 2021 年县十大优秀制造业企业家 |
| 范长江 | 浙江金信不锈钢制造有限公司 | 2022 年 3 月，被中共松阳县委、松阳县人民政府评为 2021 年县十大优秀制造业企业家 |
| 高　丰 | 浙江华威门业有限公司 | 2022 年 3 月，被中共松阳县委、松阳县人民政府评为 2021 年县十大优秀制造业企业家 |
| 林冷双 | 浙江浙铜五星金属材料有限公司 | 2022 年 3 月，被中共松阳县委、松阳县人民政府评为 2021 年县十大优秀制造业企业家 |
| 叶伟昌 | 宁波松阳商会名誉会长、宁波市天一建筑设计有限公司总经理 | 2022 年 3 月，被中共松阳县委、松阳县人民政府评为 2021 年招商引资工作突出贡献乡贤 |
| 何佳臻 | 县农业农村局派驻象溪镇南州村 | 2022 年 3 月，被中共松阳县委、松阳县人民政府评为第九批“十佳”农村工作指导员 |
| 潘燕萍 | 县档案馆派驻安民乡安岱后村 | 2022 年 3 月，被中共松阳县委、松阳县人民政府评为第九批“十佳”农村工作指导员 |
| 吴关军 | 县经济商务局派驻望松街道吴弄村 | 2022 年 3 月，被中共松阳县委、松阳县人民政府评为第九批“十佳”农村工作指导员 |
| 吴　伟 | 县总工会派驻竹源乡横岗村 | 2022 年 3 月，被中共松阳县委、松阳县人民政府评为第九批“十佳”农村工作指导员 |
| 方永土 | 县科技局派驻大东坝镇二滩坝村 | 2022 年 3 月，被中共松阳县委、松阳县人民政府评为第九批“十佳”农村工作指导员 |
| 周菊雅 | 团县委派驻三都乡尹源村 | 2022 年 3 月，被中共松阳县委、松阳县人民政府评为第九批“十佳”农村工作指导员 |
| 蔡伟飞 | 县自然资源和规划局派驻西屏街道周垒村 | 2022 年 3 月，被中共松阳县委、松阳县人民政府评为第九批“十佳”农村工作指导员 |

续表 6

| 姓　名 | 单位名称 | 获奖时间及奖项（称号） |
| --- | --- | --- |
| 陈　菲 | 县财政局派驻古市镇岗下村 | 2022 年 3 月，被中共松阳县委、松阳县人民政府评为第九批“十佳”农村工作指导员 |
| 叶伟星 | 县移民工作中心派驻新兴镇谢村村 | 2022 年 3 月，被中共松阳县委、松阳县人民政府评为第九批“十佳”农村工作指导员 |
| 占夏欢 | 市生态环境局松阳分局派驻裕溪乡凤弄源村 | 2022 年 3 月，被中共松阳县委、松阳县人民政府评为第九批“十佳”农村工作指导员 |
| 谢冬心 | 县委办 | 2022 年 5 月，被中共松阳县委、松阳县人民政府评为全县乡村振兴工作领导小组成员单位突出贡献个人 |
| 朱伟玲 | 经济商务局 | 2022 年 5 月，被中共松阳县委、松阳县人民政府评为全县乡村振兴工作领导小组成员单位突出贡献个人 |
| 徐　森 | 发改局 | 2022 年 5 月，被中共松阳县委、松阳县人民政府评为全县乡村振兴工作领导小组成员单位突出贡献个人 |
| 高　杰 | 统战部 | 2022 年 5 月，被中共松阳县委、松阳县人民政府评为全县乡村振兴工作领导小组成员单位突出贡献个人 |
| 汤涵冰 | 宣传部 | 2022 年 5 月，被中共松阳县委、松阳县人民政府评为全县乡村振兴工作领导小组成员单位突出贡献个人 |
| 温兴水 | 组织部 | 2022 年 5 月，被中共松阳县委、松阳县人民政府评为全县乡村振兴工作领导小组成员单位突出贡献个人 |
| 叶晓燕 | 县纪委 | 2022 年 5 月，被中共松阳县委、松阳县人民政府评为全县乡村振兴工作领导小组成员单位突出贡献个人 |
| 王益贵 | 县府办 | 2022 年 5 月，被中共松阳县委、松阳县人民政府评为全县乡村振兴工作领导小组成员单位突出贡献个人 |
| 何　萍 | 建设局 | 2022 年 5 月，被中共松阳县委、松阳县人民政府评为全县乡村振兴工作领导小组成员单位突出贡献个人 |
| 朱　伟 | 民政局 | 2022 年 5 月，被中共松阳县委、松阳县人民政府评为全县乡村振兴工作领导小组成员单位突出贡献个人 |
| 温智慧 | 科技局 | 2022 年 5 月，被中共松阳县委、松阳县人民政府评为全县乡村振兴工作领导小组成员单位突出贡献个人 |
| 杨有忠 | 卫生健康局 | 2022 年 5 月，被中共松阳县委、松阳县人民政府评为全县乡村振兴工作领导小组成员单位突出贡献个人 |
| 郭长标 | 文广旅体局 | 2022 年 5 月，被中共松阳县委、松阳县人民政府评为全县乡村振兴工作领导小组成员单位突出贡献个人 |
| 何科伟 | 农业农村局 | 2022 年 5 月，被中共松阳县委、松阳县人民政府评为全县乡村振兴工作领导小组成员单位突出贡献个人 |
| 叶金军 | 农业农村局 | 2022 年 5 月，被中共松阳县委、松阳县人民政府评为全县乡村振兴工作领导小组成员单位突出贡献个人 |
| 吴　俊 | 水利局 | 2022 年 5 月，被中共松阳县委、松阳县人民政府评为全县乡村振兴工作领导小组成员单位突出贡献个人 |
| 潘东伟 | 残联 | 2022 年 5 月，被中共松阳县委、松阳县人民政府评为全县乡村振兴工作领导小组成员单位突出贡献个人 |

续表 6

| 姓　名 | 单位名称 | 获奖时间及奖项（称号） |
| --- | --- | --- |
| 叶枝成 | 移民工作中心 | 2022 年 5 月，被中共松阳县委、松阳县人民政府评为全县乡村振兴工作领导小组成员单位突出贡献个人 |
| 蓝丽芬 | 妇联 | 2022 年 5 月，被中共松阳县委、松阳县人民政府评为全县乡村振兴工作领导小组成员单位突出贡献个人 |
| 翁慧辉 | 西屏街道 | 2022 年 5 月，被中共松阳县委、松阳县人民政府评为全县乡村振兴工作乡镇（街道）突出贡献个人 |
| 阙鹏飞 | 望松街道 | 2022 年 5 月，被中共松阳县委、松阳县人民政府评为全县乡村振兴工作乡镇（街道）突出贡献个人 |
| 钟李斌 | 斋坛乡 | 2022 年 5 月，被中共松阳县委、松阳县人民政府评为全县乡村振兴工作乡镇（街道）突出贡献个人 |
| 陈叶鹏 | 叶村乡 | 2022 年 5 月，被中共松阳县委、松阳县人民政府评为全县乡村振兴工作乡镇（街道）突出贡献个人 |
| 潘　埔 | 新兴镇 | 2022 年 5 月，被中共松阳县委、松阳县人民政府评为全县乡村振兴工作乡镇（街道）突出贡献个人 |
| 王樟华 | 大东坝镇 | 2022 年 5 月，被中共松阳县委、松阳县人民政府评为全县乡村振兴工作乡镇（街道）突出贡献个人 |
| 沈国强 | 玉岩镇 | 2022 年 5 月，被中共松阳县委、松阳县人民政府评为全县乡村振兴工作乡镇（街道）突出贡献个人 |
| 李　艳 | 象溪镇 | 2022 年 5 月，被中共松阳县委、松阳县人民政府评为全县乡村振兴工作乡镇（街道）突出贡献个人 |
| 徐志明 | 古市镇 | 2022 年 5 月，被中共松阳县委、松阳县人民政府评为全县乡村振兴工作乡镇（街道）突出贡献个人 |
| 徐晓平 | 水南街道 | 2022 年 5 月，被中共松阳县委、松阳县人民政府评为全县乡村振兴工作乡镇（街道）突出贡献个人 |
| 王昕灿 | 三都乡 | 2022 年 5 月，被中共松阳县委、松阳县人民政府评为全县乡村振兴工作乡镇（街道）突出贡献个人 |
| 钟　文 | 裕溪乡 | 2022 年 5 月，被中共松阳县委、松阳县人民政府评为全县乡村振兴工作乡镇（街道）突出贡献个人 |
| 兰明顺 | 板桥乡 | 2022 年 5 月，被中共松阳县委、松阳县人民政府评为全县乡村振兴工作乡镇（街道）突出贡献个人 |
| 包海波 | 安民乡 | 2022 年 5 月，被中共松阳县委、松阳县人民政府评为全县乡村振兴工作乡镇（街道）突出贡献个人 |
| 叶连春 | 枫坪乡 | 2022 年 5 月，被中共松阳县委、松阳县人民政府评为全县乡村振兴工作乡镇（街道）突出贡献个人 |
| 林　钢 | 赤寿乡 | 2022 年 5 月，被中共松阳县委、松阳县人民政府评为全县乡村振兴工作乡镇（街道）突出贡献个人 |
| 吴延华 | 竹源乡 | 2022 年 5 月，被中共松阳县委、松阳县人民政府评为全县乡村振兴工作乡镇（街道）突出贡献个人 |
| 徐　倩 | 樟溪乡 | 2022 年 5 月，被中共松阳县委、松阳县人民政府评为全县乡村振兴工作乡镇（街道）突出贡献个人 |

续表 6

| 姓 名 | 单位名称 | 获奖时间及奖项（称号） |
| --- | --- | --- |
| 谷凌峰 | 四都乡 | 2022 年 5 月，被中共松阳县委、松阳县人民政府评为全县乡村振兴工作乡镇（街道）突出贡献个人 |
| 何向东 | 乡村振兴办 | 2022 年 5 月，被中共松阳县委、松阳县人民政府评为全县乡村振兴工作相关专班突出贡献个人 |
| 许伟明 | 农业“双招双引”专班 | 2022 年 5 月，被中共松阳县委、松阳县人民政府评为全县乡村振兴工作相关专班突出贡献个人 |
| 吴永华 | 耕地“非粮化”整治优化工作专班 | 2022 年 5 月，被中共松阳县委、松阳县人民政府评为全县乡村振兴工作相关专班突出贡献个人 |
| 林文英 | 农业双强专班 | 2022 年 5 月，被中共松阳县委、松阳县人民政府评为全县乡村振兴工作相关专班突出贡献个人 |
| 叶琼花 | “大搬快聚”办 | 2022 年 5 月，被中共松阳县委、松阳县人民政府评为全县乡村振兴工作相关专班突出贡献个人 |
| 毛慧涛 | 农业共同富裕专班 | 2022 年 5 月，被中共松阳县委、松阳县人民政府评为全县乡村振兴工作相关专班突出贡献个人 |
| 钟巧玲 | “消薄”办 | 2022 年 5 月，被中共松阳县委、松阳县人民政府评为全县乡村振兴工作相关专班突出贡献个人 |
| 吴颖俊 | 县府办 | 2022 年 3 月，被松阳县人民政府办公室评为全县政务信息工作考核先进个人 |
| 雷晓芳 | 农业农村局 | 2022 年 3 月，被松阳县人民政府办公室评为全县政务信息工作考核先进个人 |
| 兰肖莉 | 卫生健康局 | 2022 年 3 月，被松阳县人民政府办公室评为全县政务信息工作考核先进个人 |
| 潘晖敏 | 教育局 | 2022 年 3 月，被松阳县人民政府办公室评为全县政务信息工作考核先进个人 |
| 杜一真 | 市场监管局 | 2022 年 3 月，被松阳县人民政府办公室评为全县政务信息工作考核先进个人 |
| 虞程鹏 | 集聚区管委会 | 2022 年 3 月，被松阳县人民政府办公室评为全县政务信息工作考核先进个人 |
| 张 瑛 | 经济商务局 | 2022 年 3 月，被松阳县人民政府办公室评为全县政务信息工作考核先进个人 |
| 应少泽 | 财政局 | 2022 年 3 月，被松阳县人民政府办公室评为全县政务信息工作考核先进个人 |
| 饶 娆 | 人力社保局 | 2022 年 3 月，被松阳县人民政府办公室评为全县政务信息工作考核先进个人 |
| 徐 倩 | 樟溪乡 | 2022 年 3 月，被松阳县人民政府办公室评为全县政务信息工作考核先进个人 |
| 刘 畅 | 板桥畲族乡 | 2022 年 3 月，被松阳县人民政府办公室评为全县政务信息工作考核先进个人 |
| 叶 芬 | 玉岩镇 | 2022 年 3 月，被松阳县人民政府办公室评为全县政务信息工作考核先进个人 |

续表 6

| 姓　名 | 单位名称 | 获奖时间及奖项（称号） |
|---|---|---|
| 吴叶菁 | 竹源乡 | 2022 年 3 月，被松阳县人民政府办公室评为全县政务信息工作考核先进个人 |
| 徐晓颖 | 安民乡 | 2022 年 3 月，被松阳县人民政府办公室评为全县政务信息工作考核先进个人 |
| 杨智勇 | 古市镇 | 2022 年 3 月，被松阳县人民政府办公室评为全县政务信息工作考核先进个人 |
| 施赵君 | 建设局 | 2022 年 3 月，被松阳县人民政府办公室评为全县政务信息工作考核先进个人 |
| 吴芝明 | 县委办，“民情地图”专班 | 2022 年 6 月，被松阳县人民政府办公室评为全县改革工作先进个人 |
| 阙献荣 | 县委党校 | 2022 年 6 月，被松阳县人民政府办公室评为全县改革工作先进个人 |
| 刘　杰 | 公安局，一体化智能化专班 | 2022 年 6 月，被松阳县人民政府办公室评为全县改革工作先进个人 |
| 徐　健 | 公安局，党政机关整体智治专班 | 2022 年 6 月，被松阳县人民政府办公室评为全县改革工作先进个人 |
| 宋　伟 | 政法委，数字法治专班 | 2022 年 6 月，被松阳县人民政府办公室评为全县改革工作先进个人 |
| 吕夏炀俊 | 检察院 | 2022 年 6 月，被松阳县人民政府办公室评为全县改革工作先进个人 |
| 叶超云 | 发改局 | 2022 年 6 月，被松阳县人民政府办公室评为全县改革工作先进个人 |
| 李素霞 | 卫健局，数字政府专班 | 2022 年 6 月，被松阳县人民政府办公室评为全县改革工作先进个人 |
| 范大忠 | 市场监管局 | 2022 年 6 月，被松阳县人民政府办公室评为全县改革工作先进个人 |
| 林圣俊 | 市场监管局，数字经济专班 | 2022 年 6 月，被松阳县人民政府办公室评为全县改革工作先进个人 |
| 何伟明 | 市场监管局，数字政府专班 | 2022 年 6 月，被松阳县人民政府办公室评为全县改革工作先进个人 |
| 陈玉新 | 经济商务局 | 2022 年 6 月，被松阳县人民政府办公室评为全县改革工作先进个人 |
| 杨有忠 | 卫健局 | 2022 年 6 月，被松阳县人民政府办公室评为全县改革工作先进个人 |
| 杨益清 | 教育局，数字社会专班 | 2022 年 6 月，被松阳县人民政府办公室评为全县改革工作先进个人 |
| 陈金波 | 大数据和金融发展中心 | 2022 年 6 月，被松阳县人民政府办公室评为全县改革工作先进个人 |
| 赖叶蕾 | 大数据和金融发展中心 | 2022 年 6 月，被松阳县人民政府办公室评为全县改革工作先进个人 |
| 洪伟林 | 叶村乡，“民情地图”专班 | 2022 年 6 月，被松阳县人民政府办公室评为全县改革工作先进个人 |
| 徐建中 | 深化改革服务中心 | 2022 年 6 月，被松阳县人民政府办公室评为全县改革工作先进个人 |
| 叶志标 | 深化改革服务中心 | 2022 年 6 月，被松阳县人民政府办公室评为全县改革工作先进个人 |
| 刘伟军 | 行政服务中心 | 2022 年 6 月，被松阳县人民政府办公室评为全县改革工作先进个人 |

# 附 录

四都乡陈家铺村

# 松阳县国民经济和社会发展第十四个五年规划和二〇三五年远景目标纲要

松阳县国民经济和社会发展第十四个五年规划和二〇三五年远景目标纲要，根据《中共丽水市委关于制定国民经济和社会发展第十四个五年规划和二〇三五年远景目标的建议》《中共松阳县委关于制定国民经济和社会发展第十四个五年规划和二〇三五年远景目标的建议》制定，主要阐明全县经济社会发展的战略意图，明确政府工作重点，引导规范市场主体行为，是政府全面正确履行职责的重要依据，是全县人民的共同愿景。

## 第一章　开启高水平全面建设现代化新征程

### 第一节　发展成就

“十三五”时期是松阳县与全省同步高水平全面建成小康社会的决胜期。面对大变局大变革大事件深刻影响，县委团结带领全县广大干部群众，认真贯彻落实中央决策部署和省市工作要求，深入弘扬践行浙西南革命精神，全面厉行“丽水之干”，创新性用好三把“金钥匙”，奋力推进高质量绿色发展，“田园松阳”升级版建设取得重大成就。

经济实力再上台阶。“十三五”期间，全县深入实施“田园松阳”升级版战略，有效构建了县域经济社会发展的四梁八柱，2020 年全县实现地区生产总值 119.49 亿元，实现社会消费品零售总额 58.82 亿元，五年累计完成固定资产投资 272.97 亿元。全县以绿色生态为导向、全域旅游为驱动、融合发展为特征的新型经济业态呈现蓬勃发展态势，三次产业结构调整为 11.2∶37.8∶51.0。生态农业质效齐增，建成全省首个国家级绿色食品（茶叶）标准化生产基地，松古盆地现代农业综合区成为省十大标杆性综合区，茶叶全产业链成为浙江省示范性全产业链。生态工业动能转换提速，完成丽水生态产业集聚区松阳分区和松阳—余姚山海协作产业园平台建设，工业园区列入第二批省级循环化改造示范试点园区，不锈钢无缝钢管产量占全国总产量的三分之一，成为全省不锈钢管产业基地、国家级不锈钢产业质量提升示范区。全域旅游全面打响，累计建成 1 个省级旅游度假区，4 个国家 AAAA 级旅游景区，成功创建国家全域旅游示范区，成为全国旅游创新发展示范地、全国最佳养生休闲旅游名县。连续五年获评“中国电子商务发展百佳县”，成功入选国家电子商务进农村综合示范县。

生态环境持续改善。全县坚持以改善生态环境质量为核心，以增强群众环境获得感为根本，生态环境质量保持全省前列，创成国家生态县。全面打好“蓝天、碧水、净土、清废”四大战役，荣获“中国天然氧吧”称号，松阴溪被评为国家级水利风景区，创成省级湿地公园，松阴溪古市段获评省级“美丽河湖”。连续两年获得“大禹鼎”。成功创建省级园林城市、省级森林城市。深入实施“五水共治”“六边三化三美”“三改一拆”“小城镇环境综合整治”等专项行动，纵深推进“厕所、垃圾、污水”三大革命，17 个乡镇（街道）21 个点位小城镇环境综合整治全部通过省考核验收，其中 6 个整治点被评为省级样板乡镇，创成省级“基本无违建县”。开展县域百村景区创建，完成 104 个 A 级景区村创建，其中 AAA 级景区村 14 个。

城乡融合深入推进。坚持“生态引领、全域统筹、城乡融合”发展路径，推动城乡发展双向互动、城乡经济互融共生。品质新城日见雏形，县城建成区面积突破 10 平方公里，南城独山区块、站前物流服务区块和文教区块等建设稳步推进，汽车综合服务园、总部经济大楼等项目建成投用。人文古城加速复兴，青田码道、瓦窑头、项弄区块改造全面推进，文里、汤兰公所等区块启动有机更新，松阳古城逐渐成为独具特色的城市名片。75 个村列入中国传统村落名录，成为中国传统村落保护发展示范县、保护利用试验区和“拯救老屋行动”整县推进试点县。城乡基础设施不断完善，实施黄南水库、配电网改造升级工程等一批重点工程，衢宁铁路顺利通车，开工建设衢丽铁路、235 国道、西竹玉公路等一批重大交通基础设施，松阳正式步入“铁路时代”。

民生福祉全面增进。稳步推进民生事业发展和社会治理，人民群众的幸福感、获得感、安全感显著提升，五年累计民生领域支出占一般公共预算支出超过80%。全力推进农村发展六大行动计划、“大搬快聚富民安居”“千村示范、万村整治”等工程，全面消除家庭人均收入8000元以下低收入农户现象。教育事业全面进步，成为衢丽地区首个省级教育基本现代化县。县域医共体运行管理机制高效建成，创成全国基层中医药工作先进县。推动“永不落幕的民俗文化节”“永不闭馆的乡村博物馆”“永不停歇的乡野运动场”三大文化品牌建设，传承复活了百余台民俗节会，相继举办了一批高等级活动赛事。特困人员供养在全省率先实现一院供养，创新“农村宅基地换养老”模式，居家养老服务照料中心运行率全市第一。县域社会治理现代化加快推进，夺得全省首批“一星平安鼎”。

改革开放持续优化。“最多跑一次”改革、农村金融改革、搬迁扶贫改革、生态产品价值实现机制试点等改革扎实推进，全面深化县域资源全域统筹运营机制，建立健全绿色发展和生态保护共生共赢机制。“民情地图”国家级试点、“拯救老屋行动”、松阳县乡村振兴模式等成为全省乃至全国的示范，“拯救老屋行动”工作列入中共中央、国务院《乡村振兴战略规划（2018—2022年）》，并在全省全面推广。高水平举办首届城乡联系国际论坛、中国松阳·（国际）现代有机农业峰会，一批优秀建筑作品作为全国县域代表入展第十届世界城市论坛、德国Aedes建筑论坛、威尼斯国际建筑双年展主题馆以及法兰克福书展等世界级展示平台，向世界讲述了松阳故事。与上海市松江区、金山区枫泾镇结对友好县区（镇），嘉兴“飞地”项目稳步推进，与巴州区的茶叶产销对接成效明显。

“十三五”《纲要》确定的经济发展、结构优化、生态文明、民生福祉4个方面35项主要指标41个分指标，总体完成情况较好。预计顺利完成31项；受国内外环境变化特别是新冠肺炎疫情冲击、统计口径变更等因素影响，地区生产总值、人均生产总值、工业增加值、单位生产总值用水量、单位生产总值能耗、农村居民人均可支配收入、全员劳动生产率、户籍人口城市化率等8项指标完成情况与规划目标存在差距；九大百亿级产业产值、互联网普及率2项指标全省已不作统计。

松阳县在“十三五”时期经济社会发展取得长足进步，同时也应该看到：一是生态经济尚未成型成势，全县生态要素尚未有效转化为生产要素、生态价值尚未有效转化为经济价值、生态优势尚未有效转化为发展优势，“两山”转化通道尚未充分打开。二是生态工业发展短板突出，重大制造业项目支撑不足，产业链附加值不高，全社会研发投入不强，缺乏创新发展“塔尖”“重器”。三是城乡融合格局尚未建立，依山而居、靠山而作、划山而治的“分散式”格局尚未根本打破，松古平原一城化步伐有待加快，非农人口转移速度有待提速，山区新型城镇化尚处于探索阶段。四是优质公共服务供给依然短缺，校网布局不合理、优质资源供给不足、基层医疗机构设施薄弱、人才队伍短缺等问题突出，公共安全、安全生产、应急管理等还存在薄弱环节，距离人民日益增长的美好生活需要还存在差距。五是改革开放力度有待增强，承接国家战略和省市重大部署的高能级平台不多，制约高质量发展的体制机制障碍还未根本消除。

专栏1 “十三五”规划主要指标完成情况

| 类别 | 序号 | 指标名称 | 单位 | 2015年实际值 | 2020年规划目标 | | 2020年完成 | |
|---|---|---|---|---|---|---|---|---|
| | | | | | 绝对值 | 年均增长（%）或累计增幅【】 | 绝对值 | 年均增长（%）或累计增幅【】 |
| 经济发展 | 1 | 地区生产总值 | 亿元 | 85.97 | 123 | 7.5 | 119.49 | 6.8 |
| | 2 | 人均生产总值 | 万元 | 4.63 | 6.5 | 7.2 | 4月公布 | |
| | 3 | 工业增加值 | 亿元 | 33.55 | 50 | 7 | 39.4 | 6.8 |
| | 4 | 固定资产投资 | 亿元 | 56.14 | 【370】 | 10 | 51.23 | 【272.97】 |
| | 5 | 一般公共预算收入 | 亿元 | 5.26 | 7.6 | 7.5 | 8.19 | 9.3 |
| | 6 | 社会消费品零售总额 | 亿元 | 34.48 | 53.1 | 9 | 58.82 | 11.3 |
| 结构优化 | 7 | 旅游总收入 | 亿元 | 11.43 | 35 | 25 | 53.67 | 36.3 |
| | 8 | 九大产业产值 | 亿元 | — | — | — | 全省不作统计 | |
| | 9 | 服务业增加值占生产总值比重 | % | 39.3 | 40 | 【1.8】 | 51.0 | 【9.7】 |
| | 10 | 高新技术产业增加值 | 亿元 | 3.42 | 6.88 | 15 | 11.35 | 27 |
| | 11 | 研究与实验发展经费相对于GDP比重 | % | 0.51 | 1.5 | 【0.9】 | 6月公布 | |

续表

专栏 1 “十三五”规划主要指标完成情况

| 类别 | 序号 | 指标名称 | | 单位 | 2015 年实际值 | 2020 年规划目标 | | 2020 年完成 | |
|---|---|---|---|---|---|---|---|---|---|
| | | | | | | 绝对值 | 年均增长（%）或累计增幅【】 | 绝对值 | 年均增长（%）或累计增幅【】 |
| | 12 | 发明专利授权量 | | 项 | 11 | 【22】 | | 99 | |
| | 13 | 互联网普及率 | | % | 42* | 60 | 【18】 | 全省不作统计 | |
| | 14 | 全员劳动生产率 | | 万元/人 | 6.4 | 10 | 9 | 数据未出 | |
| | 15 | 城市化率 | 常住人口城市化率 | % | 46.3 | 52 | 【5.7】 | 4 月公布 | |
| | | | 户籍人口城市化率 | % | 28 | 38.8 | 【10】 | 27.6 | |
| 生态文明 | 16 | 单位生产总值能耗 | | 吨标煤/万元 | 0.3561 | 2015 年基础上下降 6.3% | | 3 月公布 | |
| | 17 | 非化石能源占一次能源消费比重 | | % | 45.4 | 45 | | 3 月公布 | |
| | 18 | 单位生产总值用水量 | | 立方米/万元 | 70.98 | 47.5 | | 45.62 | |
| | 19 | 单位生产总值二氧化碳排放量 | | 吨/万元 | 0.69 | 省下达 | | — | |
| | 20 | 主要污染物排放量 | 氮氧化物（NOx） | 万吨 | 0.1544 | 5% | | — | — |
| | | | 化学需氧量（COD） | 万吨 | 0.4733 | 8.4% | | — | — |
| | | | 二氧化硫（$SO_2$） | 万吨 | 0.2705 | 8% | | — | — |
| | | | 氨氮（$NH_3$+） | 万吨 | 0.0486 | 10.9% | | — | — |
| | 21 | 生态环境状况指数（EI） | | —— | 88.1 | 96 | | 2021 年底公布 | |
| | 22 | 空气质量指数优良天数比率 | | % | 94.4 | ≥95 | | 100 | |
| | 23 | 全县河流Ⅰ-Ⅲ类水质断面比例 | | % | 100 | 100 | | 100 | |
| | 24 | 耕地保有量 | | 万亩 | 25.2 | 24.66 | | 28.43 | |
| | 25 | 森林增长 | 林木蓄积量 | 万立方米 | 505 | ≥600 | | 730 | |
| | | | 森林覆盖率 | % | 75.6 | ≥76 以上 | 【0.4】 | 80.13 | 【4.5】 |
| 民生福祉 | 26 | 居民收入 | 城镇居民人均可支配收入 | 元 | 28669 | 41100 | 7.5 | 42494 | 8.2 |
| | | | 农村居民人均可支配收入 | 元 | 13267 | 21400 | 10 | 20804 | 9.4 |
| | 27 | 新增劳动力平均受教育年限 | | 年 | 13.5 | 14 | 【0.5】 | 数据未出 | |
| | 28 | 城镇登记失业率 | | % | 3.1 | ≤4 | — | 1.68 | |
| | 29 | 新增城镇就业人数 | | 万人 | 0.13 | 【0.6】 | | 【1.07】 | |
| | 30 | 每千人口执业（助理）医生数 | | 人 | 2.47 | 2.86 | 【0.4】 | 3.28 | 【0.81】 |
| | 31 | 义务教育标准化学校创建率 | | % | 89 | 92 | 【3】 | 100 | |
| | 32 | 每千名老年人拥有养老床位数 | | 张 | 32 | 50 | 【18】 | 55 | |
| | 33 | 亿元生产总值生产安全事故死亡率 | | 人/亿元 | 0.263 | ≤0.20 | | 0.067 | |
| | 34 | 城镇保障性安居工程建设 | | 套 | 485 | 310 | — | 160 | 【1788】 |
| | 35 | 人均预期寿命 | | 年 | 77.56 | 78 | 【0.42】 | 79.6 | |

## 第二节 发展环境

（一）发展形势

“十四五”时期，我县发展仍处于重要战略机遇期，但机遇和挑战都有新的发展变化。

展望全球，当今世界正处于百年未有之大变局的深度演化期，外部环境正面临全球大流行的疫情之变、全球增长衰退的经济之变、中美贸易斗争的贸易之变“三大变量”，世界经济不稳定不确定因素显著增多。同时，新一轮科技革命和产业变革正深刻改变生产和生活方式，孕育产业链创新链价值链重塑的重大机遇。

放眼国内，“十四五”时期我国由全面小康社会迈入现代化建设新征程，经济发展从中高速增长转向高质量发展新阶段，以国内大循环为主体、国内国际双循环相互促进的新发展格局正快速形成。同时，发展不平衡不充分问题仍然突出，能源资源和环境制约明显趋紧，人口老龄化问题加剧，社会转型进入矛盾多发期，全面深化改革进入深水期。

立足区域，长三角一体化发展等国家战略深入实施，省委全力推进"大湾区大花园大通道大都市区"建设，专门出台政策支持山区26县跨越式高质量发展，并提出要以数字化改革撬动经济、政治、社会、文化和生态文明体制等系统性变革。市委构建了"一带三区"发展布局，实施"双招双引"战略性先导工程，全市域发展资源加速优化、发展合力加速形成，"丽水之赞"让丽水的知名度美誉度关注度前所未有，吸引力竞争力影响力显著增强。

为此，全县要深刻认识错综复杂的外部发展环境带来的新矛盾新挑战，深刻把握新发展阶段新发展格局的新特征新机遇，深刻理解危机并存、危中有机、危可转机的新判断，牢固树立"没有实现加快发展也是一种风险，没有追求实现加快跨越式发展的意识、决心和胆略更是极端危险"的理念，增强系统思维、系统观念，保持战略定力、增强赶超意识，以确定性工作应对不确定性形势，奋发有为办好自己的事，努力在危机中育先机、于变局中开新局。

## 第三节 指导思想

高举习近平新时代中国特色社会主义思想伟大旗帜，认真贯彻落实党的十九大和十九届二中、三中、四中、五中全会精神，统筹推进"五位一体"总体布局，协调推进"四个全面"战略布局，坚持党的全面领导，坚持以人民为中心，坚持新发展理念，坚持深化改革开放，坚持系统观念，坚持稳中求进总基调，以推进高质量发展为主题，以深化供给侧结构性改革为主线，以改革创新为根本动力，以满足人民日益增长的美好生活需要为根本目的，围绕忠实践行"八八战略"、奋力打造"重要窗口"主题主线，高举"丽水之干"的奋斗旗帜，坚定不移践行"绿水青山就是金山银山"发展理念，聚焦富民强县，聚力赶超跨越，锚定工业强县发展路径，强化整体智治，倡导唯实唯先，以系统观念、系统方法、改革创新推进山区经济、政治、文化、社会和生态文明建设整体推进、协调发展，全面打响"智能制造新城、中国有机茶乡、全域康养胜地、国家传统村落公园"等具有松阳辨识度的金名片，全力建设高水平生态文明建设和高质量绿色发展"重要窗口示范区"，奋力打造现代化"田园松阳"。

## 第四节 发展目标

按照"12345"目标体系，即围绕高质量跨越式发展这"1条主线"；实现经济增速高于省市平均发展水平、居民收入增速高于省市平均发展水平"2个高于"；实现数字经济核心产业增加值、生态工业产值、文化及相关产业增加值"3个倍增"；打响智能制造新城、中国有机茶乡、全域康养胜地、国家传统村落公园等具有松阳辨识度"4张金名片"；着力在富民强县的经济建设、坚强有力的政治建设、彰显特质的文化建设、共建共享的社会建设、山清水秀的生态文明建设"5个方面打造硬核成果"。具体来看：

综合实力迈上新台阶。跨越式高质量发展成效明显，地区生产总值增速高于省市平均水平，规模总量达到175亿元。现代化生态经济体系建设取得突破性进展，工业经济发展实现"倍增"目标，农业现代化水平明显提升，全域旅游、现代服务业等对县域经济的支撑力明显增强。"田园松阳"品牌知名度影响力全面提升。

城乡融合展现新局面。松古平原一城化水平明显提升，城乡融合体制机制基本建成，田园城市与特色城镇、田园乡村交相辉映，片区组团发展成效明显，基础设施共建共享水平全面提升。城市能级显著提高、乡村振兴基本实现，走出一条具有鲜明山区特色的城乡融合发展道路，常住人口城市化率达65%以上。

改革创新激发新活力。以数字化改革统领重点领域和关键环节改革，高质量跨越式发展综合改革取得实质性成效，生态产品价值实现机制改革向深度掘进、向广度拓展，要素市场化改革取得明显成效，高标准市场体系基本建成，营商环境明显优化，企业和群众的改革获得感明显增强。创新平台、创新主体、创新体系和创新人才队伍建设取得突破性进步，创新驱动能力有效提升。

社会文明跃上新高度。优秀传统文化得到有效保护和传承发展，社会主义核心价值观深入人心，市民思想道德素质、科学文化素质和身心健康素质明显提升，浙西南革命精神深入弘扬践行，"新时代松阳精神"蔚然成风。乡土文化成为松阳文化鲜明标识。公共文化服务体系和文化产业体系更加健全，人民精神文化生活日益丰富。

生态建设取得新成效。国土空间开发保护格局得到优化，生态环境质量保持全省领先，绿色生产生活方式逐渐成为新时尚，能源资源配置更加合理高效，花园小区、花园乡村创建取得明显成效，全域地表水监测断面水质优于Ⅲ类，空气质量达到国家二级标准，浙江大花园示范县基本建成。

民生福祉达到新水平。实现更加充分更高质量就业，确保居民收入水平增速高于全省水平，脱贫攻坚成果持续巩固拓展。人民全生命周期需求普遍得到更高水平满足，高质量教育体系、健康松阳基本建成，社会保障和养老服务体系更加完善，人民幸福感获得感安全感更加强烈。

治理效能得到新提升。"整体智治、高效协同"的现代政府基本建成，党建统领的基层治理体系基本形成，

"县乡一体、条抓块统"的高效协同治理格局基本成型，防灾减灾救灾能力现代化建设高水平推进，防范和应对重大自然灾害、重大公共卫生事件的能力进一步提升，基本建成"平安松阳""法治松阳""清廉松阳"。

专栏 2 "十四五"时期经济社会发展主要指标

| 序号 | 类别 | 指标 | 单位 | 2020 年基期 | 2025 年目标 | 指标属性 |
|---|---|---|---|---|---|---|
| 1 | 综合实力 | 地区生产总值 | 亿元 | 119.49 | 175 | 预期性 |
| 2 | | 全员劳动生产率增长 | % | 数据未出 | 与经济增长基本同步 | 预期性 |
| 3 | | 常住人口城市化率 | % | 数据未出 | 65 以上 | 预期性 |
| 4 | | 生态系统生产总值 | 亿元 | 数据未出 | 340 | 预期性 |
| 5 | | 生态产品价值实现率 | % | 数据未出 | 48 | 预期性 |
| 6 | | 规上工业增加值 | 亿元 | 26.22 | 60 | 预期性 |
| 7 | | 旅游产业增加值 | 亿元 | 数据未出 | 17 | 预期性 |
| 8 | 创新驱动 | R&D 经费支出占 GDP 比重 | % | 数据未出 | 3 | 预期性 |
| 9 | | 人才资源总量 | 万人 | 4.78 | 7 | 预期性 |
| 10 | | 每万人高价值发明专利拥有量 | 件 | 1.2 | 1.5 | 预期性 |
| 11 | | 数字经济核心产业增加值占 GDP 比重 | % | 1.58（2019 年） | 4 | 预期性 |
| 12 | 对外开放 | 进出口总额 | 亿元 | 12.05 | 17.7 | 预期性 |
| 13 | | 实际使用外资额 | 万美元 | 【4950】 | 【5000】 | 预期性 |
| 14 | 文化发展 | 文化及相关产业增加值 | 亿元 | 数据未出 | 15 | 预期性 |
| 15 | | 居民综合阅读率 | % | — | 92.5 | 预期性 |
| 16 | 生态环境 | 单位 GDP 能耗降低 | % | — | 完成省下达目标 | 约束性 |
| 17 | | 单位 GDP 二氧化碳排放降低 | % | — | 完成省下达目标 | 约束性 |
| 18 | | 万元 GDP 用水量降低 | % | 【35.73】 | 【10】 | 约束性 |
| 19 | | 空气质量优良天数比率 | % | 100 | 99 | 约束性 |
| 20 | | 城市细颗粒物（PM2.5）平均浓度 | 微克/立方米 | 21 | 26 | 约束性 |
| 21 | | 全域断面达到或优于Ⅲ类水体占地表水比例 | % | 100 | 100 | 约束性 |
| 22 | 县域治理 | 依申请政务服务办件"一网通办"率 | % | — | 90 | 约束性 |
| 23 | | 综合行政执法事项占比 | % | — | ≥20 | 约束性 |
| 24 | 社会民生 | 3 岁以下婴幼儿托位数 | 个 | 100 | 200 | 预期性 |
| 25 | | 劳动年龄人口平均受教育年限 | 年 | — | 10.7 | 约束性 |
| 26 | | 城镇登记失业率 | % | 1.68 | ≤3.5 | 预期性 |
| 27 | | 城镇常住居民人均可支配收入 | 元 | 42494 | 64000 | 预期性 |
| 28 | | 农村常住居民人均可支配收入 | 元 | 20804 | 33300 | 预期性 |
| 29 | | 每千人执业（助理）医师数（常住人口） | 人 | 3.28 | 4.3 | 预期性 |
| 30 | | 每千人医疗机构床位数 | 张 | 5.8 | 7 | 预期性 |
| 31 | | 基本养老保险参保人数 | 人 | 186028 | 187528 | 预期性 |
| 32 | | 每万老年人拥有持证养老护理员数 | 人 | 10 | 25 | 预期性 |
| 33 | | 青少年总体近视率降低 | % | — | 【5】 | 约束性 |
| 34 | | 人均体育场地面积 | 平方米 | 2.3 | 2.4 | 预期性 |
| 35 | | 人均预期寿命 | 岁 | 79.6 | 80 | 预期性 |
| 36 | | 亿元 GDP 生产安全事故死亡率 | 人/亿元 | 0.067 | ≤0.04 | 约束性 |
| 37 | | 粮食综合生产能力 | 万吨 | 15.8 | 15.8 | 约束性 |

注:1.【】内为五年累计数值。2. 地区生产总值、规上工业增加值、旅游产业增加值、城镇常住居民人均可支配收入、农村常住居民人均可支配收入、文化及相关产业增加值绝对值按 2020 年不变价格计算；全员劳动生产率增长、进出口总额、实际使用外资额按当年价格计算。

### 第五节 2035年远景目标

与全省同步基本实现高水平现代化，高质量绿色发展取得决定性成果，生态质量、绿色发展、幸福宜居、区域协调在全省全国领先，成为高水平生态文明建设和高质量绿色发展“重要窗口示范区”、全省新发展格局中的县域支点、诗画浙江大花园最美核心区中的重要板块和山区跨越式高质量发展的全省先行标杆。绿色发展水平全面提升，“绿水青山”向“金山银山”转换的通道全面打开，生态优势有效转化为经济优势、竞争优势和发展胜势；山区跨越式发展迈上大台阶，松古平原一城化全面成型，基本实现新型工业化、信息化、城镇化、农业农村现代化，建成具有松阳鲜明特色的现代化生态经济体系和县域创新体系；县域治理体系和治理能力现代化基本实现，经济社会各领域制度体制机制更加完善，高水平建成“法治松阳”“平安松阳”“清廉松阳”，社会和谐有序又充满活力；社会文明程度达到新高度，先进文化理念深入人心，“松阳精神”深入弘扬践行；民生福祉明显改善，高水平公共服务体系更加完善，教育、卫生健康现代化基本实现，人的全面发展、共同富裕取得实质性进展，人民生活更加美好。

## 第二章 富民强县，打造具有松阳辨识度金名片

突出“工业强县、生态惠民”，打响“一城一乡一地一公园”等具有松阳辨识度的金名片，打造高水平生态文明建设和高质量绿色发展“重要窗口示范区”的硬核成果。

### 第一节 打造智能制造新城

突出科技创新和产业创新双联动，努力打造以“生态、先进、高质量”为导向，以“数字化、智能化、现代化”为支撑，以“产业大脑+未来工厂”为引领，要素集聚、业态集成、产城融合的“智能制造新城”。

打造万亩工业基地。按照全县工业“一盘棋”理念，紧扣“整合、转型、赋能、开放、改制”十字方针，以丽水生态产业集聚区松阳分区为基础，整合望松、赤寿等乡镇工业功能区块和江南工业区块，形成“西屏—赤寿”双组团重大产业平台，打造万亩工业平台，建设“浙江松阳经济开发区”，到2025年新增工业用地5000亩以上。高质量推进小微企业园建设，加快推进乡镇工业功能区向小微企业园转型。推动各功能区提高行业空间聚集度，突出抓好重点特色区块建设，形成产业集群发展布局。

建设产城融合主平台。以平台整合为契机，着力构建以赤寿生态片区为智能制造新城中心轴，以古市镇、新兴镇为两翼的“古赤新”产业发展主平台，建成传统产业转型升级和智能制造集聚高地，形成“生产在赤寿、生活在古市、休闲在新兴”的三位一体“产城融合”新形态。统筹产业与城市空间布局，促进生产、生活、生态融合发展，补齐产业园区公共服务、市政设施、产业配套等方面短板弱项，提升园区综合承载能力和治理能力，满足产业工人美好生活需求。推动园区有机更新，建设数字园区、绿色园区、美丽园区。

开展工业全域治理。结合新一轮国土空间规划编制，建立“三区一线”空间管控体系，保障工业用地空间只增不减，加强倒逼整治，实现存量、低效、闲置工业用地高效开发，力争到2025年规上工业亩均增加值达到120万元、亩均税收水平达到20万元。大力发展绿色制造，推进不锈钢管、合成革、革基布等传统产业转型升级和环保治理水平提升，构建以“亩均论英雄”为导向的新型绿色制造体系。开展“低散乱”整治行动，全面完成工业园区亩均税收5万元以下低效企业的绩效提升，高水平实现“园区外基本无工业、园区内基本无非生态工业”。

推动智慧园区建设。加快园区5G网络、物联网、工业互联网等新型基础设施建设，提升信息基础设施的服务水平和普遍服务能力，满足园区企业对网络信息服务质量和容量的要求。建设与推广智慧园区管理平台（园区大脑），提升园区数字化管理水平，对园区内人流、物流、能耗、环保、消防和生产安全等进行高效管理，实时、直观掌握企业生产经营情况。推动园区服务数字化，充分应用信息技术，为入园企业提供政务代办、政策法律咨询、创业辅导、人才招聘、项目路演对接、融资、党建等公共服务。强化“企业码”推广应用，谋划建设“数据驱动、需求导向、精准助企、一站服务”全闭环式企业服务综合平台。

### 第二节 打造中国有机茶乡

以“有机发展”为产业引领，系统推动茶资源全价利用、茶产业全链开发、茶品牌全城共建、茶效益全民共享，努力打造茶园有机、茶品高雅、茶文荟萃、茶人质朴、茶韵浓郁的“中国有机茶乡”。

建设高品质生态茶园。深化建设茶叶绿色食品标准化生产基地，高品质建成有机茶基地面积达5000亩、有机茶转换基地面积达5000亩，到2025年茶叶全产业链产值达到150亿元。对标欧盟农业标准，全面实施农药、化肥减量增效行动，推广实施绿色防控技术，实施茶叶“机器换人”“设施换地”，实现名优茶质量上取得新成效。以茶叶质量检测中心为载体构建茶叶质量安全标准体系，在全县规上企业实现质量安全追溯体系全覆盖。加快发展土地流转型、服务带动型等多种形式的规模经营，引导农民在自愿基础上，通过村组内互换并地等方式，实现生态茶园规模化种

植。建设茶园物联网精准管理系统，推广茶园“物联网+”种植、“大数据+”管理模式，积极培育一批示范性“数字茶园”。

推动茶叶加工提档升级。持续推进初制茶厂规范整治提升，严格加工企业市场准入门槛，实现产业生产许可证（SC）管理。完善细分茶叶品类，扩大红茶生产规模，做好白茶、黑茶、乌龙茶试制研发。梳理复原传统制茶技艺，发展小众、定制、有机的高端手工茶产品。推动茶叶精深加工，在茶饮料、茶食品、茶保健品、茶化妆品等方面打造一批优质产品。深化建设茶产业创新服务综合体，构建创新服务体系，打造茶产业创新资源“强磁场”和创新成果的“原产地”。引导生产资源向龙头企业集聚，推进龙头企业集团化发展，到2025年力争形成销售额超亿元茶叶企业5家，销售额超千万元的茶叶企业20家。

加强松阳茶叶公共品牌建设。加快形成“松阳银猴”“松阳香茶”两大公共品牌的品牌形象，创新品牌运营方式，建立区域公用品牌与企业（产品）品牌的良性循环发展关系。推进浙南茶叶市场改造提升，构建功能齐全的综合性产业贸易综合体，巩固“中国绿茶第一市”。加强与电商平台开展战略合作，加快茶叶电子商务发展，力争到2025年实现茶产业网络零售额20亿元。按照“六统一”标准，支持在全国各地茶叶主销区建设松阳茶叶品牌直营店。常态化组织参加国内外茶产业展会，精心筹备每年的中国（国际）茶商大会，向世界宣传松阳茶品牌，展示松阳茶文化。

推动茶产业文旅融合发展。高水平建设集“茶科技引领示范、茶产业精深加工、茶市场交易集散、茶元素高端集聚、茶文化休闲旅游、茶生态养生康体”为一体的松阳茶香小镇，建成“绿水青山就是金山银山”的示范区。谋划打造独具松阳特色的茶文化主题街区，开设茶楼、茶馆、茶餐厅、茶养生馆、茶书院等茶主题空间，鼓励有条件的农家乐、民宿设立茶叶营销专区，推动茶艺馆、主题茶馆、乡村茶馆三大系列科学布局。推进茶文化建设，倡导茶生活，构建茶园生态、茶品高雅、茶文荟萃、茶人质朴、茶韵浓郁的中国茶乡。

## 第三节　打造全域康养胜地

以优质生态为底色、以全域旅游发展为支撑、以中医药产业为核心，构建经济、产业、服务、文化、数字“五大体系”，努力打造囊括“食养、医养、水养、体养、文养、气养”全领域、全时域、全县域的“全域康养胜地”。

深化国家全域旅游示范区建设。坚定“全要素、全领域、全产业”的旅游发展思路，打响“江南秘境·田园松阳”旅游品牌，高质量建设国家全域旅游示范区。做强旅游主导产业，大力培育红色旅游、定制旅游、艺术家采风游、研学旅游等新型业态，到2025年旅游产业增加值占地区生产总值比重达到10%以上。打造高能级旅游景区，重点建设和改造提升松阴溪景区、大木山茶园景区、双童山景区、箬寮原始林景区、卯山国家森林公园等一批高品质核心景区，谋划建设AAAAA级景区1个，到2025年创成1个省级旅游度假区，创成4个省级旅游风情小镇，并力争实现全县景区城、景区镇、景区村全覆盖。完善旅游服务配套设施，谋划建设5星级酒店，加快发展康养主题酒店、特色民宿综合体、康养小院等，构建风情旅游与康养有机融合的发展格局。

专栏3　松阳县八大特色文旅基地

1.松阳老城：实施“风貌控制、品质提升、疏通经脉、激发活力、人口疏导”五大策略，引入城市文化、休闲、娱乐、旅游服务等功能，形成主客共享的城市功能区，成为松阳旅游门户和城市客厅。

2.望松文旅精品线：以建筑文化、名人文化、村落文化为支撑，围绕打造黄家大院—石门廊桥—王景纪念馆—翁村瀑布群—吴弄传统村落文旅精品线，充分挖掘文化资源，做强文创产业，打造特色品牌。

3.卯山森林康养基地：依托卯山国家森林公园，以道家医养（康养）为核心理念，深入挖掘当地的道教、姓氏、中草药等文化资源，集“养生度假、四季养疗、禅修养心、养颜休闲”四大主题功能于一体，提升当地文化旅游知名度、助力康养产业发展。

4.茶旅融合示范基地:依托大木山万亩生态茶园，发展健身骑行、生态休闲度假、茶产品展示、特色茶文化体验等多种业态，建设集茶叶生物技术研发、种植、生产加工、交易流通、物流仓储、生态旅游、禅茶康养于一体的国际茶旅融合示范基地。

5.三都四都国家传统村落公园核心区：以生态休闲养生为主题，充分利用陈家铺、西坑、酉田、杨家堂等村落资源，积极培育壮大民宿经济，打造传统村落民宿服务示范区。

6.南城休闲运动体验区：充分利用双童山、马蹄泉、潘坑瀑布群的区位优势、生态条件和历史文化资源，在开发完善传统景点的基础上，积极引入科普体验、文化体验、运动拓展等生态型旅游项目，打造松阳城市休闲后花园。

7.浙西南红色旅游区：以安民乡安岱后村为核心，推进红色展馆、“党员之家”、讲习所、红色书屋等平台建设，着力打造浙西南的红色教育中心、“浙西南的井冈山”。

8.畲乡风情体验基地：挖掘“畲文化”（特别是畲医畲药文化）、“农耕文化”，谋划建设畲医畲药养生馆、畲乡“百草园”、畲乡特色民宿等特色旅游载体，发展养生畲茶、养生药膳、养生畲居等旅游体验项目，打造以畲族中医药文化为特色的畲乡风情养生度假基地。

培育和发展中医药产业。推动中医药康养产业全产业链发展，构建集种植、医疗、康养、教育、文体等功能于一体的一二三产融合发展的经济体系。充分利用本地自然资源优势，在卯山自然生态区等区域谋划抚育中药材生态种植和建设景观经济带。加大中医药制造产业招商引资和回引创业力度，支持本土制药企业做大做强，引进中医药研发、健康管理等机构以及中医药衍生型企业，培育发展一批特色功能食品、保健用品、天然化妆品等中医药衍生品，逐步形成中医药产业集群。整合传统村落、山居民宿、乡土文化等资源，大力发展中医药健康旅游，创新中医药康养旅居产业融合发展模式。推进中医药康养智联网云大脑建设，构建智能化、可视化、可溯化的康养数字体系。优化“县、乡、村”三级中医药康复服务体系，推进中医药康复技术在基层医疗卫生机构的推广应用，实现各乡镇卫生院（街道社区卫生服务中心）能够运用6种以上、乡村中医室能够运用4种以上特色中医康复技术。实施中医药人才“一十百千”工程，吸引更多全国范围的名医、名家、名中医文化学者、民间特有中医专长之人汇聚松阳，打造中医药人才集聚高地。

打造田园运动休闲乡村。依托山区田园生态特色，重点建设云中高山骑行乡村片区、樟溪水上运动乡村片区、三都越野运动乡村片区、四都国际休闲乡村片区、红色森林运动乡村片区、大东坝现代乡村运动片区，构建松阴溪绿道带、松阳运动休闲旅游路“一带一路”运动格局，打造休闲乡村示范基地。以山地运动为重点，提升双童山景区飞拉达、七沐山滑草、大木山骑行等项目，充分发挥国家登山健身步道、百公里绿道、松阴溪等载体，推动山地户外运动、水上运动等运动多元化、全方位发展。推动以体育品牌赛事带动健身休闲产业发展，重点打造松阳国际天空跑挑战赛等品牌赛事活动，打响田园运动休闲品牌。

培育全产业链康养产业。以全域“微改造、精提升”行动为抓手，系统谋划康养小镇、康养示范基地、康养特色村建设，积极打造康养600小镇、森林旅游休闲养生区、特色康养村等品牌，到2025年创成3个以上康养小镇，中医药繁育体验基地、松州名医馆等5个以上省级康养示范基地，吊坛村、界首村等10个以上康养特色村。聚焦西屏老城、古市古城、延庆区块等区域，谋划2个以上单体投资超过10亿元康养项目，建成桐榔文化康养基地，高品质建设南山大健康文化园等项目。以中医药为依托、全域旅游为纽带、乡土文化为特色、运动健身为载体、桃源生活为亮点，打造囊括“食养、医养、水养、体养、文养、气养”的高品质康养业态，引领康养消费新风尚。加强与知名康养集团、高端定制旅行平台合作，打造高端疗养、特色旅疗、康养保健等一批康养体验产品，到2025年建成文化养生、运动休闲、生态养生、医疗保健、休闲度假等8条康养游线。

专栏4 “食养、医养、水养、体养、文养、气养”体系

食养：以有机茶、香榧、山茶油等“三大”农业主导产业为依托，古法红糖、四都萝卜、石仓泡豆腐等生态农产品和端午茶等非遗古方为特色，充分挖掘食养价值，打造药膳产品，绘制全域美食地图，通过以食养心养胃，打响“松阳食养”新品牌，引领健康新“食”尚。

医养：统筹推进医养深度融合和长寿之乡品牌认定；引导中草药标准化基地和溯源体系建设；全力争取国家级、省级医院到松阳建设体检中心；加强康养制造企业引育，做好传统中药炮制工艺的传承发展，制作推行保健养生膏方，普及健康生活新方式，促进群众防病保健、延年益寿。

水养：以松阴溪流域为核心，开通水上观光游线，结合沿线驿站（工坊），植入皮划艇、水上乐园、松阴溪夜游等丰富业态，水路联动开发亲水康养项目；挖掘卯山仙人谷温泉的泡汤和饮用康养功效，打造生态温泉度假区。

体养：持续巩固浙江省运动休闲基地创建成果，大力推进健康松阳建设，推广全民健身运动，发展体育事业和体育经济，办好国际天空跑、田园松阳马拉松、全国气排球邀请赛等品牌赛事，积极推广八段锦、五禽戏等康养健身项目，完善足球场、游泳池、社区多功能运动场等配套设施。

文养：结合省级生态文化传承保护区创建，推进文化基因解码工程。链接全县域生态博物馆和传统村落，组建全域康养文化产业研究中心；深入挖掘和传承优秀传统文化，加强松阳高腔、道教音乐《月宫调》等经典音乐养生剧目的创作与推广，举办“田园松阳”全国摄影大展等品牌赛事及高端艺术展。

气养：积极打造健康呼吸微环境，借助中国天然氧吧城市、省级森林城市等品牌影响力，以及适宜的气候、湿度、光照等优质条件，在四都、三都等高山区域以及卯山、箬寮等森林区域打造气候康养产品，实现洗肺醒脑清神康体。

### 第四节 打造国家传统村落公园

创新“国家公园”建设理念，以“全域大花园”为目标追求，按照“整体化、品牌化、景区化”的建设思路，着力破解传统村落保护与发展的矛盾，努力打造全面展示诗画浙江独特韵味、系统展现乡村振兴战略成果、充分彰显中国乡村别样魅力的“国家传统村落公园”。

优化传统村落公园功能布局。按照“保护为主、精修为旨、艺术为重、

和谐为本”要求，坚持人本化、生态化、数字化、全域化、融合化、智治化导向，突出以省级历史文化名城为核心，以松古盆地为农耕文明传承示范带，协同带动“国家传统村落绿色发展核心区”“新兴茶旅融合示范区”“水韵畲乡文旅融合示范区”“水墨小港集成改革示范区”“红绿古色融合示范区”五区建设，重塑城乡关系、重振乡村产业、重兴乡土文化、重组要素资源、重构体系机制，打造城市与乡村资源高效流通、传统与现代文明有机结合、经济与社会互融互促互补的“一心一带五区”松阳版“山居图”。

专栏 5　国家传统村落公园“一心一带五区”格局

“一心”：立足省级历史文化名城（0.7 平方千米）为核心，以古城、明清街为中心节点，依托留存完整的古城文化建筑、鲜活丰富的古街手工艺商业业态，深入实施“城市有机更新”、“街巷疏浚”、老旧小区改造，实行“有拆有留”的“插花式”改修建，充分展现具有农耕特质、田园特色、松阳特点的历史文化遗产和非物质文化遗产，持续推进历史文化名城复兴。

“一带”：松古盆地（175 平方公里）按“一城化”进行空间布局，打造“松古盆地农耕文明传承示范带”。以古市老街区和界首、山下阳等国家传统村落为重要节点，以松阴溪绿道、黄家大院、红糖工坊等自然人文景观为核心，弘扬松古平原田园农耕文化，推进课题研学、休闲观光、人文养生、户外健身、民宿经济等业态发展。

“五区”：国家传统村落绿色发展核心区、新兴茶旅融合示范区、水韵畲乡文旅融合示范区、“水墨小港”集成改革示范区、“红绿古色融合示范区”。

——“国家传统村落绿色发展核心区”。以三都乡、四都乡传统村落为重要节点，综合推进集观光休闲、文体赛事、民宿农家乐等业态为一体的传统村落展示体验区，争创以传统村落为主题的高等级景区。

——“新兴茶旅融合示范区”。以新兴镇域内高山生态茶叶种植集中区域为重要节点，坚持绿色生态有机发展，积极植入茶元素，推进以茶产业、茶文化等主题空间打造，构建茶旅融合示范区。

——“水韵畲乡文旅融合示范区”。以象溪镇、裕溪乡、板桥畲族乡传统村落为中心节点，弘扬畲族文化、展现畲乡风情。

——“水墨小港集成改革示范区”。以大东坝镇传统村落为重要节点，串连区域内石仓古民居、油茶工坊、豆腐工坊、白老酒工坊、鸣珂里民宿、契约博物馆等点位，推进打造一二三产融合发展的农文旅融合展示体验区。

——“红绿古色融合示范区”。立足玉岩镇、枫坪乡、安民乡，以箬寮原始林国家 AAAA 级景区、暗夜公园、普济桥、安岱后红色革命遗址等为重要节点，集中展示红色、绿色、古色融合发展。

打造留存完整的“古典中国”县域标本。按照活态保护、有机发展的理念，通过“中医调理、针灸激活”的方式，恢复传统村落的生机与活力。系统化推动传统村落保护发展，把田园、山水、村落作为一个有机整体开展规划、保护和建设，最大限度保护传统村落空间格局和传统风貌。实施传统村落格局和历史风貌整体保护工程，对传统村落核心区域和周边区域建房进行控制和引导，在建筑布局、高度、风格、色调上与村庄传统风格保持协调。按照“一村一品、一村一韵、一村一景”要求，实施村落生态系统修复工程，全面保护提升生态湿地、古树名木和村庄水系，引导农民调整农作物种植结构，美化农田生态景观，优化“山水—田园—村落”格局。到 2025 年，完成老屋修缮 80 幢，完成古道提升工程 60 公里。

展现最具乡愁记忆的传统文化。按照“县级中心馆—乡镇街道主题馆—村级展示馆”的三级网络架构，充分利用古民居、祠堂、文化礼堂等文化建筑，建设具有展陈体验功能的全县域农耕博物馆和线上国家传统村落公园。传承和发扬村落民俗文化，高水平植入和塑造以“永不落幕的民俗文化节”“永不落幕的乡村艺术节”“永不闭馆的乡村博物馆”“永不停歇的乡野运动场”为重点的传统村落四大文化建设品牌。持续推进艺术助推乡村振兴，深化“百名艺术家入驻乡村计划”，建设玖层·云水美术馆等一批艺术家工作室、文化遗产客栈、乡村书吧，推动中国乡村书画交流、乡村艺术展陈等多元文化业态集聚，形成主客共享的乡村公共文化新空间。

争当全国生态价值转换最佳样本。以传统村落为底本、以优良的生态环境为支撑、以乡土民俗风情文化为依托、以摄影写生等艺术创作为媒介，植入生态农业、休闲度假、文化旅游等业态，推动一二三产融合发展。以“中国天然氧吧”为契机，用好生态价值转化试点，深化农村产权制度改革，全面盘活各类资产资源，加快变生态优势为发展优势、生态要素为生产要素、生态价值为经济价值。多渠道筹措用地指标，优先满足传统村落公共服务设施的建设需要。完善传统村落饮用水工程、污水处理工程等基础设施建设，改善村民生活环境和居住条件。

## 第三章 创新驱动，催生高质量绿色发展新动能

坚持创新在现代化建设全局中的核心战略地位，坚定人才强县、科技兴县和创新驱动发展战略，深入实施创新力提升工程，努力打造以创新为鲜明特征的高质量绿色发展强大引擎。

### 第一节 培育壮大创新主体

充分发挥创新主体作用。积极培育高新技术企业和科技型中小微企业，实施科技企业“双倍增”行动，构建“微成长、小升高、高壮大”的梯次培育机制。鼓励企业创建工程研究中心、企业研发中心、企业研究院等研发机构，提高科研能力和科研成果转化能力，实现规上工业企业研发活动、研发机构、发明专利基本覆盖。将“双招双引”作为全县“一盘棋”的“一号工程”和战略举措，集聚大企业组建综合体，承接重大项目，加强行业共性关键技术研发推广，推动产业链上中下游、大中小企业融通创新。加大装备首台套、材料首批次、软件首版次的创新产品应用政策支持，引导企业加大重大技术装备的创新研发。到2025年高新技术企业达到50家，科技型中小微企业150家，高新技术产业增加值占工业增加值的比重超过50%。

推动创新链产业链精准对接。开展创新链产业链双链融合行动，瞄准全县“1+3”重点产业领域，实施一批“双链”融合提质项目。立足现有产业链基础，打造具有高附加值新兴产业链，推动传统产业高端化、智能化、绿色化，发展服务型制造。开展科技成果转化行动，健全科技成果转化收益分配和激励机制，建立科研成果转化服务中心，培育一批科技中介服务机构，畅通研发到产业的“最后一公里”。深化产学研协同创新，建立“卡脖子”技术攻关项目库，开展“企业出题、院校破题、政府助题”模式。到2025年，全县R&D经费支出占地区生产总值比重达到3%以上。

### 第二节 激发人才创新创业活力

强化人才队伍支持。实施领军人才集聚工程，依托海外专业社团、人才大使、人力资源服务机构等多元方式，大力引进国家和省“千人计划”、市“绿谷精英”，特别是生态工业、茶产业、香榧产业、教育卫生等领域高层次人才。实施本土人才“回乡工程”，构建“松才回归”全链条服务体系，把外出就学、外出经商、外出工作的松阳人才找出来、引回来、用起来。构建产教训融合、政企社协同、育选用贯通的高技能人才培育体系。实施基层人才培育工程，加强基层带头人队伍建设，大力培养农村后备人才。实施青年人才引育工程，推进青年人才队伍显著扩量提质，建设“青年发展型城市”。到2025年，人才资源总量达到7万人。

建立人才保障机制。推进“人才飞地”建设，在杭州等中心城市建立人才工作站，探索建立技术转移人才培养体系。建立乡村创客平台和相应激励机制，吸引新型农民返乡、本土人才回乡、技术人员下乡。深化柔性引才机制，扩展人才交流的渠道，创新人才合作的形式，对本地产业高匹配人才给予特殊人才政策。推进用人机制改革，推进“编制银行”模式，推动部门、乡镇（街道）县乡统筹使用，充分激发干部工作活力。完善各类人才住房、医疗保障、子女入学、配偶就业、户籍迁移等配套政策。

### 第三节 营造和优化创新生态

搭建科技创新平台。主动参与长三角科技创新共同体建设，全面接轨浙西南科创中心，谋划建设不锈钢管产业研究院、科创中心，建设人才科创产业园，塑造和区域产业发展精准适配的科创“硬核”。推进全链条、专业化的科创服务平台建设，重点建设茶产业，创建不锈钢管产业创新服务平台，到2025年力争创成省级以上产业创新综合体2家。实施众创孵化空间构建计划，重点建设赤寿园中小企业孵化项目，建立“创业苗圃+孵化器+加速器+产业园”的创业孵化服务链条。充分利用“拯救老屋行动”、全县域乡村博物馆建设成果，引导工商资本上山下乡，打造具有山区特色的众创空间、未来社区，高水平建设县域版的乡村“梦想小镇”。

优化科技创新生态。完善科技创新治理机制，实施“产学研用金、才政介美云”十联动，推动重点领域项目、用地、人才、资金一体化高效配置。深化校地合作对接，践行“一院一园一基金一政策”创新机制，引进新型研发机构，全方位集聚高质量创新资源。改革科研项目组织管理方式，实行“揭榜挂帅”等制度，完善科技评价和激励机制。建立财政科技投入稳定增长机制，运用创新券带动企业加大研发投入。加强科技金融产品和服务创新，探索发行“双创”孵化专项债券等科技债券，积极培育投贷联动试点、科创板上市、科技保险等新业态。完善“母基金+子基金”风投基金运作方式，在松阳县生态经济产业基金下设科技成果转化引导子基金，重点支持优质创新创业项目加速孵化和产业化。全面加强知识产权保护，推进知识产权信用体系建设。

专栏 6　松阳县校地合作重点

1.冶金工业信息标准研究院。重点围绕标准化、品牌化、生产工艺等领域开展合作，为县不锈钢管产业提供规划咨询、标准体系建设、国家绿色制造申报等服务，开展基地推广、品牌研究、策划宣传等活动，协助创办不锈钢管产业研究院等。

2.中国农业科学院茶叶研究所。重点围绕茶产业高质量发展，在绿色化种植、标准化生产、品牌化营销、精深化开发等方面开展产学研合作，协助开展茶产业中长期规划编制，提供茶叶生态化种植、标准制定应用、加工技术提升等技术服务、咨询和培训。

3.浙江省特种设备科学研究院。重点围绕不锈钢管产业发展共性需求，解决行政许可、市场准入、对外贸易、技术创新等方面实际问题，开展技术帮扶专项活动，开放特种设备专业高级工程师职务任职资格评审，协助建设检测中心。

4.杭州电子科技大学。重点围绕无人机等先进茶园作业装备、茶园数字化等领域开展科学研究及产学研合作，研究开发田园茶园、山地茶园等所需无人机及其他小型农机，开展示范、推广、培训等工作，建设智慧茶园、数字茶园。

5.浙江省生态环境科学设计研究院。重点围绕政策法规解读、污染防治研究、环境规划研究等 9 个方面开展广泛合作，促进环境保护事业健康发展，高质量服务生态工业绿色发展。

## 第四章　数字赋能，构建现代化生态经济体系

坚定“生态经济化、经济生态化”发展方向，持续推动经济发展质量变革、效率变革、动力变革，提高经济发展质量效益和核心竞争力。

### 第一节　培育发展数字经济

提升数字化生态工业。积极培育数字化新动能，加快数字产业化，发展软件信息服务、电子元器件产业等数字核心制造业，推动嘉兴、余姚“飞地”、上海飞楼窗口等建设，打造数字经济大厦等服务平台，力争到 2025 年数字经济核心产业主营业务收入达到 20 亿元。构建“产业大脑”建设体制机制，推动工业数据汇聚共享，支持建设工业互联网平台。以新一轮智能制造为主攻方向，高标准推进集数字孪生应用、智能化生产、智慧化管理、协同化制造、绿色化制造、安全化管控和社会经济效益于一体的“未来工厂”建设。到 2025 年，规上工业企业基本实现数字化改造全覆盖，累计推广工业机器人 200 台以上，建设数字化车间、未来工厂 5 个以上。

打造数字化乡村。推广应用浙农码，创新“跟着节气游乡村”等场景应用，打造一批可复制、可推广的数字乡村振兴应用场景典范。充分运用数字技术手段，加快数字就业、数字文化、数字救助、数字养老、数字旅游、数字交通等服务直达乡村，迭代升级“礼堂家”农村文化礼堂应用，促进城乡融合发展。推进农业生产、流通、销售等产业链数字化，抓好茶业全产业链大数据中心项目、农村集体经济数字管理系统、民宿“一宿一码”数字服务、农产品质量安全追溯体系等项目建设。积极培育一批示范性“数字牧场”“数字农业工厂”。到 2025 年，培育 20 个省级数字植物（养殖、育种）工厂。

发展数字化文旅。大力发展智慧旅游，建设全域旅游数据中心，完善智慧旅游公共服务体系，探索开发乡村旅游 O2O、众筹旅游产品、体验式旅游产品等新模式，开展以民宿特色旅游为代表的个性化旅游大数据开发及应用，探索应用短视频、直播等形式，推动松阳田园文化与生态的数字化呈现。依托文化创意园、文化民宿、乡村博物馆、艺术家工作室等载体，开发古建筑设计、文化创意设计、数字传媒等数字内容产品，探索建设松阳历史文化数字档案库及线上线下、虚实结合的虚拟体验馆、数字博物馆。

### 第二节　主攻发展生态工业

构建“1+3”生态工业产业体系。培育形成以高端不锈钢管产业为支撑、以高端装备制造产业、时尚产业、特色产业为补充的“1+3”生态工业产业体系，到 2025 年全县规上工业总产值突破 300 亿元。做大做强高端不锈钢管产业，实施不锈钢管产业“五大工程”，加速建设“不锈钢管科创小镇”，推动不锈钢产业强链补链以及向焊管领域转型，建成百亿规模全国一流生产基地，到 2025 年实现总产值达到 150 亿元。培育发展高端装备制造产业，承接发达地区产业转移，重点培育智能装备、高端基础件、电气装备等，到 2025 年实现产值 50 亿元。鼓励发展时尚产业，推动纺织、鞋服、革材向时尚化、精品化、智能化发展，到 2025 年实现产值 50 亿元。集聚发展特色产业，推动农产品精深加工业、中医药产业、有色金属压延加工等特色产业集聚发展，到 2025 年实现产值 50 亿元。加快推进建筑业转型升级，全力推行装配式建筑，加快转变工程建设组织模式，打造建筑强县。

实施产业链重塑计划。全力推动松阳制造业基础再造和产业链现代化提升，集中力量通过“双招双引”

延链补链强链扩链，引进具有核心竞争力的行业优秀企业，形成支撑“1+3”产业发展新优势。突破重大战略项目，瞄准央企、大型国企、500强企业和行业领军企业，努力在重大战略项目招引上取得历史性突破。积极发力布局新兴产业和未来产业，创新高端产业植入路径，大力培育高端装备、新材料、大健康、人工智能等新兴产业和未来产业。着力强化区域产业链供应链安全韧性，谋划实施产业链“链长制”，推动一批产业链企业共同体建设，实现供应链、采购链、生产链闭环运作。

提升企业竞争实力。坚持“抓大、扶小、育新”统筹发力，突出本土企业扶强扶优，强化招大引强，发挥龙头企业的链条带动效应，力争到2025年“雄鹰行动”培育企业破零，上市企业累计达到2家以上，规上工业企业达到150家。深入推进以“三品战略”、工业标准化建设等为载体的“品质革命”，加快不锈钢管、合成革、茶产业等具有一定产业基础的产品标准、方法标准和工作标准制定，切实提升行业话语权和品牌影响力。深入实施“绿色制造工程”，创建一批绿色工厂、绿色产品、绿色园区和绿色供应链等，构建绿色制造体系。培育一批品牌示范企业、浙江制造精品和服务型制造示范企业。

专栏7　松阳县生态工业高质量绿色发展倍增计划

五个翻番。到2025年，全县规上工业产值达到300亿元（增加值60亿元）、研发费用达到5.5亿元、亩均增加值达到120万元、亩均税收达到20万元，年度工业投资达到15亿元。

十个显著提升。到2025年，全县工业增加值、数字经济核心产业制造业增加值、R&D经费支出占地区生产总值比重分别达到35.5%、2.5%、3%；高新技术产业、战略性新兴产业、装备制造业增加值占规上工业比重分别达到45%、23%、16%；规上工业全员劳动生产率、主营业务收入利润率、工业增加值率分别达到30万元/人・年、7%、21%；园区规上工业产值占全县比重达到90%。

五个快速壮大。到2025年，全县主营业务收入百亿元以上产业实现破零、上市公司达到2家、主营业务收入亿元以上企业达到60家、高新技术企业达到50家、规上工业企业达到150家。

### 第三节　创新发展生态服务业

推动生产性服务业融合发展。以高端化、专业化的生产性服务业支撑农业、制造业高质量发展，促进科技服务、现代物流、金融商务、数字贸易等生产性服务业加快发展，推动生产性服务业与先进制造业深度融合。持续办好中国不锈钢管高峰论坛、中国（国际）茶商大会等商务会展，推进文化节庆活动向会展经济转型。依托传统村落生态资源优势，借鉴杭州等发达地区特色小镇做法，积极招引软件信息服务等生产性服务业入驻，打造专业电子商务平台，推动美丽资源向美丽经济转化。围绕贸易服务转型升级，重点发展工业电子商务、跨境电子商务、农村电子商务、批发市场线上线下融合等数字贸易服务。引导和推动松商（浙商、丽商）企业总部回归，招引国内外企业总部项目，进一步做大做强总部经济。

推动生活性服务业品质发展。以品质化、精细化的生活性服务业支撑高品质生活，提升健康产业、旅游休闲、现代商贸、文体教育等服务业发展水平。依托旅游度假区、产业基地、休闲基地等载体，完善生活配套服务。依托历史风貌、自然景观、演艺场所、体育场馆、文创园区等资源要素，开展生活性服务业特色街区、示范区建设。因地制宜完善社区生活服务设施，建设多功能社区生活服务平台，做好大型居住社区生活服务网点统筹规划和标准配置。

推动生态服务业质效提升。围绕制造业服务化转型和生产性服务业提升发展，推动服务业集聚区整合提升，打造数字赋能、特色鲜明、业态高端、能级突出的现代服务业创新发展区。加速培育站前商贸物流集聚区、南城现代商务集聚区、南城文教集聚区，改造提升老城综合性文创街区、浙南茶叶市场，以点上突破带动面上服务业发展整体提升。实施服务质量标杆引领和对标达标行动，打造一批具有重大影响力的服务品牌。

### 第四节　高效发展生态农业

发展现代高效生态农业。落实粮食生猪保供工程，高标准推进现代农业园区和粮食生产功能建设，保持永久基本农田22.1万亩，巩固提升5万亩粮食生产功能区，确保年度粮食总产量保持在3.6万吨左右。实施农业产业链培育，突出发展茶叶、香榧、油茶三大主导产业链，培育生猪、中药材等农业全产业链，鼓励发展特色农产业，形成松阳“3+X”生态农业协同发展格局。加快农业集聚发展，提升发展松古盆地现代农业园区，强化古市镇、象溪镇、新兴镇等农业特色强镇、松阳县茶产业农业科技园和香榧产业文化创业园建设。推行与环境承载力相适应的种植养殖相结合的区域生态循环生产模式，利用山林等自然空间发展林下经济。建立健全病死畜禽专业化集中处理、畜禽运输车辆清洗中心等动物防疫体系。

构建立体式复合型现代农业经

营体系。实施新型农业主体提升工程，建设知识型、技能型、创新型农业经营者队伍，培育发展家庭农场、农民合作社、专业化市场化服务组织等多形式经营主体，到2025年累计培育国家级农业龙头企业1家、省级骨干农业龙头企业10家、示范性家庭农场30家。推进全县域绿色食品标准化生产基地建设，推动松阳农产品对接国际食品安全认证标准，以更大力度推进农药化肥减量行动。加强农产品商标及地理标志商标的注册和保护，强化“松阳银猴”“松阳香茶”“松阳香榧”“松阳香油”等农产品品牌创建、整合和推广，发展以品牌为引领的农产品连锁经营体系。

推进农村一、二、三产业融合发展。大力开发农业多种功能，推进农业与旅游、健康、文化、信息、体育等产业融合发展，形成产业链条完整、布局合理、功能多样、业态丰富、利益联结紧密的发展新格局。推进农旅一体化综合体建设，五年累计新增10个休闲观光农业区（点），巩固提升4条农业产业景观带，培育农产品旅游地商品主体100个。加快推进农村流通现代化，加快农产品储藏、运输和冷链物流体系建设。推进农业主导产业专柜常态化运营，鼓励优质农产品进民宿、进旅游购物点。

## 第五章 问海借力，打造新发展格局县域支点

坚持实施扩大内需战略同深化供给侧结构性改革有机集合，积极主动融入国民经济循环，全方位接轨发达地区，提升要素集聚能力，资源优化配置能力，畅通循环通道。

### 第一节 增强畅通循环能力

畅通高端要素循环。发挥生态比较优势集聚高端要素，推动优质生态资源与高端要素互联互动、高效循环，以一流环境集聚一流要素、招引一流企业，加快生态优势向经济优势转变。发挥山海协作制度优势，灵活运用“飞地互飞”等模式，全力打造一批创新发展的重大平台项目，谋划建设更多科创飞地、生态飞地，提升山海协作产业平台发展质量和能级。深化要素市场化改革，健全要素市场运行机制，打通要素流通的关键环节，降低全社会交易成本，畅通人才、科技、产业、市场、资源和资本等要素循环回流渠道，持续提升高端要素集聚和协同联动能力。

谋划打造公铁联运物流中心。依托衢宁、衢丽铁路，接轨义甬舟大通道，布局无水港和物流园，打造浙西南铁路物流中心。把握“一带一路”发展机遇，主动融入“义新欧”班列，适时启动物流园区陆路口岸开放，谋划建设中国（丽水）跨境电商综试区松阳分区，打造“问海借力”开放窗口。加强与国家物流信息平台合作，谋划打造浙西南物流信息中心，推进多式联运物流信息化发展，实现多式联运“一站服务、一次托运、一票到底”。支持不锈钢管、茶叶等龙头企业实施工贸分离，组建贸易型物流大企业，推动物流企业数字化、智慧化转型。

全力打造电子商务发展样板县。深化电子商务在三次产业中的深度应用，大力发展农村电商、旅游电商、行业垂直电商、跨境电商等电商服务。以茶叶电商为示范、以农村电商为标杆、以产业电商融合应用为重点，完善电子商务支撑配套体系。提升发展松阳祥瑞电子商务产业园、松阳县康洁电子商务园、松阳县茶叶电子商务孵化园、浙南茶叶市场电子商务集聚区，谋划建设直播电商集聚区和孵化基地，打造一批电商镇、电商村、电商街。积极培育跨境电商生态体系，融入丽水跨境电商综试区建设，支持企业利用国内外知名平台，开展跨境电子商务业务。优化电商发展环境，完善电商基础配套。到2025年，全县网络零售额达到50亿元。

### 第二节 全面促进城乡消费

全面激发消费活力。增强消费的基础性作用，大力培育新型消费，提升传统消费，适当增加公共消费。加强高品质认证供给，促进品质消费、品牌消费，持续培育养老、文旅、健康、农村消费等消费热点，推进消费结构优化和提档升级，创建文旅消费试点城市。大力发展数字新消费，深入实施数字生活新服务行动，大力发展直播带货、虚拟购物等数字消费模式。建立家电、汽车、家居等回收利用网络体系，促进住房消费健康发展。到2025年社会消费品零售商品总额突破90亿元。

打造多层次消费平台。提升县城商业网点服务功能，谋划建设大型城市综合体项目，建设明清古街高品质步行街，改建新建10条特色商业街，打造业态融合、特色鲜明的消费地标。以县城、重点景区、美丽乡村和民宿集聚区为主要依托，培育餐饮集聚型、文体消费型、百姓生活型夜间经济集聚区，谋划以松阴溪夜间经济带为重点的城市夜间经济地标。加快建设“5分钟便利店+10分钟农贸市场+15分钟超市”便民服务圈。推动乡村农家乐、农家菜、采摘园、民宿等消费模式升级，吸引城市消费群体到农村消费。

优化消费环境。实施“放心消费在松阳”行动，建立完备的消费权益维护体系，有效提升全县消费环境安全度、经营者诚信度和消费者满意度。加强消费系列质量标准的实施与监督，参与绿色产品标准体系建设。深化服务消费领域的准入和监管改革，实施服务消费负面清单制。建立市场反溯机制，完善部门联合、双随机抽查、按标准监管的一次到位机制。贯彻落实带薪休假制度，按照“月月有主题、周周有亮点、场场有精彩”要求，有效激发节假日消费活力。

### 第三节　持续扩大有效投资

着力优化投资方向。实施新一轮扩大有效投资行动，精准对接全市“四个千亿”投资计划，实现交通投资、城市更新和水利投资、高新技术产业投资、制造业投资、民间投资快于面上投资增速，到2025年全县累计实施有效投资380亿元左右。精准谋划推动一批高能级战略平台、战略性新兴产业、现代化产业链项目，以大平台大产业大项目带动大投资、实现大发展。推进“两新一重”建设，实施省市县长项目工程，完善重大项目落地协调机制，大力推进强基础、增功能、利长远的重大项目建设。

深入实施“双招双引”战略。聚焦“产业链”，画好“招引图”，积极搭建招引载体，系统开展驻点招引、乡情招引、基金招引、飞地招引等，提高招引质效，力争五年累计招商引资到位资金突破100亿元，成功落地亿元产业项目50个。实施“百名产业工程师汇聚、百名金牌茶师选塑、百名高技能工匠提升、百名艺术家入驻乡村、百名博士反哺家乡、百名高学历教师医师引育”等招才引智“六百工程”，夯实人才支撑。健全项目服务、政策兑现、帮扶壮大等机制，切实帮助企业、人才解决实际问题，进一步优化营商环境和拴心留人条件，营造“亲商安商富商”“爱才敬才惜才”的良好氛围。

创新投融资机制。健全政府投资项目研究决策联席会议制度，严格项目决策程序，规范项目决策标准。加强政府投资项目事前审核、事中事后监管，推进投资在线平台全过程管理。坚持可持续发展理念，优化政策、资源等要素配置，平衡片区项目投入产出，实现可循环的滚动开发。建立政府投资“项目池—资金池”对接平衡机制，保证投资政策、财政政策的充分协同。发挥政府投资撬动作用，激发民间投资活力，拓展重大项目境内外融资渠道，形成市场主导的投资内生增长机制。创新以项目市场化转型为主导向的城市建设新模式，并以此推动平台公司转型。

### 第四节　深化推进开放协作

深入接轨长三角。聚焦高端装备、大健康、大文旅等产业，围绕补链强链建链，重点招引产业头部项目、单体制造业重大项目、科技创新型项目。借助长三角区域生态精品农博会平台，提高松阳“香茶、香榧、香油”三大生态农林产品的影响力。借势上海旅游节，办好“松阳周”活动，组织开展好旅游产品发布、生态农产品展销、招商引资等系列活动。借力国际进口博览会、上海国际不锈钢管材展，推进制造业高质量发展。探索与长三角地区在失信行为评判标准、数据归集共享、联合惩戒落实等方面合作，促进跨区域信用信息共享共用。开展公共服务区域协作联动，推进公共交通、医保、医疗、文旅等领域社会公共服务互通互享。

打造山海协作升级版。建立完善结对双方联合招商机制，做好合作项目招引落地和协调服务工作，高质量建设一批产业项目。尽快与大湾区新区及高能级平台共建面积不小于1平方千米的以先进制造业为主的“产业飞地”。围绕“培育一家企业、形成一个产业、营造一种生态”的目标，全面实施“标准地”和亩均效益评价，提升松阳—余姚山海协作产业园建设水平。充分发挥余姚、嘉兴山海协作“飞地”在实现生态价值转化、培育现代产业体系、增加内生发展动力、助力低收入农户增收等方面作用，以“飞地互飞”模式搭建循环互通的桥梁。加强人力资源、消费帮扶、社会民生等社会事业山海合作，健全干部人才交流互派机制。

扩大区域合作交流。主动接轨金义都市区、温州都市区等我省四大都市区建设，推动绿色产业和创新创意产业集聚，承接资本、技术、信息、人才等要素溢出。衔接省域大花园空间格局，积极共建衢丽诗画廊道、美丽乡村群落、国际旅游度假目的地。主动融入“一带一路”、大湾区、义甬舟开放大通道等平台。拓展和深化与国际友好城市的交往联谊，加强与世界各地松籍侨领、侨商、侨团、侨企等联系，推进港澳台及国际合作交流。

## 第六章　跨山统筹，开拓山区新型城镇化道路

坚定不移走以人为核心的新型城镇化道路，用好“跨山统筹”金钥匙，推进“多规合一”，聚力推进松古平原一城化，大力提升县城规模能级及古市区域中心，加快构建“区域联动、跨界统筹、内聚外联”的县域发展新格局。

### 第一节　优化县域发展布局

构筑“一心三片区”城乡新格局。高质量编制《松阳县国土空间总体规划（2020—2035）》，科学谋划城镇、农业、生态等空间，构筑“一心三片区”城乡新格局。建设田园城市核心区，加快县城和古市镇一城化发展，放大松古平原参与区域竞争主平台的效应，打造县域要素集约、产业集聚、功能集成的主阵地。建设文旅融合发展特色片区，充分利用三都、四都靠近县城的区位优势、优越的生态环境和丰富的古村旅游资源，挖掘古村的特色历史文化，打造集休闲观光、文化体验、养生度假等功能于一体的文旅融合发展特色片区。建设民族风情发展特色片区，充分利用象溪、裕溪、板桥等区域的畲乡文化和自然风光，建成具有浓郁畲味的民族风情发展特色片区。建设红绿融合发展特色片区，强化玉岩、大东坝、枫坪、安民、竹源等区域红色资源价值转换，推动红绿结合、红古结合、红俗结合的复合型红绿融合发展特色片区。

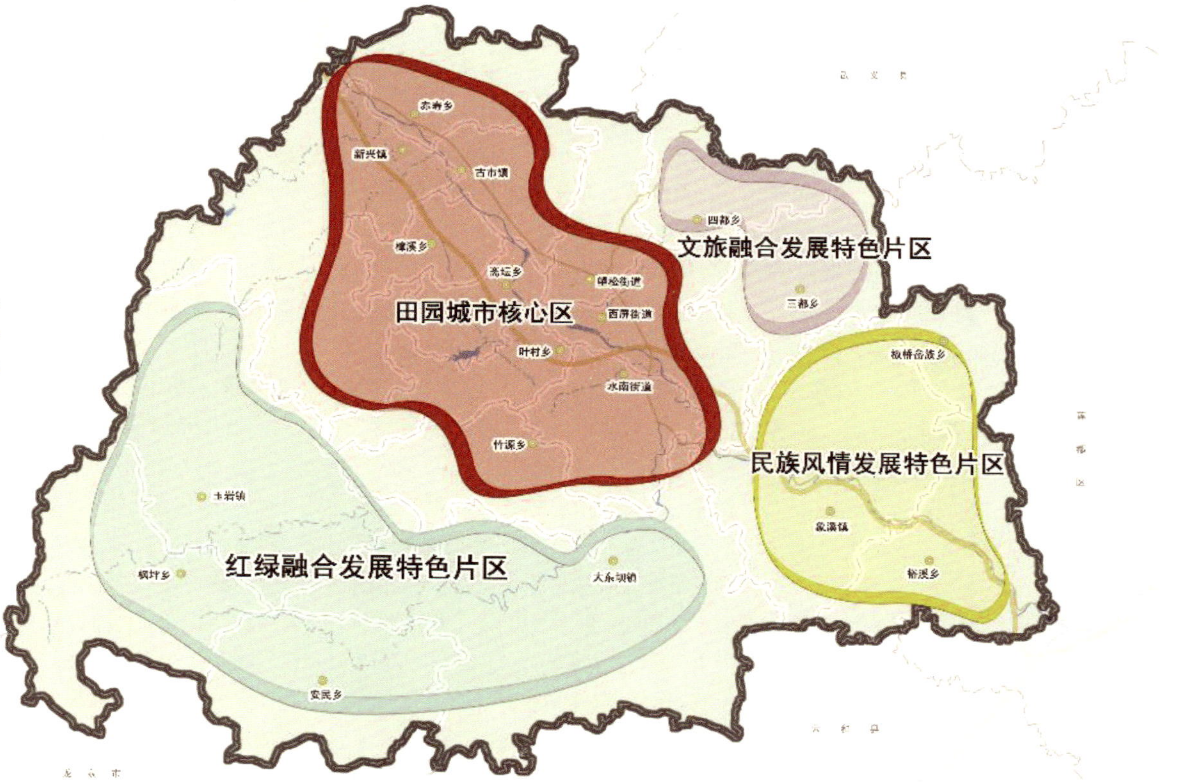


图：松阳县“一心三片区”城乡格局

推进遂松跨山统筹发展。融入丽水市“一带三区”建设，加强与周边县（市、区）的对接合作，合力打造云峰—古市—赤寿“万亩千亿”新兴产业平台，聚力打造区域竞争力的新增长极，实现区域资源要素的集约配置和产业的集聚发展。依托美丽乡村建设和底蕴深厚的农耕文化，推动发展规划协同共谋、生态产业共创共荣、基础设施共建共享，共建全省大花园最美核心区板块和乡村振兴示范区。

专栏 8　遂松乡村振兴示范区

发挥遂松地缘相近、人缘相亲优势，以遂昌云峰街道和松阳古市镇、赤寿乡为空间载体，整合两县优质产业要素，合力打造“万亩千亿”新兴产业平台，重点培育高端装备、时尚产业及特色产业，推进组团招商，主动承接产业转移。着力推动两县基础设施共建共享，加快推进衢丽铁路、缙江高速等互联互通大通道建设。促进乡村振兴合作共赢，推进两县农产品线上线下市场联动发展。加深旅游合作交流，推进旅游景区联动，发展文化创意、休闲旅游、康养度假、红绿融合的美丽经济，构建“百里美丽河谷”。创新体制机制，重点在要素配置、公共服务事业等领域实现协同发展。到 2025 年遂松聚落发展区块的休闲农业、乡村旅游、农产品精深加工、智能制造产值实现翻一番，金属制品总产值达 300 亿元。

统筹城镇协调发展。深入实施“小县大城、产城融合、组团发展”战略，推进城市品质提升“五个一”工程，加快县城向中小城市转变。推进中心镇发展改革、小城市培育试点，分类引导小城镇特色发展。提速建设美丽城镇，打造环境美、生活美、产业美、人文美、治理美“五美”城镇，到 2025 年全县 17 个城镇达到美丽城镇要求，争创 3 个美丽城镇样板乡镇。

## 第二节　实施松古平原一城化

推动松古平原重点板块建设。提升松古平原首位度，重点打造“一江两岸、南城新区、老城历史文化保护区、北城望松区块、副城古市区块”五大发展引擎。加速发展“一江两岸”，完成推进青田码道有机更新和瓦窑头区块改造项目，推进塘寮区块改造、要津南路延伸段、南环路、万通大道望松延伸段、江南东路道路工程及配套设施，形成“江、城、景”

交相辉映的城市景观主轴。推进南城品质化建设，加快南城独山区块、文教区块、火车站前广场站前大道区块建设进度，打造城市门户。加快古城有机更新，按照"活态保护、有机更新"理念，实施古城有机更新五大策略，激发古城活力，打造城市文化新名片。推进望松区块产城融合发展，提升黄家大院、王景纪念馆、吴弄区块文化旅游品质，完善区域生活服务配套和公共服务配套，增强区域对外来人口服务能力和水平。推进"大古市"健康发展，高水平建设赤寿生态工业区块，稳妥推进松阳茶香小镇建设，补齐城镇基础设施短板，推动人口集聚、产业集群、要素集约，加速形成县域副中心。

高质量推进农业转移人口市民化。以人的城镇化为核心，优化适合松古平原一城化、乡镇组团发展格局的行政管理体系，推进乡镇（街道）、村区划调整。以实现基本公共服务均等化为目标，推进强镇扩权改革，适当扩大重点乡镇经济和社会管理权限。积极推动农业转移人口在城镇地区落户，深化"人地钱挂钩"政策配套体系，保障农业转移人口均等享有公共服务，不断扩大教育、就业、医疗、社保、住房保障等城镇基本公共服务覆盖面。

专栏 9 松古平原五大发展引擎

| 五大引擎 | 定 位 | 重点平台 |
|---|---|---|
| 一江两岸 | 中心城区核心区 | 青田码道、瓦窑头有机更新 |
| 南城新区 | 品质南城 | 独山区块、现代服务业园 |
| 老城区块 | 历史文化古城 | 历史文化保护区 |
| 北城望松区块 | 活力北城 | 松阳工业园、文旅精品线 |
| 副城古市区块 | 千年古城 | 古市老城有机更新、赤寿生态工业区块、松阳茶香小镇 |

推动松古平原一城化发展。以"一城化"理念指导各项规划编制工作，推进空间要素集聚集约发展，统筹推进电力、通信、公交、给水、排污、供气、环卫等市政基础设施建设，实施松古平原市政设施的同城同网。加快建设教育、文化、医疗、体育等城市公共设施和幼儿园、养老、农贸市场等配套服务设施，全力支持和保障"千年古城"复兴项目建设。优化完善北城望松区块和古市镇区的路网规划，优先实施与县城、松阴溪绿道、旅游景点相连接的道路建设，建设与"一城化"相适应的交通运输体系。

提升松古平原建设品质。围绕"高质量发展、高品质生活、高水平治理"发展要求，推动县城公共服务设施提标扩面、环境卫生设施提级扩能、市政公用设施提档升级、产业培育设施提质增效，配齐现代化城市功能要素。调整和完善城区绿地系统用地，改造提升南入城口及县城主要公园、街道、小区的绿化景观，建设国家级森林城市、松阴溪国家湿地公园，提升城市园林绿化品质。坚持精品城区发展导向，持续深化城市有机更新，以未来社区建设示范带动城中村、老旧小区等改造，全面优化宜居环境。

## 第三节 打造快速高效交通网络

打造"外快"交通廊道。融入"轨道上的长三角"，建成衢丽铁路，积极推进金龙城际铁路前期工作，对接金义都市区，打造"一纵两横"对外铁路运输大动脉。谋划建设 A1 级通用机场，开展交通运输、低空旅游、工农林作业飞行等业务，融入全省 30 分钟航空应急救援圈。构筑"三高、两纵、一横、四连、一环、一绕"干线公路总体布局，建设义乌—龙泉高速公路，谋划缙云—江山高速公路，依托溧宁高速公路，贯通松阳中心城区与古市—赤寿副中心。加快推进 235 国道、西竹玉公路建设，推进松阳雅溪口至裕溪段（原 50 省道）改建。

构建"内畅"交通网络。以加强中心城区、古市镇和赤寿之间联系为重点，推动江北公路建设，连接江南公路、古青公路形成贯穿松古平原的 3 条东西向快速次干道。沿途乡镇的主要道路与快速主次干道连接，初步形成区域网络状道路骨架，实现松古平原 15 分钟城市通勤圈。提升新谢玉线，结合大排黄线等道路建设，形成县城—古市—新兴—玉岩—大东坝—县城干线公路大闭环，实现 30 分钟高效通达各乡镇县域时空圈。完善城乡交通客运网络，形成"一主五副多点"（一主即西屏；五副即古市、新兴、玉岩、象溪、大东坝）客运网络。打好交通治堵组合拳，提升通行效率，社会车辆高峰时段行车速率达到 30 公里/小时。

形成"慢游"旅游交通。构建"两心、一环、多脉"的旅游交通网络体系。以松阳中心城区和古市镇—赤寿乡区域为中心。“一环”以古大线、玉谢线、港排线、青港线、古青线组成“核心旅游环”，串联双童山景区、箬寮原始林区、松阴溪水利风景区、大木山茶园等景区。“多脉”以北侧的召赛线、235 国道、西里线、里上线、三都—四都线、奉化至庆元省道组成，南侧的玉黄线、真小线、弓李线、双安线公路组成，形成县域旅游资源全覆盖。提升百公里松阴溪干流滨水绿道、百公里松阴溪支流滨水绿道、百公里古村古道及古城绿道、百公里自行车骑行赛道，建设“一轴两片三环三脉”绿道网。

专栏 10 “三高、两纵、一横、四连、一环、一绕”干线公路体系

1.三高：溧宁高速公路、义乌—龙泉高速公路、缙云—江山高速公路

2.两纵：235 国道、规划省道奉化—庆元（松阳段）

3.一横：温岭至常山省道（原 50 省道）

4.四连：西里吾线（西屏—里庄—吾赤口）、古新玉线（古市—新处—玉岩）、大排黄线［大东坝—弓桥—排居口—枫坪—高亭—黄坛（遂昌）］、弓李线（弓桥—大潘坑—李坑）

5.一环：环松古平原公路环线（江北公路、江南公路）

6.一绕：县城—古市—玉岩—大东坝环线—县城

### 第四节 加快基础设施补短板

建设安全幸福水利。完善提升水利基础设施，构建系统完备的覆盖全域的“松阳水网”。按照全域水库“一盘棋”调度原则，扩大水库防洪和生态库容，保障流域防洪和生态安全。完善全县优质水资源供给体系，新建水系连通及联库联网工程，开展“南水北调”及相关引调水工程，推动城市管网向农村地区延伸，提高城市供水覆盖率。开展河道综合治理，加快小流域生态修复和水土保持治理，分区加固新建标准堤防，提高区域河道防洪排涝能力，保障松古平原内涝防治能力提高到 20 年一遇。全面推进农业灌区现代化改造，实施江北、江南灌区骨干渠系节水和生态化改造，建设松古平原现代化示范灌区，实现高效节水灌溉。以数字化赋能助力“智慧水网”建设，实施已建水利工程“数字化”升级改造，建设县级“数字化”水管理平台，构建天地一体化水利动态感知监测体系。

强化绿色清洁能源保障。深入贯彻能源安全新战略，融入全市华东绿色能源基地建设，构建绿色高效智慧多元的现代能源体系。加快推进清洁和可再生能源项目，重点发展光伏发电、水力发电、风力发电等可再生能源，积极谋划抽水蓄能电站工程和风光水储一体化基地，高标准推进国家绿色水能示范县建设，高水平创建绿色小水电示范县。补强电网设施短板，加快实施 500 千伏变电站工程、110 千伏叶水、新处等输变电工程，建设更高水平的坚强智能电网。强化天然气供应保障，谋划布局“三纵、两横”的天然气管道运输网络，推动分布式能源发展，扩大管输天然气利用规模。建设综合功能服务站，加快形成新能源汽车充电配套网络全覆盖。

完善市政公用设施网络。统筹推进污水处理厂清洁排放工程，开工建设松阳第二污水处理厂，加快松阳县城污水整治提升，实现城乡污水处理设施全覆盖、污水全收集、处理全达标。推进生活垃圾综合治理，推动垃圾分类市场化，谋划生活垃圾焚烧发电项目，推进生活垃圾、餐厨垃圾跨区域统筹处置，完成填埋场 A 区块封场生态修复项目和地下水阻控项目。推进海绵城市建设，构建“蓄、滞、渗、净、用、排”的城市综合排涝体系，实施老城重点内涝隐患区改造项目，解决区域内积水易涝问题。推进地下空间综合利用，统筹地下停车库、地下综合管廊、地下商业街区和防空防灾系统规划，加强地下空间、地下管网的信息化管理。

推动新型基础设施建设。实施“宽带松阳”，推进“光网城市”和“无线城市”建设，推进光纤宽带普及提速。全面扫除 4G 网络覆盖盲点，加快 5G 网络商用，加快 IPv6 规模部署和应用。以实施田园城市建设行动为契机，推进大型公建、地下管网、城市照明、交通等公共基础设施智能化改造，实现乡镇（街道）和园区主要区域 NB-IoT（窄带物联网）深度覆盖。推动工业互联网、车联网等融合型基础设施部署与应用，打造全方位一体化的城市资源感知体系。主动参与全市花园云（城市大脑）“1654”体系建设，推动生态保护、经济运行、民生保障、城市管理、社会治理、安全应急等领域数字化应用。到 2025 年，实现城区、重点公共区域和旅游景区 5G 全覆盖，关键基础设施 IPv6 改造率达 80%以上。

## 第七章 城乡融合，建设乡村振兴全国样板

扎实推进新时代美丽乡村建设，按照产业兴旺、生态宜居、乡风文明、治理有效、生活富裕的总要求，建设最美花园核心区，发展最美乡村经

济，促进农民致富增收，打造乡村振兴全国样板。

## 第一节 建设新时代最美乡村

统筹推进最美花园建设。实施“增花添彩”三年行动。聚焦新时代美丽乡村创建，优化调整乡村生产生活生态空间，因村施策分类推进乡村发展。深化美丽乡村示范创建，精心打造一批宜居、宜业、宜游的美丽乡村示范乡镇和特色精品村，高水平争创省级新时代美丽乡村标杆县。开展以三都、四都片区为主的花园乡村示范创建，推动形成“一户一处景、一村一幅画、一带一风光、一县一品牌”的花园乡村新格局，到2025年建成市级精品花园乡村18个，历史文化村落重点村11个。加快实现松阳美丽乡村风景线县域全覆盖，提升打造四条百公里美丽生态廊道，建设8条美丽乡村风景线。

推进农村基础设施和人居环境提档升级。巩固提升农村“厕所、垃圾、污水”三大革命成果，统筹推进垃圾分类处理终端建设及垃圾城乡一体化处理进程，到2025年实现垃圾分类行政村全覆盖、垃圾兑换超市行政村全覆盖和有机垃圾无害化处理行政村全覆盖。高水平建设“四好农村路”，全面提升乡村公路通达、通畅水平，健全乡镇农村公路管理体制，到2025年全县建制村实现车辆通达率100%。推动防洪排涝工程建设向农村倾斜，完善农村供水设施建设，保障饮水安全及供水质量，构建完善农田水利生产设施体系。着力健全清洁能源供应网络，完善农村电网、天然气管网等建设。全面提速农村信息化设施建设，优化偏远地区农村4G网络设施布局，加快推进5G网络建设，推进光纤网络由建制村向自然村延伸，全县农村地区普遍实现100M以上宽带接入服务能力。

## 第二节 高质量振兴乡村经济

高水平发展民宿特色经济。以精品民宿和普通民宿共存的理念，探索市场发展和政府鼓励引导的关系，建设省级民宿产业集聚区。以“小而特、小而美、小而精”的高端精品民宿引领松阳民宿发展，提升松阳民宿知名度和影响力。鼓励条件成熟的农家乐民宿集聚村建设乡村休闲示范点，实行集约化抱团发展，增强管理服务能力和经营效益。依托古村落和旅游景区，鼓励发展本土特色民宿，通过农家乐（民宿）产业发展带动人流、物流、资金流和信息流。到2025年，提升发展农家乐（民宿）经营户（点）175个，传统村落活化利用、传统工艺传承展示、精品民宿（农家乐）示范综合体等3个项目成为全省示范。

壮大发展乡愁经济。开发利用山水林田湖草、农业生产、村居田园、传统民俗等资源，深度挖掘“乡愁元素”，推动乡愁地图向乡愁旅游图转化，建设别具松阳鲜明特色的乡愁产业带。梳理县域“乡愁产业”特色项目和品牌，推行乡愁实物化、藏品化、产业化运作方式，培育形成以“指尖上的乡愁、舌尖上的乡愁、视觉中的乡愁、听觉中的乡愁、节庆中的乡愁”为特色的五大乡愁产业经济。支持乡愁产业深化品牌、质量和标准建设，打造特色名牌。

专栏11 松阳特色五大乡愁产业

1.指尖上的乡愁产业。充分发挥松阳民间能工巧匠众多和非遗技艺丰富优势，着力培育手工艺品和旅游商品生产，提升传统工艺产品品质和旅游产品文化含量。

2.舌尖上的乡愁产业。开展“百县千碗”行动，丰富红糖工坊、油茶工坊、豆腐工坊等工坊内涵，发展岱头有机大米、高山蔬菜等优质生态农产品，挖掘推广薄饼、黄米粿、端午茶等独具松阳特色的传统乡土美食和饮品，打造一批优质“养胃”产品，培育发展农产品旅游地商品生产和销售。

3.视觉中的乡愁产业。加强历史文化名镇名村、中国传统村落、历史文化街区、名人故居保护和乡镇特色风貌管理，做好传统民居、传统村落、传统农业遗迹、革命纪念地、古树名木保护工作。深入挖掘乡愁元素，鼓励有条件的村庄，因地制宜建设民俗博物馆等场馆，收集展览富有地域特色和群体记忆的农村历史文化遗产。

4.听觉中的乡愁产业。组建民间演出团体，组织松阳高腔、竹溪锣鼓等传统地方戏剧和民间音乐等演出。

5.节庆中的乡愁产业。挖掘乡村特色民俗文化，完善“乡乡有节会、月月有活动”的展演机制，以传承发展民间传统文化为主旨，结合乡村旅游开发，提升民俗节庆活动品质，打造“永不落幕的民俗文化节”。

保护挖掘水资源经济。加大水源地保护，健全水电生产市场交易机制，盘活水电资产。引进一批有实力的水科技研发机构，孵化一批水经济市场主体，开发一批具备科技含量和较高附加值的水产业、水产品。依托黄南高坝深水水库的“冷水”资源，引进互联网新兴科技企业建设“服务器”中心、算力中心；培育生态冷水鱼、优质矿泉水等地方特色生态产品和避暑养生胜地新业态。依托松阳茶叶优势，加强水研究，深化茶文化，提炼茶饮精髓。积极开展水利风景区创建，培育市级水利风景区6个。在保护水生态的基础上，发展河、溪休闲经济，推动水上运动健康产业发展。

### 第三节　推进农民富裕富足

深入实施“大搬快聚富民安居”工程。坚持“整体搬迁、集聚集约；属地管理、市场运作；一户一宅、分类施策；产城融合、促农增收”原则，着力实施“大搬快聚富民安居”工程，加快乡村人口向县城、古市、工业园区集聚。积极优化人口、资源要素和生产力布局，全力实施生态修复、新市民融入、资源盘活、就业促进“四项行动”，统筹谋划搬迁后续社区管理、就业创业扶持、医疗教育供给等工作，提升公共基础设施、基本公共服务共建共享水平。力争到2023年，全县完成搬迁人口1.6万人以上。

巩固脱贫攻坚成果与乡村振兴相衔接。加强农村劳动力终身职业技能培训，以新生代农民工、下山移民、库区移民和失地农民为重点，落实面向农村劳动力及后备劳动力的减、免费培训政策，完善以职业技术学校、公共培训机构和企业为主体的培训体系。推进产业富民增收，强化“小农户”与市场对接，推广“土地流转+优先雇用+社会保障”等多种农民增收模式。加强对低收入农户相对集中、村集体经济相对薄弱村的结对帮扶工作，研究出台精准扶持政策。全面激发农村创新创业活力，引进和培育更大的市场主体，发展农村新产业、新业态，全面强化对返乡农民工创新创业政策支持。

健全乡村振兴共同体联结机制。做大“强村公司”，做强“两山银行”，推广“上田模式”等乡村振兴改革试点，畅通强村公司经营生态资源渠道，构建以“农民入股+保底收益+按股分红”的混合所有制经济为特色的乡村产业经济运行新机制，打造全省农民组织化提升先行示范样板。增强村集体经济“造血”功能，以新一轮集体经济巩固提升行动为抓手，通过深化专业平台带动、众筹“飞地”抱团、培育产业造血、闲置资源盘活、结对帮扶创收和兴建物业租赁等六种模式加强集体经济项目建设。积极拓展山海协作领域和合作平台，建立山海协作产业转移项目利益共享机制。到2025年，实现全县行政村年经营收入均超过15万元，50%以上行政村年经营性收入超50万元。

### 第四节　加快城乡融合发展

建立“两进两回”长效机制。实施科技进乡村行动，加快农业科技成果转化，加强乡村振兴科技服务，建立产学研用协同创新机制，开展高级农技专家联村强科技行动。实施资金进乡村行动，把农业农村作为财政优先保障领域，加大公共财政向“三农”倾斜力度，拓宽金融支农渠道，推动工商资本“上山下乡”。实施青年回农村行动，深入实施乡村振兴新青年发展计划，培育青年“农创客”“新农人”。实施乡贤回农村行动，制定乡贤回归激励措施。

深化农村产权制度改革。着力构建归属清晰、权能完整、流转顺畅、保护严格的农村集体资产产权管理体系。实施农村集体经营性资产股份合作制改革，推进集体经济资金、资产、资源折股量化，完善赋能活权机制。探索农村集体资源性资产产权改革，推进土地承包经营权、林权、集体建设用地（含宅基地）使用权等确权登记，规范集体资源性资产产权流转管理。完善农村产权制度改革政策体系，建设完善农村产权服务体系，全面盘活农业农村各类资产资源，逐步建立农村集体经济组织运营和分配机制。

## 第八章 改革破题，构建山区跨越发展制度体系

坚持高质量绿色发展要求，以全面数字化转型推进治理理念、治理机制、治理工具、治理手段、治理方法等全方位、系统性、重塑性变革，打响松阳改革品牌，在解决体制性障碍、打通机制性梗阻、推动政策性创新等方面取得更大突破。

### 第一节　推进政府数字化转型

大力推进政务大厅智慧化改造，全方位推动跨部门多业务协同流程再造，打破部门信息孤岛、数据壁垒，抓好数据归集共享，大力推进“网上办”“掌上办”“全省通办”，探索开展“跨省通办”，构建线下“一窗通办”、线上“一网通办”的办事体系，实现民生和企业事项100%开通网上办理、民生类及高频事项100%实现“一证通办”。深化“互联网+放管服”改革，积极推进“互联网+监管”“互联网+政务公开”等模式，持续抓好便民利企“一件事”改革，让群众企业好办事、易办事、办成事。以政府治理能力提升为方向，以场景化多业务协同为重点，积极推进“城市大脑”、智慧停车管理诱导系统等县域数字化治理重大项目，推动城市管理、疾病防控、防灾减灾、舆情处置等领域业务协同，构建立体化、专业化、智能化的社会治理体系。深化机关内部“最多跑一次”改革，以“一件事”集成改革逐步推动机关内部办事事项向部门办事、政策协调、审批协同、要素保障、考核督查、材料报送等全覆盖。深化统一政务咨询投诉举报平台建设，确保信、访、网、电等各类政务咨询投诉举报信访事项规范办理，提升办理效能。全面构建政务数据共享安全制度、管理、技术防护等体系，保障关键信息系统和公共数据安全，强化个人和法人信息保护，提升政府数字化转型法治化、制度化、标准化水平。

### 第二节　构建市场经济发展优势

建立集约节约用地保障机制。健全土地要素市场化改革机制，以全域

土地综合整治为总抓手，探索推进农村宅基地、承包地等改革，积极争取农村集体经营性建设用地成为全市试点，建立灵活的土地供应体系和城乡统一的经营性建设用地市场，推动不同产业用地类型合理转换。在全面摸排全县批而未供、供而未建、应拆未拆存量建设用地等底数的基础上再深化、再挖潜，全面推进“无违建县”创建。深化“标准地”改革，新批工业项目全面推行“标准地”，并向电商、商贸、仓储、旅游用地等社会投资项目延伸，重点向农林产业加工用地标准地、康养用地标准地扩容。创新工业用地供应机制，探索差别化旅游用地机制，促进全域各类土地要素有序流动和土地节约集约利用。

提升财税金融综合服务能力。构建以绩效为核心的集中财力办大事财政政策体系和资金管理机制，打好财税政策“组合拳”，支持实体经济高质量发展。健全资金统筹整合长效机制，加强政府融资平台建设，设立城市发展基金，探索政府资产资本化路径。深化绿色金融改革，探索构建以绿色信贷、绿色债券、两山基金、绿色保险等为主要内容的绿色金融服务体系。突出金融助力产业结构调整和优化升级，切实增强先进制造业和战略性新兴产业长期支持。建立松阳生态金融·田园担保互助贷系统，打造田园乡村担保互助社数字平台，完善村集体经济组织信用评定、融资担保、价值评估体系建设。

加快高标准市场体系建设。实施高标准市场体系建设行动，建立统一开放的要素市场，创新土地、能源、环境容量、水资源、数据等要素市场化、差别化配置改革，完善要素市场交易规则和服务体系。健全产权执法司法保护制度。实行统一的市场准入负面清单制度，最大限度破除市场准入障碍。深化“亩均论英雄”改革，健全土地、用能、排污权等资源要素分配与亩均效益绩效挂钩的激励约束机制，推动资源加快向优质企业、优势区域集中。健全公平竞争审查制度，提高市场综合监管能力。

### 第三节　增强山区赶超发展动力

激活各类市场主体。深化“雄鹰行动”“凤凰行动”“雏鹰行动”，打造“双创”升级版，培育专精特新小巨人和制造业单项冠军企业。加大对个体工商户扶持力度，激发小微主体发展活力。推动产业链企业共同体建设，引导龙头企业开展产业链企业“以大带小、整零协作”，构建大中小企业协同发展新格局。深入推进国企改革，加快市场化转型，整合国有资产资源资金，提高国有资本配置效率。优化民营经济发展环境，深化精准服务业企业专项行动，构建亲清政商关系，促进非公经济健康发展和非公有制人士健康成长，促进松阳人经济和松阳经济融合发展。大力弘扬新时代浙商精神、企业家精神，贯彻落实“品质浙商提升工程”“浙商青蓝接力工程”和新生代企业家“双传承”计划。

建立山区新业态新模式培育机制。构建农村一、二、三产业融合发展体系，依托“互联网+”和“双创”推动乡村产业发展模式转变，健全乡村旅游、休闲农业、民宿经济、农耕文化体验、健康养老等新业态培育机制。

加强山区赶超发展特色化创新改革。深入推进松阳县高质量跨越式发展综合改革试点，积极向上争取创建国家绿色水电示范县、全省新时代乡村集成改革试点县、全省山区水利现代化先行县、全省“未来社区”试点、全省财政绩效管理体制改革试点县等重点改革项目的支持，加快形成松阳改革的突破效应，推动“盆景”变“风景”。

### 第四节　加快转变政府职能

加快建设现代政府。深化放管服改革，完善政府权责清单制度，实施涉企经营许可事项清单管理，推进审批监管协同改革，加强事中事后监管。加快乡镇职能转变，抓好乡镇属地管理“一清单”“一支队伍管执法”、部门联动“一件事”等重点改革任务，构建“县乡一体、条抓块统”高效协同治理格局。深入实施“两强三提高”行动计划，全方位提升政府治理能力。推进“大综合一体化”行政执法改革，构建全覆盖的整体政府监管体系和全闭环的行政执法体系。完善指标体系、工作体系、政策体系、评价体系，大力提升行政质量、效率和政府公信力。

打造一流营商环境。开展营商环境核心指标提升行动，以市场化、法治化、国际化为导向，持续提升政府服务企业便利度。深化商事制度改革，探索以承诺制为核心的极简审批，持续推进“证照分离”改革，消除“准入不准营”现象。全面推行一般企业投资项目“标准地+承诺制+代办制”，确保一般企业投资项目竣工验收前审批用时“最多80天”。全面推行以“双随机、一公开”为基本手段、重点监管为补充、信用监管为基础、智慧监管为支撑的新型监管机制。完善涉企政策落实机制，迭代升级惠企政策“直通车”，切实降低企业生产经营成本。深化行业协会、商会和中介机构改革。

深化社会信用体系建设。深入实施信用建设“531X”工程，推动全方位诚信、全数据入信、全社会用信的信用城市建设。以政务诚信、商务诚信、社会诚信和司法公信等四大领域为主阵地，不断完善失信约束和守信激励，构建法治化规范化精细化社会信用体系建设格局。实施生态信用提质工程，创新生态信用管理制度，丰富生态信用激励约束场景，倒逼市场观念、发展观念和政绩观念的转变。保障信息主体合法权益，建立生态信用信息查询机制、生态信用异议机制、生态信用修复机制、生态信用信息安全管理机制。

## 第九章 文化引领，建设人文厚重文化名县

坚持以社会主义核心价值观为引领，激发文化创造力，提升文化软实力，引领社会新风尚，推动文化产业、文化事业繁荣发展。

### 第一节 全面提高社会文明程度

弘扬践行新时代松阳精神。深入开展习近平新时代中国特色社会主义思想学习教育，实施铸魂工程、溯源工程、走心工程，推动理想信念教育常态化、制度化。总结提炼新时代松阳精神，深入挖掘根植于松阳百姓血液中的“爱人敬天”“耕读传家”等传统农耕文化，“温良恭俭让”“仁义礼智信”等中国传统道德教化，以及村规民约等行为规范，加大宣传推广力度，推动形成适应新时代要求的思想观念、精神面貌、文明风尚、行为规范。加强青年理论宣讲工作，让松阳精神代代相传。

加强新时代公民道德建设。依托文化中心、文化礼堂、党群服务中心、新时代文明实践中心等阵地，全面推进社会公德、职业道德、家庭美德、个人品德建设，持续强化教育引导、实践养成、制度保障，不断提升公民道德素质，促进人的全面发展。

高水平开展文明创建。全面推进新时代文明创建工作，加强“小青松”等志愿服务队伍建设，常态化开展文明实践志愿活动。深化移风易俗，培育文明乡风、良好家风、淳朴民风。开展“文明出行”“文明餐桌”“文明上网”“礼让斑马线”“文明点亮旅游”等文明好习惯养成行动，让讲文明成为群众的思想自觉和行为自觉。

### 第二节 践行弘扬浙西南革命精神

传承弘扬红色文化。深入挖掘浙西南革命精神内涵，全力营造自觉弘扬践行浙西南革命精神的红色文化氛围，全面提升浙西南革命精神的引领力。结合党性教育、爱国主义教育、廉政教育、国防教育、品德教育等建设，延续红色血脉，提升红色资源的传播能力。统筹推进廉政教育基地、干部党性教育基地、党史教育基地、红色研学教育基地等红色教育基地建设，全力打造安岱后浙西南红色教育中心，让浙西南革命精神成为代代相传的精神薪火。

保护利用革命文物。实施红色革命文物保护及展示利用工程，推动红色革命遗址群修复提升，重点推进安民安岱后、枫坪小吉—斗潭—丁坑、大东坝燕田、玉岩镇等革命遗址群保护修缮、环境整治和展示利用，修复安岱后浙西南革命根据地旧址，建设松阳浙西南革命根据地领导机关纪念馆。推动革命文物活化利用与民生福祉改善深度融合。开展革命文物创新展示，推出红色主题展览和流动展览。

培育壮大红色经济。推进全域旅游、生态农业、健康养生等与红色资源融合发展，拓展“红绿”发展体系，打造安民—枫坪浙江省红色旅游教育基地。利用红色革命遗迹、遗址，规划建设纪念馆、文化公园、红绿融合文旅项目，推进红色资源串点成线，重点打造水南街道—大东坝镇—枫坪乡—箬寮景区—安民乡红色旅游示范小镇—玉岩革命根据地红色旅游精品线。加强区域联动，构建县域城乡、松遂龙、浙西南地区等多维度区域合作机制，加强与遂昌王村口、龙泉住龙镇的交流合作。

### 第三节 融入瓯江山水诗路建设

打造诗路古城耀眼明珠。紧扣瓯江山水诗路文化带建设，活态传承、物化展示、精神升华松阳古城文化，打响保存最完整、特色最鲜明、文化最浓郁的山水诗路“古典中国”县域标本品牌。推动诗路文化创造性、创新性发展，挖掘“紫荆溯源”等古城特色主题，高水平打造西屏历史文化名城，擦亮一批古城“耀眼明珠”。聚焦文庙、武庙、城隍庙、药皇宫、天后宫、太保殿等地标性历史建筑，协同文化街区商肆绵延、贯穿古城，推动串“珠”成“链”。科学推进古城、街区修缮、提升、创建，保护利用古城景观、文化遗址、人文遗迹，展示引领现代慢生活的“最后的江南秘境”古城文化基底。

实施文化基因解码工程。充分挖掘具有农耕特质、田园特色、松阳特点的历史文化遗产和非物质文化遗产，开展文化资源全面调查和抢救性保护。建立非遗传承人和民间文化艺人名录，推动“松阳高腔”非遗展演走向全国、走向世界。保护和利用好畲族歌舞、畲族婚俗、畲族祭祀、畲族服饰、畲族语言等少数民族文化遗产。培育壮大松阳特色文化产业，搭建文化产业集聚平台，建设松阳古城文化创意街区，推进以传统村落、茶产业、红色文化、文创等为主题的文化产业园建设，加大规上文化企业招引培育力度。

### 第四节 促进文化事业繁荣发展

加强公共文化设施建设。改造提升非遗馆、图书馆、博物馆、文化馆、档案馆，提档升级基本公共文化服务标准，提升农村文化礼堂、社区文化家园整体功能。构建以公共图书馆、场馆型自助图书馆、实体书店、城市书房、农村书屋等为支撑的现代公共阅读服务网络，打造全民阅读的书香城市。落实新建、改建、扩建居民住宅区配套建设公共文化设施要求，编实织密基层公共文化设施网络，实现500人以上行政村文化礼堂全覆盖。管好用好现有文化设施，加强新时代文明实践中心（所、站）建设，推进公共文化设施免费开放。

推进公共文化服务提质增效。高水平开展文化惠民工程，着力扩大基层文化惠民工程覆盖面，组织开展形

式多样文化下乡活动。加强公共文化数字化建设，以“互联网+”等新技术推动公共文化服务内容创新、模式创新、服务创新，推动实现高品质的公共文化服务人人共享。实施文艺精品工程，挖掘松阳本土素材，推出一批讲述松阳好故事、传播松阳好声音、弘扬松阳正能量的精品力作。实施文化队伍提升工程，加强文化名家工作室建设，培育文化领军人才和创新团队，壮大基层文化人才队伍，发展民间文化社团。

## 第十章 绿色发展，打造最美田园风光大花园

坚持“绿水青山就是金山银山”理念，坚持尊重自然、顺应自然、保护自然，坚持走绿色可持续发展道路，全面加强生态保护和建设，持续提升生态环境品质，完善生态文明领域统筹协调机制，构建生态文明体系，建设人与自然和谐共生的现代化。

### 第一节 筑牢绿色生态屏障

强化生态红线管控。高标准、严要求划定松阳县生态保护红线，把生态保护红线与建设项目环境保护管理、环境准入、负面清单、生态损害赔偿等工作有机结合起来，实现一条红线（生态保护红线）管控重要生态空间。优化城镇、农业、生态三类空间比例，严格落实“生态保护红线、环境质量底线、资源利用上线，生态环境准入清单”（三线一单），加强对重点区域、重点流域、重点行业和产业布局的规划环评，确保发展战略和相关规划不突破“红线要求”。切实加强森林、河湖、水源地等重要生态空间保护，确保红线面积不减少、功能不降低、性质不改变。

加强生态环境保护与修复。保护“一原、两脉、三屏、多点”生态空间，构建具有浙西南高山丘陵地区特色的山水林田湖草生命共同体。以美丽林相建设为突破，推进山地、坡地、城市、乡村、通道“五大森林”建设，保持森林覆盖率稳定在80%以上。加大对重要生态功能区、生态环境敏感区和脆弱区的保护，确保主要水系源头地区维持原生态，到2025年湿地保有量达到2万亩。统筹推进山水林田湖草生态系统修复，推动水生态环境质量提升、矿山生态环境修复、水土流失防治、森林质量改善、土地整治与土壤污染修复、生物多样性保护等综合治理修复，保障生态安全。深入推进全县地质灾害隐患“大搬快治”行动，加强对玉岩镇、象溪镇、三都乡、竹源乡等县域地质灾害多发区的乡镇集中防治。

专栏12 松阳县生态红线

| 序号 | 类型 | 名称 | 面积（平方千米） |
|---|---|---|---|
| 1 | 水源涵养 | 六都源水库水源涵养生态保护红线 | 28.03 |
| 2 | | 东坞水库水源涵养生态保护红线 | 8.23 |
| 3 | | 谢村源水库水源涵养生态保护红线 | 115.55 |
| 4 | | 黄南水库水源涵养生态保护红线 | 12.95 |
| | | 松阴溪河滨岸带水源涵养生态保护红线 | 0.15 |
| 5 | 生物多样性维持 | 箬寮风景名胜区生物多样性维护生态保护红线 | 12.95 |
| 6 | | 松阴溪湿地生物多样性维护生态保护红线 | 7.07 |
| 7 | 水土保持 | 松阳南部水土保持生态保护红线 | 49.84 |
| 8 | | 松阳西北部水土保持生态红线保护红线 | 11.81 |
| 9 | | 松阳东部水土保持生态保护红线 | 51.21 |
| 10 | | 浙江丽水马鞍山省级森林公园生态保护红线 | 11.22 |
| 11 | | 浙江卯山国家森林公园生态保护红线 | 17.92 |
| 合 计 | | | 374.07 |

### 第二节 提升生态环境质量

统筹推进五水共治碧水行动。坚持不懈抓好五水共治，实现工业园区（区块）“污水零直排”，确保地表水水质优良率保持全省领先。推进全域美丽河湖建设，开展松阴溪综合治理和小微水体整治，持续巩固“清三河”成果。开展河湖水域、岸线资源保护和利用规划，着力打造松阴溪滨水绿色产业长廊。全力保障城乡饮用水源安全，切实做好六都源、庄门源等水源地环境保护及污染防治规划，加强松阳自来水厂水源东坞水库水源地保护。

持续深化大气污染防治。突出抓好挥发性有机物和氮氧化物协同治

理，推动实施 PM2.5 与臭氧“双控双减”，实现环境空气质量优良率继续保持全省领先。全面实施清洁能源战略，加强能源消费总量和能源消费强度双控。加快高耗能重污染行业落后产能淘汰，建立完善“一厂一策一档”制度。加强机动车污染防治，全面整治城市扬尘和生活废气，有效控制农村废气污染。

推进净土清废行动。强化农业两区土壤保护和治理，全面实现危废、一般固废和生活垃圾安全处置，有效管控农用地和建设用地土壤污染风险。完成全域“无废城市”建设，聚焦固体废物减量化、资源化、无害化和治理能力匹配化，全面推进生活垃圾强制分类，确保全县城镇生活垃圾实现“零增长”。积极推动餐厨垃圾减量化和园林垃圾就地资源化，扎实推进不锈钢管全产业链污染一体化处置。实施塑料污染三年行动计划。

### 第三节　构建绿色发展体系

推进生产方式绿色转型。建立健全以产业生态化和生态产业化为主体的生态经济体系，全过程推进生产方式绿色低碳循环化改造，推进传统制造业向绿色制造转变。深化县工业园区省级循环化改造试点建设，开展工业循环技术推广和运用，组织实施重点企业循环经济改造工程，最大限度减少企业废弃物最终处置量。完善区域再生资源回收利用体系，推进污染一体化处置、废活性炭再生利用等工程实施，促进资源综合利用企业发展。培育壮大节能环保、清洁能源等新增长点。

推行绿色低碳生活方式。加强宣传教育和自发引导，推动衣、食、住、行、游等全领域践行绿色低碳生活方式。树立绿色消费理念，鼓励市民购买节能、节水、可再生利用等绿色环保低碳产品，减少一次性用品使用。倡导绿色出行，完善公共交通网，推广新能源汽车。推进绿色政务，推动党政机关落实无纸化办公、垃圾分类、光盘行动、绿色采购等行动，发挥示范带头作用。

节约集约利用资源能源。实施能源消费总量和强度双控，严格控制煤炭消费总量。积极应对气候变化，统筹“碳中和”，推进“碳达峰”实践，探索零碳试点示范，建立一批碳汇基地。严格落实水资源管理“三条红线”，严控用水总量和用水强度，开展建设项目和规划水资源论证。健全土地开发动态监管，盘活利用闲置土地，加快低效用地再开发，提高产业园区土地开发强度。

### 第四节　健全生态文明机制

完善绿色发展体制机制。积极探索和创新生态系统生产价值（GEP）实现机制，拓宽生态产品价值实现路径，提升生态系统生产总值转化率。持续开展 GEP 核算评估，绘制全域生态产品价值底图，推进 GEP 核算评估成果全面应用。按照生态环境准入清单要求，严格环境准入标准。完善电、水、气、污水处理、垃圾处理等价格形成机制和供给机制，探索建立生态产品与用水权、用能权、排污权、碳排放权等环境权益的转换机制，推进生态资产、生态产品交易。着力构建市场化、多元化生态补偿机制，引导生态保护地区和生态受益地区通过财政转移支付、产业园区共建等形式实施补偿，探索资源使（取）用权、排污权交易等市场化生态补偿模式。

健全现代环境治理长效机制。加强生态文明考核，建立健全差异化绩效评价和绿色考核办法机制，深化全县自然资源资产责任审计体系。强化责任追究机制，严格落实负责人生态环境损害责任追究细则，构建权责明晰的生态保护制度体系。完善长效生态监测预警机制，建设全域立体生态监测网，健全空间开发风险防控等制度。建立健全突发环境事件预防和预警体系，加强突发环境事件全过程管理。加强生态环境执法监管，建立健全重大环境污染问题发现处置机制。建立健全应急联动机制和跨区域污染防治协作机制，加强应急处理平台建设。将企业环境违法行为及时纳入社会信用体系，予以市场准入、政策优惠等相应限制。加强公检法联合执法，实现环保监测监察执法机构垂直管理。

## 第十一章　共同富裕，构建共建共治共享美好家园

坚持把实现好、维护好、发展好最广大人民根本利益作为发展的出发点和落脚点，尽力而为、量力而行，提升公共服务质量和水平，完善共建共治共享的社会治理制度，扎实推动共同富裕，不断增强人民群众获得感、幸福感、安全感。

### 第一节　强化就业优先保障

实施更加充分就业。强化就业优先政策，坚持创造更多就业岗位和稳定现有就业岗位并重，防范化解规模性失业风险，确保就业总体形势稳定，每年城镇新增就业不低于 1200 人，城镇登记失业率控制在 3.5%以内。全力促进创业带动就业，积极举办青年创业大赛、创业大讲堂、网商沙龙、创业项目推荐展示等活动，培育高质量创新创业人才，做好高校毕业生、农村转移劳动力等重点群体就业工作，推进大众创业、万众创新。完善就业创业培训体系，深化产教融合、校企合作，谋划筹建松阳技师学院，大力培养应用型人才、技术技能人才、乡村振兴型技能人才。继续打造“松阳茶师”“松阳工匠”等一批松阳劳务输出品牌。推进公益性岗位开发和管理，实现零就业家庭动态清零。深化构建和谐劳动关系，完善保障劳动者权益体系，落实优化新业态劳动用工服务政策，强化劳动关系源头治理，提升欠薪治理能力。

多渠道促进城乡居民增收。深化收入分配制度改革，推动工资性收入稳定增长，挖掘经营性收入增长潜力，拓展转移性收入增长空间，释放财政性收入增长红利，构建群众可持续增收的长效机制。增加劳动者特别是一线劳动者劳动报酬，推动居民收入与经济增长基本同步、劳动报酬与劳动生产率提高基本同步。完善适应机关事业单位特点的工资制度，推进国有企业工资改革。探索通过土地、资本等要素使用权、收益权增加中低收入群体要素收入，稳步增加居民财产性收入和经营收入。开展低收入群体同步基本实现现代化行动，实施低收入农户、低收入产业工人收入倍增计划，加强对低收入农户相对集中、村集体经济相对薄弱村的结对帮扶，增强低收入困难群体自主发展能力，确保贫困群众脱贫不返贫，不断夯实共同富裕根基。到 2025 年，实现城乡居民收入比缩小至 2 以内。

### 第二节　加快推进教育现代化

推进基础教育优质均衡发展。以公办幼儿园为主体，制订和推进学前教育第四轮行动计划，实现等级幼儿园比例达到95%以上，其中一二级幼儿园覆盖面超过 70%，启动学前教育普及普惠县创建。破解义务教育“城镇挤、乡村弱”不均衡问题，加快集团化办学、区域学校联盟建设，加速城乡义务教育一体化发展，创建全国义务教育优质均衡发展县。推进高中名校战略，推动松阳一中强校建设，实施松阳二中特色发展，提升向高水平大学输送优秀生源的能力。推进特殊教育品质发展，推动特殊教育向学前和高中段“两头延伸”。

强化教育服务经济社会发展。推进职业教育加快发展，聚焦松阳产业发展需求，深化产教融合、校企合作，推动县职业中专打造省内具有一定知名度的特色鲜明的中职教育名校。高起点建设丽水学院松阳校区，提升学城联动能力，全面增强高校服务地方能力，努力将丽水学院松阳校区打造成全省特色师范院校的新标杆。推进成人教育持续发展，健全具有松阳特色的成人教育网络，推进各类学习型组织建设。完善终身学习体系，建设学习型社会。

大力增强教育发展活力。健全财政教育投入机制，加快教育基础设施建设，完善校网布局。推动“管办评”分离、“放管服”结合，推进教育治理现代化。持续优化课程体系、打造未来课堂、减轻课业负担、拓展课外活动，切实保障学生身心健康，全面落实立德树人根本任务，构建“五育”并举的育人体系。系统推进校长、教师、教研员、班主任、干部队伍的能力提升、素质提升、作风提升，实施“绿谷名校长、名教师”培养工程，深化双导师培养机制，全面推行教师“积分制”管理，推行中小学校长职级制改革。全面推进省级智慧教育试点县建设，推进教育数字化转型，建设教育大数据中心，加强“丽教钉”平台建设与应用，推进中心学校智慧校园建设。支持和规范民办教育发展，完善促进民办教育健康发展的政策，鼓励社会资本兴办教育，推进公办民办教育协调发展。

### 第三节　深化健康松阳建设

提升医疗卫生服务能力。推动卫生健康以治病为中心向以人民健康为中心转变，进一步深化医药卫生体制改革“三医联动”“六医统筹”，着力解决看病难、看病贵问题。持续推进县域医共体建设，健全“双下沉、两提升”长效机制，2025 年县域就诊率提高到 90%以上，基层就诊率达到 65%以上。结合南城战略布局和重点区域发展规划，加快医疗设施配套工程优化提质，到 2025 年每千常住人口医疗床位数控制在 7 张。完成人民医院改扩建项目，大力提升人民医院综合医疗服务能力，引导扶持民营精神病专科医院建设。发展智慧医疗，加快实现卫生健康全面数字化转型，加快优质医疗卫生资源最大化共享。创优医疗领域跑改服务品牌，推动医疗服务向村级延伸，逐步打造“家门口就医”“十分钟就医”便捷化可及性医疗服务圈。坚持“中医基层化，基层中医化”发展导向，健全中医药服务网络，高品质建设中医特色鲜明的中医院。

完善公共卫生服务体系。倡导全民健康理念，推进卫生健康事业从以治病为中心向以健康为中心转变。完善疾病预防控制体系，加强以重大疫情防控体系、救治体系、应急保障体系为主的公共卫生体系建设。推进医防融合发展，深入开展家庭医生签约服务、慢性病综合防治、精神卫生综合管理、社会心理服务体系建设。大力实施妇幼健康工程，强化各级危重孕产妇、新生儿救治中心标准化建设，全面提升妇幼保健服务能力。加快公共卫生人才培养和招引，优化卫生人才结构，健全卫生人才待遇保障机制。开展爱国卫生运动，推进健康细胞工程和健康促进场所建设。

推动体育强县建设。实施公共体育服务惠民计划，统筹建设全民健身场地设施，新建居住区和社区的体育设施覆盖率达到 100%。进一步推进公共体育设施和符合条件的公办学校体育场地向社会开放，支持社会力量参与健身休闲设施建设运营，打造“15 分钟体育生活圈”，到 2025 年人均体育场地面积超过 2.4 平方米。结合大花园绿道建设，重点建设健身（登山）步道、骑行绿道等健身休闲设施。大力复兴地方特色体育运动，因地制宜承办大型文体赛事，着力打造“乡野运动养生地”。积极发展体育产业，激发体育消费潜力，促进体育消费升级。

### 第四节　健全社会保障体系

强化可持续社会保险。稳步推进

社会保险扩面，实现养老保险法定人群基本全覆盖，工伤、失业保险参保人数持续扩大，推进待遇稳步提高。发展职业年金、企业年金和商业养老保险，构建多层次养老保障体系。稳步推进企业职工基本养老省级统筹，平稳落实失地农民社会保障改革工作。保障社保基金可持续运行。加大工伤预防力度，降低工伤发生率，依法开展工伤认定和劳动能力鉴定。综合发挥失业保险基金的保生活、防失业和促就业的三大功能。全面推行基本医疗保险市级统筹，推进医疗保障制度改革，实现医保服务乡镇（街道）、村（社区）全覆盖，提高城乡困难人员医疗救助社会保障率。到2025年户籍人口基本医疗保险参保率稳定在99%以上，困难人员资助参保率和享受医疗救助率实现两个100%。

深化新时代住房保障。坚持“保障适度、突出重点、创新方式、强化管理”的原则，实行主动保障，对城镇低保、低边住房困难家庭实施应保尽保。实行扩面保障，努力解决新就业无房职工和在城镇稳定就业外来务工人员住房问题。探索政策性租赁住房，重点解决各类机关企事业职工阶段性住房困难。加快构建以公共租赁住房保障为主体，老旧小区改造、政策性租赁住房保障等为补充的城镇住房保障体系。到2025年力争城镇住房保障受益覆盖率达到25%。

完善社会救助体系。完善以低保、特困、受灾、医疗、教育、住房、就业、临时救助等为支撑，多元化社会力量参与的社会救助体系。优化低保调标机制，实行分类分档精准救助，推进救助标准与经济发展水平同步提升。完善受助居民经济状况核对机制和动态监管，最大化实现救助社会效益。加大困境儿童、困难和重度残疾人、流浪乞讨人员的救助力度，建设“残疾人之家”和“儿童之家”。

### 第五节 推动以人为本的人口服务

积极应对人口老龄化。持续完善居家为基础、社区为依托、机构为补充、医养相结合的养老服务体系，建立健全高龄、失能老年人长期照护服务体系，有效满足老年人多样化、多层次养老服务需求，到2025年规划千名老人社会养老床位数（张）不少于60张，养老机构千名老人床位数不少于40张，护理型床位比例不低于50%。扩大养老服务有效供给，完善社区和居家养老服务设施，落实社区嵌入式养老护理机构布点，补齐农村养老服务设施短板，实现乡镇（街道）级居家养老服务中心全覆盖。激发养老服务市场活力，实施营利性、非营利性养老服务机构同等享受财政扶持政策，提高养老服务补贴精准度和有效性，支持各类主体进入养老服务市场。提升养老服务质量，推进居家、社区和机构养老融合发展，深化医养结合，探索“养老管家”制度，实现公办卫生医疗机构（社区卫生服务中心）开展医养结合服务。加强养老队伍建设，加大养老从业人员培训力度，健全养老从业人员教育培训机制。

关爱服务各类重点群体。贯彻落实男女平等基本国策，更加重视妇女儿童身心健康，优化妇女儿童社会环境，保障妇女儿童合法权益。推广3岁以下婴幼儿照护服务，增加普惠性托育服务供给，建立健全婴幼儿照护服务体系、管理体系、保障体系。围绕青年思想道德、青年教育、青年健康、青年就业创业、维护青少年合法权益、预防青少年违法犯罪等内容，营造有利于青年发展的良好环境，形成党委领导，政府、群团组织、社会等各方协同施策，共同推进青年发展事业的工作格局。加强“五级五有”退役军人服务保障体系建设，深化退役军人全生命周期管理服务改革，完善移交安置、就业创业、抚恤优待、权益维护等规范化服务。推动乡村无障碍环境建设，完善“普惠+特惠”残疾人基本保障制度，构建高质量福利保障体系和精准化公共服务体系。

## 第十二章 整体智治，高水平建设平安松阳

全面落实总体国家安全观，强化“大平安”理念，完善风险闭环管控的大平安建设机制，把安全发展贯穿各领域全过程，防范化解影响现代化进程的各种风险，打造本质上的“平安松阳”。

### 第一节 提升安全发展能力

坚决捍卫政治安全。把捍卫国家政治安全作为首位工程，严密防范和严厉打击敌对势力渗透、破坏、颠覆、分裂活动。坚定维护国家政权安全、制度安全、意识形态安全，深入贯彻重要领域国家安全法律、制度、政策。全面加强网络安全保障体系和能力建设，打好网络意识形态工作主动战。统筹传统安全和非传统安全，加强国家安全宣传教育，增强全民国家安全意识。完善国防动员体系，全力支持部队练兵备战。持续加强双拥共建工作，巩固军政军民团结。

全面强化经济安全。强化经济安全意识，做好较长时间应对内外部环境变化准备，筑牢县域经济安全防线。加强经济安全风险预警、防控机制和能力建设，建立健全维护产业链供应链安全的有效机制。落实国家粮食安全战略，压实“米袋子”“菜篮子”负责制，构建统一高效的粮食储备、流通和供应保障体系。进一步完善地方政府性债务、社保基金风险管控体系，维持政府债务总体可控。

强化金融风险防范。强化底线思维，牢牢把握主动应对困难风险挑战第一取向，聚焦企业债务、互联网金融、企业破产重组等重点领域，压实党委政府属地责任、金融监管部门监

管责任、金融机构和企业主体责任。加强“智慧监管”，强化贷款全生命周期的穿透式风险管理。加强对金融机构主要负责人和高中级管理人员的监管，做到“管住人、看住钱、扎牢制度防火墙”。

保障人民生命安全。加强食品药品安全监管，落实“四个最严”要求，建立健全食品药品追溯制度，提升食品药品质量安全保障水平。树立安全发展理念，建立健全公共安全隐患排查和安全预防控制体系，严格落实安全生产责任制，强化企业主体责任落实，持续开展重大事故易发领域安全专项整治行动，全面建立安全风险管控体系，实现规上企业安全生产标准化达标率100%、新建危化品生产企业100%入园。提升自然灾害特别是台风洪涝灾害的科学防控能力，推广完善巨灾保险机制，完善自然灾害防治体系，打造人防综合体，实现人口疏散掩蔽、避灾安置场所规范化与智慧化建设。构建大安全、大应急、大减灾体系，提高应急管理数字化治理水平，推进消防安全监管执法规范化、专业化，加强基层综合应急救援队伍建设，积极发挥社会救援力量作用，完善应急物资储备保障体系和应急物资储备布局，强化物资调度保障能力。

## 第二节　创新社会治理体系

加强基层治理创新。健全社会治理体系，推动治理重心下移，打通治理的“神经末梢”。建立健全街道“大工委”、社区“大党委”制，创新社区党组织领导下的社区居委会、小区业委会和物业服务企业议事协调机制，推进“红色管家”创建。深化村（社）组织书记、主任“一肩挑”，做好村社融合“后半篇”文章，不断提升基层组织战斗力。健全基层党组织领导的政治、法治、德治、自治、智治相结合的基层治理群众自治制度，深化城乡社区、社会组织、社会工作“三社联动”，完善乡贤参与乡村治理的工作机制和激励机制。

完善矛盾纠纷化解机制。深化社会矛盾纠纷调处化解中心建设，规范化提升“全科网格—基层治理四平台—县指挥中心”管控指挥体系，实现社会治理领域“最多跑一地”。坚持和发展新时代“枫桥经验”，畅通和规范群众诉求表达、利益协调、权益保障通道。强化信访依法治理，创新信访代办制，多途径分流和缓解基层信访工作压力。健全社会心理服务体系和危机干预机制，提供心理疏导和心理援助服务。深化“大数据+人民调解”，联动“4+1”基层人民调解和警调、诉调、检调、交调机制，推动“线上线下同运行、传统专业相衔接”的调解新模式，实现矛盾纠纷“全链条解决”。

提升社会治理智能化水平。完善社会治安防控体系，深化“雪亮工程”建设，推广“智安小区”“智安单位”等建设，加强对重点人、事、物、场所管理和服务。构建现代警务模式，推进专群结合、群防群治，实现问题联治、工作联动、平安联创。创新网络综合治理，强化公共服务数据、个人信息安全保护，坚决防范和打击新型网络违法犯罪，打造清朗有序的网络环境。深化智能化举报平台应用，强化“黄赌毒”等社会治安乱点整治，纵深推进“扫黑除恶”专项斗争。推动“民情地图”迭代升级，植入矛盾化解、应急响应等功能，探索推广“E户分”城乡信用体系、微信议事堂等应用场景，打造整体智治典范。

## 第三节　打造整体智治系统

围绕省委数字化改革“1+5+2”工作体系，重点聚焦“党政机关、数字政府、数字经济、数字社会、数字法治”五大方面综合应用，破解“四张金名片”打造过程中数字赋能不足、整体协同不够、信息资源不对称等问题。

推动党政机关整体智治综合应用。在全面梳理党政机关核心业务基础上，着力打造全局“一屏掌控”、政令“一键智达”、执行“一贯到底”、服务“一网通办”、监督“一览无余”等数字化协同工作场景，构建综合集成、协同高效、闭环管理的工作运行机制，开创党政机关整体智治新格局。

深化数字政府系统建设。以数字化手段推进政府治理全方位、系统性、重塑性变革，构建整体高效的政府运行体系、优质便捷的普惠服务体系、公平公正的执法监管体系、全域智慧的协同治理体系，建设“掌上办事之县”“掌上办公之县”“掌上治理之县”，打造“整体智治、唯实唯先”现代政府。

深化数字经济系统建设。大力推进数字经济“一号工程”2.0版，以工业领域为突破口，以产业大脑为支撑，以数据供应链为纽带，以“未来工厂”、数字贸易、新兴产业和未来产业等建设为引领，形成全要素、全产业链、全价值链全面连接的数字经济运行系统，着力提升数字经济治理体系和治理能力现代化。

推进数字社会系统建设。以全市花园云（城市大脑）为支撑，以满足群众高品质生活需求和实现社会治理现代化为导向，打造一批跨部门多业务协同应用场景，为城市空间所有人提供全链条、全周期的多样、均等、便捷的社会服务，让城市变得更安全、更智能、更美好、更有温度。积极探索数字生活新服务、灵活就业等数字社会运行规则。实施“智慧民生”工程，加快健康、教育、交通、文化等领域标准协同、资源整合、数据共享与流程再造，推进“医后付”“无感付”等便民场景建设与应用推广。开展未来社区数字化协同发展试点。

推进数字法治系统建设。在政法一体化办案体系、综合行政执法体系、社会矛盾纠纷调处化解体系建设中率先突破，构建数字法治系统，为法治松阳建设提供支撑。

## 第十三章 唯实惟先，深化建设法治松阳和清廉松阳

坚持党的全面领导，扩大社会主义民主，不断提高法治松阳和清廉松阳建设水平，充分调动全社会各方面积极因素，汇聚打造“双高”重要窗口的发展合力。

### 第一节 加强社会主义民主政治建设

坚持和完善人民代表大会制度，健全人大对“一府一委两院”监督制度，支持人大及其常委会依法履行职能，完善人大代表联系群众线上线下相结合的平台体系。坚持和完善共产党领导的多党合作和政治协商制度，加强人民政协专门协商机构建设，深入开展专题协商、对口协商、界别协商等多种形式民主协商。加强同各阶层爱国人士及工会、共青团、妇联等人民团体和社会组织合作，进一步发挥群团组织联系群众的桥梁纽带作用，完善大统战工作格局。完善基层群众自治机制，健全基层民主协商制度，推进基层直接民主制度化、规范化、程序化，建设人人有责、人人尽责、人人享有社会治理共同体。

### 第二节 全面提升依法治理水平

落实依法行政。深化法治政府建设，严格执行部门“三定”规定，推进简政放权、放管结合、优化服务。完善行政决策机制，深化重大行政决策目录化管理和立项制度，严格落实重大行政决策法定程序。建立健全“开门决策”机制，健全对重大事项决策的专家论证、技术咨询、决策评估制度，创新政府法律顾问服务模式，建设公众参与决策平台。健全行政执法体制，构建“综合行政执法+部门专业执法+联合执法”的执法体系，推动执法力量向基层延伸和下沉。落实行政执法监管责任制，全面推行行政执法公示、执法全过程记录、重大行政执法决定法制审核制度。

保障司法公正。深化以审判为中心的刑事诉讼制度改革，优化司法职权配置，完善司法机关依法独立行使职权的制度保障。健全以司法责任制为核心的司法权力运行体系，落实领导干部干预司法通报和责任追究制度，切实防止冤假错案。深入推进诉源治理工作，完善认罪认罚从宽、“少捕慎诉”等工作机制。坚持阳光司法，完善人民陪审员和人民监督员制度，保障人民群众参与司法。加强“互联网+司法行政”建设，构建覆盖全业务、全时空的法律服务网络体系，提高司法质量与效率。

构建法治社会。实施全面普法，将法治教育纳入国民教育体系，构建社会“大普法”格局，形成以法治精神为引领的法治社会新风尚。创新普法教育方式和机制，以领导干部和公务员、青少年、企业经营管理人员、新居民、基层村（社区）干部为重点，不断强化重点对象学法用法。加强法治宣传阵地的建设，推动互联网成为普法主阵地，积极开展群众性法治文化活动。加强法治人才和队伍建设，完善律师监管和法律援助制度，构建覆盖城乡、优质均衡公共法律服务体系。

### 第三节 深化清廉松阳建设

坚持政治引领。将政治建设摆在首位，深入贯彻习近平新时代中国特色社会主义思想，把坚持“两个维护”作为最重要的政治任务。严明党的政治纪律和政治规矩，不折不扣落实党的路线方针政策和重大决策部署。严肃党内政治生活，按要求定期开展政治生态建设自评自查和政治画像，建立完善选人用人“五大体系”。各级党委（党组）要把“清廉松阳”建设作为党风廉政建设责任制检查的重要内容，建立完善明责、履责、评责、考责“四位一体”闭合责任体系。

营造清廉环境。以清廉单元建设为抓手，扎实推动清廉机关、清廉国企、清廉民企、清廉村居、清廉学校、清廉医院、清廉交通、清廉文化等八大单元的“清廉松阳”建设，绘好“清廉地图”，营造“山清水秀”政治生态。构建亲清政商关系，健全公职人员任职、地域、公务等利益回避制度，严肃查处党员干部利用职权向企业违规借贷、吃拿卡要等违纪违法行为，扎实运用容错免责机制，向全方位、全领域的清廉目标迈进。

加强正风反腐。一体推进不敢腐、不能腐、不想腐的“三不”建设，构建全覆盖监督体系，完善纪律监督、监察监督、派驻监督、巡察监督统筹衔接制度，强化运用靶向监督机制。持续加强作风建设，深入落实中央八项规定精神和省委、市委实施细则，严厉查处顶风违纪的“四风”问题，防止“四风”问题反弹回潮。坚持挺纪在前，持续深化纪检监察体制改革，扎实运用“四种形态”，紧盯重点人、重点事、重点问题，坚决查处群众身边不正之风和腐败问题，着力解决群众反映强烈、损害群众利益的突出问题，切实完善民生领域损害群众利益问题治理机制，厚植党执政的政治基础和群众基础。

## 第十四章 强化规划实施保障

加强规划衔接，健全规划实施保障体系，全面开展各项工作，确保高质量完成“十四五”规划目标任务。

### 第一节 加强规划衔接

构建以发展规划为统领，以空间规划为基础，以专项规划、区域规划为支撑，由各级规划共同组成，定位准确、边界清晰、功能互补、统一衔接的规划体系。县级空间规划要为本规划确定的重大战略任务落地实施提供空间保障，专项规划要细化落实

本规划确定的特定领域重点任务，区域规划要贯彻实施本规划确定的重大区域战略。同时要加强与市级规划衔接，确保市级发展战略有效实施。

### 第二节 健全实施机制

国民经济和社会发展年度计划、财政预算计划要贯彻本规划提出的发展目标和重点任务，设定年度目标并做好年度间综合平衡，明确年度目标和推进举措。以重大行动计划、各类实施方案、重点项目计划为抓手，推动本规划目标任务顺利实施。围绕社会经济发展重点，确保目标与路径、长期与短期相结合，创新完善宏观调控，合理配置各类资源，强化经济社会发展政策的统筹协调。

### 第三节 加强实施评估

规划编制部门要组织开展规划实施年度监测分析、中期评估和总结评估，按程序开展动态修订调整。实施规划目标责任制，将本规划确定的约束性指标纳入各部门综合评价和考核体系。完善规划实施社会监督机制，推进规划宣传和展示工作，形成全社会“一张蓝图”谋发展的理想格局。

松阳县国民经济和社会发展第十四个五年规划和二〇三五年远景目标纲要是开启高水平全面建设社会主义现代化新征程的行动纲领。全县广大党员干部群众要更加紧密地团结在以习近平同志为核心的党中央周围，在省委、市委的正确领导下，高扬“丽水之干”奋斗旗帜，争做为民服务孺子牛、富民强县拓荒牛、艰苦奋斗老黄牛，唯实唯先、善作善成，奋力夺取高水平全面建设现代化“田园松阳”新胜利！

（2021 年 4 月 16 日，县政府印发）

附件：

### “十四五”规划纲要（草案）名词解释

1.“重要窗口”：习近平总书记赋予浙江“努力成为新时代全面展示中国特色社会主义制度优越性的重要窗口”新目标新定位。

2.“GEP 核算”：生态系统生产总值，旨在建立一套与国内生产总值（GDP）相对应、能够衡量生态良好的统计与核算体系。

3.科技企业“双倍增”行动：高新技术企业和科技型中小企业数量均较“十三五”期末增长 1 倍以上。

4.“浙商青蓝接力工程”：浙江省委统战部围绕如何培养创新型、高素质浙商队伍打造的培训工程。

5.新生代企业家“双传承”计划：政治、事业双传承，选派新生代企业家和两新党组织书记到党政机关挂职锻炼。

6.“两新一重”建设：新型基础设施建设，新型城镇化建设，交通、水利等重大工程建设。2020 年 5 月 22 日，国务院总理李克强向十三届全国人大会议作的 2020 年政府工作报告中提出，重点支持“两新一重”建设。

7.“双循环”：中共中央政治局常委会会议提出要“深化供给侧结构性改革，充分发挥我国超大规模市场优势和内需潜力，构建国内国际双循环相互促进的新发展格局”。习近平总书记多次强调要“逐步形成以国内大循环为主体、国内国际双循环相互促进的新发展格局”。

8.花园乡村：以建成人民美好乡村生活向往的共享休闲花园、生态文明花园、健康养生花园等“三园”为目标，打造具有生态优先的乡村环境仪态、优雅美丽的空间肌理形态、集约发展的美丽经济业态、红色繁荣的乡风文明神态、人人参与的综合治理姿态、诗意富足的幸福生活状态等“六态美”的新时代美丽乡村“丽水版”。

9.“双招双引”：指招商引资、招才引智。

10.“众创空间”：对把握互联网环境下创新创业特点和需求，通过市场化机制、专业化服务和资本化途径构建的低成本、便利化、全要素、开放式的新型创业服务平台的统称。

11.“产学研用金、才政介美云”：即把产业、学术界、科研、成果转化、金融、人才、政策、中介、环境、服务等十方面因素融合提升，打造一个创新创业的生态系统。

12.“万亩千亿”新兴产业平台：是指松阳赤寿区块与遂昌云峰镇工业区块共同组成的具有万亩空间左右、千亿产出以上、以重量级未来产业为主导的高能级产业平台。

13.“IPv6”：是互联网工程任务组（IETF）设计的用于替代 IPv4 的下一代 IP 协议。

14.两进两回：科技进乡村、资金进乡村，青年回农村、乡贤回农村。

15.两山银行：生态资源资产开发经营的服务平台和生态产品市场化交易平台，它借鉴商业银行“分散式输入、集中式输出”的模式，对分散、零碎的生态资源进行集中收储和管理，推动生态资源变资本、变资产。

16.两山公司：为松阳生态产品价值实现机制试点建设而创新设立的生态产品市场交易主体，由县田园强村有限公司注册而成，它是以生态保护修复为主业的市场主体，是代表某一特定区域生态产品的供给主体。

17.“碳达峰”：是我们国家承诺在 2030 年前，二氧化碳的排放不再增长，达到峰值之后再慢慢减下去。

18.“碳中和”：一个组织或地区通过植树造林、节能减碳等措施平衡抵消其产生的温室气体排放量，实现“净零”排放。今年9月，习近平总书记在联合国大会上宣布，中国将努力争取二氧化碳排放于2030年前达到峰值，于2060年前实现“碳中和”。据权威预测，浙江将于2050年左右达到碳中和。

19.“无废城市”：是以新发展理念为引领，推动形成绿色发展方式和生活方式，持续推进固体废物源头减量和资源化利用，最大限度减少填埋量，将固体废物环境影响降至最低的城市发展模式，也是一种先进的城市管理理念。

20.“县域医共体”：即县域医疗服务共同体，是指以县级医院为龙头，整合县乡医疗卫生资源，实施集团化运营管理。

21.“双下沉、两提升”：双下沉是指人才下沉、资源下沉,两提升是指服务能力提升、服务效率提升。

22.三医联动：医保体制改革、卫生体制改革与药品流通体制改革联动。

23.六医统筹：扎实推进医保、医疗、医药、医院、中医、医生统筹。

24.信用建设“531X”工程：即聚焦企业、自然人、社会组织、事业单位和政府机构5类主体，构建公共信用指标体系、信用综合监管责任体系、公共信用评价及信用联合奖惩体系3大体系，完善全省统一的公共信用信息平台，推进信用体系在若干重点领域创新应用。

25.“标准地”：是指在城镇开发边界内具备供地条件的区域，对新建工业项目先行完成区域评价、先行设定控制指标，并实现项目动工开发所必需的通水、通电、通路、土地平整等基本条件的可出让的国有建设用地。

26.“整体智治”：是指依托数字技术的精细化需求识别、整体性处理、统一性产出和有效性回应的公共治理体系。它包含三个关键元素：政府数字化转型、整体化的治理实践、精准高效的需求回应。

27.四种形态：党内监督必须把纪律挺在前面，运用监督执纪“四种形态”，经常开展批评和自我批评、约谈函询，让“红红脸、出出汗”成为常态；党纪轻处分、组织调整成为违纪处理的大多数；党纪重处分、重大职务调整的成为少数；严重违纪涉嫌违法立案审查的成为极少数。

28.“县乡一体、条抓块统”：是指我省以党建为统领，以数字化转型为动力，着重从机构职能体系、干部力量体系的供给侧发力，运用矩阵式管理方式，通过加载属地管理、整体智治、综合指挥、村社赋能等措施，把条的专业性管理和块的综合性治理集合集成起来的基层管理新模式。

29.中医药人才“一十百千”工程：争取引进一名以上国医大师、十名以上省中医名师，培育百名中医骨干，挖掘培养千名中医药从业人员与中药材种植专家。